POLSKA
DZIEJE CYWILIZACJI I NARODU

POD ZABORAMI

1795–1914

Koncepcja i redakcja naukowa serii: Marek Derwich, Adam Żurek

Redakcja naukowa tomu: Marek Derwich

Wybór i opracowanie ilustracji (z uwzględnieniem materiałów zebranych przez autorów i konsultantów): Urszula Bończuk i Wojciech Kucharski

Redakcja wydawnicza: Maria Derwich przy współpracy Małgorzaty Wróblewskiej

Recenzenci: Adam Galos, Elżbieta Mazur, Witold Sienkiewicz

Recenzje szczegółowe i konsultacje naukowe: Marek Czapliński, Jarosław Dolat, Jerzy Krzysztof Kos, Roman Matuszewski, Waldemar Okoń, Anna Szkurłat, Norbert Wójtowicz, Jerzy Zarawski

Projekt graficzny serii: Dominika Szczechowicz-Szuk

Projekt okładki i stron tytułowych: pracownia graficzna Bertelsmann Media i Wydawnictwa Dolnośląskiego

Układ ilustracji: Urszula Bończuk, Katarzyna Kucharska, Wojciech Kucharski

Opracowanie map: Mariusz Dworsatschek

Indeksy: Zofia Smyk

Opracowanie DTP: Marek Krawczyk

Korekta: Maria Derwich, Janina Gerard-Gierut

© Copyright by Bertelsmann Media & Wydawnictwo Dolnośląskie
Warszawa–Wrocław 2003

Bertelsmann Media Sp. z o.o.
Horyzont
Warszawa 2003
dla Klubu Świata Książki
02-786 Warszawa, ul. Rosoła 10

Zamówienia:
tel. (0-22) 645 80 00
www.swiatksiazki.pl
poczta@swiatksiazki.pl

ISBN 83-7311-796-2
Nr 3938

Wydawnictwo Dolnośląskie
Sp. z o.o.
Wrocław 2003
50-010 Wrocław
Podwale 62

Zamówienia:
tel. (0-71) 785 90 50; 785 90 52
www.wd.wroc.pl
handel@wd.wroc.pl

ISBN 83-7384-070-2

Druk i oprawa: Białostockie Zakłady Graficzne SA
al. 1000-lecia Państwa Polskiego 2, Białystok

Na okładce: proporzec Kwatery Głównej Naczelnego Wodza armii Księstwa Warszawskiego, przechowywany w Muzeum Wojska Polskiego w Warszawie, oraz medal ku czci unitów zamordowanych w 1874 r., przechowywany w Muzeum Mazowieckim w Płocku.

Wydawcy pragną serdecznie podziękować wszystkim instytucjom, które udostępniły swoje zabytki do sfotografowania lub przekazały ich fotografie, oraz pracownikom tych instytucji za wydatną pomoc w wyborze i wykonaniu zdjęć.

POLSKA
DZIEJE CYWILIZACJI I NARODU

POD ZABORAMI

1795–1914

HORYZONT

Wydawnictwo Dolnośląskie

SPIS TREŚCI

AUTORZY

Urszula Bończuk (UB)
Marcin Cieński (MC)
Marek Czapliński (MCZ)
Marek Derwich (MD)
Jarosław Dolat (JDOL)
Tomasz Gąsowski (TGĄS)
Jacek Goclon (JGOC)
Tomasz Kizwalter (TKIZ)
Łukasz Koniarek (ŁK)
Jerzy Krzysztof Kos (JKOS)
Elżbieta Kościk (EK)
Wojciech Kucharski (WK)
Teresa Kulak (TKUL)
Magdalena Miernik (MMIE)
Dariusz Misiejuk (DMI)
Małgorzata Możdżyńska-Nawotka (MMN)
Łukasz Nadzieja (ŁNA)
Tomasz Nałęcz (TN)
Waldemar Okoń (WO)
Zofia Ostrowska-Kębłowska (ZOK)
Jacek Petelenz-Łukasiewicz (JPŁ)
Krzysztof Pietkiewicz (KP)
Adam Sobota (AS)
Anna Szkurłat (ASZK)
Krzysztof Ślusarek (KŚ)
Jakub Tyszkiewicz (JTY)
Stefania Walasek (SW)
Bożena Weber (BW)
Marcin Wodziński (MWO)
Zdzisław Żygulski jun. (ZŻ)

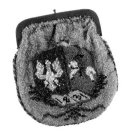

AUTORZY NOTEK

EK: s. 102; JGOC: s. 13, 14, 19, 22, 26, 35; KP: s. 116; KŚ: s. 12, 18, 21, 29, 33, 41, 42, 44, 45; MC: s. 58; MCZ: s. 147, 150, 151, 155, 161, 162, 164, 165; TGĄS: s. 56, 57, 63, 64, 69, 70, 72, 73, 80, 81, 82, 87, 89; TKIZ: s. 101, 104, 105, 108, 111, 114, 115, 118, 119, 124, 126, 127, 131, 132, 138, 139; TKUL: s. 169, 171, 172, 183, 184; TN: s. 193, 200, 205, 206, 207, 208, 209; WO: s. 49, 50, 51

AUTORZY PODPISÓW

AS: s. 152–153; ASZK: s. 30–31; BW: s. 90–91; DMI: s. 108–111, 114–116, 118–119, 146–151, 160–165, 176–179, 190–195, 198–201, 204–206; DMI, WK: s. 207–209; EK, WK: s. 106–107, 142–143; JDOL, MMIE: s. 183; JDOL, WK: s. 136–141; JKOS: s. 84–85; JPŁ: s. 74–75; KŚ, WK, UB: s. 24–25; ŁK: s. 38–39, 210–211; ŁNA: s. 18–23, 40–45, 62–65, 68–73; MD, DMI: s. 117; MD, MMIE: s. 28, 79, 82; MD, WK: s. 35; MMIE: s. 26–27, 29, 48–51, 54–57, 59, 78, 80–81, 83, 86–89, 92–97, 100–105, 128–129, 154–155, 157, 168–173, 182, 184–187; MMIE, JDOL: s. 58, 156; MMIE, ŁNA: s. 122–127, 130–133; MMN: s. 112–113; MWO: s. 174–175; SW: s. 120–121; TKUL: s. 66–67; UB: s. 10–17, 52–53, 60–61, 166–167; WK: s. 32–34, 36–37; WO: s. 98–99, 134–135, 158–159, 188–189, 196–197, 202–203; ZŻ: s. 46–47, 180–181

WYKONAWCY ILUSTRACJI

ACIE – Adam Cieślawski; AI – A. Iutin; AKACZ – A. Kaczkowski; AKUR – A. Kuraczyk; AP – Arkadiusz Podstawka; AR – Andrzej Ring; ASZM – A. Szenczi Mária; BT – Bartosz Tropiło; EG – Elżbieta Gawryszewska; EW – Edmund Witecki; JG – Joanna Goriaczko; JKAT – Jerzy Katarzyński; JKOS – Jerzy Krzysztof Kos; JKOZ – Janusz Kozina; JKUB – J. Kubienia; ŁMAK – Ł. Maklakiewicz; MBRON – Maciej Bronarski; MCIU – Mirosław Ciunowicz; MJAN – M. Janikowska; MK – Mariusz Kosela; MŁ – Mirosław Łanowiecki; MM – Marek Machay; MS – Marek Studnicki; MSZAB – Maciej Szabla; MWO – Marcin Wodziński; MWHAD – M. i W. Hadło; PC – Paweł Cesarz; PLI – Piotr Ligier; PPA – Paweł Passowicz; RS – Ryszard Sierka; SK – Stanisław Klimek; SSN – S. Nicieja; TG – Tomasz Gąsior; TZ – T. Zagodziński; TŻH – Teresa Żółtowska-Huszcza; WWO – W. Woźniak; ZD – Zbigniew Dubiel; ZZ – Z. Zieliński

PREZENTOWANE OBIEKTY POCHODZĄ ZE ZBIORÓW

ADGZSS Luboń–Żabików – Archiwum Domu Generalnego Zgromadzenia Sióstr Służebniczek Niepokalanego Poczęcia Najświętszej Maryi Panny w Luboniu–Żabikowie 121; ADM Warszawa – Archiwum Dokumentacji Mechanicznej w Warszawie 147, 179, 200; AGAD Warszawa – Archiwum Główne Akt Dawnych 25, 35, 37; AKSM Płock – Archiwum Kościoła Starokatolickiego Mariawitów w Płocku 192; AP Kraków – Archiwum Państwowe w Krakowie 208; BASP Kraków – Biblioteka Akademii Sztuk Pięknych w Krakowie 113; BJ Kraków – Biblioteka Jagiellońska w Krakowie 25, 87, 92, 102, 108, 153, 175; BK PAN Kórnik – Biblioteka Kórnicka PAN 32, 43, 44, 52, 55, 58, 75, 83, 87, 109, 115, 119, 125, 166, 167; BN Warszawa – Biblioteka Narodowa w Warszawie 10, 11, 15, 28, 58, 91, 118, 205; BUAM Poznań – Biblioteka Uniwersytecka im. Adama Mickiewicza w Poznaniu 81, 161, 163; BU Lwów – Biblioteka Uniwersytecka we Lwowie 117; BUMK Toruń – Biblioteka Uniwersytecka im. Mikołaja Kopernika w Toruniu 34; BUWR Wrocław – Biblioteka Uniwersytecka we Wrocławiu 20, 33, 40, 41, 105, 142, 143, 148, 178, 179, 182, 184, 190, 195, 199, 200; BUW Warszawa – Biblioteka Uniwersytecka w Warszawie 28, 175; DJM MN Kraków – Dom Jana Matejki Oddział Muzeum Narodowego w Krakowie 104, 189; FKCZART Kraków – Fundacja XX Czartoryskich przy Muzeum Narodowym w Krakowie 17, 25, 40, 46, 47, 80; HGM Wien – Heeresgeschichtliches Museum in Wien 209; IS PAN Warszawa – Instytut Sztuki Polskiej Akademii Nauk w Warszawie 28, 185; Klasztor Benedyktynów w Tyńcu – Klasztor o.o. Benedyktynów św. Piotra w Tyńcu 82; Klasztor Dominikanów w Krakowie – Klasztor o.o. Dominikanów św. Trójcy w Krakowie 98; Klasztor Franciszkanów w Krakowie – Klasztor o.o. Franciszkanów św. Franciszka w Krakowie 99; Klasztor Klarysek w Krakowie – Klasztor s.s. Klarysek św. Andrzeja w Krakowie 82; Klasztor Norbertanek na Zwierzyńcu w Krakowie – Klasztor s.s. Norbertanek na Zwierzyńcu w Krakowie 82; Kościół św. Mikołaja w Wierzenicy – Parafia św. Mikołaja w Wierzenicy 99; Kościół Wizytek w Warszawie – Kościół s.s. Wizytek Opieki św. Józefa w Warszawie 99; KTN Bittburg – Kolekcja Tomasza Niewodniczańskiego w Bittburgu 11, 44, 54, 55, 68, 69, 87, 88, 101, 130, 148, 168, 185, 204; LGS Lwów – Lwowska Galeria Sztuki we Lwowie 60; LMH Lwów – Lwowskie Muzeum Historyczne we Lwowie 111, 117; MAM Paryż – Muzeum im. Adama Mickiewicza w Paryżu 75, 92; MAM Śmiełów – Muzeum im. Adama Mickiewicza w Śmiełowie 67, 75, 89; MBA Bordeaux – Musée des Beaux-Arts de Bordeaux 93; MBK Leipzig – Museum der bildende Künste Leipzig 99; ME Kraków – Muzeum Etnograficzne im. Seweryna Udzieli w Krakowie 107; MHMK Kraków – Muzeum Historyczne Miasta Krakowa 13, 94; MHMSW Warszawa – Muzeum Historyczne Miasta Stołecznego Warszawy 19, 25, 28, 33, 35, 36, 37, 44, 50, 56, 57, 62, 64, 65, 67, 72, 73, 78, 79, 80, 81, 86, 115, 124, 125, 126, 127, 128, 130, 131, 132, 140, 141, 147, 148, 149, 151, 154, 156, 178, 185, 186, 198; MHN Będomin O/MN Gdańsk – Muzeum Hymnu Narodowego w Będominie Oddział Muzeum Narodowego w Gdańsku 25; MHP Opatówek – Muzeum Historii Przemysłu w Opatówku 55, 58, 96, 136, 137, 138, 139, 140, 145, 156, 185, 191, 207; MHS Oblęgorek O/MN Kielce – Muzeum Henryka Sienkiewicza w Oblęgorku Oddział Muzeum Narodowego w Kielcach 151, 158, 159, 186; MJK Czarnolas O/MJM Radom – Muzeum im. Jana Kochanowskiego w Czarnolesie Oddział Muzeum im. Jacka Malczewskiego w Radomiu 97; ML Warszawa – Muzeum Literatury im. Adama Mickiewicza w Warszawie 26, 45, 59, 62, 65, 66, 74, 75, 83, 89, 95, 97, 104, 105, 108, 111, 119, 149, 154, 178, 185, 193, 208; MMMM Wrocław – Muzeum Militariów-Arsenał Oddział Muzeum Miejskiego Wrocławia 21, 29, 37, 39, 40, 42, 128, 200, 206, 207, 211; MM Płock – Muzeum Mazowieckie w Płocku 16, 22, 27, 51, 54, 36, 48, 51, 55, 59, 64, 65, 67, 69, 70, 78, 83, 87, 88, 95, 105, 116, 125, 128, 129, 131, 132, 136, 141, 146, 147, 148, 150, 166, 186, 187, 190, 192, 193, 203; MM Szczytno – Muzeum Mazurskie w Szczytnie Oddział Muzeum Warmii i Mazur w Olsztynie 165; MMZ Żyrardów – Muzeum Mazowsza Zachodniego w Żyrardowie 157, 159, 140, 141, 142, 145, 165; MNIEP Warszawa – Muzeum Niepodległości w Warszawie 23, 67, 89, 104, 110, 124, 126, 127, 130, 146, 147, 176, 177, 198, 199, 200, 201; MN Kraków – Muzeum Narodowe w Krakowie 11, 12, 22, 30, 31, 39, 46, 47, 57, 59, 65, 67, 72, 79, 80, 88, 91, 95, 96, 104, 112, 113, 116, 117, 120, 125, 155, 136, 152, 159, 169, 172 180, 181, 196, 197, 202; MNM Budapest – Magyar Nemzeti Múzeum Budapest 135; MN Poznań – Muzeum Narodowe w Poznaniu 21, 45, 51, 52, 61, 97, 195; MNR Szreniawa – Muzeum Narodowe Rolnictwa i Przemysłu Rolno-Spożywczego w Szreniawie 101, 105, 106, 107, 125, 139, 140, 148, 156, 171, 185; MN Warszawa – Muzeum Narodowe w Warszawie 16, 21, 22, 26, 28, 29, 30, 31, 33, 34, 36, 37, 51, 58, 78, 79, 82, 84, 90, 94, 95, 99, 101, 113, 115, 118, 121, 126, 127, 134, 135, 151, 153, 159, 175, 176, 177, 187, 188, 189, 194, 196, 198, 201; MN Wrocław – Muzeum Narodowe we Wrocławiu 95, 113, 134, 135, 152, 153, 188, 195; MOLW Bydgoszcz – Muzeum Okręgowe Leona Wyczółkowskiego w Bydgoszczy 195; MO Rzeszów – Muzeum Okręgowe w Rzeszowie 101, 110, 113, 121, 178, 206; MO Toruń – Muzeum Okręgowe w Toruniu 34, 35, 56; MPT Wrocław – Muzeum Poczty i Telekomunikacji we Wrocławiu 12, 59, 122, 182; MP Wilanów – Muzeum-Pałac w Wilanowie 33, 49; MR Brzeziny – Muzeum Regionalne w Brzezinach 172; MR Iłża – Muzeum Regionalne w Iłży 126, 150, 157; MR Kutno – Muzeum Regionalne w Kutnie 172; MR Nowe Miasto nad Pilicą – Muzeum Regionalne w Nowym Mieście nad Pilicą 155; MR Września – Muzeum Regionalne im. Dzieci Wrzesińskich we Wrześni 57, 81, 100, 102, 124, 160, 164, 186; MSZM MM Wrocław – Muzeum Sztuki Medalierskiej Oddział Muzeum Miejskiego Wrocławia 35, 73, 105; MT Warszawa – Muzeum Techniki w Warszawie 154, 157, 176, 179, 195, 207, 208; MT Zakopane – Muzeum Tatrzańskie im. Dr Tytusa Chałubińskiego w Zakopanem 157, 173, 201, 202, 203; MU PZU Kraków – Muzeum Ubezpieczeń PZU w Krakowie 140, 157, 173, 208; MWM Olsztyn – Muzeum Warmii i Mazur w Olsztynie 165; MWP Warszawa – Muzeum Wojska Polskiego w Warszawie 15, 18, 19, 20, 22, 23, 24, 34, 37, 38, 39, 41, 47, 54, 55, 62, 63, 64, 65, 68, 69, 70, 71, 88, 89, 94, 96, 97, 104, 105, 109, 119, 125, 127, 130, 131, 155, 162, 199, 205, 206, 211; MZCH Chełmno – Muzeum Ziemi Chełmińskiej w Chełmnie 12, 107, 156, 163, 165, 178, 184, 187; MZ Kielce – Muzeum Zabawkarstwa w Kielcach 156, 170, 184, 187; MZ Kozłówka – Muzeum Zamoyskich w Kozłówce 41; MZ Łańcut – Muzeum Zamkowe w Łańcucie 49; OBN Olsztyn – Ośrodek Badań Naukowych im. Wojciecha Kętrzyńskiego w Olsztynie 61, 106; Ossolineum Wrocław – Zakład Narodowy im. Ossolińskich 11, 12, 13, 14, 16, 17, 18, 21, 24, 27, 29, 42, 45, 48, 49, 56, 59, 60, 61, 63, 65, 66, 69, 71, 72, 74, 79, 83, 85, 88, 89, 91, 93, 94, 95, 102, 110, 111, 122, 124, 154, 157, 160, 162, 165, 168, 169, 171, 172, 173, 176, 177, 178, 187, 192, 194, 201, 205, 207, 209, 210, 211; Ossolineum Wrocław ze zb. Pawlikowskich – Zakład Narodowy im. Ossolińskich ze zbioru Pawlikowskich 109; SMPN Bóbrka – Skansen – Muzeum Przemysłu Naftowego im. Ignacego Łukasiewicza w Bóbrce 170; TFC Warszawa – Muzeum Fryderyka Chopina w Towarzystwie im. Fryderyka Chopina w Warszawie 25, 90, 91; WMP Rakoniewice – Wielkopolskie Muzeum Pożarnictwa w Rakoniewicach 143, 157; ZKW Warszawa – Zamek Królewski w Warszawie 189; ZPM Baranowska – Zbiory Prywatne Małgorzaty Baranowskiej 50, 200, 204; ZPM Sosenko – Zbiory Prywatne Marka Sosenko 191; ZPS Walasek – Zbiory Prywatne Stefanii Walasek 121; ZPT Grzybkowska – Zbiory Prywatne Teresy Grzybkowskiej 162; ZPW Kucharski – Zbiory Prywatne Włodzimierza Kucharskiego 100; ŻIH Warszawa – Żydowski Instytut Historyczny w Warszawie 126, 155, 174, 175

WPROWADZENIE

Piąty tom nowej, sześciotomowej historii ziem polskich obejmuje okres szczególnie tragiczny w dziejach Polski: okres narodu bez państwa. Przypadł on zaś na czas, gdy państwo było szczególnie potrzebne. W całej XIX-wiecznej Europie zaczynało ono bowiem odgrywać coraz bardziej aktywną rolę: organizowało nowoczesne społeczeństwa, dbało o rozwój gospodarki oraz kultury. Czynnika tego zabrakło narodowi polskiemu. Zabrakło mu instytucji państwowych przygotowujących kadry urzędników i biurokratów, uczelni kształcących nowe elity, wreszcie organów samorządowych i ustawodawczych pozwalających rozwijać aktywność społeczną i polityczną. Co gorsza, podzielone między trzech tak bardzo różniących się od siebie zaborców ziemie polskie zaczęły podążać różnymi ścieżkami rozwoju cywilizacyjnego. W ciągu ponad stulecia niewoli różnice między zaborami rosyjskim, austriackim i pruskim oraz wschodnimi Ziemiami Zabranymi z każdym rokiem pogłębiały się. Zrywały się tradycyjne więzi społeczne i kulturowe. Często podsycane przez zaborców konflikty społeczne, zwłaszcza na tle narodowym i religijnym, zaczęły w drugiej połowie XIX w. przybierać coraz niebezpieczniejsze rozmiary.

Konsekwencje tych i wielu innych procesów zachodzących w okresie niewoli odczuwamy do dzisiaj. Podział na Polskę „A" i „B", upośledzona „ściana wschodnia", zaniedbania i niekompatybilność infrastruktury (dróg i kolei), konflikty i uprzedzenia między „krakusami", „warszawiakami" i „poznaniakami", silne nastroje antyniemieckie czy antyrosyjskie – wszystko to są odległe konsekwencje ponadstuletniego braku państwa i niewoli w ramach trzech państw zaborczych.

A przecież, mimo tych ograniczeń, dokonania narodu bez państwa są imponujące. Reformy Stanisławowskie otworzyły drogę rozwoju światłym elitom, które następnie, korzystając z okresów lepszej koniunktury (i te przecież się zdarzały), pracowały nad edukacją swoich następców. Dramatyczne losy narodu i jego poszczególnych przedstawicieli szczególnie wyraźnie odzwierciedliły się w kulturze, a zwłaszcza w literaturze. To w tym okresie powstał kanon utworów, który na długo miał zawładnąć duszami kolejnych pokoleń.

Brak oparcia we własnym państwie zmuszał do większej aktywności, dzięki czemu kwitły filantropia i społecznikostwo. Rozwój ruchów spółdzielczych, samopomocowych czy tajnego nauczania musi budzić podziw, nie pozostał też bez wpływu na dalsze losy narodu, w pewnej mierze przygotowując go do późniejszych wyzwań. Duch buntu – w całym okresie niewoli niesłabnący, a niekiedy przybierający formy nieodpowiedzialne, destrukcyjne – uodparniał przecież równocześnie społeczeństwo na poczynania zaborców, nie pozwalał na bierne podporządkowanie się im. Rozbudzał też tak bardzo potrzebną energię społeczną.

Na dzieje narodu bez państwa nie można spoglądać wyłącznie przez pryzmat przegranych zrywów narodowych. Składają się nań poczynania wielu pokoleń ludzi wytrwale zachowujących swoją kulturę i z poświęceniem jej broniących. Dzięki rozwiniętej biurokracji, pojawieniu się fotografii, wreszcie silnemu nawykowi kolekcjonerstwa zachowało się z tego okresu wystarczająco dużo przekazów, abyśmy mogli zarysować jego w miarę kompletną panoramę.

W cieniu Napoleona

Lata 1795–1831

Nieoczekiwany upadek państwa wywołał głęboki szok u większości społeczeństwa. To z tego powodu życie mieszkańców ziem polskich w pierwszych latach po utracie niepodległości nosi piętno apatii i biernego podporządkowania się dyspozycjom zaborców. Podzielone, upokorzone społeczeństwo szlacheckie nie garnęło się do działalności politycznej. Kontynuowały ją tylko jednostki, w tym przedstawiciele mieszczaństwa, które w okresie rządów Stanisławowskich znacznie zyskało na znaczeniu. Energia elit kierowała się w stronę rozwoju szkolnictwa, nauki i szeroko rozumianej działalności kulturalnej. Chodziło o zachowanie dla przyszłych pokoleń dziedzictwa wielkiej Rzeczypospolitej, o budowanie podstaw dla przyszłego odrodzenia samodzielności narodu.

Odrodzenie to przyszło – w bardzo cząstkowym co prawda wymiarze – szybciej niż się spodziewano. Sukcesy Napoleona zmieniły sytuację w Europie i, osłabiając zaborców, uczyniły możliwym odbudowanie państwowości polskiej. Nadzieja wyzwoliła ukryte do tej pory ogromne pokłady energii społecznej. Szybkość, z jaką zdołano zorganizować i umocnić powstałe dzięki woli Napoleona Księstwo Warszawskie, jest imponująca. Znaczącą rolę w tym dziele odegrali powracający z emigracji żołnierze Legionów Polskich. To dzięki nim udało się tak szybko odbudować i wzmocnić wojsko polskie, które już w 1809 r., po zaledwie niecałych 3 latach istnienia, zdołało obronić, a nawet powiększyć Księstwo.

Tym większym ciosem była klęska moskiewskiej wyprawy Napoleona. Gdy wszystko wydawało się na powrót stracone, iskierkę nadziei dały decyzje cara Aleksandra I. I choć postanowienia kongresu wiedeńskiego stanowiły *de facto* potwierdzenie rozbiorów Rzeczypospolitej, tym groźniejsze, że usankcjonowane zgodą wszystkich mocarstw europejskich, decyzja cara o utworzeniu konstytucyjnego Królestwa Polskiego miała ogromne znaczenie. Na mapie Europy ponownie pojawiła się nazwa Polski. Istnienie autonomicznego państwa pozwalało kształcić ludzi, którzy w przyszłości mieli kontynuować – w znacznie już trudniejszych warunkach – dzieło podtrzymania tradycji Rzeczypospolitej i walki o niepodległość.

Zdobycze rewolucji francuskiej rozpowszechnione w Europie przez wojska Napoleona i jego sławny Kodeks cywilny przeniknęły także na ziemie polskie, przyspieszając od dawna pożądane zmiany społeczne. Tendencjom tym sprzyjała na obszarze zaboru pruskiego ówczesna polityka modernizacyjna Prus, a także poczynania władz najpierw Księstwa Warszawskiego, a następnie Królestwa Polskiego; duże znaczenie miała m.in. polityka gospodarcza i społeczna Ksawerego Druckiego-Lubeckiego.

Zaostrzenie polityki caratu i coraz jawniejsze łamanie konstytucji Królestwa budziły sprzeciw części społeczeństwa. Szczególnie aktywni byli ludzie młodzi, niepamiętający pierwszych lat po utracie niepodległości, wychowani na ideałach bliskich duchowi epoki napoleońskiej. Ich oczekiwania i rzeczywistość zaczęły się rozmijać, co wkrótce miało doprowadzić do wybuchu.

Noc listopadowa oznaczała podjęcie próby wywalczenia pełnej niepodległości z bronią w ręku. Mimo bohaterstwa żołnierzy próba ta zakończyła się niepowodzeniem, a dyskusje nad odpowiedzialnością za pełną tragicznych następstw klęskę trwają do dziś.

PIERWSZE LATA NIEWOLI

Po ostatnim rozbiorze zaborcy podjęli planowe działania zmierzające do unifikacji ziem polskich z ich państwami

◄ OSTATNI KRÓL POLSKI
abdykował 25 XI 1795 r. na rozkaz Katarzyny II.
Był to dzień imienin carycy, a zarazem 31 rocznica
koronacji Stanisława Augusta. Uległy wobec
imperatorki król także na jej rozkaz udał się
dobrowolnie, bez straży i służby, do rosyjskiej
niewoli, gdzie zaznał wielu upokorzeń. Zmarł
w Petersburgu w 1798 r. i tam też został
pochowany.
AUTOPORTRET, 1783, BN WARSZAWA, FOT. PC

▼ ZIEMIE DAWNEJ RZECZYPOSPOLITEJ PO TRZECIM ROZBIORZE
RYS. JG

— granica Rzeczypospolitej przed rozbiorami

— granica między państwami zaborczymi po trzecim rozbiorze

1 Okręg Nadnotecki

2 Nowy Śląsk

Ostateczne rozgraniczenie

Przypieczętowaniem trzeciego rozbioru Rzeczypospolitej było podpisanie 26 I 1797 r. w Petersburgu przez Austrię, Prusy i Rosję ostatecznej konwencji rozbiorowej. Rozstrzygała ona wzajemne pretensje terytorialne państw zaborczych, zatwierdzała przebieg linii granicznej, mówiła także, iż na zawsze ma być wymazana nazwa Królestwa Polskiego. Konwencja petersburska wprowadzała również prawo o tzw. poddaństwie mieszanym. Pod rygorem konfiskaty dóbr nakazywało ono osobom posiadającym majątki na terenie dwóch lub trzech zaborów podjęcie decyzji, czyimi pragną zostać poddanymi.

Przyjęta w Petersburgu delimitacja określała granice: między Austrią a Prusami na rzekach Pilicy, środkowej Wiśle oraz dolnym Bugu; między Prusami a Rosją – na Niemnie; między Rosją a Austrią – na Bugu (na zachodzie) i na Zbruczu (na południowym wschodzie). W myśl tak przyjętego rozgraniczenia Warszawa znalazła się w zaborze pruskim, Kraków i Lwów – w austriackim, a Wilno – w rosyjskim.

Największą część Rzeczypospolitej, 463 200 km^2 i 5,5 miliona ludności, zagarnęła Rosja. W jej granicach znalazły się województwa: inflanckie, połockie, witebskie, mścisławskie, mińskie, kijowskie, bracławskie, podolskie, wileńskie, nowogródzkie, brzeskie, wołyńskie i części chełmskiego, trockiego oraz księstwa żmudzkiego, czyli większość ziem dawnego Wielkiego Księstwa Litewskiego, Wołyń, Podole i Kijowszczyzna. Ziemie zabrane Rzeczypospolitej nazywane były guberniami zachodnimi lub krajem zachodnim, a przez Polaków – Ziemiami Zabranymi.

Austria zajęła obszar o powierzchni 128 900 km^2, na którym mieszkało 4,15 miliona ludności, czyli województwa: ruskie, bełskie, krakowskie, sandomierskie, lubelskie, części mazowieckiego, brzeskiego, podlaskiego i podolskiego oraz księstwa oświęcimskie i zatorskie. Ziemie przyłączone w pierwszym rozbiorze nazwano Królestwem Galicji i Lodomerii ze stolicą we Lwowie. Województwa zagarnięte w trzecim rozbiorze otrzymały nazwę Nowej Galicji lub Galicji Zachodniej.

W zaborze pruskim, który liczył 141 400 km^2 i 2,6 miliona ludności, znalazły się województwa: pomorskie, malborskie, chełmińskie, poznańskie, gnieźnieńskie, kaliskie, inowrocławskie, brzeskie, sieradzkie, łęczyckie, płockie, rawskie, mazowieckie, części podlaskiego, trockiego i Żmudzi oraz Warmia. Z województw zagarniętych w pierwszym rozbiorze utworzono prowincję pod nazwą Prusy Zachodnie, z ziem drugiego rozbioru – Prusy Południowe, z ziem zajętych w trzecim rozbiorze części Mazowsza i Podlasia – Prusy Nowowschodnie, a z dawnego księstwa siewierskiego i zachodnich rubieży Małopolski – Nowy Śląsk.

Skutki rozbiorów

Upadek państwa zapoczątkował daleko idące zmiany w życiu społecznym i gospodarczym narodu polskiego. Ustanowienie nowych, pilnie strzeżonych granic, na których pobierano wysokie cła, przyczyniło się do upadku ustabilizowanego od czasów średniowiecza rynku wewnętrznego, funkcjonującego wszak dzięki odwiecznym szlakom handlowym. Załamał się tradycyjny handel zbożem, filar szlacheckiej gospodarki folwarcznej. Rozbiory przyniosły również upadek rodzącej się polskiej burżuazji; za przykład może posłużyć kariera Prota Potockiego, który w czasach Stanisławowskich był jednym z najbardziej znanych polskich bankierów i przemysłowców. Jego majątek w szczytowym okresie powodzenia szacowano na 65–70 milionów złotych. Fortuna ta – podobnie jak wiele innych – upadła na początku 1793 r.

Rozbiory przyniosły także upadek znaczenia głównych miast Rzeczypospolitej. Po trzecim rozbiorze Warszawa straciła rangę stołeczności, którą odzyskała dopiero w czasach Księstwa Warszawskiego i Królestwa Polskiego. Podobny los spotkał dwa inne stołeczne miasta pierwszej Rzeczypospolitej, Kraków i Wilno, chociaż to ostatnie w pierwszej ćwierci XIX w. przeżywało okres rozkwitu jako centrum życia kulturalnego. Jedynym miastem polskim, które zyskało szansę dynamicznego rozwoju, był Lwów. Już w 1772 r. otrzymał status stolicy Królestwa Galicji i Lodomerii. Tutaj też swoje siedziby znalazły centralne galicyjskie urzędy administracji austriackiej – gubernium, sąd szlachecki, sąd kryminalny i inne.

Pod nowymi rządami

Zajmując ziemie Rzeczypospolitej, zaborcy zastali tam stosunki polityczne i społeczne zgoła odmienne niż w ich własnych państwach. Tutejsza szlachta, której było znacznie więcej niż w państwach zaborczych, cieszyła się licznymi przywilejami ekonomicznymi i politycznymi, da-

◄ PROT POTOCKI
wziął udział w próbach ożywienia gospodarki Rzeczypospolitej w ostatnich latach jej istnienia, m.in. współtworzył, a następnie kierował założoną w 1782 r. z inicjatywy dworu Kompanią Handlową Polską, której celem było wspieranie rozwoju polskiego handlu nad Morzem Czarnym. Krach największych banków polskich od lutego 1793 r. spowodował m.in. także jego bankructwo.
XIX W., BN WARSZAWA, FOT. PC

RATUSZ W WILNIE ►
reprezentował formy dojrzałego klasycyzmu. W latach 1797–1812 Wilno, jako stolica guberni, rozwijało się pomyślnie. Dobrą sławą wśród cudzoziemców cieszyły się uniwersytet i teatr, a życie naukowe i artystyczne wzbogacały zabawy, koncerty i wieczory muzyczne.
WAWRZYNIEC GUCEWICZ, 1783–1799, FOT. PC

◄ LWÓW U SCHYŁKU XVIII W.
był stolicą Królestwa Galicji i Lodomerii oraz siedzibą Sejmu Stanowego. W początkach XIX w. szeroko znane stały się lwowskie garbarnie, w których przerabiano kilkanaście tysięcy łutów jedwabiu rocznie.
RATUSZ WE LWOWIE, PRZED 1826, OSSOLINEUM WROCŁAW, FOT. MM

KIELICH KULAWKA ►
z mottem „Straciłem nogę sobie, bym wam odebrał obie" pochodzi ze współpracujących ze sobą hut szkła kryształowego w Nalibokach i Urzeczu, założonych przez Annę z Sanguszków Radziwiłłową w latach 1722 i 1737. Wyroby nalibockie, produkowane na potrzeby własnego dworu (m.in. na prezenty), a z czasem także na sprzedaż, cechowała wysoka jakość.
URZECZE-NALIBOKI, BIAŁORUŚ, 4 ĆW. XVIII W., MN KRAKÓW, FOT. MM

▼ TURECKA MAPA ZIEM RZECZYPOSPOLITEJ
została opatrzona planem Warszawy oraz dwoma tekstami: o historii i o ludności Rzeczypospolitej. Ukazała się w pierwszym wydanym na Bliskim Wschodzie atlasie *Gedid atlas tergümesi*. Autorem wstępu do atlasu i miedziorytniczej mapy był turecki dyplomata Mahmud Raif Effendi.
1803, KTN BITTBURG, FOT. MM

▲ MONETA DLA ZABORU PRUSKIEGO

Trzygroszowa moneta Fryderyka Wilhelma II przedstawia nie tylko popiersie króla, ale także orła pruskiego. Wybito ją w mennicy wrocławskiej, która w latach 1796–1798 posługiwała się znakiem „B".

1797, MN KRAKÓW, FOT. MM

▲ USTAWODAWSTWO PRUSKIE

odznaczało się nowoczesnymi uregulowaniami. Zmiany objęły m.in. działalność rzemieślniczą oraz pocztę, która – udoskonalona i rozbudowana – wprowadziła nowe rodzaje usług (np. szybką pocztę kurierską), a także uruchomiła nowe połączenia (m.in. z Berlinem, Wrocławiem, Krakowem).

„REGULAMIN URZĄDZENIA POCZTY PRUSKIEJ W DYSTRYKTACH POLSKICH", BERLIN, 1793, MPT WROCŁAW; „ORDYNACJA RZEMIEŚLNICZA LUB UŁOŻENIE PORZĄDKÓW RZEMIEŚLNICZYCH DLA PRUS ZACHODNICH", BERLIN, 1774, MZCH CHEŁMNO; FOT. MM

◄ JÓZEF II

kontynuował proces wprowadzania reform rozpoczęty przez jego matkę Marię Teresę, robił to jednak w radykalny i pospieszny sposób, który budził niezadowolenie i opór poddanych. Niecierpliwy i przekonany o słuszności swych koncepcji cesarz nie liczył się z miejscowymi tradycjami, niechęcią do zmian oraz z odrębnościami poszczególnych krajów.

XIX W., OSSOLINEUM WROCŁAW, FOT. MM

Reformy józefińskie

W latach 80. XVIII w. cesarz Józef II przeprowadził wszechstronne reformy wewnętrzne, służące m.in. wzmocnieniu władzy cesarskiej i ograniczeniu roli Kościoła. Największe znaczenie miały jednak reformy agrarne, które doprowadziły do widocznego polepszenia sytuacji chłopów. W 1781 r. zniesiono niewolnicze poddaństwo i przyznano chłopom prawo swobodnego przemieszczania się, w 1786 r. określono maksymalną wysokość pańszczyzny na 3 dni w tygodniu, a w 1787 r. wprowadzono zakaz usuwania chłopów z ziemi. W 1789 r. rozpoczęto realizację właściwej reformy agrarnej – tzw. reformy urbarialnej. Miała ona dokładnie określić zakres świadczeń chłopów wobec dziedzica i państwa, a w dalszej perspektywie doprowadzić do oczynszowania chłopów. Według cesarskiego patentu 70% dochodu z gospodarstwa miał zatrzymać gospodarz, a 30% miało być przeznaczone na pokrycie zobowiązań wobec dworu i państwa. Żywot reformy urbarialnej był jednak krótki, po śmierci cesarza Józefa II została ona wycofana.

jącymi jej decydujący wpływ na życie polityczne kraju. Ludność chłopska była całkowicie od niej zależna, a mieszczaństwo – w dużej części zamieszkujące osady źle rozwinięte pod względem gospodarczym i architektonicznym, nieodpowiadające stereotypowi nowoczesnego miasta – było słabe i nie odgrywało większej roli politycznej czy gospodarczej.

W tej sytuacji jednym z pierwszych posunięć zaborców było dostosowanie istniejącego na ziemiach dawnej Rzeczypospolitej systemu prawno-politycznego do wzorców obowiązujących w państwach rozbiorowych. Najważniejszym krokiem była oczywiście organizacja nowej, zaborczej administracji. W zaborze austriackim zarząd prowincją sprawował rezydujący we Lwowie gubernator, któremu podlegały cyrkuły zarządzane przez starostów. W zaborze pruskim na czele dzielących się na departamenty prowincji stali ministrowie podlegli Generalnemu Dyrektorium w Berlinie. W zaborze rosyjskim nadzór nad ziemiami polskimi sprawowali generał-gubernatorzy kijowski i wileński, którym podlegali gubernatorzy cywilni zarządzający guberniami.

Rzecz jasna nowe urzędy – zarówno te szczebla najwyższego, jak i najniższego – obejmowane były przez nie-Polaków. Taka sytuacja miała miejsce głównie w zaborach pruskim i austriackim. W zaborze rosyjskim, zwłaszcza za rządów cara Aleksandra I, Polacy dość często pełnili różne funkcje w administracji cywilnej.

Stopniowo wprowadzano także nowy system sądowniczy. Najwcześniej dokonało się to w zaborze austriackim, gdzie system sądów polskich z sądami grodzkimi, ziemskimi i podkomorskimi przetrwał zaledwie do 1783 r. W obowiązującym w Austrii systemie wyodrębniono oddzielne sądownictwo szlacheckie – tzw. Fora Nobilia – oraz sądownictwo kryminalne. W zaborze rosyjskim po przejściowych ograniczeniach wprowadzonych przez Katarzynę II przez dłuższy czas utrzymywał się dawny system sądowniczy.

Powyższe działania miały przede wszystkim ograniczyć dotychczasową pozycję szlachty. Tendencję tę podkreśliły także i inne decyzje zaborców; m.in. krótko po rozbiorze zakazali szlachcie posiadania prywatnych armii i milicji oraz sejmikowania. Jedynym zgromadzeniem, na którym szlachta mogła się zebrać, były organizowane we wszystkich prowincjach tzw. zjazdy homagialne, zwoływane w celu złożenia hołdu i przysięgi na wierność nowemu władcy.

Osobny problem stanowiło ograniczenie wolności podatkowej szlachty. W zaborach austriackim i pruskim szlachtę opodatkowano już po pierwszym rozbiorze, w 1772 r. W zaborze rosyjskim wolność podatkowa była jednym z głównych przywilejów szlacheckich, już jednak w latach 1772–1773 na ziemiach pierwszego rozbioru przeprowadzono spis do celów podatkowych. Polską szlachtę czynszową wpisano w tzw. *podusznyj okład*, zobowiązując ją tym samym do płacenia podatku pogłównego (po rosyjsku *„podusznyj"* – stąd nazwa).

Samorząd szlachecki

Ograniczenia uprawnień szlachty nie miały jednak na celu całkowitej eliminacji tego stanu z udziału w życiu publicznym. Chcąc pozyskać jego najbogatszą część dla swojej polityki, władze rosyjskie i austriackie stworzyły namiastki samorządu szlacheckiego.

W zaborze rosyjskim samorząd taki ustanowiła tzw. *Żałowannaja gramota dworianstwa*, czyli wydane w 1785 r. prawo o szlachectwie. Zgodnie z nim samorząd szlachecki miały tworzyć sejmiki działające pod kontrolą rządu. Zbierały się co 3 lata; zgromadzona na nich szlachta wybierała marszałków gubernialnych i powiatowych, urzędników sądowych pierwszej i drugiej instancji (prezydenci, sędziowie, asesorowie, pisarze) oraz członków deputacji szlacheckiej. Wybór ów podlegał jednak zatwierdzeniu przez gubernatora. Prawo wyborcze przysługiwało tym szlachcicom, którzy mieli 150 rubli rocznego dochodu lub osiem chłopskich dymów.

Samorząd szlachecki na Ziemiach Zabranych odgrywał duże znaczenie, zwłaszcza w pierwszej ćwierci XIX w., kiedy to carowie Paweł I i Aleksander I prowadzili dość liberalną politykę wobec mieszkańców dawnej Rzeczypospolitej. Dodać należy, iż marszałek gubernialny był urzędnikiem stosunkowo wysokiej rangi, a jego pozycję określano jako drugą osobę po gubernatorze.

Nieco inaczej wyglądała sprawa samorządu szlacheckiego w Galicji. W tym zaborze już w 1775 r. zapowiadano utworzenie Sejmu Stanowego, w którym mieli zasiadać przedstawiciele stanu magnatów (książęta, hrabiowie, baronowie, arcybiskupi i biskupi Kościołów rzymskiego i greckokatolickiego) oraz rycerskiego (czyli pozostałej części szlachty), opłacający minimum 300 złotych polskich podatku, a także dwóch reprezentantów miasta Lwowa. Sejm Stanowy miał się zbierać raz w roku, ale jego kompetencje były nad wyraz skromne. Mógł on m.in. dokonywać rozkładu podatków, przedkładać wiedeńskiej Kancelarii Nadwornej opinie na różne tematy, a także kierować

► CAR PAWEŁ I

Jego reformy oraz zmienny charakter wywołały niezadowolenie części elit, a w efekcie spisek wyższych oficerów gwardii (w którym uczestniczył także syn cara, Aleksander). Oskarżony o chorobę psychiczną Paweł I został zamordowany w nocy z 11 na 12 III 1801 r.
XVIII/XIX W., OSSOLINEUM WROCŁAW, FOT. MM

▼ AUSTRIACKI KSIĄŻĘ KAROL AUERSPERG

po przejęciu Krakowa z rąk okupujących miasto wojsk pruskich zamieszkał w Rynku w Pałacu Spiskim, gdzie wydawał huczne bale, aby pozyskać wpływy możnych krakowian. Jego wyjazd z pałacu w dniu 17 VIII 1796 r., w celu odebrania hołdu od mieszkańców, utrwalił Michał Stachowicz, którego prace stanowią kronikę historii Krakowa przełomu XVIII i XIX w.
MHMK KRAKÓW, FOT. MM

▼ *PRAWO O SZLACHECTWIE W KRÓLESTWIE POLSKIEM*

wydano na podstawie ukazu carskiego z 25 VI 1836 r., chociaż już wcześniej przeprowadzano akcje legitymizacji szlachty. Zaraz po przyłączeniu nowych prowincji polskich w 1772 r. władze zażądały złożenia przysięgi wierności przez szlachtę, ale nie określono wówczas, kogo za nią się uznaje.
WARSZAWA, 1837, OSSOLINEUM WROCŁAW, FOT. MM

▲ NOMINACJA CESARZA FRANCISZKA II

dla Jana Jakuba Symonowicza na arcybiskupa lwowskiego obrządku ormiańskiego. Kościół był w Galicji główną instytucją organizującą życie małej, posiadającej zaledwie dwanaście parafii wspólnoty Ormian.
WIEDEŃ, 1 III 1799, OSSOLINEUM WROCŁAW, FOT. MM

Grabież skarbów koronnych

15 VI 1794 r., po opuszczeniu Krakowa przez Tadeusza Kościuszkę, miasto zostało zajęte przez wojska pruskie. Dokonano wówczas bezprecedensowej na kontynencie europejskim grabieży skarbu koronnego. Wśród wielu kosztowności, gromadzonych latami przez polskich monarchów, były także królewskie insygnia koronacyjne. Prusacy wywieźli do Berlina kilka skrzyń pełnych klejnotów, w tym pięć złotych koron królewskich, cztery berła, trzy jabłka koronacyjne i trzy bogato zdobione miecze. Najcenniejszą i najstarszą koroną była korona Władysława Łokietka (zwana koroną Chrobrego), którą koronowała się większość polskich monarchów. Wśród skradzionych arcydzieł znajdował się również Szczerbiec, koronacyjny miecz królów polskich, jedyne regalium odnalezione po kilkudziesięciu latach. Pozostałe polskie insygnia zostały, na rozkaz króla pruskiego Fryderyka Wilhelma III, w marcu 1809 r. przetopione na monety, a z kamieni szlachetnych nadworni złotnicy sporządzili dla pruskiej królowej Luizy... naszyjnik!

◄ KOŚCIÓŁ ŚW. ANDRZEJA BOBOLI

w Rawiczu jest przykładem działalności wielkich architektów berlińskich w zaborze pruskim. Ta ewangelicka świątynia została wzniesiona przez budowniczego Krausego według projektu Carla Gottharda Langhansa z 1802 r. Widok wnętrza ukazuje eliptyczną przestrzeń powstałą na rzucie prostokąta.

1803–1807, FOT. MM

◄ CERKIEW PRAWOSŁAWNA ŚW. MICHAŁA ARCHANIOŁA

w Turzańsku, o oryginalnej formie – trójdzielnej, na rzucie krzyża, z dwiema zakrystiami po bokach prezbiterium i oddzielnie stojącą, dobudowaną w 1817 r. dzwonnicą – reprezentuje styl wschodniołemkowski i jest uważana za najpiękniejszy jego przykład. Władze carskie wspierały rozwój budownictwa cerkiewnego.

1801–1803, FOT. MWHAD

► STANISŁAW BOHUSZ SIESTRZEŃCEWICZ,

od 1784 r. pierwszy arcybiskup mohylewski, należał do zwolenników podporządkowania się władzy państwowej i ograniczenia wpływu papieży wyłącznie do spraw teologicznych i liturgii. Pisarz i historyk, dbał o rozwój oświaty. Oskarżenia o serwilizm wobec caratu odrzucał, wskazując na konieczność liczenia się z realiami.

JAN CHRZCZONOWICZ, 1849, OSSOLINEUM WROCŁAW, FOT. MM

Tadeusz Czacki

Historyk, światły działacz oświatowy i gospodarczy, był człowiekiem o niezwykle rozległych zainteresowaniach i umiejętnościach, pomysłodawcą wielu nowatorskich projektów. W swoich planach dźwignięcia gospodarki polskiej postulował rozwój rzemiosła i handlu. W 1792 r. wszedł w skład komisji mającej przeprowadzić inwentaryzację skarbca królewskiego na Wawelu (był to ostatni – przed pruską grabieżą w 1794 r. – inwentarz polskich insygniów koronacyjnych). Na zorganizowanej wówczas wystawie mieszczanie mogli jeden jedyny raz obejrzeć polskie korony. Gdy w wyniku pierwszego rozbioru Polska utraciła kopalnie w Wieliczce i Bochni, rozpoczął poszukiwania nowych złóż soli. Dążył do nawiązania handlu z Mołdawią i Turcją, a także zainicjował opracowanie dokładnej hydrograficznej mapy Polski i Litwy, która miała być podstawą regulacji rzek. Współorganizował Towarzystwo Przyjaciół Nauk w Warszawie, a w 1805 r. założył słynne Liceum Krzemienieckie.

petycje do cesarza. Ciało – posiadające jedynie iluzoryczne znaczenie – po raz pierwszy zostało zwołane w 1782 r. Później sesje sejmu zwoływano jeszcze tylko pięć razy.

Polityka wobec Kościoła

Niezwykle ważnym elementem polityki zaborców wobec społeczeństwa polskiego w pierwszych latach porozbiorowych był stosunek do Kościoła. Najbardziej ujawniło się to w zaborze rosyjskim, gdzie władze carskie dążyły do podporządkowania sobie Kościoła katolickiego i całkowitej likwidacji Kościoła unickiego.

Taki właśnie cel polityce rosyjskiej wyznaczyła caryca Katarzyna II, która już w 1773 r. wydała ukaz o ustanowieniu nowego, niezależnego od metropolii polskich biskupstwa katolickiego w Rosji. Na jego czele stanął Stanisław Bohusz Siestrzeńcewicz, mianowany biskupem białoruskim z rezydencją w Mohylewie. W 1783 r. władze carskie poczyniły kolejny krok na drodze do tworzenia odrębnej prowincji kościelnej – wbrew Stolicy Apostolskiej utworzyły w Mohylewie katolickie arcybiskupstwo. Po drugim i trzecim rozbiorze Katarzyna II zlikwidowała z kolei dawne diecezje z okresu Rzeczypospolitej: wileńską, inflancką, kamieniecką, kijowską i łucką.

W odniesieniu do Kościoła unickiego caryca Katarzyna II prowadziła jeszcze bardziej restrykcyjną politykę. Wychodząc z założenia, że jest on odłamem prawosławia, który siłą został oderwany od macierzystego pnia, dążyła do całkowitej jego likwidacji i włączenia do Kościoła prawosławnego. Pierwsze kroki w tym kierunku uczyniono już w 1780 r., kiedy wydano ukaz określający zasady przyłączenia Kościoła unickiego do prawosławnego. Po trzecim rozbiorze przyszedł czas na likwidację czterech diecezji unickich: łuckiej, wileńskiej, pińskiej i włodzimierskiej. W tym samym czasie zlikwidowano około 80% parafii unickich istniejących na terenie Cesarstwa Rosyjskiego.

Ostateczną realizację planów Katarzyny II wobec Kościołów katolickiego i unickiego przerwała śmierć carycy w 1796 r. Jej następca – Paweł I – w 1798 r. unieważnił decyzje swej matki o likwidacji diecezji i doprowadził do porozumienia ze Stolicą Apostolską.

Opór społeczny

Społeczeństwo dawnej Rzeczypospolitej niechętnie przyjmowało wprowadzane przez zaborców innowacje. Przykładowo galicyjska szlachta z dużą rezerwą odniosła się do propozycji zwołania Sejmu Stanowego. Ten opór społeczny wzmógł się po trzecim rozbiorze i zaowocował powstaniem kilku organizacji spiskowych.

Już 6 I 1796 r. w Krakowie został podpisany akt konfederacji, której celem było wznowienie na sygnał Francji walki o niepodległość. Liczono przy tym na powstanie zatargu austriacko-pruskiego, zwycięstwo Francji i poparcie sprawy polskiej przez Turcję. Spiskiem kierowało Zgromadzenie Centralne, od miejsca siedziby zwane też Centralizacją Lwowską. Do najwybitniejszych działaczy Centralizacji należeli Walerian Dzieduszycki oraz Pius Raciborowski. Kilka miesięcy później działalność spiskową na Podlasiu rozwinął Franciszek Gorzkowski, pozostający w luźnym związku z Centralizacją Lwowską. Pracował jako geometra w dobrach Cisie. Prowadził agitację w duchu republikańskim, nakłaniając chłopów do czynnych wystąpień antyaustriackich i antyszlacheckich.

Szczytowy moment rozwoju ruchu spiskowego w Galicji przypadł na pierwszą połowę 1797 r. Na początku tego roku pułkownik Joachim Denisko sformował w Mołdawii oddział składający się z około 1000 byłych kościuszkowców. Denisko dążył do wywołania powstania – zarzewia walki o niepodległość. W marcu opublikowano *Akt powstania narodowego*, który wzywał do podjęcia walki i zapowiadał zniesienie stanów, równość i wolność. W czerwcu oddział Deniski wtargnął do austriackiej Bukowiny, ale już 30 VI 1797 r. został rozbity w bitwie pod Dobronowcami.

Centralizacja Lwowska nie była jedyną organizacją spiskową powstałą po trzecim rozbiorze. W październiku 1797 r. władze carskie wykryły w Wilnie tajne sprzysiężenie, które miało powiązania z ośrodkiem lwowskim. W wyniku przeprowadzonego śledztwa w grudniu 1797 r. na katorgę zesłano przywódców spisku, księży Faustyna Ciecierskiego i Aureliana Dąbrowskiego.

Również w 1797 r. w Gdańsku zawiązał się spisek Gotfryda Bartholdy'ego przeciwko władzom pruskim, zrzeszający głównie młodzież.

Z kolei 1 X 1798 r. w Warszawie zawiązało się Towarzystwo Republikantów Polskich. Do jego najwybitniejszych działaczy należeli Erazm Mycielski, Alojzy Orchowski i Antoni Krieger. Opowiadało się za odbudowaniem państwa o ustroju republikańskim i zapowiadało zniesienie przywilejów stanowych; uzyskało nawet poparcie przebywającego w Paryżu Tadeusza Kościuszki. Jego działalność zamarła jednak po 1801 r., gdy pokój francusko-austriacki zdawał się przekreślać szanse na odzyskanie niepodległości dzięki Napoleonowi.

◄ „DZIENNIK PATRYOTYCZNYCH POLITYKÓW"
zaczął ukazywać się jesienią 1792 r. we Lwowie z inicjatywy grupy działaczy wspierających insurekcję kościuszkowską. Początkowo pismo wychodziło raz w tygodniu, ale już od 1794 r. było pierwszą polską gazetą wydawaną codziennie.
10 VI 1794, BN WARSZAWA, FOT. KKON

► KORPUS KADETÓW W KALISZU,
wówczas w zaborze pruskim, utworzono w 1795 r. w atmosferze wzmożonej akcji germanizacyjnej. W okresie Księstwa Warszawskiego szkoła przeobraziła się w placówkę kształtującą polskie postawy patriotyczne. W Królestwie Polskim, ze względu na wysokie koszty kształcenia, stała się szkołą elitarną.
MUNDUR KADETA, 1815–1830 (REKONSTRUKCJA), FOT. PC

▼ PAŁAC W LUBOSTRONIU
był ostoją polskiej myśli patriotycznej. Gościli tu luminarze nauki i sztuki oraz przedstawiciele polskich i europejskich rodów arystokratycznych. Pałac powstał dla Fryderyka Skórzewskiego i był wzorowany na renesansowej Villa Rotonda w Vicenzy autorstwa Andrei Palladia. Przy budowie użyto głowic i baz kolumn pochodzących z niezrealizowanego w Warszawie kościoła Opatrzności Bożej.
STANISŁAW ZAWADZKI, 1795–1800, FOT. RS

PŁASKORZEŹBY ►
w lubostrońskim pałacu ilustrują zasługi Polaków dla Wielkopolski. Jedna z nich przedstawia przedłożenie planów budowy Kanału Bydgoskiego Fryderykowi Wielkiemu, co tradycja przypisuje Mariannie Skórzewskiej, matce inicjatora budowy pałacu – Fryderyka Skórzewskiego.
MICHAŁ CEPTOWICZ, 1800–1806, FOT. RS

▼ TEATR LWOWSKI
rozwijał się pod okiem założyciela i pierwszego dyrektora, Jana Nepomucena Kamińskiego. Aktor, dramaturg, poeta, tłumacz, reżyser i dziennikarz, wprowadzał nowe gatunki i dbał o poziom repertuaru. Niejednokrotnie ulegał też gustom publiczności, opracowując mniej ambitne sztuki, np. *Medeę* Friedricha Wilhelma Gottera.
F. GERSTENBERG, „PRZEDSTAWIENIE »MEDEI«", 1805, LMH LWÓW

Po zniszczeniu w 1794 r. przez wojska rosyjskie podwarszawskich Powązek księżna Izabela Czartoryska przeniosła swą artystyczną działalność do Puław. Powstało tu w latach 1798–1810 przetworzone z dawnego barokowego i ogromnie rozszerzone parkowe założenie w duchu romantycznym, sięgające aż po drugi brzeg Wisły. Było ono dziełem głównie samej księżnej, znawczyni sztuki ogrodowej, autorki *Myśli różnych o sposobie zakładania ogrodów*. Pomagało jej wielu artystów, m.in. angielski ogrodnik James Savage, architekt Chrystian Piotr Aigner, malarze Jan Piotr Norblin i Wojciech Jaszczołd. Wyjątkowych rozmiarów park, imitujący naturalny krajobraz, tworzył przestrzeń, w której poprzez dzieła architektury, pomniki i memoratywne kamienie z napisami wypowiedziany został wielki, romantyczno-narodowy program ideowy, a przedmiotem kultu były równocześnie polska natura i narodowa historia.

Wśród kilku wzniesionych w parku przez Chrystiana Piotra Aignera budynków szczególne znaczenie miały Świątynia Sybilli i Domek Gotycki, sensem i przeznaczeniem różniące się od tradycyjnych ogrodowych pawilonów. Były to w istocie pierwsze na ziemiach polskich muzea o charakterze tzw. miejsc trofealnych. Ich najważniejszym zadaniem – wobec upadku Rzeczypospolitej – było ratowanie i ochrona przed zniszczeniem znaków polskiej państwowości i narodowych skarbów: regaliów i koronnych klejnotów, chorągwi, oręża, dyplomów i medali, słowem – historycznych relikwii o symbolicznym znaczeniu, zdolnych podtrzymać dla przyszłości pamięć o przeszłości. Tu także utworzono miejsce kultu ostatnich narodowych bohaterów: Tadeusza Kościuszki i Józefa Poniatowskiego. Idee te wyrażała przede wszystkim monumentalna architektura Świątyni Sybilli.

Od chwili uroczystego otwarcia Domku Gotyckiego w 1809 r. aż do klęski powstania listopadowego i konfiskaty dóbr Czartoryskich przez rząd rosyjski Puławy były jednym z najczęściej zwiedzanych i podziwianych miejsc na ziemiach polskich. Jak inspirujące było dzieło Izabeli Czartoryskiej, świadczą inne, w krótkim czasie pojawiające się inicjatywy: *Trophaeum* generała Jana Henryka Dąbrowskiego w Winnogórze (1815 r.), Gabinet Historyczny biskupa Jana Pawła Woronicza w Krakowie (po 1816 r.), Zbrojownia Edwarda Raczyńskiego w Rogalinie (ukończona w 1823 r.), a przede wszystkim odbudowa zamku w Kórniku, odziedziczonego w 1826 r. przez Tytusa Działyńskiego.

◄ **IZABELA Z FLEMMINGÓW CZARTORYSKA** gromadziła obiekty cenne nie tyle artystycznie czy naukowo, ile historycznie. Mając dostęp do wielkich majątków po Sieniawskich, Lubomirskich czy Denhoffach, korzystała ze zgromadzonych przez nich przedmiotów i stworzyła w Puławach zbiór pamiątek patriotycznych.
WG RICHARDA COSWAYA, 1830, OSSOLINEUM WROCŁAW, FOT. MM

▲ **PAŁAC W PUŁAWACH** został przebudowany w duchu klasycyzmu przez Chrystiana Piotra Aignera. Zmieniono wówczas całe założenie rezydencjonalne, a w pracach brali udział także tacy malarze, jak Jan Piotr Norblin, Marcello Bacciarelli i Józef Richter, który utrwalił widok pałacu od strony dziedzińca tuż po ukończeniu przebudowy.
OK. 1810, MM PŁOCK, FOT. MM

◄ **SPODEK PORCELANOWY Z WIDOKIEM ŚWIĄTYNI SYBILLI** świadczy o popularności budowli puławskiej w kraju i jest jednym z wielu przedmiotów z przedstawieniem tego założenia.
BARANÓWKA, POCZ. XX W., MN WARSZAWA, FOT. PLI

◄► ŚWIĄTYNIA SYBILLI

nawiązywała w swojej monumentalnej formie do świątyni Westy w Tivoli pod Rzymem, jednak rozmiarami niemal dwukrotnie przewyższyła pierwowzór. Antykizująca rotunda, otoczona wieńcem kolumn i nakryta kopułą, była formą, którą zaczęto wówczas nadawać największym muzealnym gmachom Europy.

CHRYSTIAN PIOTR AIGNER, 1798–1801, FOT. MM

TZW. ROTUNDA ►

to kościół parafialny Wniebowzięcia NMP, wzniesiony z inicjatywy księcia Adama Kazimierza Czartoryskiego jako kaplica pałacowa poświęcona pamięci jego matki, Marii Zofii z Sieniawskich. Budowlę wzorowano na rzymskim Panteonie: ma plan koła, kopułę i jest poprzedzona portykiem korynckim.

CHRYSTIAN PIOTR AIGNER, 1800–1803, FOT. MM

◄ FOTEL EMPIROWY

należący do wyposażenia krypty Świątyni Sybilli powstał prawdopodobnie w zakładzie brązowniczym Jana Norblina. Kontakty między Warszawą i Paryżem sprawiły, że styl cesarstwa pojawił się na terenach polskich z niewielkim tylko opóźnieniem, wprowadzając do rzemiosła artystycznego motywy lwów i sfinksów.

WARSZAWA?, 1 ĆW. XIX W., FKCZART KRAKÓW, FOT. MM

▼ DOMEK GOTYCKI

stanowił muzeum o charakterze lapidarium. Ważnymi elementami wystroju sal były zespoły herbów zasłużonych dla kraju szlacheckich rodów. W ceglane pierwotnie elewacje wmurowano szczątki starych rzeźb i renesansowych nagrobków.

CHRYSTIAN PIOTR AIGNER, OK. 1809, FOT. MM

▲ BRAMA RZYMSKA

została wzniesiona w 1829 r. w charakterze romantycznej ruiny, kształtem przypominającej łuk triumfalny Tytusa w Rzymie. Tak zatopione w naturze dzieła architektury były ważnym elementem kompozycji ogrodowej.

FOT. MM

◄ ZBIORY MUZEALNE

w Domku Gotyckim obejmowały znakomitą kolekcję obrazów (m.in. Leonarda da Vinci, Rafaela i Rembrandta) oraz pamiątkowe przedmioty, których liczbę i rozmaitość znamy dzięki pierwszemu polskiemu drukowanemu katalogowi muzealnemu, autorstwa księżnej Izabeli.

„POCZET PAMIĄTEK ZACHOWANYCH W DOMU GOTYCKIM W PUŁAWACH", WARSZAWA, 1828, OSSOLINEUM WROCŁAW, FOT. MM

LEGIONY

Po trzecim rozbiorze nadzieje na odzyskanie własnej państwowości Polacy wiązali z rewolucyjną i napoleońską Francją

◀ **JAN HENRYK DĄBROWSKI**
dał się poznać jako sprawny organizator armii oraz biegły i pomysłowy taktyk. Specjalizował się m.in. w rozgrywaniu batalii na dużych przestrzeniach. Niektóre ze swych doświadczeń militarnych opisał w relacjach i pamiętnikach.
„PORTRET NA TLE ALP", 1 POŁ. XIX W., MWP WARSZAWA, FOT. MCIU

▶ **BROSZURA JÓZEFA PAWLIKOWSKIEGO**
była początkowo źle przyjmowana – zarzucano jej zbytni radykalizm społeczny. Popularność zdobywała w okresie Królestwa Polskiego, kiedy to uznano ją za manifest polskich dążeń niepodległościowych.
„CZY POLACY MOGĄ SIĘ WYBIĆ NA NIEPODLEGŁOŚĆ?", WARSZAWA, 1831 (WŁAŚCIWIE LWÓW, 1833), OSSOLINEUM WROCŁAW, FOT. MM

Czy Polacy mogą się wybić na niepodległość?

Wielu polskich działaczy politycznych liczyło na silne zaangażowanie Tadeusza Kościuszki w organizację i działalność Legionów Polskich. Tymczasem okryty sławą naczelnik, który do Paryża przybył w 1798 r., okazywał dużą rezerwę. Jego postawa nabierała szczególnej wymowy w okresie kryzysu Legionów Polskich we Włoszech, kiedy zachwiała się wiara we francuską pomoc dla Polski, a wielu oficerów wycofało się ze służby. Wtedy też coraz częściej zaczęły pojawiać się głosy mówiące, iż niepodległość można odbudować jedynie własnymi siłami. W tę atmosferę doskonale wpisuje się opublikowana w Paryżu w 1800 r. broszura Józefa Pawlikowskiego. Została napisana z inspiracji Tadeusza Kościuszki i głosiła, że naród polski może podjąć skuteczną walkę o wolność pod warunkiem, że jednomyślnie chwyci za broń w całej swej masie. Środkiem, który pobudzi cały naród do walki, miały być hasła wolności i równości, szczególnie hasło wolności włościan.

Pierwsze zabiegi w Paryżu

Od 1792 r. Francja toczyła wojny z Austrią i (krótko) z Prusami, dlatego wielu polityków i wojskowych Rzeczypospolitej uważało ją za naturalnego sojusznika. Rachuby te pozostały aktualne po upadku powstania kościuszkowskiego i trzecim rozbiorze. Przebywający w Paryżu emigranci, skupieni w dwóch organizacjach politycznych: Deputacji, bardziej radykalnej, związanej z Hugonem Kołłątajem, i Agencji, wiernej Konstytucji 3 maja, cieszącej się większą popularnością, zabiegali o poparcie sprawy polskiej przez francuską opinię publiczną i rząd. Szczególnie wiele wysiłków w tym kierunku czyniła Agencja, której głównym działaczem w owym czasie był Józef Wybicki. Jednakże zdecydowany impuls wysiłkom na rzecz utworzenia polskich formacji zbrojnych z pomocą Francji dały działania generała Jana Henryka Dąbrowskiego.

Już we wrześniu 1795 r. przebywający wówczas w Warszawie Dąbrowski po raz pierwszy wystąpił z projektem stworzenia polskiej siły zbrojnej przy wsparciu Francji. W porozumieniu z Wybickim przedstawił francuskiemu ambasadorowi w Berlinie memoriał, w którym proponował m.in. utworzenie korpusów polskich. Powoływani do nich mieli być Polacy przymusowo wcieleni do armii rosyjskiej i austriackiej. W lutym 1796 r. Dąbrowski rozmawiał na ten temat osobiście z francuskim posłem w Berlinie. Spotkał się również z królem Fryderykiem Wilhelmem II, który – oczywiście bezskutecznie – zaproponował mu służbę w armii pruskiej.

Po przybyciu do Paryża Dąbrowski opracował memoriał w sprawie utworzenia Legionów Polskich. Po przedyskutowaniu z niektórymi francuskimi ministrami dokument ten miał być przedstawiony sprawującemu we Francji władzę Dyrektoriatowi. Dąbrowski wskazywał w nim, że w celu zachowania równowagi w Europie należy odbudować, jako przeciwwagę dla Rosji, państwo polskie. Odbudowa państwowości może się dokonać w drodze powstania, jednak musi ono uzyskać pomoc z zewnątrz. Polacy, którzy wspomogli Francję w 1794 r. (powstanie kościuszkowskie wiązało znaczne siły pruskie), teraz oczekują rewanżu i proponują utworzenie legionów polsko-francuskich przy armiach reńskiej i włoskiej. W skład legionów, podporządkowanych francuskiemu dowództwu i pozostających pod komendą polskich of rów, mieli wejść żołnierze polscy – dezerterzy lub jeńcy z armii austriackiej.

30 X 1796 r. Dyrektoriat udzielił odpowiedzi. Gotów był poprzeć ideę tworzenia legionów, ponieważ

jednak konstytucja Francji zabraniała wcielania do armii obcych formacji, mogły one być tworzone tylko na terytorium sprzymierzonych z Francją włoskich republik Bolonii, Ferrary i Mediolanu. Dąbrowskiemu zaproponowano więc wyjazd do Włoch, gdzie stacjonowała armia generała Napoleona Bonapartego.

Utworzenie Legionów

Na początku grudnia 1796 r., po kilku dniach trudnych pertraktacji z Bonapartem w Mediolanie, delegacja polska z Dąbrowskim na czele uzyskała zgodę na utworzenie polskich oddziałów. Nie bez wpływu na to pozostawał zapewne fakt, że Austriacy przygotowywali się do kolejnej ofensywy na froncie włoskim. Formowanie legionów zaczęło się natychmiast po zawarciu 9 I 1797 r. konwencji z Administracją Generalną Republiki Lombardzkiej. Na jej mocy powstawały Legiony Polskie Posiłkujące Lombardię. Umundurowanie, znaki i organizację miały mieć zbliżone do dawnego wojska polskiego. Mundury były wzorowane na stroju kawalerii narodowej: granatowe z kolorowymi wyłogami i lampasami oraz graniastą czapką polską. Wyrazem wdzięczności dla Lombardii i Francji za umożliwienie powstania polskiej formacji były kontrepolety w barwach lombardzkich z napisem „Wszyscy ludzie wolni są braćmi" oraz francuska kokarda.

Podpisanie konwencji Polacy przyjęli z entuzjazmem. Liczyli bowiem, że walczące u boku Bonapartego Legiony Polskie wkroczą do Wiednia, a w sprzyjających okolicznościach nawet do Galicji, rozpoczynając w ten sposób walkę o odzyskanie niepodległości. Dąbrowski natychmiast wydał odezwy, w których wzywał jeńców i dezerterów polskiego pochodzenia oraz ochotników z kraju i obcych armii do wstępowania do Legionów.

Rekrutacja przebiegała dość sprawnie. Pod koniec stycznia 1797 r. w Mediolanie stacjonowało ponad 1100 legionistów, a w maju – już ponad 6600. Dlatego też 15 V 1797 r. Bonaparte dokonał reorganizacji Legionów. Miały się dzielić na 2 legie piechoty liczące po 3780 ludzi. Dowódcą I Legii, która stacjonowała w Bolonii, mianowano generała Józefa Wielhorskiego, dowódcą II Legii – operującej w rejonie Mantui i Coni – generała Franciszka Rymkiewicza. Utworzono także 3 kompanie artylerii legionowej, którą dowodził Wincenty Axamitowski. Naczelne dowództwo pozostało w rękach Dąbrowskiego.

Mimo że Włosi długo ociągali się z ratyfikacją układu, na początku kwietnia 1798 r. Legiony przeszły na żołd Republiki Cisalpińskiej, sukcesorki Re-

► **MUNDUR LEGIONOWY JANA HENRYKA DĄBROWSKIEGO**

składa się z kurtki kroju polskiego i charakterystycznej dla polskiego wojska czapki. Świadczy o upodobaniu generała do podkreślania narodowego charakteru uniformu.
1796–1806, MWP WARSZAWA, FOT. MCIU

▼ **LEGIONIŚCI POLSCY W RZYMIE**

aktywnie uczestniczyli w życiu codziennym miasta. Uczęszczali do teatrów i na koncerty, brali udział w paradach i popisach wojskowych. Specjalnie dla nich otwarto kościół św. Stanisława, przeznaczony dawniej dla pielgrzymów polskich.
„POLACY W RZYMIE", WG MICHAŁA SOKOLNICKIEGO, PARYŻ, OK. 1840, MHMSW WARSZAWA, FOT. PC

Napoleon a sprawa polska

Rozważając stosunek Bonapartego do kwestii restauracji polskiej państwowości, należy pamiętać, że cesarz Francuzów reprezentował francuską rację stanu i nawet dla zapewnienia swojej armii zaplecza nie musiał przywracać państwa polskiego. Jednak po pokonaniu pierwszego zaborcy, Prus, utworzył Księstwo Warszawskie. Kontrowersyjna nazwa – wynik kompromisu z rosyjskim carem – nie może przesłonić faktu wskrzeszenia polskiego państwa z własnym parlamentem, administracją, oświatą, sądownictwem i narodową armią. Kiedy w 1809 r. została pokonana Austria, Księstwo powiększono o ziemie trzeciego zaboru austriackiego. Jednocześnie Napoleon zaproponował Habsburgom oddanie Polakom ziem pierwszego zaboru w zamian za przyłączenie do Austrii jednego z departamentów Francji – iliryjskiego. I wreszcie, kiedy wybuchła wojna z trzecim zaborcą – Rosją – ogłoszono za zgodą Bonapartego restaurację Królestwa Polskiego w jego dawnych granicach. Gdyby losy wojny potoczyły się inaczej, państwo polskie zostałoby powiększone o ziemie trzeciego zaborcy, a na polskim tronie zasiadłby sam Napoleon.

▲ ► NAGRODY DLA OFICERÓW,
przyznawane przez władze francuskie
za zasługi wojenne, miały często charakter
tytułów honorowych. Inną formą nagradzania,
popularną od czasów Dyrektoriatu,
było darowanie zasłużonemu broni.
*SZABLA GENERAŁA KAROLA KNIAZIEWICZA NADANA MU PRZEZ
DYREKTORIAT 8 III 1799 – MN KRAKÓW, FOT. MŁ; DYPLOM
NADANIA GENERAŁOWI JÓZEFOWI CHŁOPICKIEMU TYTUŁU
BARONA IMPERIUM FRANCUSKIEGO – 2 V 1811, MWP
WARSZAWA, FOT. PC*

**◄ CHORĄGIEW
VII BATALIONU PIECHOTY
I LEGII POLSKIEJ**
zawiera przedstawienie koguta –
symbolu Francji. Stanowi jeden
z przykładów przejmowania przez
polskich legionistów emblematów
akcentujących ich związek z armią
francuską.
1800, MWP WARSZAWA, FOT. PC

PISTOLETY ►
były uważane za broń
honorową. Etykieta
pojedynkowa zakładała,
że pistolety powinny być
tego samego kalibru, choć
niekoniecznie musiały pochodzić
z tej samej pary. Po przybyciu
na miejsce pojedynku sekundanci
mieli oznaczyć dystans, zbadać
wierzchnie okrycie przeciwników
i dopiero wówczas wypróbować
siłę spadową kurka pistoletu.
*DURS EGG LONDON, LONDYN, 1 POŁ.
XIX W., MWP WARSZAWA, FOT. PC*

▼ BITWA POD HOHENLINDEN
okazała się sprawdzianem umiejętności polskich oficerów, którzy zdołali m.in.
powstrzymać kolumnę ubezpieczeniową Austriaków, co znacznie przyczyniło się
do zwycięstwa.
JEAN DUPLESSI-BERTAUX, FRANCJA (PARYŻ?), 1804, BUWR WROCŁAW, FOT. JKAT

publiki Lombardzkiej. We wrześniu 1798 r. Napoleon zgodził się na utworzenie „komisji dla ukończenia organizacji Korpusu Polskiego". Jej prace przyczyniły się do ostatecznego zorganizowania wojsk polskich we Włoszech. W październiku uchwały tego gremium zostały zaaprobowane przez Francuzów, co praktycznie oznaczało uznanie odrębności Legionów od armii włoskiej.

Na froncie włoskim

18 XI 1797 r. Dąbrowski otrzymał nominację na dowódcę Korpusu Emilii (przemianowanego później na Korpus Romanii), który składał się z wojsk polsko-włoskich. Głównym zadaniem tej formacji były działania przeciw Państwu Kościelnemu. 6 XII 1797 r. Korpus zdobył twierdzę San Leo, co ułatwiało marsz w kierunku Rzymu. Jednakże 30 XII 1797 r. Francuzi wydali rozkaz odwrotu – rzekomo nie chcieli dopuścić do zdobycia Wiecznego Miasta przez wojska polskie. Do Rzymu polski generał wkroczył dopiero w maju 1798 r. i objął komendanturę wojskową nad miastem.

Piękną kartę zapisali legioniści w czasie rozgrywającej się na przełomie lat 1798 i 1799 wojny francusko-neapolitańskiej. Szczególnie odznaczyła się I Legia, dowodzona w tym czasie przez generała Karola Kniaziewicza. Najpierw, 1 XII 1798 r., jej 300-osobowy oddział rozbił pod Magliano kilkutysięczny korpus neapolitański, a 3 dni później, pod Civita Castellana, pokonała ona główną armię nieprzyjacielską, dowodzoną przez Karola Macka. Z kolei Dąbrowski na czele niewielkiego oddziału polskiego wziął udział w oblężeniu Gaety, a jego działania w decydujący sposób przyczyniły się do jej zdobycia (30 XII 1798 r.), otwierając wojskom francuskim drogę do Neapolu.

Wiosną 1799 r. II Legia uczestniczyła w kampanii przeciw armii rosyjskiej feldmarszałka Aleksandra Suworowa. W dwóch bitwach – 26 III pod Legnano i 5 IV pod Magnano – poniosła ciężkie straty; zginął dowodzący nią Rymkiewicz. Jej niedobitki, mimo sprzeciwu ponownie stojącego na czele I Legii Wielhorskiego, zostały skierowane do obrony Mantui. Miasto dzielnie broniło się przez blisko 4 miesiące, jednak 29 VII 1799 r. zostało poddane. Dla legionistów była to wielka tragedia, gdyż na mocy tajnej umowy między komendantem twierdzy a dowództwem wojsk austriackich Polacy zostali wydani nieprzyjacielowi.

W kwietniu 1799 r. – a więc w czasie, gdy II Legia broniła Mantui – I Legia została przerzucona z południa Włoch do Lombardii. Tu weszła w skład dywizji, której dowództwo otrzymał Dąbrowski i która wkrótce wzięła aktywny udział w wielu bitwach. Opanowując doliny wyjściowe na Nizinę Padańską, 18 VI 1799 r. uczestniczyła w bitwie nad Trebbią, gdzie poniosła znaczne straty. W lipcu i sierpniu, po reorganizacji wojsk, Dąbrowski walczył w Ligurii. 15 VIII wziął udział w kolejnej wielkiej bitwie z armią austriacko-rosyjską Suworowa pod Novi. 24 X 1799 r. jego formacja zdobyła Bosco.

Legia Naddunajska

W czasie gdy Legie I i II toczyły krwawe boje we Włoszech, pojawił się pomysł utworzenia kolejnej polskiej formacji zbrojnej walczącej u boku Francji. Według polskich planów miałaby ona walczyć nad Renem. Rozmowy na ten temat toczyły się już na przełomie lat 1798 i 1799, ale w fazę decydującą weszły w sierpniu i wrześniu 1799 r.

Legia Naddunajska, bo taką nazwę otrzymała nowa polska formacja, była tworzona w Republice Batawskiej (Holandii), ale stanowiła część składową armii francuskiej. Dowódcą Legii, złożonej z 4 batalionów piechoty, 4 szwadronów jazdy i kompanii artylerii konnej – łącznie około 6000 ludzi – został były dowódca I Legii, Karol Kniaziewicz. Żołnierze zachowali polską odrębność; byli ubrani w mundury polskie, granatowe z amarantowymi wyłogami i wypustkami.

Latem 1800 r. licząca już ponad 13 tysięcy ludzi Legia Naddunajska weszła w skład Korpusu Dolnego Renu generała Saint Susanne Giles'a Brunetau i wzięła udział w tzw. kampanii frankfurckiej. Największą sławę przyniósł jej jednak udział w bitwie pod Hohenlinden (3 XII 1800 r.): legioniści pod wodzą Kniaziewicza powstrzymali, a następnie rozbili 13-tysięczny korpus austriacki generała Jana Riescha.

Kryzys Legionów

Sukcesy Legii Naddunajskiej przysporzyły polskiemu żołnierzowi chwały, ale nie przybliżały upragnionego celu, jakim było wznowienie walki o niepodległość. Przekonali się o tym szczególnie mocno legioniści walczący we Włoszech. Siły Legii I i II zostały bowiem w czasie kampanii 1799 r. mocno uszczuplone. Dlatego też po przerwaniu działań wojennych we Włoszech Dąbrowski rozpoczął starania o ich odbudowę. W tym celu udał się do Paryża, gdzie zamierzał spotkać się z Napoleonem. Pierwsze kroki skierował jednak do Tadeusza Kościuszki. Dopiero po spotkaniu z naczelnikiem rozpoczął zabiegi o przedstawienie Bonapartemu swego memoriału, który zakładał odnowienie przetrze-

▲ JÓZEF SUŁKOWSKI,
uczestnik francuskiej kampanii w Egipcie, zginął w 1798 r., wracając z rekonesansu podczas powstania w Kairze. Winą za jego tragiczny los obarczano samego Napoleona, który – rzekomo chcąc pozbyć się zdolnego adiutanta – posłał go na pewną śmierć.
„PORTRET SUŁKOWSKIEGO W MUNDURZE FRANCUSKIM" – ANTONI BRODOWSKI, 1813, MN POZNAŃ; „ŚMIERĆ SUŁKOWSKIEGO W EGIPCIE" – XIX W., OSSOLINEUM WROCŁAW; FOT. MŁ

▼ ALEGORIA WOJEN NAPOLEOŃSKICH
to pean na cześć cesarza, co podkreśla ukazana w centrum postać zwycięskiej Nike. Przedstawiona w chmurach świątynia symbolizuje nadzieję dla Polaków, którym sojusz z Napoleonem miał przynieść wolność. Rysunek ukazuje także negatywne następstwa wojny, symbolizowane przez zbierającą swoje żniwo Śmierć.
JAN PIOTR NORBLIN, 1807, MN WARSZAWA, FOT. MŁ

▶ SZABLE STRZELCÓW KONNYCH,
lekkiej jazdy określanej mianem szaserów, często pochodziły ze zdobyczy wojennej, podobnie jak używana przez nich broń palna. Dopiero po 1807 r. wyposażono tę jednostkę w regulaminową broń francuską.
WZ. 1802, MMMM WROCŁAW, FOT. MŁ

Legia Nadwiślańska

Taką nazwę nosiła polska formacja zbrojna w służbie francuskiej utworzona w 1808 r. z przekształcenia istniejącego od 1806 r. Legionu Polsko-Włoskiego. Legia składała się z piechoty i jazdy. Oddziały piechoty walczyły pod dowództwem Józefa Chłopickiego w latach 1808–1812 w Hiszpanii, brały także udział w kampanii rosyjskiej 1812 r. W 1813 r. wcielono je do korpusu księcia Józefa Poniatowskiego, a w 1814 r. zreorganizowano w pułk Piechoty Nadwiślańskiej. Podobny szlak bojowy przeszedł pułk ułanów, który w Hiszpanii walczył pod dowództwem generała Jana Konopki, a w czasie kampanii rosyjskiej – pod rozkazami generała Józefa Stokowskiego. W 1814 r. pułk ułanów wziął też udział w kampanii saskiej. Po kapitulacji Drezna dostał się do niewoli. Oddziały Legii Nadwiślańskiej wsławiły się wielką walecznością i odwagą, dlatego uznano je za jedne z najświetniejszych polskich oddziałów wojskowych.

▲ **LEGIONIŚCI WALCZĄCY NA SANTO DOMINGO**

byli narażeni tak na ataki wroga, jak i na choroby tropikalne. Niektórzy Polacy przeszli na stronę powstańców, a po uzyskaniu przez Haiti niepodległości stali się obywatelami tego państwa.

JANUARY SUCHODOLSKI, „LEGIONIŚCI NA SAN DOMINGO", 1854, MN WARSZAWA, FOT. MM

▲ **LEGIA NADWIŚLAŃSKA**

składała się z 4 pułków piechoty i pułku ułanów. Piechurzy byli umundurowani w ciemnoniebieskie kurtki i białe spodnie, ułani wyróżniali się wysokim nakryciem głowy.

„LEGION POLSKI 1810 – REGIMENT NADWIŚLAŃSKI" – HIPPOLYTE BELLANGE, OK. POŁ. XIX W., MM PŁOCK; RYNGRAF DO MUNDURU OFICERA WYŻSZEGO LEGII NADWIŚLAŃSKIEJ - 1809, MN KRAKÓW; FOT. MM; BLACHA NA KASZKIET PUŁKU NADWIŚLAŃSKIEGO PIECHOTY - 1814, MWP WARSZAWA, FOT. MCIU

Somosierra

Na mapie podbojów Napoleona Półwysep Iberyjski okazał się terenem bardzo trudnym. Wynikało to ze specyfiki iberyjskiej społeczności i przywiązania do rodzimej dynastii, którą Bonaparte usunął, osadzając na hiszpańskim tronie swojego brata Józefa. Po wybuchu antynapoleońskiego powstania nowy monarcha pospiesznie opuścił Madryt, ale Napoleon zdecydował się wprowadzić go ponownie na tron. W listopadzie 1808 r. ruszyła ofensywa w głąb Hiszpanii. Na drodze do stolicy, w liczącym około 3 km długości wąwozie

Somosierry w górach Sierra de Guadarrama, stało gotowych do walki 13 tysięcy hiszpańskich żołnierzy i 16 dział. 30 XI nagła szarża polskiego szwadronu, liczącego zaledwie 200 szwoleżerów i dowodzonego przez pułkownika Jana Kozietulskiego, zdobyła brawurowym atakiem (trwającym 8 minut) zaciekle broniony wąwóz. Broniąca gór armia hiszpańska opuściła w popłochu swoje pozycje, a droga do Madrytu stanęła otworem. Szarża polskich szwoleżerów zyskała wyjątkowe uznanie Napoleona.

bionego w czasie kampanii włoskiej Korpusu Polskiego. Korpus miał być odtwarzany w Marsylii. Napoleon ostatecznie zgodził się na takie rozwiązanie. 13 III 1800 r. ogłoszono, iż polska Legia Włoska będzie się składać ze sztabu, 7 batalionów piechoty i batalionu artylerii (łącznie ponad 8000 ludzi). W maju 1800 r. Dąbrowski wyjechał do Marsylii. Z typową dla siebie energią natychmiast przystąpił do reorganizacji wojska. Położenie legionistów było jednak bardzo trudne: brakowało mundurów, uzbrojenia, często żywności, żołnierze nie otrzymywali żołdu. Sytuacja zaczęła się poprawiać dopiero w końcu lata 1800 r. Wtedy jednak władze francuskie ogłosiły kolejną reorganizację Legionów. Legia Włoska, odnawiana w Marsylii, miała ponownie przejść na służbę Republiki Cisalpińskiej. Następnie cała formacja została przerzucona w rejon Mediolanu. Na przełomie lat 1800 i 1801 Dąbrowski otrzymał zadanie oblegania Peschiery i blokady Mantui.

Po zawarciu pokoju francusko-austriackiego w Lunéville (9 II 1801 r.) Legiony ponownie znalazły się w krytycznym położeniu. Powszechnie uważano, że zostaną rozwiązane i nie zostanie dotrzymana obietnica wykorzystania ich do walki o niepodległość Polski. Wielu legionistów, rozczarowanych do Francji – wśród nich generał Kniaziewicz – występowało ze służby. Stan niepewności trwał praktycznie do końca 1801 r. Ostatecznie dokonano reorganizacji wojsk polskich: w miejsce Legii Włoskiej utworzono 2 półbrygady piechoty, natomiast Legię Naddunajską zredukowano do półbrygady. Od prac reorganizacyjnych odsunięto Dąbrowskiego; prowadzili je sami Francuzi. Niezrażony tym Dąbrowski jeszcze na początku następnego roku prowadził z Napoleonem i z Muratem rokowania na temat utrzymania Legionów przy armii francuskiej. Zabiegi te były jednak nieskuteczne – półbrygady utworzone z Legii Włoskiej zostały wcielone do armii włoskiej.

Faktyczny kres działalności Legionów nastąpił w maju 1802 r. Wówczas to 2 półbrygady Legionów Polskich zostały wysłane na Santo Domingo, gdzie we współpracy z francuskim korpusem ekspedycyjnym wzięły udział w tłumieniu powstania Murzynów. Część legionistów zmarła, większość dostała się do niewoli angielskiej. Do Księstwa Warszawskiego wróciło jedynie około 300 żołnierzy.

Epilog

Wysłanie Legionów Polskich na Santo Domingo dla wielu polskich żołnierzy i działaczy politycznych liczących na odzyskanie niepodległości we

Francji było wielkim ciosem. Okazało się bowiem, że Francuzi, w tym także Napoleon, z którym wiązano największe nadzieje, traktują sprawę polską w sposób instrumentalny. W latach 1801–1802 dla przyszłego cesarza Francuzów ważniejsze było utrzymanie pokoju z Austrią i Anglią niż wszczynanie kolejnej awantury wojennej dla wskrzeszenia Polski. I choć ta polityka zachwiała zaufanie Polaków do francuskiego sojusznika, to jednak nie pozbawiła ich złudzeń, że pewnego dnia ich marzenie się ziści. Wielu legionowych weteranów, w tym sam generał Dąbrowski, trwało więc przy Francuzach.

Idea legionowa odrodziła się ponownie po wybuchu czwartej koalicyjnej wojny przeciwko Francji w 1806 r. Kiedy Prusy, zaniepokojone sukcesami Napoleona w Rzeszy Niemieckiej, rozpoczęły wojnę z Francją, ten wezwał do siebie Dąbrowskiego i polecił mu zorganizowanie powstania w Poznańskiem, na tyłach armii pruskiej. W ten sposób rozpoczęła się tzw. pierwsza wojna polska, która doprowadziła do powstania Księstwa Warszawskiego.

Rozpoczęcie wojny przeciwko Prusom i, później, wznowienie działań zbrojnych przeciwko Rosji spowodowały, że polskie formacje przy armii francuskiej zaczęły szybko się powiększać. W okresie od lutego do czerwca 1807 r. w działaniach wojennych na froncie północnym przeciw Rosji uczestniczyły już trzy legie polskie. Polskim wojskiem dowodzili: książę Józef Poniatowski – I Legią, generał Józef Zajączek – II Legią, i Dąbrowski – III Legią. Każda legia składała się początkowo z 4 pułków piechoty, pułku jazdy, batalionu artylerii i kompanii saperów (łącznie około 13 tysięcy ludzi). Polskie formacje brały udział w kilku bitwach, m.in. o Tczew, Gdańsk oraz pod Frydlandem. Po zakończeniu wojny legioniści wstępowali bądź do armii Księstwa Warszawskiego, bądź do Legii Nadwiślańskiej.

Ostatni epizod legionowej epopei wiąże się z prowadzoną przez Napoleona od 1808 r. wojną w Hiszpanii. Jesienią tego roku, po zawarciu układu z carem Aleksandrem I, Napoleon przerzucił znaczną część swoich wojsk do Hiszpanii, gdzie był zmuszony walczyć z powstaniem antyfrancuskim. W wyprawie hiszpańskiej wzięły także udział wojska polskie, wśród nich Legia Nadwiślańska oraz kilka pułków „warszawskich". Wojska polskie uczestniczyły m.in. w oblężeniu Saragossy. Największą sławę zdobyły jednak po zdobyciu wąwozu Somosierra, bronionego przez 13-tysięczne wojska hiszpańskie. 30 XI 1808 r. szwadron szwoleżerów dowodzony przez pułkownika Jana Kozietulskiego w brawurowej szarży zdobył wąwóz, otwierając Napoleonowi drogę do Madrytu.

▲ BITWA POD FRYDLANDEM 14 VI 1807 R.
zakończyła się zdecydowanym zwycięstwem Francuzów nad armią rosyjską. Odznaczył się w niej śmiałą szarżą polski 5. Pułk Strzelców Konnych pod dowództwem pułkownika Kazimierza Turny.
WG THOMASA CHARLESA NAUDETA, MWP WARSZAWA, FOT. PC

▲ JAN KOZIETULSKI
przeszedł do historii jako bohater spod Somosierry. W rzeczywistości zwycięstwo w słynnej szarży nie było jego zasługą, gdyż został ranny już w jej początkowej fazie. Nieprzemyślane, brawurowe zachowanie podczas batalii przeszło do legendy jako przejaw „ułańskiej fantazji" pułkownika.
AKT NADANIA JANOWI KOZIETULSKIEMU TYTUŁU BARONA CESARSTWA, PAŁAC ST. CLOUD, FRANCJA, 1811, AGAD WARSZAWA

▶ SZWOLEŻEROWIE, formacje lekkiej jazdy znane we Francji już od XVI w., pojawili się w armii polskiej w 1807 r., szybko zasilając szeregi gwardii cesarskiej. Ich oddziały odznaczyły się w kampaniach hiszpańskiej i rosyjskiej, a ochotniczy szwadron towarzyszył Napoleonowi podczas zesłania na Elbę.
MUNDUR SZWOLEŻERÓW, POCZ. XIX W., MWP WARSZAWA, FOT. MCIU

▶ BITWA POD SOMOSIERRĄ
to jeden z wielu powstających w XIX w. naiwnych obrazów i grafik, przedstawiających słynne batalie bez szczególnej dbałości o realia historyczne. Ich celem było ukazanie doniosłości danej bitwy i prezentacja heroizmu jej uczestników.
PARYŻ, POCZ. XIX W., MHMSW WARSZAWA, FOT. PC

▶ ODEZWA DO POLAKÓW
Jana Henryka Dąbrowskiego i Józefa Wybickiego przypominała apele, jakie Napoleon miał zwyczaj wygłaszać przed rozpoczęciem bitwy. Zachęcała do podjęcia wysiłku militarnego, ale podkreślała też ewentualne ryzyko.
BERLIN, 3 XI 1806, MNIEP WARSZAWA, FOT. MM

Mazurek Dąbrowskiego

Dnia 16 VII 1797 r. w Reggio we Włoszech, gdzie stacjonował sztab Legionów Polskich z generałem Janem Henrykiem Dąbrowskim na czele, w czasie patriotycznej uroczystości dla uczczenia rocznicy zburzenia Bastylii i przyłączenia Reggio do Republiki Cisalpińskiej Józef Wybicki prawdopodobnie odśpiewał napisaną przez siebie *Pieśń Legionów Polskich we Włoszech*, znaną później jako *Mazurek Dąbrowskiego*. Było to pierwsze wykonanie pieśni, która dziś jest polskim hymnem narodowym.

Józef Wybicki napisał utwór w lipcu 1797 r., ale opublikowano go w pierwszym numerze rękopiśmiennej gazety wojskowej „Dekada Polska", który ukazał się w lutym 1799 r. w Mantui. Śpiewana na melodię mazura pieśń szybko stała się popularna wśród legionistów. W latach następnych funkcjonowała jako pieśń bojowa, z czasem zaczęto ją śpiewać także przy wszelkich okazjach patriotycznych.

Swoją popularność *Mazurek Dąbrowskiego* zawdzięczał słowom – manifestowały one wolę walki o odzyskanie niepodległości. Szczególne znaczenie w tym kontekście mają pierwsze strofy: „Jeszcze Polska nie umarła, / Kiedy my żyjemy. / Co nam obca moc wydarła, / Szablą odbijemy". Nie bez znaczenia są też słowa refrenu: „Marsz, marsz Dąbrowski / Do Polski z ziemi włoski", które w pewien sposób spełniły się już w 1807 r., w chwili utworzenia Księstwa Warszawskiego.

Nie od razu *Pieśń Legionów Polskich we Włoszech* stała się polskim hymnem narodowym. W czasach Królestwa Polskiego jej popularność nieco spadła, gdyż na plan pierwszy wysunęła się inna pieśń – *Boże, coś Polskę*. Jednak już w czasie powstania listopadowego *Mazurek Dąbrowskiego* odzyskał swoją dawną funkcję, a nawet zaczął być postrzegany jako hymn narodowy.

W dobie międzypowstaniowej i w końcu XIX w. pieśń ta była bardzo popularna na emigracji, gdzie śpiewano ją podczas wszystkich patriotycznych uroczystości. W kraju sytuacja była zgoła odmienna – jej publikowanie było zakazane przez cenzurę, a za publiczne wykonanie groziła zsyłka. Równocześnie jednak, nieustannie wydawana w tajnych i półjawnych drukach, była doskonałym instrumentem propagandy na rzecz sprawy polskiej.

Oficjalnie *Mazurek Dąbrowskiego* został uznany za hymn narodowy i państwowy w 1926 r., na mocy okólnika Ministerstwa Wyznań Religijnych i Oświecenia Publicznego. Po II wojnie światowej i przejęciu władzy przez komunistów przedwojenna decyzja w sprawie hymnu została podtrzymana w wydanym w 1948 r. rozporządzeniu ministra oświaty.

▲ JÓZEF WYBICKI,
pisarz i polityk, autor polskiego hymnu narodowego, był uczestnikiem powstania kościuszkowskiego, a po 1795 r. – bliskim współpracownikiem generała Dąbrowskiego i współorganizatorem Legionów Polskich we Włoszech oraz powstania wielkopolskiego w 1806 r.
POŁ. XIX W., OSSOLINEUM WROCŁAW, FOT. MŁ.

◄ JAN HENRYK DĄBROWSKI,
bohater polskiego hymnu narodowego, długą i burzliwą karierę wojskową rozpoczął od służby w armii saskiej. W 1792 r. wstąpił do armii polskiej, później uczestniczył w powstaniu kościuszkowskim. Brał udział we wszystkich ważniejszych kampaniach za czasów Księstwa Warszawskiego. Po upadku Napoleona powrócił do kraju i organizował wojsko Królestwa Polskiego.
OK. 1810, MWP WARSZAWA, FOT. PC

▼ MUZEUM HYMNU POLSKIEGO
znajduje się w Będominie, małej wsi na Pojezierzu Kaszubskim, w której urodził się Józef Wybicki. Zbiory utworzonego w 1978 r. muzeum ukazują biografię autora, dzieje epoki legionowej oraz znaczenie *Mazurka Dąbrowskiego* w rozbudzaniu polskiej świadomości narodowej.
POCZ. XVIII W., BĘDOMIN POW. KOŚCIERZYNA, FOT. ZD

PORÓWNANIE TEKSTÓW:

Wersja pierwotna *Pieśni Legionów Polskich we Włoszech*	Wersja współczesna *Mazurka Dąbrowskiego*
Jeszcze Polska nie umarła,	Jeszcze Polska nie zginęła,
Kiedy my żyjemy.	[bez zmian]
Co nam obca moc wydarła,	Co nam obca przemoc wzięła,
Szablą odbijemy.	Szablą odbierzemy.
Marsz, marsz Dąbrowski	[bez zmian]
Do Polski z ziemi włoski	Z ziemi włoskiej do Polski
Za Twoim przewodem	[bez zmian]
Złączem się z narodem.	Złączym się z narodem.
Jak Czarnecki do Poznania	Jak Czarniecki do Poznania
Wracał się przez morze	Po szwedzkim zaborze
Dla ojczyzny ratowania	[bez zmian]
Po szwedzkim rozbiorze.	Wracał się przez morze.
Marsz, marsz...	[bez zmian]
Przejdziem Wisłę, przejdziem Wartę	[bez zmian]
Będziem Polakami,	[bez zmian]
Dał nam przykład Bonaparte	[bez zmian]
Jak zwyciężać mamy.	[bez zmian]
Marsz, marsz...	[bez zmian]
Niemiec, Moskal nie osiędzie,	[bez zmian]
Gdy jąwszy pałasza,	[bez zmian]
Hasłem wszystkich zgoda będzie	[bez zmian]
I ojczyzna nasza.	[bez zmian]
Marsz, marsz...	[bez zmian]
Już tam ojciec do swej Basi	Mówił ojciec do swej Basi
Mówi zapłakany	Cały zapłakany,
Słuchaj jeno, pono nasi	[bez zmian]
Biją w tarabany.	[bez zmian]
Marsz, marsz...	[bez zmian]
Na to wszystko jedne głosy:	[bez zmian, zwrotka obecnie nieśpiewana]
Dosyć tej niewoli,	
Mamy racławickie kosy,	
Kościuszkę, Bóg pozwoli.	

▲ ODBITKA TEKSTU *PIEŚNI LEGIONÓW POLSKICH WE WŁOSZECH*
– jedna z dwudziestu czterech wykonanych w 1885 r. bezpośrednio z oryginału.
BJ KRAKÓW

▲ NUTY REFRENU
Pieśń Legionów Polskich we Włoszech śpiewana jest na melodię mazura. Jednakże początkowo autorstwo muzyki niesłusznie przypisywano Michałowi Kleofasowi Ogińskiemu, autorowi słynnego poloneza *Pożegnanie z ojczyzną*.
HARMONIZACJA FRYDERYKA CHOPINA, KARLSBAD, CZECHY, 2 IX 1835, TFC WARSZAWA, FOT. AKACZ

◄ SUCHAR MARYNARSKI,
który zgodnie z tradycją Napoleon miał rozkruszyć na okręcie „Bellerophon" w drodze na Wyspę Świętej Heleny, należy do tych pamiątek narodowych, które obok hymnu przyczyniły się do utrwalenia legendy napoleońskiej.
FKCZART KRAKÓW

▲ KAPLICZKA DOMOWA
z pozytywką wygrywającą melodię *Mazurka Dąbrowskiego* jest świadectwem uczuć patriotycznych wśród ludności. W czasie prześladowań zakazaną melodię ukrywano w pozytywkach i zegarach.
JOSEF KOLINKA, KON. XIX W., MHN BĘDOMIN, FOT. ZD

SZKIEŁKIEM I OKIEM

Upadek Rzeczypospolitej przyczynił się do przerwania dynamicznego rozwoju kultury oświecenia, ale nie zahamował rozwoju nauki i oświaty

▼ KSIĄŻĘ ADAM JERZY CZARTORYSKI,
cieszący się przyjaźnią cara, w 1803 r. objął funkcję kuratora Wileńskiego Okręgu Naukowego, sięgającego aż po Dniepr i granicę z Austrią. Czartoryski zapewniał dużą niezależność szkołom, w których nadal wykładano po polsku, i pracował nad zmierzającą do podniesienia poziomu nauczania reformą szkolnictwa.
WG JÓZEFA GRASSIEGO, 2 POŁ. XVIII W., ML WARSZAWA, FOT. ML

▲ CESARSKI UNIWERSYTET WILEŃSKI
uzyskał przy fundacji – jako pierwszy w Rosji – statut gwarantujący mu autonomię, zatwierdzony 30 V 1803 r. przez Aleksandra I. Opracowali go dwaj Polacy: Hieronim Stroynowski i Adam Jerzy Potocki.
PHILIP BENOÏST, ADOLF JEAN BAPTISTE BAYOT, 1849–1850, MN WARSZAWA, FOT. ML

Polscy uczeni na obczyźnie

Niesprzyjające warunki, jakie dla pracy naukowej stworzyła polityka zaborców na ziemiach polskich, zmusiły wielu uczonych do emigracji. Po każdym powstaniu wielu z nich opuszczało kraj, włączając się w naukową i polityczną działalność na obczyźnie. Lekarze – okulista Seweryn Gałęzowski (redaktor francuskiego czasopisma medycznego) i Adam Raciborski (jego pracę poświęconą chorobom płuc przetłumaczono na wiele języków) – uczynili bardzo dużo dla francuskiej medycyny. Feliks Wierzbicki, geolog, był pionierem badań nad budową geologiczną Kalifornii. Pionierskie były też prace geograficzne Pawła Strzeleckiego na temat Australii, do niedawna uznawane za najlepsze. W Peru inżynier Ernest Malinowski zbudował gigantyczną linię kolejową przez Andy (na wysokości prawie 5000 m), łączącą Atlantyk z Pacyfikiem i biegnącą przez ponad sześćdziesiąt tuneli i trzydzieści wielkich mostów. Wysoko ceniono pracującego w Brazylii geografa i geologa Józefa Siemiradzkiego. Rektorem uniwersytetu w Santiago de Chile był wybitny chemik, profesor Ignacy Domeyko. Wielu innych losy zawiodły do Meksyku, Egiptu, Indii czy Nowej Zelandii, co było dużą stratą dla intelektualnego życia kraju.

Rozkwit Wilna

Trzeci rozbiór Rzeczypospolitej był dla jej społeczeństwa wielkim ciosem nie tylko dlatego, że oznaczał upadek niezawisłości państwowej, lecz także z powodu przerwania naturalnej ciągłości rozwoju nauki i kultury. Motorem napędowym kultury oświecenia w dużym stopniu był mecenat królewski. Po rozbiorach trudno było liczyć na wspieranie polskich inicjatyw kulturalnych przez monarchów władających zaborczymi mocarstwami. W naturalny sposób zatem nastąpił upadek dotychczasowych centrów polskiego życia kulturalnego. Los ten spotkał też Warszawę, która po 1795 r. stała się miastem prowincjonalnym.

Negatywne skutki rozbiorów były dotkliwe, ale błędem byłoby sądzić, że doprowadziły do całkowitego upadku kultury polskiej. Mało tego, na początku XIX w. obserwujemy bardzo dynamiczny rozwój nowych ośrodków, które przejmowały funkcje duchowych stolic Polski.

Rolę taką od początku XIX w. zaczęło pełnić Wilno, które stało się prawdziwym centrum polskiego życia kulturalnego i narodowego w zaborze rosyjskim. Rozkwit miasto zawdzięczało przeprowadzonym w 1803 r. przez cara Aleksandra I reformom systemu szkolnego w Cesarstwie Rosyjskim. Car ustanowił wtedy Wileński Okręg Naukowy, a jego kierownictwo powierzył księciu Adamowi Jerzemu Czartoryskiemu. Nadzór naukowy nad Okręgiem, obejmującym osiem zachodnich guberni Rosji (Ziemie Zabrane), sprawował wileński uniwersytet, który również został zreformowany. Jeszcze w tym samym roku Aleksander I przekształcił tę uczelnię, zwaną dotychczas Szkołą Główną (zreformowaną wcześniej przez Komisję Edukacji Narodowej) w Cesarski Uniwersytet Wileński. Uczelnia miała trzydzieści dwie katedry i cztery wydziały: fizyczno-matematyczny, nauk moralnych i politycznych, medyczny oraz literatury i sztuk pięknych.

O sile i popularności uniwersytetu decydowała jednak znakomita, ciesząca się wielkim autorytetem naukowym kadra. Długoletni rektor, Jan Śniadecki, był nie tylko dobrym administratorem, lecz także wybitnym uczonym. Należał do grona najbardziej światłych polskich uczonych doby oświecenia, był pionierem i twórcą polskiej terminologii matematycznej i astronomicznej, badań nad rachunkiem prawdopodobieństwa, a także odkrywcą planetoid Ceres i Pallas. Równie wybitną postacią Uniwersytetu Wileńskiego był brat Jana Śniadeckiego, Jędrzej – chemik, biolog, lekarz i filozof. Stworzył podstawy polskiej terminologii chemicznej i był autorem pierwszego podręcznika chemii (*Początki chemii*). Znaczny autorytet miał także wychowanek tego uniwersytetu, Joachim Lelewel, wybitny działacz polityczny i historyk, autor pierwszej syntezy dziejów Polski (*Dzieje Polski potocznym sposobem opowiedziane*). Jego wykłady z historii Polski, prowadzone w latach 1815–1824, cieszyły się dużą popularnością wśród młodzieży. Zresztą, kontakty z młodzieżą, zwłaszcza z Towarzystwem Filomatów, stały się powodem jego wydalenia z uniwersytetu. Znaczącą pozycję naukową zdobył także formalnie niezwiązany z Uniwersytetem Wileńskim Adam Czarnocki, znany bardziej pod pseudonimem Zorian Dołęga Chodakowski. Był on jednym z pionierów polskiej etnografii, a w kręgu jego zainteresowań badawczych znajdowały się głównie tereny Białorusi i Ukrainy.

Wilno i uniwersytet nie były jedynymi ośrodkami polskiej nauki i kultury na Ziemiach Zabranych. Duże znaczenie, zwłaszcza dla polskiej szlachty, miało założone w 1805 r. przez Tadeusza Czackiego Liceum Krzemienieckie. Była to elitarna szkoła średnia kształcąca w trzech różnych kierunkach. Na długie lata stała się drugim, obok Uniwersytetu Wileńskiego, ośrodkiem rozwoju polskiej nauki i życia intelektualnego na tych ziemiach.

Kraków i Lwów

W cieniu Wilna pozostawały w owym czasie dwa inne polskie ośrodki akademickie: Kraków i Lwów. Pierwszą próbę reformy Uniwersytetu Krakowskiego podjęła Komisja Edukacji Narodowej. Jednak jej wysiłki zostały w pewien sposób zniweczone po trzecim rozbiorze, kiedy Kraków znalazł się w zaborze austriackim, a uniwersytet poddano germanizacji. Pewne szanse rozwoju uczelnia otrzymała w czasach Księstwa Warszawskiego i w dobie Rzeczypospolitej Krakowskiej. Po 1815 r. uzyskała autonomię, którą jednak szybko ograniczono. Jedną z wybitniejszych postaci krakowskiego środowiska naukowego był wówczas Jerzy Samuel Bandtkie, historyk, językoznawca i bibliograf, organizator nowoczesnych studiów historycznych na uczelni krakowskiej, zwłaszcza w zakresie nauk pomocniczych historii.

W jeszcze gorszej sytuacji znalazł się Uniwersytet Lwowski, który w 1784 r. został odnowiony przez cesarza Józefa II. Uczelnia miała charakter niemiecki, stała na niskim poziomie i nie była w stanie w sposób znaczący oddziaływać na życie naukowe i kulturalne Lwowa i całej Galicji. Sytuacja polepszyła się dopiero po 1817 r., kiedy to hrabia Józef Maksymilian Ossoliński założył we Lwowie słynną fundację i bibliotekę. Biblioteka Osso-

► *DZIEJE POLSKI POTOCZNYM SPOSOBEM OPOWIEDZIANE*
Joachima Lelewela, znane też pod tytułem *Dzieje Polski, które stryj synowcom opowiedział*, były pierwszym udanym i przez wiele lat jedynym podręcznikiem historii dla dzieci, w którym rzetelna historyczna wiedza została przedstawiona w przystępnej formie.
WARSZAWA, 1829, OSSOLINEUM WROCŁAW, FOT. MM

▲ JĘDRZEJ ŚNIADECKI
po studiach we Włoszech, Szkocji i Austrii objął w 1797 r. katedrę chemii w Szkole Głównej (późniejszym uniwersytecie) w Wilnie. Najważniejsza z jego prac, dwutomowa *Teorya jestestw organicznych*, doczekała się wielu wydań, również obcojęzycznych. Śniadecki opisał w niej ogólne zasady przemiany materii jako procesu chemicznego zachodzącego w obrębie organizmów żywych.
WILNO, 1804, OSSOLINEUM WROCŁAW, FOT. MM

▲ LICEUM KRZEMIENIECKIE
zostało założone przez Tadeusza Czackiego przy cichej współpracy Hugona Kołłątaja. Szczególny nacisk kładziono w nim na wychowanie obywatelskie; na wzór nowoczesnych szkół europejskich wprowadzono także naukę kilku języków obcych, w tym greki. Liceum chlubiło się wybitną kadrą profesorską, bogatą biblioteką, której trzon stanowił księgozbiór Stanisława Augusta Poniatowskiego, oraz własnym ogrodem botanicznym.
PAWEŁ GIŻYCKI, 1730–1760, FOT. PC

► PEJZAŻ MIEJSKI
w początkach XIX w. często służył ukazaniu przedstawicieli różnych grup społecznych.
ANDRZEJ KARSZOWIECKI, „STARY RYNEK Z WIDOKIEM DAWNEGO RATUSZA W PŁOCKU", OK. 1813, MM PŁOCK, FOT. MM

▼ UNIWERSYTET JAGIELLOŃSKI
mimo reform Kołłątajowskich przeżywał w końcu XVIII i na początku XIX w. kryzys spowodowany germanizacyjnymi poczynaniami władz austriackich.
„24 WIDOKÓW MIASTA KRAKOWA I JEGO OKOLIC...", KRAKÓW, 1836, OSSOLINEUM WROCŁAW, FOT. MM

◀ TOWARZYSTWO
PRZYJACIÓŁ NAUK

zrzeszało wybitnych polskich uczonych, wśród
których dominowali profesorowie Uniwersytetu
Warszawskiego. Mimo niewielkich funduszy
prowadziło działalność wydawniczą, regularnie
ukazywały się „Roczniki Warszawskiego
Towarzystwa Przyjaciół Nauk". Po upadku
powstania listopadowego Towarzystwo
zostało rozwiązane.

*ANTONIO CORAZZI, 1820–1823, FOTOGRAFIA, OK. 1863,
IS PAN WARSZAWA*

ALEKSANDER FREDRO ▶

w 1829 r. został powołany na członka
korespondenta Warszawskiego
Towarzystwa Przyjaciół Nauk, które
dążyło do objęcia działalnością
wszystkich ziem Rzeczypospolitej
w granicach sprzed rozbiorów.
Obok Fredry, nadsyłającego swe prace
ze Lwowa, członkami korespondentami
byli m.in. Edward Raczyński
w Poznaniu i Krzysztof Celestyn
Mrongowiusz w Gdańsku.

BN WARSZAWA

◀ POCZĄTKI
UNIWERSYTETU
WARSZAWSKIEGO

wiążą się z powstaniem w latach
1808–1809 Szkoły Prawa i Akademii
Lekarskiej, pierwszych wyższych uczelni
w Warszawie, przekształconych potem
w wydziały uniwersytetu. W Szkole
Lekarskiej z powodu niskiego budżetu
wykładowcy w pierwszych latach
pracowali społecznie.

*KSIĘGA ZAPISÓW UCZNIÓW KRÓLEWSKO-
-WARSZAWSKIEGO UNIWERSYTETU, 1816,
BUW WARSZAWA, FOT. TZH*

◀ UROCZYSTE OTWARCIE

założonego w 1816 r. Uniwersytetu
Warszawskiego nastąpiło 19 V 1818 r.
Najistotniejszym problemem uczelni był
brak wykwalifikowanej kadry. W związku
z tym Izba Edukacyjna ufundowała
kilkuletnie stypendia zagraniczne dla
młodych nauczycieli, którzy doskonalili
swą wiedzę głównie na uniwersytetach
niemieckich i francuskich.

*WG ANTONIEGO BRODOWSKIEGO, „ZAŁOŻENIE
UNIWERSYTETU WARSZAWSKIEGO", 1828–1831,
MHMSW WARSZAWA, FOT. PC*

◀ WYTWÓRNIA PORCELANY
I FAJANSU W BARANÓWCE

na Wołyniu została założona w 1803 r.
przez Michała Mezera. Wyroby
początkowo wzorowano na francuskich
i saskich, później dekorowano polskimi
motywami patriotycznymi: portretami
bohaterów narodowych, rodzimymi
kwiatami, spośród których
najpopularniejsze były bławatki i maki,
oraz widokami znanych zabytków,
dla których wzorem był album
Zygmunta Vogla.

*FILIŻANKA Z WIDOKIEM ZAMKU W ŁOBZOWIE, 1815–1820,
MN WARSZAWA*

lińskich, w której działali wybitni historycy i archi-
wiści, odegrała bardzo ważną rolę w rozwoju kultury polskiej w Galicji. Wyznaczała też pozycję Lwowa
jako znaczącego ośrodka kultury polskiej w pierwszej połowie XIX w.

Ośrodek warszawski

Polityka swobód kulturalnych początkowo prowadzona przez Prusy, a następnie powstanie Księstwa Warszawskiego przyczyniły się do powolnej,
ale stopniowej odbudowy pozycji Warszawy jako
ważnego ośrodka życia kulturalnego i naukowego.
Pierwsze oznaki tego przebudzenia zaznaczyły się
już w 1800 r., kiedy w Warszawie powstało Towarzystwo Przyjaciół Nauk, pierwsze na ziemiach polskich towarzystwo naukowe. Jego inicjatorem był
Stanisław Sołtyk, a do grona założycieli należały naj-
wybitniejsze osobistości tego czasu, m.in.: Jan Al-
bertrandi, Stanisław Kostka Potocki, Tadeusz Czacki, Stanisław Staszic, Samuel Bogumił Linde, Jan
Paweł Woronicz oraz Józef Kalasanty Szaniawski.

Długoletnim prezesem i jednym z najhojniej-
szych fundatorów Towarzystwa był Stanisław Staszic, znakomity uczony i pionier polskiej geologii
(jego fundamentalne dzieło *O ziemiorództwie Karpat* ukazało się w 1815 r.). Z własnych funduszy wy-
budował siedzibę Towarzystwa na Krakowskim
Przedmieściu.

Towarzystwo zostało założone jako wspólna idea
światłych i dostrzegających potrzebę wsparcia rodzimej nauki ziemian oraz wybitnych uczonych.
Wśród członków znaleźli się wszyscy wybitniejsi
uczeni, m.in. prawnicy, pedagodzy, lekarze. Towarzystwo korzystało także z życzliwego wsparcia
władz Księstwa Warszawskiego i Królestwa Polskiego. Głównym celem jego działalności było
wspieranie wszelakich inicjatyw naukowych, dlatego zostało podzielone na dwa wydziały: umiejętności, czyli nauk ścisłych, oraz nauk, czyli humanisty-
ki. Posiedzenia naukowe odbywały się kilka razy
w miesiącu. Towarzystwo inspirowało także rozliczne badania naukowe.

Oprócz Towarzystwa Przyjaciół Nauk w Warszawie pojawiły się także inne ośrodki naukowe, np. założona w 1808 r. Szkoła Prawa. Jej początki sięgają
1807 r., kiedy z inicjatywy ministra sprawiedliwości
Księstwa Warszawskiego Feliksa Łubieńskiego
utworzono kursy prawa mające kształcić prawników
biegłych w Kodeksie Napoleona. W 1811 r. połączono ją ze Szkołą Nauk Administracyjnych. W 1816 r.
razem utworzyły Wydział Prawa i Administracji nowo powstałego uniwersytetu. W szkole, która miała
kształcić kadry administracyjne i prawnicze Księ-

stwa Warszawskiego, wykładali wybitni uczeni, m.in. tłumacz i interpretator Kodeksu Napoleona Franciszek Ksawery Szaniawski, a także Wawrzyniec Surowiecki, tłumacz dzieł Adama Smitha i jeden z wybitnych przedstawicieli polskiej myśli ekonomicznej.

Wszystko to stworzyło solidne podwaliny dla Uniwersytetu Warszawskiego. Akt fundacyjny uniwersytetu car Aleksander I wydał 19 XI 1816 r. Zgodnie z tym dokumentem dzielił się on na pięć wydziałów: teologii, prawa, medycyny, filozofii i nauki oraz sztuk pięknych. Uczelnia ta – choć kształciła głównie inteligencję zawodową – stała się niezwykle ważnym ośrodkiem życia naukowego i kulturalnego w Królestwie Polskim.

Oprócz szkolnictwa typu uniwersyteckiego w Królestwie Polskim dynamicznie rozwijało się szkolnictwo zawodowe. Już w 1816 r. z inicjatywy Stanisława Staszica w Kielcach utworzono Szkołę Akademiczno-Górniczą, która miała działać przy tworzonej w tym czasie w Kielcach Dyrekcji Górniczej. Szkoła kształciła fachową kadrę techniczną dla rozwijającego się w Zagłębiu Staropolskim górnictwa metali. W tym samym czasie utworzono jeszcze dwie inne instytucje kształcące kadrę zawodową: Instytut Agronomiczny w Marymoncie oraz Szkołę Weterynarii w Burakowie koło Warszawy.

Utworzenie Towarzystwa Przyjaciół Nauk i Uniwersytetu Warszawskiego spowodowało, że stolica Księstwa Warszawskiego i Królestwa Polskiego stała się jednym z ważniejszych ośrodków naukowych na ziemiach polskich, przyciągającym wielu wybitnych polskich uczonych.

Pierwszoplanową postacią – oprócz wspomnianego już Stanisława Staszica – był z pewnością Samuel Bogumił Linde, autor pomnikowego dzieła: *Słownika języka polskiego*. Pierwszy tom ukazał się w 1806 r., kolejne – przy wydatnym wsparciu późniejszego fundatora Ossolineum, hrabiego Józefa Maksymiliana Ossolińskiego – wychodziły drukiem do 1814 r. Ze środowiskiem warszawskim związany był także Łukasz Gołębiowski, jeden z prekursorów polskiej etnografii, autor pierwszego polskiego dzieła etnograficznego, *Lud polski, jego obyczaje i zabobony*. Z kolei w Szkole Prawa i Administracji oraz na Uniwersytecie Warszawskim wykładał Jan Wincenty Bandtkie, historyk prawa rzymskiego i polskiego, autor pierwszej w dziejach Polski *Historii prawa polskiego*.

W gronie zasłużonych uczonych warszawskich należy także wymienić Feliksa Bentkowskiego, autora pierwszej *Historii literatury polskiej*, oraz Fryderyka Skarbka, ekonomistę i popularyzatora zasad ekonomii liberalnej. Z ośrodkiem tym był związany także Michał Hieronim Juszyński – autor cenionego *Dykcjonarza poetów polskich*.

▼ ► **WOJCIECH BOGUSŁAWSKI**
w 1799 r. objął stanowisko dyrektora Teatru Narodowego w Warszawie. Patriotyczny repertuar był akceptowany przez władze pruskie dzięki zręcznej polityce nowego dyrektora. W 1833 r., 4 lata po śmierci Bogusławskiego, otwarto nowy budynek teatru, zaopatrzony w nowoczesne zaplecze techniczne.
JÓZEF REJCHAN, 1798, MN WARSZAWA, FOT. TZH; ANTONIO CORAZZI, 1826–1833, FOT. PC

► **SAMUEL BOGUMIŁ LINDE,** pochodzący z niemiecko-szwedzkiej rodziny z Torunia, zdecydował się poświęcić studiom nad językiem polskim. Pracując jako prywatny bibliotekarz Józefa Maksymiliana Ossolińskiego, gromadził materiały do *Słownika języka polskiego*, który ostatecznie rozrósł się do sześciu tomów. Za tę monumentalną publikację otrzymał w 1817 r. pamiątkowy medal.
KAROL EMANUEL BAEREND, 1816, MSZM MM WROCŁAW, FOT. MŁ

► **JAN WINCENTY BANDTKIE,** wychowanek uniwersytetu w Halle, został profesorem i dziekanem Szkoły Prawa w wieku 25 lat. Po utworzeniu Uniwersytetu Warszawskiego objął stanowisko dziekana Wydziału Prawa i Administracji, które piastował przez cały czas istnienia uczelni. Postulował rozszerzenie zakresu wykładanych przedmiotów i zwiększenie liczby katedr.
MAKSYMILIAN FAJANS, „WIZERUNKI POLSKIE", 1850–1852, OSSOLINEUM WROCŁAW, FOT. MM

▲ *PODRÓŻ DO CIEMNOGRODU*
to antyklerykalna powieść satyryczna autorstwa Stanisława Kostki Potockiego, ministra Komisji Rządowej Wyznań Religijnych i Oświecenia Publicznego. Tytułowym Ciemnogrodem miała być Jasna Góra, a zgromadzeni tam księża chcieli „wrócić do ciemnoty" naród. W 1820 r. w wyniku zabiegów episkopatu, przy jednoczesnym antyliberalnym zwrocie w polityce carskiej, Potocki został zdymisjonowany.
WARSZAWA, 1820, OSSOLINEUM WROCŁAW, FOT. MM

Towarzystwo Rolnicze Hrubieszowskie

W 1816 r. z inicjatywy Stanisława Staszica powstała pierwsza na ziemiach polskich chłopska organizacja o charakterze społeczno-gospodarczym i samopomocowym. Towarzystwo Rolnicze Hrubieszowskie było w zasadzie fundacją na rzecz chłopów. W myśl statutu dobra Stanisława Staszica złożone z ośmiu wsi oraz części miasteczka Hrubieszowa stanowiły wspólną własność jego członków. Każdy z nich posiadał grunt tytułem wieczystej dzierżawy bez obciążeń pańszczyźnianych. Chłopi byli zobowiązani do płacenia czynszu Staszicowi oraz składek do kasy Towarzystwa. W celu pomnożenia majątku Towarzystwa Staszic przeznaczył do wspólnego użytkowania około 2700 ha ziemi oraz trzy młyny, tartak, cegielnię, kuźnię, magazyny zbożowe itp. Na czele Towarzystwa stał dziedziczny prezes, posiadający największe grunty. Rolę przedstawicielstwa społecznego odgrywała Rada Gospodarcza, wybierana spośród przedstawicieli wszystkich wsi. Oprócz działalności gospodarczej Towarzystwo prowadziło także m.in. działalność oświatową i zapewniało opiekę zdrowotną.

PORCELANA Z KORCA

 W manufakturze w Korcu, założonej w 1784 r. przez księcia Józefa Klemensa Czartoryskiego, wytwarzano pierwotnie fajans (do 1807 r.), a od 1790 r. – porcelanę. Jej rozwój pod dyrekcją braci Mezerów, Franciszka (do 1795 r.) i Michała, przerwał pod koniec 1796 r. pożar. Działalność wznowiła dopiero około 1800 r. Trzeci, ostatni okres działalności manufaktury, przypadający na lata 1805–1832, związany był z dyrekcją dwóch Francuzów przybyłych z Sèvres, Mérauda i Pétiona. Najlepsze koreckie wyroby odznaczały się wysoką jakością techniczną i malarską; masa porcelanowa była biała, drobnoziarnista, szkliwo cienkie i błyszczące. Pod koniec drugiej dekady XIX w. czerep stał się gruboziarnisty, a szkliwo grube, o fakturze podobnej do skórki pomarańczowej.

W Korcu produkowano przede wszystkim naczynia serwisowe – obiadowe z kompletami do deserów oraz zastawy do kawy, herbaty i czekolady. W pierwszym okresie naczyniom nadawano klasycystyczne kształty, wzorowane na przedmiotach francuskich i antycznych, w XIX w. miały również formy empirowe. Największą różnorodnością kształtów odznaczały się filiżanki, których pojedyncze egzemplarze traktowano jako artystyczne bibeloty. Wytwarzano również, choć w niewielkim zakresie, naczynia plastycznie modelowane, które zaliczyć można do grupy *à trompe l'oeil*. Wytwarzano także większe przedmioty dekoracyjne, jak wazony w kształcie amfor i kraterów, będące ozdobą kominków i konsol; wytwórczość figurek była marginalna i dziś jest w zasadzie nieznana.

Dekoracja porcelany koreckiej łączy cechy rodzime i obce: francuskie, miśnieńskie, wiedeńskie i rosyjskie, nigdy jednak nie była dokładnym naśladownictwem wzorów obcych. Pracujący tu Francuzi wprowadzili charakterystyczne dla Korca barwne tła emaliowe, naśladujące też faktury innych materiałów (marmur, szylkret, słoje drewna), w których umieszczano wydzielone rezerwy. Medaliony te wypełniano miniaturami pejzażowymi, popiersiami portretowymi lub ozdobnymi monogramami. Typowe są także złote ornamenty z motywami roślinnymi: antykizującymi (palmety, kwiaty lotosu), ulistnionymi gałązkami, kłosami zbóż. Serwisy stołowe zdobiono przede wszystkim jednak bukietami kwiatów umieszczanymi w lustrze talerza bądź na ściankach wazy, luźno rozrzuconymi drobnymi kwiatkami lub ich wiązankami.

Wartość porcelany z tej manufaktury spowodowała powstanie wielu jej falsyfikatów, imitujących głównie naczynia serwisowe z dekoracją kwietną. Kopiowaniem porcelany z Korca trudniła się zwłaszcza malarnia Samuela Maibluma w Brodach na przełomie XIX i XX w.

▲ **FILIŻANKA CYLINDRYCZNA**
z sylwetowym popiersiem Tadeusza Kościuszki malowanym czernią, w medalionie zamkniętym uproszczoną wicią laurową. Komplet z filiżanką stanowi spodek z monogramem Kościuszki, utworzonym z ukwieconych gałązek.
1794–1796, MN WARSZAWA, FOT. PLI

▲ **TALERZ**
zdobiony malowanym wielobarwnym bukietem kwiatów i rozrzuconymi drobnymi kwiatkami, charakterystycznymi dla koreckich naczyń. Ten rodzaj dekoracji porcelany wprowadzono w latach 40. XVIII w. w Miśni.
OK. 1820, MN KRAKÓW, FOT. MM

◄ **KUBEK W KSZTAŁCIE GŁOWY SATYRA**
– unikatowy przykład plastycznie modelowanego naczynia wykonanego w tej wytwórni.
1810–1820, MN KRAKÓW, FOT. MS

▲ SYGNATURY MANUFAKTURY W KORCU

do końca XVIII w. zawierały malowany czerwienią napis „Korzec" z często umieszczanymi poniżej „N:" i cyfrą. Następnie sygnowano wyroby Okiem Opatrzności, malowanym na początku XIX w. podszkliwnie kobaltem, a później innymi kolorami (często czerwienią), z dodaną na ogół poniżej nazwą manufaktury. Po 1821 r. znakowano literą „P" malowaną lub wyciskaną.

PORCELANOWY TALERZ, 1 ĆW. XIX W., MM PŁOCK, FOT. MM

▲ SPODEK Z MALOWANYM WIDOKIEM

manufaktury porcelany i fajansu w Korcu, dzięki któremu znamy rozplanowanie jej zabudowań. Komplet z nim stanowi filiżanka. Wiadomo, że jeden taki zestaw wykonano dla króla Stanisława Augusta, drugi – dla jego brata prymasa Michała Jerzego Poniatowskiego.

OK. 1793, MN WARSZAWA, FOT. PLI

▼ ► FRAGMENT SERWISU KONSTANCJI Z RADZIWIŁŁÓW CZUDOWSKIEJ

Naczynia dekoruje złocony palmetowy ornament z wplecionymi motywami węża Eskulapa i kaduceusza oraz umieszczonymi w medalionach: monogramem „KC" i herbami Radziwiłłów i Czudowskich. Jest to najbardziej reprezentacyjny korecki serwis herbowy.

OK. 1820, MN WARSZAWA, FOT. PLI

▲ WAZON Z TŁEM SZYLKRETOWYM,

czyli imitującym skorupę żółwia, ze złotymi ornamentami. Uchwyty plastyczne w formie złoconych głów baranich były charakterystyczne dla produktów manufaktury koreckiej.

1800-1816, MN KRAKÓW, FOT. MM

► TALERZ Z SEPIOWYM PRZEDSTAWIENIEM ZAMKU W BARANOWIE,

malowanym według akwareli Józefa Richtera. Klasycystyczny złoty ornament zdobiący kołnierz jest typowy dla tego okresu. W Korcu miniatury pejzażowe często dekorowały porcelanę.

1815, MN WARSZAWA, FOT. PLI

◄ FILIŻANKA ZE SPODKIEM

zdobiona motywem gałązki poziomek i złoconymi brzegami.

1820-1830, MM PŁOCK, FOT. MM

ZALĄŻEK PAŃSTWA

Wojna Napoleona z Prusami i Rosją przyniosła Polakom spełnienie nadziei

◀ **ODEZWA GENERAŁA DĄBROWSKIEGO**

do obywateli departamentu poznańskiego nakazywała im oddać co dziesiątego konia do tworzącej się kawalerii narodowej. Dąbrowski nakazał także wyposażyć każdego konia w siodło ordynaryjne, munsztuk, zgrzebło, szczotkę i derkę.
POZNAŃ, 19 XI 1806, BK PAN KÓRNIK, FOT. MM

▼ **KSIĘSTWO WARSZAWSKIE W LATACH 1807–1809**
RYS. JG

— granice Księstwa Warszawskiego w 1807 r.

--- granice Księstwa Warszawskiego w 1809 r.

DEPARTAMENTY

- bydgoski
- płocki
- warszawski
- łomżyński
- siedlecki
- lubelski
- radomski
- krakowski
- kaliski
- poznański

KAMPANIA W 1809 R.

→ działania wojsk polskich

→ działania wojsk austriackich

→ przemarsz wojsk rosyjskich

○ twierdze zdobyte przez wojska polskie

✗ miejsca bitew

— granica między państwami zaborczymi po trzecim rozbiorze

obwód białostocki przyłączony do Rosji w 1807 r.

okręg tarnopolski przyłączony do Rosji w 1809 r.

Powstanie wielkopolskie

Nadzieje na odrodzenie państwowości polskiej odżyły w 1806 r., kiedy rozpoczęła się wojna Francji z Prusami. W październiku Napoleon rozbił armię pruską pod Jeną i Auerstädt i zajął Berlin, co oznaczało, że niebawem wkroczy na ziemie polskie. Natychmiast też wezwał do siebie Jana Henryka Dąbrowskiego i Józefa Wybickiego, powierzając im misję zorganizowania powstania w Wielkopolsce. Wydali oni wzywającą do walki zbrojnej odezwę, w której przytoczyli słynne słowa Napoleona: „Obaczę, jeżeli Polacy godni są być narodem".

Od tego momentu wydarzenia toczyły się błyskawicznie. 6 XI 1806 r. Dąbrowski i Wybicki – entuzjastycznie witani przez ludność – wjechali do Poznania. Następnego dnia utworzono Komisję Wojewódzką Poznańską, która ogłosiła pobór do polskiego wojska. Powstanie stało się faktem. 9 XI, na wieść o wydarzeniach w Poznaniu, spontanicznie zorganizowana grupa szlachty i mieszczan rozbroiła pruski garnizon i zajęła urzędy w Kaliszu. W ciągu kilku następnych dni antypruskie powstanie rozprzestrzeniło się na cały zabór. Wszędzie rozbrajano wojska pruskie, organizowano polskie władze administracyjne i sądownicze. 27 XI przednie straże wojsk francuskich wkroczyły do Warszawy. Kilka dni później, 5 XII, utworzono tu Izbę Najwyższą Wojenną i Administracji Publicznej. 19 XII do Warszawy przyjechał Napoleon, który następnego dnia wygłosił mglistą deklarację, mówiąc, że w interesie Francji i Europy leży powstanie niepodległego państwa polskiego, i to na tyle silnego, by mogło stanowić „przedział północy od południa" (w znaczeniu dzisiejszym Polska miałaby oddzielać Rosję od reszty Europy).

Utworzenie Księstwa Warszawskiego

W ślad za tą obietnicą przystąpiono do organizowania polskich władz, które przejęłyby władzę na ziemiach zajętych przez wojska francuskie. 14 I 1807 r. Napoleon ustanowił w Warszawie siedmioosobową Komisję Rządzącą. W jej skład weszli: Stanisław Małachowski, Ludwik Gutakowski, Stanisław Kostka Potocki, Franciszek Ksawery Działyński, Piotr Bieliński, Walenty Sobolewski i Józef Wybicki. Następnego dnia Komisja Rządząca ukonstytuowała się i wyłoniła dyrektorów wydziałów. Jej prezesem został Stanisław Małachowski, a sekretarzem Jan Paweł Łuszczewski. Na dyrektorów wydziałów wybrano: Feliksa Łubieńskiego – wydział sprawiedliwości, Stanisława Brezę – wydział wewnętrzny, Jana Nepomucena Małachowskiego – wydział skarbowy, Józefa Poniatowskiego – wydział wojenny, i Aleksandra Potockiego – wydział policji. Kolejnym krokiem w tworzeniu polskiej administracji było powołanie Izby Edukacyjnej jako najwyższej władzy oświatowej w odradzającym się państwie polskim. W jej skład weszli: Stanisław Kostka Potocki jako prezes oraz m.in. Stanisław Staszic, Aleksander Potocki i Samuel Bogumił Linde.

Wszystkie działania mające na celu utworzenie niezależnych władz polskich na obszarach zajętych przez armię francuską miały jednak charakter tymczasowy. Przez cały czas wszak toczyły się działania wojenne, których rezultat do końca nie był wiadomy. Sytuacja wyjaśniła się dopiero po bitwie pod Frydlandem (14 VI 1807 r.), kiedy wojska francuskie zadały decydującą klęskę armii rosyjskiej.

Po tym zwycięstwie Napoleon zasiadł do rokowań pokojowych, które toczyły się w Tylży. Pokój kończący wojnę zawarto 7 (z Rosją) i 9 (z Prusami) VII 1807 r. Jego postanowienia były korzystne dla Polski, ale nie tak korzystne, jak tego spodziewali się Polacy. Otóż z ziem drugiego i trzeciego zaboru pruskiego zostało utworzone Księstwo Warszawskie, które przez osobę króla saskiego Fryderyka Augusta miało być połączone unią personalną z Saksonią. Gdańsk otrzymał status wolnego miasta pozostającego pod wspólnym zarządem Prus i króla saskiego (w rzeczywistości pod zarządem francuskim). Rosja przystępowała do blokady kontynentalnej Anglii, otrzymała także – jako prezent od Napoleona – okręg białostocki, wchodzący w skład zaboru pruskiego.

Wynik rokowań pokojowych w Tylży był dla społeczeństwa polskiego dużym zaskoczeniem. Polacy, pamiętający słowa wypowiedziane przez Napoleona w październiku 1806 r. w Berlinie, spodziewali się odbudowy państwa. Tymczasem cesarz Francuzów, najwyraźniej nie chcąc wzniecać nowego konfliktu z Rosją, ograniczył się jedynie do utworzenia podległego Francji księstwa, które nawet nie miało w nazwie przymiotnika „polskie".

Ustrój: teoria i praktyka

Choć Polacy decyzje układu pokojowego z Tylży przyjęli z rozczarowaniem, szybko włączyli się

WARSZAWIACY ► entuzjastycznie witali wojska francuskie wkraczające do stolicy. Dowodzący nimi marszałek Joachim Murat raportował do Napoleona, że tłum tysiąckroć wznosił okrzyki „Niech żyje cesarz Napoleon, nasz wyzwoliciel!".
„WEJŚCIE FRANCUZÓW DO WARSZAWY 28 XI 1806", WG THOMASA CHARLESA NAUDETA, 1 ĆW. XIX W., MHMSW WARSZAWA, FOT. MŁ

◄ STANISŁAW MAŁACHOWSKI został prezesem Komisji Rządzącej Księstwa Warszawskiego w wieku 71 lat, nie prezentował więc już tak postępowych poglądów jak w czasach Sejmu Wielkiego. Nie mogąc pogodzić się ze zmianami, które niosło prawodawstwo napoleońskie, złożył pod koniec 1807 r. dymisję.
MARCELLO BACCIARELLI, 1808, MN WARSZAWA, FOT. TZH

KSIĄŻĘ JÓZEF PONIATOWSKI ► musiał początkowo przekonać do siebie opinię publiczną, oburzoną hulaszczym trybem życia mieszkańców rezydencji księcia: Pałacu pod Blachą i Jabłonny. Szybko włączył się w nurt życia publicznego i już w grudniu 1806 r. stanął na czele odradzającej się armii.
FRANCISZEK PADEREWSKI, 1814, MP WILANÓW, FOT. TZH

► SPOTKANIE NAPOLEONA Z ALEKSANDREM I W TYLŻY odbyło się 25 VI 1807 r. Aby car nie musiał przejeżdżać na francuski brzeg Niemna, a Napoleon – na brzeg rosyjski, zakotwiczono na środku rzeki tratwę. Na niej ustawiono dwa namioty dla obu monarchów. Na francuskim brzegu stanęła w szyku gwardia cesarska, a na rosyjskim – świta carska z królem Prus.
FRIEDRICH GOTTLOB ENDLER, WROCŁAW?, 1807, BUWR WROCŁAW, FOT. JKAT

Antynapoleońskie koncepcje Czartoryskiego

Część polskiego społeczeństwa, zwłaszcza arystokracja litewska, odbudowę polskiej państwowości łączyła z osobą Aleksandra I. Koncepcjom takim sprzyjała liberalna polityka cara wobec Ziem Zabranych. W październiku 1805 r., po wybuchu trzeciej wojny koalicyjnej przeciw napoleońskiej Francji, książę Adam Jerzy Czartoryski, podówczas minister spraw zagranicznych Rosji, starał się nakłonić Aleksandra I do realizacji tzw. planu puławskiego. Plan ten zakładał podjęcie błyskawicznej akcji militarnej przeciw Prusom celem zneutralizowania ich bądź wciągnięcia do koalicji. Armia rosyjska miała szybkim marszem przejść przez terytorium Prus, a następnie przekazać władzę nad ziemiami zaboru pruskiego polskim formacjom ochotniczym. W konsekwencji na ziemiach polskich miało powstać autonomiczne państwo związane z Rosją. Car nie zdecydował się na realizację tego pomysłu. W następnych latach kilkakrotnie wracano do koncepcji współpracy z Rosją, nigdy jednak pomysł ten nie doczekał się urzeczywistnienia.

▲ KONSTYTUCJA KSIĘSTWA WARSZAWSKIEGO
została sporządzona w języku francuskim. Jej oficjalny przekład na język polski ogłoszono w pierwszym tomie *Dziennika Praw Księstwa Warszawskiego*.

MWP WARSZAWA, FOT. PC; „NADANIE KONSTYTUCJI KSIĘSTWU WARSZAWSKIEMU" – MARCELLO BACCIARELLI, 1811, MN WARSZAWA, FOT. TZH

◄ FRYDERYK AUGUST,
wnuk Augusta III, znał dobrze język polski. Jako książę warszawski rzadko przebywał w Księstwie. Wpływ na rządy miał głównie dzięki ministrowi sprawiedliwości, Feliksowi Łubieńskiemu. Tytułu księcia warszawskiego zrzekł się na kongresie wiedeńskim.

FRIEDRICH HEINRICH KRÜGER, DREZNO, 1807, MO TORUŃ, FOT. MŁ

◄ KODEKS NAPOLEONA
był syntezą prawa rzymskiego i francuskiego. Wprowadzona w nim zasada równouprawnienia nie dotyczyła jednak wszystkich; w sprawie rozwodów np. zapisano, że mąż może żądać rozwodu z powodu cudzołóstwa żony, lecz żona, aby żądać rozwodu z przyczyny cudzołóstwa męża, musi udowodnić, że mąż trzyma w domu nałożnicę.

WARSZAWA, 1810, BUMK TORUŃ

▼ CHŁOPI
nie mieli biernych praw wyborczych, a czynne uzyskali tylko niektórzy, dzięki rozszerzonej interpretacji odpowiedniego przepisu. Także konstytucyjne prawa obywatelskie chłopów były ograniczane – zarówno przez przepisy sprzeczne z konstytucją, jak i przez praktykę.

OGŁOSZENIE WYDANE PRZEZ FRYDERYKA AUGUSTA – DREZNO, 23 IX 1807, MWP WARSZAWA, FOT. PC; WG JANA PIOTRA NORBLINA, „ZBIÓR ROZMAITYCH STROJÓW POLSKICH", FRANCJA, 1817, MM PŁOCK, FOT. MM

w dzieło budowy nowego państwa – zwłaszcza że już 22 VII 1807 r. Napoleon nadał Księstwu Warszawskiemu konstytucję.

W myśl tego dokumentu Księstwo Warszawskie miało być monarchią dziedziczną z królem saskim Fryderykiem Augustem jako księciem. Konstytucja znosiła poddaństwo chłopów, wprowadzała zasady wolności religii, wolności osobistej człowieka i równości wobec prawa. Pełnię władzy wykonawczej oraz prawo inicjatywy ustawodawczej dzierżył książę warszawski. Mianował on i odwoływał ministrów spraw wewnętrznych, wyznań religijnych, wojska, przychodów i skarbu oraz policji. Miał także prawo nadawania orderów, w tym Orła Białego i Virtuti Militari. Wszystkie akty wydawane przez księcia wymagały kontrasygnaty odpowiedniego ministra.

Konstytucja wprowadzała również instytucję dwuizbowego parlamentu. W jego skład wchodził senat, złożony z osiemnastu (po 1809 r. – z trzydziestu) senatorów, oraz izba poselska, w której zasiadało stu posłów i deputowanych (od 1809 r. – stu sześćdziesięciu sześciu). Skład izby poselskiej wybierany był w 2/3 przez sejmiki szlacheckie, a w 1/3 przez zgromadzenia gminne. Sejm Księstwa Warszawskiego miał bardzo skromne kompetencje. Mógł jedynie uchwalać podatki, podejmować decyzje dotyczące systemu menniczego oraz dokonywać zmian w prawie cywilnym i karnym. Pozostałe kwestie były zastrzeżone do wyłącznej kompetencji księcia, który stosowne decyzje wydawał w postaci dekretów.

Niezwykle ważnym elementem ustrojowym Księstwa Warszawskiego był Kodeks Napoleona, wprowadzony w życie dekretem książęcym z 27 I 1808 r. Nowy kodeks miał obowiązywać od 1 V i – trzeba przyznać – był pewnym *novum* w polskiej praktyce ustrojowej. Znosił bowiem podział i przywileje stanowe, wprowadzał równość wobec prawa i wolność osobistą, nienaruszalność własności prywatnej i obowiązkowe śluby cywilne. W praktyce kodeks ugruntowywał zdobycze rewolucji francuskiej, dlatego jego wprowadzenie w Księstwie Warszawskim wywołało spore poruszenie opinii publicznej. Część środowisk arystokratycznych sprzeciwiała się tej decyzji, nie widząc możliwości adaptacji francuskiego modelu prawnego na gruncie polskim.

Kodeks Napoleona nie był jedynym francuskim rozwiązaniem prawnoustrojowym, które zastosowano w Księstwie. Na modelu francuskim (i częściowo pruskim) wzorowany był także system administracyjny. Księstwo podzielono na departamenty zarządzane przez prefektów. Departamenty, których było początkowo sześć, a od 1809 r. dziesięć, podzielono na powiaty podlegające podprefektom. Do tego podziału terytorialnego dostosowano także strukturę samorządu, złożonego z rad departamentalnych, powiatowych i municypalnych (miejskich).

System prawnoustrojowy Księstwa Warszawskiego charakteryzował się przesunięciem ciężaru władzy na osobę monarchy – księcia warszawskiego, czyli króla saskiego Fryderyka Augusta. Problem wszakże w tym, że monarcha ten zbytnio nie interesował się księstwem, a w Warszawie przebywał bardzo rzadko. Ujawniło się to już przy powoływaniu rządu, który powstał dopiero 5 X 1807 r. W skład Rady Ministrów weszli Stanisław Małachowski jako prezes, Józef Poniatowski – minister wojny, Stanisław Breza – minister i sekretarz stanu, Feliks Łubieński – minister sprawiedliwości, Tadeusz Dembowski – minister skarbu, Aleksander Potocki – minister policji, Jan Paweł Łuszczewski – minister spraw wewnętrznych i religijnych.

Rada Ministrów odgrywała stosunkowo dużą rolę w życiu politycznym Księstwa. Podnoszeniu jej rangi sprzyjało także to, że z czasem Fryderyk August coraz więcej swoich uprawnień przekazywał właśnie na rząd. Ta praktyka została w pewien sposób usankcjonowana w 1810 r., kiedy książę zgodził się, by decyzje podjęte przez ministrów wchodziły w życie bez jego akceptacji. Jeszcze dalej poszedł Fryderyk August w 1812 r., przekazując pełnię swojej władzy Radzie Ministrów.

Niewdzięczny sojusz

Wkrótce okazało się, że bardzo poważny wpływ na politykę Księstwa wywierał także francuski rezydent w Warszawie, choć funkcja ta nie była przewidziana w konstytucji. Wynikało to stąd, że Księstwo odgrywało we francuskim systemie militarnym bardzo ważną rolę. Było nie tylko sojusznikiem, ale stanowiło również bazę aprowizacyjną dla wielotysięcznej armii, która już od 1811 r. przygotowywała się do wojny z Rosją. W ten sposób Księstwo Warszawskie zostało niejako sprzężone z francuską machiną wojenną.

Ta zależność zmuszała Polaków do jeszcze jednego wysiłku – utrzymywania silnej armii własnej, gotowej nie tylko bronić granic Księstwa, lecz także w razie potrzeby udzielić stosownej pomocy swojemu sojusznikowi i protektorowi.

Rzecz jasna, taka sytuacja nie pozostawała bez wpływu na gospodarkę Księstwa. Koszty utrzymania własnej armii i administracji były duże. Dodatkowo negatywny wpływ na koniunkturę gospodarczą miała blokada kontynentalna. Poważnym obciążeniem dla skarbu stała się sprawa sum bajońskich. Otóż na mocy tylżyckiego traktatu pokojowego Napoleon

◀ FELIKS ŁUBIEŃSKI
był odpowiedzialny za wprowadzenie Kodeksu Napoleona w Księstwie Warszawskim. Szybko rozpoczął reorganizację sądownictwa – już w 1807 r. otworzył w Warszawie kursy prawa dla urzędników sądowych, które rok później przekształcono w 3-letnią Szkołę Prawa.
1 POŁ. XIX W., MHMSW WARSZAWA, FOT. MŁ

▶ ARCHIWUM OGÓLNE KRAJOWE
zostało powołane dekretem księcia Fryderyka Augusta 2 IX 1808 r. Od samego początku gromadziło i zabezpieczało spuściznę rękopiśmienną po władzach i urzędach dawnej Rzeczypospolitej, a także uwierzytelniało odpisy dokumentów. W 1815 r. zostało przemianowane na Archiwum Główne Królestwa Polskiego, a w 1867 r. – na Archiwum Główne Akt Dawnych.
AGAD WARSZAWA

▲ ▶ SĄDY POKOJU KSIĘSTWA WARSZAWSKIEGO
– medal sędziów oraz szyld Sądu Pokoju Wydziału Spornego Drugiego Powiatu Miasta Torunia.
1808; KARL WILHELM HOECKNER, SAKSONIA, MSZM MM WROCŁAW; MO TORUŃ; FOT. MŁ

Sądy pokoju

Wprowadzone na ziemiach polskich w 1807 r. przez kierującego wymiarem sprawiedliwości Feliksa Łubieńskiego sądy pokoju były instytucją zupełnie nową. Nadano im szczególny charakter, powołując na stanowiska sędziów pokoju osoby szczególnie znane, głównie dygnitarzy z okresu pierwszej Rzeczypospolitej. Wskrzeszali oni w ten sposób dawną tradycję bezpłatnych, honorowych funkcji sędziowskich. Zadaniem sądów pokoju było doprowadzenie, w jak największej liczbie spraw, do dobrowolnego „ugodzenia się" stron, w celu odciążenia pozostałych sądów. Aby zwiększyć zaangażowanie sędziów pokoju i podnieść ich prestiż, ustanowiono specjalny medal, nadawany raz w roku (porcelitowy ze złotą obwódką, z podobizną Fryderyka Augusta i napisem „Szczęśliwy w załatwianiu sporów") dla tych sędziów, którzy zakończyli polubownie najwięcej procesów. W okresie Księstwa Warszawskiego załatwiono w ten sposób kilkanaście tysięcy spraw.

◄ MONETY

Księstwa Warszawskiego wybijano w mennicy państwowej w Warszawie, ustanowionej dekretem o mennictwie z 1810 r. Wcześniej używano monet obcych, głównie pruskich. Dekret wprowadził dziewięć nominałów, a podstawową jednostką obrachunkową był talar sześciozłotowy.

1/3 TALARA, WARSZAWA, 1811, MM PŁOCK, FOT. MM

▲ BITWA POD RASZYNEM

rozpoczęła się atakiem Austriaków na wioskę Falenty. Po kilku godzinach wojska arcyksięcia Ferdynanda d'Este zmusiły do odwrotu polską straż przednią. Austriacy doszli do zabudowań Raszyna i, przełamując opór, dotarli do kościoła. Wówczas połączony ogień baterii polskich i saskich powstrzymał nieprzyjaciela, a kontratak zmusił go do odwrotu za groblę raszyńską.

ZYGMUNT VOGEL, WARSZAWA, OK. 1809, MHMSW WARSZAWA, FOT. PC; KOŚCIÓŁ ŚW. SZCZEPANA W RASZYNIE POW. PRUSZKÓW – 1654–1655, PRZEBUDOWANY WG PROJEKTU SZYMONA BOGUMIŁA ZUGA W 1790, FOT. MM

► NAPOLEON JAKO ENEASZ

porzucający Dydonę – Polskę – przytrzymywaną w ramionach przez siostrę o rysach twarzy Marii Walewskiej, która ma na głowie wianek z kwiatu pomarańczy – symbol małżeństwa. Za Napoleonem podąża Hekate, a z nieba sfruwa posłanka bogów, Iris.

JÓZEF PESZKA, PO 1806, MN WARSZAWA, FOT. TZH

▼ KAMPANIA MOSKIEWSKA 1812 R.
RYS. JG

Księstwo Warszawskie

marsz wojsk napoleońskich na Moskwę

odwrót wojsk rosyjskich

odwrót wojsk napoleońskich spod Moskwy

działania ofensywne wojsk rosyjskich

X miejsca bitew

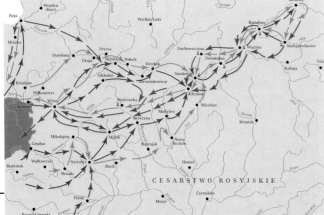

przejął wierzytelności polskich ziemian wobec pruskich banków. Długi te zostały wycenione na 40 milionów franków. Na mocy umowy zawartej w Bajonnie 10 V 1808 r. Napoleon odstąpił je Księstwu Warszawskiemu za sumę 20 milionów franków.

Rząd Księstwa podejmował wiele wysiłków, by zrównoważyć budżet, m.in. drogą reformy systemu monetarnego. Już w 1808 r. przeprowadzono redukcję znajdujących się w obiegu pruskich monet zdawkowych. Następnie podjęto próbę wprowadzenia do obiegu pieniądza papierowego: 1 X 1810 r. wypuszczono tzw. bilety kasowe, a 2 VII 1811 r. – banknoty. Próba wprowadzenia pieniędzy papierowych skończyła się jednak niepowodzeniem.

Ustabilizowanie sytuacji gospodarczej nastąpiło dopiero po powołaniu na stanowisko ministra skarbu Tadeusza Matuszewicza. W ciągu 2 lat pełnienia tej funkcji, korzystając z poparcia Fryderyka Augusta, Matuszewicz zrównoważył budżet i uporządkował sprawy podatkowe.

Wojna 1809 r. i przyłączenie Nowej Galicji

Prawdziwym sprawdzianem sprawności organizacyjnej i siły militarnej Księstwa Warszawskiego okazała się wojna z Austrią, która wybuchła wiosną 1809 r. Austria postanowiła wówczas wykorzystać zaangażowanie Napoleona w Hiszpanii i powetować sobie straty terytorialne poniesione we wcześniejszych konfliktach z Francją. W kwietniu 1809 r. wojska austriackie wkroczyły na terytorium Rzeszy Niemieckiej. Nie była to jednak jedyna scena działań wojennych. Jeden z korpusów, pod wodzą arcyksięcia Ferdynanda d'Este, zaatakował Księstwo Warszawskie, zamierzając je opanować i oddać Prusom za cenę przystąpienia do wojny z Francją. Plan ten jednak nie powiódł się z powodu zdecydowanej kontrakcji armii Księstwa pod wodzą księcia Józefa Poniatowskiego.

19 IV 1809 r. książę przyjął obronną bitwę pod Raszynem, a następnie opuścił Warszawę. Wielu polskich polityków krytykowało go za ten krok, ale nie odwiodło to ministra wojny od realizacji własnego planu, który zakładał wkroczenie na tyły armii austriackiej, na terytorium Nowej Galicji (trzeci zabór austriacki). Ofensywa polska kompletnie zaskoczyła Austriaków, a wśród mieszkańców Nowej Galicji wywołała ogromny entuzjazm, który uzewnętrznił się m.in. masowym wstępowaniem do armii polskiej. Szlak bojowy armii księcia Józefa wiódł od Warszawy do Krakowa: 18 V 1809 r. wkroczyła ona do Sandomierza, 20 V do Zamościa, 27 V do Lwowa, a 15 VII do Krakowa.

Powodzenie operacji polskiej w Galicji zmusiło Ferdynanda d'Este do wycofania się z Księstwa. Równocześnie jednak przebieg wydarzeń na ziemiach polskich zaniepokoił Rosję, która wysłała do Galicji korpus wojskowy, teoretycznie jako wsparcie dla wojsk polskich, faktycznie po to, by kontrolować sytuację.

Decydujące znaczenie dla przebiegu wojny miała bitwa pod Wagram (5–6 VII 1809 r.), w której główne siły francuskie rozbiły armię austriacką. W następstwie bitwy zawarto 14 X w Schönbrunnie pokój. Przyniósł on Księstwu Warszawskiemu znaczne korzyści. Na jego mocy przyłączono doń całą Nową Galicję oraz okręg zamojski. Oprócz tego Austria utraciła okręg tarnopolski, który przypadł Rosji. Terytorium Księstwa Warszawskiego liczyło teraz 142 tysiące km^2 i 4,5 miliona ludności.

Upadek Księstwa Warszawskiego

Ostatni etap walk u boku Napoleona rozegrał się w latach 1812–1813, kiedy cesarz Francuzów wyprawił się przeciw Rosji. Księstwo Warszawskie wystawiło wówczas u jego boku niemal 75-tysięczną armię, na czele której stał książę Józef Poniatowski.

Wyprawa na Rosję, okrzyknięta przez Napoleona „drugą wojną polską", stworzyła szansę na odbudowę wspólnego państwa polsko-litewskiego. Obradujący w dniach 26–28 VI 1812 r. sejm Księstwa proklamował przywrócenie Królestwa Polskiego, a 1 VII Napoleon powołał w Wilnie Komisję Rządu Tymczasowego Wielkiego Księstwa Litewskiego. W następnych tygodniach rozpoczęto tworzenie polskiej administracji i wojska.

Radość z odzyskanej wolności trwała jednak krótko. Mimo zajęcia Moskwy, w październiku 1812 r., armia Napoleona rozpoczęła odwrót. Po dramatycznej przeprawie przez Berezynę wojska francuskie zaczęły bezładnie wycofywać się z Rosji. Na początku stycznia 1813 r. stanęły w Księstwie Warszawskim, lecz po kilku tygodniach, pod naporem Rosjan, pomaszerowały dalej na zachód. Wraz z wojskiem francuskim tereny Księstwa opuściły resztki armii polskiej.

Wkroczenie na teren Księstwa wojsk rosyjskich na początku lutego 1813 r. faktycznie oznaczało kres istnienia tego państwa. Władzę nad okupowanym krajem objęła Rada Najwyższa Tymczasowa, w której skład weszli m.in. Mikołaj Nowosilcow, Tomasz Wawrzecki i książę Ksawery Drucki-Lubecki. Okupacja rosyjska trwała do 1815 r., czyli do chwili rozstrzygnięcia kwestii polskiej przez uczestników kongresu wiedeńskiego.

▲► PISTOLET SKAŁKOWY

w czasach napoleońskich stanowił standardowe wyposażenie formacji kawaleryjskich.

WZ. AN XIII, FRANCJA, 1813; ŁADOWNICA UŁAŃSKA – OKRES NAPOLEOŃSKI; MMMM WROCŁAW; FOT. MŁ

◄ AKT KONFEDERACJI GENERALNEJ NARODU POLSKIEGO

odczytano 28 VI 1812 r., na nadzwyczajnym posiedzeniu sejmu. Konfederacja przyjęła dawny herb Rzeczypospolitej, a delegacja Księstwa Warszawskiego w Wilnie prosiła Napoleona o ogłoszenie powstania Królestwa Polskiego.

AGAD WARSZAWA

▼ PLAN MOSTÓW

zbudowanych na Berezynie przez Polaków i Francuzów 26 XI 1812 r. Autor, Michał Świda, informuje, że plan ten był robiony naprędce, w czasie przechodzenia przez rzekę wycofującej się Wielkiej Armii, dlatego brakuje na nim nazw okolicznych wsi oraz gór.

MWP WARSZAWA, FOT. PC

►▼ STOLICA

została opuszczona przez wojsko polskie, które z Józefem Poniatowskim wycofało się w kierunku Krakowa. Po wkroczeniu 5 II 1813 r. Rosjan do Warszawy jej mieszkańcy, na znak uległości, wręczyli carowi symboliczne klucze do bram miasta.

SYMBOLICZNY KLUCZ WARSZAWY – 1813, MN WARSZAWA, FOT. PLI; „WEJŚCIE ROSJAN DO WARSZAWY W LUTYM 1813" – JOHANN MICHAEL VOLTZ, NORYMBERGA, 1 POŁ. XIX W., MHMSW WARSZAWA, FOT. PC

P odstawą organizacji armii Księstwa Warszawskiego były legie sformowane w połowie 1806 r. na ziemiach zaboru pruskiego zajętych przez wojska francuskie: Legia Poznańska generała Jana Henryka Dąbrowskiego, Legia Kaliska generała Józefa Zajączka i Legia Warszawska księcia Józefa Poniatowskiego. Po utworzeniu Księstwa Warszawskiego w 1807 r. legie przekształcono w dywizje.

Planowano, że łączna liczebność armii wyniesie prawie 40 tysięcy żołnierzy. Stan ten nigdy nie został osiągnięty, gdyż francuski sojusznik zażądał odesłania do Hiszpanii po jednym pułku piechoty z każdej dywizji, ponadto 3 pułki piechoty otrzymały rozkaz wzmocnienia garnizonów francuskich na Pomorzu. Tak więc, w chwili wybuchu wojny z Austrią w 1809 r., stan liczebny armii Księstwa sięgał 20 tysięcy ludzi. Jeszcze w trakcie kampanii na zajętych przez polskie wojska ziemiach zaboru austriackiego rozpoczęto formowanie nowych regimentów, nazywanych początkowo francusko-galicyjskimi. Rychło zostały one włączone w skład armii Księstwa. Było to 5 pułków piechoty, 7 pułków ułanów oraz nowe formacje jazdy: huzarzy i kirasjerzy. Liczebność armii wzrosła ponad dwukrotnie w stosunku do stanu z początku wojny. Największym jej problemem było niejednolite uzbrojenie. W pierwszych latach w użyciu była przede wszystkim zdobyczna broń pruska, którą z czasem i w miarę możliwości starano się zastąpić uzbrojeniem francuskim.

Armia Księstwa Warszawskiego była, nawet jak na swoje czasy, tworem niezwykłym. Formowana zarówno z ochotników, jak i z poboru, charakteryzowała się znacznym demokratyzmem w traktowaniu szeregowych żołnierzy i wysokim poziomem nastrojów patriotycznych i obywatelskich. Było to w dużej mierze zasługą korpusu oficerskiego, któremu ton narzucali byli oficerowie Legionów Dąbrowskiego.

W przededniu wojny z Rosją w 1812 r., dzięki ogromnemu wysiłkowi mobilizacyjnemu, armia Księstwa sięgnęła liczby około 75 tysięcy żołnierzy (nie wliczając jednostek służących w Hiszpanii i szwoleżerów gwardii). Stan ten zaczął się powiększać o formujące się na Litwie nowe regimenty, które jednak nigdy nie osiągnęły pełnej gotowości.

Klęska Napoleona w wojnie z Rosją była początkiem końca armii Księstwa Warszawskiego. Odtworzone naprędce wojsko polskie wzięło udział w kampanii 1813 r. Rezultatem bitwy pod Lipskiem były poważne straty i śmierć księcia Józefa Poniatowskiego. Resztki polskiej armii, jako korpus pod dowództwem generała Jana Henryka Dąbrowskiego, broniły Francji przed armiami sprzymierzonych w 1814 r.

▲ PROPORZEC KWATERY GŁÓWNEJ NACZELNEGO WODZA
wykonany przez żonę generała Jana Henryka Dąbrowskiego.
1807, MWP WARSZAWA, FOT. MCIU

◄ GENERAŁ STANISŁAW FISZER,
szef sztabu armii Księstwa Warszawskiego, utalentowany oficer sztabowy i doskonały organizator. Został tu przedstawiony w wicemundurze generała dywizji. Na jego piersi widnieją odznaczenia: Order Virtuti Militari i Krzyż Legii Honorowej.
1812, MWP WARSZAWA, FOT. PC

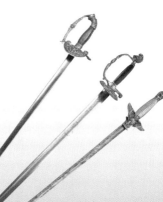

► SZPADY OFICERÓW PIECHOTY
były nie tylko bronią, ale także oznaką funkcji oficera.
FRANCJA, POLSKA, 1807–1815, MWP WARSZAWA, FOT. PC

▲ ► TASAK GRENADIERÓW M AN IX I FRANCUSKI KARABIN WZ. 1777AN IX

to przykład podstawowego uzbrojenia piechurów w doborowych kompaniach grenadierów i woltyżerów. W kompaniach fizylierów do walki wręcz służyły jedynie tulejowe bagnety wsuwane na lufę karabinu.

1812, MMMM WROCŁAW, FOT. MŁ I TG

◄ MUNDUR WIELKI OFICERA 8. PUŁKU UŁANÓW

nawiązuje formą i kolorystyką do uniformów kawalerii narodowej z czasów Stanisławowskich. Wyłogi na piersiach były pierwotnie granatowe. Doskonale zachowała się czerwona barwa kołnierza, mankietów i wypustek. Oznakę stopnia oficerskiego stanowi naramiennik z mosiężnych łusek zakończony złocistymi frędzlami.

1809–1814, MWP WARSZAWA, FOT. PC

▲ MUNDUR MAŁY OFICERA ARTYLERII KONNEJ

jest typowym przykładem uniformu artyleryjskiego. Od 1810 r. podstawową barwą mundurów w tej formacji był kolor ciemnozielony, do którego stosowano czarne kołnierze i mankiety oraz pąsowe wypustki. Wcześniej artyleria używała mundurów zbliżonych krojem i kolorystyką do uniformów ułańskich.

1810–1812, MWP WARSZAWA, FOT. PC

▼ CZAPKA ROGATYWKA WOLTYŻERA 4. PUŁKU PIECHOTY

jest przykładem typowego nakrycia głowy piechura polskiego z czasów Księstwa Warszawskiego. Wierzch wykonany jest z tektury pokrytej czarnym lakierowanym płótnem, a otok – z czarnej skóry. Na mosiężnej blasze ponad daszkiem widoczny wytłoczony numer pułku, wyżej – trąbka, emblemat kompanii woltyżerskich i kokarda w barwach narodowych.

1807–1808, MWP WARSZAWA, FOT. PC

► FRAK OFICERA KOMPANII GRENADIERSKIEJ 6. PUŁKU PIECHOTY

Podstawową barwą mundurów piechoty był kolor granatowoniebieski. Poszczególne pułki stosowały własne kombinacje barw wyłogów i wypustek. Ważnym elementem uniformu były guziki, na których umieszczano numery pułków lub symbole formacji.

FRAK MUNDUROWY PARADNY LUDWIKA SZPARMANA, 1810–1814, MN KRAKÓW

TRAKTAT WIEDEŃSKI

Kongres wiedeński, na którym dokonano nowego rozgraniczenia ziem dawnej Rzeczypospolitej, przyniósł także utworzenie Królestwa Polskiego

▶ **BITWA POD LIPSKIEM,** zakończona zwycięstwem koalicji antyfrancuskiej, położyła kres potędze armii Napoleona. Duże straty poniosła uczestnicząca w tej batalii armia polska: zginęło kilka tysięcy żołnierzy (w tym 13 generałów i 250 oficerów), a 3000 dostało się do niewoli.
PLAN SYTUACYJNY BITWY, HEINRICH MUELLER WG C. VON NEUNDERA, BUWR WROCŁAW, FOT. TŻH

◀ **SZTANDAR UŻYWANY W BITWIE POD LIPSKIEM** według tradycji należał do pułków piechoty do końca walczących pod dowództwem księcia Józefa Poniatowskiego. Obecnie przypuszcza się, że mógł to być sztandar jego kwatery głównej.
PRZED 1813, FKCZART KRAKÓW, FOT. MS

◀ **GRAFIKA** *POŻEGNANIE DWÓCH OCHOTNIKÓW STRZELCÓW PRZEZ ICH RODZINY* nawiązuje do idei korpusów ochotniczych tworzonych podczas antynapoleońskiej kampanii pruskiej w latach 1813–1814. W ich skład wchodzili głównie przedstawiciele niemieckiej inteligencji, sprzeciwiającej się francuskiej dominacji w Europie.
WG HEINRICHA ANTONA DAECHLINGA, OK. 1813, BUWR WROCŁAW, FOT. JKAT

KASETA TOALETOWA ▶ generała Józefa Kossakowskiego wchodziła w skład jego podręcznego wyposażenia. Ówcześni oficerowie dbali o wygląd nawet podczas kampanii wojennej.
POCZ. XIX W., MMMM WROCŁAW, FOT. MŁ

Tańczący kongres

Klęska Wielkiej Armii Napoleona w Rosji przekreśliła nadzieje na wskrzeszenie niepodległego państwa polsko-litewskiego. Napoleon zdołał wprawdzie odbudować armię i w połowie 1813 r. uzyskał nawet chwilową przewagę. Jednak kiedy latem 1813 r. powstała kolejna, szósta koalicja antyfrancuska, jego siły były już poważnie nadwątlone. Los cesarza przypieczętowała klęska, jaką poniósł w tzw. bitwie narodów pod Lipskiem (16–19 X). Mimo rozpaczliwego oporu wojska koalicyjne wkroczyły do Francji i zajęły Paryż. 2 IV 1814 r. ogłoszono detronizację Napoleona, który został osadzony na wyspie Elbie. Cesarz Francuzów nie pogodził się jednak z przegraną. W następnym roku zbiegł z Elby i powrócił do Francji. Wykorzystując entuzjazm społeczeństwa, zgromadził armię. Kres studniowym rządom cesarza położyła bitwa pod Waterloo (18 VI 1815 r.). Pokonany Napoleon został osadzony na Wyspie Świętej Heleny.

Ukształtowaniem mapy Europy po epoce napoleońskiej zajęła się konferencja państw zwycięskiej koalicji, jaka w okresie od września 1814 do czerwca 1815 r. obradowała w Wiedniu. Na obrady zaproszono szesnaście państw, w tym Francję, ale decydujący głos miało pięć państw: Austria, Wielka Brytania, Prusy, Rosja i Francja. Największy wpływ na decyzje kongresu wywierali car Rosji Aleksander I i król pruski Fryderyk Wilhelm III oraz ministrowie spraw zagranicznych: Rosji – Karol Nesselrode, Francji – Charles Maurice de Talleyrand, Anglii – Henry Robert Castlereagh, i Austrii – Klemens Metternich. W kongresie uczestniczył także książę Adam Jerzy Czartoryski, doradca Aleksandra I.

Monarchowie i ministrowie biorący udział w kongresie byli gośćmi cesarza Austrii Franciszka I. Przerwy w dyskusjach i sporach polityków umilali sobie zabawami tanecznymi, przedstawieniami teatralnymi, koncertami i rewiami wojskowymi; stąd kongres wiedeński nazywany jest tańczącym kongresem.

Nowa Europa

Głównym celem kongresu było ukształtowanie Europy po napoleońskiej zawierusze na nowo, w oparciu o zasady legitymizmu, restauracji oraz równowagi sił. Dyskusje koncentrowały się wokół trzech nadrzędnych spraw: uregulowania sytuacji w Rzeszy Niemieckiej, rozwiązania sprawy Włoch, Niderlandów i Szwajcarii oraz kwestii polskiej.

W Rzeszy utworzono zrzeszający trzydzieści cztery państwa i cztery wolne miasta Związek Niemiecki pod przewodnictwem Austrii. Austria odzyskała Tyrol i Salzburg (kosztem Bawarii, która w zamian otrzymała Palatynat Reński i Würzburg). Prusy zyskały Nadrenię i Westfalię, Pomorze Szwedzkie i Rugię, a dodatkowo otrzymały 2/5 Saksonii.

We Włoszech Austria odzyskała Dalmację, Lombardię i Wenecję oraz Toskanię. Do Królestwa Sardynii powróciły Piemont, Sabaudia i Nicea, a w Królestwie Obojga Sycylii tron ponownie objęła dynastia Burbonów. Jeśli chodzi o Niderlandy, uznano połączenie Holandii i Belgii w jedno królestwo. Uznano także federację dwudziestu dwóch suwerennych kantonów Szwajcarii i ogłoszono jej wieczystą neutralność. Odebrana Danii Norwegia przypadła Szwecji.

A może sojusz z Rosją?

Oddzielne miejsce w obradach kongresu wiedeńskiego zajmowała sprawa polska. Zanim jednak doszło do ostatecznych rozstrzygnięć, pojawiła się koncepcja odbudowy państwa polskiego z pomocą Rosji. Powstaniu tej idei sprzyjał fakt, iż już na początku 1813 r. zdecydowana większość ziem polskich znalazła się pod okupacją rosyjską. W marcu na terenie Księstwa Warszawskiego utworzono przejściowe władze w postaci Rady Najwyższej Tymczasowej. Na jej czele stanął senator Wasyl Łanskoj, a w składzie znaleźli się Mikołaj Nowosilcow, Prusak Ludwik Colomb oraz Tomasz Wawrzecki i Ksawery Drucki-Lubecki. Interesy ludności Księstwa przed Radą miał reprezentować Komitet Centralny, wyłoniony przez Rady Departamentowe.

Obecność wojsk rosyjskich w Księstwie Warszawskim spowodowała, że odżyły stare koncepcje odbudowy państwa polskiego we współpracy z Rosją, lansowane głównie przez część arystokracji polskiej z obszaru Ziem Zabranych. Z inicjatywą taką jeszcze w grudniu 1812 r. wystąpił książę Adam Jerzy Czartoryski, w owym czasie bliski współpracownik Aleksandra I. Czartoryski zaproponował wtedy carowi utworzenie z ziem Księstwa Warszawskiego i części zaboru rosyjskiego odrębnego państwa polskiego, osobą panującego połączonego z Rosją. Sugestię taką przedstawili carowi niektórzy ministrowie rządu Księstwa Warszawskiego, kiedy otrzymali potwierdzone informacje o klęsce Napoleona w Rosji. Aleksander I odrzucił jednak te propozycje. W sprawie polskiej książę Czartoryski dyskutował z carem również na początku kwietnia 1813 r., ale i te rozmowy nie przyniosły oczekiwanych rezultatów.

Po raz kolejny idea odbudowy państwa polskiego z pomocą Rosji pojawiła się w marcu 1814 r.

▶ **KARYKATURA KONGRESU WIEDEŃSKIEGO,** symbolicznie ukazująca ważenie losów świata, wyraża stanowisko środowisk inteligenckich, krytycznie odnoszących się do kongresu. Ich niezadowolenie budziło m.in. to, że ważne decyzje podejmowało tu kilku władców i ich doradców, nieliczących się ze zdaniem i losem narodów.
1815, MWP WARSZAWA, FOT. PC

CHARLES MAURICE DE TALLEYRAND ▶ był sprawnym dyplomatą i oportunistą, bezbłędnie dostosowującym swoje działania do aktualnej sytuacji politycznej. Pozwoliło mu to utrzymać się na stanowisku ministra spraw zagranicznych Francji w czasach zarówno Napoleona, jak i restauracji Bourbonów.
GÉRARD FRANÇOIS PASCAL SIMON, PO 1800, BUWR WROCŁAW, FOT. JKAT

◀ **SZPINET** to odmiana klawesynu, popularnego w czasach nowożytnych instrumentu klawiszowego. Od XVIII w. wypierany przez fortepian, jeszcze w XIX w. pojawiał się w ówczesnych salonach, w których ważną rolę odgrywała muzyka, prezentowana zarówno w formie koncertu, jak i wykonywana specjalnie do tańca.
WIEDEŃ, 1810–1815, MZ KOZŁÓWKA, FOT. MM

▶ **KSIĄŻĘ KLEMENS METTERNICH,** austriacki mąż stanu, był zdecydowanym zwolennikiem legitymizmu, niechętnym ruchom narodowowyzwoleńczym i liberalnym. W oczach przedstawicieli wielu narodów uchodził za uosobienie tyranii i zniewolenia.
JOHANN FRIEDRICH BOLT, PRZED 1836, BUWR WROCŁAW, FOT. JKAT

Legitymizm, restauracja, równowaga

Te trzy zasady przyświecały przywódcom Rosji, Austrii, Wielkiej Brytanii, Prus i Francji, gdy na kongresie wiedeńskim na nowo ustalali ład europejski. Legitymizm to doktryna polityczna, która została sformułowana po raz pierwszy w karcie konstytucyjnej króla Francji Ludwika XVIII. Zakładała ona, że prawa dynastii są nienaruszalne. W czasie kongresu wiedeńskiego użyto jej jako środka do przywrócenia na tron dynastii, które w epoce wojen napoleońskich utraciły władzę. Razem z doktryną legitymizmu stosowana jest zazwyczaj zasada restauracji, zakładająca przywrócenie starego, obalonego (np. w wyniku rewolucji) systemu ustrojowego. Wedle zasady restauracji w latach 1814–1815, po powrocie na tron Ludwika XVIII, przywrócono stary porządek ustrojowy we Francji. Zasada równowagi z kolei zakłada dążenie do tego, by żadne państwo nie uzyskało przewagi gospodarczej, politycznej i militarnej względem innych państw. Jej zastosowanie w czasie obrad kongresu wiedeńskiego zagwarantowało Rosji, Austrii, Wielkiej Brytanii, Prusom i Francji równe wpływy w Europie.

◄ OBRAZ *USTANOWIENIE KRÓLESTWA POLSKIEGO*
ukazuje to wydarzenie w alegoryczny sposób, piętnując uległość Polaków wobec Rosji: klęcząca Polonia z Orłem Białym podaje oleje do namaszczenia swego nowego monarchy, Aleksandra I, a Fortuna sypie z rogu obfitości nagrody za tę lojalność.
JÓZEF PESZKA, PO 1814, OSSOLINEUM WROCŁAW, FOT. MM

◄ KOŚCIÓŁ ŚW. ALEKSANDRA
na pl. Trzech Krzyży w Warszawie został wybudowany z inicjatywy władz Królestwa Polskiego dla uczczenia Aleksandra I. Pierwotnie planowano postawienie tu łuku triumfalnego, na który car się jednak nie zgodził.
WIDOK OD ZACH., CHRYSTIAN PIOTR AIGNER, 1818–1826, FOT. PC

► SAMUEL RÓŻYCKI,
żołnierz Księstwa Warszawskiego, po upadku Napoleona wstąpił do armii Królestwa Polskiego. Mimo awansu do stopnia podpułkownika złożył dymisję, zniechęcony – podobnie jak wielu innych oficerów – brutalnym postępowaniem wielkiego księcia Konstantego.
JEAN FRANÇOIS GIGOUX, 1832, OSSOLINEUM WROCŁAW, FOT. MŁ

ROZKAZ DZIENNY
DO
WOYSKA POLSKIEGO.

◄ ULEGŁOŚĆ WOBEC ROSJI
w sprawie reorganizacji armii oraz pochlebstwa kierowane publicznie pod adresem znienawidzonego przez polskich żołnierzy wielkiego księcia Konstantego drastycznie umniejszyły autorytet namiestnika Józefa Zajączka, zasłużonego generała insurekcji kościuszkowskiej i czasów napoleońskich.
ROZKAZ DZIENNY DO WOJSKA POLSKIEGO Z 13 VI 1818 WYDANY PRZEZ GENERAŁA JÓZEFA ZAJĄCZKA, MMMM WROCŁAW, FOT. MŁ

Dekret grudniowy

Jednym z najważniejszych postanowień nadanej przez Napoleona Księstwu Warszawskiemu konstytucji było zniesienie poddaństwa chłopów. Jednakże zapis stosownego artykułu był na tyle lakoniczny („Znosi się niewola"), że wymagał dodatkowej interpretacji. Wykładnię tego konstytucyjnego zapisu zawierał dekret grudniowy – dokument wydany 21 XII 1807 r. przez ministra sprawiedliwości Feliksa Łubieńskiego. Dekret uznawał zasadę wolności chłopa i przyznawał mu prawo do opuszcze-

nia ziemi. Warunki korzystania z tego prawa były jednak nad wyraz ciężkie: opuszczając wieś, chłop tracił prawo do uprawianej przez siebie ziemi i zasiewów oraz do zaprzęgu, jeśli otrzymał go od dziedzica. Dając chłopom prawo opuszczenia wsi, właścicielom majątków przyznano równocześnie możliwość usunięcia chłopa z ziemi już po roku od ogłoszenia dekretu. Ten właśnie zapis sprawił, że w powszechnej opinii dekret grudniowy uchodził za bardzo niekorzystny dla chłopów.

W dniach od 5 II do 19 III w Châtillon we Francji trwały rokowania pokojowe między uczestnikami szóstej koalicji a Napoleonem. W tym czasie do Châtillon przybył Czartoryski, który w przedstawionym carowi memoriale postulował połączenie odrodzonego państwa polskiego z Rosją, przejściowe utrzymanie napoleońskiej konstytucji Księstwa Warszawskiego oraz wyodrębnienie w ramach Cesarstwa Rosyjskiego, a następnie przyłączenie do państwa polskiego Litwy.

Zabiegi księcia Czartoryskiego nie znalazły jednak zrozumienia u cara Rosji. Mało tego, wszystkie podjęte przez Aleksandra I rozwiązania kwestii Księstwa Warszawskiego miały charakter tymczasowy, a ostateczna decyzja co do losów ziem polskich miała zapaść na kongresie wiedeńskim. Zanim jednak do tego doszło, przez ponad pół roku między Rosją, Prusami a Austrią trwały targi o nowy podział ziem polskich.

Targi o Polskę

Jeszcze przed rozpoczęciem obrad wiedeńskich car Aleksander I w instrukcji dla swojego ministra spraw zagranicznych wyraźnie zaznaczył, że Rosji powinno przypaść całe Księstwo Warszawskie jako nagroda i zadośćuczynienie za udział w kampanii antynapoleońskiej. Sugerował, że sprawa polska jest wewnętrznym problemem Rosji i to Rosja powinna decydować o „urządzeniu wewnętrznym" ziem polskich pod panowaniem rosyjskim.

Sugestie cara spotkały się jednak ze zdecydowanym oporem Austrii i Prus. Metternich sprzeciwił się przejęciu przez Rosję Krakowa i Zamościa oraz reaktywowaniu państwa polskiego pod egidą Rosji. Z kolei kanclerz Prus Karl August Hardenberg żądał Torunia, celem „zaokrąglenia terytorium nad Wisłą". Oliwy do ognia dolał reprezentujący Anglię Henry Robert Castlereagh, który oświadczył, iż popiera odbudowę niepodległego państwa polskiego.

Te wstępne deklaracje na dobrą sprawę dopiero rozpoczynały dyplomatyczną grę o Polskę. Jesienią 1814 r. swoje stanowisko sprecyzowała Austria – korzystając z poparcia Anglii, dążyła do przywrócenia stanu z 1795 r., czyli do odzyskania utraconej w czasie wojny 1809 r. Nowej Galicji. Pomysł ten wywołał sprzeciw Prus i Rosji. W zaistniałej sytuacji Aleksander I zmodyfikował swoje stanowisko. Zgodził się na oddanie Prusom większej części Wielkopolski, ale bez Kaliskiego, a Austrii – Podgórza; Kraków i Toruń miałyby pozostać wolnymi miastami. W zamian za poparcie tej koncepcji gotów był zgodzić się na zajęcie przez Prusy całej Saksonii.

Propozycja cara spotkała się z wyraźnym sprzeciwem Anglii, która obawiała się wzrostu potęgi rosyjskiej na kontynencie europejskim. Z tego względu Castlereagh usiłował stworzyć antyrosyjską koalicję z udziałem Francji i Austrii. Wysunięto wówczas – mającą niestety jedynie propagandowy charakter – propozycję odbudowy państwa polskiego w granicach albo historycznych, albo nieco zmodyfikowanych. Działania te spowodowały wzrost napięcia międzynarodowego. Niebezpieczeństwo ostrego konfliktu skłoniło jednak mocarstwa do zmiany stanowiska. Pod koniec grudnia 1814 r. Aleksander I wystosował notę do uczestników kongresu, w której przedstawił swoje dotychczasowe ustępstwa w sprawie polskiej, a także zapowiedział nadanie Polakom konstytucji i zagwarantowanie swobody handlu na Wiśle. W odpowiedzi na tę deklarację Austria poparła stanowisko Rosji, pod warunkiem wszakże zwrotu okręgu tarnopolskiego, który utraciła w 1809 r. W styczniu 1815 r. Rosja zgodziła się na zwrot tego obszaru.

Na dalsze pertraktacje w sprawie polskiej znaczny wpływ wywarła kwestia Saksonii. Prusy, godząc się na oddanie większości ziem drugiego i trzeciego rozbioru, które znalazły się w Księstwie Warszawskim, domagały się rekompensaty w postaci całej Saksonii. Na to z kolei nie chciała przystać Austria. Ostatecznie uczestnicy kongresu postanowili dokonać podziału Saksonii i oddać Prusom 2/5 części tego kraju, ale bez Lipska (w zamian za to włączono do Prus Toruń).

Po uzgodnieniu spraw terytorialnych do rozstrzygnięcia pozostała jeszcze kwestia zakresu swobód politycznych Polaków. Uczestniczący w obradach kongresu wiedeńskiego książę Czartoryski usilnie dążył do uzyskania międzynarodowych gwarancji w sprawie nadania Polakom autonomii (lub co najmniej wewnętrznego wyodrębnienia) w ramach państw zaborczych. Kwestia ta była bardzo drażliwa, gdyż zarówno Prusy, jak i Austria uważały sprawę polską za problem wewnętrzny i nie chciały go poruszać na forum międzynarodowym.

Zmiana stosunku uczestników kongresu do spraw polskich nastąpiła w marcu 1815 r., po ucieczce Napoleona z Elby i jego powrocie do Francji. W obliczu nowego konfliktu zbrojnego postanowiono ostatecznie rozstrzygnąć problem ziem polskich.

Majowy traktat

3 V 1815 r. Rosja, Austria i Prusy zawarły traktat o utworzeniu Królestwa Polskiego, Wielkiego Księstwa Poznańskiego i Rzeczypospolitej Krakowskiej.

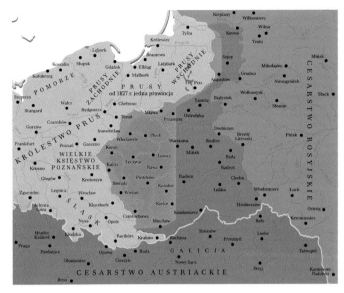

▲ ZIEMIE POLSKIE
PO KONGRESIE WIEDEŃSKIM
(1815–1846)
RYS. JG

■ Królestwo Polskie

■ Wolne Miasto Kraków

■ inne państwa niemieckie

— granice między państwami zaborczymi

▶ ▼ WIELKIE KSIĘSTWO
POZNAŃSKIE
zdołało w początkowym okresie swojego istnienia utrzymać względną autonomię. Polacy mogli sprawować funkcje urzędnicze średniego szczebla, a także posługiwać się językiem polskim przy wykonywaniu wszystkich czynności publicznych.
„PARADA GARNIZONU POZNAŃSKIEGO NA STARYM RYNKU" – JULIUSZ KNORR, LATA 30. XIX W., MN POZNAŃ; GMACH POZNAŃSKIEGO SEJMIKU WOJEWÓDZKIEGO – KAZIMIERZ RUCIŃSKI, 1829–1831, FOT. MM

▼ KRAKÓW
został zajęty przez wojska rosyjskie w maju 1813 r. Okupacja ta trwała aż do kongresu wiedeńskiego. Po uzyskaniu względnej samodzielności w 1815 r. miasto stało się ważnym ośrodkiem kulturalnym, integrującym naród.
WIDOK MIASTA OD PŁD., „KALENDARZYK KRAKOWSKI NA ROK 1813", WG MICHAŁA STACHOWICZA, OK. 1813, BK PAN KÓRNIK, FOT. MM

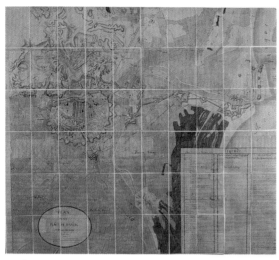

▲ GDAŃSK

na początku XIX w. znajdował się w trudnej sytuacji ekonomicznej. W okresie wojen napoleońskich miasto doznało wielu zniszczeń, a zarządzona przez Francuzów blokada kontynentalna osłabiła wymianę handlową. Decyzją kongresu wiedeńskiego włączony do Prus, przez kilkadziesiąt lat musiał zadowalać się rolą miasta prowincjonalnego.

PLAN GDAŃSKA, 1812, KTN BITTBURG, FOT. MM

◄ TZW. NOWOPOLSKI SYSTEM MIAR

– wprowadzony w 1819 r. na terenie Królestwa Polskiego odmienny od rosyjskiego system metryczny – oparto na wzorcach francuskich. Według nowego systemu kwarta równała się litrowi, a kwaterka stanowiła jego ćwierć.

WZÓR KWARTY I KWATERKI, G. BANG, 1819, MHMSW WARSZAWA, FOT. PC

◄ CHŁOPI ŻYJĄCY NA TERENACH ZABOROWYCH

nie byli przygotowani do samodzielnego gospodarowania. W trakcie przemian na wsi wyraźnie zarysowały się różnice między poszczególnymi zaborami. Najszybciej dostosowali się do nowej sytuacji chłopi w zaborze pruskim, najdłużej mentalność poddańcza utrzymała się w zaborze austriackim i rosyjskim.

„WIDOK KRZESZOWIC" (FRAGMENT), WG ZYGMUNTA VOGLA, BK PAN KÓRNIK, FOT. MM

Uwłaszczenie chłopów w Prusach

Podczas gdy Księstwo Warszawskie przygotowywało się do wojny z Rosją, w Prusach realizowano głębokie reformy wewnętrzne, które miały przynieść znaczne wzmocnienie tego państwa. Jedną z nich było uwłaszczenie chłopów, rozciągnięte później na terytorium Wielkiego Księstwa Poznańskiego. Reformę wprowadzono w życie w 1811 r. Zakładała ona zniesienie pańszczyzny oraz nadanie kmieciom i zagrodnikom uprawianej przez nich ziemi na własność. Uwłaszczenie miało się dokonać na podstawie dobrowolnych umów między dziedzicami a chłopami. Za utracone powinności pańszczyźniane szlachta miała otrzymać od chłopów odszkodowanie, wypłacane albo w gotówce, albo w postaci płodów rolnych. Przewidywano też możliwość spłaty odszkodowania częścią ziemi, jaką chłopi otrzymali na własność. Zapoczątkowana w 1811 r. reforma uwłaszczeniowa rozpoczęła trwający kilkadziesiąt lat proces likwidacji feudalnych stosunków na wsi w zaborze pruskim. Przyczyniła się także do złagodzenia konfliktów między szlachtą a chłopami.

Traktat ten został dołączony do aktu końcowego kongresu wiedeńskiego i ustanawiał nowy podział ziem polskich. Rosja otrzymywała większą część Księstwa Warszawskiego (osiem departamentów). Terytorium to, obejmujące 127 tysięcy km^2 zamieszkanych przez 3,3 miliona ludzi, otrzymało nazwę Królestwa Polskiego (Kongresowego) i miało być na zawsze złączone z Rosją osobą panującego cara Rosji. Traktat sankcjonował także włączenie do Cesarstwa Rosyjskiego obwodu białostockiego.

Prusy otrzymały departamenty bydgoski i poznański oraz część kaliskiego. Ziemie te utworzyły Wielkie Księstwo Poznańskie, które obejmowało 29 tysięcy km^2 i 780 tysięcy ludności. Bezpośrednio do Prus zostały włączone ziemie chełmińska, michałowska oraz Toruń. Oprócz tego Prusy odzyskiwały Gdańsk.

Austria otrzymała na powrót Podgórze wraz z salinami wielickim i okręg tarnopolski, który utraciła na rzecz Rosji w 1809 r. Oznaczało to w praktyce, że przy Austrii pozostawało jedynie terytorium zajęte przez ten kraj w pierwszym rozbiorze Polski.

Na mocy traktatu majowego utworzono także swego rodzaju namiastkę niepodległego państwa polskiego, czyli „wolne, niepodległe i ściśle neutralne miasto Kraków wraz z okręgiem". Wolne Miasto Kraków, często nazywane Rzecząpospolitą Krakowską, zajmowało terytorium o powierzchni 1164 km^2, zaludnione przez 88 tysięcy mieszkańców.

Postanowienia kongresu wiedeńskiego w sprawie polskiej faktycznie oznaczały nowy podział ziem polskich między trzy mocarstwa rozbiorowe. U źródeł tego podziału leżało przekonanie o konieczności rozbicia integralności Księstwa Warszawskiego, które mogło być postrzegane jako zalążek państwa polskiego. Stąd też główne miasta Księstwa znalazły się w różnych zaborach: Poznań stał się częścią zaboru pruskiego, Kraków, jako wolne miasto, teoretycznie uzyskał niezależność, ale już w 1846 r. został włączony do zaboru austriackiego, a Warszawa jako stolica Królestwa Polskiego została włączona do zaboru rosyjskiego.

Dokonany w 1815 r. podział ziem polskich okazał się niezwykle trwały. W niemal niezmienionym kształcie dotrwał bowiem aż do 1918 r., kiedy po I wojnie światowej odrodziło się państwo polskie. Dodatkowo, w przeciwieństwie do traktatów rozbiorowych z lat 1772, 1793 i 1795, usankcjonowanych tylko przez państwa rozbiorowe, decyzje kongresu wiedeńskiego zostały zaakceptowane przez wszystkich jego uczestników. W ten sposób sprawa polska stała się integralnym elementem powstałego po kongresie nowego ładu europejskiego. Na jego straży stanęły państwa Świętego Przymierza.

Pokongresowe realia

Z punktu widzenia Polaków decyzje kongresu wiedeńskiego oznaczały przekreślenie szans na wskrzeszenie niepodległego państwa. Tego faktu nie zmienił nawet zapis mówiący, iż Polacy „otrzymają przedstawicielstwa i instytucje narodowe, ustalone stosownie do rodzaju politycznego istnienia, jaki każdy z rządów uzna za pożyteczne i odpowiednie im przyznać".

W pierwszych latach po kongresie państwa zaborcze rzeczywiście przyznały Polakom ograniczone swobody. Już 27 XI 1815 r. car Aleksander I nadał Królestwu Polskiemu konstytucję, która uchodziła za najbardziej liberalną w ówczesnej Europie, jednak w wielu punktach nie była przestrzegana. Podobna sytuacja panowała na Ziemiach Zabranych, gdzie początkowo bez przeszkód rozwijały się polskie ośrodki kultury, Wilno i Krzemieniec, a wiele urzędów znajdowało się w rękach Polaków. W 1817 r. utworzono Korpus Litewski, do którego pobierano rekrutów wyłącznie z Ziem Zabranych. W społeczeństwie polskim zrodziła się wówczas nadzieja, że Aleksander I dąży do przyłączenia Ziem Zabranych do Królestwa Polskiego, co oznaczałoby wskrzeszenie państwowości polskiej pod berłem carów Rosji. Koncepcja ta pozostała jednak w sferze marzeń, gdyż już na początku lat 20. XIX w. Rosjanie stopniowo zaczęli wycofywać się z liberalnej polityki względem ziem polskich.

„Wolnym i niepodległym" państwem miała być Rzeczpospolita Krakowska, której ustrój określała konstytucja nadana w 1818 r. Zgodnie z jej zapisami władzę wykonawczą sprawował Senat Rządzący, złożony z dwunastu senatorów i prezesa. Ciałem o charakterze ustawodawczym i kontrolnym było Zgromadzenie Reprezentantów. Mimo nadania konstytucji Wolne Miasto Kraków nigdy nie było niepodległe, pozostawało bowiem pod stałą kontrolą rezydentów trzech państw rozbiorowych.

Zgodnie z decyzjami kongresu wiedeńskiego ograniczoną autonomią miało także cieszyć się Wielkie Księstwo Poznańskie. W związku z tym ustanowiono urząd namiestnika księstwa, którym został książę Antoni Radziwiłł. Od 1827 r. istniał też sejm prowincjonalny, jednak nie odgrywał on większej roli.

Jedynym zaborem, w którym po kongresie wiedeńskim nawet nie próbowano wprowadzać zalążków autonomii, był zabór austriacki. Co prawda w 1817 r. reaktywowano Sejm Stanowy, ale ciało to nie miało zbyt wielkich uprawnień.

◀ PAŁACYK MYŚLIWSKI W ANTONINIE
zbudował jako swoją wiejską rezydencję Antoni Radziwiłł, mąż Fryderyki Luizy, bratanicy króla pruskiego Fryderyka II, pierwszy i ostatni namiestnik Wielkiego Księstwa Poznańskiego. Pałacyk mieścił bogaty księgozbiór księcia, gościł tu zaś m.in. Fryderyk Chopin.
CARL FRIEDRICH SCHINKEL, 1822–1824, FOT. PC

JAN NEPOMUCEN UMIŃSKI ▼
był jednym z głównych przywódców Związku Kosynierów, tajnej organizacji założonej w 1820 r. przez wielkopolskich wolnomularzy. Za swoją działalność został uwięziony w Głogowie, skąd zbiegł do Królestwa Polskiego; tutaj wziął udział w powstaniu listopadowym.
XIX W., OSSOLINEUM WROCŁAW, FOT. MŁ

◀ LUDWIK XVIII,
brat Ludwika XVI, po abdykacji Napoleona koronował się na króla Francji. Początkowo sprawował dość liberalne rządy, utwierdzone pokongresową zasadą legitymizmu. Z czasem jednak stał się władcą konserwatywnym i ostatecznie przystąpił do Świętego Przymierza.
TONY GOUTIÉRE, XIX W., OSSOLINEUM WROCŁAW, FOT. MM

▼ WILNO NA POCZĄTKU XIX W.
tętniło życiem uniwersyteckim i kulturalnym, zdominowanym przez młodzież szlachecką. Solidne wykształcenie było coraz bardziej cenione jako środek ułatwiający dalszą karierę.
WALENTY WAŃKOWICZ, „WIDOK MIASTA WILNA", 1823, MŁ WARSZAWA, FOT. MŁ

Święte Przymierze

Jednym z rezultatów kongresu wiedeńskiego było zawarcie porozumienia mocarstw, które miało służyć obronie ustalonego na kongresie porządku w Europie oraz przeciwdziałać prądom rewolucyjnym. Porozumienie to, zwane Świętym Przymierzem, podpisali w 1815 r. cesarz Austrii Franciszek I, car Rosji Aleksander I oraz król pruski Fryderyk Wilhelm III. Później przystąpili do niego także i inni przywódcy państw europejskich oraz Szwajcaria. Szczyt aktywności Świętego Przymierza przypadł na początek lat 20. XIX w.; w 1820 r. na kongresie w Opawie zobowiązano członków do przeciwdziałania reformom konstytucyjnym w ich krajach, a na kongresie w Lublanie w 1821 r. upoważniono Austrię do obalenia liberalnego rządu w Neapolu. Rok później kongres Świętego Przymierza w Weronie zgodził się na francuską interwencję w Hiszpanii, celem przywrócenia systemu rządów absolutnych. W drugiej połowie lat 20. XIX w. aktywność Świętego Przymierza znacznie zmalała, głównie za sprawą rywalizacji austriacko-rosyjskiej na Bałkanach.

Książę Józef Poniatowski, bratanek króla Stanisława Augusta, urodził się w Wiedniu w 1763 r. Od młodości mając pociąg do wojaczki, wstąpił do armii austriackiej i w 1786 r. jako podpułkownik i adiutant cesarza odznaczył się w kampanii tureckiej. Wezwany przez stryja w 1789 r. do kraju, otrzymał stopień generała majora wojsk koronnych i zajął się reorganizacją wojska polskiego. Po ogłoszeniu Konstytucji 3 maja dowodził wojskami koronnymi. Odniósł zwycięstwo pod Zieleńcami, ale nie mógł zatrzymać przeważających sił Rosjan. Po przystąpieniu króla do konfederacji targowickiej złożył dymisję i wyjechał do Wiednia. W 1794 r. powrócił do kraju i walczył w powstaniu pod rozkazami Tadeusza Kościuszki.

Podczas okupacji pruskiej w Warszawie odsunął się od życia politycznego. Kiedy Napoleon pokonał Prusy i wkroczył do Warszawy, książę Józef, wierząc w najlepsze intencje cesarza wobec Polski, postanowił się z nim związać. Objął dowództwo tworzącego się w Księstwie Warszawskim odrodzonego wojska polskiego. W 1809 r., podczas kampanii przeciwko Austriakom, stoczył pod Raszynem na przedpolu Warszawy nierozstrzygniętą bitwę. Opuściwszy Warszawę, przeniósł wojnę na południe, na tereny zaboru austriackiego. Po drodze był uroczyście podejmowany przez księżną Izabelę Czartoryską w Puławach; złożył swój podpis w nowo otwartym Domku Gotyckim, muzeum bohaterów. Wyzwolił Lublin, Sandomierz, Zamość, Lwów i Kraków.

W kampanii 1812 r. książę dowodził V Korpusem armii francuskiej. Wielokrotnie namawiany do przejścia na stronę koalicji antyfrancuskiej, pozostawał wierny cesarzowi aż do końca, do tragicznej bitwy narodów pod Lipskiem, gdzie 19 X 1813 r. poległ, tonąc w Elsterze podczas odwrotu armii francuskiej. W pierwszym dniu trwającej 3 dni bitwy otrzymał od Napoleona nominację na marszałka Francji.

Wkrótce po śmierci księcia rozwinął się w Polsce swoisty kult jego postaci jako „rycerza bez skazy", wiernego do ostatka ojczyźnie. Chętnie porównywano go z bohaterami antycznymi. Jego ciało zabalsamowano, sprowadzono do kraju i złożono obok królów w krypcie wawelskiej, a księżna Izabela Czartoryska wystawiła mu obelisk z czarnego marmuru w podziemiach Świątyni Sybilli. Sława księcia przekroczyła granice Polski. W okresie romantyzmu był uważany za wzór patrioty i bojownika o wolność w Niemczech, Francji i Anglii, a nawet za oceanem. Kult jego, obok kultu Tadeusza Kościuszki, nasilał się zawsze w okresie klęsk narodowych i walk o niepodległość. Warszawski pomnik księcia jest jednym z ważniejszych symboli narodowych.

▲ **KSIĄŻĘ JÓZEF SKACZĄCY DO ELSTERY**
Pośród licznych kompozycji obrazujących śmierć bohatera ten rysunek wyróżnia się niezwykłą ekspresją. Jan Piotr Norblin stykał się z księciem w Warszawie i w Puławach, przyjmując od niego zlecenia artystyczne. Głęboko przeżył wiadomość o śmierci księcia i swoją rozpacz wyraził w całym cyklu rysunków.
1815–1816, FKCZART KRAKÓW, FOT. MS

▲ **WINIETA REKLAMOWA CYGAR KUBAŃSKICH**
przedstawia księcia skaczącego do Elstery. Sława księcia dotarła aż do Hawany, gdzie produkowano znakomite cygara. Wiedziano tam zapewne, że książę był namiętnym palaczem tytoniu.
XIX W., MN KRAKÓW, FOT. MM

◄► CYKL Z LEGENDĄ KSIĘCIA JÓZEFA

wydany w kolorowych rycinach przez firmę Fontany i Maggiego w Paryżu. Nawiązuje do Homeryckiej opowieści o losach Hektora i Andromachy i składa się z czterech części przedstawiających pożegnanie księcia z rodziną (mimo że nigdy nie był żonaty), śmierć w nurtach Elstery, wyłowienie ciała i zawiadomienie rodziny o śmierci bohatera. Sceny utrzymane są w stylu popularnego wówczas naiwnego realizmu.

PO 1813, FKCZART KRAKÓW, FOT. MS

▲ PROJEKT POMNIKA KSIĘCIA JÓZEFA

Długo dyskutowano nad formą pomnika, jakim postanowiono uczcić księcia w Warszawie w latach 20. XIX w., mimo sprzeciwów wielkiego księcia Konstantego. Aleksander Orłowski widział księcia w polskim mundurze, konno, z symboliczną figurą rzeki Elstery pod koniem. Projekt nie został przyjęty.

PO 1818, FKCZART KRAKÓW, FOT. MS

◄ BIURKO POLOWE KSIĘCIA,

z drewna malowanego i rzeźbionego, składa się ze stolika, dwudrzwiowej szafki z licznymi szufladkami i skrytkami oraz nastawy z dwoma lichtarzami i zegarem. Wewnętrzną stronę drzwiczek szafki zdobi czterokrotnie powtórzony herb Poniatowskich – Ciołek. Biurko jest niezwykle wytworne i dobrze zachowane. Należy wątpić, że zostało zabrane, jak chce tradycja, na wyprawę moskiewską 1812 r.

2 POŁ. XVIII W., MN KRAKÓW, FOT. MM

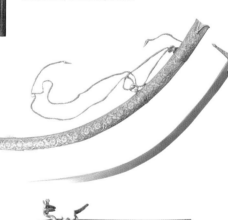

◄ KONKURS NA POMNIK KSIĘCIA

wygrał sławny duński rzeźbiarz Bertel Thorvaldsen. Pod natchnieniem kapitolińskiego pomnika konnego cesarza Marka Aureliusza wystylizował księcia na antycznego herosa.

KOPIA, WARSZAWA, 1832, FOT. MM

▲ SZABLA I PISTOLET KSIĘCIA

Piękna szabla typu mameluckiego ma głownię damasceńską, rękojeść rogową, z jelcem i pochwą ze srebra; pochwę zdobi monogram J.P. Wytworny pistolet skałkowy londyńskiej firmy Wogdon książę otrzymał w darze od hrabiego Stanisława Zamoyskiego w 1810 r.

PRZED 1810, MWP WARSZAWA, FOT. PC

KLASYCYZM

Utrata niepodległości i brak mecenatu królewskiego miały zasadnicze znaczenie dla przemian kultury polskiej

◄ **CYPRIAN GODEBSKI**
wstąpił do Legionów Polskich we Włoszech, gdzie zajmował się pracą oświatową. Swe przemyślenia zawarł w napisanym w 1805 r. *Wierszu do Legiów Polskich*, który formułował zasady życia heroicznego obowiązujące w okresie niewoli.
WARSZAWA, OSSOLINEUM WROCŁAW, FOT. MM

WIZERUNKI PATRIOTYCZNE ►
w XIX w. były często umieszczane na przedmiotach codziennego użytku. Bogata galeria bohaterów narodowych, wśród których prym wiedli książę Józef Poniatowski (jak na prezentowanym kubku) i generał Tadeusz Kościuszko, była uzupełniana widokami znanych zabytków polskich.
BARANÓWKA, OK. 1830, MM PŁOCK, FOT. MM

▲ **IZABELA CZARTORYSKA**
była znawczynią sztuki ogrodniczej, o czym świadczą założone przez nią w podwarszawskich Powązkach i w Puławach parki oraz poświęcona tej sztuce książka autorstwa księżnej. Europejskie koncepcje komponowania parków krajobrazowych autorka wzbogaciła o własne patriotyczne refleksje.
„MYŚLI RÓŻNE O SPOSOBIE ZAKŁADANIA OGRODÓW", WROCŁAW, 1805, OSSOLINEUM WROCŁAW, FOT. MM

Literatura i rozbiory Polski

Powszechne w społeczeństwie polskim po 1795 r. poczucie klęski znalazło gwałtowne ujście w literaturze. Pojawiło się wiele utworów wyrażających rozpacz, przynoszących opisy wydarzeń, które doprowadziły do upadku, oskarżenia winowajców oraz próby ogólniejszej refleksji. Pisali je zarówno autorzy znani, należący do dawniejszych pokoleń oświeconych, jak i debiutanci. Nurt ten rozwijał się aż do 1807 r., a obok niego pojawiały się inne.

Szczególne miejsce przypadło literaturze związanej z walką zbrojną Polaków, która miała doprowadzić do niepodległości. Najbardziej znanym utworem była *Pieśń Legionów Polskich we Włoszech*, bezpośrednio wzywająca do walki. Inna postawa pojawiła się w łączącym patos historii i subiektywizm jej widzenia *Wierszu do Legiów Polskich* poety-żołnierza, Cypriana Godebskiego. Poemat ten, nie tylko przedstawiający wydarzenia i ludzi, ale także mówiący o nadziejach i zwątpieniach, stanowił jeden ze składników legendy Legionów. Towarzysząca wydarzeniom politycznym i militarnym literatura współtworzyła i podtrzymywała też inne legendy ożywiające zbiorową wyobraźnię: Tadeusza Kościuszki, księcia Józefa Poniatowskiego, Napoleona.

Literatura późnego, postanisławowskiego oświecenia, przypadającego na czas od 1795 r. do połowy lat 20. XIX w., podejmowała też od czasu upadku Polski zadania edukacyjne, dostosowane do zmienionej sytuacji narodu. W znacznie mniejszym zakresie pisarze odwoływali się do satyrycznej, krytycznej funkcji literatury; teraz posługiwali się nią w celu mobilizowania Polaków do przetrwania i walki, a także umacniania wiary w odbudowę ojczyzny.

Jednym ze środków było przypominanie o wielkości dawnej Rzeczypospolitej i przekonywanie, że można z niej czerpać nadzieję na przyszłość. Odwoływano się również do przekonania, że naród polski znajduje się pod opieką Boga (prowidencjalizm), który w swoim planie wyznaczył mu szczególne miejsce – nowego Izraela. Ten mesjanistyczny pogląd głosił biskup Jan Paweł Woronicz. W wizyjnych poematach podkreślał, że utrata niepodległości jest karą za błędy Polaków, lecz po odpokutowaniu czekają ich odrodzenie i triumf.

Tendencje dydaktyczne

Ważną rolę w literaturze późnego oświecenia odgrywały typowe dla klasycyzmu dążenia do edukowania społeczeństwa, wychowywania Polaków, wpajania im patriotycznych idei i symboli, komentowania wydarzeń. Jako przykładowe można tu wymienić rozmaite utwory: pouczające *Rozmowy zmarłych* Ignacego Krasickiego, *Myśli różne o sposobie zakładania ogrodów* Izabeli Czartoryskiej – studium o wartościach dostrzegalnych w rodzimej przyrodzie, czy *Ziemiaństwo polskie* Kajetana Koźmiana – próbę uchwycenia istoty polskości rozpiętej między rolami ziemianina i rycerza.

W XIX w. pojawiły się nowe odmiany powieści. Światopogląd sentymentalny doszedł do głosu w nurcie romansowym, próbującym jednak analizy psychologicznej. Najdojrzalsza artystycznie była *Malwina* Marii z Czartoryskich Wirtemberskiej, choć współcześni chętniej czytali powieści w listach: *Nierozsądne śluby* Feliksa Bernatowicza czy *Julię i Adolfa* Ludwika Kropińskiego. Miejsce szczególne przypadło *Rękopisowi znalezionemu w Saragossie* Jana Potockiego, powieści napisanej po francusku w latach 1803–1815. Przynosi ona nie tylko intrygującą warstwę przygodową, złożoną z przenikających się opowieści; jest jednocześnie filozoficznym podsumowaniem oświecenia, sygnałem wyczerpania się jego możliwości.

Kryzys literatury oświeceniowej w drugiej dekadzie XIX w. był coraz mocniej widoczny. Wiązał się ze słabnięciem klasycyzmu – jednocześnie kostniejącego, ograniczającego swobodę twórczą, i otwierającego się na inspiracje. Nowe tendencje dochodziły do głosu także w sentymentalizmie. W rezultacie tych procesów coraz wyraźniej ujawniały się zapowiedzi romantyzmu. Rolę inspiratora i poety przełomu odegrał Kazimierz Brodziński, sielankopisarz i teoretyk literatury. Wydanie pierwszego tomu poezji Mickiewicza nie zakończyło literatury oświeceniowej, jednak w ciągu kilku lat stała się ona zjawiskiem marginalnym, przebrzmiałym estetycznie.

Sztuki plastyczne w okresie porozbiorowym

Rozbiory Rzeczypospolitej i utrata własnej państwowości sprawiły, że zabrakło mecenatu królewskiego, który w latach przedrozbiorowych w dużej mierze decydował o wizerunku polskiej sztuki. Nadal jednak, pomimo podzielenia terytorium dawnej Rzeczypospolitej przez zaborców kordonami granicznymi, centrum kulturalnym i artystycznym kraju była dawna stolica.

Architektura

W czasach panowania Prus ruch budowlany w samej Warszawie wprawdzie nieco osłabł, ale znaczne ożywienie zapanowało w budownictwie na prowincji. Wtedy właśnie powstało wiele nowych

▲ JULIAN URSYN NIEMCEWICZ
zapisał się w historii literatury jako znakomity poeta, powieściopisarz, tłumacz i pamiętnikarz. Największą sławę zyskała komedia polityczna *Powrót posła*, wystawiona na scenie Teatru Narodowego przez Wojciecha Bogusławskiego.
ANTONI BRODOWSKI, OK. 1820, MP WILANÓW, FOT. TZH

▲ STYL CESARSTWA, zwany również *empire*, to późna odmiana klasycyzmu ukształtowana we Francji za rządów Napoleona. Obok elementów greckich i rzymskich pojawiły się motywy egipskie. Wprowadzono wtedy też komplety, czyli jednolicie skomponowane zestawy mebli.
MZ ŁAŃCUT, FOT. MM

▶ *RĘKOPIS ZNALEZIONY W SARAGOSSIE* Jana Potockiego miał niezwykłe losy. Poszczególne części powieści były wydawane oddzielnie, również anonimowo. W 1847 r. ukazało się tłumaczenie polskie, które przez długi czas było jedyną pełną wersją, albowiem francuski rękopis zaginął.
LIPSK, 1847, OSSOLINEUM WROCŁAW, FOT. MM

▲ PAŁAC W BIAŁACZOWIE jest dziełem Jakuba Kubickiego. Ten wybitny architekt od 1781 r. pozostawał na usługach Stanisława Augusta Poniatowskiego. W uznaniu zasług w 1790 r. otrzymał szlachectwo, a w 1806 r. – stanowisko budowniczego rządowego.
1797–1800, FOT. MM

▲ DWÓR W GRABONOGU należał do rodziny Bojanowskich. Tradycyjnej konstrukcji szachulcowej nadano tu klasycystyczną formę. Piętrowy ryzalit dostawiony do parterowego dworu od frontu ozdobiono drewnianymi pilastrami doskonale widocznymi na tle bielonych ścian.
OK. 1800, FOT. RS

Pałac w Lubostroniu

Wzorując się na słynnej Villa Rotonda, dziele włoskiego architekta renesansowego, Andrei Palladia, Stanisław Zawadzki zaprojektował na początku XIX w. pałac w Lubostroniu. Budowla ta łączy architekturę klasycystyczną z historyczno-patriotycznym programem ikonograficznym, którego ideowym autorem był właściciel pałacu, hrabia Fryderyk Skórzewski. W głównym wnętrzu pałacu, reprezentacyjnej rotundzie, przedstawiono rzeźbiarskie sceny związane z bohaterską przeszłością narodu polskiego: *Klęskę pod Płowcami zadaną Zakonowi przez dzielnego Łokietka* oraz *Zwycięstwo Władysława Jagiełły odniesione nad Krzyżakami pod Koronowem*. Dopełnieniem tych wyobrażeń są ukazane na posadzce sali przedstawienia polskiego Orła i litewskiej Pogoni. Ucieleśniają one cel, któremu miała być podporządkowana, według Skórzewskiego, polityka zagraniczna odrodzonej Polski – zjednoczenie Litwy z Koroną. W skład programu, obok przedstawień ściśle historycznych, wchodziły również bardziej współczesne, ukazujące Polskę jako równorzędnego w dziele cywilizacji partnera jednego z zaborców, Prus, oraz wizerunki zasłużonych dla narodu przedstawicieli wybitnych rodów polskich.

◄ PAŁAC W BEJSCACH
został wzniesiony dla Marcina Badeniego. Ten typ wiejskiego pałacu spopularyzował na ziemiach polskich Jakub Kubicki. Bryłę budowli wzbogacają: portyk kolumnowy od frontu i wieloboczny ryzalit mieszczący salon od strony ogrodu.
1802, FOT. MM

◄ PAŁAC MOSTOWSKICH,
siedziba Komisji Rządowej Spraw Wewnętrznych, został przebudowany przez Corazziego około 1823 r. Jest przykładem pałacu miejskiego z reprezentacyjną fasadą od ulicy. Na początku XIX w. ustaliło się rozplanowanie wnętrz: na parterze biura, a nad nimi pomieszczenia mieszkalne.
FRYDERYK KRZYSZTOF DIETRICH, WARSZAWA, 1827–1828, MHMSW WARSZAWA, FOT. PC

► KAPLICA DWORSKA W ROGALINIE,
ufundowana przez Edwarda Raczyńskiego, była wzorowana na rzymskiej świątyni we francuskim Nîmes. Kolumnowy portyk kryje dwie kondygnacje; górna, w stylu neoklasycznym, jest kaplicą, a w podziemiu znajduje się neogotyckie mauzoleum rodowe.
1820, FOT. RS

◄ BELWEDER W WARSZAWIE,
przebudowany przez Jakuba Kubickiego w latach 1819–1822, reprezentuje monumentalny i równocześnie prosty typ architektury. Odrzucono tu dekorację zewnętrzną na rzecz zwartości bryły i dobrze wyważonych proporcji.
POCZTÓWKA, ZPM BARANOWSKA

Wystawy sztuki

Powołane specjalnym zarządzeniem publiczne wystawy sztuki odbywały się w Królestwie Polskim w latach 1819–1828. Pokazywano na nich, obok obrazów, także rzeźby, ryciny i projekty architektoniczne powstające w Szkole Sztuk Pięknych działającej przy Uniwersytecie Warszawskim. Katedry malarstwa i rysunku obejmowali tam, aż do zamknięcia uczelni w 1831 r., wybitni malarze Antoni Blank i Antoni Brodowski, a katedrę perspektywy i optyki – zdolny pejzażysta Zygmunt Vogel. W jury wystaw zasiadali zarówno sami artyści, jak i urzędnicy państwowi, będący często w tej epoce malarzami amatorami. Od 1823 r. wybrane eksponaty nagradzano specjalnymi medalami. Proponowano też rządowi zakup nagrodzonych dzieł sztuki, z których, jak pisano, „będzie mogła być uformowana galeryja zupełnie narodowa". Jedną z takich wystaw, z 1828 r., świetnie dokumentuje obraz Wincentego Kasprzyckiego. Autor utrwalił na nim wizerunki najsłynniejszych ówczesnych polskich artystów, a wśród nich – siebie.

założeń pałacowych, których projektantami byli architekci działający również w okresie przedrozbiorowym, tacy jak Stanisław Zawadzki, Chrystian Piotr Aigner, Jakub Kubicki. Obok wciąż powszechnych wzorów klasycystycznych coraz częściej wprowadzano motywy neogotyckie, które szczególnie modne stały się w latach 20. XIX w., oraz neorenesansowe. Nie zapominano również o ideach architektonicznych zrodzonych w wieku oświecenia, takich jak typ klasycystycznego kościoła centralnego, który, wykorzystany po raz pierwszy przez Szymona Bogumiła Zuga w warszawskim zborze ewangelickim, znalazł kontynuację w projektach warszawskiego kościoła Opatrzności Bożej oraz w zaprojektowanych przez Aignera kościołach w Puławach i warszawskim kościele św. Aleksandra.

Królestwo Polskie

Utworzenie Królestwa Kongresowego spowodowało przełom w urbanistyce Warszawy, który dokonał się dzięki nowemu programowi gospodarczemu Ksawerego Druckiego-Lubeckiego. Lata te nazwano świetną kartą w dziejach planowania w Polsce. Nadal działali architekci tacy jak Aigner czy Kubicki, jednak naczelne miejsce zajął architekt sprowadzony przez Stanisława Staszica w 1818 r. z Florencji – Antonio Corazzi. Ten niespełna 30-letni wówczas twórca w krótkim czasie narzucił stolicy swój monumentalny, wywodzący się z najlepszych włoskich i neoklasycznych wzorów styl. Dziełem Corazziego jest wiele warszawskich budowli reprezentacyjnych (pałac Towarzystwa Przyjaciół Nauk i gmach Komisji Rządowej Spraw Wewnętrznych), a także kompleks budynków na pl. Bankowym – jedno z najciekawszych europejskich rozwiązań architektoniczno-urbanistycznych tej epoki. Corazziemu Warszawa zawdzięcza również Teatr Wielki i ostateczne rozplanowanie pl. Teatralnego.

Rzeźba

Rzeźba w pierwszym trzydziestoleciu XIX w. łączyła formy klasycystyczne z coraz częściej przydawanymi im nowymi znaczeniami – patriotycznymi i odbiegającymi od gustu antycznego. Chętnie łączona z intensywnie rozwijającą się w latach 1815–1830 architekturą, nadawała budowlom rys wywiedzionego ze sztuki starożytnej, doskonałego i monumentalnego piękna.

Jednym z najciekawszych rzeźbiarzy tej epoki był sprowadzony do Polski przez Stanisława Zamoyskiego z Czech Paweł Maliński, twórca dekoracji rzeźbiarskiej wielu gmachów w Warszawie (np. fryzu *Triumf*

Bachusa na frontonie Pałacu Błękitnego oraz złożonego z sześćdziesięciu dwóch postaci fryzu przedstawiającego *Edypa powracającego z igrzysk olimpijskich* w Teatrze Wielkim). Najważniejszym jednak dla kultury polskiej tego czasu rzeźbiarzem był Duńczyk Bertel Thorvaldsen. W krótkim okresie istnienia odrodzonej, rodzimej państwowości, w czasach Królestwa Polskiego, artysta ten zaprojektował i zdążył wykonać wiele pomników, w tym warszawski pomnik księcia Józefa Poniatowskiego, pułkownika Włodzimierza Potockiego w katedrze krakowskiej oraz Mikołaja Kopernika w Warszawie. Pomnik Poniatowskiego zapoczątkował jedną z pierwszych w Polsce dyskusji o rzeźbie, której tematem był wybór wzoru dla sztuki polskiej – realistyczno-romantycznego lub klasycystyczno-idealistycznego. Obok samego mistrza działali również jego uczniowie, m.in. Jakub Tatarkiewicz, autor posągu *Umierającej Psyche* oraz figur Stanisława Kostki Potockiego i jego żony na ich pomniku nagrobnym w Wilanowie. Nadal popularne były też importy rzeźby włoskiej, szczególnie dzieł Antonia Canovy, spośród których wyróżnia się klasą artystyczną przedstawienie Henryka Lubomirskiego jako Amora.

Malarstwo

Pierwsze trzydziestolecie XIX w. to dla działających w Polsce malarzy czas nowego mecenatu oraz nowych form organizacji życia artystycznego. Najwybitniejsi z nich (Marcello Bacciarelli, Antoni Brodowski, Zygmunt Vogel) zostali członkami Warszawskiego Towarzystwa Przyjaciół Nauk. W Wilnie już w 1798 r. powstała przy tamtejszym uniwersytecie katedra sztuki, w której zajęcia z malarstwa prowadzili m.in. Franciszek Smuglewicz i Jan Rustem. Podobne instytucje przy uniwersytetach warszawskim i krakowskim zostały założone dopiero w latach 1816 i 1818. Od 1819 r. organizowano publiczne wystawy sztuki oraz konkursy na dzieła o określonym z góry temacie. Samo malarstwo nadal realizowało wzorce klasycystyczne, dbając o zaczerpnięty z mitologii lub historii starożytnej temat i formę wywiedzioną z pracowni mistrzów francuskich końca XVIII w., statyczną i nieco teatralną. Główni przedstawiciele tego nurtu to Antoni Brodowski, Antoni Blank i Aleksander Kokular. Równolegle, w opozycji do nurtu klasycznego, działali tacy artyści jak związany z dworem Czartoryskich w Puławach Jan Piotr Norblin, autor m.in. licznych przedstawień związanych z aktualnymi wydarzeniami historycznymi, oraz jego uczeń – Aleksander Orłowski, uznawany za jednego z prekursorów sztuki romantycznej w Polsce. Jego nazwisko pojawia się w *Panu Tadeuszu* Adama Mickiewicza.

▲ OBRAZ *EDYP I ANTYGONA* został namalowany przez Aleksandra Kokulara na konkurs, który odbył się w 1825 r. w Rzymie. Wyróżniony pierwszą nagrodą artysta wykorzystał osiągnięcia malarstwa epoki klasycyzmu: precyzyjny rysunek, zrównoważoną kompozycję i posągowo oddane postacie.
MN WARSZAWA, FOT. TZH

▼ PORTRET SZCZEPANA HOŁOWCZYCA, arcybiskupa warszawskiego, został namalowany przez Antoniego Brodowskiego po śmierci dostojnika. Realistycznie przedstawiona postać jest wyeksponowana na ciemnym tle. Harmonijna kompozycja i kontrast kolorystyczny pozwoliły artyście osiągnąć efekt monumentalizmu.
1828, MN POZNAŃ, FOT. ACIE

▶ WARSZAWSKI POMNIK MIKOŁAJA KOPERNIKA, zaprojektowany przez duńskiego rzeźbiarza Bertela Thorvaldsena, powstał z inicjatywy Stanisława Staszica, który w 1810 r. założył komitet budowy i rozpoczął zbiórkę funduszy. Pomniki odlane z tego samego modelu znajdują się w Montrealu i Chicago.
1830, FOT. MM

◀ ALBUM WZORÓW FRAKÓW URZĘDOWYCH wprowadzono ze względu na znaczne powiększenie szeregów kadry administracyjnej. Umundurowanie było wzorowane na mundurze wojskowym. Uniformizacja objęła korpus służby miejskiej i państwowej, który w XIX w. wzrósł niemal dziesięciokrotnie.
VISTELIUS, OK. 1830, MM PŁOCK, FOT. MM

Antoni Brodowski

Najwybitniejszym malarzem polskim początku XIX w. był Antoni Brodowski. Uczeń słynnych malarzy francuskich, powrócił do Polski w 1815 r. Rozpoczynał od malowania płócien o obowiązującej w epoce tematyce biblijnej i mitologicznej (np. *Gniew Saula na Dawida* czy *Edyp i Antygona*), ale główny nurt jego twórczości stanowi malarstwo portretowe. Uwiecznił wiele wybitnych postaci tej epoki: Ludwika Osińskiego, Juliana Ursyna Niemcewicza, arcybiskupa Szczepana Hołowczyca. Portrety malowane przez Brodowskiego, obok niewątpliwych związków ze sztuką klasycyzmu, niosą w sobie zapowiedź zbliżającego się romantyzmu, dzięki swobodnemu użyciu koloru i odejściu od ściśle centralnej, wzorowanej na rzeźbie antycznej kompozycji. Szczególnie widoczne jest to w *Autoportrecie*, w portrecie brata malarza, Karola, oraz w pośmiertnym wizerunku adiutanta Napoleona, Józefa Sułkowskiego. Szczególnie dwa ostatnie obrazy świadczą o przejęciu się romantycznymi ideałami wolności i związanej z nią swobody twórczej, jednak przedwczesna śmierć artysty nie pozwoliła mu na kontynuowanie tego nurtu sztuki w bardziej już monumentalnej postaci.

Jednym z największych zadań artystycznych w ponapoleońskiej Europie było wznoszenie monumentów bohaterom ostatnich wojen i ich historycznym poprzednikom. Był to wyraz wzrostu narodowej świadomości u szerokich kręgów społecznych i rozpowszechnienia uczuć patriotycznych. Na ziemiach polskich, inaczej niż w innych państwach, pomniki te nie były fundowane przez władze – króla czy rząd – lecz przez grupy entuzjastów i organizujące się samorzutnie komitety. Inicjując akcje składkowe, gromadziły one w ten nieznany dotąd sposób finanse na budowę. Twórcą i odbiorcą dzieł miało być całe społeczeństwo – naród.

W tej atmosferze narodził się pomysł wystawienia pomnika pierwszych władców Polski w katedrze poznańskiej, gdzie według tradycji pochowano Mieszka I i Bolesława Chrobrego. Ta głęboko w przeszłość sięgająca idea była realizowana bardzo długo. Prawdopodobnie inicjatorem wzniesienia pomnika był ksiądz Teofil Wolicki, który w 1816 r. w odezwie *Polacy!* skierował do społeczeństwa apel o wzięcie udziału w akcji zbierania składek na monument. Od tego czasu aż do ukończenia dzieła w 1840 r. zmieniały się wielokrotnie projekty, zatrudniano wielu wybitnych artystów (m.in. architektów Carla Friedricha Schinkla i Gustava Stiera). Ostateczny kształt pomnik przybrał dzięki Edwardowi Raczyńskiemu, który był głównym fundatorem kaplicy i przewodniczącym komitetu zbierającego składki na jej budowę. On też zadbał, aby zmiany koncepcyjne wyglądu pomnika nie wpłynęły na zmianę jego zasadniczej idei i programu.

Kaplica Królów Polskich, zwana Złotą, jest miejscem pamięci pierwszych historycznych władców Polski, „budowniczych państwa i Ojców narodu", których czyny: przyjęcie chrześcijaństwa i wprowadzenie Polski do zachodniej Europy, uznano za fundamentalne dla całych polskich dziejów. Idee te wyrażono za pomocą architektury w typie centralnej ośmiobocznej kaplicy kopułowej o wenecko-sycylijsko--bizantyjskich formach, obrazów o tematyce historycznej, malarstwa enkaustycznego przypominającego mozaikę oraz brązowych posągów wykonanych przez Christiana Daniela Raucha. Artysta ten starał się o „historyczną wierność" postaci, co nadzorował Edward Raczyński (będąc znawcą broni, zaprojektował kształt Szczerbca, trzymanego przez Bolesława Chrobrego jako miecz bojowy – wzorował się na formach spotykanych od XII do XV w.). Na jego też życzenie Rauch nadał twarzy Bolesława rysy księcia Józefa Poniatowskiego. Była to decyzja znamienna, świadcząca o aktualizacji programu – historyczno--patriotycznego, ale także świadomie politycznego.

▲ **EDWARD RACZYŃSKI**
był jednym z najzamożniejszych właścicieli ziemskich w Wielkopolsce, działaczem na rzecz poprawy warunków życia mieszkańców Poznania oraz rozwoju oświaty w regionie. Mimo to posądzono go o niewłaściwe zużytkowanie składek na budowę kaplicy. Wkrótce potem popełnił samobójstwo.
JAN KRYSTIAN GŁADYSZ, OK. 1809, MN POZNAŃ, FOT. MM

▲ **ZAPISY SKŁADEK**
odnotowywano na specjalnie w tym celu drukowanych formularzach, które zawierały pokwitowanie dobrowolnej wpłaty.
„NA POMNIK KRÓLÓW MIECZYSŁAWA I I BOLESŁAWA CHROBREGO W KATEDRZE W POZNANIU", BK PAN KÓRNIK, FOT. MM

◄ BOGACTWO BARWY I ZŁOTA

we wnętrzu kaplicy tworzy jedną z najwcześniejszych tego typu dekorację w Europie. Jej częścią są enkaustyczne malowidła na złotym tle (m.in. na sklepieniu) Heinricha Müllera z Berlina, jednego z pierwszych w Europie malarzy stosujących tę antyczną technikę, mającą gwarantować większą trwałość i blask barwy aniżeli fresk.

1835–1840, FOT. MŁ

▲ MOZAIKA W POSADZCE

została zaprojektowana przez znanego specjalistę weneckiego Liboria Salandriego, natomiast w Poznaniu ułożył ją jego pomocnik David Cristofoli. Marzeniem Edwarda Raczyńskiego było ozdobienie całej kaplicy mozaiką, jednak na tak kosztowne dekoracje nie było wówczas stać nawet monarchów.

1836–1839, FOT. MŁ

▲ SARKOFAG

wedle projektu Franciszka Marii Lanciego wykonał w piaskowcu Gustaw Hesse, a pierwsze trzy figury apostołów z lewej strony są dziełem Oskara Sosnowskiego. Kolejne dwie postacie (Chrystusa i jednego z apostołów) pochodzą z dawnego nagrobka Bolesława Chrobrego, zniszczonego wskutek zawalenia się południowej wieży poznańskiej katedry w 1790 r.

1837–1839, FOT. MŁ

▲ *MIECZYSŁAW I KRUSZY BAŁWANY*

to temat wybrany przez Edwarda Raczyńskiego po długich rozważaniach, gdyż zgodnie z ideami programowymi kaplicy obraz miał przedstawiać najważniejsze wydarzenie z dziejów panowania władcy. Za takie uznano przyjęcie chrześcijaństwa.

JANUARY SUCHODOLSKI, 1836–1837, FOT. MŁ

◄ POSĄGI WŁADCÓW POLSKICH

były początkowo bogato inkrustowane kamieniami półszlachetnymi i szlachetnymi (m.in. na rękojeści i pochwie miecza oraz na koronie Bolesława). Ten rodzaj dekoracji rzeźby wprowadzał czynnik barwy, co było wówczas niezwykłym sposobem pogłębienia efektów luministycznych. Klejnoty zostały zrabowane przez hitlerowców.

CHRISTIAN DANIEL RAUCH, 1840, FOT. MŁ

▲ SPOTKANIE BOLESŁAWA CHROBREGO I OTTONA III

zobrazował mało wówczas znany uczeń słynnej i wpływowej szkoły nazareńskiej, Edward Brzozowski. Artysta ujął temat w nowatorski sposób, przedstawiając władców w momencie wspólnej modlitwy u grobu św. Wojciecha.

„BOLESŁAW CHROBRY I OTTON III U GROBU ŚW. WOJCIECHA", 1836–1840, FOT. MŁ

KRÓLESTWO POLSKIE

Po napoleońskiej burzy Polacy znaleźli spokojną przystań w konstytucyjnej monarchii

▶ **MAPA KRÓLESTWA POLSKIEGO**
ikonografią nawiązuje do polskiej tradycji patriotycznej. Widoczne po lewej stronie elementy to symbole ojczyzny kwitnącej pod rządami Jana Sobieskiego. Prawa strona to wspomnienie walk o niepodległość pod wodzą Tadeusza Kościuszki.
ANTOINE MARIE PERROT, 1823, KTN BITTBURG, FOT. MM

▼ **NOMINACJA ADAMA JERZEGO CZARTORYSKIEGO**
na członka Rady Stanu została podpisana przez Aleksandra I w 1815 r. Było to jedno z wielu stanowisk, które piastował Czartoryski w Rosji – w 1802 r. został mianowany zastępcą ministra spraw zagranicznych, a w 1804 r. ministrem.
WARSZAWA, 1 XII 1815, KTN BITTBURG, FOT. MM

▶ **FRAK MUNDUROWY CARA ALEKSANDRA I,**
w którym monarcha przybył w 1815 r. do Warszawy, został wykonany w Petersburgu specjalnie na tę okazję. Generalski mundur jest ozdobiony motywami polskimi: na srebrnych guzikach widnieje wizerunek polskiego orła.
MWP WARSZAWA, FOT. PC

Monarchia konstytucyjna

Królestwo Polskie, od okoliczności powstania nazywane też Kongresowym bądź Kongresówką, zajmowało 127 tysięcy km^2 z ponad 3 milionami mieszkańców. Było monarchią konstytucyjną, połączoną z Rosją jedynie osobą panującego – każdorazowego cara, który miał być koronowany w Warszawie na króla polskiego.

Konstytucja, której wstępne założenia przygotował książę Adam Jerzy Czartoryski, wówczas ciągle jeszcze zaufany współpracownik Aleksandra I, została podpisana przez cara 27 XI 1815 r. w Warszawie. Nowy monarcha, występujący w polskim mundurze generalskim z Orderem Orła Białego, witany był nad Wisłą entuzjastycznie – w podzięce za dotychczasowe decyzje, które pozwoliły Polakom ocalić niemało z napoleońskiej katastrofy, i w oczekiwaniu na dalsze koncesje.

Konstytucja Królestwa czerpała z zachodnioeuropejskich, głównie angielskich, liberalnych rozwiązań ustrojowych. W szczególności zapewniała, że naród polski „mieć będzie wiecznymi czasy reprezentację narodową w sejmie złożonym z króla i dwóch izb, z których pierwsza składać się będzie z senatorów, druga z posłów i deputowanych". Zachowywała też wiele postanowień swej poprzedniczki, konstytucji Księstwa Warszawskiego.

Monarcha był obdarzony pełnią władzy wykonawczej, jednak podczas koronacji musiał zaprzysiąc konstytucję, a jego decyzje wymagały kontrasygnaty właściwego ministra, ponoszącego odpowiedzialność za wszystko, „co by mogło obejmować przeciwnego konstytucji i prawom". Prawo wyborcze przysługiwało większej liczbie ludności niż w dziesięciokrotnie ludniejszej Francji. Wybieralny, dwuizbowy parlament, do którego obok szlachty ziemiańskiej dostęp mieli również majętni lub wykształceni przedstawiciele warstw niższych, zbierał się co 2 lata na miesiąc dla uchwalenia ustaw dotyczących budżetu, wojska i prawodawstwa. Projekty przygotowywała Rada Stanu, obradująca pod przewodnictwem zastępującego monarchę namiestnika. Funkcję tę pełnił aż do śmierci w 1826 r. generał Józef Zajączek, niegdyś związany z „polskimi jakobinami", obecnie skrajny oportunista, nagrodzony za lojalność książęcym tytułem. Wchodzący w skład Rady Stanu ministrowie stali na czele pięciu komisji rządowych (wyznań religijnych i oświecenia publicznego, sprawiedliwości, przychodów i skarbu, wojny, spraw wewnętrznych) i tworzyli węższe gremium – Radę Administracyjną. Rada ta, również pod przewodnictwem namiestnika, pełniła funkcje rządu. Niezawisłe sądy wyrokowały na podstawie prawa polskiego, a Kodeks Napoleona pozostał w mocy. Kraj został podzielony na osiem województw zarządzanych przez rady wojewódzkie. W miastach przywrócono samorząd. Język, komenda i mundur w wojsku, barwy, godła, instytucje oświatowe i społeczne pozostały polskie. Religia rzymskokatolicka, przy równouprawnieniu innych wyznań, miała być otoczona szczególną opieką rządu. Jednakże około 400-tysięczna społeczność żydowska została – podobnie jak w Księstwie Warszawskim – pozbawiona praw obywatelskich.

Życie polityczne

Car Aleksander wyjechał z Warszawy, nie koronowawszy się na króla. Zaznaczył w ten sposób, że stoi ponad konstytucją. Na miejscu pozostał rezydujący w Belwederze jego brat, wielki książę Konstanty, jako naczelny wódz 30-tysięcznej armii Królestwa. W praktyce pełnił on funkcję wielkorządcy nowej prowincji imperium. Stosunek carewicza, żonatego z Polką Joanną Grudzińską, do Polski i Polaków był niejednoznaczny, jednak w jego otoczeniu kryły się osobistości o nastawieniu zdecydowanie nieprzyjaznym czy wręcz wrogim, z Mikołajem Nowosilcowem na czele. Przyczyną antypolskiej postawy rosyjskich elit była obawa przed liberalnymi rozwiązaniami, które w przyszłości mogły zagościć w samej Rosji.

Początki nowego państwa były jednak zachęcające. Otwierając w kwietniu 1818 r. pierwsze posiedzenie sejmu, Aleksander I obiecywał posłom „nadal rozszerzać to, co już dla was uczyniłem". Polska opinia publiczna odczytywała to jako zapowiedź rychłego przyłączenia Ziem Zabranych do Królestwa. Pierwszy zgrzyt w dotychczasowej sielance przyniosło wprowadzenie w 1819 r. cenzury, godzącej w konstytucyjną zasadę wolności słowa. Stało się to w momencie, gdy przez Europę przetaczała się fala rewolucyjnych wstrząsów, a ich echa dotarły nad Wisłę i Niemen. Nic dziwnego, że otwierająca drugą sesję sejmową we wrześniu 1820 r. enigmatyczna obietnica cara: „jeszcze kilka kroków, a staniecie u celu moich i waszych nadziei" nie zapobiegła pojawieniu się nastrojów opozycyjnych. Ich wyrazicielami było kilku posłów skupionych wokół braci

POSIADANIE KONIA ▶

było jednym z wyznaczników prestiżu na wsi. Mając parę koni, chłop mógł starać się o sprawowanie wiejskich urzędów oraz majętne wydanie córki za mąż lub ożenek syna.
B. CZERNOW, „TARG PRZED KOŚCIOŁEM W PUŁAWACH" (FRAGMENT), 2 POŁ. XIX W., MM PŁOCK, FOT. MM

◀ POTWIERDZENIE PATENTU
na Order Virtuti Militari umożliwiało przyznanie w Królestwie Polskim orderu żołnierzom, którzy zostali odznaczeni przez Napoleona podczas kampanii lat 1812–1814, ale z różnych przyczyn nie otrzymali wówczas medalu.
DOKUMENT WYDANY DLA JÓZEFA ALEKSEGO MORAWSKIEGO, WARSZAWA, 24 IX 1819, KTN BITTBURG, FOT. MM

DZIENNIKI URZĘDOWE ▶
w Kaliszu drukowano w drukarni Karola Wilhelma Mehwalda. Początkowo był to „Dziennik Departamentu Kaliskiego", przemianowany później na „Dziennik Urzędowy Województwa Kaliskiego" (1816–1837) i „Dziennik Urzędowy Guberni Kaliskiej" (1837–1844).
KALISZ, 9 IX 1828, MHP OPATÓWEK, FOT. MM

ORDER ŚW. STANISŁAWA ▶

został w epoce Królestwa Polskiego podzielony na cztery klasy, by, jak określono w dekrecie carskim z 1 XII 1815 r., „rozciągnąć oznaki do większej liczby urzędników i obywateli celujących w służbie krajowej", a tym samym przywiązać ich do osoby panującego.
1815–1830, MWP WARSZAWA, FOT. PC

▼ PARADY WOJSKOWE,
na życzenie księcia Konstantego, odbywały się codziennie na pl. Saskim. W tych uroczystych pokazach sprawności, połączonych z rozdziałem wart i odprawą przesyłek konnych, brały udział jednostki gwardii ze stolicy oraz kompanie pozawarszawskie. Musztry i przeglądy wojsk przeprowadzano na Polu Marsowym.
MICHAŁ CHYLEWSKI, „ODPRAWA POSYŁKI NA PLACU SASKIM", OK. 1830, MWP WARSZAWA, FOT. PC

◄ SEJM KRÓLESTWA POLSKIEGO
po raz pierwszy zebrał się dopiero 27 III 1818 r., choć konstytucja gwarantowała posiedzenia sejmu co 2 lata. W rzeczywistości obrady parlamentarne zwołano tylko cztery razy (w latach 1818, 1820, 1825 i 1830).
1 POŁ. XIX W., MHMSW WARSZAWA, FOT. PC

▲ WINCENTY I BONAWENTURA NIEMOJOWSCY
kierowali grupą posłów zwanych kaliszanami. Rekrutowali się z ziemiaństwa zachodniej części kraju, któremu bliskie były idee liberalizmu i obrony praw obywatelskich.
CHARLES LOUIS BAZIN, 1833; ZEPHIRIN-FELIX-JEAN BELLIARD, 1823; OSSOLINEUM WROCŁAW; FOT. MŁ

► ODZNAKA MASOŃSKIEJ LOŻY
– Albertina zur Vollkommenheit – funkcjonującej w Płocku w latach 1803–1821. W marcu 1806 r. ta niemiecka loża wprowadziła na posiedzeniach język polski, a po 1810 r. rywalizowała z warszawskim Wielkim Wschodem Polski o zwierzchnictwo nad polskimi lożami.
1803–1821, MO TORUŃ, FOT. BSW

Prasa i cenzura

W 1815 r. łączny nakład dwóch dzienników informacyjnych Królestwa Polskiego, „Gazety Warszawskiej" i „Gazety Korespondenta", osiągał rocznie ledwie 140 tysięcy egzemplarzy. 15 lat później czytająca publiczność Warszawy miała do dyspozycji już jedenaście dzienników oraz osiemdziesiąt osiem czasopism. Rozwój potencjalnego rynku czytelniczego był szybszy dla dzienników – szacuje się go na 40 tysięcy odbiorców – a wolniejszy dla czasopism. Działo się tak, chociaż gwarantowana w konstytucji wolność słowa została szybko ograniczona z powodu błahego incydentu. Na wygwizdanie aktorki Philis, cieszącej się protekcją wpływowych osobistości, policja zareagowała wydaniem „zakazu gwizdów". Odpowiedzią był artykuł *O nadużyciach policji w państwie konstytucyjnym*, zamieszczony w „Gazecie Warszawskiej", a potem następne publikacje. Poirytowany namiestnik nakazał zamknięcie redakcji gazety, a 22 V 1819 r. ogłosił dekret wprowadzający cenzurę. Od tej pory jej częste ingerencje utrudniały funkcjonowanie pism, zwłaszcza liberalnie zorientowanych. Szybki i intensywny rozwój prasy i czasopiśmiennictwa wysunął jednak Królestwo na czoło krajów Europy Środkowej pod względem czytelnictwa, dając dobrą podstawę do kształtowania się nowoczesnej opinii publicznej i wyrabiania postaw obywatelskich.

Wincentego i Bonawentury Niemojowskich, reprezentujących województwo kaliskie – tzw. kaliszanie. Ostro skrytykowali oni działalność rządu i doprowadzili do odrzucenia projektów ustaw. Zaskoczyło to i rozgniewało Aleksandra. Głęboko urażony niewdzięcznością poddanych, dał bratu wolną rękę w sprawowaniu rządów.

Ten umiejętnie skorzystał z przyzwolenia, zastępując stopniowo ład konstytucyjny systemem policyjnym. Rozpoczął się okres politycznego kryzysu, podczas którego szybko dojrzewała opinia publiczna, żywo reagująca na kolejne posunięcia władz. Była przy tym wyraźnie podzielona na dwa obozy: konserwatywnych zwolenników lojalności wobec cara oraz ośmielonych przez kaliszan obrońców konstytucji. Widomymi znakami niezadowolenia cara było odwlekanie kolejnej sesji sejmowej, rozwiązanie kaliskiej rady wojewódzkiej i skierowana do Rady Administracyjnej groźba likwidacji odrębności Królestwa. Wybory do sejmu odbywały się pod nadzorem policji, czego rezultatem było niedopuszczenie braci Niemojowskich do ław poselskich. Posłowie, nieco przestraszeni takim obrotem sprawy, tym razem bez szemrania uchwalili wszystkie przedłożenia rządowe.

Usatysfakcjonowany i po raz kolejny obiecujący dobrodziejstwa Aleksander opuścił Warszawę. Inną formą represji, jaka spadła na krnąbrnych poddanych, był zakaz tworzenia tajnych związków. Chodziło przede wszystkim o wolnomularstwo, na które car patrzył dotychczas łaskawym okiem. Dzięki temu skupiło ono w kilku różnych strukturach znaczną część liberalnej, ale też i niepodległościowej elity kraju.

Początki modernizacji

Pogorszeniu sytuacji politycznej Królestwa towarzyszyła poprawa jego kondycji ekonomicznej. W pierwszych latach istnienia państwa stan gospodarki przedstawiał się fatalnie. Był to rezultat przetaczających się przez ziemie polskie wojen, eksploatacji ze strony zaborczych Prus i sojuszniczej Francji, ale przede wszystkim niewydolności opartego na pańszczyźnie rolnictwa i zaniedbania rozwoju przemysłu i handlu. Narastał deficyt budżetowy, dając przeciwnikom istnienia państwa polskiego argument na rzecz jego likwidacji.

W takiej sytuacji w 1821 r. na czele Komisji Rządowej Przychodów i Skarbu stanął książę Ksawery Drucki-Lubecki, dysponujący sporym doświadczeniem administracyjnym i – co nie mniej ważne – dobrze oceniany w Petersburgu. Kilka miesięcy wcześniej w trudnych negocjacjach uzyskał uwolnienie Królestwa od większości pretensji finansowych ze strony Prus, Austrii i Francji. Swoją działalność rozpoczął od zawarcia korzystnej umowy celnej z Prusami, chroniącej rodzący się przemysł przed zalewem tanich wyrobów pruskich. Umowa z Rosją otwarła z kolei tamtejsze rynki na polskie wyroby tekstylne. Żelazną ręką egzekwował wszystkie zaległości wobec skarbu państwa, nie kwapiąc się równocześnie ze spłacaniem jego długów; wprowadził oszczędności w wydatkach państwa. Zdołał zrównoważyć budżet, którego dochody wzrosły z 48 do ponad 80 milionów złotych w 1830 r. Unowocześnił administrację skarbową, pilnując jej sprawnego i uczciwego działania. Na poprawę koniunktury gospodarczej najszybciej zareagowała założona w 1817 r. warszawska giełda towarowa.

Był to jednak zaledwie wstęp do dalekosiężnej polityki księcia. Jej celem było stworzenie podwalin nowoczesnego przemysłu i komunikacji, rozwój miast i ogólny postęp cywilizacyjny. Ciężar nowych zadań miało wziąć na siebie – wobec braku prywatnych kapitałów – państwo. Ważnym przystankiem na tej drodze było założenie w 1828 r. Banku Polskiego, który oprócz funkcji emisyjnej i kredytowej miał również podjąć działalność inwestycyjną, wspierając inicjatywy rządowe. Należała do nich rozbudowa infrastruktury komunikacyjnej wraz z największym dokonaniem na tym polu – Kanałem Augustowskim.

Główny wysiłek inwestycyjny państwa skierowano jednak na rozwój trzech okręgów przemysłowych. Najstarszy z nich, rozciągające się wzdłuż rzeki Kamiennej Zagłębie Staropolskie, został częściowo unowocześniony przez Stanisława Staszica. Opierał się on wszelako na przestarzałej technologii wytopu żelaza z niskoprocentowych rud przy użyciu węgla drzewnego, toteż skierowane tam nakłady nie przyniosły spodziewanych rezultatów. Bardziej perspektywiczne były dwa pozostałe okręgi. W Łódzkiem następował szybki rozwój przemysłu tekstylnego. Przybywający z Niemiec, Czech i Wielkopolski tkacze i płóciennicy zakładali w Łodzi, Aleksandrowie, Tomaszowie, Konstantynowie warsztaty, przekształcane następnie w manufaktury produkujące wyroby wełniane, zwłaszcza sukno. Jego głównym odbiorcą była armia Królestwa Polskiego, eksportowano je również w głąb Rosji. Trzeci ośrodek – zlokalizowane w bliskości pruskiego Śląska Zagłębie Dąbrowskie – stał się z czasem nowoczesnym ośrodkiem przemysłu ciężkiego, wyspecjalizowanym w wydobyciu węgla kamiennego oraz wytopie cynku i ołowiu. W dwóch ostatnich okręgach rozwój przemysłu stymulował urbanizację, a niewielkie

▲ ► UROCZYSTOŚCI ŻAŁOBNE
po śmierci zmarłego 1 XII 1825 r. Aleksandra I, cara i – niekoronowanego – króla Królestwa Polskiego, odbywały się także w Warszawie, m.in. w kościele ewangelicko-augsburskim św. Trójcy, katedrze św. Jana i synagodze przy ul. Zielonej.
WG CHARLES'A CAIUSA RENOUX; WG LUDWIKA COURTINA; WG PIERRE'A MONVOISINA STARSZEGO; 1827; MHMSW WARSZAWA; FOT. PC

► KETUBA,
czyli żydowski kontrakt ślubny, jest wręczany oblubienicy przez pana młodego podczas ceremonii zaślubin. Opisuje obowiązki małżonka, zasady dziedziczenia w razie jego śmierci, gwarancje finansowe w wypadku rozwodu oraz zabezpieczenie bytu dzieci. Po ślubie dokument ów oprawiano i umieszczano w honorowym miejscu w domu nowożeńców.
OK. 1818, MR WRZEŚNIA, FOT. MM

▲ EKSPORT CYNKU NA RYNKI WSCHODNIE,
przy wysokich cenach w Europie Zachodniej i niskich (1–3%) cłach do Rosji, był bardzo opłacalny. W latach 1821–1828 produkcja cynku wzrosła w Zagłębiu Dąbrowskim ponad siedmiokrotnie; jego wysyłanie do Kalkuty uwieczniono nawet okazjonalnym żetonem.
FRANZ STUCKHART, 1828, MN KRAKÓW, FOT. MM

Miasto nad rzeką Łódką

Jednym z najdynamiczniej rozwijających się ośrodków miejskich Królestwa, który z czasem zyskał miano polskiego Manchesteru, była Łódź. U schyłku Rzeczypospolitej osada liczyła 65 domów i 265 mieszkańców. Przyspieszony rozwój miasta nastąpił w XIX w. W 1820 r. Łódź dekretem namiestnika została zaliczona do grupy miast przemysłowych Królestwa. Nastąpiła regulacja zabudowy starego i budowa nowego miasta. Zaczął się intensywny napływ sukienników z Wielkopolski, Czech i Niemiec, zachęcanych dogodnymi warunkami pracy. Podstawę przyszłych fortun Geyerów, Schreiblerów, Wendischów i wielu innych rodzin stanowiły szczodrze rozdawane kredyty rządowe. Wzdłuż traktu piotrkowskiego powstały nowe osiedla dla tkaczy bawełnianych, płócienników i prządków. Obok tradycyjnego sukna, którego głównym odbiorcą była armia, coraz większego znaczenia nabierała produkcja wyrobów bawełnianych, od początku wytwarzanych w systemie fabrycznym. Moc maszyn osiągała 60 KM. W 1840 r. miasto zajmowało już powierzchnię 27 km^2 z 10 tysiącami stałych mieszkańców; blisko połowę stanowili Niemcy i Żydzi. Drugi okres dynamicznej urbanizacji Łodzi nastąpił po powstaniu styczniowym.

▲ WYSTAWY ARTYSTYCZNE I PRZEMYSŁOWE

odbywały się w Warszawie od 1819 r. Zwycięzcą pierwszej wystawy artystycznej był Antoni Brodowski, którego obraz *Gniew Saula na Dawida* (po prawej) car zakupił do kolekcji uniwersyteckiej.

„SALA WYSTAWOWA Z 1828 ROKU" – WINCENTY KASPRZYCKI, 1828, FOT. JKOZ, 1812–1819, MN WARSZAWA

▼ PRASA PASMOWA

służyła do formowania masy glinianej. Urządzenia takie zaczęto stosować w latach 1815–1830. Dzięki spadkowi cen cegieł możliwe było wypieranie zabudowy drewnianej przez ceglaną, a co za tym idzie – szybka rozbudowa miast i fabryk.

1 POŁ. XIX W., MHP OPATÓWEK, FOT. MM

ARKADIA ▲

to park romantyczny urządzony nieopodal Łowicza w latach 1781–1821 z fundacji Heleny z Przezdzieckich Radziwiłłowej. Głównym projektantem był Szymon Bogumił Zug, działali tu też Jan Piotr Norblin i Henryk Ittar. Inspiracją do tworzenia tego typu założeń były swobodne w kompozycji parki angielskie, zdobione różnymi pawilonami i rzeźbami.

ZYGMUNT VOGEL, „ŚWIĄTYNIA DIANY" (FRAGMENT), 1806, BK PAN KÓRNIK, FOT. MM

◄ KOLEJNE WYDANIA

Śpiewów historycznych Juliana Ursyna Niemcewicza świadczą o ich ogromnej popularności. Forma pieśnioksiągu, zaproponowana przez Jana Pawła Woronicza, okazała się bardzo trafna, a *Śpiewy* wychowały w duchu narodowego romantyzmu wiele pokoleń Polaków.

WARSZAWA, 1816, BN WARSZAWA

Nadzieja w przeszłości

Jedną z reakcji Polaków na utratę niepodległości było rozważanie historii narodowej – podejmowane nie tylko po to, by odnaleźć przyczyny klęski, ale także, by przypomnieć chwałę Rzeczypospolitej, a przez ukazanie jej wspaniałej przeszłości dać nadzieję na przyszłość.
W 1816 r. Julian Ursyn Niemcewicz opublikował *Śpiewy historyczne*, cykl trzydziestu dwóch utworów o bohaterach dawnej Polski. Przynosiły one ułatwioną wizję dziejów, wyidealizowaną i dydaktyczną, łatwo zapadającą w pamięć. Dzięki prostocie konstrukcji i towarzyszącej im muzyce szybko stały się bestsellerem. Niezwykła popularność *Śpie-*wów sprawiła z kolei, że zainteresowali się nimi zaborczy cenzorzy. W 1817 r. odbyła się premiera *Barbary Radziwiłłówny* Alojzego Felińskiego, tragedii o konflikcie miłości i powinności władcy. Dramaturg dopasował wydarzenia do nowej wykładni dziejów: zagrożenie dla Polski stanowią nie tyle zwaśnieni „swoi", ile „obcy" (Bona Sforza). Z dramatu wynika jednak niezbicie, że wrogowie nie unicestwią wielkości Rzeczypospolitej, gdyż Zygmunt August, mimo osobistej tragedii, będzie nadal jej służył. Sztukę Felińskiego wystawiano przez cały XIX w., a w roli Barbary występowała m.in. Helena Modrzejewska.

miejscowości awansowały z czasem do rangi miejskich osad. Znaczącym ośrodkiem przemysłowym stawała się Warszawa; liczba jej mieszkańców sięgnęła 140 tysięcy.

Zmiany gospodarcze spowodowały wytworzenie się nowych warstw społecznych. Burżuazję tworzyli kapitalistyczni przedsiębiorcy, ludzie poszukujący szybkich zysków w operacjach finansowych, dzierżawie monopoli państwowych (tytoniowego lub loteryjnego), dostawach dla wojska czy handlu międzynarodowym, znacznie rzadziej w inwestycjach przemysłowych, zakładaniu manufaktur. Na warstwę tę składali się głównie niedawni przybysze do Królestwa lub ich synowie; coraz częściej pojawiali się tu również Żydzi. Z kolei najemni robotnicy zatrudnieni w zakładach przemysłowych wywodzili się z ludności miejskiej, rzadziej ze wsi. Kierujący ich pracą majstrowie lub technicy, często także przybysze, to przedstawiciele „arystokracji robotniczej". Niedorozwój rynku siły roboczej – skutek utrzymujących się feudalnych ograniczeń – sprawił, że do obsługi szczególnie ważnych zakładów górniczych i hutniczych utworzono w 1817 r. specjalną formację o charakterze paramilitarnym – Korpus Górniczy.

Akumulacja kapitału na wspieranie tych inwestycji dokonywała się kosztem rolnictwa, dającego utrzymanie 3/4 mieszkańców Królestwa Polskiego. Chłopów nadal obciążały pańszczyzna i liczne świadczenia na rzecz pana, a oprócz nich – bezwzględnie ściągane podatki na rzecz państwa. Szlachta, poza nielicznymi wyjątkami, gospodarowała po staremu w ramach folwarku pańszczyźnianego. W Kaliskiem podejmowano próby wykorzystania w większym stopniu pracy najemnej, uprawę zbóż zastępowano roślinami okopowymi, próbowano hodowli owiec. Niektórzy ziemianie w swych dobrach eksperymentalnie zastępowali pańszczyznę oczynszowaniem. Ich wysiłki modernizacyjne miała wspierać nowoczesna instytucja powołana w 1825 r. za sprawą Druckiego-Lubeckiego – Towarzystwo Kredytowe Ziemskie.

Jednakże utrzymywanie się coraz bardziej anachronicznego systemu pańszczyźnianego wykluczało osiągnięcie znaczącego postępu w produkcji rolnej. Ludność chłopska nie uczestniczyła w wymianie towarowo-pieniężnej, co sprawiało, że rynek konsumentów w Królestwie Polskim był bardzo ograniczony. To z kolei stanowiło istotną barierę utrudniającą rozwój wytwórczości przemysłowej i handlu. Jednak mimo wielu wątpliwych czy wręcz błędnych decyzji ministra skarbu dekada jego działalności zapoczątkowała proces modernizacji tej części ziem polskich.

Dobrze rozwijała się również edukacja, nad którą sprawował pieczę Stanisław Kostka Potocki. Przybywało szkół i uczniów, do szkół publicznych zaczęła uczęszczać również młodzież żydowska. Aktywnie działał utworzony w 1816 r. Uniwersytet Warszawski – do wybuchu powstania listopadowego jego mury opuściło ponad 1200 absolwentów, głównie prawników. Wykształceni młodzi ludzie zasilali kadry urzędów państwowych, stając się pierwszym pokoleniem polskich inteligentów. Jednakże zmiana na stanowisku ministra wyznań religijnych i oświecenia publicznego, jakiej dokonano pod naciskiem episkopatu, osłabiła te pozytywne tendencje. Pokazała równocześnie siłę Kościoła, przeciwstawiającego się liberalnym porządkom. Jego głową był od 1818 r. arcybiskup warszawski, noszący tytuł prymasa Królestwa Polskiego.

Król Mikołaj I

Śmierć Aleksandra, a wkrótce także namiestnika, księcia Józefa Zajączka, sprawiła, że rządy w Królestwie przeszły w ręce wielkiego księcia Konstantego i jego otoczenia. Działalność opozycji jawnej i tajnej, aresztowania, wreszcie zaskakujący werdykt sądu sejmowego w procesie działaczy Towarzystwa Patriotycznego sprawiły, że pod koniec lat 20. atmosfera w Królestwie była napięta, a przyszłość samego państwa stawała się niepewna. W tej sytuacji nowy car, Mikołaj I, mimo toczonej z Turcją wojny, znalazł czas na przyjazd do Warszawy w maju 1829 r. w celu odbycia koronacji (pierwszej i ostatniej zarazem) na króla polskiego. Jego wizyta była przede wszystkim próbą umocnienia lojalności większości poddanych i demonstracją siły wobec nielicznych niepokornych. Nowy monarcha odrzucił wprawdzie skargi na metody rządzenia Konstantego i Nowosilcowa, lecz z drugiej strony zapewnił Polaków o trwałości państwa, zapowiadając nawet zwołanie sejmu.

Istotnie, w 1830 r., po 5 latach przerwy, odbyła się jego kolejna sesja. Ożywiona debata obfitowała w krytykę administracji, zakończoną wnioskami o postawienie w stan oskarżenia niektórych ministrów, w tym Druckiego-Lubeckiego. Rządowy projekt zmiany liberalnych przepisów o małżeństwie został odrzucony. Składano zażalenia na nadużycia władz i petycje w sprawie uwolnienia więźniów politycznych. Wszystko to oburzało Mikołaja, który z największym trudem zniósł tę lekcję systemu parlamentarnego. Próbując z kolei poprawić swój wizerunek, Konstanty wystąpił nieoczekiwanie w roli rzecznika odrębności państwowej Królestwa.

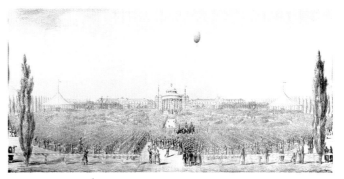

▲ UROCZYSTOŚCI POKORONACYJNE MIKOŁAJA I
były niezwykle huczne. Nowego władcę witał tłum wiwatujących jeźdźców z księciem Konstantym na czele. Na pl. Ujazdowskim ustawiono obficie zastawione stoły, które miały przyciągnąć mieszkańców stolicy i wzbudzić ich entuzjazm.
LUDWIK HORWART, 1829, ML WARSZAWA, FOT. MM

▲ *PAŁAC NAMIESTNIKOWSKI,*
dawna siedziba hetmana Stanisława Koniecpolskiego, Lubomirskich i Radziwiłłów, w XIX w. stał się siedzibą carskich namiestników Królestwa Polskiego. Został przebudowany w stylu klasycystycznym przez Chrystiana Piotra Aignera. Do korpusu dobudowano skrzydła, zmieniono elewację i dyspozycję wnętrz.
1818-1819, WARSZAWA, OSSOLINEUM WROCŁAW, FOT. ML

► PIĘĆDZIESIĘCIOZŁOTÓWKA,
zwana złotym królewskim podwójnym, została ustanowiona w regulującym system monetarny Królestwa ukazie carskim z 1815 r. Na rewersie widnieje wyłącznie imię panującego Mikołaja I. Awers zdobi portret Aleksandra I jako „wskrzesiciela Królestwa Polskiego".
WARSZAWA, 1827, MN KRAKÓW, FOT. MM

► ▼ POCZTA KRÓLESTWA POLSKIEGO
wywodziła się z założonej w 1806 r. poczty polowej. W 1820 r. zawieszono pierwsze skrzynki pocztowe na domach i stworzono połączenia kurierskie z Berlinem, Wiedniem i Petersburgiem.
ROTA PRZYSIĘGI EKSPEDYTORA POCZT – ŁÓDŹ, 1826, MPT WROCŁAW; „TRÓJKA POCZTOWA" – ALEKSANDER ORŁOWSKI, 1819, MM PŁOCK; FOT. MM

W sytuacji braku własnego państwa szczególnego znaczenia dla narodu polskiego nabrały ustanawiane przez osoby prywatne fundacje instytucji publicznych, takich jak biblioteki, archiwa, muzea czy towarzystwa naukowe. Odegrały one wielką rolę w zachowaniu kultury narodowej oraz budowaniu ponaddzielnicowej świadomości historycznej, a tym samym w tworzeniu podstaw nowoczesnego narodu polskiego.

Fundacja taka wiązała się m.in. ze wzniesieniem odpowiedniego budynku do przechowywania i udostępniania ofiarowanych społeczeństwu cennych zbiorów. Do najważniejszych, powstałych jeszcze przed 1830 r., należały dwie fundacje zlokalizowane w głównych miastach zaborów austriackiego i pruskiego.

W 1817 r. władze austriackie zatwierdziły fundację Zakładu Narodowego im. Ossolińskich we Lwowie, dzieło życia wielkiego mecenasa kultury polskiej Józefa Maksymiliana Ossolińskiego. Zakład mieścił się w przebudowanych gmachach kościoła i klasztoru Karmelitanek Trzewiczkowych. Co prawda znany wiedeński architekt Pietro Nobile wykonał piękne projekty adaptacji budynków, jednakże wojskowy inżynier Józef Bem gruntownie je przerobił i uprościł. W efekcie siedziba instytucji niestety nie stała się tym, czym miała być w zamierzeniu fundatora. Służyła jednak Ossolineum aż do czasu przeniesienia zbiorów do Wrocławia.

Inaczej stało się w Poznaniu, gdzie dzięki znawstwu Edwarda Raczyńskiego wzniesiono w latach 1821–1828 piękną, ozdobioną na wzór Luwru klasyczną kolumnadą budowlę wedle projektu nieznanego nam architekta francuskiego. Zapewne pod wpływem Ossolińskiego i Staszica (dzięki staraniom i w dużej mierze dzięki funduszom Staszica powstał w latach 1820–1823 w Warszawie przy Krakowskim Przedmieściu budynek Towarzystwa Przyjaciół Nauk), którzy w swoich fundacjach przewidywali powstanie również muzeów, Raczyński zainicjował wzniesienie zespołu dwóch gmachów: biblioteki oraz muzeum. W tym ostatnim miała się znaleźć wspaniała kolekcja obrazów należąca do jego brata Atanazego, obejmująca dawne malarstwo włoskie i współczesne niemieckie. W zaprojektowanym przez Carla Friedricha Schinkla pierwszym *sensu stricto* budynku muzealnym na ziemiach polskich, ukończonym w 1828 r., obrazy były eksponowane bardzo krótko. Po powstaniu listopadowym przeniesiono kolekcję do Berlina, a do Poznania powróciła na stałe dopiero na początku XX w. Natomiast otwarta w tymże roku nowocześnie urządzona biblioteka, darowana miastu, była przez długie lata jedyną poważną biblioteką publiczną w Poznaniu i miejscem pracy dla wielu uczonych.

▲ JÓZEF MAKSYMILIAN OSSOLIŃSKI
poświęcił się bibliofilstwu i pracom historycznym podczas pobytu w Wiedniu. Od 1809 r. był prefektem Cesarskiej Biblioteki Narodowej, a jednocześnie gromadził własną kolekcję.
JAN MASZKOWSKI, LGS LWÓW

ZIEMIAŃSTWO POLSKIE.

POEMA

W CZTÉRECH PIEŚNIACH.

PRZEZ

KAJETANA KOŹMIANA.

WYDANIA

EDWARDA RACZYŃSKIEGO.

W WROCŁAWIU.
NAKŁADEM ZYGMUNTA SCHLETTERA.
1839.

▲ MECENAT EDWARDA RACZYŃSKIEGO
obejmował wydawanie pism polskich uczonych i pisarzy, wśród których znalazł się Kajetan Koźmian. Magnat chętnie udzielał pomocy, ale wymagał w zamian wdzięczności.
*KAJETAN KOŹMIAN, „ZIEMIAŃSTWO POLSKIE. POEMA W CZTERECH PIEŚNIACH",
WROCŁAW, 1839, OSSOLINEUM WROCŁAW, FOT. MM*

▲ ▼ OSSOLINEUM WE LWOWIE

składało się przede wszystkim z biblioteki i wydawnictwa, które zostało powołane wraz z założeniem w 1833 r. drukarni. Mniejsze znaczenie miały dołączone przez fundatora zbiory muzealne (ryciny, numizmaty itp.), wzbogacone przez hojny legat księcia Henryka Lubomirskiego.

TEOFIL CZYSZKOWSKI, „WIDOK LWOWA", PRZED 1841, OSSOLINEUM WROCŁAW, FOT. MŁ; PC

▲ ZAPROSZENIE

na uroczystość wmurowania kamienia węgielnego pod gmach biblioteki Ossolineum było oficjalnym zawiadomieniem o rozpoczęciu wznoszenia budynku, w którym miały być przechowywane i udostępniane cenne zbiory ofiarowane społeczeństwu przez fundatora.

PRZED 19 VI 1827, OSSOLINEUM WROCŁAW, FOT. MŁ

► TZW. PORTRET POZNAŃSKICH MEDYCEUSZY

przedstawia Edwarda i Atanazego Raczyńskich oraz ich synów Karola i Rogera. Mężczyźni zostali przedstawieni w berlińskiej rezydencji Atanazego, gdzie arystokrata gromadził i opracowywał malarstwo nowożytne, głównie hiszpańskie, włoskie i niemieckie.

CARL ADOLF HENNING, 1839, MN POZNAŃ, FOT. TZH

▼ WOJCIECH KĘTRZYŃSKI

zasłynął nie tylko jako działacz niepodległościowy i krzewiciel polskości na Mazurach, ale także jako wybitny historyk dziejów średniowiecznych. Warsztat jego pracy stanowiła Biblioteka Ossolińskich, którą też kierował w latach 1876–1918.

FOTOGRAFIA, POCZ. XX W., OBN OLSZTYN, FOT. PC

▲ PO PRZENIESIENIU

większości zbiorów ze Lwowa do Wrocławia po II wojnie światowej Biblioteka i Zakład Narodowy im. Ossolińskich wraz z wydawnictwem Ossolineum były instytucjami państwowymi. W latach 1953–1995 funkcjonowały pod opieką Polskiej Akademii Nauk, a od 5 I 1995 r. Zakład Narodowy im. Ossolińskich ma status fundacji dotowanej z budżetu państwa. W ten sposób kontynuuje się tradycję jednej z najbardziej zasłużonych dla kultury polskiej instytucji.

FOT. MM

▼ BIBLIOTEKA

była jedną z wielu fundacji Edwarda Raczyńskiego. Ten ogromnie zaangażowany w działalność społeczną w Poznaniu magnat zajmował się unowocześnianiem kształtu ulic miasta, higieną, szkolnictwem i opieką nad biednymi. Na własny koszt rozbudował także sieć wodociągów poznańskich.

CHARLES PERCIER I PIERRE FRANÇOIS LEONARD FONTAINE?, 1821–1828, FOT. MM

BUNT CZY POWSTANIE?

Łamanie konstytucji Królestwa wprowadziło młodych patriotów na drogę nieposłuszeństwa wobec cara

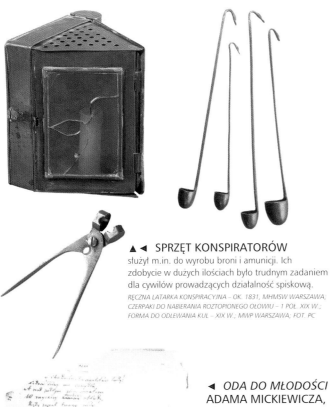

▲◄ **SPRZĘT KONSPIRATORÓW**
służył m.in. do wyrobu broni i amunicji. Ich zdobycie w dużych ilościach było trudnym zadaniem dla cywilów prowadzących działalność spiskową.
RĘCZNA LATARKA KONSPIRACYJNA – OK. 1831, MHMSW WARSZAWA, CZERPAKI DO NABIERANIA ROZTOPIONEGO OŁOWIU – 1 POŁ. XIX W.; FORMA DO ODLEWANIA KUL – XIX W.; MWP WARSZAWA; FOT. PC

◄ *ODA DO MŁODOŚCI*
ADAMA MICKIEWICZA,
mimo że cenzura początkowo nie dopuściła jej do druku, znana była z krążących odpisów. Utwór spotkał się z entuzjastycznym przyjęciem młodego pokolenia literatów. Krytykowano go jednak w środowiskach konserwatywnych, zarzucających wierszowi zgubny wpływ na młodzież.
RĘKOPIS, 1820, ML WARSZAWA, FOT. MŁ

Spiskująca Europa

Gwałtowny upadek systemu napoleońskiego i próba restauracji dawnego porządku przyniosły reakcję w postaci jawnych, a jeszcze częściej tajnych ruchów wolnościowych w wielu krajach europejskich. Raz rozbudzone nadzieje – na panowanie wolności, równości i braterstwa, na wielkie zmiany polityczne i społeczne – nie gasły. Jednych pociągała wolność myśli i słowa, drudzy byli spragnieni dostępu do stanowisk zawarowanych dotychczas dla wysoko urodzonych, jeszcze innych wabiła wizja republikańskiego ustroju, wielu wreszcie ożywiało pragnienie stworzenia lub odbudowania państw narodowych. Wkrótce po kongresie wiedeńskim i na przekór surowym deklaracjom Świętego Przymierza zaczęły licznie wyrastać w Italii, Niemczech, Francji i Rosji różne tajne związki, skupiające przede wszystkim młodzież, studentów, intelektualistów, oficerów i uczonych. Wiele z nich sięgało po spopularyzowane w dobie oświecenia wzorce wolnomularskie, a niekiedy stawały się wprost częścią dawnych struktur wolnomularskich. Wielowątkowy ruch podziemny podminowywał Europę. W Niemczech działały głoszące apologię wolności studenckie Burschenschafty. We Włoszech czołową rolę odgrywało węglarstwo (karbonaryzm), o rewolucyjnym nastawieniu. Bardziej umiarkowane były loże wolnomularskie, hołdujące liberalnym ideom, pozbawionym radykalnego ostrza. Dlatego też bywały, jak w Rosji, tolerowane przez władców i działały – przynajmniej do czasu – na wpół jawnie. Z tego ducha wyrastały jednak bunty i rewolucje tłumione siłą i z pomocą obcych interwencji. Tak było w 1819 r. w Niemczech, w 1821 r. w Hiszpanii, 1825 r. w Rosji i 1830 r. we Włoszech, Francji i Belgii. Zrywom tym służył również klimat ogarniającego Europę romantyzmu, eksponującego przewagę emocji nad rozumem, ducha nad materią, prawdy nad siłą, sławiącego odkupieńczą misję cierpienia i poświęcenie jednostki dla ogółu.

Młodości! ty nad poziomy wylatuj

Wezwanie zawarte w romantycznym manifeście młodego pokolenia, jakim była Mickiewiczowska *Oda do młodości*, znalazło odbicie w inicjatywach podejmowanych przez akademików czy gimnazjalistów. O ile bowiem starsze – czasami o ledwie kilka lat – pokolenie „zmęczonych szwoleżerów" pragnęło stabilizacji, choćby za cenę rezygnacji z niepodległości, o tyle młodzież była pełna buntu, sprzeciwu, gotowa do działań w obronie wolności. A sfera wolności zaczęła się w Królestwie Polskim dość szybko zawężać. Inicjatywy młodzieży przyjmowały postać tajnych lub półtajnych stowarzyszeń samokształceniowych. Często korzystały one z europejskich wzorców.

W 1817 r. Ludwik Mauersberger utworzył w stolicy stowarzyszenie o nazwie Panta Koina (z greckiego Wszystko Wspólne), nawiązujące do filadelfizmu. Jego śladem poszły kolejne grupy i grupki młodzieży dyskutujące namiętnie o nowych prądach literackich, problemach społecznych czy etycznych, rzadziej politycznych. W latach 1818––1821 naliczono ich w Królestwie 14.

Ważną rolę odegrało też środowisko wileńskie, w którym już od 1816 r. działało kierowane przez Tomasza Zana Towarzystwo Filomatów. Przeszło ono charakterystyczną ewolucję od przyjacielskiego koła samokształceniowego do organizacji stawiającej sobie za cel wyzwolenie Polski. Jego przywódcy wiązali się z wolnomularstwem, które było domeną ludzi bardziej dojrzałych – oficerów i polityków.

Organizacje wolnomularskie, cieszące się przychylnością cara Aleksandra, po 1815 r. szybko się rozwijały. Około 1820 r. wolnomularski krąg Wielkiego Wschodu Polski skupiał ponad 4000 członków, czyli zdecydowaną większość elity Królestwa.

3 V 1819 r. major Walerian Łukasiński, powołując się na ostatnią wolę generała Jana Henryka Dąbrowskiego, zawiązał jawnie działające Wolnomularstwo Narodowe. Celem stowarzyszenia były: utrzymanie narodowości, krzewienie postaw patriotycznych oraz przyłączenie do Królestwa Polskiego pozostałych ziem dawnej Rzeczypospolitej. Szybki rozrost nie w pełni kontrolowanych związków wolnomularskich zaniepokoił cara, który w 1821 r. wydał zakaz ich działalności; na nieposłusznych spadły represje. Łukasiński rozwiązał Wolnomularstwo, a na jego miejsce powołał tajne Towarzystwo Patriotyczne. Jednakże już w następnym roku został wraz z kilkoma towarzyszami aresztowany i skazany przez złożony z polskich oficerów Sąd Wojenny Najwyższy na 9 lat twierdzy i degradację za „odległe usiłowanie zbrodni stanu".

Kierownictwo Towarzystwa, grupującego około 400 członków z wszystkich trzech zaborów, przeszło teraz w ręce podpułkownika Seweryna Krzyżanowskiego. Nawiązano kontakt z rosyjskimi spiskowcami. Ich nieudany bunt w grudniu 1825 r. i represje położyły też kres polskiej organizacji.

Spisek podchorążych

Wyrazem nasilających się nastrojów patriotycznych był m.in. zawiązany w grudniu 1828 r. spisek

▲ AWANSE W ARMII KRÓLESTWA POLSKIEGO

często przyznawano żołnierzom przyjmującym służalczą postawę wobec wielkiego księcia Konstantego. Książę otaczał się ludźmi zaufanymi i lojalnymi, a pozbywał się oficerów wyróżniających się zbytnią niezależnością.

PATENT OFICERSKI NA STOPIEŃ PODPORUCZNIKA DLA KAJETANA GRABOWSKIEGO, WARSZAWA, 31 XII 1824, MWP WARSZAWA, FOT. PC

▲ TOMASZ ZAN,

poeta i przyjaciel Mickiewicza, od 1820 r. stał na czele Promienistych i tajnego Związku Filaretów. Były to organizacje zrzeszające wileńską młodzież uniwersytecką i rozwijające postulaty propagowane przez Towarzystwo Filomatów.

1 POŁ. XIX W., ML WARSZAWA, FOT. ML

◄ PROCES DZIAŁACZY TOWARZYSTWA PATRIOTYCZNEGO

poprzedziła fala aresztowań przeprowadzonych w Królestwie Polskim i w pozostałych zaborach. Wśród podejrzanych znalazł się nawet zasłużony legionista, generał Karol Kniaziewicz, a także przedstawiciele wyższych warstw społecznych, co wywołało niemałe oburzenie opinii publicznej.

AKTA PROCESU, 1827, MWP WARSZAWA, FOT. PC

► *KAŹŃ WALERIANA ŁUKASIŃSKIEGO*

odbyła się w 1824 r. na Rogatkach Powązkowskich i polegała na publicznej degradacji. Na oczach oburzonych żołnierzy zdarto z niego mundur, a następnie ubrano go w strój więzienny i zakuto w kajdany.

J. DAVID, XIX W., OSSOLINEUM WROCŁAW, FOT. ML

Sąd sejmowy

Uwięzieni w grudniu 1825 r. dekabryści ujawnili kontakty z przedstawicielami polskiego Towarzystwa Patriotycznego. Następstwem tego było aresztowanie jego członków, z Sewerynem Krzyżanowskim i Stanisławem Sołtykiem na czele. Konstanty starał się zbagatelizować sprawę, jednak nowy car zadecydował o postawieniu oskarżonych o zdradę stanu przed sądem sejmowym. 15 VI 1827 r. zebrał się po raz pierwszy w tej roli senat, któremu przewodniczył sędziwy i schorowany Piotr Bieliński. Trwające blisko rok postępowanie sądowe odbywało się pod presją opinii publicznej. Wyrok zapadł 22 V 1828 r. Sąd sejmowy odrzucił główny punkt oskarżenia o „odległe usiłowanie zbrodni stanu", uznając jedynie członków Towarzystwa za winnych przynależności do niejawnej organizacji. Główny oskarżony, Krzyżanowski, został skazany na 3 lata więzienia. Uzasadnienie wyroku głosiło, że dążenie do niepodległego bytu Polski nie może być uznane za czyn występny. Car zawiesił wykonanie wyroku, usiłując bezskutecznie wymusić na senatorach jego zmianę. Ostatecznie w 1829 r. car-król wyrok zatwierdził. Królestwo i w tym względzie zdołało obronić swą odrębność na drodze pokojowej. Niezłomność sędziów utwierdziła jednak młodych konspiratorów w przekonaniu, że w razie wybuchu powstania poważni politycy staną po ich stronie.

WOLTYŻEROWIE ▶
tworzyli formację lekkiej piechoty w kompaniach wyborowych. Cechowali się wyjątkową sprawnością fizyczną i pełnili służbę wywiadowczą przedniej straży.

MUNDUR ŻOŁNIERZA KOMPANII WOLTYŻERSKIEJ 1. PUŁKU PIECHOTY LINIOWEJ, 1827–1831, MWP WARSZAWA, FOT. PC

▲ **MIKOŁAJ I**
od najmłodszych lat wykazywał zamiłowanie do spraw wojskowych. Przed wstąpieniem na tron rosyjski często uczestniczył w manewrach i musztrach. Miało to wpływ na jego późniejsze przywiązanie do porządku i dyscypliny.

CAREWICZ MIKOŁAJ W MUNDURZE UŁAŃSKIM, BERLIN, OK. POŁ. XIX W., MM PŁOCK, FOT. MM

▲ **ATAK NA BELWEDER**
zakończył się po kilku minutach i nie przyniósł planowanych rezultatów. Wielki książę Konstanty został w porę obudzony przez kamerdynerów, którzy pomogli mu przygotować się do ucieczki.

„BELWEDER W DNIU 29 XI 1830" – FRYDERYK KRZYSZTOF DIETRICH, OK. 1830, MHMSW WARSZAWA, FOT. MŁ;
„KSIĄŻĘ KONSTANTY CHRONI SIĘ W POKOJU ŻONY W CZASIE NAPADU SPRZYSIĘŻONYCH NA BELWEDER" – JAN BAPTYSTA GATTI, 1 POŁ. XIX W., MWP WARSZAWA, FOT. PC

Konstanty i Joanna

Poznali się wkrótce po przybyciu carewicza do Warszawy. Następca rosyjskiego tronu i wódz armii Królestwa Polskiego miał już za sobą nieudane małżeństwo. Hrabianka Joanna Grudzińska nie wyróżniała się urodą, miała jednak dużo wdzięku i uroku. Przelotna znajomość przerodziła się szybko we wzajemną fascynację, a następnie głębokie uczucie. Po uzyskaniu rozwodu przez Konstantego, który wcale dobrze władał już językiem polskim, pobrali się w 1820 r. Car Aleksander obdarzył bratową tytułem księżnej łowickiej, ale na bracie wymógł zrzeczenie się praw do tronu. Fakt ten podał do publicznej wiadomości car Mikołaj w styczniu 1826 r., aby uniemożliwić starszemu bratu ewentualne roszczenia. Małżeństwo było udane. Joanna nie interesowała się polityką, ale niejednokrotnie łagodziła wybuchy porywczego małżonka. Uciekając w listopadową noc z Belwederu, wielki książę upewnił się najpierw, czy żona jest bezpieczna. Po wybuchu powstania dołączyła do męża, stacjonującego w podwarszawskim Wierzbnie. Uczestniczyła tam wyjątkowo w rozmowach politycznych z wysłannikami Rady Administracyjnej. Po ich zerwaniu małżonkowie opuścili Królestwo. Latem 1831 r. Joanna ciężko zaniemogła. Konstanty zmarł nagle 27 VI 1831 r. w Witebsku, ona 30 XI tegoż roku w Carskim Siole, gdzie została pochowana. W 1929 r. rodzina sprowadziła jej prochy do Polski.

w warszawskiej szkole podchorążych piechoty. Na jego czele stał 30-letni instruktor musztry, podporucznik Piotr Wysocki. Ważną postacią był również inny młody oficer, Józef Zaliwski. Oprócz wojskowych należało doń grono cywilów – młodych inteligentów warszawskich. Spisek, zwany także sprzysiężeniem Wysockiego, stawiał sobie za cel wywołanie w stosownym momencie zbrojnego powstania w celu połączenia rozerwanych części ojczyzny. Do zrywu wzywał manifest Maurycego Mochnackiego, wybitnego intelektualisty związanego ze spiskiem. On sam oceniał później, że „organizacja spisku podchorążych obejmowała wszystko, co było potrzebne do zaczęcia rewolucji, nic co do dalszego jej kierunku". Misją sprzysiężonych był jednorazowy, romantyczny czyn, po którym inicjatywę przejąć mieli „starsi w narodzie": generałowie i politycy. W ich oddanie się sprawie niepodległości spiskowcy ani przez moment nie wątpili. Rewolucyjne wydarzenia 1830 r. we Francji i Belgii zelektryzowały młodych ludzi, którzy wbrew opiniom starszych, m.in. cieszącego się ich dużym zaufaniem Joachima Lelewela, zdecydowali o szybkim zrywie. Termin wyznaczyli na koniec listopada 1830 r. Przesądziły o tym dwie okoliczności. Oto na 20 XI władze zarządziły gotowość polskiej i rosyjskiej armii; obawiano się, że zostaną wysłane do tłumienia ruchów rewolucyjnych na Zachodzie. Po drugie, sprawnie działające tajne służby Konstantego wpadły na trop sprzysiężonych.

Pierwsze tygodnie powstania

Wieczorem 29 XI 1830 r. dwaj młodzi poeci, Ludwik Nabielak i Seweryn Goszczyński, wraz z 12 cywilnymi spiskowcami, wtargnęli do Belwederu, by pojmać lub zabić Konstantego. Ten jednak zbiegł. W tym samym czasie podchorążowie wyruszyli ze szkoły w Łazienkach ku miastu, torując sobie drogę w starciach z oddziałami rosyjskimi, które w sile 6000 żołnierzy stacjonowały w stolicy. Z powodu dysproporcji sił wojska rosyjskie nie zostały rozbite. Pułki polskie, całkowicie zaskoczone obrotem sprawy, nie przyłączyły się do walki. Lojalność wobec naczelnego wodza, księcia Konstantego, wykazali również polscy generałowie; 6 z nich przypłaciło to życiem. Na wezwanie powstańców odpowiedział natomiast lud Warszawy, który wieczorem opanował Arsenał, po czym przyłączył się do starć ulicznych. Rankiem 30 XI Warszawa była wolna, ale za to pozbawiona rządu, albowiem spiskowcy nie wyłonili żadnego organu władzy.

Konstanty, którego otaczały wierne mu nadal oddziały polskie i rosyjskie, bezczynnie obserwował bieg wypadków nieopodal stolicy. Inicjatywę przejął minister Drucki-Lubecki. Celem jego poczynań było zaprowadzenie porządku oraz niedopuszczenie do przeobrażenia chwilowego incydentu w konflikt Królestwa z imperium rosyjskim. Zwołał zatem posiedzenie Rady Administracyjnej z udziałem osobistości cieszących się zaufaniem publicznym: Czartoryskiego i Niemcewicza oraz generała Józefa Chłopickiego. Pod naciskiem utworzonego 1 XII Towarzystwa Patriotycznego z Lelewelem i Mochnackim na czele Rada przekształciła się w Rząd Tymczasowy. Naczelne dowództwo powierzono Chłopickiemu, który 5 XII ogłosił się dyktatorem. I on nie zamierzał wszczynać wojny z Rosją, jednak pod naciskiem patriotycznie nastawionej „ulicy" zaczął rozbudowę armii. 10 XII Drucki-Lubecki wyruszył do Petersburga z misją znalezienia kompromisu, jak mówiono – między królem Polski a carem Rosji. Jedyną reakcją tego drugiego było żądanie bezwarunkowego ukorzenia się buntowników.

W ciągu następnych tygodni ważyły się losy Królestwa. Ciągle silna obawa rządu i dyktatora przed wojną z Rosją zderzała się z radykalizacją warszawskiej ulicy, chętnie dającej posłuch działaczom Towarzystwa Patriotycznego. Nastroje niepodległościowe przenikały na prowincję i odbijały się echem w pozostałych dwu zaborach. Zwołany 18 XII przez Rząd Tymczasowy sejm stawał się suwerenną reprezentacją Polaków, jako że zebrał się z woli narodu, nie zaś, jak stanowiła konstytucja, monarchy. Rezultatem gorących debat było ogłoszenie rewolucji narodowej oraz uchwalenie ustawy o dyktaturze. Sejm powierzył ją ponownie Chłopickiemu, ale już pod nadzorem parlamentarnym. Jednak po niespełna miesiącu dyktator, w poczuciu bezradności wobec biegu wypadków, nieuchronnie zmierzających ku niechcianej przezeń zbrojnej konfrontacji, ustąpił.

25 I 1831 r. odbyła się zorganizowana przez Towarzystwo Patriotyczne manifestacja upamiętniająca dekabrystów. Pod wpływem wywołanych przy tej okazji emocji sejm – na wniosek posła Romana Sołtyka a wbrew umiarkowanym politykom – uchwalił akt detronizacji Mikołaja I. „Zgubiliście Polskę", frasował się Czartoryski. Nie przeszkodziło mu to jednak stanąć na czele Rządu Narodowego. Królestwo Polskie stało się państwem niepodległym, z suwerenną władzą skupioną w sejmie i rządzie, strzeżoną przez siły zbrojne. Odpowiedzią cara było rozpoczęcie działań zbrojnych przeciwko buntownikom. Dowodzona przez feldmarszałka Iwana Dybicza armia ruszyła ku granicom Królestwa. Powstanie wchodziło w fazę militarną.

▼ WALKI ULICZNE W WARSZAWIE

toczone po zdobyciu Arsenału sprowadzały się na ogół do utarczek powstańców z polskimi oddziałami wiernymi Konstantemu. Ich efektem było opanowywanie kolejnych dzielnic miasta przez spiskowców.
WG JANA FELIKSA PIWARSKIEGO; 1830; „ULICA DŁUGA I MIODOWA" – MN KRAKÓW, FOT. MM, „SZTURM NA WIĘZIENIE" – OSSOLINEUM WROCŁAW, FOT. MŁ

ZDOBYCIE ARSENAŁU ►

miało wielkie znaczenie strategiczne ze względu na magazynowaną tam broń. Ludność Warszawy, po wyłamaniu bramy zbrojowni i wtargnięciu do środka, zdobyła kilkadziesiąt tysięcy karabinów, dzięki czemu mogła wziąć aktywny udział w walce.
WG JANA FELIKSA PIWARSKIEGO, „ARSENAŁ: SALA JAZDY", 1829, MHMSW WARSZAWA, FOT. PC

◄▼ POSTANOWIENIA SEJMU

z przełomu lat 1830 i 1831 często spotykały się z krytyką, zwłaszcza ze strony konserwatywnych kręgów wojskowych, niezadowolonych ze zbyt radykalnych uchwał. Wielu oficerów domagało się rozwiązania sejmu.
MANIFEST UZNAJĄCY POWSTANIE ZA NARODOWE – WARSZAWA, 1830; „DETRONIZACJA MIKOŁAJA I" – WG NAPOLEONA THOMASA, 1 POŁ. XIX W., OSSOLINEUM WROCŁAW, FOT. MŁ

◄ NOWE MONETY

wprowadzono w Królestwie Polskim 1 I 1816 r. Wybijano je w mennicy warszawskiej. Ich ikonografia odnosiła się do nowego ustroju: obok wizerunku cara Aleksandra I pojawił się herb Królestwa – dwugłowy orzeł rosyjski z tarczą z Orłem Białym na piersi.
MONETA PIĘCIOZŁOTOWA, WARSZAWA, 1829, MM PŁOCK, FOT. MM

CHORĄGIEW 2. PUŁKU STRZELCÓW PIESZYCH ▼

została mu nadana w 1827 r. Po wypruciu znajdujących się pierwotnie w narożach monogramów Mikołaja I używano jej w czasie powstania listopadowego.
MWP WARSZAWA, FOT. PC

Zainteresowanie miejscem kobiety w społeczeństwie pojawiło się w dobie oświecenia, gdy hasła wolności i równości, przejęte potem przez rewolucję francuską, zaczęto traktować jako przysługujące każdej jednostce ludzkiej. Powstało wówczas słowo „emancypacja", oznaczające uwolnienie kobiet od nadrzędnej władzy mężczyzn, uzyskanie przez nie praw publicznych, w tym głównie prawa do kształcenia oraz decydowania o swoim życiu. Na ziemiach polskich od 1807 r. obowiązywał wprowadzony przez Napoleona Kodeks, który częściowo zmienił na korzyść kobiet prawo rodzinne i spadkowe. O sytuacji kobiet decydowały też normy obyczajowe, które lepiej traktowały kobiety zamężne, dając im pewien zakres wolności, panny natomiast pozostawiały do końca życia pod władzą męskiej części rodziny. Uwolnić się od niej mogły, wstępując do klasztoru.

Znaczący wpływ na pozycję kobiet w społeczeństwie polskim miały powstania narodowe i następująca po nich emigracja oraz represje zaborców, które pozbawiły rodziny mężczyzn i na kobiety przerzuciły obowiązek utrzymania majątku i dzieci. Wytworzył się wówczas model Matki Polki, kobiety idealnej: mądrej, cnotliwej, odpowiedzialnej strażniczki wartości rodzinnych i narodowych, czyli tradycji i języka oraz wiary katolickiej – szczególnie chronionych z powodu rusyfikacji i germanizacji. Model Matki Polki w dobie powstań obowiązywał w środowisku szlacheckim, następnie zakorzenił się wśród inteligencji i mieszczaństwa, a wraz z uświadomieniem narodowym przenikał do warstw robotniczej i chłopskiej. Społeczeństwo pozwalało kobietom na wykazywanie życiowej zaradności, ale zarazem stawiało je na pozycji służebnej wobec rodziny i narodu. Skłaniało je bowiem do osobistych ofiar dla dobra ojczyzny, ograniczając tym dążenie do równouprawnienia.

Obowiązki społeczne i rodzinne kobiet, ich aspiracje i oczekiwania różniły się w zależności od pochodzenia. Wszystkim jednak potrzebne było odpowiednie wykształcenie, gdyż wydarzenia polityczne i przemiany społeczne zmuszały je do zarabiania na życie. O ich prawach decydowały jednak niechętne emancypacji władze, toteż walka kobiet o dostęp do różnych szkół i uniwersytetów trwała do początku XX w. Równie trudne było ich wchodzenie do męskich zawodów, np. lekarza, prawnika, rzemieślnika. Kobiety angażowały się w działalność organizacji dobroczynnych i partii politycznych, a także tworzyły tajne nauczanie i własne stowarzyszenia. Po 1905 r. wystąpiły z żądaniem przyznania im praw wyborczych, ale uzyskały je dopiero w wolnej Polsce.

► **KLEMENTYNA Z TAŃSKICH HOFFMANOWA**
– pisarka i publicystka, pedagog. Propagowała nowy wzór wychowania dziewcząt, polegający na ich ogólnym wykształceniu i przygotowaniu do życia praktycznego. Jej ideały wychowawcze znalazły kontynuatorów w dobie pozytywizmu, realizowały je też w swej działalności polskie emancypantki.
SENTIES, 1843, OSSOLINEUM WROCŁAW, FOT. MM

◄ **LUDWIKA ŚNIADECKA,**
córka Jędrzeja, chemika i lekarza, profesora Uniwersytetu Wileńskiego, młodzieńcza miłość Juliusza Słowackiego, który jej wspomnienie utrwalił m.in. w *Kordianie* i *Beniowskim.* Od 1842 r. była żoną pisarza Michała Czajkowskiego – Sadyka Paszy – i wspierała go w działalności emigracyjnej na terenie Turcji.
WITOLD PRÓSZYŃSKI, 1825–1828, ML WARSZAWA, FOT. PC

▼ **MARIA Z WOŁOWSKICH SZYMANOWSKA,**
pierwsza polska pianistka i kompozytorka, była znana ze swych koncertów w całej Europie. Urodę jej opiewali poeci, a talent muzyczny podziwiał Fryderyk Chopin. Córkę pianistki Celinę pojął za żonę Adam Mickiewicz.
ALEKSANDER KOKULAR, OK. 1825, ML WARSZAWA, FOT. MŁ

◄ MATKA POLKA W ŻAŁOBIE

Po klęsce powstania styczniowego na ziemiach polskich ogłoszono w 1864 r. narodową żałobę. Pierwszy raz czarne stroje wdziały Polki po manifestacjach patriotycznych z przełomu lat 1860 i 1861, czcząc w ten sposób pamięć ofiar poległych na ulicach wielu miast Królestwa wskutek ataku uzbrojonych sotni kozackich. W Warszawie zginęło wtedy 5 osób.

ELWIRA Z LANDSBERGÓW SZAROWICZOWA, FOTOGRAFIA, PRZED 1863, MM PŁOCK, FOT. MM

▲▼ WIELKOPOLSKA SAWANTKA

Konstancja z Bojanowskich Łubieńska należała do kobiet wykształconych: pisała wiersze i nowele, w latach 1840–1846 współfinansowała pismo dla pań „Dziennik Domowy". Na jej twórczość wpływ wywarł Adam Mickiewicz. Poznała go w 1831 r. w majątku swojej siostry w Śmiełowie, gdzie znajduje się obecnie muzeum poety.

PORTRET WG XIX-WIECZNEJ MINIATURY – JERZY WINKLER, MAM ŚMIEŁÓW, ŚMIEŁÓW POW. JAROCIN – FOT. MŁ, STRONA POŚWIĘCONA MODZIE – „DZIENNIK DOMOWY", 1842, OSSOLINEUM WROCŁAW, FOT. MM

▼ SALON DEOTYMY

Przez kilkadziesiąt lat w salonie „natchnionej poetki" Jadwigi Łuszczewskiej, zwanej Deotymą, zbierała się warszawska inteligencja, przed którą, improwizując, wygłaszała wiersze na zadane tematy, czym u jednych wzbudzała podziw, a u innych kpiny. Po klęsce powstania styczniowego zawsze występowała w czarnej szacie.

FRANCISZEK KOSTRZEWSKI, 1872, MHMSW WARSZAWA, FOT. MM

SYBIRACZKA ►

W XIX w. w walce z caratem kobiety wspólnie z mężczyznami podejmowały tajną działalność polityczną i oświatową. Podobnie jak oni były więzione i skazywane na zesłanie na Syberię. Jedną z więźniarek w drodze na Sybir uwieczniła na swym obrazie Maria Dulęba, znana malarka i emancypantka.

OK. 1890, MNIEP WARSZAWA

◄ „BLUSZCZ"

był najbardziej znanym i najdłużej wychodzącym pismem dla pań. Jego nazwa dla jednych była symbolem wiotkiej kobiety potrzebującej oparcia w mężczyźnie, innym kojarzyła się z wiecznie zieloną rośliną, symbolizującą niezmiennie żywą w społeczeństwie ideę niepodległości.

1877, OSSOLINEUM WROCŁAW, FOT. MM

▼ KOBIETA W DOMU

Emancypacyjne dążenia, tajna działalność polityczna i oświatowa bliskie były nielicznym wówczas kobietom wykształconym. Większość kobiet widziała siebie w tradycyjnej roli pani domu, gospodyni i matki. Taki ideał życia kobiecego popularyzowano też w literaturze i prasie.

JAN ZDZISŁAW KONOPACKI, „W KUCHNI PRZED WIGILIĄ", „KŁOSY", 1884, OSSOLINEUM WROCŁAW

◄ KOBIETA TURYSTKA

Chęć upamiętnienia swego pobytu w odwiedzanych miejscach ma długą tradycję, o czym świadczy wizerunek kobiety wykonującej napis na skale w okolicach Ojcowa. W połowie XIX w. panie często odbywały krajoznawcze podróże, traktując je jako rekreację i okazję poznania ziemi ojczystej.

JAN NEPOMUCEN GŁOWACKI, „DOLINA OJCOWSKA" (FRAGMENT), 1844, MN KRAKÓW, FOT. MS

▲ KOBIETY Z NIŻSZYCH WARSTW SPOŁECZNYCH

W salonach, na spotkaniach w gronie literatów, uczonych lub artystów, bywały damy z wyższych sfer, kobiety z warstw niższych żyły skromnie i ciężko pracowały w fabrykach, warsztatach rzemieślniczych lub jako pomoce domowe. Niektórym utrzymanie zapewniał uliczny handel warzywami.

ADAM MALINOWSKI, „KRAM NA TARGU", OK. 1870, MHMSW WARSZAWA, FOT. MM

WOJNA Z ROSJĄ

Dysproporcja sił i kunktatorstwo dowództwa stały się powodem przegranej mężnie walczących powstańców

◀ **WIADOMOŚĆ O WYBUCHU POWSTANIA**

zaskoczyła Mikołaja I i osoby z jego otoczenia. Reakcją cara było m.in. zaostrzenie cenzury w Rosji. Zakazano także rozpowszechniania dzieł niektórych polskich pisarzy, a prasa rosyjska zaczęła podgrzewać antypolskie nastroje opinii publicznej.

GEORG BENEDIKT WUNDER, „MIKOŁAJ I OGŁASZA GWARDZISTOM WIADOMOŚĆ O WYBUCHU POWSTANIA W KRÓLESTWIE POLSKIM", NORYMBERGA, PO 1830, KTN BITTBURG, FOT. MM

▶ **GWARDIA NARODOWA WARSZAWSKA**

była formacją odgrywającą w czasie powstania rolę straży obywatelskiej. Do jej zadań należało patrolowanie ulic miasta oraz dbałość o bezpieczeństwo budynków publicznych i przemysłowych.

CHORĄGIEW 1. PUŁKU GWARDII NARODOWEJ, 1831, MWP WARSZAWA, FOT. PC

▼ **POWSTANIE LISTOPADOWE**
RYS. JG

- Królestwo Polskie
- Wolne Miasto Kraków
- granice między państwami zaborczymi
- działania wojsk polskich
- → działania wojsk rosyjskich
- ○ twierdze utracone przez Polaków w końcowej fazie powstania
- ✗ miejsca bitew
- Bobrek miejsca złożenia broni przez powstańców przy przekraczaniu granicy

Siły walczących

Detronizacja Mikołaja przekreśliła ostatecznie nadzieje na zażegnanie konfliktu na drodze pokojowej. Działania zbrojne, trwające od początku lutego do pierwszych dni października 1831 r., prowadzone były przede wszystkim przez regularne i częściowo ochotnicze oddziały. Mimo padających ze strony Towarzystwa Patriotycznego apeli i wezwań nie przerodziły się one w zakrojoną na dużą skalę walkę partyzancką, ani tym bardziej w wojnę ludową na wzór hiszpańskiej guerilli. Określanie zrywu (często nazywanego przez współczesnych rewolucją) mianem powstania narodowego nie pociągnęło zatem poważniejszych następstw. W tej sytuacji decydować musiał potencjał obu stron, polskiej i rosyjskiej. Ludnościowo kształtował się on jak 1 : 12, niewiele lepiej, bo 1 : 10, w wypadku armii. Jednak w trakcie działań wojennych dysproporcja nie była aż tak znaczna. Armia Królestwa, rozpoczynając wojnę, liczyła 70 tysięcy żołnierzy, z czego 14 tysięcy służyło w nowo utworzonych oddziałach oraz formacjach pomocniczych, takich jak Straż Bezpieczeństwa czy Gwardia Obywatelska. Pod koniec marca polskie siły wzrosły do 85 tysięcy. Taka liczebność utrzymywała się do końca wojny. Ogólny wysiłek mobilizacyjny – wraz z partyzantami, ochotnikami z innych dzielnic, a nawet krajów – przekraczał 200 tysięcy ludzi pod bronią. Znacznie gorzej było z tą ostatnią. Brakowało armat czy nawet karabinów. W ruch poszły więc fuzje myśliwskie i kosy. Strona rosyjska użyła do inwazji na Królestwo ogółem ćwierć miliona dobrze zaopatrzonego i uzbrojonego wojska, zahartowanego w niedawnych bojach z Turcją. Realna różnica liczebności walczących stron nie była więc miażdżąca; widać ją było wyraźnie dopiero w potencjale mobilizacyjnym obu państw.

Stronę polską osłabiała zła organizacja systemu dowodzenia. Wódz naczelny, powoływany przez sejm, podlegał równocześnie krępującej kontroli rządu. Stanowisko to pełnili kolejno, niekiedy przez ledwie kilka dni, generałowie Michał Radziwiłł, Jan Skrzynecki, Henryk Dembiński, Ignacy Prądzyński, Kazimierz Małachowski, Jan Umiński i Maciej Rybiński, ten ostatni dwukrotnie. Równie częste zmiany zachodziły na kluczowych stanowiskach szefa sztabu i generalnego kwatermistrza. Generalicję powstańczą stanowili zawodowi wojskowi, którzy rozpoczynali karierę wojskową w armii napoleońskiej, osiągając tam najwyżej średni szczebel dowodzenia. Brakowało zdolnych sztabowców i dowódców szczebla operacyjnego. Ponadto na wszystkich ciążył kompleks przegranej Napoleona – „Boga Wojny" –

z Rosją, z którą przyszło im teraz samodzielnie się zmierzyć.

Od Stoczka do Ostrołęki

5 II licząca 127 tysięcy żołnierzy i 350 dział armia Iwana Dybicza rozpoczęła działania ofensywne wzdłuż osi Białystok–Łomża–Wyszków–Warszawa. Do pierwszego starcia doszło pod Stoczkiem, gdzie polska grupa kawaleryjska pokonała wojska rosyjskie. Jednak siły polskie, w myśl koncepcji Chłopickiego (formalnie jedynie doradcy naczelnego wodza), cofały się na przedpola Warszawy z zamiarem stoczenia tam bitwy walnej. Doszło do niej 25 II pod Grochowem. Była to jedna z dwu największych bitew tej wojny, a jej najbardziej zaciętym epizodem stał się bój o Olszynkę Grochowską. Mimo przewagi Rosjan i ciężkiego zranienia dobrze dowodzącego Chłopickiego polska armia wycofała się w porządku na lewy brzeg Wisły. Mężny i, co ważniejsze, skuteczny opór Polaków sprawił, że Dybicz zrezygnował ze szturmu na Warszawę i wycofał się na wschód. W działaniach wojennych zapanował chwilowy zastój, do czego przyczyniły się wiosenne roztopy.

Wznowienie walki nastąpiło z końcem marca. Tym razem inicjatywę przejęli Polacy. Nowy wódz naczelny, Jan Skrzynecki, zaakceptował bowiem, choć nie bez wahań i oporów, plan operacyjny Ignacego Prądzyńskiego, polegający na odcięciu wojsk Dybicza od bazy zaopatrzeniowej. 40-tysięczne siły polskie, przeprawiwszy się przez Wisłę, maszerowały na Siedlce. Element zaskoczenia wykorzystany w kilku bitwach (pod Wawrem, Dębem Wielkiem, Iganiami) pozwolił im pokonać mniejsze zgrupowania wojsk rosyjskich i zadać im znaczne straty. Jednakże sukcesów taktycznych nie potrafiono odpowiednio wykorzystać, a główne siły Dybicza pozostały nienaruszone. Skrzynecki wstrzymał ofensywę, unikając decydującego starcia. Doszło do mniejszych, choć również korzystnych dla Polaków potyczek (pod Liwem, Kuflewem, Mińskiem Mazowieckim), które skutecznie zastopowały próby ofensywnych poczynań Rosjan. W połowie kwietnia po raz drugi nastąpiło zawieszenie działań.

Wódz naczelny, podobnie jak prezes Rządu Narodowego, sądził bowiem, że Rosjanie pod wpływem niepowodzeń militarnych i dziesiątkującej ich szeregi cholery podejmą rokowania. Liczono również na interwencję dyplomatyczną mocarstw zachodnich. Tym samym cel polityczny działań zbrojnych byłby w ich mniemaniu spełniony. Tak się jednak nie stało, a co więcej, w tym okresie miały miejsce również niepowodzenia Polaków w Lubelskiem i na Rusi. Wobec braku militarnych i poli-

▲ **DYKTATOR I WODZOWIE POWSTANIA,** częściowo kontrolowani przez rząd, mieli duży wpływ na kształt prowadzonej z Rosją wojny. Większość z nich, nie wierząc w zwycięstwo, starała się unikać zbrojnej konfrontacji z armią wroga.
„PORTRET JANA SKRZYNECKIEGO” – WG JANA NEPOMUCENA ŻYLIŃSKIEGO, 1830; „PORTRET JÓZEFA CHŁOPICKIEGO” – SEWERYN OLESZCZYŃSKI, PRZED 1832, OSSOLINEUM WROCŁAW; FOT. MŁ; TŁOK PIECZĘCI GENERAŁA JÓZEFA CHŁOPICKIEGO JAKO DYKTATORA POWSTANIA – XII 1830, MWP WARSZAWA, FOT. PC

► **FORMACJE KRAKUSÓW,** lekkiej jazdy popularnej od czasów insurekcji kościuszkowskiej, składały się głównie z chłopów. W powstaniu listopadowym odznaczyli się oni m.in. w bitwie pod Stoczkiem, podczas której ich Dywizjon im. Tadeusza Kościuszki przeprowadził śmiałą szarżę.
JAN FELIKS PIWARSKI, „KRAKUS Z KORPUSU JÓZEFA DWERNICKIEGO”, 1831, MM PŁOCK, FOT. MM

◄ **WYNIK BITWY POD GROCHOWEM** stał się przedmiotem sporów. Ostatecznie batalię tę uznano za nierozstrzygniętą, choć Polacy ponieśli mniejsze straty liczebne, a Rosjanie nie osiągnęli planowanych zamierzeń i musieli zrezygnować z ataku na Warszawę.
PLAN BITWY, PARYŻ, PO 1831, KTN BITTBURG, FOT. MM

Olszynka Grochowska

Siły polskie oczekujące na armię Dybicza ciągnącą na Warszawę zajęły pozycję obronną w rejonie Grochowa. Kluczowym elementem była wysunięta przed nią Olszynka Grochowska, której utrzymanie pozwalało stosunkowo niewielkimi siłami zachować Rosjan. O tę właśnie pozycję rozgorzał 25 II zaciekły, kilkugodzinny bój. W walkach na bagnety odparto trzy natarcia. W południe, po uzyskaniu posiłków, piechota rosyjska otoczyła Olszynkę z trzech stron. Po półtoragodzinnej walce 9 polskich batalionów ustąpiło trzykrotnie liczniejszym siłom. Wówczas Chłopicki – z cygarem w dłoni, przy odgłosie bębnów i śpiewu *Jeszcze Polska nie umarła* – osobiście poprowadził batalion grenadierów do zakończonego powodzeniem kontrataku. Wkrótce jednak Rosjanie, po wprowadzeniu kolejnych posiłków i przegrupowaniu, wznowili natarcie, ponownie oskrzydlając polskie pozycje i zmuszając obrońców do odwrotu. Kryzys pogłębiło ciężkie zranienie doskonale dowodzącego Chłopickiego. O zmroku oddziały polskie rozpoczęły odwrót w stronę Pragi. Krzyżyki z drewna olchowego stały się pamiątkami narodowymi.

▲ PAŁASZ GENERAŁA HENRYKA DEMBIŃSKIEGO,
kunsztownie wykonany, jest przykładem oręża honorowego. Został on ofiarowany generałowi przez jego oficerów w podzięce za brawurowe przeprowadzenie korpusu z Litwy do Warszawy.
1831, MWP WARSZAWA, FOT. PC

▼ KAROL KACZKOWSKI
pełnił w armii powstańczej funkcję szefa służby zdrowia. Prowadzona przez niego skuteczna akcja sanitarna zapobiegała rozprzestrzenianiu się w szeregach polskich wojsk cholery, która dziesiątkowała oddziały rosyjskie.
STANISŁAW CHLEBOWSKI, 1831, MWP WARSZAWA, FOT. PC

CHORĄGIEW PROPAGANDOWĄ Z 1831 R. ▲
zdobi napis „W imię Boga za naszą i waszą wolność". Na powstańczych sztandarach hasło to, nawołujące do walki z tyranią w obronie wolności wszystkich narodów, umieszczano w dwóch językach: polskim i rosyjskim. Wielką popularność zdobyło ono też i później, m.in. w okresie Wiosny Ludów.
MWP WARSZAWA, FOT. PC

▼ ZBROJNY UDZIAŁ KOBIET W POWSTANIU
sprowadzał się głównie do walk partyzanckich na Litwie. Częściej jednak ich wkład polegał na dodawaniu walczącym animuszu, a czasem też na organizowaniu oddziałów.
„EMILIA PLATER W OBOZIE" – ADAM VICTOR, XIX W., OSSOLINEUM WROCŁAW, FOT. MŁ; „PORTRET ANTONINY TOMASZEWSKIEJ" – OK. 1840, MM PŁOCK, FOT. MM

Kobiety w powstaniu

Podczas powstania listopadowego setki kobiet różnego stanu zaangażowało się w działalność patriotyczną. Miała ona charakter indywidualny lub – co było nowością – zorganizowany. W utworzonym z inicjatywy Klementyny z Tańskich Hoffmanowej Związku Dobroczynności Patriotycznej Warszawianek pracowało 400 pań. Na rzecz Komitetu Opieki nad Rodzinami Wojskowymi kwestowało 70. Jeszcze inne w czasie bitwy grochowskiej zorganizowały fachową opiekę pielęgniarską w lazaretach. Najsłynniejszymi Samarytankami Warszawy były poznanianki Klaudyna z Działyńskich Potocka i Emilia Sczaniecka. Generałowa Katarzyna Sowińska kierowała Towarzystwem Opieki Rannych. Postawy obywatelskie lansowało specjalne czasopismo kobiece „Sarmatka". Pojawiły się nawet projekty sformowania pułku Sarmatek. Formę politycznego zaangażowania w Towarzystwie Patriotycznym wybrały Cecylia Chłędowska i Marianna Dębińska. Duże znaczenie dla wojska miały organizowane przez kobiety transport, łączność i zaopatrzenie. Wreszcie najdzielniejsze wyruszyły w pole. Oprócz najbardziej znanej Emilii Plater można wymienić około 20 innych ochotniczek walczących z bronią w ręku. Wiersz Mickiewicza *Śmierć pułkownika* przeniósł do patriotycznej i ubarwionej nieco legendy pierwszą z nich, okrywając mrokiem pozostałe.

tycznych rozstrzygnięć Skrzynecki, ulegając namowom księcia Czartoryskiego, zaaprobował kolejny plan Prądzyńskiego, błyskotliwy, acz niepozbawiony ryzyka.

Była to tzw. wyprawa na gwardię. Przerywając bezczynność, zarządził ofensywę na dowodzony przez wielkiego księcia Michała 25-tysięczny korpus rosyjskiej gwardii, rozlokowany w Łomżyńskiem. Dalszym etapem operacji miało być uderzenie na główne siły Dybicza, stacjonujące w pobliżu Siedlec. Polskie oddziały, liczące 44 tysiące żołnierzy, rozpoczęły działania 15 V. Mimo dwukrotnej przewagi wódz naczelny w ostatniej chwili zmienił główne założenie planu, rezygnując z koncentrycznego natarcia. Skutkiem tego gwardia rosyjska zdołała się wymknąć bez strat. Nieudany pościg doprowadził natomiast do zaskakującego spotkania z głównymi siłami rosyjskimi pod Ostrołęką. Wynikiem tego była druga pod względem wielkości bitwa polsko-rosyjskiej wojny, stoczona 26 V w bardzo niekorzystnych dla Polaków warunkach terenowych. Główne siły polskie były rozlokowane na prawym, niższym i bagnistym brzegu Narwi. Mimo męstwa żołnierzy i samego Skrzyneckiego bitwa została przegrana. Przed całkowitą klęską siły polskie uratowała brawurowa szarża dywizjonu artylerii konnej dowodzonego przez podpułkownika Józefa Bema. Rzeczywiste straty okazały się mniejsze od pierwotnych ocen, a odwrót w kierunku Warszawy był uporządkowany, gdyż Dybicz nie podjął energicznego pościgu. Jednak najlepsze oddziały polskie wykrwawiły się ponad miarę, a – co gorsza – poważnemu zachwianiu uległo mocne dotychczas morale wojska. Fala zwątpienia w sens dalszej walki powróciła ze wzmożoną siłą, uderzając w polityków i generałów, porywając również część opinii publicznej. W militarnym wymiarze bitwa pod Ostrołęką zamknęła wiosenny okres polskiej inicjatywy strategicznej i stanowiła punkt zwrotny w dalszym przebiegu wojny.

Na Litwie i Rusi

Szanse powstańców mogły wzrosnąć dzięki rozszerzeniu teatru wojennego poza Niemen i Bug oraz uruchomieniu działań partyzanckich. Pierwsze plany tzw. małej wojny przedstawił Prądzyński już w połowie grudnia 1830 r. Koncepcję tę mocno wspierało Towarzystwo Patriotyczne. Jednakże zawodowi wojskowi niechętnym okiem patrzyli na inicjatywy ochotników i dywersja na tyłach nieprzyjaciela przybrała nieco większe rozmiary dopiero w marcu 1831 r. Objęła obszary leżące na prawym brzegu Wisły, zwłaszcza województwa augustowskie i płockie. Działały tam oddziały liczące od 100 do 4000 partyzantów. Nosiły one różne nazwy, niekiedy dość dziwnie brzmiące (Świńskie łepki, Kurpiki ostrołęckie), lub bardziej poważne (Wolni strzelcy czy Strzelcy celni). Przez oddziały partyzanckie przewinęło się łącznie około 8000 ludzi. Utrudniały one armii rosyjskiej zaopatrzenie, transport i łączność, zdobywały informacje, a niekiedy wiązały znaczne jej siły, odciążając w ten sposób w trudnych momentach polskie zgrupowania regularne.

Niemal wyłącznie partyzancki charakter miało powstanie, które wiosną ogarnęło Ziemie Zabrane. Pierwsza do walki zerwała się Żmudź. W kwietniu oddziały powstańcze, ze znacznym udziałem ochotników chłopskich (zjawisko niespotykane w Królestwie), opanowały gubernię wileńską, choć nie udało się im zdobyć Wilna ani Kowna. W drugiej połowie maja siły rosyjskie rozbiły główne zgrupowanie powstańcze na Litwie. Nadal jednak operowały drobniejsze oddziały partyzanckie, które doczekały się nadejścia regularnych sił polskich. Na zajętych terenach powstańcy tworzyli polską administrację, organizowali produkcję broni, szkolenie ochotników, w tym kursy oficerskie i podoficerskie. Pod koniec maja na Litwę wyruszyły dwa zgrupowania wojsk regularnych, dowodzone przez Dezyderego Chłapowskiego i Antoniego Giełguda. Kulminacyjnym momentem tej operacji była bitwa na Górach Ponarskich w pobliżu Wilna. Stoczona 20 VI, zakończyła się przegraną Polaków; podzieleni na trzy grupy wycofali się na zachód. Dwie z tych grup pod naporem wojsk rosyjskich przekroczyły w połowie lipca granicę pruską i złożyły broń. Trzeciej, dowodzonej przez Henryka Dembińskiego, udało się przedrzeć do Królestwa i 3 VIII dotrzeć do Warszawy. Klęska pod Wilnem przyspieszyła upadek powstania na Litwie, choć pojedyncze oddziały utrzymywały się po lasach jeszcze do jesieni, absorbując o wiele liczniejsze siły rosyjskie.

Znacznie słabszy okazał się zryw powstańczy na Rusi, który w kwietniu i maju objął gubernie wołyńską, podolską i kijowską. Na jego czele stanął sędziwy brygadier kościuszkowski Benedykt Kołyszko. Impulsem do walki było wkroczenie na Wołyń kawaleryjskiego oddziału zwycięzcy spod Stoczka, generała Józefa Dwernickiego. Mimo efektownego zwycięstwa pod Boremlem został on jednak wkrótce przyparty do granicy austriackiej. Po jej przekroczeniu, 27 IV, złożył broń. Pozbawieni wsparcia powstańcy stoczyli kilka potyczek (największa miała miejsce 14 V pod Daszowem), potem poszli w rozsypkę, a teren został szybko spacyfikowany przez wojska rosyjskie. Jedynie liczący około 400 szabel

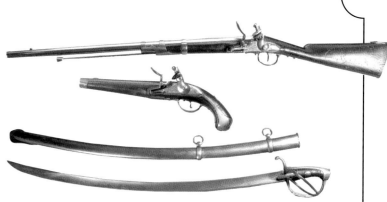

▲ **UZBROJENIE ARMII ROSYJSKIEJ**
walczącej z wojskami polskimi składało się głównie z regulaminowej broni produkowanej w wyspecjalizowanych rosyjskich fabrykach.
KARABINEK SKAŁKOWY LEKKIEJ JAZDY (HUZARSKI) WZ. 1817 – SIESTRORIECK, ROSJA, 1822; PISTOLET SKAŁKOWY JAZDY WZ. 1809 – TUŁA, ROSJA, 1813; SZABLA REGULAMINOWA LEKKIEJ JAZDY ROSYJSKIEJ WZ. 1826 – ZŁATOUST, ROSJA, 1828; MWP WARSZAWA; FOT. PC

▲ ▶ **UZBROJENIE WOJSK POLSKICH**
stanowiła zazwyczaj broń palna wytwarzana w czasie powstania w Warszawie i w Kieleckiem. Niedobór uzupełniano bronią zdobyczną, używano też myśliwskich fuzji oraz sprawdzonych podczas insurekcji kościuszkowskiej kos.
ŻOŁNIERZE 5. I 6. PUŁKU PIECHOTY LINIOWEJ I 4. PUŁKU STRZELCÓW KONNYCH – WG TEOFILA MIELCARZEWICZA; KURPIOWSCY STRZELCY PIESI – FRYDERYK KRZYSZTOF DIETRICH; 3. I 4. PUŁK STRZELCÓW PIESZYCH; 1831; MWP WARSZAWA; FOT. PC

▼ **GENERAŁ HENRYK DEMBIŃSKI,**
który odznaczył się m.in. w bitwie pod Ostrołęką, cieszył się sławą zdolnego dowódcy. Nie sprawdził się jednak na stanowisku wodza naczelnego powstania; oskarżano go o despotyzm i kunktatorstwo.
JÓZEF SONNTAG, 1831, OSSOLINEUM WROCŁAW, FOT. MŁ

▼ **TASAK,**
broń sieczna o szerokiej, krzywej głowni, stanowił w XIX w. wyposażenie wojsk piechoty, artylerii i saperów. Służył do przeprowadzania czynności technicznych, choć mógł być również używany w walce.
TASAK PIECHOTY Z POWSTANIA LISTOPADOWEGO WZ. 1817, ROSJA, OK. 1820–1830, MWP WARSZAWA, FOT. PC

◄ PRZEJŚCIE GENERAŁA JÓZEFA DWERNICKIEGO NA TEREN AUSTRII

przypieczętowało wprawdzie klęskę jego wyprawy na Wołyń, jednocześnie jednak okazało się pozytywnym bodźcem dla ludności galicyjskiej, która odtąd wykazywała większe zainteresowanie dla sprawy powstania.

WG JOHANNA MICHAELA VOLTZA, NORYMBERGA, PO 1831, MHMSW WARSZAWA, FOT. PC

▲ ZDOBYCIE WOLI PRZEZ WOJSKA ROSYJSKIE

stało się po upadku powstania tematem licznych legend i spekulacji. Krążyły różne opowieści na temat okoliczności śmierci generała Józefa Sowińskiego, a przypadkowe prawdopodobnie wysadzenie jednej z redut przeszło do historii jako bohaterski wyczyn Juliusza Ordona.

WG HORACEGO VERNETA, 1849, MN KRAKÓW, FOT. MŁ

◄ GENERAŁ JAN KRUKOWIECKI

po objęciu urzędu prezesa rządu doprowadził do ukarania niektórych uczestników rozruchów z 15 VIII i zaprowadził w Warszawie względny spokój. Nie zagwarantował jednak stolicy właściwego poziomu obronności w obliczu nadciągających wojsk rosyjskich.

WG JANA NEPOMUCENA ŻYLIŃSKIEGO, PRZED 1831, OSSOLINEUM WROCŁAW, FOT. MŁ

◄ MACIEJ RYBIŃSKI,

ostatni wódz naczelny powstania, otrzymał tę funkcję już po upadku Warszawy. Dążył do złożenia kapitulacji, co sprawiło, że został zdymisjonowany przez sejm. Stanowisko odzyskał dzięki poparciu sprzyjającej mu części generalicji.

ALEXANDER BRUCKMANN, 1832, OSSOLINEUM WROCŁAW, FOT. MŁ

Gwiazda wytrwałości

18 IX 1831 r. obradujący w refektarzu klasztoru Kapucynów w Zakroczymiu powstańczy sejm uchwalił *Prawo względem ustanowienia znaku zaszczytnego pod nazwiskiem Gwiazdy Wytrwałości*. Projektodawcą odznaczenia był Joachim Lelewel. W ten sposób ciągnąca się jeszcze od bitwy grochowskiej inicjatywa znalazła wreszcie u schyłku powstania swój finał. Odznakę, której dewiza brzmiała *Usque ad finem* (Aż do końca), stanowić miała pięcioramienna żelazna gwiazda na wstążce w barwach narodowych. Ustawa nie doczekała się realizacji ani w Polsce, ani na emigracji, mimo kilkakrotnych nacisków ze strony kombatantów. Czuli się oni dotknięci do żywego faktem, że car dekorował Orderem Virtuti Militari rosyjskich żołnierzy za stłumienie powstania. Dopiero w 50 rocznicę powstania zarząd Muzeum w Raperswilu z inicjatywy Agatona Gillera wybił medale, którymi ozdobiono nielicznych weteranów oraz symboliczną mogiłę na cmentarzu Montmartre w Paryżu. 28 II 1981 r. zespół inicjatywny kapituły Orderu Żelaznej Gwiazdy Wytrwałości ustanowił regulamin jej nadawania.

oddział jazdy wołyńskiej Karola Różyckiego zdołał przeprawić się przez Bug i dotrzeć do Zamościa.

Obrona Warszawy

Przegrana pod Ostrołęką wywołała kryzys powstania. Wiara w zwycięstwo słabła, postępował paraliż woli. Działania zbrojne były raczej pozorowaniem niż pełną determinacji walką. Pojawiły się kłopoty finansowe. Autorytet władz powstańczych, zarówno wojskowych, jak i cywilnych, upadł niemal całkowicie. Inicjatywę polityczną próbowało przechwycić Towarzystwo Patriotyczne, w którym górę wzięła nastawiona republikańsko lewica w osobach Tadeusza Krępowieckiego, Aleksandra Pułaskiego, Jana Czyńskiego, Jana Nepomucena Janowskiego. Pierwszą okazję do przewrotu dały im rozruchy, do których doszło w stolicy pod koniec czerwca, nie bez inspiracji z ich strony. Kolejny wybuch nastąpił 15 VIII, gdy wojska rosyjskie – dowodzone przez następcę zmarłego na cholerę Dybicza, feldmarszałka Iwana Paskiewicza – zbliżały się już niebezpiecznie do Warszawy. Manifestacja uliczna zorganizowana przez działaczy Towarzystwa Patriotycznego przemieniła się w niekontrolowane rozruchy, którym towarzyszyły samosądy; ich ofiarami padli m.in. 2 polscy generałowie. Ale efektem sierpniowej nocy było jedynie oddanie prezesury rządu w ręce cieszącego się zaufaniem radykałów generała Jana Krukowieckiego, wyposażonego w rozległe, niemal dyktatorskie kompetencje. Lewica, optująca za uwłaszczeniem chłopów i wciągnięciem ich do walki, była nieliczna, zbyt słaba i niezdolna do przejęcia władzy, toteż Krukowiecki nie zamierzał liczyć się z jej zdaniem. Nie nastąpiła przeto oczekiwana zmiana dotychczasowego sposobu prowadzenia działań militarnych ani też przeobrażenie powstania społecznego w ogólnonarodowy zryw.

Generalny szturm Rosjan na Warszawę nastąpił 6 IX. Poprzedził go słynny manewr paskiewiczowski. Polegał on na sforsowaniu dolnej Wisły w rejonie Płocka i zaatakowaniu stolicy od zachodu, gdzie chroniły ją jedynie bardzo prowizoryczne umocnienia. Po zaciętej 2-dniowej obronie, której najbardziej dramatycznym epizodem były walki na Woli przypieczętowane śmiercią generała Józefa Sowińskiego, podpisano kapitulację. Armia, posłowie i członkowie rządu opuścili stolicę, kierując się w stronę Modlina. W tym czasie całość sił polskich – podzielonych na kilka operujących oddzielnie i bez żadnej myśli strategicznej korpusów, częściowo zamkniętych w twierdzach w Zamościu i Modlinie – dorównywała liczebnie armii Paskiewicza (około 80 tysięcy). Nasilająca się dezercja i upadek ducha obniżały jednak z dnia na dzień ich wartość bojową. Generalicja nie widziała sensu dalszej walki. Pod naciskiem sejmu nie zamierzano jednak składać broni, czego żądał Paskiewicz. Uchwałą sejmową powstanie zostało jedynie zawieszone. W tej sytuacji pozostawało tylko jedno wyjście. W pierwszych dniach października oddziały polskie wraz z towarzyszącymi im cywilnymi politykami przekraczały austriacką bądź pruską granicę. 5 X uczynił to pod Brodnicą liczący 20 tysięcy korpus Macieja Rybińskiego, któremu towarzyszył ostatni prezes Rządu Narodowego, Bonawentura Niemojowski. Rozbrojeni i rozgoryczeni żołnierze byli w Austrii i Prusach internowani. Losu powstania dopełniła kapitulacja twierdz w Modlinie i Zamościu (9 i 21 X). Rozpoczęta na emigracji gorąca debata na temat przyczyn klęski powstania była kontynuowana przez kolejne pokolenia historyków, którzy formułowali skrajne niekiedy oceny. Niewątpliwie jednak na tle innych powstań narodowych wysiłek organizacyjny i militarny lat 1830–1831 jawi się najbardziej okazale.

Europa wobec powstania

Powstanie listopadowe od momentu wybuchu przyciągało sympatię liberalnej opinii publicznej w wielu krajach europejskich, traktującej je jako fragment zmagań między starym a nowym ładem. Miasta francuskie, belgijskie, szwajcarskie, włoskie, angielskie były widownią licznych manifestacji poparcia dla walczącej Polski. Wbrew rachubom Warszawy znacznie bardziej powściągliwie reagowały europejskie rządy. Rosja była ważnym elementem europejskiego ładu politycznego, z trudem wypracowanego na kongresie wiedeńskim. Destabilizacja tego układu nie leżała w interesie zachodnich mocarstw. Francuski premier oświadczył publicznie: „Bunt jest zawsze zbrodnią, a pieniądze i krew francuska należą tylko do Francji". Prusy manifestowały otwarcie swe poparcie dla Petersburga, łącznie z gotowością interwencji zbrojnej. Nieco cieplejszy stosunek do wydarzeń w Polsce okazywała Austria. Na tej podstawie powstańcy zaczęli liczyć na jej poparcie, okupione dodatkowo ofiarowaniem Habsburgom korony polskiej. Jednak i te rachuby okazały się po kilku miesiącach iluzją. Nie zmienia to faktu, że wojna z Rosją i, szerzej, całe powstanie listopadowe były w czasach rozbiorowych jedynymi wydarzeniami, które zdołały przyciągnąć na dłużej uwagę europejskich polityków. Przychylność liberalnej Europy dla walczących Polaków przerodziła się we współczucie dla pobitych, lecz niepokonanych, którzy niebawem zaczęli napływać na Zachód.

► GWARDIA NARODOWA,

formacja wspierająca armię w jej lokalnych zadaniach i stojąca na straży porządku i bezpieczeństwa kraju, w okresie powstania listopadowego składała się z jednostek piechoty, kawalerii i artylerii.

WG JANA FELIKSA PIWARSKIEGO, „GWARDIA NARODOWA KONNA", WARSZAWA, 1831, MHMSW WARSZAWA, FOT. PC

▼ POLSKI ZNAK HONOROWY

ustanowiony przez Mikołaja I 12 I 1832 r. był niemal wierną kopią Orderu Virtuti Militari, z tą różnicą, że na rewersie pod hasłem „Rex et Patria" (Król i Ojczyzna) nosił datę 1831. Mimo zbliżonej formy nie miał nic wspólnego z polskim odznaczeniem, a był nadawany żołnierzom tłumiącym powstanie.

KRZYŻE ZŁOTY I SREBRNY, 1831, MSZM MM WROCŁAW, FOT. PPA

◄ MAURYCY MOCHNACKI

jako działacz polityczny okresu powstania budził kontrowersje wśród współczesnych. Jego radykalne inicjatywy były ostro krytykowane przez konserwatystów, porównujących go do francuskich rewolucjonistów; spotykały się natomiast z poklaskiem ze strony młodzieży i części środowisk wojskowych.

ANTONI OLESZCZYŃSKI, LATA 30. XIX W., MHMSW WARSZAWA, FOT. PC

Maurycy Mochnacki

Od wczesnej młodości oddawał się działalności konspiracyjnej, którą łączył z wnikliwą lekturą dzieł filozoficznych i literackich. Wkrótce sam zaczął publikować jako krytyk literacki, muzyczny i teatralny, angażując nieprzeciętny talent w walkę młodych romantycznych twórców z klasykami. Począwszy od nocy listopadowej, wypadki powstańcze pochłonęły Mochnackiego bez reszty. 1 XII inicjował powołanie Towarzystwa Patriotycznego. Próbował dokonać politycznego przewrotu z myślą o porwaniu całego narodu do walki o niepodległość. Radykalne środki działania propagowała redagowana przezeń

„Nowa Polska". W lutym wstąpił do wojska; kilkakrotnie ranny, awansowany na porucznika, otrzymał Order Virtuti Militari. Latem powrócił do polityki. Występował przeciwko szerzącym się nastrojom kapitulanckim. Na emigracji, nie ustając w politycznych przedsięwzięciach, „raźno wziął się do opisywania rewolucji polskiej"; efektem było niedokończone *Powstanie narodu polskiego w roku 1830 i 1831*, w którym rzucił gorzką konkluzję: „Nie nie mogliśmy, ale nie umieliśmy". Zmarł w 1834 r. na zapalenie mózgu. Jedyną miłością jego życia była „Polska potężna i niepodległa".

Adam Mickiewicz, uważany za największego polskiego poetę, urodził się 24 XII 1798 r. w Zaosiu lub w Nowogródku. Uczył się najpierw w szkole powiatowej w rodzinnym mieście, następnie na Uniwersytecie Wileńskim. W latach 1819–1823 był nauczycielem w prowincjonalnym Kownie. Powstały wtedy m.in. II i IV część *Dziadów*, *Oda do młodości* i *Ballady i romanse*, których wydanie w 1822 r. uważane jest za początek polskiego romantyzmu.

W 1817 r. założył z przyjaciółmi nielegalne samokształceniowe Towarzystwo Filomatów. Wkrótce tajne związki wileńskiej młodzieży zaczęły przenikać idee niepodległościowe i rewolucyjne. Mickiewicz z grupą kolegów został aresztowany, a następnie, w wyniku śledztwa, zesłany do centralnych guberni cesarstwa. Przebywał w Petersburgu, Odessie i Moskwie. Wydał tam *Sonety* oraz powieść poetycką *Konrad Wallenrod*. Mimo jej buntowniczej wymowy udało się poecie dostać paszport i wyjechać na Zachód. Przemierzył Niemcy, Czechy, Szwajcarię i Włochy. Na wiadomość o wybuchu powstania listopadowego długo się wahał, wreszcie w czerwcu 1831 r. wyjechał z Rzymu do Paryża, skąd przybył do Wielkopolski. Powstanie już upadało. W ciągu kilku miesięcy Mickiewicz przebywał w wielkopolskich dworach. Przypływu sił twórczych doznał, wyjechawszy w marcu 1832 r. do Drezna, gdy wybrał los emigranta politycznego. Napisał wtedy m.in. III część *Dziadów*, wiersze powstańcze, a następnie – już po wyjeździe latem tego roku do Paryża – *Księgi narodu i pielgrzymstwa polskiego* oraz *Pana Tadeusza*. Stworzył wielką poezję emigracji polistopadowej, najważniejsze chyba świadectwo polskiej tożsamości kulturalnej w latach niewoli.

W latach 1839–1840 wykładał literaturę łacińską w Akademii w Lozannie i napisał nieopublikowany za jego życia cykl tzw. *Liryków lozańskich*. Jesienią 1840 r. objął nowo utworzoną katedrę literatur słowiańskich w Collège de France w Paryżu – głośne stały się jego tutejsze wykłady. Od 1841 r. związany był z reformatorem religijnym Andrzejem Towiańskim; za propagowanie jego idei utracił katedrę. Nie ogłaszał już nowych poezji. Kierował kołem towiańczyków, prowadził działalność polityczną. W 1848 r. założył w Rzymie polski legion, a po powrocie do Paryża redagował międzynarodowe pismo „La Tribune des Peuples". Pod koniec życia był bibliotekarzem w Bibliotece Arsenału w Paryżu. W 1855 r. wyjechał do Turcji, by w czasie wojny krymskiej organizować polskie wojsko. Zmarł 26 XI 1855 r. w Stambule.

◀ MARYLA WERESZCZAKÓWNA
Tę miniaturę Mickiewicz przechowywał do śmierci, potem jego syn ofiarował ją Muzeum Narodowemu w Krakowie. Maria z Wereszczaków Puttkamerowa była wielką miłością poety. Uczynił ją też postacią literacką, m.in. w *Kurhanku Maryli*, IV części *Dziadów*, wierszach *Na Alpach w Splügen*, *Gdy tu mój trup*.
KAROL V DIETZ?, 1821, ML WARSZAWA, FOT. MŁ

▲ *MICKIEWICZ IMPROWIZUJE*
w salonie księżnej [Zinaidy] Wołkońskiej, należącym do najważniejszych salonów artystycznych ówczesnej Rosji. W trakcie jednej ze swych słynnych improwizacji poeta silnie oddziałuje całą swoją osobą, głosem, mimiką.
GRIGORIJ G. MIASOJEDOW (REPRODUKCJA), PRZED 1911, ML WARSZAWA, FOT. MŁ

▼ *SONETY*
zostały wytwornie wydane w Moskwie w 1826 r. Na tom złożyły się żartobliwe erotyczne *Sonety odeskie* oraz *Sonety krymskie*, jeden z najwspanialszych polskich cykli lirycznych. Do części nakładu dołączono przekład na język perski.
OSSOLINEUM WROCŁAW, FOT. MM

▲ POETA STEFAN GARCZYŃSKI
poznał Mickiewicza w Berlinie w 1829 r.,
zaprzyjaźnili się w Rzymie. Mimo choroby
Garczyński wziął udział w powstaniu, jego
relacja stanowi treść *Reduty Ordona*.
Mickiewicz w 1833 r. opiekował się
umierającym przyjacielem. Po śmierci
Garczyńskiego wydał jego dzieła.
OK. 1830, MAM ŚMIEŁÓW, FOT. MŁ

▶ RĘKOPIS *WIELKIEJ
IMPROWIZACJI,*
w której Konrad rzuca
wyzwanie Stwórcy, powstał
w Dreźnie w 1832 r., tak jak
cała III część *Dziadów.*
BK PAN KÓRNIK

◀ PUCHAR
ufundowany kosztem
1050 franków został
ofiarowany Mickiewiczowi
przez trzydziestu siedmiu
emigrantów w Nowy Rok
1841 na uczcie
u Eustachego
Januszkiewicza. Wręczył
go Juliusz Słowacki. Czarę
podtrzymują alegoryczne
postacie kobiet z głowami
zwierząt, lew zaś trzyma
tarczę z dedykacją.
MAM PARYŻ, FOT. MŁ

MEDALION ▼
z wizerunkami (od prawej) Jules'a
Micheleta, Edgara Quineta
i Adama Mickiewicza, wręczony
Mickiewiczowi przez jego słuchaczy
13 VIII 1845 r., wmurowany też w ścianę
audytorium Collège de France, w którym
wykładali ci trzej wybitni
profesorowie.
*MAURICE BORELLE,
1845, ML
WARSZAWA,
FOT. MŁ*

▲ CELINĘ SZYMANOWSKĄ
Mickiewicz poznał w Petersburgu. W 1834 r.
nagle zdecydował się na małżeństwo.
Mickiewiczowie mieli sześcioro dzieci, żyli
wśród trosk materialnych i duchowych. Celina
ciężko chorowała psychicznie, była gorliwą
towianistką. Zmarła 8 miesięcy przed mężem.
MAM PARYŻ, FOT. MŁ

◀ MICKIEWICZ W RZYMIE
W 1848 r., gdy Mickiewicz organizował Zastęp
Polski, spotkał się z dwoma znakomitymi polskimi
poetami, którzy – choć mieli inne niż on poglądy
polityczne – umieli utrwalić niezwykłość jego postaci:
Zygmunt Krasiński w korespondencji,
a Cyprian Kamil Norwid także w tym portrecie.
CYPRIAN KAMIL NORWID, 1848, ML WARSZAWA, FOT. MŁ

▼ MICKIEWICZ
na łożu śmierci, w polskiej konfederatce z barankiem
i w czamarze. Umarł w Stambule, prawdopodobnie
zakażony cholerą. Pochowany został najpierw na
polskim cmentarzu w Montmorency pod Paryżem,
a w 1890 r. jego szczątki umieszczono w sarkofagu
na Wawelu, nieopodal grobów królewskich.
FOTOGRAFIA, ML WARSZAWA, FOT. MŁ

◀ NAPOLEON
NAD MAPĄ EUROPY
– litografia, którą
rozdawano na ostatnim
wykładzie Mickiewicza
w Collège de France.
Według jego słów
Napoleon ma „wieniec
ślubny i zasłonę ślubną
narodów". W doktrynie
Towiańskiego Napoleon
był jego poprzednikiem,
stąd ten kult.
*WALENTY WAŃKOWICZ, 1844,
ML WARSZAWA, FOT. MŁ*

W dobie romantyzmu politycznego

Lata 1831–1864

Klęska powstania listopadowego zamknęła okres w miarę liberalnej polityki zaborców, wymuszonej oczekiwaniami i aspiracjami społecznymi rozniecionymi w czasach wojen napoleońskich. Powstanie dało władzom pretekst do zaostrzenia polityki, której głównym celem stała się jak najściślejsza integracja ziem dawnej Rzeczypospolitej z państwami zaborczymi.

Represje zaborców sprawiły, że znaczna część polskich elit udała się na emigrację, a ich przedstawiciele utworzyli prężnie działające ośrodki w krajach zachodnich Europy, głównie we Francji. To tu z pozbawionego autonomii Królestwa przeniosło się na pewien czas centrum polskiego życia politycznego i kulturalnego. Szok wywołany upadkiem powstania wywarł wielki wpływ na ówczesnych artystów; z niego narodziły się liczne arcydzieła, które wkrótce utworzyły kanon polskiej literatury narodowej. Równocześnie jednak w poszczególnych zaborach

trwały, a nawet nasiliły się procesy modernizacji społeczeństwa i gospodarki. Hasła pracy organicznej, tworzenia organizacji społecznych i samopomocowych, uprzemysłowienia, zniesienia poddaństwa i uwłaszczenia chłopów powoli zdobywały coraz większą popularność, szczególnie na ziemiach zaboru pruskiego.

Nie zamarła też działalność niepodległościowa, podsycana przez emisariuszy emigracyjnych. Skutecznie zduszona przez władze rosyjskie (monarchia Mikołaja I wyrosła w tym czasie na głównego „żandarma Europy”), przeniosła się do zaboru pruskiego oraz do Wolnego Miasta Krakowa, ostatniego względnie niezależnego „polskiego” organizmu na ziemiach dawnej Rzeczypospolitej. Jednakże powstanie krakowskie 1846 r. szybko upadło. Wraz z nim upadła Rzeczpospolita Krakowska, włączona do Cesarstwa Austriackiego. Równocześnie tzw. rabacja galicyjska ukazała, że bez rozwiązania palących problemów społecznych nie ma żadnych szans na zorganizowanie wielkiego zrywu ogólnonarodowego, co było romantycznym marzeniem większości ówczesnych konspiratorów. Szczupłość zaplecza powstańców ujawniły wydarzenia Wiosny Ludów w latach 1848–1849: izolowane wystąpienia w zaborach pruskim i austriackim zostały szybko stłumione, okazało się także, że powstańcy nie mogą liczyć nawet na poparcie rewolucjonistów z państw zaborczych – większość z nich nie zamierzała się poświęcać w imię polskich aspiracji niepodległościowych. Niemniej Wiosna Ludów ukazała ogromny wzrost ruchów narodowych i rodzące się aspiracje środkowoeuropejskich narodów pozbawionych własnej państwowości.

Zmiana sytuacji politycznej po wojnie krymskiej odnowiła nadzieje na nową wojnę europejską, która miała przynieść Polsce upragnioną niepodległość. Równocześnie zgoda caratu na ograniczone reformy i swobody polityczne w Królestwie Polskim rozbudziła na nowo aspiracje narodowe i tendencje powstaniowe. Na próżno niektórzy, realnie myślący politycy ukazywali niemożność zorganizowania udanego powstania; na próżno postulowali wykorzystanie zaistniałej sytuacji do odbudowy względnej niezależności Królestwa Polskiego i jego wzmocnienia ekonomicznego, co w przyszłości miało stworzyć solidne podstawy do uzyskania niepodległości. Ciśnienie nastrojów społecznych – jednak tylko w większych miastach i dworach szlacheckich – było zbyt wielkie. Pospieszne, ponownie źle przygotowane powstanie styczniowe zakończyło się, mimo bohaterstwa jego uczestników, klęską.

PO UPADKU POWSTANIA

Mimo klęski powstania i związanych z nim represji rozpoczął się powolny proces budowy zrębów nowoczesnej cywilizacji

◀ REPRESJE

po powstaniu listopadowym dotkliwie odczuli nie tylko jego uczestnicy, których skazywano na śmierć lub zsyłano w głąb Rosji. Na ludność nałożono karne podatki i odszkodowania wojenne, które miały finansować stacjonowanie w Królestwie wojsk okupacyjnych. W strategicznych punktach wzniesiono twierdze.

„REPRESJE PO POWSTANIU LISTOPADOWYM NA PLACU ZAMKOWYM W WARSZAWIE W 1831 ROKU", WG MARCINA TWAROWSKIEGO, 1833, MN WARSZAWA, FOT. MŁ

◀ PATRIOTYCZNE SYMBOLE

były w czasie powstania listopadowego wykorzystywane także do dekoracji przedmiotów użytkowych, jako wyraz sprzeciwu wobec zaborców i wiary w odzyskanie niepodległości. Przykładem takiego zdobnictwa są wyszyte na portmonetce herby Polski i Litwy; pod nimi widnieje data 1831 – rok, z którym Polacy wiązali wielkie nadzieje.

MM PŁOCK, FOT. MM

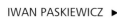

IWAN PASKIEWICZ ▶

za zasługi w czasie wojen napoleońskich i kampanii rosyjsko- -perskiej otrzymał w 1828 r. od cara tytuł hrabiego. W 1831 r. objął naczelne dowództwo nad armią rosyjską działającą w Polsce.

SEWERYN OLESZCZYŃSKI, 1832, MHMSW WARSZAWA, FOT. PC

Pod rządami Paskiewicza

Jesienią 1831 r. armia rosyjska zajęła całe Królestwo i rozpoczęło się karanie buntowników na mocy wyroków ferowanych przez Najwyższy Sąd Kryminalny. Listę 10 prowodyrów skazanych na ścięcie toporem otwierał Adam Jerzy Czartoryski, a zamykał Joachim Lelewel; 200 następnych czekała szubienica. Nieobecnych dotykała banicja i konfiskata majątków. Tych, którzy zdecydowali się pozostać w kraju, skazywano na więzienie lub katorgę. Skonfiskowanymi majątkami ziemskimi nagrodzono rosyjskich generałów i polskich lojalistów. Żołnierzy, podoficerów, a po odbyciu zasądzonych kar również oficerów wcielano „w sołdaty" i nierzadko wysyłano na Kaukaz. Królestwo zostało obciążone dodatkowymi świadczeniami finansowymi, przy równoczesnym wprowadzeniu granicy celnej z Rosją.

W miejsce „nieboszczki konstytucji" car nadał Królestwu *Statut organiczny*, mający charakter nowej ustawy zasadniczej. Utrzymywał on polską administrację, system prawny i sądownictwo (z polskim językiem urzędowym), Bank Polski oraz Radę Administracyjną i Radę Stanu, likwidował jednak dwie najważniejsze instytucje gwarantujące odrębność państwową Królestwa – armię i sejm. Pełnię władzy cywilnej i wojskowej skupiał w swoim ręku namiestnik, który to urząd sprawował aż do śmierci w 1856 r. Iwan Paskiewicz, obdarzony tytułem księcia warszawskiego. Wspólna koronacja na cara i zarazem króla Polski miała się odtąd odbywać w Moskwie. Insygnia koronacyjne zostały wywiezione do Rosji, skąd już nie powróciły. Zlikwidowano Uniwersytet Warszawski i zawieszono działalność Towarzystwa Przyjaciół Nauk.

W 1833 r., w związku z kolejnym nieudanym zrywem niepodległościowym (tzw. wyprawą Zaliwskiego), w Królestwie zaprowadzono trwający blisko ćwierć wieku stan wojenny. Dla wzmocnienia kontroli nad Warszawą zbudowano Cytadelę, a Modlin i Dęblin zamieniono na twierdze. Postanowienia *Statutu organicznego* zapoczątkowały proces integracji Królestwa z cesarstwem. Najwyższe stanowiska urzędnicze stopniowo obejmowali Rosjanie. W 1837 r. zlikwidowano województwa, zastępując je guberniami, oraz wprowadzono język rosyjski do administracji (faktycznie utrzymała się dwujęzyczność) i rosyjski system monetarny; 4 lata później zniesiono Radę Stanu. Część jej kompetencji przejęła Rada Administracyjna, ale pozostałe sprawy przeszły w gestię departamentów rosyjskiego Senatu Rządzącego. Ścisłemu nadzorowi poddano duchowieństwo: niektóre klasztory uległy kasacji, a nieposłusznych biskupów usuwano z diecezji. W Warszawie powstało biskupstwo prawosławne. Nad edukacją czuwał od 1839 r. Warszawski Okręg Naukowy, będący częścią rosyjskiej struktury.

Depolonizacja Ziem Zabranych

Represje za udział w powstaniu dotknęły w niepomiernie większym stopniu mieszkańców Ziem Zabranych. Kary więzienia, zesłania, wcielenia do wojska, degradacji, a nawet śmierci były tu wymierzane nierzadko bez pozorów sądowego postępowania. Nie objęła ich też późniejsza amnestia. Popowstaniowe represje zapoczątkowały realizację długofalowego planu trwałej depolonizacji tych obszarów.

Pierwszy atak został skierowany w stronę Kościoła unickiego (greckokatolickiego). Zaczęto od likwidacji klasztorów bazyliańskich, seminariów i Akademii Duchownej w Połocku. W 1839 r. ponad 1300 duchownych unickich podpisało akt zjednoczenia z Cerkwią prawosławną. Niespełna 600 odmówiło, nie stawiając wszelako, poza gubernią wileńską i grodzieńską, poważniejszego oporu. Następne posunięcia władz carskich godziły już w Kościół katolicki. Połączono diecezje łucką i żytomierską, zlikwidowano około 200 (co stanowiło 2/3) wszystkich klasztorów i opactw. Podczas konsystorzy kościelnych i w seminariach obowiązywał odtąd język rosyjski.

Równolegle trwał proces deklasacji drobnej szlachty, najliczniejszej części polskiego społeczeństwa na Kresach. Rozpoczęty jeszcze pod koniec XVIII w., po powstaniu nabrał intensywności. Wprowadzono przymus potwierdzenia szlachectwa. Jego brak oznaczał degradację do kategorii grażdan lub jednodworców, ludzi wolnych, lecz podlegających obowiązkom podatkowym, służbie wojskowej i karom cielesnym. Jeszcze gorszy los czekał szlachciców zaliczonych do chłopstwa pańszczyźnianego. Na Litwie i Białorusi tylko do 1834 r. ze stanu szlacheckiego usunięto 80 tysięcy osób, a na Ukrainie – czterokrotnie więcej. Ponadto część zdegradowanych została przesiedlona w głąb Rosji.

Znikały polskie instytucje naukowe i kulturalne, nad którymi pieczę sprawował Wileński Okręg Naukowy. Oprócz Uniwersytetu Wileńskiego i jego namiastki w postaci działającej do 1842 r. Akademii

◄ JÓZEF ZALIWSKI,
członek spisku podchorążych i uczestnik powstania listopadowego, emigrant. W 1833 r. na czele kilkunastoosobowego oddziału wkroczył z Galicji do Królestwa celem wzniecenia walki partyzanckiej. Niebawem zmuszony do odwrotu, został uwięziony.
NAPOLEON IŁŁAKOWICZ, 1841, OSSOLINEUM WROCŁAW, FOT. MŁ

TWIERDZA DĘBLIN ►
(po rosyjsku Iwangorod) została wzniesiona w latach 1838–1845 przez Iwana Dehna. Należała do sieci policyjno-więziennych fortyfikacji wzniesionych po powstaniu. Mieszczącą duże koszary cytadelę otoczono głęboką fosą i zewnętrznymi skarpami, a od strony Wisły – pokrytymi nasypem ziemnym kazamatami.
BRAMA CYTADELI, FOT. MM

► MONETA PÓŁTORARUBLOWA
wybita w 1835 r. w Petersburgu na życzenie Mikołaja I. Car dążył do unifikacji polskiego systemu monetarnego z rosyjskim, ale polskie tradycje monetarne wykorzystywał do wybijania monet pamiątkowych. Dwujęzyczna srebrna moneta opatrzona polskim oznaczeniem wartości (10 złotych) i udekorowana portretem rodziny carskiej.
MN KRAKÓW, FOT. MM

► PRAWOSŁAWNE BISKUPSTWO
powstało w Warszawie w 1834 r. przy kościele św. Trójcy. Ukazem carskim, dla coraz liczniejszej po powstaniu listopadowym kolonii rosyjskiej, przekształcono ponadto kościół św. Wawrzyńca na cerkiew Matki Boskiej Włodzimierskiej. Wokół cerkwi powstał cmentarz prawosławny.
MITRA – XIX W., KURIA GRECKOKATOLICKA W PRZEMYŚLU, FOT. PJ; „KATEDRA PRAWOSŁAWNA ŚŚ TRÓJCY" – ALFONS MATUSZKIEWICZ, 1859, MHMSW WARSZAWA, FOT. PC

▼ UKRAIŃSKI POCZAJÓW
dopiero na fali popowstaniowych represji stał się głównym ośrodkiem prawosławia. Na miejsce propolskich bazylianów sprowadzono mnichów z Rosji. Kolejni carowie dbali o rozwój nowego monasteru, do którego przybywali jako pielgrzymi. W 1833 r. poczajowska ławra została uznana za czwarty w hierarchii ważności klasztor Rosji.
ZYGMUNT VOGEL, „WIDOK POCZAJOWA OD PRZYJAZDU LEDÓCHOWSKIEGO", 1790–1791, MN WARSZAWA, FOT. MŁ

▲ NA KRAKOWSKIM PRZEDMIEŚCIU

w Warszawie w czasie walk spłonęło 221 domów. Mimo to ulica nie utraciła swojego reprezentacyjnego znaczenia. Po powstaniu odbudowano obie pierzeje, a do Pałacu Namiestnikowskiego wprowadził się Iwan Paskiewicz.

JOHANN SCHURER, „KRAKOWSKIE PRZEDMIEŚCIE W WARSZAWIE", 1834, MN KRAKÓW, FOT. MM

◄ ŻYDZI NALEŻĄCY DO GWARDII NARODOWEJ

uzyskiwali prawa obywatelskie, ale musieli spełniać uciążliwe warunki: wysoki cenzus majątkowy, umiejętność czytania i pisania, europejski strój oraz zgolenie brody. Po powstaniu zlikwidowano Gwardię Narodową, a starozakonnych gwardzistów dotknęły represje carskie.

„MARSZ STAROZAKONNYCH GWARDII NARODOWEJ", OK. 1831, MHMSW WARSZAWA, FOT. PC

LEGITYMIZACJA SZLACHTY ►

była przeprowadzana przez gubernialne Komisje Legitymizacyjne, złożone ze szlacheckich deputowanych. Osobom, których szlachectwo zostało należycie udowodnione, wydawano poświadczenie wpisania do szlacheckiej księgi genealogicznej danego okręgu.

POŚWIADCZENIE, ŻE TOMASZ I MACIEJ SAMPŁAWSCY WPISANI ZOSTALI DO SZLACHECKIEJ GENEALOGICZNEJ KSIĘGI GUBERNI PODOLSKIEJ, 1 POŁ. XIX W., FKCZART KRAKÓW, FOT. MS

Heroldia Królestwa Polskiego

6 IX 1836 r. w Pałacu Namiestnikowskim w Warszawie rozpoczął funkcjonowanie nowy urząd, którego prezesem został hrabia Aleksander Colonna Walewski. Jego zadaniem było sprawdzenie dowodów szlachectwa, czyli tzw. legitymizacja, a ponadto prowadzenie ksiąg szlacheckich i ułożenie urzędowego herbarza. Podstawę prawną działania Heroldii stanowiło nowe rosyjskie prawo o szlachectwie. W połączeniu z uciążliwą i kosztowną procedurą urzędową otwierała się zatem doskonała okazja radykalnego zmniejszenia liczebności niewygodnej dla władz carskich warstwy. Praca Heroldii nad weryfikacją polskiego stanu szlacheckiego przeciągnęła się na 25 lat. Jej rezultatem był m.in. ogłoszony drukiem w 1851 r. *Spis szlachty Królestwa Polskiego*. Zasadniczy plon prac stanowiło niemal sześciokrotne zmniejszenie liczebności szlachty wylegitymowanej w Królestwie (z 302 tysięcy w 1827 r. do 52 tysięcy w 1857 r.). Szlachta niewylegitymowana zaczęła podlegać dyskryminacji w wielu dziedzinach (służba cywilna i wojskowa, edukacja, system podatkowy, wymiar sprawiedliwości). Degradacja miała charakter wyłącznie prawny, albowiem dla krewnych i znajomych niewylegitymowani pozostawali członkami ich sfery.

Medyko-Chirurgicznej likwidacji uległo Liceum Krzemienieckie („Ateny Wołyńskie"). Miejsce polskich szkół średnich zajmowały rosyjskie zakłady edukacyjne. Kolejną falę aresztowań i konfiskat wywołało wykrycie spisku Szymona Konarskiego, tzw. konarszczyzny, w 1839 r. Gorliwość carskiego aparatu w dziele depolonizacji i dekatolicyzacji Ziem Zabranych uległa wyraźnej intensyfikacji. Na czoło wysunął się w tym względzie kijowski generał-gubernator Dmitrij Bibikow. Realizował on przedstawiony carowi w tajnym memoriale plan, którego celem było trwałe osłabienie polskiej szlachty oraz związanej z nią służby cywilnej, przy równoczesnym wzmacnianiu żywiołu prawosławnego. Pierwszymi posunięciami były: zamknięcie oddziału Banku Polskiego w Berdyczowie, zastąpienie *Statutu litewskiego* prawem rosyjskim, usunięcie polszczyzny z ksiąg sejmikowych. Znaczne postępy poczyniła depolonizacja administracji.

Praca organiczna w Poznańskiem

Wielkopolska udzieliła w 1831 r. znaczącego wsparcia walczącym rodakom, za co spadły na nią dotkliwe represje. Losu tego doświadczyło około 1400 powstańców. Surowe wyroki zostały jednak rychło pod naciskiem Zachodu znacznie złagodzone. Nowy naczelny prezes prowincji poznańskiej, Eduard Flottwell, rozpoczął proces germanizacji przez stopniowe ograniczanie praw Polaków, usuwanie ich z urzędów i instytucji oświatowych, wprowadzanie języka niemieckiego w administracji. Jego działania nie ominęły również Kościoła. W otwarty konflikt z władzami popadł lojalny dotychczas arcybiskup Marcin Dunin. Jego uwięzienie wywołało niemały wstrząs w polskim społeczeństwie. Twarda polityka, do której nawiązywał później Bismarck, trwała do 1840 r., kiedy to nowy monarcha pruski, o bardziej liberalnym nastawieniu, odwołał Flottwella.

Zmiana kursu ułatwiła szersze niż poprzednio podejmowanie przez miejscowe ziemiaństwo i rodzącą się inteligencję różnorodnych inicjatyw społecznych i kulturalnych. Dzięki temu w Poznańskiem najwcześniej zagościła praca organiczna, a Poznań na pewien czas stał się najważniejszym ośrodkiem polskiej kultury. Sprzyjały temu widoczne postępy dokonującego się od 1823 r. uwłaszczenia chłopów, stopniowa modernizacja rolnictwa i ogólny awans cywilizacyjny. W 1829 r. Edward Raczyński fundował w Poznaniu bibliotekę publiczną, a kilka lat później powstało tu Towarzystwo Sztuk Pięknych. Szczególnej wagi nabrało otwarcie w 1835 r. w Gostyniu Kasyna (klubu) poświęconego propagowaniu „industrii i oświaty". Spotykali się w nim na równych prawach ziemianie i zamożni chłopi. W ślad za tym powstawały następne stowarzyszenia rolnicze, przemysłowe, samopomocowe i kredytowe, upowszechniające nowoczesne sposoby gospodarowania.

Duszą wielu z tych inicjatyw był Karol Marcinkowski – Doktor Marcin. „Zaniechajmy liczyć na oręż, na zbrojne powstanie, na pomoc obcych mocarstw i ludów, a natomiast liczmy na siebie samych, kształćmy się na wszystkich polach, pracujmy nie tylko w zawodach naukowych, ale także handlu, przemyśle, rękodzielnictwie, stwórzmy stan średni, usiłujmy podnieść się moralnie i ekonomicznie, a wtenczas z nami liczyć się będą" – uzasadniał sens podejmowania nowoczesnych inicjatyw. Do najważniejszych należały założone w 1841 r. Towarzystwo Pomocy Naukowej dla Młodzieży oraz wzniesiony w centrum Poznania Bazar. W gmachu Bazaru, oprócz hotelu i restauracji, znalazły pomieszczenie polskie sklepy, magazyny, kluby. Działania te (należała do nich także fundacja Biblioteki Kórnickiej) podejmowali ludzie, którzy w młodości nie szczędzili dla ojczyzny krwi, a teraz oddawali jej swą pracę, nie skąpiąc także własnych pieniędzy na cele publiczne i narodowe zarazem. Zasadniczym celem ich aktywności, wspieranej przez bujnie rozwijającą się prasę, była skuteczna rywalizacja z Niemcami na polu cywilizacyjnym. Jednakże od początku lat 40. w prowincji toczyło się również życie konspiracyjne. Nici ogólnokrajowego spisku zbiegały się w Poznaniu.

W Wolnym Mieście Krakowie

Wyposażona w liberalną konstytucję Rzeczpospolita Krakowska była jedną z pięciu republik w ponapoleońskiej Europie. Wolnościom politycznym i obywatelskim mieszkańców towarzyszyły swobody ekonomiczne, przede wszystkim w zakresie handlu. Miasto będące „główną stacją przeładunkową Europy Środkowej oraz izbą rozrachunkową dla wszystkich zakazanych dóbr" prosperowało nieźle. W 1844 r. rozpoczęto budowę kolei krakowsko-górnośląskiej, która miała się łączyć z linią warszawsko-wiedeńską. W latach 30. i 40. zniesiono pańszczyznę, wprowadzając oczynszowanie chłopów. Dobrze rozwinięty system edukacyjny składał się ze stosunkowo gęstej sieci szkół elementarnych, dwóch liceów, szkoły technicznej i wyposażonego w autonomię Uniwersytetu Jagiellońskiego, na którym studiowali studenci ze wszystkich ziem polskich. Poza granice państewka wykraczała działalność Towarzystwa Naukowego Krakowskiego. Nabierała na znaczeniu funkcja Krakowa jako narodowego sanktuarium.

▲ NACZELNY PREZES PROWINCJI POZNAŃSKIEJ
reprezentował władzę państwową w zaborze pruskim. Na mocy postanowień kongresu wiedeńskiego utworzony został urząd namiestnika, lecz miał on tylko formalne uprawnienia. Cała władza była skupiona w rękach prezesa, urzędnika niemieckiego, co boleśnie odczuli mieszkańcy Księstwa w czasie kadencji Eduarda Flottwella.
TŁOKI PIECZĘCI LAKOWEJ I TUSZOWEJ, 1 POŁ. XIX W., MR WRZEŚNIA, FOT. MM

► MARCIN DUNIN,
arcybiskup Gniezna i Poznania, podczas powstania listopadowego wezwał wiernych do lojalności wobec władz pruskich, tracąc autorytet w oczach rodaków. Gdy jednak został pozbawiony godności arcybiskupa i uwięziony, stał się symbolem oporu przeciw zaborcy.
THIERRY FERRES, FRANCJA, POŁ. XIX W., MHMSW WARSZAWA, FOT. PC

◄ KAROL MARCINKOWSKI,
jako lekarz, uczestniczył w powstaniu listopadowym, choć drogę do stworzenia silnego narodu polskiego widział w postępie gospodarczym i umysłowym, a nie w walce zbrojnej.
MARIAN JAKUB IGNACY JAROSZYŃSKI, XIX W., BUAM POZNAŃ

KASYNO W GOSTYNIU ►
powstało w 1835 r., a jego celem było propagowanie postępowych idei pracy organicznej. Mimo zlikwidowania go przez władze pruskie już w 1846 r. Gostyń stał się istotnym ośrodkiem obrony polskości w Wielkopolsce.
POCZTÓWKA, OK. 1910, BUAM POZNAŃ

Współpraca zaborców

Stosunki między Rosją, Austrią a Prusami uległy pod koniec lat 20. wyraźnemu ochłodzeniu. Tymczasem likwidacja odrębności Królestwa Polskiego, gwarantowanej traktatem wiedeńskim, wymagała pozorów międzynarodowej aprobaty. Temu celowi służyło spotkanie władców Świętego Przymierza: cara Mikołaja I i cesarza Franciszka I oraz pruskiego następcy tronu we wrześniu 1833 r. Scementowało ono ponownie sojusz „trzech dworów północnych" ustaleniem wspólnej strategii walki przeciwko ruchom liberalnym i rewolucyjnym w Europie. Główne ostrze porozumienia zwracało się jednak przeciwko Polakom. Mocarstwa zaborcze zobowiązały się do udzielania sobie natychmiastowej pomocy w razie wybuchu nowego powstania, do wydawania zbiegów politycznych i tępienia wszelkich form nieposłuszeństwa ze strony polskich poddanych. Zdecydowano także zlikwidować, przy pierwszej nadarzającej się okazji, Rzeczpospolitą Krakowską przez włączenie jej do Austrii. Postanowienia te zostały powtórzone 2 lata później, podczas kolejnego zjazdu w Teplicach oraz uroczystej rewii wojsk rosyjskich i pruskich w Kaliszu. Pierwszym widocznym rezultatem porozumienia było wydalenie emigrantów z Krakowa w 1833 r.

◀ OPACTWO W TYŃCU

zostało w 1816 r. skasowane na rozkaz rządu austriackiego. Benedyktyni opuścili klasztor; część biblioteki i archiwum przeniesiono do Lwowa, gdzie spłonęły w 1848 r., a skarbiec i drugą część zbiorów – do Tarnowa. W 1831 r. zrujnowane zabudowania klasztorne doszczętnie zniszczył pożar. Benedyktyni wrócili do Tyńca dopiero w 1939 r.

„WIDOK OPACTWA W TYŃCU OD PÓŁNOCNEGO ZACHODU", 1 POŁ. XIX W., KLASZTOR BENEDYKTYNÓW W TYŃCU, FOT. PC

▼ TEFILIN

(filakterie) to umieszczone w dwóch pudełeczkach zwoje pergaminu z wersetami z Tory. Religijni Żydzi przywiązują je do lewego ramienia i czoła podczas modlitwy. Pudełeczka mają wypisaną po obu stronach literę „szin", pierwszą literę hebrajskiego słowa *Szaddaj* – Wszechmocny.

1 POŁ. XIX W., MN WARSZAWA, FOT. TZH

▲ EWA STOBIECKA,

ksieni norbertanek zwierzynieckich, przyczyniła się do beatyfikacji Bronisławy uważanej za krewną św. Jacka. Papież Grzegorz XVI zatwierdził kult 23 VIII 1839 r., w 600 lat po śmierci Bronisławy. Ze względu na imię uznano błogosławioną za protektorkę Królestwa Polskiego.

PO 1842, KLASZTOR NORBERTANEK NA ZWIERZYŃCU W KRAKOWIE, FOT. MM

CIĘŻKIE KAMIENNE KULE ▶

służyły do zaprasowywania strojów zakonnych. Aby np. rąbek welonu dobrze się układał, materiał musiał być wykrochmalony, a następnie naciągnięty i ułożony w odpowiednich miejscach w zakładki. Przetoczenie kul po materiale pozwalało go trwale zaprasować.

XIX W., KLASZTOR KLARYSEK W KRAKOWIE, FOT. MM

Początki kolei żelaznej

W pierwszej połowie XIX w. kolej żelazna była jednym z najważniejszych wyznaczników nowoczesności. Pierwsze pomysły poprowadzenia linii kolejowych przez ziemie polskie pojawiły się już w połowie lat 30. Wymagały one dużego kapitału i wsparcia ze strony państwa. Pierwszą linię rozpoczęło budować w 1840 r. Towarzystwo Drogi Żelaznej Warszawsko-Wiedeńskiej. Z braku wystarczających funduszy prace postępowały wolno, a po bankructwie udziałowców ciężar budowy musiał przejąć rząd Królestwa. Pierwszy odcinek, z Warszawy do Skierniewic, oddano w 1845 r., a następny, przez Piotrków i Częstochowę do granicy austriackiej, 3 lata później. W tym samym czasie została otwarta linia o długości 62,5 km łącząca niedawno wcielony do Austrii Kraków z Górnym Śląskiem. Podróż z Krakowa do Warszawy, Wiednia czy Wrocławia trwała – wraz z nocnym postojem – dobę i była początkowo niezbyt komfortowa. Wagony, zwane tradycyjnie jeszcze powozami, miały trzy klasy i były zamykane na klucz. Na stacjach służba powozowa oznajmiała nazwę miejscowości i czas postoju. Pasażerowi przysługiwało prawo do 50 funtów bagażu.

Ludność żydowska, stanowiąca 30% ogółu mieszkańców, podlegała specjalnemu prawodawstwu *Statutu urządzającego starozakonnych*. Likwidował on tradycyjną organizację kahalną, poddając Żydów władzy administracyjnej. Działająca na Kazimierzu szkoła wydziałowa kształciła młodzież w duchu polskim i europejskim. Z jej murów wyszło kilka generacji żydowskich postępowców, zwanych maskilami. Za swą misję uważali „cywilizowanie" współwyznawców, na co duży nacisk kładły też władze Rzeczypospolitej. Działania te zapoczątkowały proces asymilacji krakowskich Żydów w polskim społeczeństwie.

Rzeczypospolitej nie ominęły represje za sympatie dla powstania. Zaczęto od prowadzenia cenzury prasowej, w 1833 r. zmieniono konstytucję. Faktyczna władza przeszła w ręce Konferencji Rezydentów trzech „opiekuńczych" mocarstw, a 3 lata później, pod błahym pretekstem, miasto zajęły ich wojska. Zaczęły się prześladowania policyjne, wysiedlanie niewygodnych ludzi, zawieszono obieralność sędziów. Wprawdzie w 1841 r. oddziały okupacyjne opuściły Rzeczpospolitą Krakowską, jednak w zmienionej sytuacji międzynarodowej nie zdołała ona już odzyskać dawnej niezależności. Tym niemniej miasto stało się wkrótce ważnym punktem na mapie polskich spisków i konspiracji.

Pod rządami Habsburgów

W zaborze austriackim życie płynęło spokojnie. Nawet dłuższy pobyt niedawnych powstańców udających się bez pośpiechu na emigrację nie wywołał tu większych wstrząsów. W połowie lat 30. nieco fermentu wniosły działające w Galicji organizacje spiskowe powiązane z emigracją – Związek Przyjaciół Ludu, Stowarzyszenie Ludu Polskiego, Konfederacja Powszechna Narodu Polskiego. Początek lat 40. przyniósł większą aktywność działających jawnie kręgów ziemiaństwa i inteligencji. Najważniejsze środowisko skupiało się wokół księcia Leona Sapiehy. Z jego inicjatywy powstały ważne dla kraju instytucje: towarzystwa gospodarcze i kredytowe oraz Galicyjska Kasa Oszczędności. Powołana przez Stanisława Skarbka fundacja wybudowała we Lwowie nowoczesny budynek teatralny, utworzono Akademię Techniczną. Rozpoczęto zwalczanie plag społecznych, z pijaństwem na czele, do czego walnie przyczyniły się zawiązywane pod auspicjami duchowieństwa bractwa trzeźwości; w krótkim czasie milion chłopów przysięgło nie pić wódki. Na posiedzeniach Sejmu Stanowego podejmowano debatę o problemach cywilizacyjnych: oświacie, opiece medycznej, stanie higieny, a także komunikacji i kwestii agrarnej. W 1845 r. powstała sejmowa komisja do spraw włościańskich, której zadaniem było wypracowanie sposobu likwidacji pańszczyzny. Jednakże inicjatywy te natrafiły na mur niechęci zgodnie w tym wypadku współdziałających austriackiej biurokracji i większości szlachty. Tymczasem rozbite kilka lat wcześniej organizacje spiskowe wznowiły działalność, przygotowując wybuch trójzaborowego powstania.

Życie umysłowe

Skutkiem represji popowstaniowych było odcięcie większości ziem polskich od Zachodu. Jedynie Poznańskie było oknem na świat, przez które następowała – skromna co prawda – komunikacja z emigracją. Reszty dopełniały kontakty konspiracyjne. Tym mocniej docenić trzeba dorobek krajowy i jego twórców, borykających się z cenzurą i brakiem instytucjonalnego wsparcia.

Mimo niesprzyjających warunków niestrudzenie realizuje swe wielkie dzieło etnograficzne, *Pieśni ludu polskiego*, Oskar Kolberg. Aleksander Fredro pisze wówczas najlepsze komedie, z *Zemstą* i *Ślubami panieńskimi*. Również w Galicji tworzą cieszący się dużą popularnością Wincenty Pol i Wacław z Oleska (Wacław Zaleski). Uroki Krakowa opiewa poezja Edmunda Wasilewskiego. W Królestwie cenionym autorem poważnych dzieł ekonomicznych jest Fryderyk Skarbek, dzieje ustroju badają Wacław Aleksander Maciejowski i Romuald Hube. Filozofię uprawiają z powodzeniem August Cieszkowski i Karol Libelt w zaborze pruskim i Józef Kremer w Galicji. Kazimierz Wójcicki kończy swój monumentalny *Cmentarz Powązkowski*.

W 1841 r. ukazuje się pierwszy numer miesięcznika „Biblioteka Warszawska", który aż do wybuchu I wojny światowej będzie przynosić wiele interesujących tekstów historycznych, pamiętników i aktualnej publicystyki. W następnym roku pojawia się „Przegląd Naukowy"; jednym z redaktorów jest 20-letni Edward Dembowski. Dla Polaków z Ziem Zabranych najważniejszy jest „Tygodnik Petersburski".

Powstają prace o przeszłości Wilna i Litwy, Podola i Wołynia, łączące amatorskie podejście z próbami naukowej metody. Rozpoczynają działalność Józef Ignacy Kraszewski, redagujący wileńskie „Athenaeum", oraz Józef Korzeniowski, autor poczytnej wówczas *Kollokacji*. Wielkim wydarzeniem staje się ogłoszenie przez Henryka Rzewuskiego *Pamiątek Soplicy*, a *Mieszaniny obyczajowe* Jarosza Bejly wkrótce umacniają jego pozycję pisarza i konserwatywnego ideologa. W Poznańskiem Jędrzej Moraczewski publikuje wielotomowe *Dzieje Rzeczypospolitej Polskiej*.

ĆMIELÓW ►
na początku XIX w. stał się ważnym ośrodkiem przemysłu ceramicznego. W 1804 r. Jacek Małachowski otworzył fajansiarnię, a w 1842 r., na polecenie Ksawerego Druckiego-Lubeckiego, powstała tu fabryka porcelany. Największą popularnością cieszyły się wzorowane na klasycystycznych wyrobach angielskich serwisy obiadowe i herbaciane.
1830–1840, MM PŁOCK, FOT. MM

▲ **STATUS CHŁOPÓW W RZECZYPOSPOLITEJ KRAKOWSKIEJ**
uregulował traktat wiedeński, powołujący komisję włościańską. Reformy zakładały parcelację dóbr narodowych i kościelnych. Chłopi uzyskali dzięki temu własność użytkową gruntu. W ten sposób utworzono 5500 gospodarstw i oczynszowano 28 tysięcy osób.
WG ZYGMUNTA VOGLA, „WIDOK ŁOBZOWA" (FRAGMENT), BK PAN KÓRNIK, FOT. MM

◄ **JÓZEF IGNACY KRASZEWSKI**
został w 1830 r. aresztowany za udział w tajnej organizacji. Jego pierwsze powieści o Litwie rozbudzały litewskie uczucia narodowe, podobnie jak redagowane przez niego w latach 1841–1851 czasopismo „Athenaeum". Powieści Kraszewskiego wyparły z lektury Polaków poczytne dotąd romanse francuskie.
FOTOGRAFIA, WIEDEŃ, 2 POŁ. XIX W., ML WARSZAWA, FOT. MM

▼ *ZEMSTA*
powstała w 1834 r. Początkowo Aleksander Fredro zamierzał umieścić akcję dramatu w swojej epoce, jednak w trakcie pisania sztuki zmienił zdanie. Akcja toczy się w XVIII w., a osnuta jest wokół trwającego 30 lat sporu, jaki rzeczywiście rozgorzał niegdyś między właścicielami zamku w Odrzykoniu.
RĘKOPIS, OSSOLINEUM WROCŁAW, FOT. PC

▼ **KSIĄŻĘ LEON SAPIEHA**
po powstaniu listopadowym, w którym wziął czynny udział, wyjechał do Galicji. Piastował tam urząd marszałka Sejmu Krajowego, współorganizował Galicyjską Kasę Oszczędności, Towarzystwo Kredytowe Ziemskie oraz Galicyjskie Towarzystwo Gospodarskie. W 1856 r. założył spółkę akcyjną do budowy linii kolejowej Kraków–Lwów.
MAKSYMILIAN FAJANS, POŁ. XIX W., OSSOLINEUM WROCŁAW, FOT. MM

D zieje polskiego dworu w XIX w. zostały określone przez dwa sprzeczne procesy – przekształcenie jego tradycyjnych, ukształtowanych w XVII i XVIII w. formy i stylistyki, które nastąpiło w wyniku oddziaływania nowych ogólnoeuropejskich tendencji artystycznych, oraz mitologizację odchodzącego w przeszłość architektonicznego i kulturowego zjawiska, jakim był nowożytny szlachecki dwór polski. Oba te procesy osiągnęły około 1900 r. równowagę w nowej syntezie architektoniczno-stylistycznej, jaką był koncept stylu narodowego. Jego najpełniejsze wcielenie stanowił odrodzony tradycyjny dwór szlachecki.

U progu XIX w. „dom pański" był niewielką szlachecką rezydencją, częściej drewnianą niż murowaną, otoczoną warzywnym ogrodem, sadem i zabudowaniami folwarcznymi. Forma tradycyjnego dworu łączyła ekonomię i prostotę środków architektonicznych z wygodnym i praktycznym rozplanowaniem przeważnie dwutraktowych, parterowych wnętrz, przedzielonych sienią na części pańską i czeladną. Skromne wartości estetyczne ograniczały się do symetrycznego kształtowania elewacji oraz harmonijnych proporcji bryły, akcentowanej od schyłku XVIII w. portykiem kolumnowym, który zastąpił tradycyjny ganek wsparty na słupach.

Pod wpływem zachodzących w Europie przemian w architekturze mieszkaniowej rozpoczęto w trzeciej dekadzie XIX w. poszukiwanie nowych rozwiązań dla wiejskich siedzib, projektowanych i realizowanych z myślą już nie tylko o drobnej szlachcie, ale także o innych warstwach społeczeństwa. Liczne XIX-wieczne publikacje projektów siedzib wiejskich, ukazujące się od lat 20., prezentowały nowe rozwiązania stylistyczne i formalne. Obowiązujący dotychczas klasycyzm został zastąpiony pluralizmem stylowym, obejmującym neogotyk, style szwajcarski, rosyjski i, rzadziej, neobarokowy. Największą popularność zdobyły dwory nawiązujące do włoskiego renesansu, a szczególnie willowej architektury Toskanii. Przemianie uległa także forma architektoniczna dworów. Osiowe układy wnętrz zastąpiono swobodnie kształtowanymi zestawami pomieszczeń. Pojawiały się sporadycznie nowinki cywilizacyjne – łazienki, pokoje bilardowe, oświetlenie elektryczne, a później także telefon. Tradycyjny modrzewiowy dwór przekształcił się w podmiejską willę. Idealny model dworu uznanego za typowo polski stworzono w drugiej połowie XIX w. Był to parterowy drewniany budynek nakryty wysokim dachem polskim (łamanym) i ozdobiony gankiem wspartym na kolumnach. Typ ten stał się na początku XX w. podstawą odnowy tradycji architektury dworkowej, przeznaczonej do realizacji zarówno w mieście, jak i na wsi.

▲ DWÓR I FOLWARK W DOBRZELINIE
narysował Józef Łęski 21 X 1809 r. w swoim notatniku. Powstałe w XIX w. malownicze i idealizowane widoki dworów są, w stopniu nie mniejszym niż literackie obrazy życia włościańskiego, składnikiem mitu dworu polskiego.
MN WARSZAWA, FOT. PLI

▲ REYMONTÓWKA W CHLEWISKACH
jest dobrym przykładem kontynuacji w XIX w. typu nowożytnego dworu polskiego.
POŁ. XIX W., FOT. MM

▼ DWÓR W MINODZE,
projektu Filipa Pokutyńskiego z 1859 r., swą formą architektoniczną i stylem zrywał z klasycystycznym typem siedziby szlacheckiej. Nowością były jego asymetryczna bryła z wieżą w narożu i styl nawiązujący do włoskiej willi renesansowej.
FOTOGRAFIA, 1936, WŁASNOŚĆ PRYWATNA

▲▼ WILLA W PĘCICACH

to okazała klasycystyczna budowla powstała w latach 1808–1809 według projektu Fryderyka Alberta Lessela. Budynek był wielokrotnie przebudowywany – m.in. w 1918 r. na attyce wieńczącej fasadę umieszczono inskrypcję dobitnie charakteryzującą polityczną i społeczną rolę dworów w czasie niewoli.

FOT. MM

▲▼ DWORY

Adama Mickiewicza w Zaosiu i Ignacego Chodźki w Dziewiętni, utrwalone przez Napoleona Ordę, są przykładami skromnych rezydencji szlacheckich przełomu XVIII i XIX w. Wokół drewnianych parterowych dworów skupiały się zabudowania folwarczne – budynki gospodarcze, lamusy, studnie – otoczone przez sady i ogrody warzywne.

1873–1883; OSSOLINEUM WROCŁAW, FOT. MM

▼ OFICYNA

mieszcząca na piętrze pokoje dla gości uzupełniała niekiedy zabudowania niewielkich dworów, takich jak ten w Pienianach.

FOTOGRAFIA, OK. 1914, OSSOLINEUM WROCŁAW, FOT. MM

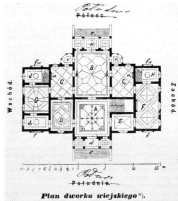

Plan dworku wiejskiego*).

A przedsionek,
B salon,
C C, przedsaloniki,
D pokój dla pana,
E garderoba, pokój dla służącego,
F pokój jadalny,
G pokój sypialny,
H bufet z schodami do kuchni,
J J, gabinety dla pani i pana domu, – pierwszy
z schodami do łazienek i wygody,
a a, zwierciadła,
b b, otwory w kształcie okien,
c c, kwietniki,
d d, werendy,
e e, schody,
f f, f, f, nisze dla figur.

▼ BIBLIOTEKA DWORU W NOWOSZYCACH

Wraz z przedpokojem „paradnym", jadalnią i salonem biblioteka należała do reprezentacyjnych wnętrz najokazalszych dworów wzniesionych w XIX w. W szafach bibliotecznych znajdowały się nie tylko cenne starodruki, ale także podręczniki rolnictwa, architektury i książki historyczne.

FOTOGRAFIA, 1928, OSSOLINEUM WROCŁAW, FOT. MM

▲ DWÓR W TUŁOWICACH

jest przykładem ewolucji formy architektonicznej tradycyjnego nowożytnego dworu parterowego, zmierzającej ku nadaniu skromnym siedzibom szlacheckim reprezentacyjnego charakteru, m.in. poprzez zastąpienie ganku kolumnowego portykiem kolumnowym.

OK. 1800, FOT. MM

◄ POLSKIE CZASOPISMA ARCHITEKTONICZNE

propagowały w drugiej połowie XIX w. nowe wzory dworów, odbiegające stylem, rozwiązaniami brył i wnętrz oraz wysokim komfortem od tradycyjnego modelu siedziby ziemiańskiej.

„INŻYNIERIA I BUDOWNICTWO", 1882, OSSOLINEUM WROCŁAW, FOT. MM

WIELKA EMIGRACJA

Wychodźstwo polityczne umożliwiało zniewolonemu narodowi pielęgnowanie wartości duchowych

◄ PRZYJĘCIE EMIGRANTÓW POPOWSTANIOWYCH W NIEMCZECH

było niezwykle serdeczne. Na ich cześć tworzono liczne dzieła literackie i muzyczne będące odbiciem polonofilskich nastrojów. Na trasie przemarszu Polaków powstawały komitety pomocy organizujące zamieszkanie i wyżywienie.

JEAN BAPTISTE MAUDOU, BRUKSELA, 1834, MHMSW WARSZAWA, FOT. PC

◄ *1000 WALECZNYCH OPUSZCZA WARSZAWĘ*

to tłumaczenie wiersza Juliusa Mosena dokonane przez Jana Nepomucena Kamińskiego. W oryginalnej wersji niemieckiej jego słowa służyły jako tekst pieśni śpiewanej po powstaniu listopadowym do muzyki z opery *Kościuszko* Gustava Alberta Lortzinga.

1 POŁ. XIX W., NORYMBERGA, MHMSW WARSZAWA, FOT. PC

▼ POPOWSTANIOWI EMIGRANCI POLSCY

zostali ciepło przyjęci przez mieszkańców Francji, Anglii i Belgii, a władze zgodziły się udzielić im azylu i wypłacały żołd. Emigranci wywołali w Anglii burzliwe debaty polityczne, jednak w efekcie wydano tam jedynie uchwałę potępiającą Rosję.

JEAN BAPTISTE MAUDOU, BRUKSELA, 1834, MHMSW WARSZAWA, FOT. PC

Drogi na Zachód

W pierwszych dniach października 1831 r. grupy żołnierzy i towarzyszących im cywilnych polityków przekroczyły granice Królestwa. Łącznie w Austrii i Prusach znalazło się ich około 50 tysięcy. Po rozbrojeniu i chwilowym internowaniu odzyskiwali wolność, stając przed koniecznością wyboru dalszego losu. Większość żołnierzy i oficerów wracała na teren Królestwa. Mniejszość, wierna ostatniej uchwale sejmu, zawieszającej powstanie, ruszała na Zachód. Przez kraje niemieckie i austriackie wędrowali małymi grupami w stronę Belgii, Francji i Anglii – trzech krajów, które wyraziły zgodę na przyjęcie emigrantów. O ile w samych Prusach i Austrii przyjmowani byli raczej chłodno, o tyle temperatura powitań rosła w miarę posuwania się ku zachodowi, od Saksonii po Bawarię. Koszty pobytu tułaczy ochoczo pokrywały niemieckie komitety przyjaciół Polski. Ten niespieszny marsz pokonanych, ale niezwyciężonych stanowił doskonałą propagandę sprawy polskiej w Europie. Na pewien czas Polacy stawali się ulubionym bohaterem zbiorowym liberalnej i demokratycznej Europy. Ostatecznie polska emigracja niepodległościowa na Zachodzie, z racji liczebności – nieco ponad 8500 osób – a przede wszystkim aktywności organizacyjnej i dorobku kulturalnego, przeszła do historii jako wielka. Twórczo korzystający z wolności ofiarowanej przez kraje zachodnie wygnańcy stali się najwyższej klasy elitą intelektualną narodu.

Ten rodzaj zorganizowanego wychodźstwa politycznego pozostającego pod opieką przyjmującego je państwa był zjawiskiem nowym w dziejach XIX-wiecznej Europy. We Francji osiedliło się około 5700 emigrantów, z których większość otrzymywała stały rządowy zasiłek. Na Wyspy Brytyjskie dotarło około 700, jeszcze inni wybrali Belgię, Szwajcarię, Hiszpanię, Algier, Turcję, a nawet USA. Większość stanowili wojskowi, przede wszystkim oficerowie. We Francji Polacy przebywali w obozach, tzw. zakładach, umieszczonych na prowincji, ale najważniejszym ośrodkiem był Paryż. We wszystkich krajach osiedlenia emigranci, jako element niespokojny, buntowniczy, rewolucyjny, przyciągali uwagę ministrów spraw wewnętrznych i podległych im policji.

Większość z nich wiodła bardzo skromną egzystencję, utrzymując się z zasiłków uzupełnianych niekiedy dorywczymi zajęciami. Spłowiałe mundury wojskowe przystosowywano do potrzeb cywilnych przez zmianę guzików. Niektórzy mogli liczyć na wsparcie rodziny z kraju. Było to grono słabo integrujące się z otoczeniem i niemal wyłącznie męskie – do nielicznych przyjeżdżały żony lub narzeczone. Pustkę emigracyjnego żywota wypełniała nieustająca debata o Polsce, przemieniająca się często w zażarte spory. Nienormalna egzystencja sprzyjała rodzeniu się indywidualnych, a niekiedy także zbiorowych nerwic.

Pierwszą próbę konsolidacji emigrantów podjął utworzony 6 XI 1831 r. Tymczasowy Komitet Emigracji Polskiej, przekształcony niebawem w Komitet Narodowy Polski z Joachimem Lelewelem na czele. Po 2 latach jego działalność zamarła. Na nic zdały się też wysiłki zjednoczeniowe popularnego generała Dwernickiego, pod auspicjami którego powstała w 1836 r. Konfederacja Narodu Polskiego, ani ponowne inicjatywy Lelewela, który powołał do życia w 1838 r. Zjednoczenie Emigracji Polskiej. Różnice polityczne w połączeniu z animozjami osobistymi sprawiły, że życie emigracyjne płynęło kilkoma odrębnymi nurtami.

Hotel Lambert

Nazwa paryskiej rezydencji księcia Adama Jerzego Czartoryskiego stała się z czasem synonimem grupującego prawicę obozu politycznego. „Czartoryszczycy" byli konserwatystami; próbowali złączyć tradycję Konstytucji 3 maja z doświadczeniami brytyjskiego parlamentaryzmu. Pod wpływem swego przywódcy, cieszącego się niepodważalnym autorytetem, opowiadali się za stopniowymi reformami społecznymi, w tym oczynszowaniem chłopów. Przeciwni nieprzemyślanym zrywom, głosili potrzebę wykorzystania sprzyjającej konstelacji europejskiej, choć nie odrzucali całkowicie możliwości walki zbrojnej. Liczyli jednak na pogłębienie się różnic czy nawet otwarte konflikty Rosji: z Wielką Brytanią o wpływy w Azji, z Austrią o Bałkany i wreszcie z Turcją. Więź z krajem utrzymywali dzięki kontaktom rodzinnym i towarzyskim.

Hotel Lambert przyciągał śmietankę towarzyską i polityczną wychodźstwa, a więc wyższych wojskowych, członków Rządu Narodowego, posłów wywodzących się ze sfery bogatego ziemiaństwa. Wykorzystując osobisty autorytet i uznaną pozycję międzynarodową, Czartoryski prowadził rozległą działalność dyplomatyczną. Na własny koszt utrzymywał sieć agentów w kluczowych dla europejskiej polityki miejscach. Starał się wpływać na zachodnią opinię publiczną, zwiększając krąg sympatyków sprawy polskiej i ukazując zagrożenie płynące ze strony Rosji.

Budowany stopniowo obóz dopiero po 10 latach przyjął kształt konkretnej organizacji. Najpierw był to tajny Związek Jedności Narodowej, a następnie

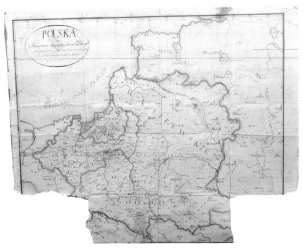

▲◄ JOACHIM LELEWEL
porzucił w 1849 r. politykę na rzecz badań historycznych. Opracował dzieje Polski i zasłynął jako numizmatyk. Zgromadził również cenny zbiór atlasów i map, obecnie przechowywany w Wilnie.
„MAPA POLSKI ZA PANOWANIA STANISŁAWA AUGUSTA" – JOACHIM LELEWEL, KTN BITTBURG, JULES LION, OK. 1840, MM PŁOCK, FOT. MM

▼ KOMITET NARODOWY POLSKI I ZIEM ZABRANYCH
został ustanowiony w 1832 r. jako przeciwwaga dla bardziej lewicowego komitetu Lelewela. Przewodniczył mu generał Józef Dwernicki. Organizacja miała czuwać „nad interesem narodowym polskim [...], nadto zatrudniać się będzie losem tułaczów i administracją".
AKT ZAŁOŻENIA KOMITETU, BK PAN KÓRNIK, FOT. MM

▲ ADAM JERZY CZARTORYSKI
deklarował swoje przywiązanie do katolicyzmu i starał się pozyskać przychylność papieża, który pozostawał w konflikcie z Mikołajem I. Mimo tych starań papież w 1847 r. podpisał z Petersburgiem konkordat.
LEOPOLD MASSARD, 1861–1889, BJ KRAKÓW, FOT. MM

Samotnik brukselski

Jedną z najwybitniejszych postaci Wielkiej Emigracji był Joachim Lelewel. Uczony historyk, poseł, prezes Towarzystwa Patriotycznego i członek Rządu Narodowego, próbował od pierwszych tygodni wychodźstwa ująć je w jednolite struktury organizacyjne Komitetu Narodowego Polskiego. Gdy to się nie udało, stanął na czele jednego z emigracyjnych nurtów. Od 1833 r. kierował nim z Brukseli, do której dotarł pieszo, wysiedlony z Francji przez policję. Na emigracji wiódł ubogi a niezwykle pracowity żywot, utrzymując się wyłącznie ze skromnych honorariów autorskich. Aby zachować pełną niezależność, odrzucił wszystkie oferty płatnych posad. Tworzył wiele. Zbiorowe wydanie jego historycznych dzieł (*Polska, dzieje i rzeczy jej*) obejmuje dwadzieścia tomów. Towarzysze tułaczki żegnali go w 1861 r. nad grobem słowami: „Większe poniósł zasługi dla Polski niż którykolwiek z jej ostatnich wielkich wodzów naczelnych".

◄ ŻYCIE EMIGRACJI POPOWSTANIOWEJ W PARYŻU

koncentrowało się głównie w Hotelu Taranne w Dzielnicy Łacińskiej i Hotelu Lambert na Wyspie Świętego Ludwika. Działające tam Towarzystwo Bazaru Polskiego zajmowało się gromadzeniem funduszy i szeroko rozumianą pomocą na rzecz emigrantów.

JAN LEWICKI, „BAZAR POLSKI W HOTELU LAMBERT W PARYŻU", 1844, MM PŁOCK, FOT. MM

◄ COLLÈGE DE FRANCE

był powszechnie dostępną prestiżową szkołą wyższą. Tym większe znaczenie miało powołanie w 1840 r. na nowo powstałą katedrę języka i literatury słowiańskiej Adama Mickiewicza, który w swych wykładach koncentrował się na treściach polityczno-kulturalnych.

ANTONI MUSIAŁOWSKI, „GMACH COLLÈGE DE FRANCE W PARYŻU", LATA 80. XIX W., MN KRAKÓW, FOT. MM

◄ BIBLIOTEKA POLSKA W PARYŻU

powstała w 1838 r. z inicjatywy m.in. Adama Jerzego Czartoryskiego. Złożyły się na nią księgozbiory Towarzystwa Literackiego, Wydziału Historycznego i Wydziału Statystycznego oraz Towarzystwa Naukowej Pomocy.

INSTRUKCJA DLA BIBLIOTEKARZA, 1839, KTN BITTBURG, FOT. MM

▲ SZKOŁA BATIGNOLLES

została założona w Paryżu w 1842 r. dla dzieci emigrantów. Realizowano w niej program francuskiego liceum poszerzony o polskie: język, historię i literaturę. Jedna z siedzib szkoły mieściła się przy Boulevard de Batignolles, stąd jej nazwa.

XIX W., OSSOLINEUM WROCŁAW, FOT. PC

◄ TOWARZYSTWO DEMOKRATYCZNE POLSKIE

podzielone było na sekcje, które komunikowały się ze sobą korespondencyjnie. Efektem dyskusji ideologicznej były słowa manifestu: „siły potrzebne do wyzwolenia Polski spoczywają w ludzie i wyzwoli je demokracja".

CHORĄGIEW TOWARZYSTWA DEMOKRATYCZNEGO W PARYŻU, 1832, MWP WARSZAWA, FOT. PC

Towarzystwo Monarchiczne Trzeciego Maja. Książę, nazywany przez wtajemniczonych Adamem I, miał u swego boku grono stałych doradców i współpracowników. Dzięki temu działalność jego obozu nabrała charakteru zinstytucjonalizowanego. Niepowodzeniem zakończyły się natomiast próby zorganizowania polskich formacji zbrojnych typu legionowego.

Organami prasowymi obozu Czartoryskiego były czasopisma „Trzeci Maj" oraz „Kronika Emigracji Polskiej". Duże znaczenie miały inicjatywy kulturalne i społeczne organizowane pod jego egidą. Niektóre z nich wykazały się niezwykłą trwałością, jak funkcjonująca do dziś Biblioteka Polska w Paryżu czy Towarzystwo Literackie (później Historyczno-Literackie). Ważną rolę odgrywało Towarzystwo Naukowej Pomocy, udzielające stypendiów młodzieży emigracyjnej. Wspierano także ruch wydawniczy.

Towarzystwo Demokratyczne Polskie

Rozległe centrum emigracyjnej sceny politycznej, zwrócone zresztą wyraźnie ku lewicy, zajmowało utworzone we Francji Towarzystwo Demokratyczne Polskie. Poprzez ludzi i program nawiązywało do tradycji warszawskiego Towarzystwa Patriotycznego. Ta największa organizacja emigracyjna, licząca w okresie szczytowej popularności (przełom lat 30. i 40.) około 1500 członków, powstała w 1832 r. w drodze secesji z Lelewelowskiego Komitetu Narodowego Polskiego. Kierowanie organizacją przeszło w 1836 r. w ręce wybieranej corocznie w demokratyczny sposób Centralizacji, której siedziba od 1840 r. mieściła się w podparyskim Wersalu.

Pierwszy zarys programu zawierał *Akt założenia Towarzystwa Demokratycznego Polskiego* z 17 III 1832 r., zwany także *Małym manifestem*. Po prowadzonej korespondencyjnie ożywionej debacie w grudniu 1836 r. opracowano nowy, bardziej szczegółowy program, który przeszedł do historii jako *Manifest Wielki* lub *Poitierski*. Naczelne założenie ideowe dokumentu głosiło: „Wszystko dla Ludu przez Lud". Odrodzenie Polski miało nastąpić w wyniku trójzaborowego, powszechnego powstania, korzystającego z poparcia ludów europejskich. Projektowano również, że insurekcja rozwiąże najważniejsze problemy społeczne kraju – uwłaszczenie chłopów i nadanie praw obywatelskich Żydom. Państwo polskie widziano jako demokratyczną republikę w granicach z 1772 r.

Emisariusze utrzymywali ożywione kontakty z krajem. Od końca lat 30. Towarzystwo było już głównym inicjatorem i partnerem spiskowych poczynań, mających za punkt wyjścia jego założenia programowe. Przywódcy poszukiwali partnerów w liberalnych i demokratycznych kręgach europejskich. Silne związki łączyły ich z masonerią i karbonariuszami (węglarzami). Zaowocowały one udziałem Polaków w nieudanych rewolucyjnych zrywach w Niemczech i Sabaudii.

W 1834 r. uczestnicy tych działań założyli w Szwajcarii własną organizację. Była to Młoda Polska, stanowiąca fragment Młodej Europy. Jej członkowie wyruszali w niebezpieczne misje do kraju w celu wznowienia tam działalności konspiracyjnej. Nękana przez policje francuską i szwajcarską, traciła pierwotny impet i członków; ich resztki w 1836 r. przyłączyły się do Towarzystwa.

Gromady Ludu Polskiego

Radykalny odłam emigracji, sytuujący się na lewo od Towarzystwa Demokratycznego Polskiego, reprezentowały Gromady Ludu Polskiego. Tworzyli je działacze, którzy osiedli na Wyspach Brytyjskich. Tam ich szeregi zasiliła specyficzna grupa emigrantów – żołnierze chłopskiego pochodzenia, przez kilka lat więzieni w pruskich twierdzach za odmowę powrotu do Królestwa. W 1835 r. powstały dwie gromady, Grudziąż i Humań, kierowane przez dysydentów z Towarzystwa, Tadeusza Krępowieckiego i Stanisława Worcella. Ich program zawierał sporo elementów utopijnego socjalizmu. Sposobem na niepodległość miała być rewolucja ludowa kierowana przez radykalnych demokratów. W wolnej Polsce zamierzali zlikwidować prywatną własność ziemi i stworzyć komuny produkcyjne. Założenia programowe poszerzyły się z czasem za sprawą Zenona Świętosławskiego o wątki religijne, odwołujące się do Chrystusa jako pierwszego socjalisty.

W tej wersji ideologia „gromadzian" okazała się bliska poczynaniom księdza Piotra Ściegiennego w kraju. Mistycyzm religijny pojawiał się wśród emigrantów także w innych wersjach. Niektóre grupy, jak zmartwychwstańcy, mieściły się, choć nie bez trudności, w ramach katolickiej ortodoksji, inne sytuowały się już poza nią. Tak było ze środowiskiem skupionym wokół Andrzeja Towiańskiego, który pojawił się w Paryżu w 1841 r. Stworzone przez charyzmatycznego, ale też bez wątpienia budzącego wielkie kontrowersje mistrza Koło Sprawy Bożej przyciągnęło wielu emigracyjnych tuzów, łącznie z Adamem Mickiewiczem, Juliuszem Słowackim i Sewerynem Goszczyńskim. Mistyczne uniesienia wyrastały na gruncie polskiej odmiany mesjanizmu, silnie oddziałującego na serca i umysły emigrantów.

◄ „TYGODNIK EMIGRACJI POLSKIEJ",
ukazujący się w latach 1834–1837, reprezentował umiarkowanie demokratyczne tendencje. Prasa była głównym narzędziem walki politycznej i ideowej na uchodźstwie.
1835, OSSOLINEUM WROCŁAW, FOT. MM

► GROMADY LUDU POLSKIEGO
były radykalną organizacją emigracyjną. Nazwy gromad nawiązywały do historycznych wydarzeń i miejsc – Grudziąż do pruskiego więzienia, Humań do buntu humańskiego w 1768 r., a Praga do rzezi ludności Pragi w 1794 r.
ODEZWA „LUD POLSKI", FOTOKOPIA, MWP WARSZAWA, FOT. PC

◄ PLANY UTWORZENIA LEGIONÓW
na emigracji przez dłuższy czas pozostawały nieskonkretyzowane. Dopiero 9 III 1848 r. Komitet Ogółu Emigrantów Polskich w Wielkiej Brytanii i Irlandii wydał w Londynie odezwę mówiącą o możliwości uformowania polskich legionów w Anglii.
1848, MNIEP WARSZAWA, FOT. MM

◄ ANDRZEJ TOWIAŃSKI
był twórcą ruchu religijnego zwanego towianizmem, postulującego doskonalenie życia duchowego i religijnego. Po doznaniu objawienia w Wilnie udał się na emigrację, gdzie założył Koło Sprawy Bożej, które rozpadło się w 1846 r.
FOTOGRAFIA, 2 POŁ. XIX W., MAM ŚMIEŁÓW, FOT. MŁ

▲ ZMARTWYCHWSTAŃCY
to zakon utworzony w 1842 r. w Paryżu przez księży Hieronima Kajsiewicza i Piotra Semenenkę. Początkowo głównym zadaniem zakonu było wspieranie emigrantów polskich.
FOTOGRAFIA, RZYM, 1886, ML WARSZAWA, FOT. MŁ

Zmartwychwstańcy

Encyklika *Cum primum* papieża Grzegorza XVI, piętnująca powstanie listopadowe jako niszczycielską rewolucję i bunt przeciw legalnej władzy, rzuciła cień na stosunek emigrantów do Kościoła. Gdy jedni bez reszty pogrążali się w działalności spiskowo-rewolucyjnej, inni zaczęli szukać dróg pojednania. W 1834 r. z inicjatywy Mickiewicza powstało ośmioosobowe koło Braci Zjednoczonych w celu „wspólnego ćwiczenia się w pobożności tudzież pobudzania ku niej innych rodaków na emigracji". Jeden z jego uczestników, Bogdan Jański, założył następnie Bractwo Służby Narodowej. Pierwsi członkowie tego bractwa zamieszkali wspólnie w Paryżu w Domku, zwanym także Klasztorkiem, gdzie wiedli żywot zakonny. Za przyzwoleniem papieskim zawiązali w 1842 r. Zakon Zmartwychwstania Pańskiego. Walcząc z bezbożnością wolnomularzy, potępiali „postęp, demokrację i rewolucję", a z czasem również wszelkie zrywy niepodległościowe. Głosili szansę na zmartwychwstanie narodu wyłącznie przez wiarę i posłuszeństwo Kościołowi. Poglądy te nie przyniosły im popularności i nie zapobiegły pojawieniu się innej odmiany mesjanistycznego mistycyzmu, głoszonej przez Andrzeja Towiańskiego. Zmartwychwstańcy przyczynili się natomiast walnie do pogłębienia życia religijnego Polaków.

FRYDERYK CHOPIN

Chopin, mimo że świadomie ograniczył pole swej działalności twórczej niemal wyłącznie do fortepianu, okazał się jednym z najwszechstronniejszych artystów w dziejach muzyki. Jego utwory (102 dzieła) znajdują się na listach najczęściej wykonywanych, nagrywanych, aranżowanych, instrumentowanych. Dla wielu badaczy i dla kolejnych pokoleń entuzjastów jego muzyki jest nie tylko twórcą romantycznym, ale i wcieleniem romantyczności. Jak chyba żaden inny kompozytor pierwszej połowy XIX w. potrafił w mistrzowski sposób wyrazić ducha swej epoki, jej uczucia i dramaty, atmosferę patriotyzmu i wzniosłość.

Fryderyk Franciszek Chopin przyszedł na świat 22 II (1 III) 1810 r. na mazowieckiej równinie, we wsi Żelazowa Wola. Jego ojciec był rodowitym Francuzem, matka pochodziła z Kujaw. Niezwykle bogata, wrażliwa osobowość artysty trafiła na podatny grunt rozwoju w domu rodzinnym, pełnym ciepła i harmonii. W Warszawie spędził połowę swego krótkiego życia. Tu zdobył wykształcenie ogólne i muzyczne, poznał życzliwych profesorów (Józef Elsner był jego jedynym nauczycielem kompozycji w Szkole Głównej Muzyki) i przyjaciół, obdarzył młodzieńczym uczuciem śpiewaczkę Konstancję Gładkowską, tu wreszcie poznał i ukochał ludowe, narodowe, religijne „śpiewy znad Wisły".

Okres życia na obczyźnie, po opuszczeniu 2 XI 1830 r. stolicy, to dłuższy pobyt w Wiedniu i ostateczne osiedlenie się w październiku 1831 r. w Paryżu – ówczesnej artystycznej metropolii świata. W kręgu paryskiej bohemy oraz polskiej emigracji popowstaniowej zawarł liczne znajomości i przyjaźnie artystyczno-towarzyskie, m.in. z Ferencem Lisztem, Hectorem Berliozem, Feliksem Mendelssohnem-Bartholdym, Eugène'em Delacroix, Robertem Schumannem, Heinrichem Heinem. Wielkie znaczenie w życiu kompozytora miał jego związek z George Sand. To w jej posiadłości w Nohant, gdzie spędził wiele wiosennych i letnich miesięcy w latach 1839–1846, powstawały jego najznakomitsze arcydzieła, z *Polonezem-fantazją As-dur* opus 61, *Balladą As-dur* opus 47 i *f-moll* opus 52, *Scherzem E-dur* opus 54, *Sonatą h-moll* opus 58, *Kołysanką Des-dur* opus 57.

Długotrwała choroba (prawdopodobnie gruźlica), tęsknota za bliskimi, rodziną i krajem doprowadziły do jego przedwczesnej śmierci – 17 X 1849 r.

▲ PORTRET FRYDERYKA CHOPINA

– fragment podwójnego portretu z George Sand z 1838 r., który ukazywał kompozytora przy fortepianie i pisarkę, z założonymi rękoma, przysłuchującą się jego grze. Z nieznanych przyczyn niedokończone płótno pozostawało w pracowni malarza, a po jego śmierci rozcięli je spadkobiercy. Oryginał znajduje się w Luwrze.

LUDWIK WAWRYNKIEWICZ WG EUGÈNE'A DELACROIX, PARYŻ, 1972, TFC WARSZAWA, FOT. AR I BT

▲ DWOREK CHOPINÓW

W lewej oficynie, przylegającej niegdyś do dworu Skarbków, urodził się Fryderyk Chopin. Ponowne odkrycie miejsca urodzin artysty nastąpiło w 45 rocznicę jego śmierci, z inicjatywy rosyjskiego kompozytora Milija Bałakiriewa (w środku).

FOTOGRAFIA OKOLICZNOŚCIOWA JANA MIECZKOWSKIEGO, 1894, TFC WARSZAWA, FOT. AR I BT

▼ LUDOWY RYTUAŁ DOŻYNKOWY

15-letni Fryderyk uczestniczył w nim m.in. w Oborowie. W liście do rodziców pisał, iż tańczył obertasa, grał na basetli, zapisał wiejską przyśpiewkę. Zauroczenie autentycznym folklorem, zwłaszcza pogranicza Mazowsza i Kujaw, miało zaowocować mazurkami, polonezami, krakowiakami.

MICHAŁ STACHOWICZ, „DOŻYNKI", KRAKÓW, 1821, MN WARSZAWA, FOT. MŁ

▲ KSIĄŻĘCY GOŚĆ

W pałacu Radziwiłłów w Poznaniu, przy pl. Kolegiackim, miał grać młody wirtuoz w 1828 r. dla najbliższej rodziny namiestnika (żona Luiza w czepku, córki Eliza z różą i Wanda za nią). Sam gospodarz (w fotelu) był wytrawnym muzykiem wiolonczelistą i kompozytorem, wysoko ceniącym talent genialnego artysty.

WG HENRYKA SIEMIRADZKIEGO, „CHOPIN W SALONIE KSIĘCIA ANTONIEGO RADZIWIŁŁA", 1888, TFC WARSZAWA

▼ CENNE PAMIĄTKI

Słynna włoska śpiewaczka Angelica Catalani, po usłyszeniu w jednym z warszawskich salonów „najlepszego fortepianisty", podarowała 10-letniemu artyście złoty zegarek z dedykacją na wewnętrznej stronie koperty. Sam kompozytor lubił zbytkowne bibeloty w rodzaju drewnianego kałamarza z dwoma szklanymi pojemniczkami na atrament.

TFC WARSZAWA, FOT. AR I BT;
1 POŁ. XIX W., MN KRAKÓW, FOT. MŁ

◄ PORTRET GEORGE SAND,

pod którym to pseudonimem literackim ukrywała się modna pisarka francuska Aurore Dupin, baronowa Dudevant. Starsza o 6 lat od kompozytora, była zaprzeczeniem jego ideału kobiecości. Na bileciku wizytowym, który dał początek romansowi, wyznała: „Uwielbiam Pana, George". Ich związek trwał prawie 10 lat, obfitując we wzloty i dramatyczne konflikty. W okresie tym Chopin napisał aż 37 z 65 dzieł opusowanych wydanych za życia.

PAUL JUSTUS WG MEDALIONU M.-L.-V. MERCIÉRA, OK. 1938?, TFC WARSZAWA, FOT. AR I BT

▼ LIST DO JULIANA FONTANY

– rówieśnika, oddanego przyjaciela, również pianisty i kompozytora. Z lat 1839–1844 pochodzi najobfitsza korespondencja przyjaciół, dotycząca spraw od przyziemnych do najbardziej ważkich (układy z wydawcami, kopiowanie nut, pośmiertne wydanie dzieł). Ten list, pisany na Majorce, jeden z najpiękniejszych, wyraża zachwyt nadawcy nad powabami śródziemnomorskiej natury.

15 XI 1838, TFC WARSZAWA, FOT. SŁUCZ

▼ NAGROBEK PARYSKI I EPITAFIUM WARSZAWSKIE

Z inicjatywy francuskich przyjaciół zawiązał się komitet w celu wzniesienia pomnika cmentarnego. Pomnik według projektu Auguste'a Clésingera odsłonięto w pierwszą rocznicę śmierci artysty, 17 X 1850 r. Serce zmarłego przywiozła do kraju, zgodnie z jego ostatnią wolą, siostra Ludwika. Pamiątkową urnę z epitafium, ufundowaną w 1880 r. przez Towarzystwo Muzyczne ze składek społecznych, wmurowano w filar nawy głównej kościoła św. Krzyża w Warszawie.

TEODOR AXENTOWICZ, 1888, TFC WARSZAWA, FOT. AR I BT;
WG HENRYKA MARCONIEGO, OSSOLINEUM WROCŁAW, FOT. MM

▼ AUTOGRAF EDYCYJNY ZAKOŃCZENIA *PRELUDIUM D-MOLL*

należy do cyklu słynnych 24 miniatur we wszystkich tonacjach dur-moll, zebranych jako opus 28. Według tradycji utwór został naszkicowany w Stuttgarcie, gdy kompozytor dowiedział się o upadku powstania listopadowego.

1831?, BN WARSZAWA

ROMANTYZM

Romantyzm odcisnął trwałe piętno na całej kulturze polskiej

► **ADAM MICKIEWICZ NA SKALE JUDAHU**
– portret namalowany przez Walentego Wańkowicza. Inspiracją był ostatni wiersz z cyklu *Sonetów krymskich*. W związku z ogromnym sukcesem obrazu na wystawie w Petersburgu w 1828 r. malarz wykonał kilka mniejszych replik i reprodukcje litograficzne.
OK. 1827, MAM PARYŻ, FOT. MŁ

◄ **ARTYSTA-ROMANTYK**
był cenionym gościem w salonie arystokratycznym. Płomiennymi, nierzadko improwizowanymi deklamacjami lub natchnioną grą na fortepianie uświetniał spotkania wyższych sfer. Samą swoją obecnością kreował modny wówczas romantyczny nastrój.
WG JÓZEFA FERDYNANDA TABACZYNSKIEGO, „BAL W PAŁACU MAGDALENY Z DZIEDUSZYCKICH HR. MORSKIEJ W ZARZECZU", OK. 1830, BJ KRAKÓW, FOT. MM

▼ **NOWE NURTY W ARCHITEKTURZE EUROPEJSKIEJ XIX W.**
odwoływały się do stylistyki minionych epok. W Anglii rozwijał się neogotyk, we Francji triumfy święcił neorenesans, a w Niemczech i we Włoszech dominował neoklasycyzm. Architektura Królestwa Polskiego, gdzie krzyżowały się wpływy wielu europejskich ośrodków, charakteryzowała się pluralizmem stylów.
ALTES MUSEUM, CARL FRIEDRICH SCHINKEL, BERLIN, 1824–1828, FOT. MM

Pojęcie

Objaśnienie terminu „romantyzm" jest bardzo trudne. Najczęściej rozumie się pod nim nurt ideowy przeważający w europejskiej filozofii, sztuce i literaturze pierwszej połowy XIX w. Upatruje się w nim również określenia nadawanego całej epoce przez ten nurt zdominowanej. Romantyzm może być pojmowany jako ruch i styl artystyczny, jako okres historyczny, ale mówi się też o odmiennej od oświeceniowej postawie romantycznej. Charakteryzowała ona zarówno dzieła sztuki, jak i biografie ich twórców. Szerzej rzecz ujmując, jest to system preferowanych wartości związanych nie tylko ze sztuką, ale także z życiem społecznym i politycznym. Definiowanie romantyzmu jest utrudnione, ponieważ, w przeciwieństwie do poprzedzającego go oświecenia, nie wypracował spójnego systemu form, funkcji i treści artystycznych. Czerpał z wcześniejszego dorobku, często wypełniając nowymi znaczeniami dawne motywy i tematy.

Jako czas rozwoju kierunku przyjmuje się lata 1800–1830 w Niemczech i Anglii. W innych krajach europejskich początki romantyzmu datujemy na około 1820 r., a koniec – na czas po upadku Wiosny Ludów, czyli około 1850 r. Sam termin „romantyczny" pojawia się wcześniej, a sporadyczne jego użycia spotykamy w Anglii już w XVII w.

Cechy romantyzmu

Bardzo wcześnie związano określenie „romantyczny" z odejściem od reguł, z fantazją, tym, co jest nieprawdopodobne i niewiarygodne. Wskazywano, że sama natura może być w tym sensie romantyczna, jeżeli znajduje się w stanie pierwotnym, nieujarzmiona przez człowieka. W Niemczech przymiotnik „romantyczny" pojawił się dość późno i najpierw znaczył tyle co gotycki, średniowieczny, by później stać się terminem krytycznoartystycznym, stosowanym najchętniej przy próbach opisu rodzącej się nowej poezji.

Bardzo silnie związano też określenie „romantyzm" z historią, wskazując, że poezja klasyczna bliska jest starożytności, a poezja romantyczna to pochodna tradycji rycerskich, zrodzona przez pieśni trubadurów i chrześcijaństwo. Romantyzm pojmowano jako reakcję na oświeceniowe panowanie rozumu; widziano w nim triumf intuicji, wrażliwości i uczucia.

Romantyzm i historiozofia

Na powstanie romantyzmu miały niewątpliwie duży wpływ wydarzenia historyczne, takie jak rewolucja francuska i wojny napoleońskie, które doprowadziły do zachwiania ustalonego porządku społecznego. Ukazały tym samym wolność jednostki i konkretnej społeczności jako wartość nadrzędną, a bunt i walkę – jako drogę do jej uzyskania, często jedyną. W wielu krajach Europy epoka ta to czas rodzenia się idei narodowych i nowej żarliwości religijnej; w niektórych krajach ukształtowały one rewolucyjne spojrzenie na historię. Tak zdarzyło się w Polsce, gdzie rodzące się wśród romantyków idee mesjanistyczne miały wydźwięk jednocześnie duchowy i polityczny.

Romantyzm to czas odrzucenia oświeceniowego antropocentryzmu, czas emocjonalnego stosunku do świata zewnętrznego. Częste były postawy panteistyczne, postulujące mistyczny kontakt z naturą, a przez nią – z Bogiem. Stając niejednokrotnie na pograniczu herezji, romantycy głosili, iż samodzielne interpretowanie świata nadprzyrodzonego i Boga jest dostępne wybitnym jednostkom – geniuszom, którzy dzięki temu zyskują niespotykaną siłę kreacyjną i sprawczą również w planie społecznym (stąd poeta jako wieszcz-przywódca narodu). Genialna jednostka mogła, jak uważano, wpływać na dzieje, mogła też przewidywać plany Opatrzności poprzez wczuwanie się w ducha minionych epok i wysnucie z nich ogólnych praw rządzących historią.

Głoszono jedność nauki, sztuki i religii, a genezy sztuk upatrywano w źródłach pozarozumowych, w twórczym natchnieniu, w wyobraźni, której przyznawano funkcję jednocześnie poznawczą i kreatywną. Postulowano stworzenie nowej mitologii – odpowiedzi na wyzwanie rzucone twórcom przez nowe, rewolucyjne i dążące do ponownego odczytania ducha dziejów czasy.

Jednocześnie powtarzano za Johannem Gottfriedem Herderem, że „wszelka ludzka doskonałość jest narodowa, historyczna i indywidualna". Pogląd ten dawał podwaliny pod powstawanie romantycznych „szkół narodowych". One same natomiast sprawiały, że nurt początkowo bardziej filozoficzny i artystyczny niż społeczny porzucił swe czysto estetyczne i filozoficzne źródła i przekształcił się w niektórych zniewolonych krajach, takich jak Polska czy Włochy, w apologię czynu.

Romantyzm w Polsce

Romantyzm u nas pojawił się o pokolenie później niż na Zachodzie, a umowną datą jego początku jest rok wydania pierwszego tomu poezji Adama Mickiewicza – 1822. Idee romantyczne w kraju formowały się głównie wśród uniwersyteckiej młodzieży wileńskiej, bezpośrednio po wojnach napole-

▶ *GRECJA NA RUINACH MISSOLONGHI*
ukazuje zrozpaczoną matkę i wdowę, która opłakuje ofiary i wzywa pomocy. Śmierć George'a Gordona Byrona w 1824 r. w murach miasta Missolonghi uczyniła zeń symbol greckiego oporu. W 1826 r., po rocznym oblężeniu, obrońcy wysadzili się w powietrze.
EUGÈNE DELACROIX, 1826, MBA BORDEAUX

▲ CERAMIKA LUBARTOWSKA
była wzorowana na klasycyzujących wyrobach angielskich. Wytwórnię fajansu w Lubartowie założył w 1839 r. Henryk Łubieński dzięki pożyczce z Banku Polskiego. Niestety, ze względu na duże koszty produkcji i transportu surowców, fabryka wkrótce zbankrutowała i w 1845 r. dobra zajął bank.
1840-1850, MM PŁOCK, FOT. MM

▶ XIX-WIECZNE SZABLE POLSKIE
były wyrabiane głównie w warsztacie w Michałowie i w słynnej pracowni Egidiusa Collette'a w warszawskim Arsenale. Podczas powstania listopadowego, w celu zaspokojenia potrzeb armii powstańczej, otwarto fabrykę broni siecznej na Marymoncie.
MN KRAKÓW, FOT. MM

▲▼ POPULARNOŚĆ KURORTÓW
i moda na kuracje wodolecznicze wzmogły się na początku XIX w. Woda mineralna z naturalnych źródeł była zalecana gruźlikom, reumatykom i astmatykom. Do najczęściej odwiedzanych uzdrowisk należały Duszniki Zdrój i Krynica.
„DUSZNIKI ZDRÓJ – BAD REINERTZ" – 1 POŁ. XIX W., MN WROCŁAW, FOT. AP; „WIDOK NA KRYNICĘ GÓRSKĄ" – EMANUEL KRONBACH, 1820, OSSOLINEUM WROCŁAW, FOT. MŁ

▲ ŚMIERĆ KSIĘCIA JÓZEFA PONIATOWSKIEGO W NURTACH ELSTERY

ukazana przez Januarego Suchodolskiego. Bohaterska postawa księcia w czasie przegranej przez Napoleona bitwy pod Lipskiem sprawiła, że uznano go za wzór cnót narodowych. W hołdzie dla jego zasług uhonorowano go pochówkiem w katedrze wawelskiej.
WG HORACE'A VERNETA, PO 1818, MWP WARSZAWA, FOT. PC

◄ DOM SŁOWACKIEGO W KRZEMIEŃCU

należał do jego rodziny od pokoleń. Poeta wielokrotnie przywoływał w swej twórczości małe wołyńskie miasteczko. Idealizowany obraz Krzemieńca, który pozostał dla Słowackiego na emigracji „małą ojczyzną", pojawia się m.in. w nieukończonym dramacie *Złota czaszka*.
UKRAINA, FOT. PC

► POEZJE ADAMA MICKIEWICZA

opublikowane w Wilnie w 1822 r. nakładem Józefa Zawadzkiego. Tom zawierający m.in. *Ballady i romanse* został uznany za przełomowy moment w dziejach polskiego romantyzmu. Manifestem nowego nurtu była ballada *Romantyczność*.
1822, OSSOLINEUM WROCŁAW, FOT. MM

POEZYE
ADAMA MICKIEWICZA.

TOM DRUGI.

WILNO.
DRUKIEM JÓZEFA ZAWADZKIEGO.
1823.

▲ KAROL KURPIŃSKI

przez wiele lat był dyrektorem Teatru Narodowego i Opery w Warszawie. Redagował „Tygodnik Muzyczny", pierwsze polskie pismo poświęcone muzyce, a w 1840 r. założył Szkołę Śpiewu. Spośród licznych dzieł skomponowanych przez niego wyróżniają się *Krakowiacy i Górale* oraz *Warszawianka*.
ALEKSANDER MOLINARI, 1825, MN WARSZAWA, FOT. TZH

▼ WAWEL

zamieniono w 1846 r. na koszary austriackie. Przebudowany na cytadelę zamek miał się stać centrum twierdzy Kraków, planowanej na wypadek konfliktu z Rosją. Wzniesiono mur obronny, a na miejscu wyburzonych kościołów powstały dwa szpitale i plac manewrowy.
„WAWEL PO PRZERÓBKACH 1852", OK. 1860, MHMK KRAKÓW, FOT. MM

ońskich i kongresie wiedeńskim, w okresie wzmożonych represji ze strony zaborców. Periodyzację polskiego romantyzmu wyznaczają takie wydarzenia polityczne, jak: powstanie listopadowe, Wiosna Ludów i powstanie styczniowe, kiedy to działała tzw. trzecia generacja poetów romantycznych, a rząd dusz, po śmierci najwybitniejszych literackich twórców romantyzmu, przejęli artyści malarze – Artur Grottger i Jan Matejko, przenoszący poza lata 60. romantyczno-narodowy model sztuki.

Początkowo pojęcie „romantyczny" miało odcień pejoratywny, kojarzyło się z nieładem i zamieszaniem. Dopiero wypowiedzi zwolenników tego nurtu (Mickiewicza, Mochnackiego) pozwoliły zdefiniować romantyzm, w oparciu o wcześniejsze wskazania estetyki i filozofii niemieckiej, jako system wartości preferujący prymat uczucia nad rozumem, dążenie do ożywienia mitycznych wierzeń ludu i wiarę w ideę wolności. W planie politycznym polscy romantycy potępiali ugodę polityczną z zaborcami i zdroworozsądkowe pogodzenie się z istniejącym stanem rzeczy. „Czucie i wiarę" przeciwstawiali racjonalnemu „szkiełku mędrca".

Jednocześnie aktualna, tragiczna sytuacja polityczna sprawiała, że polscy romantycy trwali w nieustannym konflikcie z teraźniejszością, czego wyrazem są nie tylko biografie twórców romantycznych (więzionych, zsyłanych na Syberię, zmuszanych do opuszczenia kraju), ale i kreowana przez nich postać bohatera, który z Byronowskiego buntownika „w ogóle" przemienił się w sztuce polskiej w bojownika o wolność narodu.

Niewątpliwie przełomowymi momentami dla romantyzmu polskiego były wybuch powstania listopadowego oraz jego upadek i związany z nim wyjazd najwybitniejszych polskich poetów do Francji. Utrwalił się wtedy podział na twórców emigracyjnych i krajowych. Szczególnie owocne w dziejach romantyzmu polskiego były lata 1832–1836, nazywane niekiedy czasem arcydzieł. Na ten czas przypada opublikowanie: III części *Dziadów* i *Pana Tadeusza* Adama Mickiewicza, *Nie-Boskiej komedii* i *Irydiona* Zygmunta Krasińskiego oraz *Kordiana* Juliusza Słowackiego. Dzieła te popularyzowały w doskonałej, poetyckiej formie podstawową ideę polskiego romantyzmu – ideę wolności indywidualnej i zbiorowej. Romantyzm krajowy, ze względu na cenzurę, w dużym stopniu sięgał do idei konserwatywnych, wskazując na konieczność powrotu do cnót staroszlacheckich. Miały one być remedium na tragiczną teraźniejszość zniewolonego politycznie świata. Gatunkiem podstawowym stała się powieść, najczęściej historyczna (pozwalająca w sposób zakamuflowany ukazywać dawną świetność

Polski) lub społeczno-obyczajowa (często o charakterze moralizująco-dydaktycznym).

Kolejnym okresem zainteresowania dokonaniami romantyzmu był moment przełomu wieków, kiedy to ponownie zinterpretowano wiele dzieł romantycznych (w tym przede wszystkim Słowackiego); również dla pokolenia, które wyzwoliło Polskę z niewoli, idee romantyczne stanowiły źródło natchnienia do walki o wolność, czego widomym wyrazem są działalność polityczna i pisma Józefa Piłsudskiego. Dopiero po 1918 r. pojawili się twórcy, dla których ideały romantyzmu stały się już tylko historią lub przedmiotem delikatnej drwiny (członkowie grupy Skamander, Witold Gombrowicz), jednak wybuch II wojny światowej ponownie skierował uwagę artystów w stronę romantycznego kanonu tak poetyckiego, jak i ideowego (poezja Krzysztofa Kamila Baczyńskiego, walka powstańcza pokolenia Kolumbów). W tym sensie możemy widzieć w romantyzmie podstawowy paradygmat kultury polskiej, stanowiący o jej odrębnym charakterze i nadal będący żywym źródłem inspiracji artystycznych (po II wojnie światowej twórczość m.in. Władysława Hasiora, Tadeusza Kantora, grupy Wprost, Jarosława Marka Rymkiewicza).

Malarstwo romantyzmu

Romantyczna filozofia czynu sprawiała, że ówczesna sztuka najchętniej ukazywała zdarzenia wyjątkowe w sensie historycznym i kulturowym lub rozgrywające się na obszarach egzotycznych, nie do końca możliwych do poznania przez mieszkańca Europy. Stąd fascynacja dziejami wypraw krzyżowych czy Babilonu, stąd też sięganie do takich utworów literackich, jak *Boska komedia* Dantego Alighieri, *Jerozolima wyzwolona* Torquata Tassa, *Orlando szalony* Ludovica Ariosta i *Pieśni Osjana*. Romantycy cenili też dzieła Williama Szekspira, w którym widzieli artystę spełniającego wymóg całościowego opisu świata i ludzkich charakterów oraz twórcę odległego od klasycznych zasad sztuki.

W sztuce nowej epoki szczególnego znaczenia nabrał pejzaż, traktowany przez klasycystów jedynie jako tło dla rozgrywającej się w nim historycznej lub zaczerpniętej z mitologii anegdoty. Pod pędzlem romantycznych malarzy zyskał rangę samodzielnego tematu, stając się manifestacją głoszonego wówczas kultu natury, która pojmowana jako mistyczna siła, potężniejsza od człowieka i zdolna decydować o jego losie, mogła oddziaływać na psychikę człowieka, była też doskonałym zwierciadłem jego uczuć, obsesji, niekiedy szaleństwa. Takie rozumienie natury znalazło swe odbicie w ro-

◄ *POLONIA*
jest dziełem Ary'ego Scheffera, holenderskiego malarza związanego z Hotelem Lambert. Upadek powstania listopadowego zwrócił oczy Europy na losy Polski i zainspirował wielu artystów. Polonia to bezbronna kobieta leżąca na ciele białego orła, tratowana przez Kozaka na koniu – uosobienie okrutnej Rosji.
1831, MN WARSZAWA

► JULIUSZ SŁOWACKI,

niezadowolony ze swego wizerunku jako bohatera romantycznego, pisał zawiedziony do matki: „teraz nie mam ani ciężkiego odetchnienia ani obłąkanych oczu". W połowie XIX w. malarze chętnie ubierali portretowanych artystów w kostium romantycznego bohatera znanego z literatury tego czasu.
TYTUS BYCZKOWSKI, 1831, ML WARSZAWA, FOT. PC

▼ *KORDIAN*
Juliusza Słowackiego jest przykładem typowego dramatu romantycznego. Bodźcem do napisania dzieła były wydarzenia powstania listopadowego. Niedojrzałość polityczna i psychiczna tytułowego bohatera nawiązuje do narodowych przywar Polaków, niezdolnych do wyzwolenia się.
PARYŻ, 1834, OSSOLINEUM WROCŁAW, FOT. ML

▲ ZYGMUNT KRASIŃSKI
wywodził się z rodziny arystokratycznej i nosił tytuł hrabiowski. Podczas pobytu w Genewie poznał Adama Mickiewicza, który wywarł znaczący wpływ na jego intelektualne dojrzewanie. Największym dziełem Krasińskiego jest *Nie-Boska komedia*, wybitny przykład romantycznego dramatu metafizycznego.
1891, OSSOLINEUM WROCŁAW, FOT. ML

▲ MACHABEUSZE,

żydowski ród kapłański, w II w. przed Chr. powstali w obronie wiary przeciwko okupującym Izrael Seleucydom. Temat zaczerpnięty z Ksiąg Machabeuszów zasugerował malarzowi, Wojciechowi Stattlerowi, Adam Mickiewicz. Obraz – alegoria polskiej walki o niepodległość – otrzymał złoty medal na Salonie w Paryżu w 1844 r.
1830-1842, MN KRAKÓW, FOT. MM

FORTEPIAN SKRZYDŁOWY ▶

produkcji Karola Lehmanna z Warszawy jest przykładem stylu eklektycznego. Styl ów nie odwoływał się do jednej epoki artystycznej, lecz obficie czerpał z bogatej skarbnicy form i ornamentów różnych epok i swobodnie je łączył.
1850-1855, MHP OPATÓWEK, FOT. MM

◀ SOMOSIERRA

Piotra Michałowskiego, ilustrująca ważne wydarzenie historyczne, powstała na podstawie patriotyczno--literackiego mitu. Spośród wielu obrazów ukazujących bitwę pod Somosierrą właśnie wizja Michałowskiego wpisała się trwale w świadomość Polaków.
1837, MN KRAKÓW

▼ SPALENIE OKRĘTU TURECKIEGO PRZEZ GREKÓW

Januarego Suchodolskiego dowodzi zainteresowania polskich romantyków walkami wyzwoleńczymi w Grecji. Scenę tę wykorzystał Juliusz Słowacki w poemacie *Lambro*. Tytułowy bohater w akcie zemsty wysyła w stronę floty przeciwnika płonącą łódź pełną prochu.
1839, MWP WARSZAWA

mantycznych pejzażach, ukazujących nieodłącznie związaną z nią destrukcję (np. przedstawienia ruin, w których upatrywano symbolu przemijania), a także w wykorzystaniu nowych motywów pejzażowych – pustyni, rozszalałego morza. W polskiej sztuce przejawem nowej interpretacji natury i pejzażu jest ukazywanie Syberii, kojarzonej z porozbiorową martyrologią narodu.

Wiarę w oświeceniowy rozum zastąpiła wiara w objawienie, a malarz, na wzór poety, mógł widzieć w sobie odkrywcę ukrytych prawd. W związku z tym cenione było każde dzieło prowadzące do rzeczywistości odmiennej niż ta, z którą stykano się na co dzień – zarówno powstałe w przeszłości, jak i w czasie bliskim romantykom.

Ulubionym malarzem romantyków był Rafael Santi, ponieważ najpełniej, jak uważano, potrafił wyrazić chrześcijańskie i metafizyczne idee za pomocą doskonałej formy malarskiej. Drogą do poznania sfery ponadindywidualnych prawd była też historia, w której spełniały się przeznaczenia narodów i losy każdej jednostki. Postrzeganie świata jako czegoś dopiero stającego się, dynamicznego sprzyjało ukazywaniu wielkich batalii, których w burzliwych czasach romantyzmu nie brakowało. Celowali tu malarze francuscy; okres napoleoński wzmocnił potrzebę prezentacji słynnych bitew i bohaterów wojen toczonych przez najsłynniejszego wodza epoki. Pojawili się tacy twórcy jak Théodore Géricault, łączący harmonijnie podziw dla cesarza z romantyczną fascynacją cierpieniem i śmiercią. Ból i umieranie mogły objawiać się nie tylko w związku z wielkimi wydarzeniami historycznymi, ale i w życiu codziennym, coraz częściej pojmowanym jako sfera działania sił Opatrzności i Przeznaczenia. Nigdy jednak nie zapominano, że ostateczne pytanie o wartość wszystkich wydarzeń historycznych i całej sztuki sprowadza się do pytania o wartość jednostki ludzkiej – siły napędowej i ostatecznego celu romantyzmu.

Romantyczne inspiracje

Polskie sztuki plastyczne tej epoki były wyraźnie opóźnione w stosunku do wielkiej poezji romantycznej, która zawładnęła rządem dusz do lat 50. XIX w. Polscy poeci romantyczni, z wyjątkiem Juliusza Słowackiego, niezbyt interesowali się sztukami plastycznymi, a wielcy kompozytorzy, tacy jak np. Fryderyk Chopin, cenili wysoko malarstwo akademików, pomijając twórców tak wybitnych jak Delacroix. Trudności polityczne i brak mecenatu państwowego, stałych wystaw, galerii i muzeów również nie sprzyjały rozwojowi nowego malarstwa i rzeźby, podobnie jak bardzo konserwatywne, wywodzące się jeszcze z epoki klasycyzmu upodobania ówczesnej polskiej publiczności.

Możemy przez to mówić raczej o indywidualnościach twórczych niż o podbudowanym teoretycznie i ideowo nurcie. Sytuacja taka trwała aż do lat 60. XIX w., kiedy to objawili się artyści tak wybitni jak Artur Grottger i Jan Matejko. Wcześniej zaledwie kilku malarzy zasługiwało na miano twórców romantycznych, a najwybitniejszym spośród nich był niewątpliwie Piotr Michałowski.

Okres romantyzmu to czas dynamicznego rozwoju ilustracji literackiej. Kult wielkich poetów i obecność wybitnych dzieł literackich sprawiały, że coraz częściej ilustrowano popularne utwory, m.in. *Marię* Antoniego Malczewskiego czy *Pana Tadeusza*, *Konrada Wallenroda* i *Grażynę* Adama Mickiewicza. Dzięki ilustrowanym edycjom książek i czasopismom teksty romantyczne były obecne na rynku czytelniczym również w epoce pozytywizmu, a artyści parający się ilustracją – Juliusz Kossak czy Elwiro Andriolli – zyskiwali wielką popularność.

Podobnie jak w malarstwie, tak i w rzeźbie tej epoki trudno mówić o samoistnej sztuce romantycznej, ponieważ presja kanonu antycznego była tak silna, że do wyzwolenia z rządzących nim zasad mogło dojść dopiero po odrzuceniu reguł sztuki akademickiej w ogóle, czyli dopiero w drugiej połowie XIX w. Dlatego powstające do tego czasu w Polsce pomniki i rzeźby nagrobne to dzieła projektowane przez wybitnych klasycystów, jak Antonio Canova, Bertel Thorvaldsen czy Christian Daniel Rauch. Nowością było przydawanie klasycystycznym formom romantycznych treści historycznonarodowych – przykładami tej tendencji są posągi pierwszych władców polskich w Złotej Kaplicy w katedrze poznańskiej czy pomnik księcia Józefa Poniatowskiego w Warszawie.

W architekturze również dominował nurt wykorzystujący wzory sztuki antycznej, a za główny symptom nowych czasów uznano wprowadzanie – nie tylko w pawilonach ogrodowych, ale i w budowlach reprezentacyjnych oraz sakralnych – stylu neogotyckiego oraz nowych materiałów, zwłaszcza żeliwa. Umożliwiało ono tworzenie budowli o nowej, bardziej swobodnej i dynamicznej organizacji przestrzeni. Równocześnie jednak architekturę tej epoki cechuje charakterystyczny dla całego XIX w. eklektyzm, korzystający obficie z dostarczanych przez minione epoki wzorów. Dopiero dążenie do purystycznie pojmowanej sztuki nowoczesnej oraz zerwanie z duchem historyzmu doprowadziło do powstania budowli, w których nie aprioryczna, romantyczna idea, lecz purystyczna forma miała decydować o ostatecznym charakterze dzieła.

◄ PORTRET JANA KOCHANOWSKIEGO
prawdopodobnie pierwotnie przedstawiał cara Aleksandra I, jednak został przez autorkę, Henrykę Beyer, przemalowany na życzenie właścicielki obrazu. Beyer w latach 1824–1833 prowadziła w Warszawie pierwszą w Polsce szkołę malarstwa i rysunku dla kobiet. Jej martwe natury kwiatowe otrzymywały medale na wystawach.
1825 LUB 1836, MJK CZARNOLAS O/MJM RADOM, FOT. MM

▼ ► POLONEZ CHOPINA
Teofila Kwiatkowskiego został zainspirowany balami kostiumowymi wydawanymi w Hotelu Lambert. W alegorycznym balu biorą udział postacie historyczne. Chopinowi asystuje bosa muza polska z długimi warkoczami, inspiratorka patriotycznych kompozycji mistrza; są tu też jego przyjaciele: Mickiewicz, George Sand i Delfina Potocka.
1857, MN POZNAŃ, FOT. ACIE

IDEE FILARETÓW ►
oddziaływały na młodzież polską długo po rozwiązaniu stowarzyszenia w 1823 r. Cel koła, którym było kształtowanie postaw patriotycznych, został w pełni zrealizowany. Grupa uczniów z chełmińskiego gimnazjum, przygotowując się do powstania styczniowego, na cześć wileńskiej organizacji również nazwała się Towarzystwem Filaretów.
FOTOGRAFIA, 1863, MWP WARSZAWA, FOT. PC

◄ MAKSYMILIAN RYŁŁO
– jezuita, misjonarz na Bliskim Wschodzie. Pracował w Syrii, Mezopotamii i Egipcie, zainicjował założenie Uniwersytetu św. Józefa w Bejrucie, prowadził badania archeologiczne i etnograficzne. Jako prowikariusz apostolski misji afrykańskiej kierował wyprawą misyjną wzdłuż Nilu w głąb Afryki.
XIX W., ML WARSZAWA, FOT. PC

Rzeźba epoki romantyzmu była w Polsce do lat 60. XIX w. bliska ideałom sztuki neoklasycystycznej. Wynikało to zarówno z postawy artystycznej samych rzeźbiarzy, jak i z tradycjonalizmu mecenasów, którzy akceptowali jedynie wzorce antyczne. Dynamiczny rozwój rzeźby utrudniały też słabość rodzimego szkolnictwa artystycznego i brak państwowego mecenatu. Dlatego pierwsze, patriotyczne w zamyśle inicjatywy wznoszenia pomników podjęte zostały przez Towarzystwo Przyjaciół Nauk w Warszawie (pomniki Mikołaja Kopernika i księcia Józefa Poniatowskiego dłuta Bertela Thorvaldsena), a także na zlecenie osób prywatnych: Anny Potockiej (pomnik Włodzimierza Potockiego w katedrze na Wawelu, również autorstwa Thorvaldsena) czy Edwarda Raczyńskiego (pomnik Mieszka I i Bolesława Chrobrego w Złotej Kaplicy w katedrze poznańskiej, dłuta Christiana Daniela Raucha).

Realizacje tych pomników wywołały spory między zwolennikami formy klasycystycznej a tymi, dla których romantyczny historyzm czy indywidualizm sztuki polskiej były ważniejsze niż kult starożytnego piękna. W rzeźbie nagrobnej do głosu dochodzili jednak przede wszystkim zwolennicy historyzującego eklektyzmu, co obrazują takie dzieła, jak nagrobek Stanisława Kostki i Aleksandry Potockich w Wilanowie (Jakub Tatarkiewicz i Konstanty Hegel) i nagrobek generała Jana Skrzyneckiego w kościele Dominikanów w Krakowie, dzieło Władysława Oleszczyńskiego, uznawanego za najwybitniejszego polskiego rzeźbiarza doby romantyzmu.

Większość dzieł rzeźby nagrobnej sytuowano na cmentarzach, spośród których najważniejsze dla tej sztuki były: lwowski Łyczaków, warszawskie Powązki, wileńska Rossa i krakowski cmentarz Rakowicki. Działały tam liczne warsztaty kamieniarskie, w których realizowano zamawiane najchętniej przez ówczesną publiczność klasycyzująco-romantyczne wzory, nieobce również twórcom takim, jak Oskar Sosnowski, poeta-rzeźbiarz Teofil Lenartowicz oraz Wojciech Święcki, autor licznych nagrobków na Powązkach, m.in. muzyka Ignacego Komorowskiego.

Apogeum rozwoju rodzimej patriotycznej nagrobnej rzeźby romantycznej stanowi „Górka powstańców 1863 roku" z Łyczakowa z pomnikiem Szymona Wizunasa Szydłowskiego, dłuta Aleksandra Zagórskiego. Romantyczny kult artystycznego geniuszu i „życia pomimo śmierci" przejawiał się też w rozlicznych dziełach artystów działających już po połowie XIX w., takich jak Pius Weloński czy Antoni Kurzawa, oraz w konkursach na pomniki Adama Mickiewicza w Krakowie i Warszawie.

▲ NAGROBEK GENERAŁA JANA SKRZYNECKIEGO
wykonał uczeń Pierre'a Jeana Davida d'Angers – Władysław Oleszczyński. Ukazany na tym pomniku, ubrany w galowy mundur generał budzony jest do wiecznego życia już nie przez antycznego Thanatosa, lecz przez romantycznego w swym dynamicznym geście anioła.
1865, KLASZTOR DOMINIKANÓW W KRAKOWIE, FOT. MM

▼ MAUZOLEUM
Stanisława Kostki i Aleksandry Potockich powstało na zamówienie ich syna Aleksandra. Pełnoplastyczne postacie Potockich są dziełem ucznia Bertela Thorvaldsena – Jakuba Tatarkiewicza; neogotycka oprawa nagrobka natomiast powstała w pracowni Konstantego Hegla.
WILANÓW, 1834-1836, FOT. PC

◄ POMNIK SEWERYNA GOSZCZYŃSKIEGO

jest dziełem Juliana Markowskiego, twórcy kilkudziesięciu pomników nagrobnych na lwowskim Łyczakowie. Pogrzeb zmarłego w 1876 r. romantycznego poety stał się wielką patriotyczną manifestacją, w której wzięło udział blisko 50 tysięcy ludzi.
FOT. SSN

▼ NAGROBEK AUGUSTA CIESZKOWSKIEGO

– filozofa, ekonomisty i polityka – powstał według projektu Teofila Lenartowicza i jest powtórzeniem, z niewielkimi zmianami, zaprojektowanego też przez Lenartowicza pomnika matki Augusta, Zofii Cieszkowskiej, znajdującego się w kościele Santa Croce we Florencji.
KOŚCIÓŁ ŚW. MIKOŁAJA W WIERZENICY POW. POZNAŃ, FOT. MM

▲ CMENTARZ POD ŚNIEGIEM

to przykład fascynacji romantyków problematyką śmierci. Cmentarz u Caspara Davida Friedricha jest nie tylko miejscem wiecznego spoczynku umarłych, ale i bramą prowadzącą ich do zbawienia i życia wiecznego.
1826, MBK LEIPZIG

▲ NAGROBEK ANNY RÓŻYCKIEJ,

dzieło Henryka Stattlera, syna znanego malarza Wojciecha Kornelego Stattlera. Artysta połączył w tym pomniku sentymentalny gest postaci z modną w okresie romantyzmu neogotycką oprawą architektoniczną.
PO 1856, KLASZTOR FRANCISZKANÓW W KRAKOWIE, FOT. MM

◄ POMNIK NAGROBNY

młodo zmarłego muzyka Ignacego Komorowskiego na warszawskich Powązkach został po malarsku zakomponowany przez Wojciecha Święckiego, absolwenta warszawskiej Szkoły Sztuk Pięknych, artystę specjalizującego się w grupach rzeźbiarskich ukazujących postacie z ludu.
PO 1856, FOT. MM

► W POMNIKU KAZIMIERZA BRODZIŃSKIEGO,

dłuta Władysława Oleszczyńskiego, artysta starał się oddać wiernie nie tylko rysy twarzy twórcy *Wiesława*, ale i pełną zadumy i melancholii psychikę poety.
1863, KOŚCIÓŁ WIZYTEK W WARSZAWIE, FOT. MM

▼ CMENTARZ W GÓRACH

jest tematem obrazu Wojciecha Gersona – nauczyciela wielu polskich malarzy. Artysta wystawił dzieło w warszawskim Towarzystwie Zachęty Sztuk Pięknych w 1894 r. Romantyczno-mistyczne wizerunki cmentarzy uległy tu przekształceniu dokonanemu w duchu realizmu, odbiegającego od romantycznego patosu.
MN WARSZAWA, FOT. TŻH

KONSPIRACJA SZLACHECKA I CHŁOPI

Bardzo powolne zmiany społeczne oraz opóźniane reformy agrarne nie sprzyjały włączeniu chłopów do ruchu narodowego

◄ SPADEK ZNACZENIA SZLACHTY
był efektem przemian prawnych we wszystkich trzech zaborach: zniesienia stosunków poddańczo-pańszczyźnianych oraz ograniczenia przywilejów stanowych.
TŁOK PIECZĘCI SYGNETOWEJ Z HERBEM SZELIGA, 1 POŁ. XIX W., ZPW KUCHARSKI, FOT. MM

▲ NADAWANIE TYTUŁÓW ARYSTOKRATYCZNYCH
było przywilejem wyłącznie monarchy. Można było je uzyskać za zasługi w służbie publicznej, wojskowej lub naukowej. W zależności od rangi zasług nadawano tytuł tylko konkretnej osobie lub dziedzicznie.
AKT NADANIA RODZINIE PONIEŃSKICH TYTUŁU HRABIOWSKIEGO, 10 IX 1840, MR WRZEŚNIA, FOT. MM

Szlachectwo i demokratyzacja

Przemiany społeczne, jakie dokonywały się w latach 30. i 40. na obszarze dawnej Rzeczypospolitej, na różnych obszarach miały odmienny charakter. Uwidaczniały się granice rozbiorowe, odsłaniając regionalną specyfikę cywilizacyjną. Cechą wspólną dla wszystkich ziem było bardzo powolne słabnięcie tradycyjnych, stanowych podziałów, związane z formowaniem się nowych grup społecznych.

Z wolna zmniejszało się społeczne znaczenie szlachectwa. Władze państw zaborczych skłonne były podtrzymywać pozycję szlachty, ale każdy z rządów prowadził w tej dziedzinie odrębną politykę. Podstawową zasadą, którą kierowały się Berlin i Wiedeń, oraz – po upadku powstania listopadowego – Petersburg, było dostosowanie polskiego szlachectwa do norm przyjętych w danym państwie.

Idea szlachectwa, mocno ugruntowana w mentalności znacznej części rodzimych warstw wyższych, pozostawała ważnym składnikiem ówczesnej kultury polskiej. Jednocześnie jednak coraz silniej oddziaływały koncepcje demokratyczne, a rzeczywistość społeczna zaczynała, pod pewnymi przynajmniej względami, wyraźnie odbiegać od tradycyjnych wyobrażeń.

Ziemiaństwo

Gospodarka ziemiańska przeżywała w tym czasie kryzys. System pańszczyźniany okazywał się coraz bardziej anachroniczny. W warunkach polskich jednak uzyskiwanie przez chłopów wolności osobistej powodowało spadek wydajności pracy w rolnictwie, ponieważ wyzwolonych trudniej było skłonić do przymusowych robót w folwarku. Sytuację pogarszał jeszcze spadek cen zboża na rynkach europejskich i nasilająca się konkurencja ze strony producentów z krajów, w których procesy modernizacyjne i wzrost wydajności nastąpiły już w XVIII w. Zamożniejsi posiadacze ziemscy lepiej sobie radzili z takimi trudnościami, mieli bowiem środki na unowocześnienie sposobu gospodarowania. Dla mniej zasobnych i mniej zaradnych kryzys oznaczał niejednokrotnie utratę majątku.

Inteligencja i burżuazja

W szczególnie trudnym położeniu znalazła się drobna szlachta, która po upadku wielkich dworów magnackich oraz likwidacji niezależnych struktur państwowych i armii straciła tradycyjne drogi kariery. Szukając środków do życia, jej przedstawiciele osiedlali się w miastach, gdzie utrzymywali się – wbrew ziemiańskiej tradycji – z miejskich zajęć. Ludzie tacy mogli swój szlachecki rodowód kultywować lub zapominać o nim z upływem czasu. Zależało to od ich aktualnej pozycji społecznej, ta zaś bywała bardzo rozmaita: niektórzy dochodzili do wysokich stanowisk i majątku, liczni stawali się jednak skromnymi rzemieślnikami i robotnikami.

Wykształcenie otwierało przed młodym, niezamożnym szlachcicem perspektywę pracy umysłowej, przeważnie urzędniczej, wyżej cenionej w świecie szlacheckim od kupiectwa bądź rzemiosła. Liczba urzędników rosła stopniowo, przybywało też innego rodzaju pracowników umysłowych: nauczycieli, lekarzy i inżynierów, dziennikarzy i muzyków. Obok szlachty pojawiali się tu często mieszczanie. Zupełnie sporadycznie natomiast do środowisk pracowników umysłowych wchodziła młodzież pochodzenia chłopskiego.

Ci, którzy zajmowali się pracą umysłową, zaczynali tworzyć odrębną warstwę, nazwaną inteligencją – zbiorowość o ustalonej pozycji społecznej, podobnej mentalności i zbliżonym stylu życia, cechach różniących ją od ziemiaństwa i burżuazji oraz chłopstwa i niższych warstw miejskich. Jej członkowie, jakkolwiek wywodzili się z różnych środowisk, szlacheckich i nieszlacheckich, to jednak pozostawali pod silnym wpływem kultury ziemiaństwa jako stanu uprzywilejowanego. Elity inteligenckie wytworzyły wszakże również własne wartości, jak chociażby szczególne znaczenie przypisywane edukacji. Nie zawsze też reprezentowały tę samą linię polityczną co nadal dominujące w polskim życiu zbiorowym ziemiaństwo.

Inna z nowych warstw to burżuazja, w latach 30. i 40. coraz wyraźniej odróżniająca się od mniej zamożnego mieszczaństwa. Nieliczna, często niepolska etnicznie, była wytworem niespotykanej wcześniej ekspansji gospodarczej. Finansiści, przemysłowcy i kupcy gromadzili wielkie nieraz fortuny, angażując się w przedsięwzięcia odmienne od tych, których podejmowali się dotychczas mieszczanie.

Inteligencja i burżuazja stanowiły nowe, nie w pełni jeszcze ukształtowane warstwy społeczne związane z miastem i kulturą miejską; były wytworem procesów cywilizacyjnych rozpoczętych w drugiej połowie XVIII w. Trzeba jednak pamiętać, że

▶ POTWIERDZENIE SZLACHECTWA

otrzymywano po przedstawieniu dowodów szlachectwa: dokumentów nobilitujących, wywodów genealogicznych, klauzuli potwierdzającej fakt posiadania ziemi przed 1775 r., aktów nominacji przodków na wysokie urzędy państwowe przed 1795 r. lub nadanych antenatom odznaczeń.

POTWIERDZENIE SZLACHECTWA DLA ANDRZEJA JANA GUTOWSKIEGO, 11–23 III 1840, KTN BITTBURG, FOT. MM

◀ W AUTONOMICZNEJ GALICJI URZĘDNICY,

w odróżnieniu od kadr administracyjnych pozostałych zaborów, tworzonych przez Rosjan i Niemców, rekrutowali się głównie z polskiej szlachty. Również wśród nauczycieli dominowali tutaj wówczas Polacy.

MUNDUR GALOWY URZĘDNIKA GALICYJSKIEGO, PRZED 1914, MO RZESZÓW, FOT. MŁ

▲◀ FOLWARKI W XIX W.

powoli podlegały specjalizacji. Powstawały gospodarstwa zajmujące się hodowlą, sadownictwem, pszczelarstwem lub przemysłem rolnym. Intensyfikowano metody upraw, zastępując trójpolówkę płodozmianem, i wprowadzano mechanizację rolnictwa.

PLAN FOLWARKU GRZYMAŁOWSKIEGO DLA IZABELI LUBOMIRSKIEJ – 1813, MNR SZRENIAWA, FOT. MM; „BROWAR NA FOLWARKU W RUDZIE" – JÓZEF DEMBOWSKI, 1832, MN WARSZAWA, FOT. PLI

Intelektualista o ludzie

„Lud bowiem naprzód i ludzkość [człowieczeństwo] jednym są; albowiem ludzkość jest ogółem wszechludów, lud zaś każdy jeden i ten sam interes ma, co inny lud, co wszechludy. Kto miłuje lud polski, miłuje i lud niemiecki i lud francuski, miłuje każdy lud, miłuje ludzkość, bo wszędzie lud jednakim jest, tylko mniej lub więcej pognębianym, tylko mówiący różnymi językami. Kto by o tym powątpiewał, snadź uważa narody za królów, czyli królów za narody, a dzieje za rejestr bitew, które podobało się np. najjaśniejszemu Ludwikowi XIV wydać jakiemu innemu najjaśniejszemu". Autor cytowanego tekstu, Edward Dembowski, był synem Leona, kasztelana i senatora Królestwa Polskiego. Interesował się filozofią Georga Wilhelma Friedricha Hegla i pisywał o niej już w wieku 20 lat. Wtedy też zaczął konspirować. Wkrótce działał we wszystkich zaborach. W lutym 1845 r. przybył do Galicji i podjął przygotowania powstańcze. Z głębokim przekonaniem mówił, że lud uwierzy kochającym go rewolucjonistom, którzy w rezultacie będą mogli poprowadzić za sobą masy „choćby w piekło".

▲ **POZYCJA RZEMIEŚLNIKÓW**

została osłabiona rozwojem przemysłu. Cechy nie mogły pełnić dawnej funkcji i traciły dawne prerogatywy. Ci spośród rzemieślników, którym nie udało się wytrzymać konkurencji fabryk, stawali się robotnikami.

TŁOKI PIECZĘCI CECHÓW: STELMACHÓW I KOŁODZIEJÓW, KOWALI, POWROŹNIKÓW, 2 POŁ. XIX W., MR WRZEŚNIA, FOT. MM

▲ **SZKOLNICTWO WYŻSZE**

w XIX w. zaczęło być dostępne dla przedstawicieli różnych grup społecznych. W spisach studentów pojawiły się nazwiska plebejskie, żydowskie i cudzoziemskie, co świadczy o zróżnicowaniu społeczności akademickiej.

JAN WOJNAROWSKI: „SALA WYKŁADOWA PROFESORA [JÓZEFA] BRODOWICZA"; „GABINET PROFESORA [JÓZEFA] BRODOWICZA"; 1850; BJ KRAKÓW, FOT. MM

◄ **TEATR LWOWSKI**

został ufundowany przez hrabiego Stanisława Skarbka, który w 1842 r. wyjednał u cesarza przywilej teatralny, umożliwiający powstanie polskiej sceny.
Elity arystokratyczne odgrywały ogromną rolę w kształtowaniu tożsamości narodowej.

PROJEKTOWANY TEATR WE LWOWIE, PRZED 1838, OSSOLINEUM WROCŁAW, FOT. PC

Rodzina w XIX w.

Aż do ostatniej ćwierci XIX w., czyli w dobie płodności naturalnej (kiedy nie kontrolowano poczęć), liczba dzieci w rodzinie osiągała poziom płodności maksymalnej. Znaczy to, że matka rodziła do dwanaściorga dzieci. Około 30% potomstwa nie dożywała pierwszego roku życia, a połowa – wieku 10 lat. Pozycja społeczna rodziny decydowała o liczbie dzieci żywo urodzonych i pozostających przy życiu, jak również o tym, czy musiały opuścić rodzinę i podjąć pracę zarobkową.
Rewolucja demograficzna rozpoczęła się trwałym spadkiem liczby zgonów. Do zmienionego poziomu umieralności zaczęły się dostosowywać funkcje prokreacyjne rodziny. Przy życiu pozostawało coraz więcej żywo urodzonych dzieci, a więc dla przetrwania rodziny potrzebna była mniejsza ich liczba. Tradycyjnie drobne gospodarstwa, warsztaty rzemieślnicze czy inną własność dzielono między potomstwo lub spłacano dzieci niedziedziczące. Podziały te pogarszały standard życia rodziny. Zarobki w zakładach przemysłowych także były zbyt niskie, by można było utrzymać większą czy nawet średniej wielkości rodzinę. Aby podnieść lub utrwalić oczekiwany poziom egzystencji, koniecznie należało podnieść zarobki lub ograniczyć liczbę potomstwa. Ponieważ to pierwsze było mało realne, zmieniły się prokreacyjne funkcje rodziny.

---

pod koniec pierwszej połowy XIX w. ziemie polskie miały charakter przeważnie rolniczy i wiejski. Około 75% ogółu ludności żyło wówczas na wsi; mieszkańcy małych miasteczek, choć niezaliczani do chłopów, również utrzymywali się w dużej części z rolnictwa. W tych warunkach problemy wsi i rolników musiały nabierać szczególnego ciężaru gatunkowego.

Reformy agrarne

Anachroniczność systemu pańszczyźnianego, będąca poważnym problemem gospodarczym dla ziemiaństwa, uwidaczniała się również w sferze stosunków między dworem a chłopstwem. Na wsi od setek lat nie brakowało konfliktów, ale w pierwszych dziesięcioleciach XIX w. zaostrzyły się one dość wyraźnie. Z jednej strony wzrosła życiowa aktywność chłopów: w Księstwie Warszawskim i Prusach zniesiono poddaństwo, a industrializacja, nawet w swej początkowej fazie, otwierała szersze perspektywy bytowe poza rolnictwem. Wreszcie na wieś zaczęły docierać echa aktualnych sporów ideowych, z hasłami demokratycznymi włącznie – echa bardzo słabe, ale wystarczające, aby przyczynić się do destabilizacji starego ładu wiejskiego. Z drugiej strony ziemiaństwo, starając się zaradzić trudnościom, z jakimi borykał się folwark, skłonne było wychodzić z tych kłopotów kosztem chłopstwa.

Tam, gdzie państwo nie przeprowadziło reformy agrarnej, częstą praktyką stało się usuwanie chłopów z użytkowanych przez nich gruntów albo zmniejszanie chłopskich nadziałów. Wobec coraz bardziej widocznych defektów pańszczyzny niektórzy ziemianie zamieniali pańszczyźniane obciążenia na czynsz; nie było to jednak zjawisko zbyt rozpowszechnione. Ogólnie mówiąc, ziemiaństwo nie wykazywało większej chęci reformowania stosunków wiejskich. Większość posiadaczy ziemskich obawiała się przejścia na system pracy najemnej i gospodarowania w sposób nowoczesny, czyli przede wszystkim zgodny z rachunkiem ekonomicznym.

Ostateczne decyzje w sprawie ustroju wsi należały do władz państwowych. Z dalej idącymi inicjatywami pierwsze wystąpiły Prusy, w których epoka napoleońska przyniosła istotną modernizację wielu dziedzin życia. W 1807 r. monarcha pruski wydał edykt znoszący poddaństwo; w latach 1811 i 1816 ukazały się rozporządzenia umożliwiające chłopom nabywanie na własność części gruntów, które użytkowali (pozostała część, od 1/3 do połowy całego gospodarstwa, miała pozostać w ręku pana gruntowego jako jego odszkodowanie). Chociaż warunki reformy były, jak się okazało, korzystne dla ziemiaństwa, postanowienia władz nie spotkały się w tych środowiskach ze zbyt przychylnym przyjęciem. Dopiero w 1823 r., przy licznych protestach miejscowych ziemian, wydano odpowiednią ustawę dla Wielkiego Księstwa Poznańskiego.

Pruska reforma agrarna była wcielana w życie stopniowo, aby nie narazić na szwank ziemiańskiej gospodarki i w miarę spokojnie przeprowadzić ją przez fazę ekonomicznej transformacji. Realizacja edyktów uwłaszczeniowych zakończyła się w połowie stulecia, a wielcy właściciele powoli zapoznawali się z korzyściami płynącymi z odejścia od systemu pańszczyźnianego.

Władze dwóch pozostałych państw zaborczych przez dłuższy czas nie podejmowały żadnych istotnych działań reformatorskich. W poszczególnych krajach monarchii habsburskiej istniały sejmy stanowe, skupiające przedstawicieli lokalnej szlachty. Sejmy takie miały wprawdzie mocno ograniczone kompetencje, ale mogły stać się miejscem omawiania ważnych spraw danego regionu. W 1842 r. sejm galicyjski zajął się kwestią agrarną i rozważał ją przez kilka lat, nie wychodząc wszakże poza postulat oczynszowania, wraz z sugestią, że powinno się umożliwić chłopom wykupienie obciążeń czynszowych. Oczynszowanie przeprowadzono jedynie na obszarze Rzeczypospolitej Krakowskiej.

Konsekwencją uwłaszczenia, jakie przeprowadzono w zaborze pruskim, było pogłębienie rozwarstwienia mieszkańców tamtejszej wsi: ziemię otrzymali chłopi stosunkowo zamożni, ubożsi, których nie było stać na wykup ziemi, nie zostali objęci postanowieniami reformy. Rozwarstwienie takie zarysowywało się też, choć słabiej, w pozostałych zaborach, gdzie z pańszczyźnianego chłopstwa wyodrębniała się kategoria czynszowników, a jednocześnie przybywało ludności nieposiadającej własnej ziemi.

Konspiracja

W kraju o problemach wsi można było publicznie dyskutować jedynie w tych skromnych granicach, jakie wyznaczała cenzura. Nieporównanie śmielej wypowiadano się na ten temat na emigracji. Upowszechniło się tam przekonanie, że reforma agrarna stała się rzeczą nieodzowną. Sądzili tak nie tylko demokraci – w połowie lat 40. również książę Adam Jerzy Czartoryski opowiadał się za zmianą stosunków na wsi. Książę myślał jednak o reformie na wzór pruski, Towarzystwo Demokratyczne Polskie natomiast wysuwało znacznie bardziej radykalny postulat pełnego i bezpłatnego uwłaszczenia wszystkich użytkowników ziemi.

▲ **OBRACHUNEK ROBOCIZNY**
bezrolnych chłopów dokonywany był przez rachmistrzów. Wynagrodzenie za pracę w dobrach szlacheckich, choć ustalane przez zarządzających folwarkami na bardzo niskim poziomie, świadczy o powolnym docieraniu na wieś nowych tendencji.
FRANCISZEK KOSTRZEWSKI, „TYGODNIK ILUSTROWANY", 1859, BUWR WROCŁAW, FOT. JKAT

DOKUMENT ▶
wydany przez właściciela majątku, zezwalający na ślub poddanych, wskazuje na utrzymywanie się tradycyjnych stosunków między panem a chłopem na terenach, gdzie nie zniesiono poddaństwa.
1841, MNR SZRENIAWA, FOT. MM

▼ **ZIEMSTWO KREDYTOWE W POZNANIU**
było instytucją finansową zajmującą się udzielaniem dogodnych kredytów polskim właścicielom ziemskim. W latach 50. XIX w. zostało zastąpione przez Landschaftę, wspierającą wyłącznie niemieckich posiadaczy ziemskich.
AUGUST SOLLER, 1837–1838, FOT. MM

▶ **MONETA WOLNEGO MIASTA KRAKOWA**
została wyemitowana w 1835 r. Wprowadzono tylko trzy rodzaje monet: dziesięcio- i pięciogroszowe oraz złotówkę, które jako środek płatniczy przetrwały do 1846 r. Na awersie znajdował się ukoronowany herb Krakowa.
MM PŁOCK, FOT. MM

PŁUG WRZESIŃSKI ▶
(bezkolesny, o cylindrycznej odkładnicy) był narzędziem bardzo rozpowszechnionym na ziemiach zaborów. Jego twórcami byli hrabia Edward Poniński z Wrześni i jego kowal Bednarowicz z Zawodzia. Produkcja rozpoczęła się w 1859 r.
2 POŁ. XIX W., MNR SZRENIAWA, FOT. MM

◄ SZYMON KONARSKI TORTUROWANY W CELI WIĘZIENNEJ

nie przyznał się do działalności spiskowej, którą prowadził od 1835 r. na Litwie i Ukrainie wśród młodzieży studenckiej. W pożegnalnym wierszu do narzeczonej pisał: „Do nieba iść nie chciałem, bo lud mój w niewoli". Rozstrzelano go w 1839 r.

JAN MATEJKO, OK. 1850, DJM MN KRAKÓW, FOT. MM

◄ SĄD DORAŹNY NAD ZDRAJCAMI STANU

oraz nawołującymi do powstania lub stawiającymi opór władzy był jedną z form represji po wydarzeniach w Galicji. Po zajęciu Krakowa 4 III 1846 r. przez wojska rosyjsko-austriackie aresztowano i postawiono przed sądem ponad 1200 osób.

OBWIESZCZENIE „KREISSCHREIBEN", LWÓW, 1846, MNIEP WARSZAWA, FOT. MM

▲ EDWARD DEMBOWSKI

starał się pozyskać chłopów do działań powstańczych. Gdy inne środki zawiodły, odwołał się do uczuć religijnych. Aby powstrzymać chłopów maszerujących na Kraków, stanął na czele nieuzbrojonej procesji i zginął (w wieku 24 lat) od kuli austriackiej.

OK. POŁ. XIX W., ML WARSZAWA, FOT. MM

▲ PIOTR ŚCIEGIENNY

jako narzędzia propagandy używał *Listu ojca św. Grzegorza papieża*. Agitatorzy przebrani za wędrownych rzemieślników kolportowali jego odręczne kopie i czytali je chłopom. List wzywał chłopów do wojny z możnowładcami i panami we współpracy z ludem miejskim.

FOTOGRAFIA, 2 POŁ. XIX W., MWP WARSZAWA, FOT. PC

Plebejski agitator

Ksiądz Piotr Ściegienny urodził się na wsi pod Kielcami. Był wikariuszem, następnie zaś proboszczem na Lubelszczyźnie. W początku lat 40. rozpoczął w Lubelskiem i Kieleckiem agitację wśród chłopstwa, interpretując treści chrześcijańskie w duchu radykalnie demokratycznym. Ludzi dzielił na „ród pracujący" i „ród próżniaczy", a za podstawę istniejącego porządku społecznego uznawał przemoc. „Bóg, stworzywszy człowieka, osadził go na ziemi, którą dla wszystkich ludzi przeznaczył, pozwolił używać wszelkich owoców ziemi, pracą wydobytych, a człowiek ani za ziemię, na której mieszkał, ani za płody ziemi, którymi się żywił, Bogu nie płacił. Wolno było człowiekowi iść, gdzie mu się podobało, wolno mu było robić, co chciał, byle nie z krzywdą bliźniego. Był człowiek wolny, tak jak dziś ptak w powietrzu wolny jest. Później mocniejsi powydzierali słabszym ziemię i przywłaszczyli ją sobie. Potem, niby jako ze swej własności, poudzielali biedniejszym ludziom po kawałku przywłaszczonej ziemi i kazali sobie pańszczyznę, darmoszczyznę odrabiać, daniny dawać, czynsze płacić, podatki składać" – czytamy w *Liście ojca św. Grzegorza papieża*, przypisywanym Ściegiennemu.

Duża część działaczy emigracyjnych pragnęła rzeczywistej emancypacji chłopstwa, lecz dla przytłaczającej większości wychodźców kwestia agrarna była ściśle podporządkowana celom narodowym: nadanie własności ziemi miało przybliżyć chłopom ideę narodu i umożliwić wciągnięcie ich do walki z zaborcami. Czartoryski uważał taką patriotyczną mobilizację wsi za zadanie bardzo trudne; demokraci z kolei wykazywali tu wiele optymizmu.

Doświadczenia, jakie zbierali w tej dziedzinie krajowi konspiratorzy, nie sposób byłoby nazwać zachęcającymi. Pierwsze próby utworzenia patriotycznej konspiracji podjęto z inicjatywy emigracji niedługo po upadku powstania listopadowego i nie przyniosły one sukcesów. Wiosną 1833 r. załamała się nieudolna inicjatywa pułkownika Józefa Zaliwskiego, który usiłował wywołać nowe powstanie w Królestwie. W 1835 r. emisariusze Lelewela zaczęli organizować w Galicji Stowarzyszenie Ludu Polskiego, starając się nadać temu związkowi zasięg ogólnokrajowy. Szczególną aktywnością wykazał się wtedy Szymon Konarski, tworzący siatkę spiskową na Ukrainie i Litwie. Niełatwo ustalić liczebność tego sprzysiężenia – wiadomo w każdym razie, że kiedy w 1838 r. zostało ono wykryte, dochodzenie dotyczyło ponad 200 osób (Konarskiego stracono w Wilnie w 1839 r.). Galicyjska konspiracja lelewelistów, nękana aresztowaniami i pogrążona w wewnętrznych sporach, rozpadła się na przełomie lat 30. i 40.

Intencją spiskowców było dotarcie do „ludu", czyli przede wszystkim chłopstwa, ale okazało się to zadaniem niezmiernie trudnym. Konspiratorzy musieli działać wśród szlachty i ludzi pochodzenia szlacheckiego, zwłaszcza inteligencji, a wysiłki, aby wyjść poza te środowiska, szybko ujawniały, jak silne bariery dzielą warstwy wyższe od niższych. Jedyną tajną organizacją, która zyskała sobie chłopskich zwolenników, był związek utworzony w Lubelskiem i Kieleckiem przez księdza Piotra Ściegiennego w początku lat 40., a rozbity w 1844 r. Ale też hasła, jakimi posługiwał się Ściegienny w swej propagandzie, miały wyraźnie radykalny charakter i znacznie różniły od haseł głoszonych przez działaczy innych konspiracji.

Z początkiem lat 40. emigracyjnym centrum przedsięwzięć konspiracyjnych stało się Towarzystwo Demokratyczne Polskie. Jego prace skupiły się na terenie Poznańskiego, czemu sprzyjała liberalizacja polityki władz pruskich i pogorszenie się stosunków między Prusami a Rosją. Towarzystwo miało szeroko zakrojone plany: utworzony w Poznaniu komitet przygotowywał powstanie we wszystkich zaborach. Spośród ówczesnych działaczy spiskowych zdolnościami i energią wyróżniał się Edward Dembowski.

Powstanie i chłopska rebelia

W połowie lutego 1846 r., na krótko przed planowanym wybuchem trójzaborowego powstania, aresztowano w Poznaniu wielu członków kierownictwa tamtejszej konspiracji. Jak się teraz okazało, tylko w Galicji Zachodniej i Wolnym Mieście Krakowie powstały kadry spiskowców na tyle silne, aby można było przejść do działania. Akcję powstańczą rozpoczynano jednak w atmosferze chaosu, a przywódcy ruchu w większości nie błysnęli kwalifikacjami organizacyjnymi. Powstańcom udało się 22 II opanować Kraków, gdzie zaraz proklamowano utworzenie Rządu Narodowego Rzeczypospolitej Polskiej. Rząd wydał manifest, w którym wzywano do powszechnego udziału w walce, zapowiadano zniesienie wszelkich przywilejów oraz uwłaszczenie chłopów.

Tymczasem poza Krakowem powstańcza inicjatywa została stłumiona w zarodku, przy czym decydujące znaczenie miała postawa chłopstwa. Galicyjscy chłopi uważali bowiem, że szlachta przygotowuje masakrę swych poddanych. Austriaccy urzędnicy podsycali chłopskie obawy, wzywając wieś do czujności wobec wrogów cesarza. W rezultacie uzbrojeni wieśniacy chwytali zbierających się do walki powstańców, następnie zaś ruszali na ziemiańskie siedziby. Zniszczono kilkaset dworów, zabito ponad 1000 osób. Chłopska rebelia, której najbardziej znanym przywódcą stał się Jakub Szela, objęła przede wszystkim Tarnowskie i została ostatecznie stłumiona przez wojska austriackie.

Jedną z konsekwencji chłopskiego buntu, nazwanego rabacją galicyjską, był szybki upadek powstania krakowskiego. Dembowski, znalazłszy się w kręgu powstańczych władz, starał się porozumieć z chłopstwem, zginął jednak w końcu lutego z rąk Austriaków. W pierwszych dniach marca powstańcy opuścili Kraków, zajęty wkrótce przez oddziały rosyjskie i austriackie. W listopadzie Wolne Miasto Kraków zakończyło swój żywot – jego terytorium zostało włączone do Austrii.

Dla polskich działaczy demokratycznych, mających nadzieję na wciągnięcie chłopstwa do ruchu narodowego, rabacja była bolesnym wstrząsem. Dla władz rosyjskich stała się sygnałem, że problemy wsi mogą wymagać rządowej interwencji. Kiedy wiosną 1846 r. w Królestwie nasiliły się niepokoje na wsi, Mikołaj I zdecydował się wydać ukaz ograniczający możliwość rugowania chłopów z ich gospodarstw i zakazujący wprowadzania nowych obciążeń.

Rzeczpospolita Krakowska

Galicja

granica Cesarstwa Austriackiego do 1846 r.

obszar wcielony do Cesarstwa Austriackiego po powstaniu krakowskim w 1846 r.

ataki na dwory szlacheckie podczas rabacji galicyjskiej w 1846 r.

bitwy i potyczki stoczone w powstaniu krakowskim

Lwów ośrodki związane z Wiosną Ludów w 1848 r.

▲ WŁADZE AUSTRIACKIE

wykorzystywały antagonizmy klasowe w Galicji. Obietnice nadania na własność ziemi chłopom, którzy powstaną przeciw polskiej szlachcie, okazały się skuteczne. Za dostarczonych do Tarnowa powstańców wypłacano nagrody.

„LES OFFICIERS AUTRICHIENS ACHETANT LES TÊTES DES NOBLES POLONAIS" – POŁ. XIX W., ML WARSZAWA, FOT. MM; „RZEŹ GALICYJSKA" – JAN LEWICKI, OK. 1846, MWP WARSZAWA, FOT. MCIU

▶ JAKUB SZELA, jeden z przywódców rebelii chłopskiej w Galicji, w kwietniu 1846 r. wystąpił do gubernatora lwowskiego z żądaniem ograniczenia pańszczyzny do jednego dnia w tygodniu i jej częściowej zamiany na czynsz. Postulatów nie spełniono, a Szela został uwięziony.

HENRYK DMOCHOWSKI, 1846, MSZM MM WROCŁAW, FOT. PPA

▲ BRUTALNOŚĆ CHŁOPÓW

w walkach ze szlachtą osiągnęła niespotykane rozmiary. Podjudzani przez Austriaków, uzbrojeni w kosy i siekiery chłopi masakrowali powstańców oraz właścicieli ziemskich i ich urzędników.

TH. GUÉRIN, „MASSACRES DE LA GALLICIE", PO 1846, ML WARSZAWA, FOT. MM

Chłopska rebelia

Rabacja galicyjska silnie wstrząsnęła polskimi warstwami wyższymi. Dla demokratów była bolesnym ciosem, ukazywała bowiem trudności piętrzące się przed tymi, którzy pragną wciągnąć chłopstwo do ruchu narodowego. Dla konserwatystów stanowiła dowód, jak niebezpieczne mogą być konsekwencje spiskowania. Wszyscy znaczną część winy składali na austriackich urzędników, uznając ich za rzeczywistych inspiratorów buntu. Ale konserwatywna opinia ostro atakowała też chłopów, czarnymi barwami malując obraz ciemnoty i moralnego upadku wsi. Filozof Bronisław Trentowski pisał: „Lud tedy szczeropolski i czysto katolicki rżnie szlachtę szczeropolską i czysto katolicką w tej właśnie porze, kiedy ona podaje mu dłoń życzliwą, gdy żąda dzielić się z nim własnością bez żadnego wynagrodzenia, gdy usiłuje go wyswobodzić nie jedno od pańszczyźnianego, ale i od niemieckiego jarzma! Nie sam herszt Szela, ale on wszystek kupion zostaje od wroga i broczy we krwi bratniej. Nie władają nim cele wyższe i moralne, ale Żyd, pokazujący mu beczkę gorzały, i Niemiec, brząkający worem pieniędzy".

Uwłaszczenie chłopów i zlikwidowanie stosunków poddańczych miało różne skutki społeczne i gospodarcze w poszczególnych zaborach. W pruskim uderzyło w chłopów najbiedniejszych i bezrolnych, zmuszając ich do migracji lub podejmowania pracy najemnej. Stworzony w ten sposób rynek pracy sprzyjał rozwojowi przemysłu, ale także i wielkiej własności ziemskiej i gospodarstw wielkochłopskich, w których szybko zaczęto stosować nowoczesne zdobycze agrotechniki. W zaborach austriackim i rosyjskim pogłębiające się rozdrobnienie chłopskich gospodarstw nie sprzyjało postępowi technicznemu.

Najbardziej zacofane było rolnictwo w zaborze austriackim. Uprawiano tu ziemię nawet przy użyciu jeszcze drewnianych pługów i bron, słabo nawożono, stosowano trójpolówkę. W pozostałych zaborach w drugiej połowie XIX w. stosowano płodozmian, żelazne pługi i brony, przy czym w użyciu nowoczesnych narzędzi i zabiegów agrotechnicznych przodował zabór pruski, gdzie też uzyskiwano najwyższe plony. Dominowało tu już budownictwo ceglane, podczas gdy w Królestwie, w Galicji, a zwłaszcza na Ziemiach Zabranych często można było jeszcze spotkać kurne chaty.

Mięso było luksusem, jadano go mało, głównie w dni świąteczne. W latach 70. XIX w. do chłopskiej diety na trwałe weszły ziemniaki; uzupełniały ją kapusta i rośliny strączkowe. Większość wyprodukowanego w gospodarstwie nabiału przeznaczano na sprzedaż. Na ogół jadano trzy posiłki dziennie, ale zamożniejsi chłopi odżywiali się obficiej i w sposób bardziej urozmaicony.

Myto się i zmieniano bieliznę niezbyt często. Łaźnie i wiejskie ubikacje liczniejsze były w gospodarstwach zaboru pruskiego niż Królestwa czy Galicji. Podobnie sieć kanalizacyjna i wodociągowa, choć słabo jeszcze rozwinięta, służyła tylko mieszkańcom wsi zaboru pruskiego. Wodę czerpano ze studni, zazwyczaj drewnianych i niezbyt głębokich, co sprzyjało szerzeniu się chorób zakaźnych.

Epidemie i głód często nękały mieszkańców wsi. Dostęp do lekarzy był trudny i nie bardzo ufano ich umiejętnościom. W razie choroby zasięgano porady znachorów czy zielarzy. Powszechnie stosowano lecznicze sposoby medycyny ludowej, wspieranej przez zaklęcia i praktyki magiczne. Dopiero pod koniec XIX w. zaczęto korzystać z usług dyplomowanych lekarzy.

O pozycji na wsi decydowała ilość posiadanej ziemi oraz żywego inwentarza. Zamożni chłopi cieszyli się szacunkiem i traktowani byli z respektem. Przysługiwało im najlepsze miejsce w kościele i w karczmie. Wyróżniał ich i ksiądz, i dwór.

WIEŚ POLSKA W XIX W.

▲ **RODZINY CHŁOPSKIE**
często były wielopokoleniowe. Najważniejsza rola przysługiwała gospodarzowi, decydującemu o wszystkich sprawach związanych z gospodarstwem, ale niebiorącemu udziału w pracach domowych, które należały do kobiety. Ojciec oczekiwał posłuszeństwa także od dzieci, zmuszanych od najwcześniejszych lat do pracy. Ludność wiejska bywała bezlitosna wobec osób starych, chorych i ułomnych – mniej wartościowych w gospodarstwie. Często wysyłano je na żebry, odmawiano im pożywienia.
ALBERT ZWECK, „MASUREN, EIN LANDES- UND VOLKSKUNDE", STUTTGART, 1900, OBN OLSZTYN

▲ **PŁUG KOLEŚNY Z PRZODKIEM**
dzięki lepszemu odwracaniu skiby zapewniał wydajniejszą orkę.
CICHE WIELKIE POW. NOWY TARG, OK. 1900, MNR SZRENIAWA, FOT. MM

▲ **CZWORAKI,**
czyli budynki o czterech mieszkaniach budowane przez właścicieli we wsiach folwarcznych, na ogół posiadały na zapleczu chlewiki i składziki oraz pas ogrodów. Zespoły czworaków często okalały wiejski majdan lub obudowywały drogę dojazdową do folwarku.
MIŁOSŁAW POW. WRZEŚNIA, 1850, FOT. RS

NARZĘDZIA KOWALSKIE ►

przez stulecia pozostawały niezmienne. W XIX w. żelazo było jeszcze dość drogie, dlatego bogatsi gospodarze imponowali biedniejszym żelaznymi okuciami wozów, sań, mebli. Pozycja społeczna kowala na wsi była bardzo wysoka.

WARSZTAT STANISŁAWA EBŁOWSKIEGO, CHEŁMNO, XIX W., MZCH CHEŁMNO, FOT. MM

◄▼ WARSZTAT TKACKI

był na wsi dosyć powszechnym urządzeniem, zapewniał bowiem zaopatrzenie w odzież. Z nici lnianych tkano płótno na bieliznę, bluzki, spódnice, sukienki i koszule, a z lnianej osnowy i wełnianego wątku – materiał na sukienki, spódnice, serdaki i garnitury męskie. Odzież zimową szyto z sukna tkanego z nici wełnianych, a z nici przędzonych z włókien konopi i pakuł wyrabiano chodniki i worki.

KLON POW. OSTRÓW WLKP., PO 1914, MNR SZRENIAWA, FOT. MM; WNĘTRZE WARSZTATU TKACKIEGO – FOTOGRAFIA, 1908, ME KRAKÓW, FOT. JKUB

▲ WYSTAWY ROLNICZE

były okazją do prezentowania osiągnięć i nowinek technicznych.

OTWARCIE WYSTAWY ROLNICZO-PRZEMYSŁOWEJ W KIELCACH, FOTOGRAFIA, 1 IX 1898, MNR SZRENIAWA, FOT. MM

▲ OZNAKI WŁADZY SOŁTYSIEJ I WÓJTOWSKIEJ

Sprawowanie urzędu stanowiło nobilitację. Wyższa pozycja wójta czy sołtysa widoczna była nie tylko podczas pełnienia funkcji urzędowych, ale też podczas wesel, chrzcin i innych wiejskich uroczystości.

LASKA SOŁTYSA WSI OBERSKIE HOLENDRY NOWE (OB. NOWA OBRA) POW. WOLSZTYN – PRZED 1918; ODZNAKA WÓJTA GMINY KLWÓW POW. PRZYSUCHA – 1864; MNR SZRENIAWA, FOT. MM

▼ NOWA KONSTRUKCJA MASELNICY

sprawiła, że wyrabianie masła stało się czynnością lżejszą.

ZIELONY GAJ POW. SOKÓŁKA, POCZ. XX W., MNR SZRENIAWA, FOT. MM

▲ SILNIK PAROWY

napędzał m.in. młockarnie, sieczkarnie, śrutowniki. Lokomobile upowszechniały się na ziemiach polskich od połowy XIX w. i były wykorzystywane w przemyśle aż do II wojny światowej. Produkowano je również na potrzeby wielkiej i średniej własności ziemskiej.

LOKOMOBILA, ROBEY & COM. LINCOLN, WIELKA BRYTANIA, LATA 90. XIX W., MNR SZRENIAWA, FOT. MM

NACZYNIE MIERNICZE ►

do miar nasypnych, np. zboża. Miary nasypne różnie interpretowano: problemem było to, czy zboże sypać z czubem, czy strychować, czyli wyrównywać ziarno do poziomu ścianek naczynia. Różnice bywały znaczne – do 1/3 miary.

WOLSZTYN, 1868, MNR SZRENIAWA, FOT. MM

WIOSNA LUDÓW

Wiosna Ludów – seria rewolucji, powstań i społecznych niepokojów – nie przyniosła ziemiom polskim ani wyzwolenia, ani rozluźnienia obcej władzy

▲◄ WIOSNA LUDÓW we wszystkich krajach miała podobne przyczyny i przebieg, a powodzenie rewolucji w jednym kraju było zachętą do jej wybuchu w innym. U podstaw ruchu leżało dążenie do reform ustrojowych oraz emancypacji społecznej i narodowej.
BARYKADA NA UL. ŚW. MARCINA W PARYŻU W NOCY Z 23 NA 24 II 1848 – J. LANGE, BJ KRAKÓW, FOT. MM; BARYKADA W BERLINIE – „ILLUSTRIERTE ZEITUNG", BERLIN, 1848, OSSOLINEUM WROCŁAW, FOT. MŁ; PL. ZAMKOWY W WIEDNIU – „JOURNÉES ILLUSTRÉES DE LA RÉVOLUTION DE 1848", PARYŻ, 1848, ML WARSZAWA, FOT. MM

Zjazd słowiański

Już na początku marca 1848 r. zaczęto przygotowywać się do zwołania ogólnoniemieckiego parlamentu. Wkrótce potem – po części jako odpowiedź na tę inicjatywę – pojawiła się idea zjazdu przedstawicieli narodów słowiańskich. W kwietniu z propozycją takiego kongresu wystąpili działacze czescy, chorwaccy i polscy. Ostatecznie zjazd rozpoczął obrady 2 VI w Pradze, do której przybyli przedstawiciele Polaków, Chorwatów, Serbów, Słoweńców, Słowaków i Rusinów. W intencji czeskich gospodarzy zjazd miał być manifestacją jedności Słowian zamieszkujących monarchię habsburską, zwróconą przeciwko hegemonicznym dążeniom Niemców oraz Węgrów. Polscy uczestnicy zjazdu dążyli do modyfikacji tego programu, chcąc wyjść poza problematykę austriacką. Trudno było tu o zgodę i podczas dyskusji niejednokrotnie uwidaczniały się różnice narodowych punktów widzenia. Zdaniem Polaków wielkie zagrożenie dla Słowiańszczyzny stanowiła Rosja, ale przedstawiciele innych krajów żywili często silne sympatie prorosyjskie. Zjazd musiał przerwać swe obrady, kiedy 12 VI wybuchły w Pradze walki uliczne. Po 2 dniach zrewoltowane miasto zaczęło być ostrzeliwane przez austriacką artylerię, a 17 VI prascy radykałowie skapitulowali.

Nadzieje i obawy

W przekonaniu wielu aktywnych politycznie Polaków ogólnoeuropejski ferment okresu Wiosny Ludów stwarzał wielką szansę dla sprawy polskiej. Jednakże sytuacja nie była zbyt sprzyjająca. Zaburzenia Wiosny Ludów nie objęły Rosji: polityka stanowiła tu dziedzinę całkowicie zakazaną poddanym, a za panowania Mikołaja I możliwości złamania tego zakazu były znikome. Szersze perspektywy działania otwierały się w innych zaborach, ale i tam ujawniły się czynniki ograniczające skalę możliwości działania. W 1848 r., 2 lata po rabacji galicyjskiej, obawy przed powtórzeniem się tego rodzaju wypadków pozostawały silne i skłaniały do daleko idącej ostrożności – nie tylko w Galicji, lecz także w Poznańskiem. Dlatego też w obu wypadkach politycy polscy starali się dojść do porozumienia z władzami i unikać tego, co mogłoby się przyczynić do rozpętania chłopskiej rebelii.

Poznańskie i Galicja

Wczesną wiosną 1848 r.wydawało się, że w Poznańskiem powstały warunki umożliwiające Polakom skuteczną akcję polityczną. Rząd pruski, w którym znaleźli się liberałowie, spodziewał się wybuchu wojny z uważaną za „żandarma Europy" Rosją i widział w Polakach potencjalnych sojuszników. Utworzony 20 III w Poznaniu Komitet Narodowy przekonywał pruskich polityków, że Wielkie Księstwo Poznańskie powinno otrzymać autonomię. Dopóki wojnę prusko-rosyjską uznawano w Berlinie za prawdopodobną, polskie postulaty spotykały się wśród tamtejszych liberałów z pewnym zrozumieniem. Wkrótce jednak wizja konfliktu z Petersburgiem oddaliła się, wtedy zaś władze pruskie straciły chęć do porozumiewania się z Polakami – tym bardziej, że król Fryderyk Wilhelm IV i wpływowi konserwatyści byli temu przeciwni.

Tymczasem w Poznańskiem powstawały lokalne komitety – zalążek polskiej administracji – a w pobliżu granicy z Królestwem zaczęły stacjonować powstańcze oddziały zbrojne. Tymi kilkoma tysiącami ludzi dowodził przybyły z emigracji Ludwik Mierosławski, oczekujący wybuchu wojny z Rosją. Dla władz pruskich oddziały Mierosławskiego szybko stały się tworem kłopotliwym. Kiedy więc 11 IV zawarto między rządem pruskim a działaczami polskimi porozumienie, przewidywało ono m.in. ograniczenie liczebności tej i tak niewielkiej armii. Polacy mieli przejąć w swe ręce administrację lokalną, lecz strona pruska zapowiedziała, że Poznańskie zostanie podzielone na część polską i niemiecką, przy czym ta ostatnia miała być stopniowo powiększana.

Rząd wyraźnie wycofywał się z koncesji na rzecz Polaków, a sytuacja polityczna w Wielkim Księstwie zaogniała się. Pod koniec kwietnia wojsko pruskie przystąpiło do rozpraszania obozów, w których stacjonowali podwładni Mierosławskiego. Po kilku potyczkach oddziały polskie skapitulowały. Oznaczało to kres nadziei na uczynienie z Poznańskiego centrum ogólnokrajowego ruchu powstańczego.

Tymczasem wieści o wiedeńskim przewrocie, który spowodował upadek „systemu Metternicha", wywołały silne poruszenie w Galicji. Bolesne doświadczenia rabacji zrodziły jednak obawy, że patriotyczna ekscytacja zaprowadzi polskich patriotów poza ramy legalności. We Lwowie przygotowano adres (zbiorową petycję) do cesarza, kiedy zaś galicyjski gubernator Franz Stadion udzielił odpowiedniego zezwolenia, do Wiednia wyruszyła delegacja z misją przedstawienia na dworze polskich dezyderatów. Zwracano się o liberalizację ustroju prowincji, wprowadzenie narodowych instytucji, proklamowanie – w imieniu ziemiaństwa – uwłaszczenia oraz o poparcie sprawy polskiej na arenie europejskiej.

Gdy w stolicy monarchii rozpoczęły się pertraktacje wokół tych postulatów, w Krakowie utworzono Komitet Narodowy, a we Lwowie Radę Narodową, które usiłowały rozwiązać najbardziej palące problemy prowincji. Na czoło wysuwała się kwestia agrarna. Komitet i Rada, wspierane autorytetem Adama Jerzego Czartoryskiego, wzywały do dobrowolnego zrzeczenia się pańszczyzny, do czego jednak ziemianie się nie palili. Franz Stadion zaś postanowił w tej sytuacji działać szybko i, nie czekając na decyzję z Wiednia, ogłosił 22 IV w imieniu cesarza uwłaszczenie wszystkich użytkowników ziemi oraz zapowiedział odszkodowania dla ziemiaństwa.

Po kilku dniach od proklamacji uwłaszczeniowej władze zaostrzyły politykę wobec polskiego ruchu. Restrykcje doprowadziły do zamieszek w Krakowie, a wtedy zastosowano środki radykalne: 26 IV miasto zostało ostrzelane przez artylerię. Po pacyfikacji Krakowa rozwiązano Komitet Narodowy i gwardię narodową, która pełniła funkcję lokalnych sił porządkowych. Wkrótce jednak polityka Austrii wobec Polski wyraźnie złagodniała, m.in. za sprawą konstytucji nadanej monarchii przez cesarza. Mimo to, nawet w warunkach konstytucyjnych, władze skutecznie ograniczały aktywność polskich działaczy, umiejętnie wykorzystując tradycyjną niechęć chłopstwa do panów oraz wprowadzając na scenę polityczną nowy czynnik – polityczne aspiracje galicyjskich Rusinów.

▼ WIELKIE KSIĘSTWO POZNAŃSKIE W 1848 R.
RYS. JG

Wielkie Księstwo Poznańskie

— granice państw zaborczych

— granica planowanego zasięgu administracji polskiej

/// zasięg powstania

▲ polskie obozy wojskowe

X miejsca bitew

KOMITET NARODOWY W POZNANIU ►
powstał, z inicjatywy Walentego Stefańskiego, na wieść o wybuchu rewolucji w Berlinie. Szykując się do wojny z Rosją, komitet powołał Wydział Wojenny, a dowództwo sił zbrojnych powierzył Ludwikowi Mierosławskiemu. Zorganizowane przez niego oddziały liczyły na początku kwietnia 1848 r. około 7000 żołnierzy.
LIST KOMITETU NARODOWEGO DO WYDZIAŁU WOJENNEGO, POZNAŃ, 26 III 1848, BK PAN KÓRNIK, FOT. MM

PROCES BERLIŃSKI ►
miał na celu pacyfikację nastrojów rewolucyjnych po upadku powstania krakowskiego. Na ziemiach zaboru pruskiego aresztowano i w 1847 r. postawiono przed sądem w Berlinie 254 Polaków oskarżonych o zdradę stanu, w tym Ludwika Mierosławskiego.
BOHMER, „PROCES W BERLINIE", 1847, OSSOLINEUM WROCŁAW, FOT. MŁ

▲► GWARDIA NARODOWA
przy lwowskiej Radzie Narodowej składała się z 3 batalionów piechoty (po 900 ludzi), batalionu akademickiego (980 ludzi), milicji miejskiej w sile 2 kompanii strzelców, 4 kompanii grenadierów i szwadronu kawalerii.
„GWARDZIŚCI LWOWSCY Z 1848" – JULIUSZ KOSSAK, 1848, OSSOLINEUM WROCŁAW ZE ZB. PAWLIKOWSKICH, FOT. MŁ; MUNDUR STANISŁAWA JAKSY BYKOWSKIEGO, PODPORUCZNIKA GWARDII NARODOWEJ MIASTA SOKAL – 1848; CZAPKA GWARDII NARODOWEJ LWOWSKIEJ – 1848; MWP WARSZAWA; FOT. PC

◄ PIECZĘCIE

gwardii narodowych służyły uprawomocnieniu wykonywanej władzy. Umieszczanie na nich polskich orłów służyło podkreśleniu niepodległościowego i narodowego charakteru tych instytucji.
TŁOK PIECZĘCI GWARDII NARODOWEJ Z GŁOGOWA POW. RZESZÓW, 1848, MO RZESZÓW, FOT. MŁ

KRAWIEC TOMASZ KULCZYCKI ►

w czasie galicyjskiej Wiosny Ludów został jednym z organizatorów lwowskiej Rady Narodowej. Był wydawcą „Dziennika Mód Paryskich", jednego z najważniejszych periodyków literacko--publicystycznych ówczesnej Galicji.
TOMASZ KULCZYCKI, „ROZPRAWA O KROJU SUKIEN MĘSKICH", LWÓW, 1839, OSSOLINEUM WROCŁAW

◄ POLACY

przez całą epokę romantyczną brali udział w europejskich ruchach rewolucyjnych. W oczach Zachodu Polacy uchodzili za rewolucjonistów, sami siebie natomiast uważali za powstańców.
„DZIENNIK NARODOWY", 28 IV 1848, OSSOLINEUM WROCŁAW, FOT. MŁ

▼ LIKWIDACJĘ PAŃSZCZYZNY

w Galicji przeprowadził gubernator Franz Stadion. Zapowiedział on zniesienie pańszczyzny z dniem 15 V 1848 r., za rządowym odszkodowaniem. W odpowiedzi krakowski Komitet Narodowy wskazał, że decyzja rządu była głównie zasługą szlachty, która sama dążyła do zniesienia powinności poddańczych.
OBWIESZCZENIE NR 1181, DOTYCZĄCE ZNIESIENIA POWINNOŚCI PODDAŃCZYCH, WYDANE PRZEZ WILHELMA KRIEGA CK STAROSTĘ CYRKULARNEGO W KRAKOWIE – 24 IV 1846; ODEZWA KOMITETU NARODOWEGO – KRAKÓW, 25 IV 1848; MNIEP WARSZAWA; FOT. MM

JÓZEF BEM ►

po upadku powstania węgierskiego, zwiedziony nadzieją umieszczenia Polaków w wojsku tureckim oraz perspektywą wojny Turcji z Rosją, przyjął islam i jako Murat Pasza został generałem wojsk tureckich.
2 POŁ. XIX W., OSSOLINEUM WROCŁAW, FOT. MŁ

Polacy w Europie

W dobie Wiosny Ludów sprawa polska dawała o sobie znać na różne sposóby, wchodziła też w rozmaite związki z dążeniami innych zbiorowości. Polacy licznie uczestniczyli w ówczesnych konfliktach europejskich, solidaryzując się z ludźmi bliskimi ideowo lub wychodząc po prostu z założenia, że powszechny kryzys ustalonego porządku jest w polskim interesie.

We Włoszech pojawił się Czartoryski, próbując przez pewien czas utworzyć na tym terenie polskie oddziały zbrojne; działał tu również Mickiewicz, formując legion, dla którego napisał programowy *Skład zasad*. Polscy oficerowie walczyli we włoskich armiach, czasem obejmując najwyższe funkcje dowódcze – jak Wojciech Chrzanowski i Ludwik Mierosławski. Ci dwaj nie wykazali się szczególnymi zdolnościami, wybitnym talentem błysnął za to w innej części Europy Józef Bem. W październiku 1848 r. odznaczył się podczas obrony zrewolucjonizowanego Wiednia przed wojskami cesarskimi. Jednakże głównym polem działania stały się dla niego Węgry, dokąd udał się po upadku powstania wiedeńskiego.

Perspektywa nowej kampanii przyciągnęła wtedy na Węgry wielu Polaków. Bem, otrzymawszy dowództwo w Siedmiogrodzie, odniósł tam w początku 1849 r. istotne sukcesy w walce z siłami austriackimi. Wiosną naczelnym dowódcą armii węgierskiej mianowano Henryka Dembińskiego, który jednak krótko sprawował tę funkcję. Legionem polskim (3000 żołnierzy) dowodził Józef Wysocki. W kwietniu można było sądzić, że strona węgierska bierze górę nad swymi austriackimi przeciwnikami, sytuacja zmieniła się wszakże zasadniczo, gdy Austriacy zostali wsparci przez rosyjską armię Iwana Paskiewicza. Pod koniec kampanii, w obliczu zdecydowanej przewagi sił austriacko-rosyjskich, wodzem naczelnym został Bem, ale ostateczna klęska była już wtedy nieunikniona.

Walki na Węgrzech stanowiły ostatni i najszerzej zakrojony etap polskiego uczestnictwa w europejskich konfliktach Wiosny Ludów. Wcześniej Polacy brali jeszcze udział w powstaniu praskim z czerwca 1848 r. i w starciach, do jakich doszło wiosną 1849 r. w południowych Niemczech. Siłami powstańczymi w Badenii dowodził Mierosławski i kolejny raz musiał pogodzić się z przegraną.

Konflikty narodowe

Umacniał się w takich okolicznościach stereotyp Polaka – rycerza wolności, z zapałem wspierającego wszelkie dążenia emancypacyjne. W marcu 1849 r. zaczął się ukazywać w Paryżu redagowany przez Mickiewicza dziennik „La Tribune des Peuples" („Trybuna Ludów"), który głosił program powszechnej solidarności ludzi walczących o wolność. Wydarzenia lat 1848–1849 pokazywały jednak wyraźnie, że wolnościowe aspiracje mogą być ze sobą sprzeczne i że najzupełniej możliwe są gwałtowne konflikty między zbiorowościami, które starają się tego rodzaju dążenia zrealizować.

Najostrzejszą postać przybrały owe sprzeczności w monarchii habsburskiej. Węgrzy, walcząc przeciw dominacji austriackiej, przeciwstawiali się narodowym ruchom rozwijającym się wśród Słowian i Rumunów – z węgierskiego punku widzenia nie miały one realnego uzasadnienia. W rezultacie władze austriackie w chwili kryzysu zyskały cennych sojuszników, dla których dwór wiedeński stawał się nieodzownym oparciem w konfrontacji z Węgrami. Austriaccy politycy chętnie podsycali takie animozje, postępując zgodnie z zasadą „dziel i rządź".

Zasadę tę zastosował Wiedeń również w wypadku Galicji, gdzie przeciwko polskiemu ruchowi wykorzystywano umacniające się aspiracje ruskich elit. Polacy, nie mogąc zaakceptować nowej, konkurencyjnej siły politycznej, często uznawali aktywność Rusinów za produkt austriackiej intrygi. W rzeczywistości przedstawiciele władz posługiwali się tu w swoim interesie autentycznymi przejawami ruskich dążeń emancypacyjnych, które w przyszłości miały doprowadzić do ukształtowania się ukraińskiej świadomości narodowej.

Innego przykładu ścierania się narodowych racji dostarczyła tzw. debata polska w Ogólnoniemieckim Zgromadzeniu Narodowym we Frankfurcie, przeprowadzona w lipcu 1848 r. Niemieccy liberałowie, którzy wiosną byli skłonni przynajmniej w pewnym stopniu popierać polskie dążenia narodowe, dochodzili teraz w większości do wniosku, że w stosunkach z Polakami należy kierować się zasadami „zdrowego egoizmu narodowego". We Frankfurcie dały się słyszeć głosy mówiące, że wyższość cywilizacyjna Niemców daje im niekwestionowane prawo do zajętych ziem Rzeczypospolitej.

Jesienią 1848 r., kiedy w Berlinie konserwatyści zdobywali zdecydowaną przewagę nad liberałami, sytuacja w Poznańskiem była już ustabilizowana. W Galicji wydarzeniem przełomowym stała się pacyfikacja Lwowa. Pod koniec października stłumiono powstanie wiedeńskie, a wkrótce potem w galicyjskiej stolicy doszło do walk ulicznych, zakończonych 2 XI artyleryjskim bombardowaniem miasta. Gdy Lwów skapitulował, w Galicji wprowadzono stan oblężenia i zlikwidowano polskie instytucje.

▼ PAPIEŻ PIUS IX
w okresie Wiosny Ludów okazał zrozumienie dla niepodległościowych aspiracji Polaków. O Polsce wyrażał się z uznaniem i życzliwością. Nie zgodził się jednak na utworzenie polskiego legionu w wojsku papieskim.
„PIUS IX I JEGO MINISTROWIE", „JOURNÉES ILLUSTRÉES DE LA RÉVOLUTION DE 1848", PARYŻ, 1848, ML WARSZAWA, FOT. MM

PACYFIKACJI LWOWA ▶
dokonał w listopadzie 1848 r. generał Wilhelm Hammerstein po odmowie złożenia broni przez tutejszą Gwardię Narodową. Na miasto wystrzelono blisko 7000 bomb i kartaczy, a od salw na ulicach miasta zginęło prawie 100 osób.
L. JABŁONOWSKI, „POŻAR LWOWA", 2 XI 1848, LMH LWÓW, FOT. AI

◀ BATALION
Ruskich Strzelców Górskich w sile 1410 żołnierzy został sformowany w 1849 r. i wysłany na Węgry. Nie wiadomo jednak, czy brał aktywny udział w walkach – już w następnym roku nastąpiła jego likwidacja.
J. ZAGÓRSKI, „RUSCY STRZELCY W 1849", LMH LWÓW, FOT. AI

▲ „LA TRIBUNE DES PEUPLES",
czyli redagowana przez Mickiewicza „Trybuna Ludów", ukazywała się w Paryżu przez zaledwie kilka miesięcy 1849 r. Krytyka polityki carskiej spowodowała reakcję ambasady rosyjskiej, która szybko doprowadziła do ustąpienia z pisma polskich publicystów.
1849, OSSOLINEUM WROCŁAW, FOT. MM

Pożar Lwowa

Urzędowa „Gazeta Lwowska" tak opisywała skutki artyleryjskiego ostrzału miasta przez wojska austriackie 2 XI 1848 r.: „Piękny i wielki gmach ratuszowy w Rynku spłonął, a w nim archiwum magistrackie i część buchalterii krajowej, kasę tylko z wielką pracą uratowano. Oprócz tego zniszczył pożar gmach uniwersytecki i bibliotekę, Główną Szkołę Normalną, Instytut Techniczny z całym muzeum i zbiorami, gmach starego teatru z salą redutową (własność miasta) i wiele domów prywatnych przy uniwersytecie i technice".

W pamiętnikach jednego ze lwowian znajdujemy uzupełnienie lakonicznych wyjaśnień władz: „Druga pozycja [artylerii] była na wzgórzu przed pałacem arcybiskupa, skąd rakiety kongrewskie ciskano na ratusz, na teatr miejski i na uniwersytet. Pierwsza rakieta wpadła do registratury magistraturalnej od strony ulicy Krakowskiej, a gdy się dym pokazał, padały dalsze i wkrótce pożar ogarnął wyższe piętra ratusza. Ratunek był niepodobny, ponieważ wojsko na ludzi z dołu strzelało i ratunkowi przeszkadzało".

W XIX w. Polacy coraz powszechniej stosowali się do mody zachodniej, choć pewne elementy stroju narodowego zachowały się w strojach ludowych oraz ubiorach warstw uboższych. Podobnie jak w pozostałej części Europy, na modę wpływały zjawiska typowe dla tego stulecia: przyspieszony obieg informacji, nowe sposoby spędzania czasu, zmieniające się poglądy na zdrowie i higienę oraz rolę kobiety w społeczeństwie, a także nowe prądy artystyczne.

Następowała stopniowa demokratyzacja mody, do czego przyczyniał się postęp techniczny w przemyśle włókienniczym i odzieżowym: modne artykuły stawały się tańsze i powszechniej dostępne. Nawet na wieś zaczęły docierać kupne tkaniny wełniane i jedwabne. Różnice statusu społecznego i majątkowego wyrażały się raczej w jakości tkanin, doskonałości kroju i dopasowaniu odzieży do indywidualnej sylwetki niż w samej formie ubioru. Dawne podziały stanowe zacierały się i życie społeczne stawało się coraz bardziej skomplikowane; w konsekwencji przekazywane przez ubiór sygnały dotyczące pozycji społecznej i aspiracji jednostki były coraz bardziej subtelne. Zmiany stylu życia spowodowały rosnącą specjalizację ubiorów i dodatków, których dobór – w zależności od pory dnia, sezonu i okazji, a także wieku i statusu społecznego – podlegał drobiazgowej etykiecie.

Charakterystyczna była różnica między funkcją ubiorów męskich i kobiecych. Aktywność zawodowa stanowiła domenę męską, co znajdowało odzwierciedlenie w powściągliwych i funkcjonalnych ubiorach, w uniformizacji fasonów, tkanin i kolorów. Rezultatem tego był ubiór bliski dzisiejszemu. Kobieta, strażniczka domowego ogniska, potwierdzała status ekonomiczny małżonka strojem demonstracyjnie uniemożliwiającym pracę fizyczną. Moda kobieca zmieniała się znacznie szybciej i charakteryzowała ją wielka rozmaitość fasonów, kolorów i ozdób, często inspirowanych stylami historycznymi.

Żałoba narodowa i odrodzenie stroju narodowego czyniły ubiór potężnym narzędziem komunikacji społecznej w warunkach ograniczonej swobody. Taki sposób okazywania uczuć narodowych i umacniania poczucia wspólnoty odwoływał się do rodzimej tradycji, a intensywność tych demonstracji czyniła je zjawiskiem wyjątkowym. Jednak należy je także widzieć w szerszym kontekście kultury europejskiej tego okresu, dla której typowe były zarówno manifestacyjna żałoba, jak i odwoływanie się do historycznego ubioru narodowego przez mniejsze nacje, m.in. Czechów, Węgrów czy Szkotów, poszukujące potwierdzenia swej tożsamości w ramach wielonarodowego imperium.

▲ **UBIORY NIEWIAST TEGOCZESNE**
W okresie żałoby narodowej w strojach kobiecych pojawiły się, jako demonstracja uczuć patriotycznych, elementy zapożyczone z tradycyjnych ubiorów staropolskich: okrycia nawiązujące do kontusików i czamar (zwane polkami) oraz czapki konfederatki. Polki nie zrezygnowały z podążania za aktualną modą szerokich krynolin i fantazyjnych kapeluszy, jednak barwy ograniczano do czerni oraz bieli, która miała symbolikę wolnościową.
„TYGODNIK ILUSTROWANY", 1861

◄ **MIKOŁAJ ZYBLIKIEWICZ**
Kraków skupiał środowisko arystokratyczno-ziemiańskie z różnych zaborów i celebrowano tu ubiór narodowy w jego uroczystej wersji, czyli strój kontuszowy, w którym chętnie się portretowano i występowano podczas ceremonialnych okazji. Prezydent Krakowa Mikołaj Zyblikiewicz nosił go na sposób mieszczański, czyli z pasem na żupanie, a nie na kontuszu.
JAN MATEJKO, 1887, MN KRAKÓW, FOT. MM

CZAMARA ▶
pojawiła się pod koniec XVIII w. Był to codzienny ubiór o kroju wzorowanym na kontuszu, ale bez wylotów, zapinany na pasmanteryjne „potrzeby". Bardziej demokratyczna i mniej anachroniczna, bo podobna do surduta, w okresie poprzedzającym powstanie styczniowe stała się symbolem solidarności międzystanowej, a pótem mundurem powstańczym. W czasie żałoby narodowej władze carskie wielokrotnie zakazywały noszenia „odzieży odznaczającej się niezwykłością kroju", a żandarmi obcinali pasmanteryjne zapięcia czamar.
OK. 1830, MN KRAKÓW, FOT. MS

▲ ŚWIATOWIEC W CYLINDRZE

ogląda figurkę Wenus, a starzec w konfederatce wspomina czasy patriotycznych zrywów. Niechęć do cylindrów, pogardliwie zwanych rurami, wzrosła w okresie żałoby narodowej. Gdy Rząd Narodowy wydał zakaz ich noszenia, podporządkowali się mu nawet przebywający w Warszawie Rosjanie.

ANTONI MURZYNOWSKI, „SPRZEDAWCA MARIONETEK", 1849, MN KRAKÓW, FOT. EW

▲ UBIÓR MĘSKI

w XIX w. zmierzał ku wygodzie i funkcjonalności. Przodek dzisiejszego garnituru był pierwotnie nieformalnym ubiorem noszonym na wsi. Polskie żurnale zaczęły lansować go bardzo wcześnie – już pod koniec lat 40. XIX w.

„DZIENNIK MÓD PARYSKICH", 12 VIII 1847

Patentowany Angielski Platinum Antigorset

Premiowany na wszystkich hygienicznych wystawach Europy.

Główne jego zalety są:

a) że nie posiada brykli i bocznych stalek, gdyż Platinowe zapięcie nowej konstrukcyi w zupełności takowe zastępuje.

b) Może być każdej chwili wyprany jak zwykła bielizna, gdyż Platinki mogą być momentalnie wyjęte i wstawione bez prucia i szycia.

c) Platinki są elastyczne, miękkie, lekkie, plecione jak włos, nie rdzewieją, nie łamią się nigdy i dlatego każda dama może swobodnie nosić takowy przez dzień cały nosić nie doznając najmniejszego ciśnienia na organizm

d) Materyał gorsetu jest mocny, kolory trwałe, a przez brak części stalowych zyskuje dużo na lekkości.

▲ „PLATINUM ANTIGORSET"

W odróżnieniu od ubiorów męskich elegancki strój kobiecy ograniczał swobodę ruchów. Gorset uważano nie tylko za niezbędny do osiągnięcia pięknej figury, ale także za nieodzowny atrybut kobiety z towarzystwa. Pod wpływem walczących z nim lekarzy i higienistów próbowano znaleźć kompromisowe rozwiązanie w rzekomo bardziej higienicznych i elastycznych „antigorsetach".

„TYGODNIK MÓD I POWIEŚCI", 1900, MN WROCŁAW

► BALOWA SUKNIA

z lat 80. XIX w., zapewne paryska, należąca niegdyś do którejś z pań Zamoyskich. Strój, zwłaszcza wieczorowy lub balowy, czytelnie odzwierciedlał status małżeński i majątkowy właścicielki. Od młodych dziewcząt oczekiwano skromności, mężatka natomiast mogła podkreślać swoje wdzięki głębokim dekoltem, bogatymi jedwabiami, futrami i biżuterią.

MO RZESZÓW, FOT. AP

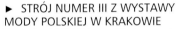

► STRÓJ NUMER III Z WYSTAWY MODY POLSKIEJ W KRAKOWIE

Na przełomie XIX i XX w. nasiliły się w prasie głosy nawołujące Polki, aby wyzwoliły się spod dyktatu Paryża i Wiednia. Narodowy charakter stroju miało zapewnić połączenie modnej sylwetki z elementami zaczerpniętymi z ubiorów staropolskich lub ludowych, zwłaszcza góralskich i krakowskich. Zwyciężyła jednak moda żurnalowa, co odzwierciedlało ogólnoeuropejską tendencję do coraz większego ujednolicenia mody oraz marginalizacji elementów narodowych czy regionalnych.

CZESŁAW BORYS JANKOWSKI, 1908, BASP KRAKÓW

▼ W MODZIE KOBIECEJ

końca XIX i początku XX w. ujawniły się głębokie sprzeczności wynikające ze ścierających się poglądów na rolę kobiety w społeczeństwie, jej aktywność zawodową i fizyczną. Żurnale proponowały wymyślne i krępujące stroje; coraz wyraźniejsze stawało się jednocześnie dążenie do uproszczenia ubioru zgodnie z wymogami współczesnego stylu życia.

OK. 1910; OK. 1904, WŁASNOŚĆ PRYWATNA

▼ ZAMOŻNIEJSI CHŁOPI

starali się w poprzednich stuleciach naśladować ubiory prowincjonalnej szlachty, stąd w strojach ludowych przyjęły się i przetrwały elementy ubioru narodowego, np. okrycia o kroju pleców naśladującym kontusz, pętlicowe zapięcia czy czapka rogatywka. Rozkwit barwnych strojów regionalnych nastąpił w drugiej połowie XIX w., po uwłaszczeniu chłopów i wraz ze wzrostem ich zamożności.

WŁODZIMIERZ TETMAJER, „MUZYKANCI W BRONOWICACH", 1891, MN WARSZAWA

W DOBIE POREWOLUCYJNEJ

Rewolucje i powstania upadły, lecz dawnego porządku nie można było już przywrócić; narastały też narodowe dążenia i antagonizmy

◄ **FRYDERYK WILHELM IV**
zwany był romantykiem na tronie. Dążąc do zahamowania wystąpień rewolucyjnych, złożył wymuszony hołd poległym na barykadach bojownikom.
CARL MAYER, „FRÉDÉRIC GUILLAUME IV, ROI PRUSSE", OSSOLINEUM WROCŁAW, FOT. MM

▲ **AUGUST CIESZKOWSKI**
był filozofem, ekonomistą i działaczem społecznym, fundatorem i założycielem Wyższej Szkoły Rolniczej koło Poznania oraz wieloletnim prezesem Poznańskiego Towarzystwa Przyjaciół Nauk.
JAN STYFI, „BRACIA DUCHOWNI AUGUST CIESZKOWSKI I ZYGMUNT KRASIŃSKI" (FRAGMENT), XIX W., OSSOLINEUM WROCŁAW, FOT. MŁ

▲ **PATENT LUTOWY**
z 1861 r. ustanawiał dwuizbowy parlament austriacki. Jednak w przeciwieństwie do postanowień dyplomu październikowego z 1860 r. ograniczał na rzecz Rady Państwa autonomiczne kompetencje sejmów krajowych.
OSSOLINEUM WROCŁAW, FOT. MŁ

Kłopotliwa nowoczesność

W 1851 r. Józef Gołuchowski, filozof i ziemianin, wydał w Poznaniu *Rozbiór kwestii włościańskiej w Polsce i w Rosji*. W książce pisał m.in. o trudnościach, z jakimi stykali się ci właściciele majątków ziemskich w zaborze rosyjskim, którzy postanowili unowocześnić sposób gospodarowania. I jeśli nawet wyolbrzymiał te problemy, to nie wkraczał w dziedzinę fikcji: „Są niestety całe okolice w naszym kraju, gdzie zaprowadzanie przemysłowego gospodarstwa pośmiewiskiem się stało, gdyż większa część tych, co się nań zerwali, ze wstydem i z ogromną stratą do dawnego trybu powrócić musieli albo gdy ci, co po nich nastali, na staropolski tryb nazad wszystko przerobili, dopiero wówczas jakiekolwiek intraty z dóbr się okazały. [...] Jest to, jak powiadam, wielką klęską dla kraju, bo odstręcza od polepszeń, których by nam życzyć należało; a jednak co doskonalsze, to doskonalsze i zyskowniejsze, tylko aby pierwsze początki, które tak są trudne i nie w każdej porze, nie w każdej okolicy, nie z każdymi ludźmi dają się przełamać, przebyć".

Następstwa Wiosny Ludów

Wiosna Ludów odcisnęła wyraźny ślad na życiu politycznym Austrii i Prus. Ich władcy zdołali wprawdzie stłumić polityczny ferment lat 1848–1849, lecz nie byli w stanie w pełni przywrócić stanu sprzed rewolucyjnego wrzenia. W Prusach Fryderyk Wilhelm IV, rozpędziwszy w grudniu 1848 r. Ogólnoniemieckie Zgromadzenie Narodowe, nadał państwu konstytucję, która zapewniała podstawowe wolności obywatelskie. Została ona wkrótce zmodyfikowana w duchu konserwatywnym i w tej postaci ogłoszona w styczniu 1850 r. Oznaczała koniec rządów absolutnych, choć król zachowywał pozycję najwyższego czynnika politycznego, a rządy parlamentarne jeszcze się nie ukształtowały. Do absolutyzmu powróciła natomiast Austria – co prawda i tu władca ogłosił w marcu 1849 r. konstytucję, nie zaczęła ona jednak obowiązywać. Wydany przez Franciszka Józefa I 31 XII 1851 r. patent sylwestrowy przywracał rządy absolutne. Mówi się wszakże w tym przypadku o „neoabsolutyzmie", ponieważ system ten różnił się od metternichowskiego. Zbiurokratyzowanym rządom silnej ręki towarzyszyły teraz działania reformatorskie, mające na celu istotną modernizację państwa.

Praca organiczna

Termin „praca organiczna" narodził się w Poznańskiem na początku lat 40. Filozof August Cieszkowski pisał wówczas o konieczności harmonijnego współdziałania różnych sił społecznych i stronnictw, nazywając to „organicznym kojarzeniem dążeń". Wielu innych autorów również zaczęło propagować ideę „organiczności", w której ujrzano najlepszą wytyczną dla polskiego ruchu narodowego. Wywody takie stanowiły ideowe uzasadnienie znanego nam już, rozwijającego się w Wielkopolsce programu legalnych działań, prowadzonych na rzecz sprawy narodowej, ale pozbawionych charakteru politycznego, czego spektakularnymi przejawami były: otwarcie gostyńskiego Kasyna i poznańskiego Bazaru oraz działalność Karola Marcinkowskiego.

Ruch powstańczy, jaki ogarnął Poznańskie wiosną 1848 r., zepchnął na margines koncepcje organicznikowskie. Kiedy jednak próby akcji zbrojnej załamały się, odzyskały one popularność. W czerwcu 1848 r. Cieszkowski doprowadził do utworzenia Ligi Polskiej, która rozpoczęła szeroko zakrojoną kampanię oświatowo-propagandową, mającą edukować masy w duchu patriotycznym. Liga liczyła wkrótce około 37 tysięcy członków, zrzeszonych w ponad 300 oddziałach terenowych w Poznańskiem i na Pomorzu. Wraz z zaostrzaniem się polityki wewnętrznej władz działalność Ligi natrafiała na coraz silniejsze utrudnienia, aż wreszcie w 1850 r. została rozwiązana pod presją rządu, choć część jej lokalnych kół miała przetrwać jeszcze kilka lat.

W Galicji praca organiczna rozwijała się znacznie słabiej, na co w decydującym stopniu wpływało jej zapóźnienie cywilizacyjne w porównaniu z Wielkopolską. W zaborze austriackim brakowało środowisk, które byłyby na tyle aktywne intelektualnie i gospodarczo, aby podjąć hasła organicznikowskie. Polityka władz im nie sprzyjała, a wieś stanowiła dla nich teren w praktyce niedostępny.

Wieś pruska i wieś galicyjska

Na wsi uwidaczniały się zgoła odmienne następstwa pruskiej reformy uwłaszczeniowej oraz polityki władz wiedeńskich. Wydanie w 1823 r. ustawy określającej zasady uwłaszczenia wielkopolskiego chłopstwa zapoczątkowało głębokie przemiany w tutejszym rolnictwie. Ziemianie odchodzili stopniowo od tradycyjnych metod gospodarowania, wprowadzając techniczne innowacje oraz rachunek ekonomiczny. Nie było to rzeczą prostą, wymagało bowiem zrywania z mocno ugruntowanymi nawykami i zdobywania nowych umiejętności. Ekonomiczna konieczność zmuszała zatem ziemian do większej niż w czasach pańszczyźnianych aktywności, jednocześnie zaś wpływała na zwiększenie zainteresowania wymianą informacji, wzajemną pomocą i tworzeniem własnych organizacji. Zamożniejsi chłopi usamodzielniali się w miarę zrywania więzów łączących ich z dworem, a po pewnym czasie zaczynali być skłonni do współpracy z ziemiaństwem. Hasła pracy organicznej padały w tej sytuacji na sprzyjający grunt.

Galicja natomiast do czasu Wiosny Ludów pozostawała domeną folwarku pańszczyźnianego. Ziemiaństwo w przytłaczającej większości gospodarowało w sposób tradycyjny i nie wykazywało większego zainteresowania zmianami. Chłopstwo, jak pisał jeden z ówczesnych konspiratorów, nie cierpiało szlachty „jako panów i Polaków". W sprzyjających po temu okolicznościach wrogość do dworu znalazła ujście w postaci krwawej rebelii 1846 r. Władze wykorzystywały wiejskie konflikty we własnym interesie, starając się zneutralizować polskie dążenia polityczne. Kiedy wreszcie w początkach Wiosny Ludów przeprowadzono uwłaszczenie, miało ono sens przede wszystkim polityczny i służyło umocnieniu lojalności chłopstwa wobec rządu, a nie reformie gospodarki rolnej.

Galicyjskie uwłaszczenie było jednorazowym aktem urzędowym – w przeciwieństwie do rozłożonych w czasie reform pruskich. Gwałtowność tej

LIGA POLSKA ►
miała być organizacją koordynującą pracę organiczną i ruch narodowy w trzech zaborach. Działała jednak tylko na terenie zaboru pruskiego, skupiając polską inteligencję, ziemiaństwo, wielu rzemieślników oraz chłopów.
MARIAN JAROCZYŃSKI, „PIERWSZE WALNE ZEBRANIE LIGI POLSKIEJ W KÓRNIKU", PRZED 1901, MHMSW WARSZAWA, FOT. PC

◄ **BAZAR POZNAŃSKI,**
założony w 1842 r., stał się ośrodkiem polskich inicjatyw gospodarczych i kulturalnych, a także placówką społeczno-towarzyską, wspierającą ruch czytelniczy oraz edukację polskiej młodzieży.
ERNEST STEUDENER, 1839–1842, FOT. MM

▲ **KONKURSY ROLNICZE**
organizowano w czasach modernizacji wsi. Wprowadzono wówczas mechaniczne narzędzia i pierwsze sztuczne nawozy, dzięki którym wzrosła wydajność upraw. Przykładowo plony ziemniaków w Królestwie zwiększyły się w latach 1827–1848 trzykrotnie.
JAN FELIKS PIWARSKI, „KONKURS ORACZY NA TLE WIDOKU ŁOWICZA", 1859, MN WARSZAWA, FOT. PLI

DZIAŁALNOŚCIĄ DOBROCZYNNĄ ►
zajmowały się, obok organizacji wyznaniowych i świeckich, także kobiety z zamożnych domów mieszczańskich i arystokratycznych. Organizując kwesty, festyny i loterie, zbierały pieniądze na pomoc najuboższym.
LIST OD UBOGICH I W SPRAWACH UBOGICH DO CELESTYNY Z ZAMOYSKICH DZIAŁYŃSKIEJ, GRANOWO, 17 XII 1851, BK PAN KÓRNIK, FOT. MM

Rady Doktora Marcina

Kiedy w okresie Wiosny Ludów dał o sobie znać w Poznańskiem konflikt polsko-niemiecki, hasło pracy organicznej zaczęło tam nabierać odcienia wyraźnie politycznego. Wydawana w Poznaniu „Gazeta Polska" pisała wtedy o „stugłowej hydrze germanizmu" i przekonywała, iż właściwe metody walki z tym zagrożeniem zaleca Karol Marcinkowski. „Okazał, że główną bronią przeciwników jest wykształcenie fachowe, przemysł i handel, że główną słabością naszą jest dyletantyzm, bawiący się ogólnikami, wstręt do wytrwałej pracy w jednostronnych zawodach, niebaczne wydawanie materialnych zasobów kraju w ręce cudzoziemców. Poznał, że aby powstrzymać coraz groźniejszą nawałę germanizmu, aby dźwignąć moralnie i materialnie narodowość polską, trzeba ją pod względem oświaty, pod względem przemysłu i handlu postawić na równi z pierwiastkiem niemieckim [...]. Nie mając życia publicznego, nie mając rządu, który by myślał o dobru naszym, musimy sami myśleć o sobie, jeśli zaginąć nie chcemy". Marcinkowski wskazał nam tę konieczność, wskazał nam konieczność zespolenia sił pojedynczych, słabych w siłę zbiorową, potężną, wskazał nam konieczność ciągłej organicznej pracy nad dźwiganiem narodowości naszej".

▲ ŻNIWIARKI

pojawiły się na ziemiach polskich na początku XIX w. Początkowo dość drogie, zaczęły się upowszechniać dopiero pod koniec wieku.

ŻNIWIARKA MACCORMICKA Z WALCAMI BURGESSA I KEYA I ŻNIWIARKA MANNY'EGO, HIPOLIT CEGIELSKI, „NARZĘDZIA I MACHINY ROLNICZE UZNANE ZA NAJPRAKTYCZNIEJSZE…", POZNAŃ, 1858, OSSOLINEUM WROCŁAW, FOT. MM

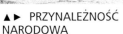

▲ ▶ PRZYNALEŻNOŚĆ NARODOWĄ

określano według wiary i języka. Prześladowanie religii i duchowieństwa przez zaborców sprzyjało zacieśnianiu więzi między religią i polskością nie tylko w kręgach elit, ale i wśród polskojęzycznego ludu, który zaczął identyfikować katolicyzm z Polską.

UBIORY I TYPY POLSKIE (PARA MAZOWSZAN, GÓRALI, LITWINÓW, KRAKOWIAKÓW) – PARYŻ, OK. POŁ. XIX W.; UBIORY Z OKOLIC PŁOCKA – EMIL BESMAISONS, 1856, MM PŁOCK, FOT. MM

◀ RUCH TRZEŹWOŚCI

propagował w Galicji Kościół katolicki. Księża wraz z działaczami ruchu niejednokrotnie nachodzili karczmy i, używając wody święconej, usuwali z niej pijaków.

WILHELM LEOPOLSKI, „SCENA POD KARCZMĄ", 1864, MN KRAKÓW, FOT. MM

Litewskie odrodzenie narodowe

Na początku XIX w. w środowisku w pełni już spolonizowanej szlachty litewskiej zaczęła się rodzić świadomość odrębności narodowej Litwinów. Wokół biskupa Józefa Giedroycia na Żmudzi powstało grono miłośników języka i folkloru litewskiego. Pisano pierwsze zarysy historii, podjęto prace nad tworzeniem słowników i podręczników gramatyki. Popowstaniowe represje dwukrotnie dławiły te działania. Ostatecznie litewski ruch narodowy rozwinął się dopiero po 1883 r. Cechowały go ludowy charakter i narastająca opozycja wobec języka i kultury polskiej, wobec uznawania Litwinów za „Polaków inaczej mówiących", a ich ruchu narodowego za separatyzm i litwomanię. Litewska tożsamość narodowa krystalizowała się także na gruncie trwającego do dziś sporu o język nabożeństw w kościołach na obszarach etnicznie mieszanych (Wileńszczyzna, Kowieńskie, Widze, Jeziorosy), gdzie pod wpływem duchowieństwa, dworów szlacheckich i miast zachowały się zwarte obszary polskojęzyczne.

zmiany nie ułatwiała życia ziemiaństwu, które musiało szybko dostosowywać się do zmienionych warunków, podczas gdy w Poznańskiem mogło we względnym spokoju modyfikować swój sposób gospodarowania. Ziemianie galicyjscy otrzymywali przy tym odszkodowania mniejsze od wypłacanych w Prusach, gdzie płacili bezpośrednio sami chłopi – w Galicji płacił rząd, który obciążył później chłopstwo zwiększonymi podatkami.

Sposób, w jaki władze austriackie potraktowały uwłaszczenie, mógł chwilowo zadowolić mieszkańców wsi, ale niekorzystnie wpłynął na stan galicyjskiego rolnictwa. Majątki ziemiańskie, pozbawione pańszczyźnianej siły roboczej i odpowiednich środków finansowych, borykały się z poważnymi trudnościami. Dla chłopstwa z kolei korzyści uwłaszczenia okazały się z czasem w większej części złudne. Reforma utrzymywała na wsi rozdrobnioną strukturę własnościową, co nie stworzyło właściwych podstaw do wzmocnienia chłopskiej gospodarki. Właściciele małych, często nawet karłowatych gospodarstw nie tylko nie byli w stanie unowocześnić metod produkcji, lecz często nie mogli nawet utrzymać się z pracy na roli.

Uwłaszczenie nie przyniosło zatem w Galicji skutecznego rozwiązania kwestii agrarnej. Problemy rolnictwa miały ciążyć nad życiem zaboru austriackiego, a w stosunkach między miejscowym chłopstwem a polskimi warstwami wyższymi przez dłuższy czas utrzymywał się silny antagonizm. Konflikt ten nadal wykorzystywały władze austriackie, jako skuteczny sposób wywierania presji na aktywnych politycznie Polaków. Drugim takim instrumentem stała się kwestia ruska.

Rusini i Ukraińcy

Początki ukraińskiego ruchu narodowego sięgają pierwszych dziesięcioleci XIX w. Zaczął się wtedy kształtować ukraiński język literacki, a wśród lokalnej inteligencji rosło zainteresowanie kulturą ruskiego chłopstwa. W 1837 r. trzej lwowscy studenci – Jakow Hołowaćki, Markijan Szaszkewycz i Iwan Wahyłewycz – opublikowali zbiór pieśni ludowych, uznawany za pierwsze świadectwo rozwoju ukraińskiej literatury narodowej. Jednym z przejawów aktywności młodej inteligencji ruskiej było utworzenie w połowie lat 40. tajnego Bractwa Cyryla i Metodego, którego członkowie – na czoło wysunęli się tu Taras Szewczenko i Mykoła Kostomarow – podejmowali w swej twórczości wątki charakterystyczne dla kultury romantycznej.

Mówiąc o ukraińskim ruchu narodowym, mamy na myśli aspiracje wynikające z przeświadczenia, że Ukraińcy stanowią wyraźnie wyodrębnioną, samoistną wspólnotę. Ale długo jeszcze mieli tak myśleć jedynie nieliczni intelektualiści i działacze. Samo określenie „ukraiński" upowszechniło się w Galicji dopiero na przełomie XIX i XX w. W połowie XIX w. uwidoczniły się natomiast dążenia do językowo-kulturowej, a w pewnym stopniu również politycznej emancypacji ruskich elit, przy czym tożsamość tych galicyjskich Rusinów była niejednorodna. Wielu uważało, że należy do regionalnego odgałęzienia narodu rosyjskiego; część sądziła, że Rusini to lud ściśle związany z narodem polskim.

Wiosna Ludów sprawiła, że ruskie aspiracje mogły się zamanifestować na forum publicznym. Wiosną 1848 r. powstała we Lwowie Główna Rada Ruska, reprezentująca przede wszystkim hierarchię Kościoła greckokatolickiego. Rada cieszyła się poparciem gubernatora Franza Stadiona, który widział w niej przeciwwagę dla polskich instytucji. Polacy z kolei wsparli utworzenie Soboru Ruskiego, skupiającego zwolenników orientacji propolskiej. Przy wszystkich różnicach, jakie dzieliły Radę i Sobór, oba te ciała widziały w kwestii ruskiej wewnętrzną sprawę monarchii habsburskiej i nie zajmowały się Rusinami żyjącymi w rosyjskim imperium. Rozumowano tu w sposób tradycyjny, dość odległy jeszcze od idei narodowej, czyli w kategoriach lokalnego, galicyjskiego patriotyzmu, nie zaś ukraińskiej wspólnoty etnicznej.

Sprawa czeska i sprawa jedności Słowiańszczyzny

Ówczesne wystąpienia Rusinów stanowiły przejaw zjawiska szerszego, Wiosny Ludów w ściślejszym znaczeniu tego terminu, a mianowicie politycznej aktywizacji różnych grup etnicznych, jaka dokonała się w latach 1848–1849 na obszarze państwa Habsburgów. Związane z tym ożywienie konflikty najsilniej rozpaliły się w tej części monarchii, która była historycznie zdominowana przez szlachtę węgierską. Tam, na ziemiach Korony Świętego Stefana, zwaśnieni z dworem wiedeńskim Węgrzy ścierali się ze Słowianami i Rumunami, a ludy występujące przeciwko węgierskiej dominacji stawały się sojusznikami Wiednia. Z konfliktów, które uwidoczniły się w Europie Środkowej poza granicami Węgier, największe znaczenie miały kontrowersje wokół sprawy czeskiej.

Czeski ruch narodowy znajdował się wtedy jeszcze w początkowej fazie swego rozwoju, był jednak silniejszy od ukraińskiego. W obu wypadkach poczynania działaczy narodowych ewoluowały w podobny sposób: od zainteresowania rodzimą kulturą

◄ CZUMAK
to ukraiński chłop trudniący się przewozem i handlem. Czumacy handlowali głównie solą, którą przewozili z wybrzeża czarnomorskiego i Krymu do Moskwy, na Litwę, a nawet do Królestwa Polskiego.
JAN LEWICKI, „CZUMAK W DRODZE", XIX W., OSSOLINEUM WROCŁAW, FOT. MŁ

▶ ZAKON BAZYLIANÓW
po likwidacji unii na Ziemiach Zabranych (w 1839 r.) i w Królestwie Polskim (w 1875 r.) przetrwał tylko pod zaborem austriackim. W latach 1882–1905 większość zakonu przeszła gruntowną, kierowaną przez jezuitów reformę. Jego liczebność wzrosła, a mnisi podjęli działalność duszpasterską wśród emigracji ukraińskiej w obu Amerykach.
DZWONNICA CERKWI I KLASZTOR BAZYLIANÓW ŚW. ONUFREGO WE LWOWIE, ADOLF KAMIENIOBROCKI, 1917, LMH LWÓW, FOT. AI

◄▼ KOŚCIÓŁ UNICKI
w Galicji w drugiej połowie XIX w. obejmował 1883 parafie. Duchowieństwo diecezjalne było liczne, ale na jednego kapłana przypadało przeciętnie około 1000 wiernych.
„KOMUNIA W CERKWI" – ANTONI JEZIERSKI, 1897, MN KRAKÓW, FOT. MM; KATEDRA ŚW. JURA WE LWOWIE – KAROL AUER, 1837–1838, OSSOLINEUM WROCŁAW, FOT. MŁ

„ZORJA HAŁYCKA" ▲
była pierwszą ukraińską gazetą polityczną. Założyła ją Główna Rada Ruska, która opublikowała w gazecie swój manifest polityczny, wzywający Ukraińców do konsolidacji i tworzenia rad narodowych.
15 V 1848, BU LWÓW, FOT. AI

▼ GŁÓWNA RADA RUSKA
żądała wprowadzenia języka ukraińskiego do szkół, dopuszczenia Ukraińców do rządów państwowych oraz podziału Galicji na dwie części – polską i ukraińską.
E. BŁOTNICKI, „PIERWSZE POSIEDZENIE RADY GŁÓWNEJ RUSKIEJ", 4 V 1848, LMH LWÓW, FOT. AI

 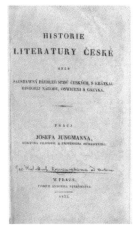

▲ JÓZEF JUNGMANN

przyczynił się do czeskiego odrodzenia narodowego. Wykazywał, że język czeski jest wysoko rozwinięty i zdolny do oddawania piękna największych arcydzieł literatury światowej.

JÓZEF JUNGMANN, „KNIHOPISNÝ SLOVNÍK ČESKO-SLOVENSKÝ..." – PRAGA, 1865; „HISTORIE LITERATURY ČESKÉ..." – PRAGA, 1825; OSSOLINEUM WROCŁAW, FOT. MM

◄ STANISŁAW MONIUSZKO

nawiązywał w swych operach do tradycji narodowych i problematyki społecznej. Sława, głównie dzięki popularności *Halki* w krajach słowiańskich, zyskała mu przydomek „kompozytora słowiańskiego".

TYTUS MALESZEWSKI, OK. 1865, MN WARSZAWA, FOT. TZH

◄ HENRYK KAMIEŃSKI

w dziele *Rosja i Europa, Polska* zapowiadał, że Rosja nieuchronnie wyjdzie z zacofania, stając się mocarstwem światowym, a odtrącona przez Zachód Polska winna szukać z nią porozumienia.

„ROSSYA I EUROPA, POLSKA", PARYŻ, 1857, OSSOLINEUM WROCŁAW, FOT. MM

▲ ILUMINOWANY EGZEMPLARZ BULLI

Piusa IX *Ineffabilis Deus* z 1854 r. wykonała Maria Przezdziecka techniką miniaturyzacji (postacie królów, uczonych i świętych polskich). Nie dokończyła dzieła, gdyż dotknęło ją zesztywnienie palców prawej ręki.

FOTOGRAFIA, PARYŻ, PRZED 1863, BN WARSZAWA, FOT. PC

Słowiańskie cnoty

Również na gruncie polskim Herderowska wizja Słowiańszczyzny zyskała sobie dużą popularność. Tak oto wywody Johanna Gottfrieda Herdera o sposobie życia i charakterze Słowian tłumaczył poeta Kazimierz Brodziński: „Wszędzie oni osiadając pola przez inne ludy opuszczone jako pasterze i rolnicy uprawiali i użyteczniejszymi czynili, przez co po wszelkich przeszłych spustoszeniach staranną pracą i spokojnym życiem do pięknego stanu ziemie zajęte przyprowadzali. Miłośnicy rolnictwa, mieli zapasy zboża i trzody, niektóre domowe rzemiosła i sztuki, a płodami kraju swojego i pilności otworzyli wokoło handel pożyteczny. [...] Byli łagodni, uczynni, gościnni aż do rozrzutności, miłośnicy wiejskiej swobody, a przy tym ulegli i posłuszni, nieprzyjaciele napadów i grabieży. To wszystko przecież nie zasłoniło ich od ucisku, owszem, było jego przyczyną". Herder przewidywał jednak po wiekach upadku polityczne odrodzenie Słowiańszczyzny: „Uwolnicie się od więzów i używać będziecie jako własności waszej pięknych krain".

do pierwszych, skromnych z reguły postulatów politycznych. Tak zresztą przebiegały również procesy kształtowania się innych młodych narodów – młodych (jak często mawiano w XIX w. – niehistorycznych), czyli takich, które nie miały własnego państwa albo mocno ugruntowanych tradycji państwowych, własnych warstw wyższych i rozwiniętej kultury literackiej. Prowadzone od końca XVIII w. studia nad rodzimą kulturą i przeszłością kraju nie prowadziły czeskich intelektualistów w stronę politycznego radykalizmu. Autorzy prac językoznawczych i historycznych pozostawali z reguły lojalnymi poddanymi Habsburgów. W pierwszej połowie stulecia kwestię czeską rozpatrywano z reguły jako problem krajowy, a nie narodowy w dzisiejszym rozumieniu tego słowa.

Podczas Wiosny Ludów po raz pierwszy uwidocznił się wyraźnie konflikt narodowy między Czechami a Niemcami. Mieszkańcy dawnych Czech historycznych, kraju Korony Świętego Wacława, zaczynali dzielić się na dwie grupy o odrębnych tożsamościach. Trzeba jednak pamiętać, że była to dopiero pierwsza faza procesu, który miał trwać całe dziesięciolecia.

Konflikt czesko-niemiecki umocnił prohabsburskie sympatie wśród Czechów. Niemiecki ruch narodowy był bowiem wówczas domeną liberałów, niechętnych dworowi wiedeńskiemu. Dwór z kolei niejednokrotnie deklarował swą przychylność wobec tych poddanych, którzy – w przeciwieństwie do części Niemców, lecz przede wszystkim Węgrów, Polaków i Włochów – nie dążyli do politycznego usamodzielnienia się. Zaznaczała się tu zbieżność interesów władz austriackich z aspiracjami działaczy czeskich, ruskich, chorwackich lub słowackich. Czesi widzieli w Wiedniu osłonę przed zagrożeniem niemieckim, Rusini – polskim, natomiast Chorwaci i Słowacy – przed węgierskim.

Na takim gruncie wyrosła koncepcja austroslawizmu, zgodnie z którą Austria miała się stać państwem zdominowanym politycznie przez Słowian. Rzecznicy austroslawizmu zakładali, że Słowianie tworzą wspólnotę. Podobieństwo języka uznawano za świadectwo pokrewieństwa duchowego, to ostatnie zaś za podstawę wspólnych dążeń politycznych. Teza o słowiańskim pokrewieństwie stała się popularna na początku XIX w. – jeden z przejawów tej popularności stanowiła wielka kariera rozważań, jakie poświęcił Słowianom niemiecki filozof Johann Gottfried Herder w swych *Myślach o filozofii dziejów*.

Wywody o jedności Słowiańszczyzny, często pojawiające się w pierwszej połowie wieku, miały niejednakowy sens polityczny. Austroslawizm był wyrazem przekonania, że Słowianom zagrażają siły obce, Niemcy i Węgrzy; orędownicy owej koncepcji nie żywili jednocześnie szczególnej sympatii do imperium rosyjskiego. Kwestia Rosji budziła silne kontrowersje wśród działaczy słowiańskich. Wielu z nich uważało rosyjskie samodzierżawie za system odstręczający i sprzeczny ze słowiańskimi tradycjami. Byli jednak również i zwolennicy rosyjskiego przywództwa nad Słowiańszczyzną. Ruch na rzecz kulturalnego, a następnie politycznego zjednoczenia wszystkich Słowian, nazywany panslawizmem, dostarczał w takim ujęciu uzasadnienia imperialnej ekspansji Petersburga.

Chociaż w polskim ruchu narodowym motywacje słowianofilskie również występowały, to jednak odgrywały rolę mniejszą niż w ruchu czeskim bądź słowackim. W połowie stulecia idea austroslawizmu nie mogła satysfakcjonować polskich polityków. Idea rosyjskiego przywództwa zyskiwała sobie znikome poparcie – dla zdecydowanej większości czynnych politycznie Polaków właśnie Rosja pozostawała głównym przeciwnikiem.

Wojna krymska

Z początkiem lat 50. zarysowały się pewne szanse poruszenia sprawy polskiej na arenie europejskiej. W 1853 r. rozpoczęła się wojna krymska: Francja i Wielka Brytania stanęły po stronie walczącej z Rosją Turcji. Polscy emigranci – w tym przede wszystkim przedstawiciele Hotelu Lambert – chcieli, aby u boku antyrosyjskiej koalicji walczyli Polacy. Włączenie się do działań wojennych miało skłonić państwa zachodnie do poparcia polskich aspiracji politycznych. Michał Czajkowski, który po przejściu na islam występował jako Sadyk Pasza, utworzył pułk kozaków w służbie sułtańskiej; Władysław Zamoyski organizował dywizję na żołdzie brytyjskim. Część ówczesnych inicjatyw nie wyszła poza sferę projektów, niektórych nie zdołano doprowadzić do końca, a oddziały wprowadzone do walki nie odegrały większej roli militarnej.

W 1855 r., wśród przygnębiających dla Rosjan wieści z pola walki, zmarł Mikołaj I. Jego następca, Aleksander II, zmuszony był zawrzeć wiosną 1856 r. pokój, którego postanowienia mocno nadszarpnęły mocarstwowy prestiż Rosji. Podczas trwających od lutego 1856 r. rokowań pokojowych kwestii polskiej w ogóle nie poruszono. Ale cesarz Napoleon III, chcąc zmienić na korzyść Francji układ sił w Europie, zamierzał prowadzić aktywną politykę zagraniczną. Dawał przy tym do zrozumienia, że istotne znaczenie będą w niej miały sprawy narodowe. Z nim też wiązali nadzieje na przyszłość politycy emigracyjni.

▲ WŁADYSŁAW ZAMOYSKI
od jesieni 1853 r. zabiegał w Turcji o utworzenie legionu polskiego, który wsparłby wojska koalicyjne w wojnie z Rosją.
DYPLOM ORDERU TURECKIEGO MEDŻIDIE II KLASY NADANEGO GENERAŁOWI WŁADYSŁAWOWI ZAMOYSKIEMU, KONSTANTYNOPOL, 6-15 V 1856, BK PAN KÓRNIK, FOT. MM

▼ DYWIZJA
kozaków sułtańskich dowodzona przez generała Władysława Zamoyskiego została rozwiązana po wojnie krymskiej. Część jej żołnierzy osiadła w Adampolu, kolonii założonej w 1842 r. przez Michała Czajkowskiego po drugiej stronie Bosforu. Inni rozproszyli się po świecie, a część wzięła udział w powstaniu styczniowym.
ROZKAZ DZIENNY, TURCJA (RARA GUSSEIU?), 28 II 1856, KSIĘGA ROZKAZÓW DZIENNYCH 2. PUŁKU KOZAKÓW SUŁTAŃSKICH, BK PAN KÓRNIK, FOT. MM

◄ NAPOLEON III
wysunął podczas wojny krymskiej koncepcję odbudowy Polski. Wynik wojny i sprzeciw mocarstw europejskich przekreśliły jednak nadzieje Polaków na odzyskanie niepodległości.
„NAPOLEON BONAPARTE – PREZYDENT REPUBLIKI FRANCUSKIEJ", „JOURNEES ILLUSTRÉES DE LA RÉVOLUTION DE 1848", PARYŻ, 1848, ML WARSZAWA, FOT. MM

► LEGION POLSKI W TURCJI
powołany z polskich emigrantów w 1877 r., podczas wojny rosyjsko--tureckiej, składał się z około 70 żołnierzy. Liczono, że stanie się zaczynem korpusu zasilonego dezerterami z armii rosyjskiej. Nie odegrał jednak większej roli militarnej.
FOTOGRAFIA, 1877, MWP WARSZAWA, FOT. PC

Polacy w wojnie krymskiej

Podczas wojny krymskiej utworzono w armii osmańskiej pułk kozaków, rekrutowany częściowo z Polaków, a dowodzony przez Sadyka Paszę, czyli Michała Czajkowskiego, służącego w wojsku sułtańskim byłego agenta Hotelu Lambert. W grudniu 1854 r. jeden z jego współpracowników, bardzo sceptycznie oceniający stosunek mocarstw zachodnich do sprawy polskiej, tak pisał do księcia Czartoryskiego: „Równie otwartych mamy nieprzyjaciół po stronie jednej jak drugiej. Pozorów nawet nie ma, żebyśmy się inaczej łudzili; korpus kozaczy, że tak powiem, ukradkowym sposobem w Turcji związany, jest zwodniczym światełkiem dla tych, którzy nie chcą otwarcie powiedzieć, jaka jest jego przyszłość. Oprócz marnego wspomnienia, że przeciw Rosji walczyli rycerze owi, innej pamiątki nie wyniosą z sobą, gdy z końcem kampanii znowu na tułaczkę się puszczą lub w razie najpomyślniejszym wcielą się w sułtańskie korpusa. Nie walczą oni za Polskę, bo o Polskę nie ma wojny i pod tym warunkiem nie byliby w służbę przyjęci. Walczą przeciwnie – przeciwko Polsce, bo na korzyść tych, którzy poczynione dawniej zabory dziś na nowo zatwierdzają, przyznając Rosji, Austrii i Prusom polskie posiadłości, byleby Rosja mniej straszyła Zachód".

Wiek XIX przyniósł znaczące zmiany w edukacji polskiego społeczeństwa. Z jednej strony żywa była jeszcze pamięć o dokonaniach Komisji Edukacji Narodowej, z drugiej zaś utrata państwowości stawiała nowe wyzwania przed oświatą, która stała się najważniejszą dziedziną życia społecznego.

Nadzór nad szkolnictwem przejęły państwa zaborcze, które za pośrednictwem władz oświatowych precyzowały cele, zadania i formy nauczania i wychowania. Wpłynęło to na ukształtowanie się na ziemiach polskich trzech systemów oświatowych. Poważne zagrożenie stanowiła polityka germanizacyjna i rusyfikacyjna, dlatego walka o polską szkołę i polski język wykładowy miała szczególne znaczenie.

Coraz wyraźniej wyodrębniały się kolejne szczeble kształcenia dzieci i młodzieży: szkoła ludowa (początkowa), średnia i wyższa. Nadal jednak funkcjonowało nauczanie domowe, prowadzone przez guwernerów i guwernantki, działały również różne pensje dla dziewcząt na poziomie elementarnym i średnim.

Obowiązek szkolny na poziomie szkoły ludowej, narzucony w zaborze pruskim już w 1825 r., w pozostałych zaborach wprowadzano bardzo powoli aż po XX w. Dzięki niemu upowszechniała się umiejętność czytania, pisania i liczenia. Wzbogacony program wymagał opracowania odpowiednich podręczników i znajomości metod nauczania, stawiając wyższe wymagania nauczycielom, których przygotowywano do pracy w seminariach nauczycielskich.

Na drugim szczeblu kształcenia (nieobowiązkowym) eksponowane miejsce zajmowało gimnazjum, czyli szkoła średnia ogólnokształcąca. Egzamin wstępny, oceniający wiedzę kandydata z zakresu szkoły ludowej, otwierał 8- lub 9-letni cykl kształcenia, który kończył się egzaminem dojrzałości wprowadzonym w zaborze pruskim już w 1800 r., a w Księstwie Warszawskim w 1812 r. Ukończenie gimnazjum, zwanego szkołą uczoną, stanowiło przepustkę do kariery urzędniczej, wojskowej, a przede wszystkim do studiów uniwersyteckich.

W XIX w. pojawiły się szkoły nowego typu, o charakterze bardziej praktycznym i zawodowym, czyli tzw. szkoły realne (zatwierdzone w zaborze pruskim już w 1819 r.), z których część po połowie stulecia przekształcała się w gimnazja realne. Szkoły te przygotowywały kadrę techniczną dla rozwijającego się przemysłu i handlu, umożliwiały także podjęcie dalszej nauki w wyższych szkołach zawodowych. Znaczącą rolę w kształceniu młodego pokolenia, szczególnie dziewcząt, odegrały szkoły wydziałowe (Galicja, Śląsk) i licea (Galicja, Wielkie Księstwo Poznańskie).

▲ GIMNAZJUM ŚW. ANNY,
zwane także Liceum Nowodworskiego, jest ściśle związane z historią Krakowa i miejscowego uniwersytetu, przez który zostało założone w 1588 r. Dyrekcja szkoły zawsze zabiegała o zatrudnianie nauczycieli o wysokich kwalifikacjach pedagogicznych i szerokiej wiedzy przedmiotowej, przeważnie absolwentów uniwersyteckiego wydziału filozoficznego.
WALERY ELIASZ-RADZIKOWSKI, „KALENDARZ JÓZEFA CZECHA", KRAKÓW, 1889, OSSOLINEUM WROCŁAW, FOT. MM

▲ UCZNIOWIE LICEUM WARSZAWSKIEGO
Jednym z przejawów rozwoju życia intelektualnego w Warszawie było założenie w 1804 r. Liceum Warszawskiego – średniej szkoły humanistycznej, w której podstawę wykształcenia stanowiła nauka języków (obowiązkowa pięciu języków, nadobowiązkowa – czterech).
WG JANA FELIKSA PIWARSKIEGO, „PAŁAC KAZIMIERZOWSKI, CZYLI LICEUM WARSZAWSKIE", 1832, MN KRAKÓW, FOT. MM

◀ POCZĄTKI GIMNAZJUM ŚW. MARII MAGDALENY

w Poznaniu sięgają czasów kolegium jezuickiego założonego w 1573 r. W 1815 r. władze pruskie przekształciły je w szkołę przygotowującą do studiów uniwersyteckich. 30 IX 1834 r. podzielono je na katolickie Gimnazjum św. Marii Magdaleny i ewangelickie Gimnazjum Fryderyka Wilhelma. W 1858 r. Gimnazjum św. Marii Magdaleny zostało przeniesione na pl. Bernardyński, do nowego piętrowego gmachu z dużą aulą i dobudowaną później salą gimnastyczną.

FOT. MŁ

▼ CZAPKA GIMNAZJALISTY RZESZOWSKIEGO

Przepisy szkolne oraz statut gimnazjum określały krój i kolor stroju uczniowskiego, tzw. mundurka. W Królestwie Polskim uniform szkolny był podobny do munduru wojskowego i urzędniczego. Dziewczętom prawo nie narzucało konkretnego stroju, utarł się jednak zwyczaj, że uczennice szkół państwowych nosiły brązowe sukienki z czarnymi fartuchami, w szkołach prywatnych zaś sukienki były granatowe i okryte również czarnym fartuchem.

MO RZESZÓW, FOT. MŁ

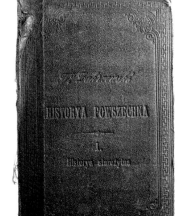

▲ ROZWÓJ EDUKACJI DZIEWCZĄT

nastąpił w drugiej połowie XIX w., jako rezultat zachodzących zmian społecznych. W 1896 r. zorganizowano w Krakowie pierwszą na ziemiach polskich szkołę żeńską z programem gimnazjum męskiego. Przedstawiona na fotografii szkoła Leokadii Rudzkiej w Warszawie powołana została w 1883 r. jeszcze jako 7-klasowa pensja żeńska. W gimnazjum przekształcono ją na początku XX w.

„TYGODNIK ILUSTROWANY", 1896

◀ PODRĘCZNIKI

w XIX-wiecznym systemie dydaktyczno-wychowawczym stanowiły podstawowe źródło wiadomości dla uczniów i wyznaczały nauczycielowi kierunek metodycznego postępowania. Prezentowanie dziejów powszechnych i ojczystych w podręcznikach napisanych po polsku kształtowało świadomość narodową uczniów szkół galicyjskich w dobie autonomii.

WINCENTY ZAKRZEWSKI, „HISTORYA POWSZECHNA", TOM I: „HISTORYA STAROŻYTNA", LWÓW, 1891, ZPS WALASEK, FOT. MM

▶ OPIEKA NAD DZIEĆMI I MŁODZIEŻĄ

stała się w XIX w. poważnym wyzwaniem. Wspomagała przezwyciężanie negatywnych zjawisk, takich jak nędza, wykolejenie nieletnich, sieroctwo i bezdomność. W działaniach podejmowanych w tym zakresie przez osoby prywatne, organizacje i państwo dokonała się ewolucja od filantropii do właściwej pedagogiki opiekuńczej. Jednym z jej inicjatorów był Józef Montwiłł.

FOTOGRAFIA, 1905, MN WARSZAWA

AUTONOMIA GALICYJSKA ▶

stwarzała możliwości rozwoju szkolnictwa i oświaty w języku ojczystym. Powstał ruch nauczycielski i rozwijało się czasopiśmiennictwo pedagogiczne. Powszechna była wśród nauczycieli znajomość europejskich prądów w pedagogice i podejmowano próby ich realizacji w praktyce. Józef Konrad Dietl, profesor i rektor Uniwersytetu Jagiellońskiego, dokonał istotnych zmian w organizacji uczelni i zarządzaniu nią. Był zwolennikiem pełnej autonomii dla Galicji, walczył o wprowadzenie języka polskiego do szkół średnich i wyższych, bronił polskości na uniwersytecie.

XIX W., OSSOLINEUM WROCŁAW, FOT. MM

◀ OCHRONKI

miały zapewnić małemu dziecku opiekę wychowawczyni, wyżywienie oraz, czasem, skromną edukację. Organizowane były zarówno w miastach, jak i na wsi. Pierwsza wiejska ochronka powstała w 1850 r. w Podrzeczu koło Gostynia przy udziale Edmunda Bojanowskiego (późniejszego błogosławionego). Ułożył on program wychowania i sam przygotował dziewczęta do pracy wśród najmłodszych. Obok ochronek pojawiły się freblówki; z obu form wykształciło się przedszkole.

FOTOGRAFIA, 1869, ADGZSS LUBOŃ–ŻABIKÓW

◀ OŚWIATA DOROSŁYCH

zaczęła się rozwijać w XIX w. Wypracowano wówczas wiele interesujących form, jak kursy, prelekcje i wycieczki krajoznawcze. Jednym z najważniejszych zadań była alfabetyzacja dorosłych, dla których zaczęto pisać elementarze.

KONRAD PRÓSZYŃSKI (KAZIMIERZ PROMYK), „ELEMENTARZ NA KTÓRYM NAUCZYSZ SIĘ CZYTAĆ W 5 ALBO 8 TYGODNI", WARSZAWA, 1892, OSSOLINEUM WROCŁAW, FOT. MM

KLĘSKA ROMANTYZMU

BIALI I CZERWONI

Odrodzenie życia politycznego w zaborze rosyjskim po wojnie krymskiej pozwoliło ponownie podjąć kwestie narodowe

► **CAR ALEKSANDER II,** początkowo liberalny, w późniejszym okresie panowania zaostrzył politykę wewnętrzną. Ograniczył odrębność Królestwa Polskiego i zwalczał ruch rewolucyjny w Rosji, co sprowokowało serię zamachów na jego życie. Zginął w 1881 r. z ręki Polaka, Ignacego Hryniewieckiego.
CARL MAYER, XIX W., OSSOLINEUM WROCŁAW, FOT. MM

◄▼ **POCZTA KRÓLESTWA POLSKIEGO** została zmodernizowana w połowie XIX w.; pojawiły się koperty oraz kartki pocztowe, które zyskały natychmiastową popularność. Pierwszy znaczek wprowadzono w 1860 r. Skrzynek pocztowych było jednak tak mało, że ich rozmieszczenie podawano w prasie.
NIEMIECKA SKRZYNKA POCZTOWA – 1896; PIERWSZY POLSKI ZNACZEK POCZTOWY; KOPERTA Z PIERWSZYM POLSKIM ZNACZKIEM POCZTOWYM; MPT WROCŁAW; FOT. MM

Odwilż

Po przegranej wojnie krymskiej wśród rosyjskich elit władzy narastała świadomość, że – jeśli Rosja chce uniknąć wstrząsów społecznych i zachować pozycję czołowego mocarstwa – niezbędna jest modernizacja państwa. Zliberalizowano zatem nieco politykę wewnętrzną i rozpoczęto przygotowania do głębszych reform, zwracając uwagę przede wszystkim na kwestię agrarną, na wsi bowiem narastały największe niepokoje.

Zmiany miały objąć również Królestwo Polskie. Po śmierci w 1856 r. Paskiewicza namiestnikiem został książę Michał Gorczakow, usposobiony stosunkowo pojednawczo do polskiego ziemiaństwa. Zniesiono stan wojenny i ogłoszono amnestię dla więźniów politycznych; wstrzymana została również rekrutacja do wojska, zelżała cenzura. W maju 1856 r. mieszkańcy Warszawy owacyjnie witali Aleksandra II, a ludzie zainteresowani polityką dość powszechnie spodziewali się korzystnych zmian. W tej sytuacji słynne słowa nowego cara – „żadnych marzeń, panowie, żadnych marzeń" – którymi powitał w Warszawie delegację polskiej szlachty, dla wielu były wielkim rozczarowaniem.

Umiarkowanie i radykalizm

Nowy klimat polityczny umożliwił jednak pojawienie się zaczątków legalnego życia publicznego. W 1858 r. hrabia Andrzej Zamoyski, główny autorytet środowisk ziemiańskich w Królestwie, uzyskał zgodę na utworzenie Towarzystwa Rolniczego, którego liczebność w ciągu 3 lat osiągnęła ponad 4000 członków. Kontynuowało ono prace zainicjowane przez Zamoyskiego już w początku lat 40., kiedy to zaczął zapraszać do swego nowoczesnego majątku w Klemensowie ziemian chcących dyskutować o modernizacji rolnictwa. W sprzyjających warunkach członkowie Towarzystwa podjęli zakazane wcześniej dyskusje na temat reform agrarnych. I choć sam Zamoyski opowiadał się za czynszem, to coraz częściej dawały się słyszeć głosy zwolenników uwłaszczenia na wzór pruski.

Towarzystwo stało się istotną siłą opiniotwórczą. Reprezentowało kręgi skłonne do politycznego porozumienia z władzami rosyjskimi. Z Petersburga nie nadchodziła jednak żadna oferta porozumienia, tamtejsze władze nie sądziły bowiem, że poważniejsze koncesje na rzecz Polaków są rzeczą wskazaną. Tymczasem zaś zaaktywizowały się środowiska, w których idea ugody z carem nie cieszyła się popularnością.

Na emigracji postacią najbardziej ruchliwą stał się wtedy Ludwik Mierosławski, przywódca demokratów. Ten polityczny fantasta snuł ambitne plany powstańcze, w których ważną rolę miały odegrać masowe poruszenia ludności. W jego opinii zwłoka pociągała za sobą opłakane konsekwencje – uważał, że wraz z przeprowadzeniem przez władze reform agrarnych strona polska straci możliwość oddziaływania na chłopstwo. Jesienią 1859 r. pod wpływem Mierosławskiego znaleźli się działacze warszawskich kółek młodzieżowych, powstających w sprzyjającej atmosferze odwilży politycznej. Pierwsze z nich uformowało się w Szkole Sztuk Pięknych już pod koniec 1856 r.; następne rozwinęły się po otwarciu w 1857 r. Akademii Medyko-Chirurgicznej. Kółka te, niemające początkowo żadnych sprecyzowanych celów politycznych, stały się w niedługim czasie zaczynem aktywnej opozycji. Z zagranicy dochodziły elektryzujące wieści: wojska francuskie włączyły się właśnie do wojny Piemontu z Austrią, Napoleon III deklarował, że wyzwoli Włochy. Kontakty z emigracją sprawiły, iż aktywność młodzieży przybierała bardziej konkretne kształty: w ostatnich miesiącach 1859 r. zawiązała się w Warszawie z inspiracji Mierosławskiego konspiracja, która zamierzała przygotować powstanie.

Manifestacje

Sukcesy Giuseppe Garibaldiego w dziele tworzenia narodowego państwa Włochów rozpalały wyobraźnię polskich konspiratorów. Aby zmobilizować ludność, przez długi czas poddawaną surowym rygorom politycznym, działacze ci zaczęli organizować patriotyczne demonstracje. Po raz pierwszy w czerwcu 1860 r., podczas pogrzebu Katarzyny Sowińskiej, wdowy po generale Józefie Sowińskim, obrońcy warszawskiej Woli z 1831 r.; później w październiku, gdy do Warszawy przybyli władcy Rosji, Austrii i Prus. W 30. rocznicę nocy belwederskiej przed kościołem Karmelitów na Lesznie urządzono manifestację, w której motywy religijne ściśle połączyły się z politycznymi – zebrani odśpiewali m.in. *Boże, coś Polskę* (z refrenem „Ojczyznę, wolność racz nam wrócić, Panie"), *Mazurka Dąbrowskiego* i *Warszawiankę*.

◄ ANDRZEJ ZAMOYSKI, założyciel Towarzystwa Rolniczego, promował nowoczesne narzędzia rolnicze na wzór angielski, a także inwestowanie w przetwórstwo rolno-spożywcze i uprawę roślin przemysłowych.
MAKSYMILIAN FAJANS, 1857, MM PŁOCK, FOT. MM

► SZTUCER KAPISZONOWY, TZW. MIEROSŁAWKA, zawdzięcza nazwę przypuszczalnemu projektantowi, generałowi Ludwikowi Mierosławskiemu. Był produkowany w belgijskim Liège, lecz z powodu problemów z transportem i pruskich konfiskat tylko niewielka część tej broni dotarła do rąk powstańców.
1855–1863, MWP WARSZAWA, FOT. PC

◄ TOWARZYSTWO ROLNICZE w pierwszym roku działalności powołało 70 oddziałów terenowych, co znacznie poszerzyło krąg jego zwolenników. W 1861 r., na wyraźne życzenie Aleksandra Wielopolskiego, zostało rozwiązane.
DYPLOM PRZYJĘCIA NA CZŁONKA CZYNNEGO TOMASZA OLĘDZKIEGO, WARSZAWA, 20 IV 1859, MNR SZRENIAWA, FOT. MM

► DEKRET O UWŁASZCZENIU WŁOŚCIAN wydany przez Rząd Narodowy nadawał chłopom ziemię i uchylał ciążące na nich czynsze oraz robociznę. W praktyce powstańcy nie dysponowali władzą umożliwiającą realizację zawartych w nim decyzji.
WARSZAWA, 1863, MNR SZRENIAWA, FOT. MM

▲ ► ▼ BONY ROZLICZENIOWE funkcjonowały początkowo w wewnętrznym obiegu majątków ziemskich jako forma odroczonej płatności w pieniądzu lub towarze. Po reformie uwłaszczeniowej wykorzystywano je powszechnie w Królestwie Polskim i Prusach przy wykupie ziemi.
MAJĄTEK NIEZABITÓW – POCZ. XX W.; KASA DÓBR TREMBKI LUB GIZYCE – 1863; DOBRA STUDZIENIEC, FOLWARK WITUSZA – 2 POŁ. XIX W.; MNR SZRENIAWA; FOT. MM

◄ GIUSEPPE GARIBALDI,
bojownik w walce o zjednoczenie Włoch, demonstracyjnie popierał sprawę polską. W 1860 r. stworzył międzynarodowy legion, który miał doprowadzić do wojny europejskiej, a na jego dowódcę powołał Ludwika Mierosławskiego.
WG MIHÁLYA SZEMLÉRA, 1861, OSSOLINEUM WROCŁAW, FOT. MŁ

KOŚCIÓŁ KARMELITÓW ►
na warszawskim Lesznie został świadomie wybrany na miejsce manifestacji upamiętniającej powstanie listopadowe. W latach 1820–1830 w zabudowaniach klasztornych mieściło się więzienie polityczne, skąd w noc listopadową powstańcy uwolnili więźniów.
FOTOGRAFIA, KON. XIX W., MHMSW WARSZAWA, FOT. PC

◄ X PAWILON CYTADELI WARSZAWSKIEJ
mieścił centralne więzienie śledcze Królestwa Polskiego oraz siedzibę carskich sądów, które skazały na katorgę ponad 40 tysięcy więźniów politycznych. Na wschodnim stoku Cytadeli dokonywano egzekucji.
„CELA W X PAWILONIE…", WARSZAWA, 1863, MNIEP WARSZAWA, FOT. MM

► PISTOLET OŚMIOSTRZAŁOWY

ze słynnej belgijskiej fabryki w Liège. W 1863 r., ze względów bezpieczeństwa, przeniesiono tam z Poznania polską Komisję Broni.
1 POŁ. XIX W., MR WRZEŚNIA, FOT. MM

Trzej monarchowie w Warszawie

We wrześniu 1860 r. cesarz Franciszek Józef I, zaniepokojony sukcesami Garibaldiego na południu Włoch, poprosił Aleksandra II o spotkanie w Warszawie. Car, zgodziwszy się, zaprosił również pruskiego regenta Wilhelma. Tak więc w Warszawie mieli się spotkać władcy trzech państw zaborczych, aby omówić sytuację polityczną w niezbyt stabilnej od pewnego czasu Europie.

Nastroje, jakie panowały w mieście, nie mogły ucieszyć cara. Jeśli w maju 1856 r. witały go tu liczne tłumy, to w październiku 1860 r. przyjęcie było znacznie bardziej powściągliwe. Wieczorny spektakl w Teatrze Wielkim odbył się w kiepskiej atmosferze – także w całkiem dosłow-

nym znaczeniu, w budynku rozlano bowiem roztwór siarkowodoru. Okazało się też, że loża carska została uszkodzona kwasem solnym. Przyjeżdżającym do teatru damom niszczono wytworne suknie. Jednym słowem, widać było zorganizowaną kampanię, która miała zamanifestować opozycyjne nastawienie mieszkańców Warszawy. W dniach poprzedzających wizytę na mieście pojawiły się ulotki wzywające do bojkotowania związanych z nią uroczystości. Kampania, prowadzona przez warszawskie kółka młodzieżowe, odniosła spory sukces – do bojkotu przyłączyło się w znacznej mierze również starsze pokolenie, w tym część warstw wyższych.

Demonstracje rocznicowe odbywały się również poza Warszawą, a agitacja w duchu patriotycznym trwała przez całą zimę 1860/61 r. Władze nie podejmowały ostrzejszych represji, co ośmielało do udziału w rozwijającym się ruchu. Inspiratorami manifestacji byli związani z Mierosławskim działacze o dość radykalnych poglądach, nazywani czerwonymi.

Wśród umiarkowanych centralną pozycję zajmowała grupa skupiona od 1856 r. wokół mającego poważny autorytet w kręgach inteligenckich urzędnika średniej rangi Edwarda Jurgensa. Nie należał on do zwolenników konspiracji politycznych; najwłaściwszą formą aktywności była według niego praca organiczna na wzór tej w Poznańskiem (radykałowie drwili, że w ten sposób osiągnie się niepodległość za 1000 lat – stąd ukuta przez nich nazwa rywali: millenerzy). W warunkach, jakie ukształtowały się na początku 1861 r., Jurgens i jego zwolennicy doszli jednak do wniosku, że manifestacje mogą stać się skutecznym narzędziem nacisku na członków Towarzystwa Rolniczego i skłonią ich do bardziej zdecydowanego działania. Myślano o przekazaniu carowi adresu z postulatami narodowymi.

Konfrontacja

W lutym Towarzystwo Rolnicze zebrało się w Warszawie na swej dorocznej sesji. Podjęto wtedy uchwałę, że chłopi powinni zostać stopniowo uwłaszczeni – przez zamianę pańszczyzny na czynsz, a następnie wykup czynszowych obciążeń. Jednocześnie zaś trwały przygotowania czerwonych do manifestacji. Kiedy jej organizatorzy, w niewielkiej liczbie, pojawili się 25 II na Starym Mieście, zostali szybko rozpędzeni przez policję. Jednakże po 2 dniach wokół grupki manifestantów zebrał się na Krakowskim Przedmieściu tłum, którego nie udawało się już rozproszyć. Wojsko użyło broni palnej, zabijając kilka osób.

Poruszenie, jakie zapanowało wówczas w Warszawie, wywołało u namiestnika i ludzi z jego otoczenia głębokie obawy przed walkami ulicznymi i konfrontacją z tłumem – krwawą i o trudnym do przewidzenia wyniku. W tej sytuacji Gorczakow spotkał się z reprezentacją warszawskich warstw wyższych, Delegacją Miejską, i obiecał przeprowadzić śledztwo w sprawie akcji wojska. Delegacja wzięła na siebie odpowiedzialność za utrzymanie spokoju w mieście, a jej przedstawiciele uczestniczyli w układaniu petycji do cara. Adres, jaki zdecydowało się wystosować Towarzystwo Rolnicze, był ogólnikowy i ostrożnie sformułowany – wspominano w nim o potrzebie wprowadzenia w kraju „zasad płynących z ducha narodu, jego tradycji i historii".

Mimo oburzenia cara na tę petycję władze Królestwa, zaniepokojone perspektywą załamania porządku wewnętrznego, postanowiły zmodyfikować system rządów. Aby pozyskać poparcie społeczeństwa polskiego, zapowiedziano reformy, a do lokalnej administracji wprowadzono, jako dyrektora Komisji Wyznań Religijnych i Oświecenia Publicznego, margrabię Aleksandra Wielopolskiego. W 1846 r., wzburzony ówczesną polityką austriacką, ogłosił on broszurę, w której przekonywał, że szlachta polska powinna zaakceptować ideę ugody z Rosją. Za realny cel polskich dążeń uznawał przywrócenie systemu konstytucyjnego z 1815 r.

Towarzystwo Rolnicze i Delegacja Miejska nie poparły poczynań Wielopolskiego – ich przedstawiciele mieli nadzieję na dalsze ustępstwa. Jednakże car, udzieliwszy dotychczasowych koncesji, zdecydowany był szybko stłumić wszelką niezależną aktywność polityczną. W pierwszych dniach kwietnia Towarzystwo i Delegacja zostały rozwiązane, co zaogniło i tak niespokojną atmosferę w Warszawie. Kiedy zaś 8 IV na pl. Zamkowym zebrała się manifestacja, wojsko otworzyło ogień, zabijając ponad 100 osób.

Władze tylko w części osiągnęły swój cel – Warszawa została wprawdzie spacyfikowana, ale demonstracje objęły teraz prowincję Królestwa oraz zachodnie gubernie cesarstwa. Manifestacje solidarności z Polakami pozostającymi pod panowaniem rosyjskim zaczęto też organizować w zaborze austriackim i pruskim. W stolicy Królestwa z kolei ruch, który usunięto z ulic, odrodził się wkrótce, pod zmienioną postacią, w kościołach, gdzie zamawiano nabożeństwa w intencji sprawy narodowej i śpiewano pieśni religijno-patriotyczne.

Udział w ówczesnym ruchu brali mieszkańcy miast i miasteczek, również ubożsi. Chłopi nie uczestniczyli w nim, w Królestwie nasilały się natomiast na wsi wystąpienia przeciwko pańszczyźnie. Bodźcem do nich stała się rosyjska reforma agrarna z 19 II 1861 r., której nie rozciągnięto na tereny położone na zachód od Bugu.

We wrześniu 1861 r. rozpoczęły się w Królestwie wybory do nowo powstałych organów lokalnego samorządu: rad miejskich i powiatowych. W kręgach oficjalnych sądzono, że reforma samorządowa zjedna nowym władzom poparcie warstw wyższych (w wyborach obowiązywał dość wysoki cenzus majątkowy i edukacyjny). Ustępstwom miało towarzyszyć zaostrzenie kursu wobec opozycji, która właśnie rozpoczęła organizować nową serię manifestacji. Następca zmarłego w maju Gorczakowa, hrabia

► MANIFESTACJE
W KRÓLESTWIE POLSKIM
mocno poruszyły europejską opinię publiczną, w mniejszym stopniu tamtejsze rządy.
Co prawda niepodległościowe dążenia Polaków poparł papież Pius IX, a Napoleon III starał się je wykorzystać w swojej polityce, jednak żadne z państw nie zdecydowało się na jawne wystąpienie w tej sprawie.

„ATAK KOZAKÓW NA PROCESJĘ KATOLICKĄ PRZED KOŚCIOŁEM ŚW. ANNY W WARSZAWIE", LONDYN, 1861, MHMSW WARSZAWA, FOT. PC

◄ CYKL
RYSUNKÓW
ALEKSANDRA
LESSERA
dokumentuje wiele szczegółów warszawskich manifestacji patriotycznych. Artysta był najprawdopodobniej naocznym świadkiem tamtych zdarzeń.

ATAK NA PROCESJĘ NA RYNKU STAREGO MIASTA 25 III 1861; ZWŁOKI MICHAŁA ARCICHIEWICZA, UCZNIA KLASY IV GIMNAZJUM GUBERNIALNEGO, NIESIONE DO PAŁACU HRABIEGO ANDRZEJA ZAMOYSKIEGO, KTÓRY SIĘ NIM OPIEKOWAŁ 27 II 1861; 1861; BK PAN KÓRNIK, FOT. MM

► PACYFIKACJA
MANIFESTACJI
27 II 1861 R.
położyła kres liberalnej polityce caratu w Królestwie Polskim. Ciała poległych urosły do rangi narodowych relikwii, wystawiono je na widok publiczny w Hotelu Europejskim i w domu Andrzeja Zamoyskiego.

ALEKSANDER LESSER, 1861, BK PAN KÓRNIK, FOT. MM

▼ POGRZEB PIĘCIU POLEGŁYCH
podczas pacyfikacji manifestacji 27 II 1861 r. przerodził się w wielką manifestację gromadzącą reprezentantów wszystkich stanów i wyznań. Udający się na Powązki kondukt prowadzili arcybiskup Antoni Fijałkowski, rabin Beer Meisels oraz duchowni protestanccy.

ALEKSANDER LESSER, 1861, MN KRAKÓW, FOT. MŁ

◄ OBRAZ OKOLICZNOŚCIOWY

z czasów powstania styczniowego w sposób typowy dla okresu narodowych zrywów łączył idee patriotyczne z aspektami wiary. Obecne w zbiorowej świadomości motywy zostały w charakterystyczny sposób zebrane w jednym dziele, by spotęgować jego wymowę.

AWERS, 1863, MR IŁŻA, FOT. MM

▼ MICHAŁ LANDY,

młody Żyd, zginął na pl. Zamkowym podczas demonstracji 8 IV 1861 r. Został zabity w kilka chwil po tym, jak podniósł krzyż upuszczony przez rannego zakonnika.

FOTOGRAFIA POSMIERTNA, ZIH WARSZAWA, FOT. PC

◄ MANIFESTACJA 8 IV 1861 R.

przybrała charakter procesji prowadzonej przez księży i zakonników. Jej uczestnicy demonstrowali swoje nastroje ubiorem – przeważały stroje żałobne i narodowe. Po brutalnej pacyfikacji carowi doniesiono, że zginęło 10 osób, choć liczba ta była dziesięciokrotnie wyższa.

"8 IV NA PL. ZAMKOWYM W WARSZAWIE", MN WARSZAWA, FOT. EG

▼ KOŚCIÓŁ ŚW. KRZYŻA,

jak kilka innych świątyń warszawskich, stał się miejscem narodowych manifestacji. Odbyło się tu m.in. najbardziej uroczyste z patriotycznych nabożeństw upamiętniających zmarłego w 1861 r. Joachima Lelewela. Tu też stanęły katafalki pięciu poległych podczas manifestacji 27 II 1861 r.

1859, MHMSW WARSZAWA, FOT. PC

▼ ANTONI FIJAŁKOWSKI,

arcybiskup warszawski, mimo nacisków namiestnika nie zakazał patriotycznych śpiewów w kościołach. Podczas jego pogrzebu w październiku 1861 r. niesiono sztandary z Orłem i Pogonią.

HENRYK ASCHENBRENNER, 1861, MNIEP WARSZAWA, FOT. MM

Kwietniowa masakra

Rankiem 8 IV 1861 r. rozlepiono w Warszawie plakaty z obwieszczeniem, jakie przygotował Wielopolski. Zgodnie z tą „ustawą o zbiegowiskach" nielegalne zgromadzenia – jeśli obecni nie usłuchają wezwania do rozejścia się – miały być rozpraszane siłą. Po południu na pl. Zamkowym zebrało się kilkaset osób: część śpiewała patriotyczne pieśni, nie brakowało też zwykłych gapiów. Nie wyklucza się, że tłum zebrał się za sprawą policyjnych prowokatorów. W każdym razie władze zdecydowały się skierować do akcji wojsko, około 1300 żołnierzy. Wezwanie do rozejścia się nie poskutkowało, być może zresztą nie słyszano go dobrze. Konni żandarmi i kozacy nie byli w stanie rozpędzić tłumu, nie zdołała tego także uczynić kolbami piechota. Bici nie ustępowali – klękając, zaczynali się modlić. W końcu wydano rozkaz otwarcia ognia. Salwy nie wywarły jednak spodziewanego wrażenia na zgromadzonych, którzy pod kulami formowali procesje i śpiewali. Manifestację udało się stłumić dopiero po godzinie. Liczbę ofiar śmiertelnych trudno dokładnie ustalić (wojsko szybko zabrało ciała) – szacuje się, że zginęło wtedy ponad 100 osób.

Karol Lambert, ogłosił 14 X stan wojenny. Nazajutrz w warszawskich kościołach odbyły się nabożeństwa żałobne w rocznicę śmierci Kościuszki, połączone z patriotycznymi śpiewami. Wojsko otoczyło trzy kościoły, a do dwóch z nich się wdarło, aresztując blisko 1700 mężczyzn. Duchowieństwo ostro zareagowało na profanację świątyń: zamknięto wszystkie warszawskie kościoły. Lambert zrezygnował ze stanowiska, a jego obowiązki przejął generał Aleksander Lüders, który przystąpił do szeroko zakrojonych represji wobec opozycjonistów. Wielopolski złożył dymisję.

Organizacje

Jesienny kryzys przyczynił się do wyodrębnienia dwóch obozów politycznych. Czerwoni nie wytworzyli dotąd jednolitej struktury organizacyjnej; pozostawali konglomeratem luźno współdziałających ze sobą konspiracyjnych kółek. W dzień po wejściu wojska do kościołów przedstawiciele różnych grup radykalnych zebrali się i utworzyli Komitet Ruchu, po upływie ponad pół roku przemianowany na Komitet Centralny Narodowy. Miał on kierować rozbudową organizacji spiskowej, a za główny cel przyjął przygotowanie powstania.

Pod koniec 1861 r. Komitet zaczął porozumiewać się z tajnym związkiem, jaki powstał wśród oficerów armii rosyjskiej. Jeszcze w 1857 r. w petersburskiej Akademii Sztabu Generalnego zawiązało się konspiracyjne koło oficerów, w większości Polaków (tajne kółka z udziałem polskiej młodzieży powstawały również w innych szkołach wojskowych Petersburga i uczelniach cywilnych cesarstwa). Wiosną 1862 r. jednego z przywódców koła, kapitana Jarosława Dąbrowskiego, odkomenderowano do Warszawy. Tutaj wszedł do konspiracji czerwonych, został „naczelnikiem miasta" i zajął czołową pozycję w Komitecie. Dąbrowski, człowiek niezmiernie energiczny, w krótkim czasie wzmocnił organizację radykałów, a w czerwcu przedstawił plan ataku na warszawską Cytadelę i twierdzę w Modlinie – w ten sposób miało się zacząć powstanie. Koncepcja ta, oparta na wątpliwych podstawach, nie zyskała sobie poparcia na tyle silnego, aby mogła wyjść poza sferę planów.

Organizowali się również zwolennicy orientacji umiarkowanej, do których przylgnęła nazwa białych. Na przełomie lat 1861 i 1862 powołali do życia kilkuosobową Dyrekcję. W jej składzie znaleźli się przedstawiciele ziemiaństwa z kręgu Towarzystwa Rolniczego, inteligenci jak Edward Jurgens, a także m.in. Leopold Kronenberg, finansista o nietypowych dla swego środowiska ambicjach politycznych. Program białych nie wykluczał możliwości powstania, ale odsuwał taką ewentualność w odleglejszą przyszłość, do chwili, w której warunki będą sprzyjały walce zbrojnej. Na razie zalecano pracę organiczną i wykorzystywanie ustępstw władz.

Konstanty i Wielopolski

Atmosfera polityczna zmieniała się tymczasem w sposób zdający się sprzyjać zamiarom białych. Władze rosyjskie dążyły do porozumienia z Francją, która deklarowała poparcie dla Polaków. Ponieważ dotychczasowa polityka w Królestwie nie przyniosła uspokojenia, zdecydowano się na liberalizację kursu w sprawach polskich. W maju 1862 r. nowym namiestnikiem został mianowany brat cara, wielki książę Konstanty, cieszący się opinią sympatyka idei liberalnych; Wielopolski natomiast otrzymał urząd naczelnika rządu cywilnego. W czerwcu margrabia ogłosił trzy przygotowane przez siebie dekrety: o urzędowym oczynszowaniu, równouprawnieniu Żydów i reformie oświaty. Administracja Królestwa została spolszczona, a w Warszawie powstała Szkoła Główna, co można było uznać za przywrócenie uniwersytetu.

Inicjatywy Wielopolskiego nie zadowoliły jednak uczestników ruchu narodowego: oczekiwania były już bardzo rozbudzone, a sam margrabia żadną miarą nie zaliczał się do postaci powszechnie lubianych. Naczelnym autorytetem sfer ziemiańskich pozostawał Andrzej Zamoyski. W jego otoczeniu przeważała opinia, że władze, poddane presji, poczynią dalsze ustępstwa. Licząc na koncesje, Zamoyski wysunął we wrześniu postulat przyłączenia do Królestwa Ziem Zabranych. W rezultacie został wezwany do Petersburga, gdzie otrzymał od cara nakaz wyjazdu za granicę. Niepopularność Wielopolskiego i zniknięcie z krajowej sceny politycznej „pana Andrzeja" poważnie osłabiły pozycję tych, którzy myśleli o kompromisie z carem.

W lecie 1862 r. radykałowie przeprowadzili nieudane zamachy na wielkiego księcia Konstantego i Wielopolskiego. Śledztwo doprowadziło m.in. do aresztowania Dąbrowskiego. W Komitecie Centralnym Narodowym dał się teraz silniej słyszeć głos bardziej umiarkowanych działaczy, skupionych wokół Agatona Gillera. Komitet planował rozpoczęcie powstania wiosną 1863 r., na razie zaś rozwijał organizację spiskową. Pod koniec 1862 r. była to już rozbudowana struktura, licząca około 20 tysięcy członków z różnych warstw społecznych – od inteligencji i ziemiaństwa po rzemieślników i robotników. Wieś pozostawała praktycznie poza zasięgiem konspiracji.

ROSYJSCY SPISKOWCY ►
podpisali w grudniu 1862 r. z polskimi oficerami układ przeciwko carowi. W razie powstania w Królestwie mieli utrudnić transporty wojsk, jednak nie dysponowali siłami wystarczającymi do realizacji tego zobowiązania.
ODEZWA KOMITETU ROSYJSKICH OFICEROW W POLSCE DO OFICEROW WOJSK ROSYJSKICH WZYWAJĄCA DO PRZYŁĄCZENIA SIĘ DO WALKI POLAKÓW, 5 XI 1862, MNIEP WARSZAWA, FOT. MM

▲ **MARGRABIA ALEKSANDER WIELOPOLSKI**
podczas powstania listopadowego zabiegał w Anglii o udzielenie pomocy powstańcom. Później jszą karierę polityczną budował jednak przekonany o konieczności podporządkowania się carowi. Na początku lat 60., z powodu narastających wrogich nastrojów społecznych, poruszał się w towarzystwie zbrojnej eskorty.
FOTOGRAFIA, XIX W., MHMSW WARSZAWA, FOT. PC

◄ **KIELICH KIDDUSZOWY**
to naczynie używane podczas żydowskich obrzędów. Część warszawskiej społeczności żydowskiej popierała ruch wolnościowy, a niektóre synagogi stały się jego ośrodkami. 8 IV 1861 r. na cmentarzu żydowskim odbyło się symboliczne zbratanie warszawiaków różnych wyznań.
1859, MN WARSZAWA, FOT. EG

► **BROŃ POCHODZĄCA Z PRZEMYTU**
stanowiła znaczny odsetek oręża powstańców. Obok Liège ważnym punktem zaopatrzenia był Wiedeń, gdzie rezydowała przeniesiona z Krakowa Agencja Broni.
SZTUCER KAPISZONOWY SYSTEMU „AUGUSTIN" WZ. 1842/54 – AUSTRIA, 1854; KARABIN KAPISZONOWY ROSYJSKI – TUŁA, ROSJA, 1855; MWP WARSZAWA, FOT. PC

UZBROJENIE POWSTAŃCÓW ►
składało się w dużej mierze z broni prywatnej (myśliwskiej, sportowej czy paradnej) oraz kupowanej od Rosjan. Zakładano także polowe manufaktury, np. w Warszawie, gdzie Władysław Daniłowski z grupą uczniów ze Szkoły Głównej wyrabiał potajemnie broń sieczną.
PISTOLETY KAPISZONOWE, LWÓW, POŁ. XIX W.; PARYŻ, OK. 1850; MWP WARSZAWA; FOT. PC

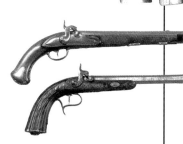

Program czerwonych

Latem 1862 r. Komitet Centralny Narodowy opracował *Program organizacji narodowej*, będący zbiorem dość ogólnie sformułowanych wytycznych działania: „1. Organizacja narodowa ma na celu przygotowanie kraju do powszechnego, a na dobry skutek obrachowanego powstania, które ma wywalczyć niepodległość Polski w granicach 1771 r., a dla wszystkich jej mieszkańców bez różnicy religii zupełną wolność i równość w obliczu prawa i z poszanowaniem praw narodowości z nią złączonych. [...] 4. Szerząc braterstwo między klasami społeczeństwa narodowego wpływać będzie, aby reformę stosunków włościańskich załatwić pomyślnie dla sprawy powstania i doprowadzić włościan do zupełnego uwłaszczenia przez rząd polski, który z ogólnych źródeł państwa obmyśli fundusze na wynagrodzenie właścicieli za ustąpione czynsze. [...] 9. Organizacja narodowa porozumiewa się z narodami ościennymi [...] i starać się będzie o wywołanie między nimi, szczególniej też w Rosji, agitacji, a wreszcie i ruchu zbrojnego".

Początki polskiej biżuterii patriotycznej sięgają drugiej połowy XVIII w., kiedy to w czasie konfederacji barskiej wykonywano złote pierścienie, na których były wyryte napisy PRO LEGE ET PATRIA i PRO FIDE ET MARIA. Wyrażały one hasła konfederatów: „Za prawo i ojczyznę" i „Za wiarę i Maryję". Innym przykładem pierścieni konfederackich były żelazne obrączki z wyrytym od wewnątrz napisem IEZUS MARIA JÓZEF, nawiązującym do ostatnich słów aktu konfederacji. Po ogłoszeniu Konstytucji 3 maja Stanisław August ustanowił pierścień nagrodowy – złoty z napisem FIDIS MANIBUS (Dla wiernych rąk). Nadawano go osobom ze stanu miejskiego zasłużonym dla dzieła konstytucji. W powstaniu narodowym w 1794 r. odznaczeniem dla najwaleczniejszych żołnierzy był nadawany przez Tadeusza Kościuszkę pierścień z napisem OJCZYZNA OBROŃCY SWEMU. W epoce napoleońskiej również wykonywano pierścienie pamiątkowe z napisem JUŻ JEST POLSKA, a upadek Napoleona i zawiedzione nadzieje na niepodległość znalazły wyraz w żelaznym pierścieniu z Orłem, Pogonią i błagalnym napisem BOŻE WSPIERAY WIERNYCH OYCZYŹNIE.

Stopniowo biżuteria patriotyczna stawała się nie tylko odznaką za zasługi dla ojczyzny, ale też znakiem rozpoznawczym organizacji spiskowych, upamiętnieniem wydarzeń historycznych, symbolem haseł i dążeń narodu. Szczególnie wiele biżuterii tego typu powstawało w czasie kolejnych powstańczych zrywów oraz w związku z tragicznymi wydarzeniami, takimi jak np. rozstrzelanie Szymona Konarskiego 29 V 1839 r. Noszenie biżuterii stanowiło formę patriotycznego samookreślenia, a jej symbolika wyrażała najczęściej wierność Bogu i ojczyźnie. W miarę upowszechniania się biżuteria patriotyczna traciła cechy sztuki jubilersko-złotniczej i stawała się formą relikwii narodowej. Szczególnie dobitnie widzimy to w biżuterii powstającej w czasie poprzedzającym powstanie styczniowe (luty–październik 1861 r.), kiedy to wytwarzano, często z pospolitych materiałów – drewna, żelaza, szkła, laki – krzyżyki, obrączki, pierścienie, naszyjniki, broszki żałobne, będące upamiętnieniem tragicznie zakończonych warszawskich demonstracji ulicznych. Częstym motywem była korona cierniowa oplatająca rozmaite kompozycje emblematów patriotycznych i religijnych. W okresie powstania styczniowego biżuteria patriotyczna zaczęła wyrażać aktualne treści polityczne – obok wizerunku Orła Białego pojawiały się trójdzielne tarcze z herbami Polski, Litwy i Rusi. Po upadku powstania popularne były wizerunki Orła w czarnym polu – jedynego symbolu narodu w niewoli.

◀ **SZPILKA DO KOSZULI**
z portretem księcia Józefa Poniatowskiego obrazuje bardzo popularny rodzaj dekoracji biżuterii żałobnej. Ozdobne oczka ze szlachetnych kamieni i inne rodzaje zdobień zastępowano wizerunkami bohaterów narodowych w formie barwnych miniatur.
OK. 1813, MHMSW WARSZAWA, FOT. MM

▼ **BROSZKA Z POWSTANIA LISTOPADOWEGO**
jest ozdobą, a jednocześnie formą manifestacji uczuć patriotycznych. Dwudzielna tarcza herbowa z Orłem i Pogonią to symbol wiary w odzyskanie niepodległości. Skrzyżowana broń kosynierów nawiązuje do tradycji kościuszkowskiej i jest zachętą do zbrojnego czynu.
PO 1830, MMMM WROCŁAW, FOT. MŁ.

▼ **SPINKA DO MANKIETÓW**
została pokryta czarną emalią na znak żałoby narodowej. Widniejące w jej środku serce z Orłem w koronie, kotwicą i złamanym krzyżem jest wyrazem uczuć Polaków będących w niewoli, którzy głęboko kochają ojczyznę i mimo prób wykorzenienia katolicyzmu przez zaborców – noszą w sercu Boga.
1861–1862, MM PŁOCK, FOT. MM

◄ OBRĄCZKA Z SYMBOLAMI PASYJNYMI

– krzyżem, koroną cierniową i palmą – odwołuje się
do męczeństwa narodu polskiego i żałoby. Wyryta
na obrączce data „25–27 lut: 8 kwie: 1861" oznacza
dni manifestacji patriotycznych odbywających się
w Warszawie. Daty ważnych dla Polaków wydarzeń
należały do najczęstszych motywów pojawiających się
na ozdobach czasu zaborów.
MM PŁOCK, FOT. MM

SZPILKA DO KRAWATA ►

w postaci krzyża z godłem narodowym na przecięciu ramion
oznacza wiarę w odzyskanie niepodległości. Łańcuch otaczający
ukoronowanego Orła przypomina koronę cierniową, a krzyż
symbolizuje zmartwychwstanie ojczyzny i gotowość do walki
o jej wyzwolenie.
1861–1863, MM PŁOCK, FOT. MM

▼ BROSZKA W KSZTAŁCIE ZWINIĘTEGO PASA

spiętego klamrą ozdobiona została hasłem
DIEU VOUS GARDE (Bóg was strzeże).
W kolistym ażurowym polu centralnym
widnieją symbole trzech cnót kardynalnych:
wiary, nadziei i miłości; symboliczne spięcie
ich pasem oznacza jedność narodu i trwałość
Kościoła polskiego. W tego rodzaju biżuterii
pas często otaczał tarczę herbową Polski,
Litwy i Rusi (Orzeł, Pogoń i Archanioł),
podkreślając związek tych ziem.
FRANCJA?, 1861–1863, MM PŁOCK, FOT. MM

BRANSOLETA ŻAŁOBNA ▼

– kształtem nawiązująca do kajdan – jest manifestacją
zniewolenia. Z łańcuchów wykonywano również
naszyjniki, na których zawieszano medaliki
z wizerunkami NMP i świętych lub krzyżyki. Był to
symboliczny wyraz zawierzenia spętanego ludu
świętemu patronowi i opiece Bożej.
1861–1862, MM PŁOCK, FOT. MM

▲ KRZYŻYK PAMIĄTKOWY

został wykonany z najtańszych materiałów.
Drewniane i ołowiane ozdoby zastąpiły klejnoty
i biżuterię z cennych kruszców, które były
spieniężane i oddawane na „potrzebę
narodową". Metalową biżuterię patriotyczną
często wykonywano z żelaza odzyskanego
z kajdanów, podków końskich pozostawionych
na polach bitewnych, szabel i innych militariów,
przez co stawała się pamiątką wydarzeń
historycznych.
1861–1862, MM PŁOCK, FOT. MM

STRÓJ ŻAŁOBNY ►

stanowił tło dla biżuterii, a zarazem był
demonstracją uczuć patriotycznych. Czarne
ubranie często narażało noszącego na
prześladowanie. Szczególnie tępiły ten rodzaj
ubioru władze carskie, które uznawały strój
żałobny i ozdoby narodowe za wyraz buntu
i w 1864 r. wprowadziły szykany w formie
kar pieniężnych i aresztu.
*PORTRET LEOKADII Z LANDSBERGÓW DĄBROWSKIEJ,
PRZED 1863, MM PŁOCK, FOT. MM*

◄ BRELOK W KSZTAŁCIE KOTWICY

był elementem dewizki do zegarka. Opleciona
łańcuszkiem – znakiem niewoli – kotwica,
pośrodku której na panopliach widnieje
popiersie Tadeusza Kościuszki, a z drugiej strony
trójpolowa tarcza z herbami Polski, Rusi i Litwy,
symbolizuje nieustającą nadzieję Polaków
na odzyskanie niepodległości.
PO 1863, MM PŁOCK, FOT. MM

PARTYZANTKA

Przytłaczająca przewaga wojskowa imperium rosyjskiego i obojętność państw zachodnich skazywały partyzantkę powstaniową na klęskę

▶ **MANIFEST TYMCZASOWEGO RZĄDU NARODOWEGO** był drukowany przez koła akademickie w tajnej drukarni. Mieściła się ona w należącym do sióstr felicjanek dawnym budynku Biblioteki Załuskich. Siostry wyparły się potem uczestnictwa w tej akcji, niemniej przyczyniły się do ukształtowania wizerunku Kościoła przychylnego powstańcom.

22 I 1863, MWP WARSZAWA, FOT. PC

▲ **DYPLOMACJA RZĄDU NARODOWEGO** zabiegała o sympatię opinii publicznej w państwach europejskich, usiłowała też skłonić rządy potencjalnych sojuszników do wojny europejskiej. W praktyce miała znikome znaczenie polityczne, jedynie w kraju rozbudzała nadzieje na pomoc z Zachodu.

PISMO OSTRZEGAJĄCE PRZED WYSŁANNIKAMI CARSKIMI DO KRAJÓW EUROPY ZACHODNIEJ, WARSZAWA, 16 XII 1863, KTN BITTBURG, FOT. MM

▶▼ **UMUNDUROWANIE POWSTAŃCÓW** poszczególnych formacji określała wydana na początku 1863 r. instrukcja. Próbowano w niej tworzyć mundury wykorzystujące elementy stroju codziennego, np. buty z cholewami. Istotnymi elementami były symbole patriotyczne.

UBIÓR POWSTAŃCA – 1863, MWP WARSZAWA, FOT. PC; CZTEROOSOBOWA GRUPA POWSTAŃCÓW – FOTOGRAFIA, PO 1863, MNIEP WARSZAWA, FOT. MM

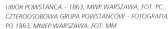

Branka

Kiedy Komitet Centralny Narodowy rozbudowywał organizację spiskową, władze Królestwa przystąpiły do zdecydowanego działania. Już wcześniej zastanawiano się nad polityczną przydatnością poboru do wojska; obecnie pomysłem tym postanowił posłużyć się Wielopolski. Branka miała objąć tylko młodzież miejską, a zadanie wskazywania rekrutów przypadło policji, aby możliwie skutecznie usunąć z miast „element niespokojny". Sądzono, że ta akcja zniszczy konspirację; gdyby zaś spiskowcy zdołali stawić poważniejszy opór, władze rozpoczynałyby tę konfrontację odpowiednio przygotowane. Wielopolski stwierdził: „Wrzód zebrał i rozciąć go należy. Powstanie stłumię w ciągu tygodnia i wtedy będę mógł rządzić".

Pobór zapowiedziano w październiku 1862 r., nie podając dokładnego terminu, co miało umożliwić zaskoczenie konspiratorów. Czerwoni wahali się, jak zareagować. Ostatecznie górę wzięła opinia, że odpowiedzią powinno być powstanie. Branka rozpoczęła się w Warszawie nocą z 14 na 15 I 1863 r. Spodziewając się jej, już od 12 I spiskowcy opuszczali miasto i zbierali się w okolicznych lasach. W tej sytuacji pobór w niewielkim tylko stopniu osłabił konspirację, kontynuowano go jednak, a za kilka dni miał objąć także prowincję. Komitet Centralny podjął decyzję, że powstanie wybuchnie w nocy z 22 na 23 I.

Początek

Dając sygnał do walki, Komitet opublikował manifest, w którym proklamował się Tymczasowym Rządem Narodowym, a także ogłosił dekrety uwłaszczeniowe, przyznające chłopstwu całość użytkowanych gruntów, ziemianom zaś odszkodowanie z funduszów publicznych. Bezrolnym uczestnikom powstania obiecywano nadziały z dóbr narodowych. Mimo obaw „sceny galicyjskie" nie powtórzyły się w Królestwie, chociaż doszło tu do pewnych wystąpień antyziemiańskich. Jednocześnie tylko w nielicznych przypadkach chłopi przyłączali się do powstania. Wieś pozostawała w większości bierna.

Dysproporcja sił między powstańcami a wojskami rosyjskimi była uderzająca. Około 6000 niewyszkolonych i źle uzbrojonych ludzi miało stawić czoła 100 tysiącom żołnierzy stacjonujących w Królestwie. Zimowe warunki nie sprzyjały walce partyzanckiej, która na dodatek podjęta została w atmosferze chaosu i improwizacji.

Wielopolski uważał, że opór wobec branki uda się spacyfikować metodami, jakimi posługuje się policja. W pierwszą noc powstania stoczono ponad trzydzieści potyczek – jedynie w kilku z nich powstańcy osiągnęli przejściowe sukcesy. Mimo to uznano, że do zwalczenia powstania nie wystarczą środki policyjne. Dowództwo rosyjskie przystąpiło do koncentrowania oddziałów w większych miejscowościach, co jednak pociągnęło za sobą zmniejszenie nacisku na formującą się partyzantkę, której organizatorzy mogli teraz poczynać sobie nieco spokojniej.

O ile wielkiemu księciu Konstantemu z pewnością chodziło o możliwie szybkie zakończenie całej operacji, o tyle niektórzy z generałów mogli mieć inne zamiary: nie przystępując do zniszczenia partyzantki w początkowej fazie rozwoju, chcieli nadać swej akcji większy wymiar i wywołać odpowiednie następstwa polityczne. Ukazanie nieskuteczności polityki Konstantego i Wielopolskiego otworzyłoby perspektywę odejścia od koncesji, jakie uzyskali ostatnio Polacy. Jakkolwiek przedstawiały się intencje rosyjskiej generalicji, siły powstańców – zbyt skromne, aby zapewnić powodzenie militarne – okazały się wystarczające dla przetrwania partyzantki.

Tajne państwo i jego władze

Biali uznali początkowo wybuch powstania za rzecz pożałowania godną. Stopniowo dochodzili jednak do przekonania, że nie należy uchylać się od udziału w ruchu, który wbrew wcześniejszym przewidywaniom nie upadł. Oprócz patriotycznych emocji na ich postawę wpłynęły zmiany w polityce europejskiej. Premier Prus Otto von Bismarck, chcąc wykorzystać wydarzenia w Królestwie do swych celów politycznych, doprowadził do podpisania 8 II 1863 r. prusko-rosyjskiego porozumienia w sprawie zwalczania ruchu powstańczego. Inicjatywa Bismarcka sprawiła, że dla Napoleona III polskie powstanie stało się dość istotnym elementem politycznej gry, której ostatecznym celem miała być zmiana układu sił w Europie. Władca Francji zachęcił zatem działaczy emigracyjnego Hotelu Lambert, aby zabiegali o kontynuowanie walki w kraju. Biali otrzymali wkrótce z Paryża zalecenia, które przyspieszyły ich decyzję o przyłączeniu się do powstania.

Tuż przed wybuchem walk Komitet Centralny Narodowy czerwonych ustalił, że przywódcą powstania, obdarzonym dyktatorskimi uprawnieniami, zostanie Mierosławski. W połowie lutego dyktator pojawił się w kraju, ale nie zyskał tu szerszego poparcia ani nie osiągnął żadnych sukcesów wojskowych i po tygodniu powrócił do Francji. Wkrótce po jego wyjeździe rozpoczęły się negocjacje między Tymczasowym Rządem Narodowym a białymi,

SCENY Z ŻYCIA POWSTAŃCÓW ►
rozprowadzane w formie litografii często sporządzano na podstawie rysunków wykonywanych przez uczestników tych wydarzeń. Ze względu na ciągle jeszcze małe rozpowszechnienie fotografii grafiki pełniły funkcję dokumentacyjną i propagandową.

OBÓZ ODDZIAŁU JÓZEFA WŁADYSŁAWA RUCKIEGO W LESIE POD ŚWIĘCICĄ 4 VIII 1863, WG LEONA KOSSAKA?, WIEDEŃ, 2 POŁ. XIX W., MWP WARSZAWA, FOT. PC

KOLCE DO OKULAWIANIA KONI ▼
były używane przez powstańczą partyzantkę w działaniach dywersyjnych, które miały osłabić skuteczność bardzo uciążliwych patroli kozackich.
1863, MHMSW WARSZAWA, FOT. PC

▲ **CHORĄGIEW POWSTAŃCZA,**
ozdobiona herbami Polski, Litwy i Rusi oraz napisem „Wolność całość niepodległość", wyraża przyświecającą powstańcom ideę jedności ziem byłej Rzeczypospolitej. Broń symbolizuje uczestniczące w walce różne jednostki; szczególnie wyeksponowano partyzantkę, symbolizowaną tutaj kosami.
1863, MWP WARSZAWA, FOT. PC

REWOLWER ▼
został opatentowany w 1836 r. przez Samuela Colta. Najważniejszym elementem nowej broni był obrotowy magazynek mieszczący ładunek prochowy lub kule. Do powszechnej produkcji trafił jednak ulepszony sześciostrzałowy pistolet Roberta Adamsa. W powstaniu używali go głównie oficerowie.
DEANE ADAMS, LONDYN, OK. 1850; COLT PATENT, USA, 2 POŁ. XIX W.; MWP WARSZAWA; FOT. PC

▲ **ZABIEGI CHIRURGICZNE**
w czasie powstania przeprowadzano w prowizorycznych szpitalach, urządzanych w szlacheckich dworkach lub budynkach publicznych. Chorymi opiekowały się głównie kobiety. Lekarze często pełnili równocześnie wyższe funkcje wojskowe.
KOMPLET NARZĘDZI CHIRURGICZNYCH LEKARZA POWSTAŃCZEGO, OK. 1863, MM PŁOCK, FOT. MM

Po bitwie

„Znużeni, głodni, drugi dzień już bez żadnego posiłku, maszerowaliśmy, nie znajdując po drodze choćby kropli wody; upadaliśmy więc z głodu i ze zmęczenia. Kotły i prowiant gdzieś jeszcze były w drodze, gotować więc nie było ani czego, ani w czym. Nie napotkaliśmy też po drodze ani jednej wsi, gdyż Brandt kazał przewodnikom takowe omijać, ażeby nie dać Rosjanom sposobności palić wsi [...].

Z południa dobrze już było, kiedy nam przywieźli kilka beczek wody, ale było jej tak mało, że spragnionym koniom dano zaledwie po garncu, nam zaś wszystkim w całym oddziale dostało się zaledwie po szklance wody, i to na wpół z arakiem. Chleba ani żadnego innego posiłku nie przywieziono. A upał tego dnia był straszny. Późnym wieczorem oddział znów zatrzymał się w lesie. Tu czekał na nas cały nasz obóz: odwach, kotły i prowiant. Dano nam po kawałku chleba, słoniny i po czarce wódki. Rozniecania ognisk i gotowania strawy w obawie najścia Rosjan na oddział przy zapalonych ogniskach – zaniechano" – wspominał Konstanty Borowski, członek oddziału Władysława Brandta, dając przejmujący obraz życia partyzantów 1863 r.

▲ SATYRA NA POMOC ANGLIKÓW DLA POLAKÓW

„Włoch – Mój dzielny Polaku, nie spodziewaj się niczego po nim, to żartowniś, ni szylinga, tylko słowa, nic więcej… wiem to z doświadczenia!".
CHARLES VERNER, PARYŻ, 1863, MHMSW WARSZAWA, FOT. PC

▲ MARIAN LANGIEWICZ

służbę wojskową rozpoczął w wojsku pruskim. Nabyte tam doświadczenie przydało mu się podczas przygotowań do powstania: założył fabrykę broni w Wąchocku, a w 1862 r. został mianowany naczelnikiem wojennym województwa sandomierskiego.
PO 1863, MHMSW WARSZAWA, FOT. PC

▲ SKARB POWSTAŃCZY

zasilały pieniądze płynące z podatku ofiary narodowej. Ustalone stawki wynosiły 0,5% wartości majątku nieruchomego i 5% dochodu z innych źródeł.
30 V 1863; 2 VI 1863; MM PŁOCK; FOT. MM

► ADMINISTRACJA PAŃSTWA PODZIEMNEGO

działała sprawniej od armii powstańczej. Niektóre urzędy funkcjonowały nawet półjawnie. Ściągano podatki, a powołane przez Rząd Narodowy trybunały sądziły i karały zdrajców ojczyzny.
TŁOK PIECZĘCI LAKOWEJ, 1863, MM PŁOCK, FOT. MM

◄ ZAMACH NA FIODORA BERGA

miał tragiczne następstwa dla mieszkańców domu, z którego zrzucono bomby. Zostali oni aresztowani, a ich dobytek zniszczony. Przez okno wyrzucono słynny fortepian Chopina, co posłużyło Cyprianowi Kamilowi Norwidowi za temat utworu poetyckiego.
PETERSBURG, 1865, MHMSW WARSZAWA

Zamach na Berga

Kiedy 19 IX 1863 r. namiestnik Fiodor Berg powracał ze służbowego objazdu miasta do swej siedziby na Zamku Królewskim, około godziny 17 dokonano na niego zamachu. Powóz, eskortowany przez kozaków, wyjeżdżał właśnie z ulicy Nowy Świat; wtedy z czwartego piętra domu Andrzeja Zamoyskiego zrzucono na bruk butelkę z płynem zapalającym, aby zatrzymać przejeżdżających. Zamachowcy wystrzelili następnie z tzw. garłacza i obrzucili powóz bombami. Skuteczność tego ataku okazała się nikła: namiestnik i jego adiutant nie odnieśli obrażeń, raniono konie. Czterej zamachowcy, należący do powstańczej żandarmerii, zbiegli; dwóch z nich schwytano później. Nie jest jasne, kto był inicjatorem zamachu – być może Ignacy Chmieleński, jeden z najbardziej radykalnych działaczy czerwonych, zwolennik metod terrorystycznych. Dom Zamoyskiego został zdemolowany przez wojsko i skonfiskowany. Berg pisał do cara: „Podejmę coś w rodzaju wojny przeciw ludności miasta Warszawy".

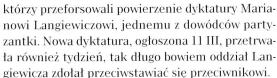

którzy przeforsowali powierzenie dyktatury Marianowi Langiewiczowi, jednemu z dowódców partyzantki. Nowa dyktatura, ogłoszona 11 III, przetrwała również tydzień, tak długo bowiem oddział Langiewicza zdołał przeciwstawiać się przeciwnikowi.

Kierownictwo działań powstańczych pozostało w tej sytuacji przy Tymczasowym Rządzie Narodowym, który 10 V przybrał nazwę Rządu Narodowego. W początkach powstania liczono, że jego władze będą mogły działać jawnie na terenach, z których zostaną trwale wyparte wojska rosyjskie. Kiedy jednak stało się jasne, iż takie sukcesy militarne są nierealne, powstańczy rząd musiał zachować swój tajny charakter. Rządowi podlegało „tajne państwo", którego struktury ukształtowały się jeszcze w 1862 r. Własny aparat finansowy, system łączności, prasa, wymiar sprawiedliwości i służby policyjne – wszystko to pozwalało w miarę skutecznie kontrolować zachowanie społeczeństwa. We władzach powstania stale ścierały się wpływy białych i czerwonych, przy czym przewaga należała do orientacji umiarkowanej, cieszącej się znacznie silniejszym poparciem środowisk zamożnych i wpływowych.

Partyzanci i dyplomaci

Pod względem wojskowym ruch nie odnosił sukcesów – w tej dziedzinie bezdyskusyjnie przeważała Rosja. Ochotnicy, w przytłaczającej większości bez odpowiedniego przygotowania i na ogół niesprawnie dowodzeni, nie byli w stanie sprostać armii wielkiego mocarstwa. Zdarzały się potyczki zwycięskie, ale nie miały one żadnych istotnych militarnie konsekwencji. Społeczne zaplecze partyzantki, niezmiernie ważne dla tego typu działań, pozostawało ograniczone – idea masowego przyciągnięcia chłopów do powstania okazała się w ówczesnych warunkach utopią.

Petersburg skierował do walki wielkie siły: w lipcu liczyły one już 340 tysięcy ludzi. Po stronie powstańczej latem walczyło jednocześnie 20–30 tysięcy, przy dużej rotacji; ogółem w partyzantce mogło uczestniczyć około 200 tysięcy osób.

Powstanie, mimo tak potężnego przeciwnika, nie wygasało. Rozbite oddziały odtwarzano, napływali nowi ochotnicy. Partyzantka objęła po części także zachodnie gubernie imperium, w tym zwłaszcza ziemie litewskie. Mieszkańcy zaborów austriackiego i pruskiego wspierali powstańców ludźmi i bronią. W Europie nasiliły się sympatie dla sprawy polskiej, z wielu krajów przybywali chętni do walki w szeregach powstańczych.

Kluczowe znaczenie miała wszakże w tym przypadku postawa mocarstw. Z nimi też wiązali swe kalkulacje biali, uznając, że powstanie powinno być zbrojną manifestacją polskich dążeń, która da przyjaznym rządom okazję, aby interweniować na rzecz Polaków. Istotnie, w kwietniu, po przewlekłych negocjacjach, Francja, Wielka Brytania i Austria złożyły w Petersburgu noty wyrażające zaniepokojenie rozwojem wypadków w Polsce. W obliczu dyplomatycznego nacisku Aleksander II zdecydował się na pewne gesty: gdy noty zmierzały do stolicy Rosji, ogłosił amnestię dla powstańców, którzy złożą broń, zapewnił o utrzymaniu koncesji z czerwca 1862 r. i sugerował możliwość ich rozszerzenia. Deklaracje takie nie mogły jednak wówczas wpłynąć na nastroje Polaków.

Pod koniec czerwca rządy francuski, brytyjski i austriacki przedstawiły projekt przyznający Królestwu odrębny status w granicach Rosji, a car niebawem odrzucił te propozycje. Wyszło wtedy na jaw, że żadne z trzech mocarstw nie chce rozpoczynać wojny w sprawie, która nie ma dlań żywotnego znaczenia.

Aleksander II postanowił zaostrzyć politykę wobec polskiego ruchu. Litwa już od początku czerwca była brutalnie pacyfikowana przez generała Michała Murawjewa. W Królestwie nadszedł kres rządów Konstantego i Wielopolskiego: margrabia, otrzymawszy urlop, wyjechał w lipcu za granicę; w sierpniu odszedł ze swego stanowiska wielki książę. We wrześniu urząd namiestnika objął generał Fiodor Berg i nasilił walkę z powstaniem. Partyzantka stopniowo słabła.

Biali pragnęli kontynuować działania zbrojne do wiosny 1864 r., liczyli bowiem, pod wpływem francuskich sugestii, że dojdzie wtedy do wybuchu wojny europejskiej. Aby osiągnąć ten cel, wysunęli w październiku 1863 r. na dyktatora Romualda Traugutta – dowódcę oddziału partyzanckiego, podpułkownika armii rosyjskiej w stanie spoczynku. Traugutt wykazał wiele energii, okazał się dobrym organizatorem, ale nie mógł już podtrzymać powstania. Zimą wojska rosyjskie prawie zupełnie stłumiły partyzantkę; niewielkie grupy powstańców przetrwały jeszcze w lasach kilka miesięcy.

Europejska wojna nie wybuchła, a „tajne państwo” rozpadło się pod presją policji. W kwietniu aresztowany został Traugutt; stracono go 5 VIII 1864 r. pod warszawską Cytadelą. Ogółem za udział w powstaniu stracono kilkaset osób, na Syberię zesłano około 38 tysięcy. Tysiące ludzi poległo w walkach lub zostało zamordowanych przez siły rosyjskie. Około 10 tysięcy wyemigrowało.

W marcu 1864 r. ogłoszono w Królestwie carskie ukazy uwłaszczeniowe. Ich postanowienia w zasadzie były zgodne z treścią powstańczych dekretów sprzed kilkunastu miesięcy.

► OCHOTNICY RÓŻNYCH NARODOWOŚCI
biorący udział w powstaniu nie mogli wpłynąć na jego losy – było ich zaledwie kilkuset. Największe znaczenie miały małe sprawne oddziały, jak np. dowodzeni przez pułkownika Francesca Nulla ochotnicy włoscy zwani garybaldczykami.
FRANCESCO NULLO, FRANÇOIS ROCHEBRUNE; FOTOGRAFIA, 2 POŁ. XIX W.; MWP WARSZAWA; FOT. PC

◄ GENERAŁ ROMUALD TRAUGUTT
przeprowadził reorganizację wojska: zdyscyplinował dowódców i zadbał o właściwe przyporządkowanie nadchodzących z zagranicy posiłków. 15 XII 1863 r. wydał rozkaz wprowadzający w armii hierarchię i podział na korpusy.
FOTOGRAFIA, OK. 1863, FOT. PC

ŻUAWI ŚMIERCI ►
to wzorowany na francuskiej formacji żuawów oddział piechoty. W polskiej armii powstańczej kompania żuawów śmierci, dowodzona przez François Rochebrune'a, należała do najlepiej wyszkolonych i wyposażonych. Wstępujący do niej żołnierze przysięgali, że „zginą lub zwyciężą" – stąd nazwa oddziału.
MUNDUR ŻUAWA ŚMIERCI, 1863, MWP WARSZAWA, FOT. PC

▼ POWSTANIE STYCZNIOWE
RYS. JG

Królestwo Polskie
X miejsca ważniejszych bitew
granice między państwami zaborczymi
obszary szczególnie długotrwałych działań powstańczych
miejsca potyczek

Artur Grottger urodził się 11 XI 1837 r. w Ottyniowicach we wschodniej Galicji. Był synem Jana Józefa i Krystyny Bláháo de Chodietow. Wychowywał się w majątkach dzierżawionych przez ojca, który na poły amatorsko zajmował się też malarstwem. Bardzo wcześnie pobierał nauki rysunku u Juliusza Kossaka, a w 1852 r., za akwarelę *Wjazd Franciszka Józefa do Lwowa*, otrzymał stypendium cesarskie umożliwiające mu dalsze studia. Uczył się w Szkole Sztuk Pięknych w Krakowie, gdzie m.in. poznał Jana Matejkę, oraz w Akademii Wiedeńskiej.

Był stałym ilustratorem periodyków wiedeńskich, współpracował też z czasopismem „Postęp", którego redakcję naczelną objął w 1863 r. Prowadzenie pisma w latach powstania styczniowego przyniosło artyście kłopoty finansowe i zatarg z policją wiedeńską – Grottger, sam nie biorąc udziału w powstaniu, ułatwiał emigrantom przejazd i zakwaterowanie oraz zakup broni. Zatarg ten był na tyle poważny, że artysta musiał opuścić Wiedeń i wrócić do Galicji.

W grudniu 1866 r. wyjechał do Paryża, gdzie utrzymywał kontakty z kolonią polską, m.in. z Czartoryskimi w Hotelu Lambert, z Władysławem Mickiewiczem oraz z francuskimi malarzami Feliksem Henrim Giacomettim i Jeanem Léonem Gérôme'em, którego sugestie wpłynęły na ostateczny kształt cyklu *Wojna*. Zmarł na gruźlicę w 1867 r. Staraniem jego narzeczonej – Wandy Monné – został pochowany na cmentarzu Łyczakowskim we Lwowie.

W młodości specjalizował się w scenach historycznych i batalistycznych (m.in. *Potyczka konfederatów*, *Ucieczka Henryka Walezego z Polski*) oraz w pracy ilustracyjnej dla czasopism. Próbował też ilustrować *Króla Ducha* Juliusza Słowackiego i namalował wiele portretów, jednak dopiero wypadki związane z powstaniem styczniowym sprawiły, że zaczął tworzyć dzieła, które przyniosły mu sławę najwybitniejszego polskiego twórcy patriotycznego. Obok obrazów olejnych, takich jak *Pożar dworu pod Miechowem*, *Powitanie* i *Pożegnanie powstańca*, zaczęły powstawać cykle rysunkowe ukazujące wydarzenia warszawskie (polskie manifestacje i rosyjskie represje) poprzedzające wybuch samego powstania (luty–październik 1861 r.), takie jak *Warszawa I* i *Warszawa II*. Z kolei wypadki powstaniowe zrodziły *Polonię* i *Lituanię*. Ostatnim cyklem Grottgera była *Wojna*, ukończona w lipcu 1867 r. Ukazał w nim wojnę jako największe przekleństwo ludzkości – niezależnie od czasu i terytorium. Dzieła te, rozpowszechniane w formie albumów fotograficznych, już za życia artysty przyniosły mu dużą sławę i stały się ważnym elementem rodzimej ikonografii patriotyczno--narodowej.

▲ OSTATNI AUTOPORTRET,
namalowany u schyłku życia młodo zmarłego artysty, wyróżnia się siłą wyrazu spotęgowaną sposobem operowania światłem. Malarz napisał o tym obrazie do narzeczonej: „Kilka studiów rozpocząłem dla przypomnienia sobie co pędzel i farby, i z prawdziwą przyjemnością używam tego wywczasu [...]. Maluję swój portret".
1867, MN WARSZAWA, FOT. TZH

▼ KARTON *PIERWSZA OFIARA*
jest łączony z wydarzeniami 27 II 1861 r., kiedy na pl. Zamkowym w czasie patriotycznych demonstracji zabito 5 osób. Grottger, który nigdy nie był w Warszawie, wiedzę o wydarzeniach poprzedzających powstanie styczniowe czerpał z doniesień prasowych i opowieści przybyłych do Wiednia rodaków.
CYKL „WARSZAWA I", V. 1861, MN WROCŁAW, FOT. AP

► DWÓR SZLACHECKI

był miejscem schronienia dla wielu zgnębionych niewolą i kolejnymi nieudanymi zrywami powstańczymi pokoleń, a obrona dworu przed najeźdźcą była obowiązkiem każdego polskiego szlachcica. Z tych powodów dwór odgrywał w polskiej XIX-wiecznej ikonografii szczególną rolę.
„OBRONA DWORU", CYKL „POLONIA", 1863, MNM BUDAPEST, FOT. ASZM

▲ UCIECZKA HENRYKA WALEZEGO Z POLSKI

nawiązuje do historycznego wydarzenia z czerwca 1574 r., kiedy król Polski zbiegł do Francji, by objąć tron po swym zmarłym bracie Karolu IX. Obraz inspirowany twórczością Paula Delaroche'a został namalowany po ukończeniu przez Grottgera studiów w Akademii Wiedeńskiej.
1860, MN WARSZAWA, FOT. TŻH

▼ PRZED POSĄGIEM NAPOLEONA

jest ostatnim dziełem Grottgera. Ukazuje publiczność oglądającą posąg konającego Napoleona – rzeźbę autorstwa Vicenza Veli. Grottger, jak wielu innych polskich romantyków, uwielbiał Napoleona i w charakterystyczny dla siebie sposób starał się pokazać, że kult cesarza jest nadal obecny, ponieważ jednoczy ludzi różnych ras i stanów.
1867, MN WARSZAWA, FOT. TŻH

◄ CYKL *LITUANIA*

obrazował przede wszystkim powstańcze wypadki na Litwie, jednak w rysunku *Bój* artysta pragnął ukazać tragedię „wszystkich polskich rodzin". Walczący toczą heroiczny bój – przegrany w planie realnym, lecz zwycięski w planie duchowym. Artysta, który sam nie brał bezpośredniego udziału w powstaniu, ukazał siebie (lewy górny róg kartonu) walczącego z niewidocznym, ukrytym poza ramami obrazu wrogiem.
1866, MN KRAKÓW, FOT. MM

▼ W SASKIM OGRODZIE

to na pozór rodzajowa scena towarzyska. W istocie jest alegorią popowstaniowych nastrojów, kiedy to kolejne pokolenie Polaków zawiodło się w oczekiwaniach na odzyskanie niepodległości. Weteran insurekcji kościuszkowskiej, wdowa po powstańcu listopadowym, wsparty na kulach żołnierz powstania styczniowego i młoda kobieta – uosabiają smutek, ale też, dzięki obecności dziecka, nadzieję na ostateczne wyzwolenie.
1863, MN WARSZAWA, FOT. TŻH

▼ W CYKLU *WOJNA*

Grottger, odchodząc od rodzimej problematyki patriotycznej, zawarł przesłanie uniwersalne. W pełen grozy świat przedstawiony wprowadził postacie Artysty i jego Muzy, która oprowadza Artystę, niczym Beatrycze Dantego po piekle, po ogarniętym wojną współczesnym świecie. Karton *Ludzie czy szakale* miał ilustrować (obok *Zdrady i kary* oraz *Świętokradztwa*) demoralizację, jaką niesie wojna.
1866-1867, MN WROCŁAW, FOT. AP

REWOLUCJA PRZEMYSŁOWA

Uprzemysłowienie ziem polskich postępowało nierównomiernie i z dużymi trudnościami

▲ **KSAWERY DRUCKI-LUBECKI**
rozpoczął swoją karierę od służby w armii Suworowa, walczącej we Włoszech w 1799 r. Jako minister skarbu był zwolennikiem protekcjonizmu i związania przemysłu Królestwa z rynkami rosyjskimi. Po wybuchu powstania listopadowego wyjechał do Rosji, gdzie został członkiem Rady Państwa.
XIX W., MN KRAKÓW, FOT. MM

▲ **AKCJE**
nie były zbyt popularne na polskich giełdach w XIX w. Pierwszą giełdę papierów wartościowych otwarto w Warszawie w 1817 r. i początkowo notowane na niej były jedynie weksle, a później obligacje.
DOKUMENT AKCYJNY KRAMATORSKIEGO TOWARZYSTWA METALURGICZNEGO, WARSZAWA, 1906, MHP OPATÓWEK, FOT. MM

▼ **KOPALNIA SOLI W WIELICZCE**
po przejęciu w 1772 r. przez Austrię została zmodernizowana. W XIX w. uruchomiono przy niej elektrownię, wprowadzono mechanizację robót dołowych, wiertarki ręczne zastąpiono pneumatycznymi, zastosowano parową maszynę wyciągową. Rozwinął się także ruch turystyczny. Zwiedzali ją m.in. car Aleksander I, Johann Wolfgang Goethe i Fryderyk Chopin.
VERICO, 1 POŁ. XIX W., MM PŁOCK, FOT. MM

Industrializacyjne fiasko

XIX-wieczna Europa Środkowo-Wschodnia to region, w którym wzrost gospodarczy był w znacznej mierze pobudzany przez państwo. Aktywną rolę państwa w gospodarce trzeba zresztą uznać za zjawisko typowe dla krajów zapóźnionych cywilizacyjnie i wkraczających na drogę modernizacji. Fakt pozbawienia własnej państwowości musiał zatem odbijać się na perspektywach rozwojowych ziem polskich.

Wkrótce po upadku powstania listopadowego władze Królestwa podjęły zainicjowany przez ministra Druckiego-Lubeckiego program intensywnego uprzemysłowienia. W 1833 r. nadzór nad rządowym górnictwem i hutnictwem przejął Bank Polski. Przedsięwzięcia przedpowstaniowe nie zakładały stosowania nowoczesnych technologii. Plan ekipy kierowanej przez Józefa Lubowidzkiego i Henryka Łubieńskiego, prezesa i wiceprezesa Banku Polskiego, dokonywał w tej dziedzinie przełomu: hutnictwo zostało zlokalizowane w zagłębiu węglowym, wprowadzono wielkie piece koksowe i energię parową. Ukoronowaniem owych inicjatyw stała się Huta Bankowa w Dąbrowie Górniczej. Inwestycje, jakich dokonano, miały doprowadzić do dziesięciokrotnego wzrostu produkcji cynku i żelaza.

Finał tych poczynań okazał się największą gospodarczą aferą w Królestwie Polskim. W 1842 r. Lubowidzkiego i Łubieńskiego zdjęto z urzędów i po kilku latach śledztwa i procesów znaleźli się w twierdzy, a następnie na zesłaniu. Zostali skazani za nadużycia finansowe. Okoliczności sprzyjały takim machinacjom: rządowy program industrializacyjny obsługiwali prywatni przedsiębiorcy, którzy chętnie wykorzystywali rozmaite okazje przywłaszczenia państwowych funduszy.

Działania Banku miały jednak konsekwencje wykraczające daleko poza sferę finansowych spekulacji. W początku lat 40. realizacja planu inwestycyjnego była już bardzo zaawansowana. Zdolności produkcyjne rządowego hutnictwa zostały zwiększone kilkakrotnie, ale ten potężny aparat przemysłowy źle funkcjonował. Huta Bankowa, największa i najnowocześniejsza w Królestwie, produkowała wyroby drogie i złej jakości, a cały program industrializacji zakrojony został zbyt szeroko.

Przeinwestowanie doprowadziło w 1843 r. do załamania koniunktury w hutnictwie. Rozpoczął się blisko 20-letni kryzys, który szczególnie mocno dotknął sektor państwowy. Nowe obiekty, przegrywające w konkurencji z małymi, prywatnymi zakładami o przestarzałym już wyposażeniu, znalazły się w pożałowania godnym położeniu (Huta Bankowa na 3 lata zaniechała produkcji).

Administracja Królestwa, stojąc w obliczu głębokiego kryzysu, wprowadziła do zarządzania państwowym przemysłem więcej dyscypliny finansowej, wzmocniła mechanizmy kontrolne i ograniczyła kontakty z osobami prywatnymi. Działania te były jednak dość nieudolne – po wycofaniu się z ambitnych i ryzykownych projektów nie potrafiono wypracować przemyślanej strategii gospodarczej. Od 1863 r. rząd, chcąc podreperować państwowe finanse i pozbyć się nieopłacalnych zakładów, sprzedawał huty i fabryki przedsiębiorcom prywatnym.

Sytuacja przemysłu ciężkiego zmieniła się pod koniec lat 70., kiedy władze zaktywizowały politykę gospodarczą. Wielkie zamówienia rządowe, przy jednoczesnym podniesieniu ceł chroniących przed zagraniczną konkurencją, walnie przyczyniły się do rozgrzania koniunktury. Przemysł ciężki przeżywał gruntowną modernizację, a jego produkcja rosła w szybkim tempie.

Włókiennictwo i rynki wschodnie

W odróżnieniu od górnictwa i hutnictwa, w przemyśle włókienniczym rząd nie dokonywał bezpośrednich inwestycji. Rozwój włókiennictwa zależał jednak w wielkim stopniu od ustalanych przez władze taryf celnych. Po stłumieniu powstania listopadowego zniesiono taryfę, która sprzyjała eksportowi towarów z Królestwa na rynki Rosji. Postanowienie to wstrząsnęło krajowym włókiennictwem, a w konsekwencji wiele zakładów przeniesiono za wschodnią granicę. W 1851 r. bariera celna została zniesiona, co w latach 80. umożliwiło producentom z Królestwa eksportową ekspansję na wschód.

W 1877 r. władze rosyjskie przeprowadziły reformę celną – podwyższone cła na towary z zagranicy zwiększyły dochody państwa, tworząc zarazem barierę ochronną dla przemysłu rozwijającego się w granicach imperium. W latach 80. i 90. przemysł Królestwa, który najwcześniej w całym cesarstwie przeszedł fazę głębokiej modernizacji, znajdował się w związku z tym w pozycji uprzywilejowanej. Korzyści te nie były jednak długotrwałe. Dystans między przemysłowymi centrami ziem polskich a szybko rozwijającymi się ośrodkami rosyjskimi zanikł, co przyniosło kres koniunkturze eksportowej. Rosyjscy producenci coraz skuteczniej konkurowali z fabrykantami łódzkimi lub sosnowieckimi. W rezultacie zaczęło spadać znaczenie, jakie dla gospodarczego rozwoju Królestwa miał handel z Rosją.

Zmienił się w tym okresie również klimat ideowy wokół spraw rozwoju gospodarczego. W miarę upływu czasu rosyjskie elity polityczne coraz czę-

▼ ROZWÓJ GOSPODARCZY ZIEM POLSKICH W DRUGIEJ POŁOWIE XIX I NA POCZĄTKU XX W.
RYS. JG

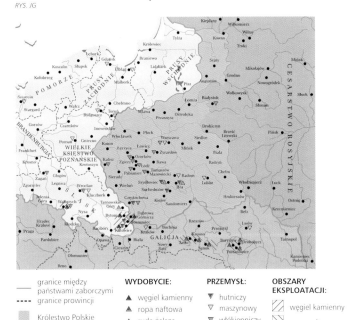

granice między państwami zaborczymi	**WYDOBYCIE:**	**PRZEMYSŁ:**	**OBSZARY EKSPLOATACJI:**
---- granice prowincji	▲ węgiel kamienny	▽ hutniczy	węgiel kamienny
Królestwo Polskie	▲ ropa naftowa	▽ maszynowy	ropa naftowa
Cesarstwo Niemieckie	▲ ruda żelaza	▽ włókienniczy	
Monarchia Austro--Węgierska			

HUTA ŻELAZA W CHLEWISKACH ►
zbudowana przez Francuskie Towarzystwo Metalurgiczne w latach 1882–1892. W jej skład wchodziły trzy prażarki rudy, wieża wyciągowa (tzw. gichtociąg wodny) i wielki piec, który działał aż do 1940 r. i był ostatnim tego typu obiektem w Europie opalanym węglem drzewnym.
FOT. MM

▲ CZÓŁENKO TKACKIE WOLNO LATAJĄCE
Johna Kaya, wynalezione w 1733 r., zrewolucjonizowało przemysł włókienniczy. Od tej pory jeden tkacz mógł obsługiwać kilka krosien i produkować tkaniny o wiele szybciej. Powstające w ten sposób materiały stały się artykułem masowym. Wynalazek Kaya pociągnął za sobą kolejne, które stopniowo doprowadziły do rewolucji przemysłowej.
XIX W., MHP OPATÓWEK, FOT. MM

► SZYLDY CECHU TKACZY
Narastająca konkurencja manufaktur oraz zniesienie monopolu cechowego na produkcję rzemieślniczą spowodowały w XIX w. upadek tradycyjnych cechów, które stały się odtąd stowarzyszeniami drobnych wytwórców.
ZNAK CECHU Z LADY CECHOWEJ TKACZY Z ŻYRARDOWA – 2 POŁ. XIX W., MMZ ŻYRARDÓW; 2 POŁ. XIX W., MHP OPATÓWEK; FOT. MM

◄ KROSNO TKACKIE
ręczne, czteronicielnicowe, jednowłóczkowe. Na takich krosnach pracowali drobni tkacze na początku XIX w., zanim do przemysłu włókienniczego wkroczyła mechanizacja. W początkowym okresie industrializacji odbywała się na nich produkcja również w większych zakładach.
XIX W., MHP OPATÓWEK, FOT. MM

◀ WNĘTRZE FABRYKI SUKIENNICZEJ

z selfaktorem (przędzarką wózkową) firmy G. Josephy's Erben z Bielska. Charakterystyczna jest zachowana sześciokondygnacyjna konstrukcja drewniana, opierająca się na sosnowych, modrzewiowych i dębowych filarach.

FABRYKA FIEDLERÓW (REKONSTRUKCJA), OPATÓWEK POW. KALISZ, 1824–1826, MHP OPATÓWEK, FOT. MM

▲ DZIEWIARKA OKRĄGŁA,

tzw. francuska, z poziomym układem igieł, na której wyrabiało się dzianinę workową, została opatentowana w 1798 r. Jej wynalezienie zrewolucjonizowało dziewiarstwo, gdyż odtąd można było produkować dzianiny masowo i swobodnie je modelować.

NIEMCY, 1911, MHP OPATÓWEK, FOT. MM

▲ MASZYNA HAFCIARSKA

Hafciarz za pomocą pantografu ustawiał maszynę według wzoru ułożonego na drewnianej płycie. Sporo takich maszyn pracowało w Kaliszu, który w drugiej połowie XIX w. stanowił największy ośrodek produkcji hafciarskiej w Królestwie Polskim.

MASZYNA PANTOGRAFOWA RĘCZNA SYSTEMU NOTTINGHAM, TRZYRZĘDOWA, PŁASKOŚCIEGOWA, 1874, MHP OPATÓWEK, FOT. MM

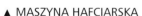

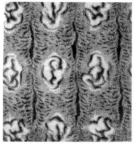

DRUKARKA RĘCZNA ▲◀

do druku płaskiego na tkaninach. Do specjalnych drewnianych krat przymocowane były drewniane klocki z wzorami, następnie na maszynie upinano fragment tkaniny, klocki maczano w farbie drukarskiej i przesuwano na szynach, odciskając wzór na tkaninie.

XIX W., MHP OPATÓWEK, FOT. MM

Chłosta i żebranina

„Burmistrz m. Tomaszowa Mazowieckiego.
Po przyjęciu skargi p. Friederyka Stumpf, farbiarza, przeciwko Wilhelmowi Dickmann, wyrobnikowi, o bałamucenie w dnie robocze i opuszczanie roboty; zważywszy, iż gdy Wilhelm Dickmann o tego rodzaju uchybienie już kilkakrotnie przez władzę policyjną był napominany, a to żadnego wpływu na nim nie uczyniło, lecz przeciwnie, coraz większym bałamuctwom, szczególniej w dni poniedziałkowe oddaje się, przez co p. Stumpf w swej farbiarni na straty zostaje często wystawiony, zatem Sąd Burmistrza przekonanego o bałamuc-

two Wilhelma Dickmann z mocy przepisów prawem wskazanych na karę cielesną razy 5, koszta wpisu dla ubóstwa umarza, mocą niniejszej decyzji w I instancji zapadłej" [Tomaszów Mazowiecki, 20 XII 1843 r.].
„Józef Pycio, czeladnik tkacki, w dn. 19 lutego/3 marca opuściwszy majstra i żonę z dzieckiem, podług powziętej wiadomości, udać się miał do miasta tamecznego na żebraczkę. Wezwać przeto ma zaszczyt sz[anowny] magistrat tameczny, aby tegoż wyśledzić, ująć i transportem odesłać raczył" [pismo burmistrza Pabianic do magistratu Zgierza, 7 III 1855 r.].

ściej brały pod uwagę argumenty o charakterze nacjonalistycznym, a z takiego punktu widzenia przemysł Królestwa zaczął być uważany za konkurencję dla rodzimej wytwórczości.

Industrializacja robiła w Królestwie dość szybkie postępy, lecz poważnym hamulcem rozwojowym była słabość rolnictwa, sprawiająca, że rynek wewnętrzny powiększał się powoli. Ubóstwo chłopa nie pozwalało mu stać się konsumentem produktów rodzimego przemysłu.

Na obszarze Królestwa skupiał się niemal cały przemysł zaboru rosyjskiego – jedyny wyjątek stanowił tu białostocki okręg włókienniczy. Ziemie Zabrane pozostawały obszarem rolniczym, tutejsze rolnictwo miało zaś charakter zdecydowanie ekstensywny.

Dwie strefy cywilizacyjne

Przemysł nie rozwinął się na większą skalę również w zaborze pruskim i austriackim. O ile Królestwo Polskie było przez długi czas najlepiej rozwiniętą gospodarczo częścią Rosji, o tyle ziemiom dawnej Rzeczypospolitej, które weszły w obręb Prus i Austrii, przypadła w tych państwach pozycja peryferyjna: znalazły się w cieniu regionów silniejszych pod względem gospodarczym, a perspektywy zmiany tego stanu rzeczy były znikome.

W Poznańskiem i na Pomorzu powstawał przede wszystkim przemysł spożywczy, przetwarzający lokalne produkty rolne. Były to bowiem tereny, na których szybko rozwijało się rolnictwo – znacznie szybciej niż w dwóch pozostałych zaborach. Ziemianie oraz zamożni chłopi intensyfikowali uprawę roli, mechanizując część prac i stosując nawozy sztuczne; wysoki poziom osiągnęła tu hodowla. Solidne podstawy takiego rozwoju stworzyła pruska reforma uwłaszczeniowa, a Rzesza Niemiecka, uprzemysławiając się i urbanizując w gwałtownym tempie, tworzyła wielki rynek zbytu dla producentów artykułów rolnych. Protekcjonistyczna polityka władz chroniła krajowe rolnictwo przed zagraniczną konkurencją, co miało szczególne znaczenie przy łagodzeniu skutków światowego kryzysu agrarnego lat 1873–1895.

Gospodarka rolna nabierała zatem w zaborze pruskim charakteru intensywnego i kapitałochłonnego; tymczasem w strefie rosyjskiej i austriackiej dominowały ciągle ekstensywne metody gospodarowania. U progu I wojny światowej rolnictwo Wielkopolski i Pomorza nie odbiegało zbytnio poziomem rozwoju od rolnictwa państw zachodnich, zabór rosyjski i austriacki pozostawały natomiast daleko w tyle za Zachodem.

Uwidoczniło się wtedy, że nie tyle uprzemysłowienie, ile modernizacja rolnictwa określa stan cywilizacji. Granica Rzeszy z Rosją i Austrią zaczynała bowiem oddzielać tereny, które wyraźnie różniły się pod względem cywilizacyjnym: mieszkańcy zaboru pruskiego byli lepiej odżywieni, ubrani oraz bardziej czyści i wykształceni niż ludność Królestwa, Ziem Zabranych i Galicji.

Różnice te w dużym stopniu wynikały ze sposobu przeprowadzenia reform uwłaszczeniowych. W zaborze pruskim następstwem uwłaszczenia stało się wzmocnienie wielkiej i średniej własności – jak się okazało, korzystne dla rozwoju rolnictwa. Tu jednak organizatorzy reformy nie kierowali się zamiarem osłabienia polskiego ziemiaństwa. Politycy austriaccy i rosyjscy z kolei widzieli w uwłaszczeniu użyteczne narzędzie, które pozwoli podkopać ekonomiczną pozycję ziemian i trwale związać chłopstwo z rządem, a tym samym zdusić polskie aspiracje polityczne. Gospodarcze efekty tak pojmowanych reform agrarnych były mizerne.

Peryferyjność i czynnik narodowy

Mówiąc o różnicach między sytuacją w zaborze pruskim a austriackim, wskazać trzeba na jedno istotne podobieństwo w polityce Berlina i Wiednia. W obu wypadkach władze skłaniały się do utrwalania peryferyjnej pozycji, jaką ziemie polskie zajmowały w gospodarce ich państw. Rząd Rzeszy uważał za wskazane, aby Poznańskie i Pomorze pozostawały żywnościowym zagłębiem państwa; z kolei z punktu widzenia rządu wiedeńskiego Galicja była strefą, z której można było wywozić surowce do austriackich i czeskich ośrodków przemysłowych. Należy jednak od razu dodać, że i galicyjskie władze autonomiczne, obsadzone przez Polaków, w trosce o interesy miejscowego ziemiaństwa, nie dążyły wcale do industrializacji tej prowincji.

Choć jednak postawa pruskich i austriackich czynników rządowych była w tym wypadku podobna, to ich stosunek do polskiej aktywności gospodarczej różnił się znacznie – przede wszystkim z uwagi na odmienne traktowanie czynnika narodowego. Wiedeńskie elity polityczne kierowały się interesem ponadnarodowej monarchii. W Rzeszy natomiast sfery rządzące znajdowały się pod coraz silniejszym oddziaływaniem niemieckiego nacjonalizmu, a w konsekwencji gospodarcze inicjatywy Polaków bywały tam uznawane za przejaw polsko-niemieckiej walki narodowej i z tego powodu poddawane urzędowym restrykcjom.

KONSTRUKCJA PŁUGA ORNEGO ▶
przez długi czas pozostawała niezmienna. Rewolucja przemysłowa wymusiła zwiększenie produkcji rolnej, co spowodowało rozwój konstrukcji pługów bardziej trwałych i wydajnych.
PŁUG RAMOWY ZWJ5, BYDGOSZCZ, KON. LAT 90. XIX W., MNR SZRENIAWA, FOT. MM

◀ **MASZYNA ROLNICZA**
do łuskania kukurydzy. W XIX w. na ziemiach polskich zaczęto stosować masowo nowe odmiany roślin uprawnych, m.in. kukurydzę, stosowaną głównie do karmienia zwierząt.
POZNAŃ, XIX/XX W., MHP OPATÓWEK, FOT. MM

▼ **SKIERNIEWICKI BROWAR**
był jednym z najnowocześniejszych w Królestwie i konkurował z największymi browarami stolicy. Jego właściciel Władysław Strakacz był doskonale przygotowany do prowadzenia browaru, gdyż ukończył studia piwowarskie w Heidelbergu i uzyskał tytuł inżyniera chemika w Szkole Handlowej Rontalera w Warszawie.
DRUK REKLAMOWY, SKIERNIEWICE, 1909, MMZ ŻYRARDÓW, FOT. MM

Kasa oszczędności

„Projekt statutu kasy oszczędności w Tomaszowie.
[...] Do kasy tej, szczególnie dla stanu uboższych fabrykantów, czeladników, uczniów i przy fabrykach pracujących osób, tudzież dla służących zakładającej się, wniesione być mogą wszelkie na oszczędność przeznaczone kwoty, czy to pośrednictwem właścicieli i naczelników fabryk lub też wprost przez samych interesentów tygodniowymi lub miesięcznymi ratami, choć w najmniejszej ilości wedle woli interesentów i w stosunku ich zarobku [Tomaszów Mazowiecki, 10 V 1841 r.].

Na reskrypt w. naczelnika powiatu [rawskiego] burmistrz ma honor donieść, iż jakkolwiek w mieście tutejszym sami mieszkańcy, a szczególniej fabrykanci sukna życzyli sobie od dawna zaprowadzenia kasy oszczędności, jednak przy obecnej stagnacji handlu i zupełnym upadku fabryk w mieście tutejszym, a tym samym bezczynności klasy roboczej, kasa oszczędności na teraz urządzić się w mieście tutejszym nie da" [pismo burmistrza Tomaszowa Mazowieckiego do naczelnika powiatu rawskiego, 9 VI 1845 r.].

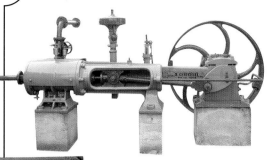

▲ MASZYNY PAROWE

Okres od końca XVIII do początku XX w. nazywa się epoką maszyny parowej. Praktyczne zastosowanie napędów parowych pozwoliło przejść od produkcji manufakturowej do fabrycznej i wyzwoliło ogromne możliwości produkcyjne.

POZNAŃ; 1884; 1901; MNR SZRENIAWA; FOT. MM

◀ UBEZPIECZENIA

stanowiły najlepsze zabezpieczenie bytu rodziny robotniczej w razie wypadku przy pracy. Stosowanie tego typu ochrony przez pracodawców wskazuje, jak bardzo w drugiej połowie XIX w. zmienił się ich stosunek do robotników.

TABLICA KRAKOWSKIEGO TOWARZYSTWA WZAJEMNYCH UBEZPIECZEŃ OD OGNIA, GRADU I NA ŻYCIE, WADOWICE, 2 POŁ. XIX W., MU PZU KRAKÓW, FOT. MM

◀ DZWONU LUB GWIZDKA

używano do sygnalizowania rozpoczęcia i zakończenia pracy oraz przerw w halach produkcyjnych. Panował w nich duży hałas, spowodowany brakiem osłon na maszynach.

1856, MHP OPATÓWEK; ŻYRARDÓW, XIX/XX W., MMZ ŻYRARDÓW; FOT. MM

◀ MARKA NARZĘDZIOWA

z fabryki Krusche und Co. w Pabianicach. Posługiwano się nimi w fabrykach – w zamian za marki robotnicy pobierali narzędzia.

AWERS I REWERS, POCZ. XX W., MHP OPATÓWEK, FOT. MM

GUBERNIA KALISKA ▶

została powołana w 1837 r. i po 8 latach włączona do guberni warszawskiej. Po ponownym ustanowieniu w 1867 r. nastąpił na jej obszarze bardzo szybki rozwój w sferze życia gospodarczego i kulturalnego. Powstały tu m.in. manufaktury koronkarskie i hafciarskie oraz fabryki: fortepianów, wódki i maszyn rolniczych, a w 1902 r. linia kolejowa. Wiązało się to z przygranicznym położeniem regionu.

ROSJA?, 1902–1914, MHP OPATÓWEK, FOT. MM

Główne ośrodki przemysłowe

Na obszarze dawnej Rzeczypospolitej strefą najsilniej zindustrializowaną stało się zatem Królestwo Polskie. Przemysł tutejszy rozwijał się w kilku dużych centrach o odmiennym profilu branżowym.

Inwestycje, jakich dokonywano w górnictwie i hutnictwie za czasów Druckiego-Lubeckiego, a następnie Lubowidzkiego i Łubieńskiego, skupiły się w znacznej mierze w Zagłębiu Staropolskim, położonym w rejonie Gór Świętokrzyskich. Nad rzekami Czarną i Kamienną wielkim nakładem kosztów budowano kopalnie, huty oraz warsztaty. Rozwój Zagłębia Staropolskiego zahamowany został, jak wiemy, w latach 40. Nowa fala inwestycji, tym razem prywatnych, która rozpoczęła się pod koniec lat 70., objęła inne tereny: Zagłębie Dąbrowskie (z Sosnowcem, Będzinem, Czeladzią i Dąbrową Górniczą). Już w epoce Banku Polskiego budowano tu wiele obiektów, ze słynną Hutą Bankową w Dąbrowie na czele. Wzniesione wówczas zakłady przeszły fazę długotrwałego kryzysu, ale boom przełomu lat 70. i 80. sprawił, że Zagłębie Dąbrowskie wkroczyło w okres szybkiej rozbudowy. Elementem, który zadecydował o karierze tego ośrodka, były złoża węgla kamiennego, niezbędnego w modernizującym się przemyśle ciężkim. Pod koniec wieku Zagłębie Dąbrowskie stało się głównym centrum hutniczym Królestwa, podczas gdy Zagłębie Staropolskie bardzo straciło na znaczeniu.

Impulsem, który wywołał gwałtowne ożywienie w przemyśle ciężkim, były rządowe zamówienia, związane z programem rozbudowy kolei, oraz decyzje Petersburga o podniesieniu ceł na zagraniczne żelazo. Kolej odegrała wielką rolę jako czynnik pobudzający industrializację – m.in. dlatego, że władze państwowe, zdając sobie sprawę z militarnego znaczenia sieci kolejowej, wykazywały na ogół żywe zainteresowanie jej stanem. Pod względem stopnia rozwoju kolei Królestwo pozostawało w tyle za zaborem pruskim i Galicją. Wynikało to przede wszystkim z ogólnego zapóźnienia cywilizacyjnego Rosji, ale w pewnej mierze również z przekonania władz, że rozbudowa sieci kolejowej w strefie przygranicznej może zagrozić bezpieczeństwu imperium. Kolej stawała się jednak niezastąpionym środkiem transportu, a jej ekspansja – warunkiem wzrostu gospodarczego.

Z przewozów kolejowych korzystało też coraz szerzej włókiennictwo. Ośrodkiem, w którym koncentrowała się zdecydowana większość (około 90%) produkcji włókienniczej Królestwa, była Łódź wraz z okolicami. W okręgu łódzkim skupiał się niemal cały przemysł bawełniany zaboru rosyjskiego. Przemysł wełniany natomiast ulokował się w miejscowościach takich jak Zgierz, Kalisz czy Tomaszów Mazowiecki, a poza wschodnią granicą jego duże centrum stanowił rejon Białegostoku. Wielkim ośrodkiem przemysłu lniarskiego był Żyrardów, z fabryką, która wyrosła na największy zakład przemysłowy Królestwa (w latach 80. zatrudniała około 8000 pracowników).

Warszawa, największe miasto Królestwa (w 1914 r. liczyła 885 tysięcy mieszkańców), miała przemysł zróżnicowany: maszynowy, włókienniczy, spożywczy. Jednakże zarówno w Łodzi, jak i w Zagłębiu Dąbrowskim tempo rozwoju przemysłowego było szybsze.

Zabór pruski obfitował w niewielkie zakłady przetwórstwa spożywczego, lecz tylko w kilku tamtejszych miastach pojawił się, w skromnej z reguły postaci, przemysł innego rodzaju (przykładem poznańska fabryka maszyn rolniczych założona przez Hipolita Cegielskiego). Wielkie centra przemysłowe powstały natomiast w Prusach na terenach, które nie wchodziły w skład Rzeczypospolitej, ale przynajmniej w części były zamieszkiwane przez ludność etnicznie polską.

Na Górnym Śląsku górnictwo i hutnictwo rozwijały się od końca XVIII w. – w odróżnieniu od Królestwa Polskiego – bez większych załamań. Chłonność rynku pruskiego była znacznie większa niż rynku dostępnego producentom z Królestwa, dlatego też w regionie śląskim nie doszło do kryzysu przypominającego ten z zaboru rosyjskiego. W połowie XIX w. na Górnym Śląsku powstawały już silne ośrodki nowoczesnego przemysłu ciężkiego, a wraz z nimi miejscowości takie jak Katowice czy Zabrze. Choć jednak Śląsk rozwijał się dynamicznie, to w obrębie Rzeszy Niemieckiej tracił dystans do jeszcze szybciej uprzemysławiających się Nadrenii i Westfalii.

W Galicji industrializacja poczyniła wyraźniejsze postępy dopiero w latach 80., kiedy rozpoczęto eksploatację lokalnych złóż ropy naftowej. Galicyjskie uprzemysłowienie miało wszakże charakter wycinkowy, ograniczony do wąskiego sektora gospodarki, która jako całość zmieniała się bardzo powoli. Nowoczesny przemysł górniczo-hutniczy powstał natomiast na pobliskim Śląsku Cieszyńskim, terenie o ludności mieszanej etnicznie, nienależącym uprzednio do Rzeczypospolitej.

Ogólnie biorąc, industrializacja ziem zamieszkanych przez Polaków posuwała się naprzód bardzo nierównomiernie, z dużymi przerwami, a towarzyszyły temu również rozwojowe regresy. Było to jednak zjawisko typowe dla regionów, które uprzemysławiały się z opóźnieniem względem zachodniego centrum cywilizacyjnego.

► **FABRYKA WYROBÓW LNIARSKICH**

w Żyrardowie została założona w 1830 r. Jej pierwszym dyrektorem technicznym był Francuz Filip de Girard, wynalazca maszyn przędzalniczych. Po przejęciu w 1857 r. przez Karola Hiellego i Karola Dittricha stała się największym ośrodkiem lniarskim w Europie.

SNOWALNIA, TOWARZYSTWO AKCYJNE ZAKŁADÓW ŻYRARDOWSKICH HIELLEGO I DITTRICHA, FOTOGRAFIA, OK. 1900, MMZ ŻYRARDÓW, FOT. MM

▲ **Z DWORCA KOLEI WARSZAWSKO-WIEDEŃSKIEJ**

w Warszawie pociąg odjechał po raz pierwszy 14 VI 1845 r. o godzinie 15. Pasażerowie przejechali w 42 minuty do Grodziska, gdzie namiestnik Paskiewicz wydał poczęstunek dla pierwszych podróżnych.

JULIAN CEGLIŃSKI, „DWORZEC KOLEI ŻELAZNEJ", 1859, MHMSW WARSZAWA, FOT. PC

KOLEJ BYDGOSKA ►

powstała w 1857 r., kiedy rządy pruski i rosyjski uzgodniły projekt linii Warszawa–Bydgoszcz, skąd istniało połączenie z Berlinem i portami bałtyckimi. Obok Kolei Warszawsko-Wiedeńskiej jako jedyna w rosyjskim imperium miała europejski rozstaw szyn.

MEDAL NA OTWARCIE DROGI ŻELAZNEJ DO BYDGOSZCZY, ROBERT MICHAUX, BRUKSELA, 1862, MM PŁOCK, FOT. MM

▼ **ROZWÓJ SIECI KOLEJOWEJ DO 1914 R.**
RYS. JG

LINIE KOLEJOWE POWSTAŁE:

—— przed 1865 r.
—— do 1900 r.
—— do 1914 r.

—— granice państw

P oczątek Łodzi jako miastu przemysłowemu dały osady sukienników wyznaczone w latach 20. XIX w. obok starego miasteczka rolniczego. Już na przełomie lat 30. i 40. Łódź stała się najważniejszym ośrodkiem włókienniczym na ziemiach polskich, przyciągającym rzesze ludności wiejskiej szukającej pracy i lepszych warunków bytowych. Przybywało też wielu emigrantów z ziem niemieckich, którzy jeszcze w latach 60. przeważali liczebnie wśród mieszkańców miasta; dopiero na przełomie XIX i XX w. te proporcje się odwróciły.

Warunki życia mieszkańców Łodzi do lat 60. XIX w. były w niewielkim tylko stopniu zróżnicowane. Nawet Karol Scheibler, największy przemysłowiec w mieście, początkowo żył i mieszkał bardzo skromnie. Właściciele fabryk budowali swe domy na ogół w ich pobliżu. Od lat 60., gdy sprzyjająca koniunktura umożliwiła powstawanie wielkich fortun, fabrykanci przeprowadzali się do luksusowych rezydencji. W kamienicach w centrum miasta mieszkali głównie urzędnicy i inteligencja; ich oficyny i poddasza zajmowała służba. Trwający przez całe stulecie szybki napływ ludności sprawił, że mimo powstawania na okolicznych gruntach rolnych nowych osad robotniczych dramatycznie brakowało mieszkań. Robotnicy gnieździli się w przeludnionych, jednoizbowych lokalach pozbawionych urządzeń sanitarnych. Sytuację tylko nieznacznie poprawiły tzw. famuły, które od lat 70. zaczęli wznosić niektórzy fabrykanci.

Dzień pracy robotnika trwał od 12 do 14 godzin, a zarobki zapewniały pokrycie tylko podstawowych potrzeb. Praca odbywała się w bardzo trudnych warunkach. Ciasnych i ciemnych hal fabrycznych nie wietrzono i nie opalano. Niezabezpieczone części ruchome maszyn były przyczyną wielu wypadków, także śmiertelnych.

Źle wynagradzani robotnicy często chorowali z powodu niedożywienia. Zdrowiu nie służył również alkoholizm, szerzyły się gruźlica i choroby weneryczne. Codzienne wyżywienie robotnika było skromne. Posiłki dwudaniowe i mięso jadano na ogół tylko w niedzielę.

Ubiór mieszkańców Łodzi zależał od ich zamożności. Fabrykanci ubierali się u krawców stołecznych bądź za granicą. Warstwy średnie korzystały z usług krawców łódzkich. Robotnicy zwykle szyli sobie odzież sami lub z pomocą szwaczek. Codzienny ubiór był zarazem odzieżą roboczą. Świąteczne stroje szyto na wzór odzieży noszonej przez sfery wyższe. Bielizny dziennej nie zmieniano do snu, nie dbano także o higienę ciała. Kąpiel odbywała się tylko raz w tygodniu. Okazją do odpoczynku i rozrywki były święta i niedziele; spędzano je na spotkaniach towarzyskich i zabawach.

▲ ▼ FABRYKA IZRAELA POZNAŃSKIEGO
stanowiła olbrzymi kompleks, w którego skład wchodziły – poza tkalnią, przędzalnią i innymi budynkami fabrycznymi – szkoła, szpital, sklepy i budynki mieszkalne dla robotników.
FABRYKA IZRAELA POZNAŃSKIEGO – HILARY MAJEWSKI, PO 1879, FOT. PC, WNĘTRZE TKALNI „TYGODNIK ILUSTROWANY", 1906, BUWR WROCŁAW, FOT. JKAT

▼ KOŁYSKA DZIECIĘCA
W bogatych rodzinach, np. ziemiańskich, dzieci najczęściej były karmione przez mamki, a potem oddawano je pod opiekę bon i guwernerów. Kobiety z rodzin uboższych same zajmowały się dziećmi. Jedynie w rodzinach robotniczych mężowie częściej interesowali się swoim potomstwem i starali się przyjść z pomocą zapracowanym żonom. W wielu miastach w drugiej połowie XIX w. pojawiły się ochronki, do których robotnice oddawały dzieci na czas swojej pracy.
XIX/XX W., ŻYRARDÓW, MMZ ŻYRARDÓW, FOT. MM

◄ OSIEDLA ROBOTNICZE

Dla pracowników wykwalifikowanych właściciele fabryk wznosili famuły - osiedla usytuowane w pobliżu miejsca pracy. Tworzyły je bloki mieszkalne z czerwonej cegły, w których jednoizbowe na ogół mieszkania miały powierzchnię około 25 m². Aby zmniejszyć koszty wynajmu, robotnicy przyjmowali sublokatorów. Wyposażenie mieszkań (nierzadko przepełnionych) stanowiły proste, najniezbędniejsze sprzęty domowe.

OSIEDLE KSIĘŻY MŁYN, ŁÓDŹ, HILARY MAJEWSKI, 1873–1875, FOT. PC

▼ ŻYRARDÓW

próbowano budować według tzw. projektów miast idealnych. Stanowi doskonały przykład miasta przemysłowego, które powstało wokół fabryki. Był uważany za jeden z najlepiej zaplanowanych przemysłowych kompleksów urbanistycznych w Europie.

REKLAMA, ŁÓDŹ, PRZED 1900, MMZ ŻYRARDÓW, FOT. MM

▲ PAŁAC IZRAELA POZNAŃSKIEGO W ŁODZI

pełnił funkcje zarówno reprezentacyjne, jak i handlowe. Znajdowały się w nim, obok mieszkania właściciela, kantor, sklepy i pokoje gościnne.

HILARY MAJEWSKI, JULIUSZ JUNG, DAWID ROSENTHAL I ADOLF ZELINGSON, 1888–1903, FOT. PC

▼ ZAGROŻENIE POŻARAMI,

szczególnie w zakładach lniarskich, powodowało, że fabrykanci sami organizowali fabryczną straż pożarną, złożoną z robotników.

FOTOGRAFIA, OK. 1885, MMZ ŻYRARDÓW, SIKAWKA KONNA CZTEROKOŁOWA POZNAN, 1897, WMP RAKONIEWICE; FOT. MM

▲ WNĘTRZE SKLEPU SPOŻYWCZEGO

przy fabryce Scheiblera w Łodzi. Fabrykanci organizowali wszelkie potrzebne pracownikom instytucje, takie jak szkoły, ochronki, szpitale, sklepy, co powodowało, że wokół fabryk powstawały miasta w mieście.

„TYGODNIK ILUSTROWANY", 1906, BUWR WROCŁAW, FOT. JKAT

▲ SPORT

Druga połowa XIX w. to okres rozkwitu zainteresowania sportem i zdrowym trybem życia. Obok cieszącego się od wieków popularnością bractwa kurkowego powstają wówczas towarzystwa gimnastyczne, kluby kolarskie, wioślarskie, tenisowe. Liczne są też grupy zainteresowań i wspólnego spędzania wolnego czasu, jak np. amatorskie zespoły muzyczne, chóry itp.

CZŁONKOWIE KLUBU KRĘGLARZY, PONIEDZIAŁKOWCÓW I SOBOTNIKÓW, FOTOGRAFIA, OK. 1900, ŻYRARDÓW, MMZ ŻYRARDÓW, FOT. MM

▲ GABINET WŁAŚCICIELA FABRYKI

spełniał przede wszystkim funkcję użytkową. To tutaj właściciel prezentował próbki swoich wyrobów, zdobywał nowych klientów i podpisywał kontrakty.

REKONSTRUKCJA GABINETU ADOLFA GOTLIEBA FIEDLERA, MHP OPATÓWEK, FOT. MM

O wojnę powszechną

Lata 1864–1914

Rozmiar klęski oraz towarzyszących jej represji był prawdziwym szokiem, szczególnie silnym na objętych powstaniem styczniowym ziemiach zaboru rosyjskiego. Przepadły wszystkie koncesje, jakie Królestwo Polskie uzyskało po 1856 r., i zaczęła się realizacja coraz dalej idącej polityki rusyfikacyjnej, powoli obejmującej wszystkie dziedziny życia. Sytuacja pogorszyła się także na ziemiach innych zaborów. Ich mieszkańcy, niedawno ofiarnie wspomagający powstańców styczniowych, znaleźli się teraz w nowej sytuacji: oto rządy państw zaborczych ponownie przystąpiły do sojuszu. Wzrost potęgi Prus, a następnie zjednoczonych pod ich przewodnictwem Niemiec, ich zbliżenie z Rosją oraz sojusz z Austro-Węgrami czyniły nadzieje Polaków na odzyskanie niepodległości nieaktualnymi na bliżej nieokreślony czas.

Głównym wyzwaniem stał się opór przeciw rusyfikacji i germanizacji. Walka o polską szkołę i polski język, o rozwój gospodarki i kultury, działalność zmierzająca do rozbudzenia świadomości narodowej także wśród chłopów, wreszcie oddolna organizacja społeczeństwa, mająca na celu zawiązywanie najróżniejszych organizacji społecznych, gospodarczych, samopomocowych – oto program zarysowany przez pozytywistów, zwolenników pracy organicznej, pracy u podstaw. Na polu tym przodowało społeczeństwo zaboru pruskiego, obszaru w obrębie ziem polskich najlepiej zorganizowanego i najnowocześniejszego. Działania jego mieszkańców okazały się na tyle skuteczne, że pozwoliły nie tylko obronić stan posiadania, ale nawet podjąć ekspansję na Śląsku, Pomorzu i w Prusach Wschodnich, gdzie coraz szerzej zaczęła się budzić polska świadomość narodowa.

Osiągnięcia lat popowstaniowych okazały się imponujące. Wyzwolona pod wpływem idei pozytywistycznych energia społeczna sprzyjała szybkiemu rozwojowi gospodarczemu i unowocześnieniu ziem polskich. Powoli zaczęły się ujawniać pozytywne skutki gospodarcze i społeczne zniesienia pańszczyzny i uwłaszczenia chłopów, wreszcie przeprowadzonego na obszarze wszystkich zaborów. Coraz szybciej zaczęła się kształtować polska świadomość narodowa. Ogromną rolę w tym procesie odgrywała nowa warstwa społeczna – inteligencja – która przejęła na siebie obowiązek kultywowania i rozwoju kultury polskiej i wielkich tradycji Rzeczypospolitej. Galicja zaś, dzięki uzyskaniu autonomii, stała się główną ostoją kultury polskiej. Tutaj także rozwinęła się działalność polityczna, formowały się i umacniały rodzime partie polityczne.

Doświadczenia powstania styczniowego jasno pokazały, że „wybicie się na niepodległość" nie będzie możliwe bez generalnej zmiany powiedeńskiego porządku europejskiego. Dlatego, gdy pod koniec stulecia zaczął się coraz wyraźniej zarysowywać podział Europy na dwa rywalizujące ze sobą obozy, w społeczeństwie polskim odżyła nadzieja. Oczekiwaniom na rychły wybuch wojny powszechnej towarzyszyły gwałtowne dyskusje nad wyborem orientacji politycznej: wschodniej, prorosyjskiej, lub zachodniej, proniemieckiej; jednocześnie zaczęły się energiczne przygotowania do przyszłej wojny. Trud popowstaniowych pokoleń organiczników i pozytywistów sprawił, że społeczeństwo polskie było lepiej niż kiedykolwiek przygotowane do nadchodzących zmian.

145

Praca u podstaw

KRAJ NADWIŚLAŃSKI

Ta sztuczna nazwa najlepiej oddaje dążenia caratu do zatarcia wszelkich śladów Polski

FOTOGRAFIE ▶

z okresu powstania styczniowego stanowiły cenne pamiątki rodzinne. Przechowywane w domach uczestników powstania wraz z innymi pamiątkami, były traktowane nieomal jak relikwie.

GRUPA POWSTAŃCÓW, FOTOGRAFIA, 1863, MNIEP WARSZAWA, FOT. MM

◀ POWSTAŃCY

ujęci z bronią w ręku byli rozstrzeliwani na miejscu. Tylko nieliczni, skazani na śmierć w procesach sądowych, w ostatnich godzinach swego życia mogli liczyć na wsparcie duchowe kapłana.

„OSTATNIE SŁOWO POCIECHY", LONDYN, 1864, MM PŁOCK, FOT. MM

▼ KATORGA WIECZYSTA

była karą za bunt lub zdradę, a poprzedzało ją pozbawienie praw publicznych, okaleczenie lub napiętnowanie, obrzędy pohańbienia. Żony mężczyzn ukaranych w ten sposób otrzymywały unieważnienie małżeństwa.

STEMPEL I DŁUTO DO ZNAKOWANIA KATORŻNIKÓW PRZYWIEZIONE Z ZESŁANIA PRZEZ DOKTORA JANA JODŁOWSKIEGO, MM PŁOCK, FOT. MM

▼ ZSYŁANYCH NA SYBERIĘ POWSTAŃCÓW

dzielono na kilka kategorii w zależności od stopnia winy. Najsurowiej traktowani byli dowódcy oddziałów, członkowie władz powstańczych i żandarmeria narodowa.

KAJDANY RĘCZNE Z ŁAŃCUCHEM – OK. 1863–1864; KAJDANY NOŻNE PO STEFANIE GNISZDOWSKIM Z WARPALLO – OK. 1863–1864; MM PŁOCK, FOT. MM

Represje bezpośrednie

Powstanie styczniowe – drugi już w ciągu pół wieku przejaw skrajnego nieposłuszeństwa i niewdzięczności wobec monarchy – było dla cara, kół rządzących, a nawet elit społecznych Rosji ostatecznym dowodem, że tolerowanie odrębności Polski i Polaków jest wbrew interesom imperium. Postanowiono więc z jednej strony „ukarać niewdzięcznych", z drugiej zaś dokonać kompletnego zespolenia ziem polskich z cesarstwem oraz szybkiej rusyfikacji ich mieszkańców. Surowa kara miała spotkać przede wszystkim tych, którzy zaangażowali się w bunt przeciw władzy. Obok tysięcy powstańców rozstrzelanych lub powieszonych zaraz po pochwyceniu, na mocy wyroków sądowych stracono 400. Poza tym 4000 skazano na katorgę, a ponad 8000 na służbę w karnych oddziałach rosyjskich, tzw. rotach aresztanckich. Ponad 10 tysięcy poszło na zesłanie, czy to na Syberię, czy to w głąb Rosji. Na Ziemiach Zabranych skonfiskowano 1800 majątków, w Królestwie – 1660. Majątki te rozdawano carskim dygnitarzom, umacniając tym samym rosyjski stan posiadania. Szczególnie mszczono się na szlachcie, uważanej za najbardziej aktywną w powstaniu. Stan wojenny wówczas wprowadzony miał w praktyce obowiązywać aż do 1911 r. Nie pozwalano tworzyć żadnych nowych polskich stowarzyszeń.

Niewątpliwie polityczny wydźwięk miał również uroczyście ogłoszony już 2 III 1864 r. ukaz uwłaszczeniowy, zgodnie z którym wszystkie grunty użytkowane przez chłopów przeszły na ich własność, a powinności zostały zniesione. Punktem stałych sporów z dworami stały się serwituty, czyli prawo chłopów do korzystania z lasów i pastwisk dworskich. Dało to władzom dodatkową okazję szykanowania szlachty.

Wieszatiel Murawjew

Bezwzględnością i okrucieństwem wsławił się zwłaszcza wielkorządca Litwy, hrabia Michał Murawjew zwany Wieszatielem. Rozkazał on pochwyconych powstańców wieszać, podejrzanych wtrącać do więzień, dwory szlacheckie niszczyć, a mieszkańców wsi wspierających powstanie przesiedlać na Syberię. Blisko 600 właścicieli ziemskich skazano na wyprzedaż 800 majątków. Ponieważ trudno było znaleźć aż tylu chętnych do ich kupna, sprzedawano je za bezcen. Przy wysiedlaniu drobnej szlachty często rozdzielano rodziny. Dzieci polskie oddawano na wychowanie do rosyjskich zakładów. To on twierdził: „wszyscy Polacy są mniej więcej winni i najłagodniejszą dla nich karą jest osadzenie ich w więzieniu".

Często wystarczała denuncjacja, aby bez procesu sądowego ktoś znalazł się w więzieniu. Wracający zesłańcy nie mieli prawa ponownie osiedlać się na Ziemiach Zabranych. Na terenie objętym jurysdykcją Murawjewa w ogóle zakazano posługiwania się językiem polskim: zarówno w szkołach, jak i urzędach i wszelkich miejscach publicznych; zakazano też gromadzenia polskich książek. Polaków pozbawiono możliwości sprawowania jakichkolwiek urzędów, szlachcie nakazano sprzedaż majątków i zakazano kupna nowych, a zgodnie z zasadą „Litwa to Rosja" na wolnych gruntach osiedlano Rosjan. Otrzymywali oni wyjątkowo korzystne warunki, w tym bezprocentową pożyczkę na 37 lat. Majątki pozostałe w ręku Polaków obłożono kontrybucją w wysokości 10% dochodu rocznego. Później zamieniono ją na stały podatek. Naturalnie zlikwidowano wszelkie pisma wychodzące w języku polskim. Dotknęło to m.in. zasłużony „Kurier Wileński". Ludność prześladowano nawet za prywatne posiadanie książek polskich.

Koniec odrębności Królestwa

Największe jednak zmiany zaszły w Królestwie, które cieszyło się dotąd sporym przecież samorządem. Jego unifikacją z cesarstwem zajął się działający w latach 1864–1871 Komitet Urządzający. Choć formalnie najwyższą w nim rangę miał namiestnik Fiodor Berg, to jednak w praktyce główną rolę odgrywał generał-policmajster Fiodor Trepow. Ważnymi członkami byli nienawidzący Polaków książę Władimir Czerkasski i Mikołaj Milutin.

Celem Komitetu Urządzającego było zniesienie wszelkich instytucji zapewniających Królestwu odrębność polityczną. Tak więc zniesiono w 1866 r. Radę Stanu oraz pełniącą wcześniej funkcję rządu Radę Administracyjną. Zlikwidowano wszelkie wcześniejsze komisje rządowe (spraw wewnętrznych, skarbu, wyznań, oświecenia) – najdłużej utrzymała się Komisja Sprawiedliwości. W ich miejsce powstały urzędy, takie same jak w Rosji, podległe władzom w Petersburgu, a w ostatecznej instancji carowi. Bank Polski stał się oddziałem rosyjskiego Banku Państwa.

◄ MICHAŁ MURAWJEW,
w młodości członek pierwszych stowarzyszeń dekabrystów i zwolennik ruchów rewolucyjnych, szybko zmienił poglądy i jako generał-gubernator Litwy w latach 1863–1865 krwawo tłumił polski ruch niepodległościowy.
FOTOGRAFIA, XIX W., ADM WARSZAWA, FOT. PC

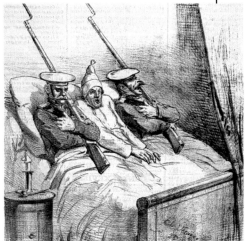

▲ PACYFIKACJĘ LITWY
przeprowadził Michał Murawjew. Przyświecała mu dewiza: „Litwa to Rosja, mieszkańcy Litwy to Rosjanie"; dlatego Litwinom zabroniono m.in. używania w druku alfabetu łacińskiego, co było pierwszym etapem rusyfikacji.
SATYRA „SPOSÓB NA PACYFIKACJĘ LITWY ZASTOSOWANY PRZEZ ROSJĘ", „LE CHARIVARI", PARYŻ, 1863, MHMSW WARSZAWA, FOT. PC

▲ FIODOR BERG
był ostatnim namiestnikiem Królestwa Polskiego i pełnił tę funkcję do końca życia. Nie odebrano mu tytułu z uwagi na jego zasługi w walce z powstaniem styczniowym i podczas pacyfikacji Królestwa.
MHMSW WARSZAWA, FOT. PC

WARUNKI ŻYCIA ►
na Syberii były ciężkie, zwłaszcza że za zesłańcami niejednokrotnie podążały ich żony, matki lub siostry. Dlatego też niektórzy, aby utrzymać swoje rodziny, odpłatnie wykonywali obowiązki za bogatszych kolegów.
WARZELNIA SOLI POD SZKUTSKIEM, ROSJA, FOTOGRAFIA, 1866, MNIEP WARSZAWA, FOT. MM

Droga zesłańców na Sybir

Ci, co szli na katorgę, byli zakuwani w kajdany, które już w więzieniu zakładano im na kostki u nóg. Aby żelazo nie powodowało ran, wkładano pod nie podkajdanniki z gładkiej i cienkiej skóry. Ciężki łańcuch, o wadze 4 kg, luźno łączył obie nogi. Jego środek był połączony z paskiem na biodrach, co nadzwyczaj utrudniało ewentualną ucieczkę.

Zesłańcy szli na Sybir tzw. traktem syberyjskim. Ponieważ droga liczyła kilka tysięcy kilometrów, marsz trwał nierzadko 2 lata. Po drodze nocowali w etapach lub półetapach – rozloko-

wanych co 13–32 km budynkach, okratowanych i otoczonych murem. Znajdowały się w nich wielkie sale dla mężczyzn oraz mniejsze dla kobiet i niewięźniów, czyli osób towarzyszących. W półetapach zesłańcy tylko spali, a w etapach odpoczywali cały dzień. Zesłańcy polityczni, którym często towarzyszyły z własnej woli żony, siostry czy matki, szli z reguły razem ze skazanymi na taką samą karę kryminalistami. Najbardziej dokuczało im to ostatnie oraz niemożliwość prania odzieży i powodowany tym fetor.

◄ RĘKOPIS

modlitewnika z okresu popowstaniowego. Zwraca uwagę umieszczenie w nim, w czasach krwawych represji carskich, przy *Modlitwie za nieprzyjaciół*, symboli powstańczych: krzyża, serca i kotwicy.

1864–MAJ 1876, MM PŁOCK, FOT. MM

◄▲ WPROWADZENIE JĘZYKA ROSYJSKIEGO

w administracji sprawiło, że w urzędzie Polak tłumacz musiał przekładać na polski słowa Polaka urzędnika wymówione po rosyjsku, a to w tym celu, by Polak petent mógł je oficjalnie zrozumieć.

TŁOK PIECZĘCI TUSZOWEJ INŻYNIERA ARCHITEKTA POWIATU SIERPC – WARSZAWA, 1867–1869; ŁAŃCUCH Z ODZNAKĄ SĘDZIEGO POKOJU – WARSZAWA, 1864; MM PŁOCK, ODZNAKI SOŁTYSA I WÓJTA GMINY – MNR SZRENIAWA; FOT. MM

◄ KRÓLESTWO POLSKIE

było dla Rosji przede wszystkim obszarem, który należało bezwzględnie wykorzystać, minimalnie przy tym inwestując. Dlatego finansowano budowę tylko tych dróg i linii kolejowych, które zapewniały lepszą komunikację z cesarstwem.

„BUDOWA SZOSY W RASZYNIE", WG KSAWEREGO PILLATIEGO, „TYGODNIK ILUSTROWANY", 1875, BUWR WROCŁAW, FOT. JKAT

WARSZAWA ►

po powstaniu styczniowym została zdegradowana do roli przeciętnego miasta gubernialnego. O każdym wydatku władz miejskich powyżej 5000 rubli decydował generał-gubernator, a wydatki powyżej 30 tysięcy rubli wymagały zgody z Petersburga.

PL. ZAMKOWY W DNIU PRZYJAZDU MIKOŁAJA II Z MAŁŻONKĄ, FOTOGRAFIA, 31 VIII 1897, MHMSW WARSZAWA, FOT. PC

Gdy w 1874 r. zmarł namiestnik Fiodor Berg, jego stanowisko zniesiono. Odtąd krajem rządził generał-gubernator, pełniący jednocześnie funkcję dowódcy warszawskiego okręgu wojskowego. Od 1875 r. miał on prawo wydawania zarządzeń dotyczących bezpieczeństwa i porządku publicznego oraz wymierzania kar administracyjnych. W 1879 r. uzyskał dodatkowo prawo zsyłania na Syberię bez wyroku sądowego osób, których pobyt na swoim terenie uznał za szkodliwy dla państwa, a także prawo oddawania osób cywilnych pod sąd wojskowy. Aby zatrzeć ślady polskiej odrębności narodowej, Królestwo Polskie zaczęto nazywać Krajem Nadwiślańskim (*Priwislinskij kraj*). Wiele miast przemianowano na osady, odbierając im prawa miejskie. Coraz powszechniej zaczęto też stosować – zapoczątkowaną jeszcze w czasach paskiewiczowskich – praktykę nadawania im urzędowych nazw rosyjskich (np. Jędrzejów – Andriejew).

Kraj podzielono w 1866 r. na dziesięć guberni (dotąd było pięć), zwiększono też liczbę powiatów z trzydziestu dziewięciu do osiemdziesięciu pięciu, co ułatwiło nadzór nad społeczeństwem polskim. W guberniach, zamiast komisji (jak to było w Królestwie), rządził tak jak w Rosji gubernator, który był przedstawicielem rządu i nadzorował cały aparat państwowy na swoim terenie. Do 1865 r. wymieniono wszystkich polskich gubernatorów i prawie wszystkich wicegubernatorów. Na ich miejsca przyszli Rosjanie lub Niemcy. W podległych im rządach gubernialnych dość szybko zaczęli liczebnie przeważać prawosławni, a katolicy stali się rzadkością.

Na niższym szczeblu administracji stali naczelnicy powiatów. I tu Polacy, czy nawet katolicy, byli nieliczni. W zarządach powiatów dłużej utrzymali się urzędnicy polscy, ale głównie dlatego, że na nisko płatne posady mało było kandydatów rosyjskich. W powiecie pieczę nad bezpieczeństwem i porządkiem miała sprawować straż ziemska.

Najniższą jednostką administracyjną była gmina. Władzę nad nią odebrano sprawującej ją dotychczas szlachcie; na czele gminy postawiono wójta. Choć był wybierany, to jednak zatwierdzał go naczelnik powiatu. Większość wójtów była katolikami i wywodziła się z chłopów. Naturalnie zatwierdzano tylko tych w pełni uległych wobec władz. Podobne zmiany zachodziły w administracji skarbowej, celnej, w policji itp. Katolicy natomiast utrzymali swe pozycje w działach technicznych, gospodarczych, medycznych.

Dokonując wszystkich tych zmian, uważnie baczono, aby nie dać mieszkańcom żadnych uprawnień, które mogliby wykorzystać do umocnienia polskości. Dlatego jedynym organem samorządowym był wójt, a od 1876 r. całkowicie zrusyfikowano sądownictwo.

Naturalnie większość stanowisk obsadzano Rosjanami. Dawniej do represji zaliczano usunięcie z urzędów 14 tysięcy Polaków. Ostatnio jednak zwrócono uwagę, że namiestnik Berg, podobnie jak dwaj pierwsi generał-gubernatorowie, pozostawił jeszcze sporo lojalnych względem rosyjskich władz Polaków. Dopiero w 1883 r., kiedy rządy objął Josif Hurko, przyspieszono usuwanie urzędników polskich, tak że pozostali oni już wyłącznie na niskich, czysto wykonawczych stanowiskach. Aby zachęcić Rosjan do przenoszenia się na obcy i nieprzyjazny teren, przy obliczaniu emerytury lata służby w Polsce wyceniano wyżej niż lata spędzone w Rosji. Podejmującym pracę w Polsce Rosjanom co parę lat przysługiwała specjalna premia.

W tej sytuacji „czynownicy" rosyjscy stawali się uprzywilejowaną, ale i znienawidzoną kastą. Jej kontakty z ludnością miejscową ograniczały się często do brania łapówek, które szybko stały się taką samą plagą jak w Rosji właściwej. Polakom zakazano tworzenia stowarzyszeń gospodarczych, naukowych, kulturalnych czy charytatywnych, a dawniej powstałe likwidowano. Mogły istnieć tylko te, które uzyskały nadzwyczajne zezwolenie carskie lub były oddziałem stowarzyszeń rosyjskich. Prasę poddano ścisłej cenzurze, drukarnie – ostremu nadzorowi.

Polityka kościelna

Ponieważ w Petersburgu uważano, że oparciem dla buntowniczych działań Polaków jest duchowieństwo katolickie, również i ono musiało ponieść konsekwencje. Już od 1864 r. zaczęto w Królestwie znosić klasztory oskarżone o pomoc powstańcom. W sumie dotknęło to ponad 100 klasztorów. Tym, którym pozwolono egzystować z ograniczoną liczbą zakonników, zabrano jednak majątki, a w rezultacie uzależniono od pensji rządowej. W 1866 r. Rosja zerwała konkordat ze Stolicą Apostolską, a już rok później biskupów polskich, wbrew protestom papieża, podporządkowano specjalnemu Kolegium Duchownemu z siedzibą w Petersburgu. O obsadzie wszelkich stanowisk kościelnych decydowały odtąd władze gubernialne. Duchownym zakazano porozumiewania się z Rzymem. Nawet na wizytacje w swojej diecezji biskup musiał mieć zezwolenie władz świeckich. Hierarchów uznanych za nieposłusznych wywożono do Rosji. W rezultacie w 1870 r. z piętnastu biskupów dawnego Królestwa na swoim biskupstwie pozostał jeden. W Rosji, na Ziemiach Zabranych, zniesiono diecezje kamieniecką i mińską, w dawnym Królestwie podlaską. Zlikwidowano wiele parafii, zwłaszcza na Litwie i Białorusi.

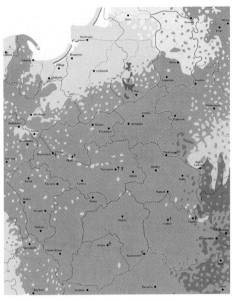

▶ KRÓLESTWO POLSKIE OKOŁO 1900 R.
RYS. JG

OBSZARY ZAMIESZKANE W WIĘKSZOŚCI PRZEZ:

Polaków

Niemców

Litwinów

Białorusinów

Ukraińców

—— granice Kraju Nadwiślańskiego (Królestwa Polskiego)

---- granice guberni

✝✝ arcybiskupstwa i biskupstwa rzymskokatolickie

✝ biskupstwa prawosławne

◀ RUSYFIKACJA
realizowana w szkole i poza nią (np. polsko-rosyjskie szyldy) z jednej strony zmierzała do przekształcenia Polaków w „prawdziwych Rosjan" i lojalnych obywateli, z drugiej zaś była czynnikiem psychologicznym służącym do złamania postaw narodowych.
W PALMOWĄ NIEDZIELĘ NA NOWYM ŚWIECIE, FOTOGRAFIA, OK. 1892, MHMSW WARSZAWA, FOT. PC

REPRESJE ▶
po upadku powstania nie ominęły także Kościoła katolickiego. Księży i zakonników skazywano – m.in. za oddanie ostatniej posługi powstańcom lub organizowanie procesji narodowych – na karę śmierci lub zesłanie.
„WYPĘDZENIE JEZUITÓW Z PETERSBURGA", FRANCJA, PO 1864, ML WARSZAWA, FOT. MM

◀ KONKORDAT
zawarty między Rosją a Watykanem w 1882 r. umożliwił polskim duchownym powrót z zesłania. Wielu Polaków uważało jednak, iż papież Leon XIII poszedł na zbyt duże ustępstwa wobec cara.
KARYKATURA PRZEDSTAWIAJĄCA PAPIEŻA LEONA XIII Z ROSYJSKIM NIEDŹWIEDZIEM I NIEMIECKIM CHŁOPEM, „DIABEŁ", 1 I 1884

◄ **MEDAL**
ku czci unitów zamordowanych
w 1874 r. we wsiach
Polubowicze, Drelów i Pratulin
z powodu odmowy przejścia
na prawosławie, wybity
we Francji.

*„BRACIOM – RUSINOM POMORDOWANYM
PRZEZ CARAT MOSKIEWSKI ZA WIERNOŚĆ
DLA KOŚCIOŁA I POLSKI", PAUL ERNEST
TASSET, 1874, MM PŁOCK, FOT. MM*

◄▲ **CARAT**
celowo zaniedbywał rozwój cywilizacyjny
Królestwa Polskiego. Miasta były
pozbawione samorządu, a policyjne rządy
nie dbały o architekturę, higienę czy opiekę
społeczną.

*ŚCIENNA MAPA POGLĄDOWA KRÓLESTWA POLSKIEGO
Z ZAZNACZONYMI OŚRODKAMI PRZEMYSŁU I RZEMIOSŁA
(FRAGMENTY), 1885, MR IŁŻA, FOT. MM*

OBRAZ ►
przedstawiający św. Cyryla i Metodego,
namalowany przez Jana Matejkę
i poświęcony w Rzymie przez papieża
Leona XIII, miał ukazywać przywiązanie
Rusinów do zagrożonej unii.
„CYRYL I METODY", „TYGODNIK ILUSTROWANY", 1886

Prześladowania unitów

Jak wspominał Józef Gawryluk ze wsi Gródek nad Bugiem, szczególnie znęcano się nad bogatymi chłopami mającymi duży wpływ na całą osadę. Jego ojca, gdy odmówił przejścia na prawosławie, bito publicznie, więziono i wypuszczano, żądając deklaracji. Gdy nie ugiął się, wysłano go na osiedlenie w Rosji. Do jego żony z trojgiem dzieci przysłano kozaków na przymusowe kwatery. Przez całą zimę jedli i pili na koszt gospodyni. Gdy i to nie pomogło, aresztowano najstarszego syna i zakazano mu mieszkać w guberni siedleckiej. Po 2 latach uwięziono resztę rodziny. Gdy nie ulegli, wysłano ich na osiedlenie do wsi Butyrska, na wschód od Uralu. Tam zbudowano dla nich drewniane domy i nakazano w nich zamieszkać. Ci, wraz z innymi zesłanymi unitami, odmówili. Wtedy kazano stać na placu, aż zmienią zdanie. Nie zmienili, więc skrępowanych zawieziono do przeznaczonej dla nich wioski. Gdy tylko ich oswobodzono, uciekali. Sytuacja taka powtarzała się wiele razy.

Twarda polityka sprawiła, że coraz częściej hierarchowie ulegali władzy państwowej. Nie ograniczano się zresztą do tego. Zamknięto warszawską Akademię Duchowną, ograniczono liczbę wyświęcanych księży. Władze carskie uważały, że do nich należy obsadzanie wszelkich stanowisk w Kościele, a także karanie duchownych – i z prawa tego w pełni korzystały. Duchownych otoczono ścisłym dozorem policyjnym. Poza obrębem macierzystej parafii księżom nie wolno było odprawiać nabożeństw. Zakazane zostały procesje poza budynkami kościołów. Do kazań, modlitw i śpiewów wprowadzono język rosyjski. Dopiero po ponownym nawiązaniu stosunków między Petersburgiem a Watykanem w 1882 r. doszło do pewnego złagodzenia polityki wobec Kościoła w zaborze rosyjskim.

Wobec unitów

Szczególnie ostro zabrano się za unitów Podlasia i Chełmszczyzny, których traktowano jako zdrajców prawosławia i dlatego za wszelką cenę „nawracano". Do świątyń unickich wprowadzano liturgię prawosławną, a opierających się duchownych usuwano. W 1865 r. zlikwidowano klasztory bazyliańskie. Pozbyto się unickiego biskupa chełmskiego Jana Kalińskiego, wywożąc go do Wiatki, gdzie zmarł. Na jego miejsce sprowadzono z Galicji Marcelego Popiela, który zadeklarował przejście większości gmin unickich na prawosławie. Greckounicką diecezję chełmską zlikwidowano.

Wierni jednak masowo opierali się, bronili dawnych duchownych, nie dopuszczali nowych, śluby i chrzty brali po kryjomu, nierzadko po lasach. Posłuszeństwo więc wymuszało wojsko. Schwytanych księży wywożono na Sybir, a krnąbrnych wiernych karano chłostą, wtrącano do więzień, często całe wsie wywożono do Rosji. Szczególnie głośne były starcia unitów z wojskiem we wsiach Drelów i Pratulin, gdzie od kul padło kilkadziesiąt osób. Warto podkreślić, że prześladowania te trwały aż do 1905 r., a gdy tylko ich zaprzestano, 200 tysięcy „nawróconych" powróciło do dawnej wiary.

Oświata

Wielkim ciosem było dla Polaków zamknięcie w 1869 r. Szkoły Głównej i utworzenie w jej miejsce Cesarskiego Uniwersytetu Warszawskiego z rosyjskim językiem wykładowym. Na jego czele postawiono profesora z Charkowa, Piotra Ławrowskiego. Nowa uczelnia zatrudniła część dawnych profesorów Szkoły. Każdy z nich musiał uzyskać pozytywną opinię żandarmerii oraz zdać egzamin doktorski na uczelni rosyjskiej. Liczba polskich wykładowców stopniowo malała. Od czasów rządów namiestniczych Hurki już nie przyjmowano nowych katolików. Wskutek tej polityki w latach 90. było tu zaledwie kilku Polaków. Od profesorów przybywających z głębi imperium wymagano nie tyle dokonań naukowych, ile rosyjskiego ducha.

Instytut Politechniczny i Rolno-Leśny, działający od 1869 r. w Puławach, od połowy lat 70. miał też przeważająco rosyjski charakter. Nie inaczej było z przewidzianym jako szkoła dla panien szlacheckich Instytutem Aleksandryjsko-Maryjskim w Warszawie.

Już wcześniej, w latach 1866–1869, w szkołach średnich wprowadzono język rosyjski. Polskich nauczycieli masowo zwalniano lub zmuszano do dymisji, choć niełatwo było zapełnić powstające wakaty. Polacy i katolicy nie mieli prawie żadnych szans zdobycia stanowiska dyrektora szkoły. Do szkół średnich sprowadzano nauczycieli z Rosji, ale kandydatów było z reguły za mało. Nadobowiązkowy język polski był wykładany po rosyjsku. Uczniom polskim na terenie szkoły nie wolno było mówić w języku ojczystym, tolerowano go tylko w nauce religii. Aby ułatwić kontrolę młodzieży szkolnej, wprowadzono, tak jak w Rosji, mundurki.

W 1872 r. również w szkołach elementarnych (podstawowych) wprowadzono rosyjski, a od 1885 r. stał się on językiem nauczania. Program skonstruowano tak, aby szkoły wychowywały posłusznego i wiernego carowi poddanego. Uczono w nich tylko czytania, pisania i rachunków. Kadry dla tych szkół kształcono początkowo na kursach, a od 1872 r. w seminariach prowincjonalnych, dalekich od ośrodków polskiej kultury. Wybierano w tym celu synów chłopskich (w rezultacie w znacznej części katolików), dla których możliwość zostania rosyjskim nauczycielem była szansą życiową, więc potulnie wykonywali instrukcje władz; z góry eliminowano kandydatów szlacheckich. Kształcenie przyszłych nauczycieli odbywało się w języku rosyjskim, a uczących się poddawano ścisłemu nadzorowi. Ponieważ nauczyciele szkół elementarnych mieli odgrywać zasadniczą rolę w procesie rusyfikacji, w 1885 r. zakazano ich wyboru gminom. Odtąd o nominacji decydowali urzędnicy w Warszawie. Szczególnie znienawidzony przez Polaków był kierujący w latach 1879–1897 szkolnym okręgiem warszawskim kurator Aleksander Apuchtin. To on odpowiadał nie tylko za ostateczną rusyfikację szkolnictwa, ale także za cały system jego kontroli, polegający na szpiegowaniu nauczycieli i uczniów oraz wydalaniu nieprawomyślnych. Jego czasy nazwano nocą apuchtinowską.

◄ INSTYTUT ALEKSANDRYJSKO-MARYJSKI
dla dziewcząt ze sfer ziemiańskich został utworzony w Warszawie w 1862 r. O zakresie edukacji decydował status majątkowy – dziewczęta ze zubożałych rodzin mogły się tam kształcić na guwernantki.
FOTOGRAFIA, KON. XIX W., MHMSW WARSZAWA, FOT. PC

PAMIĄTKI ►
gromadzone w kraju i na emigracji stawały się zaczątkami przyszłych kolekcji muzealnych. Z nich m.in. utworzono w 1870 r. Muzeum Narodu Polskiego w Raperswilu w Szwajcarii.
„NOWE MUZEUM PRZY BIBLIOTECE GŁÓWNEJ W WARSZAWIE", BRONISŁAW PUC, MHMSW WARSZAWA", 1868, FOT. PC

▲ ALEKSANDER APUCHTIN
świadomie dążył do zmniejszenia liczby polskich szkół. „Ogłupiała Polska" miała lepiej służyć Rosji. Na ziemiach polskich notowano jeden z najwyższych w skali ogólnorosyjskiej odsetek rekrutów nieumiejących czytać ani pisać.
FOTOGRAFIA, 2 POŁ. XIX W., MN WARSZAWA, FOT. PLI

▲ MUNDURKI
na wzór rosyjski wprowadzone po upadku powstania styczniowego w polskich szkołach były kolejnym przejawem polityki unifikacji ziem Królestwa Polskiego z Rosją.
HENRYK SIENKIEWICZ W MUNDURZE STUDENCKIM SZKOŁY GŁÓWNEJ, FOTOGRAFIA, 1869, MHS OBŁĘGOREK O/MN KIELCE

Szkoła szpiclów

Szkoła rosyjska stworzyła system nadzoru nad uczniami, który dziś wręcz trudno sobie wyobrazić. W czasie lekcji uczeń nigdy nie wiedział, kiedy patrzy na niego przez szybę w drzwiach czy dziurkę od klucza inspektor lub dyrektor. Na przerwie musiał cały czas mieć się na baczności, czy nie ma za plecami nauczyciela lub tzw. pomocnika gospodarza klasy. Każde odezwanie się po polsku groziło aresztem. Również na ulicy musiał czuwać, czy nie jest obserwowany przez jakiegokolwiek nauczyciela, policjanta, urzędnika czy wojskowego. Musiał się liczyć z tym, że teczka lub książki, które niesie, będą przeglądnięte w poszukiwaniu „niedozwolonej literatury". Na stancji uczeń też nie był bezpieczny, ponieważ podlegały one specjalnemu nadzorowi. Tylko właściciele zasługujących na zaufanie stancji otrzymywali zgodę na przyjmowanie uczniów. Co drugi dzień były one wizytowane przez inspektorów lub pomocników gospodarzy klasy, którzy przeszukiwali lokal. Wśród wynajmujących stancję jeden uczeń pełnił funkcję „starszego" i miał obowiązek donosić o wszelkich wykroczeniach swoich kolegów, zwłaszcza o mówieniu po polsku czy czytaniu polskich książek.

Już w 1839 r., gdy ogłoszono wynalazek fotografii, kilku Polaków – na terenie różnych zaborów i na emigracji – wykonało pierwsze fotografie: dagerotypy i talbotypie. Z reguły pionierami były osoby znające zagadnienia fizyki i chemii, jak Maksymilian Strasz – inżynier gubernialny w Kielcach – Jędrzej Radwański z Warszawy czy Jan Gloisner z uniwersytetu we Lwowie, oraz artyści nawykli do pomagania sobie obrazami powstającymi w *camera obscura*, jak Marcin Zaleski czy Maurycy Scholz. Zawód fotografa podejmowali też artyści specjalizujący się w portretach miniaturowych i technikach graficznych.

Po 1850 r. upowszechnienie się szklanych klisz i techniki kolodionowej wywołało masowe zapotrzebowanie na portrety, pejzaże i reprodukcje dzieł sztuki. Umocnienie się realistycznego nurtu w sztuce dawało podstawy do coraz poważniejszego traktowania samej fotografii jako sztuki. Fakt ten oraz wszechstronne funkcje fotografii sprawiały, że przedstawiciele rzemiosła fotograficznego bywali wybitnymi postaciami życia publicznego, co szczególnie zaznaczyło się w okresie powstania styczniowego.

Od lat 80. XIX w. nowe procesy fotograficzne stały się na tyle doskonałe i tanie, że fotografia zaczęła się upowszechniać, głównie przez ruch fotoamatorski. Był on ważną formą kultury masowej oraz oparciem dla osób o ambicjach artystycznych, tzw. piktorialistów. Proponowali oni stosowanie technik szlachetnych, umożliwiających bardziej indywidualne i kreacyjne formowanie obrazu fotografii. Zapleczem tego ruchu były fotokluby, dbające o edukację, wystawy i publikacje. W historii polskiej fotografii pierwszy był Klub Miłośników Sztuki Fotograficznej we Lwowie, założony w 1891 r. Kolejne stowarzyszenia zawiązały się w Poznaniu (w 1895 r.), Warszawie (w 1901 r.) i Krakowie (w 1902 r.). Istniały też sekcje fotograficzne przy różnych organizacjach społecznych, np. Towarzystwie Tatrzańskim. Wybitnymi fotoamatorami piktorialistami byli m.in. Henryk Mikolasch, Józef Świtkowski, Włodzimierz Kirchner czy Jan Bułhak. Ich prace odwoływały się do estetyki romantycznego i realistycznego nurtu malarstwa. Natomiast specyficzne cechy fotografii wyraźniej akcentowały: świetnie rozwijająca się w początkach XX w. fotografia prasowa, do której wybitnych przedstawicieli należeli Łukasz Dobrzański („Tygodnik Ilustrowany") i Ryszard Okniński („Świat"), oraz formy fotografii związane z rodzącym się nurtem awangardy, czego przykładem mogą być dzieła Stanisława Ignacego Witkiewicza i Wacława Szpakowskiego.

ADAM MICKIEWICZ ▶
był portretowany przez Michała Szweycera od 1843 r. Fotograf ten uczestniczył w powstaniu listopadowym, a jego przygoda z fotografią rozpoczęła się, gdy przebywał na emigracji w Paryżu. Zginął w czasie Komuny Paryskiej. Późniejsze heliograwiurowe reprodukcje spopularyzowały dagerotypy Szweycera, które były obrazami unikatowymi.
PARYŻ, 1853, MN WROCŁAW, FOT. MŁ

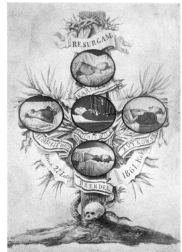

▲ PIĘCIU POLEGŁYCH
podczas patriotycznej demonstracji w Warszawie 27 II 1861 r. sfotografował Marcin Olszyński, pracownik zakładu Karola Beyera. Reprodukcje tableau z tymi fotografiami były kolportowane w tysiącach egzemplarzy. Beyer wraz z pracownikami dokumentował sytuację przed powstaniem styczniowym, a potem – jak wielu fotografów – wykonywał portrety powstańców, które rozpowszechniano w setkach tysięcy egzemplarzy.
1861, MN KRAKÓW, FOT. MM

MAKSYMILIAN FAJANS ▶
studiował malarstwo w Warszawie i Paryżu. Od 1853 r. miał w Warszawie zakład, którego możliwości prezentują sztalugi, prasa litograficzna i kamera.
„AUTOPORTRET W PRACOWNI", WARSZAWA, OK. 1860, MN WROCŁAW, FOT. AP

◄ MARSZ DO DOMU MODLITWY

sfotografował Witold Łoziński. Fotografik ten studiował chemię we Lwowie i Wiedniu, był właścicielem majątku ziemskiego koło Krosna i fotoamatorem piktorialistą.

„TATARÓW – MARSZ DO DOMU MODLITWY", OK. 1900, MN WROCŁAW, FOT. AP

▼ DZIECI,

rodzina i przyjaciele to temat przewodni zdjęć Karola Stromengera, lwowskiego adwokata i fotoamatora, pierwszego prezesa Klubu Miłośników Sztuki Fotograficznej we Lwowie.

LWÓW, 1885–1890, MN WROCŁAW, FOT. AP

▲ WALERY RZEWUSKI

studiował chemię w Krakowie i Wiedniu, a od 1860 r. prowadził zakład fotograficzny w Krakowie, był też radnym miejskim. Na fotografii oprócz Rzewuskiego (w prawym dolnym rogu) są m.in. Artur Grottger, Jan Matejko, Józef Szujski, Władysław Ludwik Anczyc.

„AUTOPORTRET Z GRUPĄ PRZYJACIÓŁ", KRAKÓW, 1865, BJ KRAKÓW

UL. POLNA ►

w Warszawie została sfotografowana przez Konrada Brandla. Fotografik ten pracował początkowo w zakładzie Karola Beyera, a od 1865 r. samodzielnie. Miał wybitne osiągnięcia w dziedzinie fotoreportażu i fotografii naukowej. Po 1880 r. skonstruował kilka prototypów kamery – tzw. fotorewolweru – do zdjęć reporterskich.

PO 1880, MN WARSZAWA, FOT. PLI

► WIDOK RABSZTYNA,

zamieszczony w zestawie *Album widoków krajowych* w połowie lat 70., został sfotografowany przez Tyburcego Chodźkę. Fotografik został zesłany na Syberię za udział w powstaniu styczniowym i tam właśnie nauczył się fotografii, a powróciwszy po 1870 r., prowadził zakłady m.in. w Łomży i Wilnie.

1873, MN WROCŁAW, FOT. AP

◄ NIEBIESKA FLASZA

sfotografowana przez Henryka Mikolascha, który studiował chemię we Lwowie i malarstwo w Krakowie. Od 1903 r. był cenionym piktorialistą, redaktorem pism fotograficznych i działaczem Lwowskiego Towarzystwa Fotograficznego. W 1905 r. wydał *Album fotografów polskich*. W latach 1921–1931 uczył fotografii na Politechnice Lwowskiej. Technika gumy, jaką zastosował do wykonania zdjęcia, polega na wykorzystaniu gumy arabskiej i soli dwuchromianu, co poszerza możliwości manualnego kształtowania fotografii.

1914, MN WROCŁAW, FOT. AP

▲ TATRY

i Pieniny chętnie fotografował Awit Szubert. Zdjęcia krajobrazów tatrzańskich wykonywał także na zlecenie Towarzystwa Tatrzańskiego, które wydawało teki odbitek heliograwiurowych. Fotograf ten studiował malarstwo w Krakowie i Rzymie, praktykował fotografię, a w 1867 r. otworzył zakład w Krakowie z filią w Szczawnicy.

„TATRY – DOLINA PAŃSZCZYCA", OK. 1875, MN WROCŁAW, FOT. AP

POZYTYWIŚCI

Celem pozytywistów było wszechstronne unowocześnienie ziem polskich

▲ **ADAM JAKUBOWSKI**
w 1839 r. został rektorem pijarskiego kolegium w Krakowie. Jako członek Krakowskiego Towarzystwa Naukowego i Towarzystwa Gospodarczo-Rolniczego Krakowskiego opublikował wiele artykułów, z których najważniejszy to *Myśli o podniesieniu przemysłu i fabryk w Galicji*.
KRAKÓW, 1853, OSSOLINEUM WROCŁAW, FOT. MM

▲ **ALEKSANDER ŚWIĘTOCHOWSKI**
zasłynął jako publicysta, krytyk literacki i działacz społeczny. Organizował instytucje oświatowe. W 1881 r. założył własne, niezależne pismo „Prawda", które odegrało ogromną rolę w kształtowaniu umysłowości kolejnej generacji polskiej inteligencji.
FOTOGRAFIA, OK. 1890, ML WARSZAWA, FOT. MM

◄ **SZKOŁA GŁÓWNA**
o charakterze uniwersyteckim została założona w Warszawie w 1862 r. Uczelnia miała cztery wydziały: filologiczno-historyczny, lekarski, matematyczno-fizyczny oraz prawa i administracji, który cieszył się największym zainteresowaniem.
WOJCIECH GERSON, „AULA PODCZAS PRELEKCJI", 1868, MHMSW WARSZAWA, FOT. PC

WELOCYPED ►
został wynaleziony przez braci Pierre'a i Ernesta Michaux, którzy w 1869 r. otworzyli w Paryżu pierwszą fabrykę rowerów wykorzystujących napęd pedałowy. Drewniane koła szprychowe były chronione stalowymi obręczami.
1869, MT WARSZAWA, FOT. PC

Społecznicy

Pozytywizm był polskim odbiciem tendencji europejskich nawiązujących do szkoły francuskiego filozofa Augusta Comte'a, odrzucającej metafizykę i kładącej nacisk na naukowe poznanie rzeczywistości. W naszych konkretnych warunkach oznaczał raczej metodę podejścia do problemów bieżących, zwłaszcza zaś społecznych. Był on wyraźną reakcją na romantyzm polityczny i społeczny, na odsuwanie zajęcia się rozwojem gospodarczym, problemami społecznymi i awansem oświatowym narodu do czasu uzyskania niepodległości. Stanowił reakcję na „mierzenie siły na zamiary", czego fatalne konsekwencje widzieli pozytywiści w smutnym końcu powstania styczniowego.

Początków myślenia pozytywistycznego można szukać w tzw. pracy organicznej, prowadzonej przed powstaniem styczniowym, zarówno na emigracji, jak i w innych zaborach. Pięknymi efektami działań praktycznych już w latach 40. mogła poszczycić się Wielkopolska dzięki pracy Karola Marcinkowskiego (Bazar, Towarzystwo Pomocy Naukowej dla Młodzieży).

Wiele wskazuje na to, że podobne idee drążyły mieszkańców i innych ziem polskich. Już w 1853 r. ksiądz Adam Jakubowski opublikował w Krakowie *Myśli o podniesieniu przemysłu i fabryk w Galicji*. To właśnie tego typu działalność uznawał za prawdziwy patriotyzm. Tuż przed powstaniem styczniowym, w 1862 r., wyszło tu też dzieło Józefa Supińskiego *Szkoła polska gospodarstwa społecznego*, w którym autor rysował program podniesienia gospodarczego kraju.

Pozytywiści warszawscy

Ale nie było chyba przypadkiem, że wielu głośnych potem pozytywistów skończyło warszawską Szkołę Główną, w której panowały kult nauki, wiara w siłę wiedzy i chęć pracy nad rozwojem cywilizacyjnym kraju. To jej atmosfera sprawiła, że tylko nieliczni studenci (w liczbie 13) zgłosili się do powstania, reszta natomiast (ponad 700) wolała pohamować się, aby nie narażać swojej uczelni. To przez tę szkołę przeszli m.in. Aleksander Świętochowski, Piotr Chmielowski, Julian Ochorowicz, Adolf Dygasiński, Bronisław Chlebowski, Henryk Sienkiewicz, Bolesław Prus, Aleksander Rembowski. Ci właśnie absolwenci szkoły potem popularyzowali czołowe dzieła twórców europejskiego liberalizmu i pozytywizmu: Augusta Comte'a, Herberta Spencera, Johna Stuarta Milla, a także Karola Darwina i wielu innych.

Pozytywiści uderzyli przede wszystkim w szlachetczyznę, egoizm, zacofanie, marazm i przesądy tej klasy; kwestionowali jej przewodzenie w życiu narodowym. Byli wyrazicielami młodego, prężnego, aspirującego do odegrania większej roli mieszczaństwa. Krytykowali romantyzm, potępiali spiski i powstania, szydzili z marzeń. Gdy minęła żałoba po powstaniu, w latach 70. świetnie trafili w zapotrzebowanie społeczne.

Podstawową rolę w propagowaniu idei pozytywizmu odegrała prasa, zwłaszcza zaś założony w 1866 r. radykalny „Przegląd Tygodniowy" i nieco bardziej umiarkowana „Niwa". W pierwszym z nich czołowym publicystą pozytywistycznym był Świętochowski. Już w 1871 r. wystąpił z głośnym, programowym artykułem *My i Wy*. Zarzucał w nim „starym" przeciwstawianie się każdej nowej myśli, domagał się pracy na rzecz ludu, w tym szerzenia oświaty. Nieco później w *Nowych drogach* (1874 r.) podkreślał, że za podstawę wychowania trzeba przyjąć wiedzę i poszanowanie pracy, należy też uznać „wszechmoc nauki" i ideę równości, szanować cudzą wolność, uczyć powinności obywatelskich. W „Niwie" program formułowali Ochorowicz, Chmielowski i Mścisław Godlewski. Pisali w niej też Eliza Orzeszkowa i Henryk Sienkiewicz.

Najgłośniejszym chyba pisarzem pozytywizmu jest Bolesław Prus (właściwie Aleksander Głowacki). Mało kto by się spodziewał, że ten pisarz w młodości walczył, a nawet był ranny w powstaniu styczniowym, że siedział w więzieniu. Choć od 1874 r. stale drukował felietony w „Niwie", to jednak sławę przyniosły mu publikowane od 1875 r. na łamach „Kuriera Warszawskiego" *Kroniki tygodniowe*. Dziś są one kapitalnym źródłem do poznania dziejów tamtej epoki, a równocześnie świadectwem pozytywistycznych poglądów autora, dla którego równie interesujące są wystawa maszyn rolniczych i los robotników. Ten pisarz, głośny przede wszystkim za sprawą *Lalki*, *Placówki*, *Faraona* czy *Emancypantek*, patronował wielu akcjom społecznym, m.in. prowadzeniu tanich łaźni przez Towarzystwo Higieny Praktycznej. W 1905 r. został członkiem Komitetu Obywatelskiego pomocy robotnikom.

Ofensywa pozytywistów przypadła głównie na lata 1871–1874. To wtedy walczyli o zakładanie fabryk, warsztatów rzemieślniczych, instytucji kredytowych, szkół zawodowych. Chcieli równouprawnienia kobiet i Żydów. Bronili tych ostatnich, dążyli do ich asymilacji z narodem polskim. Orzeszkowa pisała: „Poważam się twierdzić, że [...] sądy nasze o Żydach są płytkie, źle motywowane i nieoświecone, że wpływają na nie nie tylko pobudki natury uczuciowej, ale uprzedzenie, przesądy i zabobony,

▶ **POPULARNOŚĆ PRUSA I SIENKIEWICZA**
była wykorzystywana także w celach reklamowych. Fragmenty ich prozy oraz wizerunki samych pisarzy zamieszczane na łamach czasopism miały przyciągnąć nowych czytelników.
„TYGODNIK ILUSTROWANY", 1895

▼ **„NIWA",**
założona w Warszawie w 1871 r., była czasopismem naukowym, literackim i artystycznym. Z propagującym ideały pozytywistyczne dwutygodnikiem związało się wielu znanych artystów: Józef Ignacy Kraszewski, Eliza Orzeszkowa, Bolesław Prus i Henryk Sienkiewicz.
1871/72

▶ **HIGIENA OSOBISTA**
oraz otoczenia stała się przedmiotem działalności powstałego w 1898 r. Warszawskiego Towarzystwa Higienicznego. Zajmowało się ono m.in. budową łaźni publicznych umożliwiających kąpiele tuszowe i wannowe, a także organizowaniem konkursów czystości.
„KĄPIELE TUSZOWE"; „KĄPIELE WANNOWE"; OK. 1900; MR NOWE MIASTO NAD PILICĄ; FOT. PC

▶ **O ŻYDACH I KWESTII ŻYDOWSKIEJ**
to rozprawa autorstwa Elizy Orzeszkowej. Rozwiązanie kwestii żydowskiej pisarka widziała w asymilacji Żydów z Polakami, z pełnym poszanowaniem ich kultury, czemu miało towarzyszyć konsekwentnie realizowane równouprawnienie.
WARSZAWA–LUBLIN–ŁÓDŹ–KRAKÓW, 1882, ŻIH WARSZAWA, FOT. PC

Świat oczami pozytywisty

Bolesław Prus w *Kronikach tygodniowych* dzielił się wrażeniami z wystawy rolniczo-przemysłowej zorganizowanej w 1874 r. w Warszawie: „Reasumując wrażenia wyniesione z wystawy, przede wszystkim streścić byśmy je mogli w przysłowiu: »Święci garnków nie lepią«. Kto ma pasze i pieniądze, może hodować krowy szwajcarskie i holenderskie, barany eskurialskie i konie arabskie. Kto Żydom nie sprzedaje ostatniego drzewa za psi grosz i trzyma wykwalifikowanych leśników, ten może nadsyłać pnie o kilkołokciowych obwodach i pouczające opisy lasów; kto ma folwarczną szkołę, ten może mieć parobków, którzy choć prochu nie wymyślą, narzędzia jednak nie popsują itd., itd. Wystawa ta, po wtóre, nauczyła nas, że moglibyśmy przy odpowiednich kapitałach obejść się bez obcych machin. Począwszy od pługów Cichowskiego i Zielińskiego i zasciankowej *Cerery* Jabłońskiego aż do lokomobil i parowych młocarń Lilpopa i Raua, aż do przepysznych cacek: modelu machiny parowej Berendta i broni Jachimka i Sosnowskiego – wszystko moglibyśmy wyrabiać w domu. Nie zabraknie nam robotników zręcznych: zapewniały nas o tym wielkim głosem pawilony wszystkich przemysłowców".

◄ **LUDWIK RYDYGIER**
był prekursorem nowożytnej polskiej chirurgii oraz autorem rewolucyjnego *Podręcznika chirurgii szczegółowej*. Eksperymentował z pojawiającymi się na Zachodzie lekarstwami i metodami operacyjnymi. Jako pierwszy na świecie wykonał udany zabieg resekcji żołądka.
POZNAŃ, 1884; STETOSKOP – 2 POŁ. XIX W.; MZCH CHEŁMNO; FOT. MM

◄ **MASZYNA MOLETERSKA**
przygotowywała wałki drukarskie do grawerunku. Wytłaczała wzór na miedzianych wałkach, którymi drukowano tkaniny, m.in. w łódzkiej fabryce Karola Scheiblera, jednego z największych producentów tekstyliów w Europie.
FRANCJA, 1894, MHP OPATÓWEK, FOT. MM

► **MUZEUM PRZEMYSŁU I ROLNICTWA W WARSZAWIE,**
założone w 1875 r., było ośrodkiem polskiej myśli naukowej. Utworzono w nim wiele pracowni, które się później usamodzielniły. W latach 1890–1891 w pracowniach fizycznej i chemicznej pracowała Maria Skłodowska, a w 1895 r. Stanisław Rotwand i Hipolit Wawelberg uruchomili przy muzeum Szkołę Mechaniczno-Techniczną.
UL. KRAKOWSKIE PRZEDMIEŚCIE UDEKOROWANA NA PRZYJAZD CARA, FOTOGRAFIA, 31 VIII 1897, MHMSW WARSZAWA, FOT. PC

◄ **PRAWZOREM KÓŁEK ROLNICZYCH**
było Towarzystwo Rolnicze w Piasecznie na Pomorzu Gdańskim, założone w 1862 r. Dzięki jego aktywności wkrótce powstały tu pierwsze na ziemiach polskich: Spółka Pożyczkowa i Kasa Oszczędności, a następnie Kasa Pogrzebowa, Towarzystwo Gospodarcze i bezpłatna Szkółka Rolnicza.
TŁOK PIECZĘCI TOWARZYSTWA WŁOŚCIAŃSKIEGO W CHRZĄSZCZEWIE, PO 1869, MNR SZRENIAWA, FOT. MM

▼ **POZYTYWISTYCZNY STOSUNEK DO DZIECKA**
objawił się w dostrzeganiu jego dziecięcych potrzeb. Moda dziecięca stała się wygodniejsza, powstawały nowe zabawki (np. drewniane wózki). O poprawę losu podrzutków walczył francuski ksiądz Piotr Gabriel Baudouin, twórca ochronek i przytułków w Warszawie.
XIX W., MZ KIELCE, FOT. MK; „GWIAZDKA W OCHRONCE IX IM. KS. BAUDOUIN W WARSZAWIE" – K. MILLER, 1868, MHMSW WARSZAWA, FOT. PC

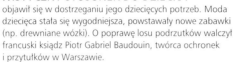

poczerpnięte wprost ze skarbnicy średniowiecznej baśni. [...] Niewielu jest pomiędzy nami takich, którzy by nie przyznawali, że Żydzi obok brzydkich wad nieuczciwości, pychy, odrębności i nieobywatelskości posiadają w plemiennej naturze swej zalety takie jak: przemyślność, zapobiegliwość, oszczędność, wielkie zdolności do finansowych obliczeń i działań, umiejętność organizowania się w ciało spójne z częściami dobrze uczuwającymi solidarność swą i pełniącymi związane z nią czynności współczucia i współpomocy".

W kwestii równouprawnienia kobiet pozytywiści domagali się zakładania dla nich szkół, organizowania kursów zawodowych, dostępu do studiów wyższych. Szczególnie ważną rolę w tym zakresie odegrał „Przegląd Tygodniowy".

Popieranie gospodarki

Za przykładem innych krajów, przy okazji warszawskiej wystawy rolniczo-przemysłowej, utworzono już w 1875 r. wyłącznie społecznymi siłami Muzeum Przemysłu i Rolnictwa. Służyło ono nie tylko pokazom nowych wyrobów przemysłu czy rzemiosła, ale też odczytom popularnonaukowym. Zorganizowano w nim później laboratorium chemiczne, punkt oceny nasion oraz stację meteorologiczną. Z inicjatywy związanych z nim ludzi powstała *Encyklopedia rolnictwa*. W 1884 r. utworzono też Towarzystwo Popierania Przemysłu i Handlu, które, choć stanowiło filię odpowiedniego stowarzyszenia rosyjskiego, pomagało w rozwoju kraju.

Działania oświatowe i naukowe

To dzięki pozytywistom skupionym w „Przeglądzie Tygodniowym" zabrano się w zaborze rosyjskim za pracę u podstaw, czyli oświatę ludu, która w tamtejszych warunkach prawnych musiała przyjmować formy półlegalne, a nawet tajne. Szczególną rolę odegrał na tym polu Konrad Prószyński. Syn szlachcica zesłanego na Syberię, po powrocie do kraju zwrócił uwagę na tragiczny analfabetyzm na wsi. To zainspirowało go do napisania (pod pseudonimem Kazimierz Promyk) pierwszego popularnego elementarza. Szerząca wiedzę o ojczyźnie książeczka rozchodziła się w wielu tysiącach egzemplarzy. Poza tym Prószyński zainicjował powstanie w 1875 r. tajnego Towarzystwa Oświaty Narodowej. Jego celem było upowszechnianie czytelnictwa, zakładanie szkółek, księgarń, wygłaszanie prelekcji. Od 1881 r. wydawał popularną „Gazetę Świąteczną", w której w formie prostych pogawrek pisał o tym, co dzieje się w świecie, udzielał porad gospodarskich, lekarskich, życiowych i prawnych. Zachęcał do organizowania kas oszczędnościowo-pożyczkowych, straży pożarnej. Pismo to osiągnęło w końcu wieku niemałą jak na owe czasy liczbę 12 tysięcy abonentów.

Wpływ haseł pozytywizmu i pracy organicznej widać było nie tylko na tym polu. Jako że oficjalna oświata była tylko rosyjska, już od końca lat 70. w gimnazjach działały tajne kółka samokształceniowe, w których uzupełniano wiedzę z zakresu historii, literatury i języka polskiego, a także nauk społecznych czy przyrodniczych. Potem wyrósł z nich Centralny Komitet Organizacji Uczniowskich. Liczne stowarzyszenia organizowały publiczne odczyty popularnonaukowe. Największe nasilenie prelekcji przypadło na lata 1870–1880, a słuchanie ich stało się wręcz obowiązkiem towarzyskim i modą. Tym, którzy nie mieli szczęścia ich wysłuchać, relacjonowała je później prasa codzienna. Problemy poruszane w referatach wywoływały żywe dyskusje w czasopismach kulturalno-społecznych i literackich.

W nauce pomagały publiczne czytelnie Warszawskiego Towarzystwa Dobroczynności, których księgozbiór w końcu wieku przekroczył 10 tysięcy tomów. I tu odbywała się tajna nauka polska. Z inicjatywy Towarzystwa Oświaty Narodowej powstał tajny Uniwersytet Ludowy, kierowany przez Marię Dzierżanowską. W prywatnych mieszkaniach uczono małe grupki robotników czy rzemieślników języka polskiego, historii, geografii, matematyki i przyrody. Pod koniec lat 80. z samokształceniowych kółek kobiecych powstał Uniwersytet Latający, założony przez Jadwigę Szczawińską przy pomocy bardzo później znanej Stefanii Sempołowskiej. Tu również odbywała się tajna nauka, lecz w sposób dużo bardziej systematyczny. Była to pierwsza wyższa uczelnia kształcąca kobiety. Liczyła cztery wydziały: filologiczno-historyczny, pedagogiczny, nauk społecznych i matematyczno-przyrodniczy. Naukę (odpłatną) przewidywano na 5–6 lat. Wykładało ponad dwudziestu docentów, a uczyło się kilkaset osób.

O naukę na poziomie wyższym miała dbać założona w 1881 r. Kasa Pomocy Naukowej im. Mianowskiego (od nazwiska Józefa Mianowskiego, byłego rektora Szkoły Głównej). Jej celem było finansowanie badań i publikacji naukowych. Dzięki licznym darowiznom, zapisom i dotacjom mogła zebrać fundusze na wydanie tak ważnych dzieł, jak wychodzący od 1880 r. wielotomowy *Słownik geograficzny Królestwa Polskiego…* czy wydawany od 1900 r. *Słownik języka polskiego*. Szczególnie przydatny w dziele propagowania pracy u podstaw był ukazujący się od 1898 r. *Poradnik dla samouków*.

▲ STRAŻ POŻARNA

w zorganizowanej formie zaczęła się kształtować w drugiej połowie XIX w. Częściowo zawodowa, a w części ochotnicza, została wyposażona w nowoczesny na owe czasy sprzęt – beczkowozy z pompami i aparaty powietrzne do oddychania.

HIPOLIT CEGIELSKI, POZNAŃ, 1896; ALTONA-ELBE, NIEMCY; WMP RAKONIEWICE, FOT. MM

▲ TOWARZYSTWO WZAJEMNYCH UBEZPIECZEŃ OD OGNIA

w Krakowie, zwane Florianką, założone w 1860 r., było pierwszym polskim zakładem ubezpieczeń na ziemiach zaborów. Towarzystwo, podobnie jak późniejsze takie organizacje, współpracowało z Ochotniczymi Strażami Pożarnymi.

KRAKÓW, 2 I 1866, MU PZU KRAKÓW, FOT. MM

FABRYKA FAJANSU W IŁŻY ▼

powstała dzięki inicjatywie Stanisława Staszica, pragnącego podnieść poziom lokalnego przemysłu. Otwarta w 1823 r. przez Anglika Leviego Suderlanda fajansiarnia produkowała rozmaite naczynia, niestety niskiej jakości.

TALERZ, KON. XIX W., MR IŁŻA, FOT. MM

▼ TAJNY UNIWERSYTET LATAJĄCY

wyróżniał się wysokim poziomem. Oprócz kobiet uniwersytet kształcił również mężczyzn studiujących na rusyfikowanych uczelniach warszawskich. W 1906 r. uczelnia ujawniła się i zmieniła nazwę na Towarzystwo Kursów Naukowych.

TAJNA KOMISJA SZKOLNA, FOTOGRAFIA, OSSOLINEUM WROCŁAW, FOT. MŁ

◄ BRONISŁAW PIŁSUDSKI

za podejrzenie o udział w zamachu na Aleksandra III został zesłany na Syberię. Prowadził tam badania etnograficzne, które później objęły także Japonię. Po powrocie w 1907 r. do Galicji badał rodzimy folklor.

FOTOGRAFIA, PRZED 1914, MT ZAKOPANE

HENRYK SIENKIEWICZ

Henryk Sienkiewicz urodził się 5 V 1846 r. w Woli Okrzejskiej na Podlasiu, w rodzinie szlacheckiej. Jego dziadek Józef był oficerem napoleońskim, a ojciec – uczestnikiem powstania listopadowego. W 1858 r. Sienkiewicz został przyjęty do gimnazjum realnego w Warszawie; w 1866 r. złożył egzamin wstępny do Szkoły Głównej, w której studiował m.in. razem z Aleksandrem Świętochowskim, Piotrem Chmielowskim, Aleksandrem Głowackim (Bolesławem Prusem). Debiutował na łamach „Tygodnika Ilustrowanego" rozprawą poświęconą twórczości Mikołaja Sępa-Szarzyńskiego. Jego pierwsza powieść – *Na marne* (wydrukowana w 1872 r.) – ukazywała w konwencji melodramatycznej życie społeczności studenckiej. Powieść ta zyskała przychylną ocenę Józefa Ignacego Kraszewskiego.

Kolejne lata to czas pisania bliskich programowi pozytywistów *Humoresek z teki Worszyłły* oraz pracy dziennikarskiej w „Przeglądzie Tygodniowym", „Wieńcu" i „Niwie". W 1875 r. powstała gawęda szlachecka *Stary sługa*, otwierająca tzw. małą trylogię, w której skład weszły jeszcze *Hania* i *Selim Mirza*. Jako korespondent „Gazety Polskiej" wyjechał Sienkiewicz w 1876 r. do Ameryki, skąd nadsyłał do kraju *Listy z podróży*. Lata 80. przyniosły wiele wybitnych nowel, takich jak *Latarnik*, *Wspomnienia z Maripozy* i *Szkice węglem*, jednak najważniejszym dziełem pisarza z tego okresu jest *Trylogia* (*Ogniem i mieczem*, *Potop*, *Pan Wołodyjowski*), łącząca w sobie elementy powieści awanturniczej z szeroko zakrojonym, epickim ukazaniem dziejów XVII-wiecznej Rzeczypospolitej. Pierwszy odcinek *Trylogii* ukazał się w „Słowie" 2 V 1883 r., ostatni – 1 III 1884 r. W 1889 r. rozpoczął się druk współczesnej powieści psychologicznej *Bez dogmatu*, w 1894 r. *Rodziny Połanieckich*, a lata 1895–1896 przyniosły jedną z najsłynniejszych powieści Sienkiewicza, tym razem poświęconą epoce początków chrześcijaństwa – *Quo vadis*, za którą pisarz w 1905 r. otrzymał literacką Nagrodę Nobla. Na koniec wieku (lata 1896–1900) przypada okres pisania *Krzyżaków*, a ostatnie utwory wielkiego pisarza to *Na polu chwały*, *Wiry*, *Legiony* oraz *W pustyni i w puszczy* (1911 r.).

Sienkiewicz w czasie I wojny światowej przebywał na emigracji w Szwajcarii, gdzie stał na czele Komitetu Generalnego Pomocy Ofiarom Wojny w Polsce. Tam też zmarł 15 XI 1916 r. W 1924 r. złożono jego prochy w katedrze św. Jana w Warszawie.

▲ DWOREK W WOLI OKRZEJSKIEJ,
rodowej siedzibie Cieciszowskich, z których wywodziła się matka pisarza, Stefania, jest miejscem narodzin Henryka Sienkiewicza. Obecnie w dworku znajduje się Muzeum Henryka Sienkiewicza, założone w 1966 r.
FOT. MM

▲ HENRYK SIENKIEWICZ
w mundurze gimnazjalisty. Przyszły autor *Trylogii* przez 4 lata uczęszczał do gimnazjum realnego, najpierw w Pałacu Kazimierzowskim, następnie do Gimnazjum II w Pałacu Staszica i Gimnazjum IV przy ul. Królewskiej 13.
FOTOGRAFIA, 1862–1865, MHS OBLĘGOREK O/MN KIELCE

▲ MŁODZI LITERACI

zbuntowali się przeciwko swoim profesorom i rozpoczęli krytykę „starej prasy". Powstające środowisko młodych dziennikarzy tworzyły osoby w większości dzisiaj zapomniane. Na zdjęciu obok Sienkiewicza (trzeciego z lewej) widoczni są również m.in. krytyk literacki i muzyczny, pisarz i publicysta Antoni Sygietyński, krytyk i historyk literatury Piotr Chmielowski oraz Gustaw Doliński – lekarz, publicysta, propagator myśli pozytywistycznej.

OK. 1874, MHS OBLĘGOREK O/MN KIELCE

▲ ŚWIĘTO TRĄBEK

Aleksandra Gierymskiego jest przykładem malarstwa realistycznego, które, ukazując rzeczywistość w pełnym jej kolorycie, inspirowało młodych pisarzy. Dowodem tych inspiracji w twórczości Sienkiewicza jest opowiadanie *Ta trzecia*.

1884, MN KRAKÓW

◄ MARIA Z SZETKIEWICZÓW SIENKIEWICZOWA

była żoną pisarza od 1881 r., zmarła na gruźlicę w 1884 r. Mieli dwoje dzieci: Henryka i Jadwigę. Portret został namalowany po śmierci Marii, na podstawie fotografii.

KAZIMIERZ POCHWALSKI, 1886, MHS OBLĘGOREK O/MN KIELCE, FOT. MŁ

◄ HELENA MODRZEJEWSKA JAKO JANKO MUZYKANT

Sienkiewicz wraz z Heleną Modrzejewską i jej mężem Karolem Chłapowskim wyprawił się do Ameryki w 1876 r., a *Janko Muzykant* powstał w 1879 r. Na obrazie Stanisława Witkiewicza słynna aktorka ucieleśnia natchnioną sztukę, która rodzi się nawet w najbardziej niesprzyjających okolicznościach.

2 POŁ. XIX W., MN WARSZAWA, FOT. MŁ

▲◄ AUTOR *LISTÓW Z AFRYKI*

zadbał o udokumentowanie swojej egzotycznej podróży. Przed wyprawą Bruno Abakanowicz podarował pisarzowi jeden z pierwszych modeli przenośnych aparatów fotograficznych.

HENRYK SIENKIEWICZ WRAZ Z OBSŁUGĄ NA RZECE WAMI, FOTOGRAFIA, „LISTY Z AFRYKI", WARSZAWA, 1893, MHS OBLĘGOREK O/MN KIELCE, FOT. MM

► KRYPTA SIENKIEWICZA

w katedrze św. Jana w Warszawie. Dopiero 8 lat po śmierci odbył się drugi uroczysty pogrzeb, podczas którego prochy Sienkiewicza przeniesiono ze szwajcarskiej miejscowości Vevey do warszawskiej katedry.

FOT. PC

W WALCE O JĘZYK I ZIEMIĘ

Uporczywa, codzienna walka ukazywała zupełnie nowe zdolności Polaków

◀ **OTTO VON BISMARCK**
był konserwatystą wywodzącym się ze starej rodziny junkierskiej. Nieprzejednana polityka germanizacyjna oraz likwidacja odrębności ziem zaboru pruskiego zyskały mu w potocznej świadomości historycznej opinię polakożercy.
OSSOLINEUM WROCŁAW, FOT. MŁ

◀ **KARDYNAŁ MIECZYSŁAW LEDÓCHOWSKI**
przebywał na wygnaniu w Rzymie od 1876 r. Podczas rokowań Stolicy Apostolskiej z rządem pruskim w sprawie zakończenia Kulturkampfu kanclerz Bismarck zażądał odwołania kardynała z arcybiskupstwa w Gnieźnie i Poznaniu.
„TYGODNIK ILUSTROWANY", 1887

▲ **HEŁM PRUSKI, TZW. PICKELHAUBA,**
został wprowadzony w armii niemieckiej w 1843 r. Używany przez niemieckie siły zbrojne jeszcze podczas I wojny światowej, stał się charakterystycznym elementem ich umundurowania.
PRUSY, XIX/XX W., MR WRZEŚNIA, FOT. MM

▼ **EUROPA PO 1871 R.**
RYS. JG

■ Królestwa Szwecji i Norwegii	■ Zjednoczone Królestwo Wielkiej Brytanii i Irlandii
■ Królestwo Danii	■ Królestwo Belgii
■ Cesarstwo Niemieckie	■ Królestwo Holandii
■ Monarchia Austro-Węgierska	■ Królestwo Grecji
■ Związek Szwajcarski	■ Księstwo Czarnogóry
■ Królestwo Portugalii	■ Imperium Osmańskie

Kulturkampf

Mimo zjednoczenia w 1871 r. Niemiec Polacy pozostali pod rządami Prus, które samodzielnie prowadziły swą politykę wewnętrzną. Polskie protesty przeciw włączeniu Poznańskiego do Rzeszy sprawiły, że zdaniem Bismarcka największe zagrożenie dla jedności państwa wychodziło ze strony polskiego kleru i szlachty. Na te grupy zatem skierowano pierwsze uderzenie. Kanclerz niemiecki wierzył, że Prusy mogą liczyć na lojalność pozbawionych przywódców chłopów polskich.

Walka o podporządkowanie państwu Kościoła katolickiego, zwana Kulturkampfem, miała w zaborze pruskim wyraźny aspekt antypolski. Tzw. ustawy majowe z lat 70. potwierdziły, że nominacje na stanowiska kościelne muszą mieć akceptację władz państwowych, a kandydaci mają zdawać egzamin z kultury niemieckiej i składać przysięgę na wierność monarsze. Gdy biskupi lekceważyli te regulacje, karano ich więzieniem, podobnie jak nieposłusznych proboszczów. Łącznie w diecezjach gnieźnieńskiej, poznańskiej i wrocławskiej zostało pozbawionych duszpasterza około 450 parafii. Społeczeństwo konsolidowało się w walce przeciwko narzucanym „księżom rządowym".

Ważne konsekwencje dla Polaków miała też ustawa oddająca państwu nadzór nad szkolnictwem. Dotąd inspektorami szkolnymi byli duchowni znający polski, teraz – niemieccy urzędnicy pilnujący postępów w nauce języka państwowego. Wprowadzenie świeckich urzędników stanu cywilnego oznaczało, że funkcję tę będą pełnić Niemcy często germanizujący imiona i nazwiska polskie.

Nasilenie germanizacji

Pruska szkoła miała wychować lojalnych niemieckich poddanych. Od 1873 r. w Poznańskiem w szkołach ludowych średniego i wyższego szczebla jako wykładowy obowiązywał już tylko język niemiecki. Jedynie na niższym szczeblu dopuszczano polski. Jeszcze wcześniej, bo w 1863 r., podobne zarządzenie wprowadzono na Śląsku, a w 1865 r. na Pomorzu Gdańskim. Od 1876 r. niemiecki powszechnie obowiązywał w administracji i sądownictwie. Urzędników polskich o niedostatecznej znajomości języka państwowego zwalniano ze służby. Miejscowościom polskim nadawano coraz częściej nazwy niemieckie. W 1887 r. prawie całkowicie usunięto język polski z programów nauczania; wykładano w nim jeszcze tylko religię w szkołach ludowych. Rok wcześniej natomiast zaostrzono kary za lekceważenie obowiązku szkolnego i pozbawiono samorządy wpływu na dobór nauczycieli. Szkoła miała skutecznie germanizować.

Pruskie władze niepokoił napływ do pracy w Prusach mieszkańców Królestwa i Galicji oraz równoczesny odpływ, w poszukiwaniu lepszych zarobków, ludności niemieckiej na zachód. W 1885 r. przeprowadzono więc tzw. rugi pruskie. Z terenu państwa usunięto około 26 tysięcy osób obcego obywatelstwa. Postanowiono też powrócić do dawnej praktyki kolonizacji wewnętrznej. W tym celu planowano wykorzystać grunty wykupywane od Polaków. W 1886 r. sejm pruski przewidział na ów cel specjalny fundusz w wysokości 100 milionów marek, wielokrotnie potem podwyższany. Samą akcją zajęła się Komisja Kolonizacyjna. To ona decydowała, jakie polskie majątki wykupić, ona znajdowała kandydatów do osadnictwa, sprzedawała grunty, udzielała pomocy na zagospodarowanie. Dzięki kryzysowi rolnemu w ciągu paru lat kupiła ponad 40 tysięcy ha głównie szlacheckich gruntów, a osiedliła ponad 500 rodzin. W tej sytuacji ceny ziemi zaczęły jednak szybko rosnąć, co ułatwiło kontrakcję polską.

Wydawało się, że w 1890 r., po odejściu z rządu Bismarcka, polityka pruska względem Polaków złagodnieje. Wtedy jednak głos zabrali zaniepokojeni aktywnością polską Niemcy zaboru pruskiego. Na fali rosnących nastrojów nacjonalistycznych powstała Hakata. Jej działacze wskazywali, że procent Polaków rośnie i konieczne są nowe środki wyjątkowe. Przekonali władze do radykalnego powiększenia funduszy Komisji Kolonizacyjnej. W celu utrudnienia parcelacji gruntów między Polaków doprowadzono w 1904 r. do zmiany ustawy osadniczej. Odtąd zabudowanie nowej parceli było uzależnione od zgody władz, a te często jej odmawiały.

Jednak nawet te posunięcia nie wystarczały niemieckim nacjonalistom. Aby prowadzić bardziej skuteczną akcję osiedleńczą, domagali się przymusowego wywłaszczania majątków polskich. Mimo sprzeciwów, pojawiających się nawet wśród junkrów pruskich, w 1908 r. większość sejmu pruskiego uchwaliła odpowiednią ustawę. Została ona jednak bardzo źle oceniona w całej Europie, więc rząd nie odważył się jej zastosować na szerszą skalę. Dopiero w 1912 r. wywłaszczył pierwsze (i ostatnie) 4 majątki.

Władze pruskie niepokoił także proces powiększania się procentu ludności polskiej w miastach Górnego Śląska i Poznańskiego. Uznano za konieczne nowe formy działania. Od 1898 r. władze prowincjonalne otrzymały specjalne fundusze na tworzenie niemieckich bibliotek, domów gminnych, przedszkoli, na wspieranie niemieckich rze-

◄ KOMISJA KOLONIZACYJNA
zamierzała tworzyć duże osady niemieckie tuż obok siebie, zwłaszcza na obszarach zdominowanych przez Polaków. Miały one izolować i stopniowo wchłaniać wsie polskie.
SIEDZIBA KOMISJI KOLONIZACYJNEJ (OB. COLLEGIUM MAIUS), DELIUS, POZNAŃ, 1905–1910, FOT. MM

WŁADZE ►
zachęcały Niemców do osiedlania się na wschodnich kresach Rzeszy, oferując m.in. premie budowlane dla urzędników. Kilkuset młodzieńców otrzymało specjalne stypendia pod warunkiem podjęcia w przyszłości pracy na tych terenach.
IMIGRANCI NIEMIECCY NA ZIEMIACH POLSKICH, FRANCISZEK KOSTRZEWSKI, „KŁOSY", 1866

▲ HAKATA
w początkowym okresie swego rozwoju zyskiwała członków przede wszystkim na terenach, na których Niemcy stanowili nieco mniej niż połowę ludności.
HERMANN KENNEMANN, FOTOGRAFIA, POZNAŃ, PRZED 1878, BUAM POZNAŃ

▲ SĄDOWNICTWO
ziem zaboru pruskiego dostosowano w 1879 r. do ustroju sądów powszechnych Niemiec. Sądy podzielono na okręgowe oraz, dla spraw toczonych przed ławą przysięgłych, ziemskie; Trybunał Rzeszy w Lipsku był instytucją kasacyjną.
SĄD NADZIEMSKI (OB. ARCHIWUM PAŃSTWOWE), HEINRICH HERRMANN I KARL FRIEDRICH ENDEL, POZNAŃ, 1879–1882, FOT. MM

Hakata

W polskiej świadomości termin ten często jest kojarzony z wszelkim złem, jakie dotknęło Polaków w zaborze pruskim. Jednak pogląd ów jest tylko częściowo słuszny. Nie była to bowiem żadna instytucja represyjna, lecz nacjonalistyczna organizacja społeczna. Oficjalnie nazywała się Niemiecki Związek Kresów Wschodnich. Powszechnie używana przez Polaków, wyraźnie deprecjonująca nazwa wywodziła się od pierwszych liter nazwisk jej założycieli: Ferdinanda Hansemanna, Hermanna Kennemanna i Christopha Tiedemanna. Hakatę założono w Poznaniu w 1894 r. U podstaw decyzji o jej założeniu legła obawa Niemców za- mieszkujących ziemie pograniczne, że rząd pruski po odejściu Bismarcka zaprowadzi zbyt łagodną politykę względem Polaków, a w rezultacie Niemcy utracą dominującą pozycję na tych terenach. Inaczej mówiąc, Hakata zrodziła się ze strachu przed Polakami, ich aktywnością i skutecznością działania. Stąd też hakatyści śledzili wszelkie kroki Polaków, pisali donosy do władz i domagali się wprowadzenia nowych ustaw antypolskich, najlepiej sprowadzenia Polaków do pozycji nie obywateli, lecz poddanych. Równocześnie domagano się dalszych pokaźnych funduszy na wzmocnienie niemczyzny na kresach wschodnich.

▶ PIERWSZE MUZEUM NIEMIECKIE

w Poznaniu (Landesmuseum für die Provinz Posen) powołano w 1894 r., aby wyeksponować dziedzictwo niemieckie na ziemiach polskich. W 1904 r. zmieniono jego nazwę na Muzeum im. Cesarza Fryderyka III, a zbiory umieszczono w specjalnie wybudowanym okazałym, eklektycznym gmachu.
KARL HICKELDEYN, 1900–1903, FOT. MM

◀ WŁADZE WYŻSZEJ SZKOŁY TECHNICZNEJ W GDAŃSKU

przywiązywały wielką wagę do narodowości studentów. Cudzoziemcy mogli studiować wyłącznie za zgodą ministerstwa i nie mogło ich być więcej niż 10%. W pierwszym semestrze na studia zapisało się dwóch Polaków z Królestwa Polskiego i Poznańskiego.
POCZTÓWKA, 1905, ZPT GRZYBKOWSKA

◀▶ HIPOLIT CEGIELSKI

wydał w 1858 r. swój pierwszy ilustrowany katalog maszyn i narzędzi rolniczych, który co roku aktualizował. Dzięki owym katalogom wywarł wielki wpływ na rozwój rolnictwa w Wielkopolsce.
STRONA TYTUŁOWA I WIDOK TORFIARKI OD STRONY NOŻA, „NARZĘDZIA I MACHINY ROLNICZE UZNANE ZA NAJPRAKTYCZNIEJSZE...", POZNAŃ, 1858, OSSOLINEUM WROCŁAW, FOT. MM

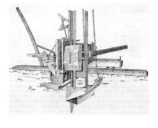

◀▶ MICHAŁ DRZYMAŁA

stał się mimowolnie symbolem polskiego oporu wobec władz zaborczych. Wizerunki Drzymały umieszczano na pocztówkach, a wśród gospodarzy zapanowała moda na tabakierki z jego podobizną.
WÓZ DRZYMAŁY; DRZYMAŁA Z RAKONIEWIC; KRAKÓW; PRZED 1914; MWP WARSZAWA; FOT. PC

Wóz Drzymały

Michał Drzymała z powiatu Nowy Tomyśl nie otrzymał ziemi w podziałach rodzinnych, więc źródłem jego utrzymania była praca woźnicy i przewożenie towarów. Początkowo w poszukiwaniu zarobku często przenosił się, w końcu jednak osiadł w Podgradowicach (dziś Drzymałowo) na wschód od Wolsztyna. Tu w 1904 r. kupił kawałek gruntu ze stodołą. Początkowo mieszkał w tej stodole. Gdy mu tego zakazano, podjął starania o budowę domostwa. Na mocy ustawy osadniczej odmówiono mu odpowiedniego pozwolenia. Wtedy kupił stary wóz cyrkowy i zamieszkał w nim na swej parceli. To jednak spowodowało następne szykany władz. W 1907 r. prasa polska zaboru pruskiego nagłośniła przypadek Drzymały. Zorganizowano składkę na zakup dla niego nowego wozu, a poznańska firma zbudowała mu prawdziwy domek na kółkach. Jednak władze pruskie pod nowym pretekstem nakazały i jego usunięcie, a odwołania do wyższych instancji nie przyniosły rezultatu. Ostatecznie Drzymała kupił w pobliżu grunt wraz z domkiem, a jego wóz pokazywano w Galicji jako naoczny dowód „praworządności" pruskiej. Wóz Drzymały stał się symbolem twardego polskiego oporu.

mieślników, kupców, drobnych przedsiębiorców. Urzędnicy i nauczyciele wykazujący się propagowaniem niemczyzny otrzymywali specjalny „dodatek kresowy". Aby zatrzymać uciekających dotąd na zachód Niemców, na „niemieckim wschodzie" podjęto wielkie inwestycje. W Poznaniu wzniesiono Bibliotekę Cesarza Wilhelma, cesarski zamek, Akademię Królewską i Teatr Miejski, w Gdańsku otwarto Wyższą Szkołę Techniczną, w Bydgoszczy – Instytut Rolniczy. Miasta starano się otoczyć wieńcem niemieckich wsi. Jednak wszystkie te posunięcia tylko częściowo zahamowały odpływ Niemców na zachód.

U progu nowego stulecia zdecydowano się zlikwidować nawet naukę religii po polsku. Doprowadziło to do głośnych wydarzeń we Wrześni. W 1906 r. strajki szkolne objęły w prawie całym zaborze pruskim blisko 80 tysięcy dzieci. Władze denerwowała szczególnie polska praktyka oddziaływania żywym słowem na zebraniach, wiecach, spotkaniach wyborczych. Zręcznie wykorzystano prace nad nową, liberalną ustawą o stowarzyszeniach, aby przy jej okazji przeforsować w 1908 r. paragraf zwany przez Polaków kagańcowym, gdyż nakazywał posługiwanie się na zebraniach publicznych językiem niemieckim.

Formy polskiej obrony

Już w latach 60. Polacy starali się wzmocnić swoje pozycje poprzez samopomoc. Główną rolę na tym polu odegrały Wielkopolska i Pomorze, gdzie w prace zaangażowały się szlachta i duchowieństwo. W 1857 r. założono Poznańskie Towarzystwo Przyjaciół Nauk; zainicjowało ono rozliczne badania, w tym nad historią gospodarki polskiej. Z inicjatywy Hipolita Cegielskiego i jego nakładem 2 lata później zaczął wychodzić „Dziennik Poznański", propagujący legalną opozycję i prace organiczne. W 1861 r., z powstałych już wcześniej powiatowych stowarzyszeń rolniczych, utworzono Centralne Towarzystwo Gospodarcze.

Wielu Wielkopolan przystąpiło do powstania styczniowego; represje zahamowały rozwój tych organizacji, szybko jednak wznowiono działania. Liberałowie związani z „Dziennikiem Poznańskim" byli przekonani, że należy wstrzymać walkę z zaborcą i skoncentrować się na szerzeniu oświaty i ducha narodowego wśród ludu oraz na odzyskiwaniu ziemi.

Zaczęto zatem tworzyć spółki oszczędnościowo-kredytowe. Cierpiącym na brak gotówki polskim rolnikom, rzemieślnikom i handlowcom miały one zapewnić tani kredyt, a tym samym możliwość skutecznej rywalizacji z dużo zamożniejszymi konkurentami niemieckimi. Na wzór sprawdzonych niemieckich spółek powstały m.in. Towarzystwo Pożyczkowe dla Przemysłu Miasta Poznania (1861 r.), Włościańska Spółka Pożyczkowa i Kasa Oszczędnościowa w Gniewkowie (1864 r.). Podobne instytucje założono później także na Pomorzu Gdańskim i Górnym Śląsku.

Duże znaczenie miało połączenie w 1871 r. wielkopolskich organizacji w Związek Spółek Zarobkowych, pod kierownictwem księdza Augustyna Szamarzewskiego, a potem – niezwykle przedsiębiorczego i ofiarnego księdza Piotra Wawrzyniaka. Za przełomowe uznaje się powstanie w 1885 r. Banku Związku Spółek Zarobkowych, dzięki któremu wszystkie spółki wzajemnie się wspierały. W późniejszym okresie zaczęły powstawać jeszcze inne spółdzielnie. Obok spółek ziemskich parcelujących grunty były to tzw. rolniki, czyli spółdzielnie zaopatrzenia i zbytu. Przed samą wojną światową do związku należało już blisko 300 spółdzielni.

Inną ważną inicjatywą było tworzenie kółek rolniczych, które odegrały dużą rolę w kształtowaniu solidarności dużych i małych rolników oraz szerzeniu wiedzy agrotechnicznej. Nadzór nad kółkami sprawował patron – początkowo Maksymilian Jackowski, potem Józef Chłapowski. Do 1911 r. powstało ich już ponad 360, a gromadziły 17 tysięcy członków. Dzięki nim wielu chłopów stało się doskonałymi rolnikami oraz gorliwymi patriotami. Nieco inną rolę w środowiskach mieszczańskich pełniły Towarzystwa Przemysłowców, w których, oprócz spotkań towarzyskich, odbywały się prelekcje z różnych dziedzin wiedzy: zarówno fachowe, jak i z zakresu polskiej historii czy literatury.

Olbrzymią rolę w walce narodowej odegrała prasa – pierwszy środek masowego przekazu, zastępujący często również polską szkołę. Informowała ona rodaków innych dzielnic o sytuacji w zaborze pruskim, organizowała masowe akcje protestacyjne przeciw niemczeniu szkoły i administracji. Zwoływała wiece mobilizujące Polaków do obrony swych praw. Polemizowała z tezami o niższości cywilizacyjnej narodu polskiego. Wykorzystywano w tym celu często rocznice narodowe, takie jak: dwusetna rocznica odsieczy wiedeńskiej, rocznice urodzin Mickiewicza czy Konstytucji 3 maja, setna rocznica powstania kościuszkowskiego.

Walka o słowo polskie nie ograniczała się do prasy. W 1872 r. powołano do życia Towarzystwo Oświaty Ludowej, które zakładało setki biblioteczek z książkami polskimi. Gdy władze pruskie pod byle pretekstem je rozwiązały, w 1880 r. utworzono Towarzystwo Czytelni Ludowych o identycznych zadaniach. Do I wojny światowej założyło ono ponad 1660 biblioteczek, z czego lwią część w Poznań-

WIELKIE KSIĘSTWO POZNAŃSKIE OKOŁO 1900 R. ▼
RYS. JG

—— granice Księstwa Poznańskiego
---- granice rejencji poznańskiej i bydgoskiej
– · – granice powiatów
✝ arcybiskupstwa katolickie

OBSZARY ZAMIESZKANE W WIĘKSZOŚCI PRZEZ:

▨ Polaków

▨ Niemców

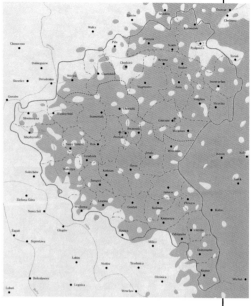

▼ AUGUSTYN SZAMARZEWSKI
po śmierci żony wstąpił do seminarium duchownego w Gnieźnie. Już jako ksiądz zaangażował się w działalność spółdzielczą, stając się pierwszym patronem Związku Spółek Zarobkowych.
NAGROBEK, OSTRÓW WLKP., OK. 1891, FOT. MM

▼ JÓZEF CHŁAPOWSKI
starał się o edukację polskich chłopów zaboru pruskiego w zakresie umiejętnej uprawy roli, ekonomicznej pracy, oszczędności i rachunkowości gospodarczej. Rozbudowane dzięki niemu kółka rolnicze odegrały ogromną rolę w walce z germanizacją.
REZYDENCJA JÓZEFA CHŁAPOWSKIEGO, POCZTÓWKA, POCZ. XX W., BUAM POZNAŃ

◄ „SZKÓŁKA NARODOWA"
była pierwszą w Chełmnie gazetą w języku polskim, wydawaną od 1848 r. Prasa zachęcała do bojkotu niemieckich produktów, zachwalając wyłącznie polskich kupców i towary wyprodukowane przez Polaków.
1848, MZCH CHEŁMNO, FOT. MM

◄ POSTYLLĘ *JA I DOM MÓY...*,
zbiór kazań Marcina Lutra, wydano po polsku w Berlinie w okresie wzmożonej germanizacji i walki z Kościołem katolickim. Była jednym z narzędzi w walce o rozbicie jedności katolickiego społeczeństwa polskiego.
BERLIN, 1900, MMZ ŻYRARDÓW, FOT. MM

◀ TOWARZYSTWO GIMNASTYCZNE „SOKÓŁ"

rozwijało się na terenie Wielkopolski stosunkowo szybko. Jego popularność wśród młodzieży wzrosła, gdy gimnastykę zastąpiono sportem, znacznie bardziej atrakcyjnym od samych ćwiczeń i manewrów.

CZŁONKOWIE WRZESIŃSKIEGO „SOKOŁA", FOTOGRAFIA, POCZ. XX W., MR WRZEŚNIA, FOT. MM

◀ POPARCIE

społeczne dla strajkujących dzieci wrzesińskich i ich rodzin było ogromne; na rzecz skazanych koncertował w Poznaniu Ignacy Jan Paderewski.

DZIECI Z MIŁOSŁAWIA MODLĄCE SIĘ PRZED KOŚCIOŁEM O WYTRWANIE W STRAJKU, FOTOGRAFIA, 1901–1902, MR WRZEŚNIA, FOT. MM

▲ POCZTÓWKI

z wizerunkami strajkujących dzieci i ich rodzin z Wrześni odegrały olbrzymią rolę w walce z polityką germanizacyjną zaborcy. Ukazując prześladowania władz pruskich, sprzyjały konsolidacji społeczności polskiej.

BRONISŁAWA SMIDOWICZÓWNA; CHORA NEPOMUCENA PIASECKA SKAZANA PRZEZ SĄD PRUSKI NA 2,5 ROKU WIĘZIENIA; 1901–1902; MR WRZEŚNIA; FOT. MM

Września

W 1900 r. władze szkolne Poznańskiego zadecydowały, że od następnego roku szkolnego ma obowiązywać język niemiecki na religii wszędzie, gdzie nauczyciele uznają, iż znajomość niemieckiego jest dostateczna. W dniu 1 IV 1901 r. zaczęto więc uczyć po niemiecku religii w szkole elementarnej w miasteczku Września. Dzieci odmówiły odpowiadania po niemiecku i przyjęcia niemieckich katechizmów. Gdy nie pomogły łagodniejsze kary, 20 V na 14 uczniach kijem wykonano karę chłosty. Płacz dzieci ściągnął pod szkołę zbiegowisko. Zgromadzeni zażądali zaprzestania bicia, grożąc wystąpieniami. Gdy dzieci bito dalej, rodzice wdarli się do gmachu. Potem tłum groził nauczycielom i przedstawicielom władz. Strajk trwał wiele miesięcy i brało w nim udział kilkadziesiąt dzieci. Część z nich zwolniono ze szkoły. Rodzicom i niektórym nieletnim wytoczono proces sądowy i skazano ich na kary więzienia od 2 miesięcy do 2,5 roku. Akcja solidarności z pokrzywdzonymi objęła społeczeństwo polskie wszystkich zaborów. Sprawa wrzesińska została nagłośniona w całej Europie i wywołała nieprzychylne dla Prus reakcje w wielu krajach.

---

skiem, sporo na Śląsku, a niemało nawet w głębi Niemiec, z myślą o wychodźcach.

Rugi pruskie zmobilizowały Polaków z innych zaborów. Organizowano pomoc dla wysiedlonych rodaków, ale zdobyto się też na większe inicjatywy. W 1886 r., dzięki pomocy finansowej Galicjan, założono Bank Ziemski, mający udzielać wsparcia finansowego majątkom ziemskim znajdującym się w tarapatach. Niestety, zgromadził on tylko około miliona marek, co w porównaniu z funduszami Komisji Kolonizacyjnej było sumą zbyt skromną na skuteczną rywalizację. Dopiero parę lat później, we współpracy z Bankiem Ziemskim, zaczęły powstawać Prowincjonalne Spółki Ziemskie; na fali pewnej odwilży politycznej w latach 90. udało się im nawet uzyskać dogodne warunki prowadzenia akcji parcelacyjnych.

O wszechstronności działań polskich świadczy fakt, że nawet w wypadku ruchu gimnastycznego (niezwykle w Niemczech popularnego) Polacy zdecydowali się, za przykładem Czechów i Galicjan, powołać własne Towarzystwa Gimnastyczne „Sokół". Powstawały one od 1884 r. w Inowrocławiu, Bydgoszczy, Poznaniu, a potem w całej Wielkopolsce i na Śląsku. Niemcy podejrzewali, że szkolone w nich są kadry przyszłej polskiej armii, co trudno uznać za absurd, jeśli wziąć pod uwagę, że niektóre ćwiczenia łudząco przypominały musztrę. „Sokół" prowadził także intensywną pracę wychowawczo--patriotyczną. W początkach XX w. rozwinęła się akcja tajnego samokształcenia młodzieży gimnazjalnej, a przed samą wojną powstała nawet Tajna Organizacja Niepodległościowa.

Funkcję kierownictwa ruchu polskiego w zaborze pruskim odgrywały polskie koła poselskie do parlamentu niemieckiego i sejmu pruskiego. Każde wybory były okazją do mobilizacji społeczeństwa polskiego. Polskie przemówienia parlamentarne przedrukowywały wszystkie gazety.

Górny Śląsk, Warmia i Mazury

Niesłychanie ważnym efektem działań w zaborze pruskim było rozszerzenie polskiej świadomości na nowe tereny. Nie była to praca łatwa. Zwłaszcza na Górnym Śląsku i Warmii chłopi i robotnicy, choć posługiwali się regionalnym dialektem języka polskiego, jeszcze w połowie XIX w. nie uważali siebie za Polaków. Nie było tu polskiej szlachty, duchowieństwo raczej ulegało wpływom kultury niemieckiej. To na tych terenach największą rolę odegrał Kulturkampf; atakowany przez władze państwowe kler musiał szukać oparcia w ludzie. Ten zaś, konsolidując się w walce przeciw dyskryminacji religijnej i w obronie języka ojczystego, uświadomił sobie swą odrębność narodową.

Postacią kluczową na Śląsku był Karol Miarka. Rodowity Górnoślązak, nauczyciel ludowy, początkowo czuł się Niemcem. Dopiero kontakty z działaczami polskimi ze Śląska Cieszyńskiego i Pomorza doprowadziły do tego, że uznał się za Polaka i zaczął krytykować germanizację. Od 1869 r. wydawał w Królewskiej Hucie „Katolika". W czasie Kulturkampfu pismo to, wspomagane przez duchownych, stało się czołowym organem polskim na Śląsku i pomogło niemieckiej katolickiej partii Centrum w zdobyciu wielu mandatów parlamentarnych. Miarka stworzył też Kasyno Katolickie, w którym odbywały się odczyty i przedstawienia w języku polskim, a także spółdzielnię spożywczą i towarzystwo kredytowe. Pisał powieści i powiastki dla ludu. Obudził zainteresowanie Śląskiem na wszystkich ziemiach polskich. Trzeba było jednak jeszcze wielu lat pracy narodowej, aby większa liczba Górnoślązaków poczuła się naprawdę Polakami.

Na Mazurach podobnie ważną rolę odegrał Wojciech Kętrzyński, który starał się uświadomić Mazurom ich przynależność do narodu polskiego. To on zorganizował ogólnopolską akcję wspierania pracy narodowej na Mazurach. Z kolei sprawę Kaszubów spopularyzował w społeczeństwie polskim Hieronim Derdowski.

Wbrew intencjom władz pruskich Kulturkampf wyraźnie ożywił kontakty międzyzaborowe i poczucie więzi ogólnopolskiej. Jednak po zakończeniu walki rządu z Kościołem katolickim sytuacja zmieniła się zasadniczo. Katolicka partia Centrum zaczęła zabiegać o porozumienie z rządem. Duchowni na Śląsku czy Warmii coraz częściej wprowadzali język niemiecki do kościołów.

Lata 90. przyniosły intensywniejszy napływ na Górny Śląsk niemogących znaleźć pracy w Poznańskiem polskich rzemieślników, kupców, lekarzy, adwokatów i dziennikarzy. Przy wsparciu innych zaborów powstały nowe pisma: „Nowiny Raciborskie" oraz „Gazeta Opolska", bytomski „Dziennik Śląski". Polacy coraz częściej jako warunek poparcia centrowego kandydata na posła stawiali jego znajomość języka polskiego, reprezentowanie interesów polskich. Zaczęli tworzyć dla robotników własne organizacje typu zawodowego, powstał też fundusz stypendialny dla kształcących się młodych ludzi.

Na Warmii zasadnicze znaczenie miało założenie „Gazety Olsztyńskiej", postulującej odrębność ruchu polskiego, wokół której gromadzili się działacze narodowi. Rozwijający się ruch narodowy zastał ziemie zaboru pruskiego gotowe do radykalniejszych działań.

◄ „NOWINY WARMIŃSKIE"
wydawał w latach 1890–1891 księgarz i pisarz Eugeniusz Buchholz, polonofil i regionalista naukowy. W czasopiśmie ukazywał rozwój i tradycje Warmii, kładąc tym samym podwaliny rozwoju piśmiennictwa regionalnego.
1890, MWM OLSZTYN, FOT. AKUR

► FRYDERYK KARPOWITZ
założył w połowie XIX w. w Niborku (dzisiejszej Nidzicy) wytwórnię kafli piecowych, zdobionych w charakterystyczny sposób scenkami rodzajowymi z życia mazurskiej wsi. Napisy w gwarze objaśniały przedstawione scenki, np. „Mój panie wójcie, już się nad nami zlitujcie".
KAFLE MAZURSKIE, MM SZCZYTNO, FOT. PC

WOJCIECH KORFANTY ►
był pierwszym Polakiem z Górnego Śląska wybranym jako poseł do Reichstagu. Domagał się równouprawnienia narodowego ludności polskiej oraz poprawy warunków materialnych robotników i demokratyzacji w państwie pruskim.
„TYGODNIK ILUSTROWANY", 1905, OSSOLINEUM WROCŁAW

◄ SYMBOLIKA KRZYŻACKA,
jaka pojawiła się w dokumentacji urzędowej miast pruskich, została stworzona w celu podkreślenia niemieckich początków ziem zaboru pruskiego.
TŁOK PIECZĘCI RADY MIEJSKIEJ CHEŁMNA, XIX W., MZCH CHEŁMNO, FOT. MM

Miarka do Bismarcka

„Powiemy Ci otwarcie, dlaczego język polski uważamy za najdroższy skarb.

1. Język polski jest darem Bożym, któryśmy odebrali od zacnych przodków naszych. Jeżeli ojcowie nasi, chwaląc Boga i wiernie przestrzegając przykazań Jego, byli szczęśliwymi, dlaczegoż mamy się wyrzekać ich języka? [...]

2. Jest to prawdą doświadczoną, że niegdyś polskie okolice na Śląsku skoro się zniemczyły, wyzuły się z staropolskich cnót. [...] Skoro zaś lud porzuciwszy macierzyński język dał się przerobić na Niemca, wtedy wraz z językiem pozbywa się przyrodzonych do języka polskiego cnót. [...]

3. Otwarcie wyznajemy, że razem z językiem bronimy wiary naszej i staropolskiej nabożności, która nas zachowuje od przestępstw i zbrodni. [...] Nikt dotąd nie starał się o polski lud i jego oświatę! Nikt nie dostarczał mu polskich gazet! [...] Lud górnośląski został bez oświaty i bez najmniejszego wyobrażenia o prawach i powinnościach swoich, tak że lada oszust zbałamucił go przy wyborach i nakłonił go do wyboru swoich największych przeciwników".

Położony na południowy wschód od Poznania Kórnik jako miasteczko znany jest od XV w. Był od wieków centrum władzy wielkich rodów wielkopolskich: najpierw Łodziów, potem Górków, wreszcie od 1676 r. Działyńskich. Wcześnie zbudowano tu zamek, najpierw drewniany, potem murowany, wyjątkowo pięknie przebudowany w stylu renesansowej rezydencji w XVI w. Miasteczko jednak nie miało łatwego życia – przyćmiewały je sąsiednie miasta wielkopolskie: Bnin, Środa, Śrem. Dlatego też zachowało charakter raczej rolniczy. Dopiero w XVIII w. te dysproporcje zaczęły się wyrównywać. Ważne zmiany zaszły w Kórniku za życia Teofili z Działyńskich Potulickiej (zmarłej w 1790 r.), która zamek przebudowała na pałac, a obok założyła park w stylu francuskim.

Dużo większą sławę miał zdobyć Tytus Działyński, który odziedziczył Kórnik w 1826 r. Już wcześniej ten wszechstronnie wykształcony magnat utrzymywał kontakty z wybitnymi uczonymi, gromadził pamiątki historyczne i starodruki, a nawet wydawał szczególnie cenne materiały do dziejów Polski. Walczył w powstaniu listopadowym, za co zapłacił kilkuletnią tułaczką poza Prusami. On pierwszy zajął się dalszą przebudową zamku, która zupełnie zmieniła jego wygląd.

Opracowanie projektu zlecił najgłośniejszemu wówczas architektowi pruskiemu, Carlowi Friedrichowi Schinklowi. Zgodnie z ówczesną modą przebudowano zamek w stylu neogotyku, nawiązującym do wzorów dawnych zachodnich budowli obronnych. Równocześnie ulokowano w nim wspaniałą bibliotekę zawierającą prawdziwe skarby z dziejów Polski. Obok książek gromadził też Tytus Działyński stare meble i broń oraz obrazy i rzeźby.

Park został znacznie rozszerzony. W miejsce parku francuskiego powstał bardziej naturalny park angielski. Prace te kontynuował ostatni z rodu Działyńskich, Jan Kanty, uczestnik powstania styczniowego, zmarły w 1880 r. Wielki znawca przyrody, sprowadzał do Kórnika nieznane w Polsce drzewa i rośliny i starał się je zaaklimatyzować. Dzięki niemu park stał się swego rodzaju ogrodem botanicznym, ośrodkiem badań przyrodniczych. Zajmował się też sadownictwem i warzywnictwem. Chcąc rozpropagować nowe odmiany, regularnie urządzał wystawy owoców i jarzyn.

Jego siostrzeniec i spadkobierca, Władysław Zamoyski, ofiarował przed śmiercią swoje dobra i zbiory narodowi polskiemu. W 1925 r. powstała Fundacja Zakłady Kórnickie, która miała je dalej prowadzić. Po 1952 r. Bibliotekę Kórnicką przekazano Polskiej Akademii Nauk, a nad parkiem, zwanym Arboretum Kórnickim, opiekę przejął Instytut Dendrologii PAN.

▲ **TYTUS DZIAŁYŃSKI**
nadał swojej kórnickiej siedzibie kształt romantycznego zamku. Uległ panującej wówczas modzie odbudowywania siedzib ziemiańskich w formach nawiązujących do średniowiecza. Architekturę gotycką uważano za właściwą dla budowli o tak szczególnej wartości, jak zamek należący do zasłużonego w dziejach kraju rodu.
MARIAN JAROCZYŃSKI, 1855, MM PŁOCK, FOT. MM

◄ **LIST ADAMA JERZEGO CZARTORYSKIEGO,**
prezesa Towarzystwa Historyczno-Literackiego w Paryżu, do Tytusa Działyńskiego, prezesa nowo założonego Poznańskiego Towarzystwa Przyjaciół Nauk. Książę wyraził w nim swoje uznanie dla hrabiego, sugerując współpracę oraz ofiarowując książki wydane przez paryskie Towarzystwo: *Podróże historyczne* Juliana Ursyna Niemcewicza i *Nauki Rycerstwa księcia pruskiego Albrechta.*
7 III 1858, BK PAN KÓRNIK, FOT. MM

▼ **PROJEKT ELEWACJI POŁUDNIOWEJ**
autorstwa Henryka Marconiego z Warszawy powstał około 1826 r. Tytus Działyński odrzucił go jednak, podobnie jak propozycję innego znanego architekta, Antonia Corazziego.
BK PAN KÓRNIK, FOT. MM

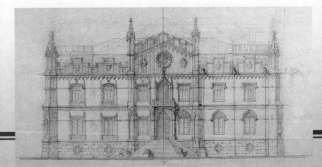

▲ FUNKCJONALNO-SYMBOLICZNY CHARAKTER

budowli świadczył o nowym stosunku do reprezentacyjnej siedziby
w zabytkowym zamku. Było to już nie tylko miejsce trofealne, ale
często także rodzaj *aula patria* – miejsce przechowywania narodowych
skarbów i relikwii. Oprócz pasji kolekcjonerskiej służyło wyrażaniu
patriotycznie umotywowanego dążenia do ratowania i zabezpieczania
historycznych pamiątek.

WG NAPOLEONA ORDY, OK. 1870, BK PAN KÓRNIK, FOT. MM

ZAMEK W KÓRNIKU ►▼

reprezentuje styl neogotyku
angielskiego, jednak długo
trwająca przebudowa
(od 1843 r. do końca lat 50.)
sprawiła, że jednolita początkowo
koncepcja powściągliwej
architektury Carla Friedricha
Schinkla została poddana licznym
zmianom idącym w kierunku
asymetrii, malowniczości
i stylowego zróżnicowania.

*WIDOK FASADY – FOT. JKOS, WIDOK
OD PŁD. ZACH. – FOT. RS*

▲ SALA MAURETAŃSKA,

z galeriami, łukami
i kolumienkami w stylu
nawiązującym do architektury
Maurów, dzieli się na trzy części.
W jej wnętrzu zgromadzono
zbiory muzealne: broń, ordery,
meble, obrazy oraz kolekcję
zabytków sztuki sakralnej.

FOT. RS

▲ DAWNA SALA JADALNA

ma drewniany strop kasetonowy, ozdobiony
ponad siedemdziesięcioma herbami
znakomitych rodów polskich. Herby
wykonano, opierając się na znajdującym się
w zbiorach kórnickich rękopisie *Klejnotów
Królestwa Polskiego*, autorstwa zapewne
Jana Długosza. Jedno puste miejsce wśród
kasetonów herbowych zarezerwowano
dla herbu przybywającego z wizytą gościa,
którego znaku rodowego nie było na suficie.

OK. 1860, FOT. RS

◄ CELINA
Z ZAMOYSKICH
DZIAŁYŃSKA

aktywnie uczestniczyła w pracach
nad przebudową rodowej siedziby
męża. Choć przy projektowaniu
zatrudnieni byli zawodowi
architekci, wiele rysunków
architektonicznych wykonała sama
żona fundatora. O talencie artystki
amatorki świadczy rysunkowe
studium dwóch postaci: Mag
niosący mirrę i chłopiec, który
przytrzymuje jego płaszcz.

PRZED 1850?, BK PAN KÓRNIK, FOT. MM

▲ STOWARZYSZENIE POLSKIE „KOŚCIUSZKO"

w Saint-Gallen wystawiło dyplom członka honorowego
dla hrabiego Jana Kantego Działyńskiego, słynnego działacza
niepodległościowego, uczestnika powstania styczniowego,
głównego organizatora sił zbrojnych spieszących powstańcom
z pomocą z zaboru pruskiego. W procesie berlińskim skazany
zaocznie na karę śmierci Jan Kanty emigrował, a po powrocie
do kraju w 1869 r. i uzyskaniu amnestii kontynuował rozpoczętą
przez ojca, Tytusa, działalność społeczną i kulturalną, m.in.
rozbudował zbiory biblioteczne, wydawał źródła do dziejów polskich
oraz fundował stypendia naukowe dla niezamożnej młodzieży.

11 VIII 1869, BK PAN KÓRNIK, FOT. MM

AUTONOMIA GALICYJSKA

Autonomia oznaczała polonizację życia politycznego Galicji i sprzyjała rozwojowi kultury narodowej

◄ **MANIFEST DO MOICH LUDÓW**
cesarza Franciszka Józefa I został ogłoszony w Wiedniu 20 IX 1865 r. Odezwa wywołała żywą reakcję galicyjskiego chłopstwa – w okręgu tarnowskim zgromadzenie chłopów zadeklarowało wierność monarsze.
WIEDEŃ, KTN BITTBURG, FOT. MM

► **NAMIESTNIK W GALICJI**
stał na czele administracji rządowej, miał inicjatywę ustawodawczą i opiniował ustawy sejmu. Mianował go cesarz, po uzgodnieniu kandydatury z przywódcami Koła Polskiego.
GMACH NAMIESTNICTWA, LWÓW, FOTOGRAFIA, PRZED 1945

◄ **SEJM KRAJOWY WE LWOWIE**
do 1881 r., gdy otrzymał własny gmach, obradował w dawnym Teatrze Skarbka. Marszałek był desygnowany przez cesarza, a wszystkie uchwały Sejmu Krajowego wymagały sankcji, czyli cesarskiego zatwierdzenia.
STANISŁAW ANTOSZEWICZ, „GMACH SEJMU WE LWOWIE", OSSOLINEUM WROCŁAW, FOT. MŁ

Struktura władz

Klęski Austrii w wojnach z Francją i Włochami oraz z Prusami zmusiły cesarza Franciszka Józefa I do przekształcenia w 1867 r. państwa w dualistyczną monarchię austro-węgierską. Galicja znalazła się w części austriackiej, a proces formowania jej autonomicznych władz trwał od uchwalenia nowej konstytucji austriackiej w 1867 r. aż do wprowadzenia do niej zmian w 1873 r. W Galicji funkcjonowały odtąd dwa piony władz: administracji centralnej i autonomicznych.

Na czele struktury władz administracyjnych, uważanych za rząd krajowy, stał mianowany przez cesarza namiestnik. Wraz z urzędem zwanym Namiestnictwem rezydował w stolicy prowincji, we Lwowie, a podlegali mu starostowie powiatów oraz dyrektorzy policji we Lwowie i w Krakowie. W rządzie wiedeńskim interesy prowincji reprezentował Polak jako minister do spraw Galicji.

Najwyższym organem władz autonomicznych był jednoizbowy Sejm Krajowy, o kompetencjach ustawodawczych w zakresie spraw gospodarczych i gminnych, kultury oraz opieki społecznej. Ordynacja wyborcza przewidywała podział ogółu wyborców na cztery grupy, według ich cenzusu majątkowego lub wykształcenia. Były to tzw. kurie: wielkiej własności, izb handlowych i przemysłowych, miast i małej własności. Wybory były jawne, co umożliwiało stosowanie najrozmaitszych nacisków i manipulacji.

Na tych samych zasadach odbywały się wybory do Rady Państwa – ogólnoaustriackiego parlamentu z siedzibą w Wiedniu; w 1896 r. powołano piątą kurię, powszechnego głosowania, a w 1907 r. wprowadzono wybory powszechne. Galicyjski Sejm Krajowy, uwikłany w spory polityczne w obrębie polskich stronnictw i podzielony w kwestii stosunku do Ukraińców, osiągnął porozumienie w sprawie reformy parlamentarnej dopiero w 1914 r. Nie weszła ona w życie z powodu wybuchu I wojny światowej.

Organem wykonawczym Sejmu był podległy marszałkowi Wydział Krajowy, sprawujący funkcje nadrzędne nad samorządem powiatowym i gminnym. Instytucją pośrednią – podporządkowaną jednocześnie władzom autonomicznym i administracji centralnej – była Rada Szkolna Krajowa, nadzorująca szkolnictwo powszechne i średnie, które spolszczono w Galicji w 1869 r. Proces polonizacji przeszły też administracja i sądownictwo. Od 1872 r. język polski wprowadzono na uniwersytety we Lwowie i Krakowie oraz do Szkoły Technicznej, zamienionej w 1877 r. na Politechnikę Lwowską.

Problemy gospodarczo-społeczne

W końcu XIX w. Galicja była obszarem biedy i zacofania. 41% ogółu użytków rolnych i leśnych znajdowało się w rękach 161 wielkich właścicieli ziemskich, a 70% gospodarstw chłopskich było zbyt małych, aby zapewnić utrzymanie licznej na ogół rodzinie właściciela. O ciężkiej sytuacji chłopstwa decydowały zarówno skutki uwłaszczenia z 1848 r., jak też rozdrabnianie ziemi z powodu podziałów rodzinnych. Na przeludnionej wsi panował powszechny głód, a słaby rozwój przemysłu uniemożliwiał odpływ ludności do miast. Projekty inwestycji przemysłowych torpedowali dominujący w Sejmie Krajowym konserwatywni właściciele ziemscy, w obawie, że utracą tanią siłę roboczą, a także w przekonaniu, że wraz z rozwojem klasy robotniczej pojawi się socjalizm i problemy społeczne. Ekonomiczno-społeczna stagnacja miała być najlepszym rozwiązaniem dla Galicji, traktowanej przez konserwatystów jak wydzierżawiony szlachcie folwark. Hamująco na rozwój przemysłu galicyjskiego wpływała ponadto polityka rządu wiedeńskiego: eksploatowano miejscowe surowce, ale przetwarzano je poza Galicją, zapewniono też liczne przywileje celne produktom przemysłowym z Austrii, Czech i Węgier. Pewne ożywienie gospodarcze wywołała rozpoczęta w latach 70. budowa linii kolejowych, przyczyniła się bowiem do rozwoju górnictwa węglowego i solnego. Nową gałęzią przemysłu stało się przyciągające obcy kapitał wydobycie ropy naftowej.

Ze słabego rozwoju przemysłu wynikał niewielki stopień urbanizacji: w liczącej w 1890 r. ponad 6,6 miliona mieszkańców Galicji 4/5 ludności mieszkało na wsi, a w przemyśle i rzemiośle pracowało jedynie 9,2% ludności.

Nadmiar wolnych rąk do pracy spowodował emigrację stałą, głównie do kopalń i hut na Śląsku Cieszyńskim oraz do Ameryki. W latach 1900–1910 z Galicji wyemigrowało ponad 480 tysięcy osób. Ponadto na emigrację sezonową (tzw. saksy) do prac polowych w Niemczech i Królestwie Polskim udawało się niekiedy nawet do 100 tysięcy osób rocznie. Część zarobionych pieniędzy przeznaczano na zakup ziemi, uzyskiwanej z dobrowolnej parcelacji majątków obszarniczych, co jednak nie zmieniło niekorzystnej struktury własności chłopskiej i nie likwidowało chłopskiego głodu ziemi.

Do przyjaciół pana Ziemiałkowskiego!!!

My potrzebujemy posła, którego polityka byłaby jasna!

Nam nie potrzeba Wallenrodów!

Dla tego pan Ziemiałkowski nie może być lwowskim posłem !!!

▼ **WYSTAWY ROLNICZO-PRZEMYSŁOWE**

organizowano z myślą o podniesieniu niskiego poziomu gospodarki galicyjskiej. Do końca XIX w. wystawy te zwano także etnograficznymi, dominowały bowiem na nich produkty pochodzenia wiejskiego: płody ziemi i wyroby ludowe.

MEDAL WYSTAWY W CIESZYNIE, JOSEPH CHRISTBAUER, MN KRAKÓW, FOT. MM

◄ **POLEMIKI WYBORCZE**

w Galicji często osiągały ostry ton, a podczas wyborów dochodziło do zamieszek. Rywalizację między stronnictwami demokratycznym i konserwatywnym ukazuje ulotka wyborcza skierowana przeciwko Florianowi Ziemiałkowskiemu, określonemu mianem Wallenroda.

1870, OSSOLINEUM WROCŁAW

▼ **„CZAS"**

to wydawany w Krakowie w latach 1848–1934 dziennik konserwatywnej prawicy – stańczyków. W 1856 r. powstał pierwszy miesięcznik literacki „Czas. Dodatek Miesięczny". Z czasopismem współpracowali m.in. Stanisław Wyspiański i Kazimierz Przerwa-Tetmajer.

3 XI 1848, OSSOLINEUM WROCŁAW, FOT. MŁ

▲ **COLLEGIUM NOVUM**

w Krakowie zostało wzniesione w latach 1883–1887 na miejscu zniszczonych przez pożar burs akademickich. Jego otwarcie stało się patriotyczną manifestacją, w której wzięły udział delegacje studenckie z trzech zaborów.

JULIUSZ KOSSAK, 1886, OSSOLINEUM WROCŁAW, FOT. MŁ

Nędza Galicji

„Każdy Galicjanin pracuje za ćwierć, a je za pół człowieka. Nieudolność w pracy bez wątpienia w znacznym stopniu zależy od niedostateczności pożywienia; Galicjanin kiepsko pracuje, bo się nędznie żywi, a nie może żywić się lepiej, bo za mało pracuje. Jest to zaklęte koło, z którego trzeba szukać wyjścia" – pisał w 1888 r. Stanisław Szczepanowski, demokratyczny polityk i publicysta, pionier polskiego przemysłu naftowego w Zagłębiu Borysławsko--Drohobyckim. Dzisiaj uważa się, że formułował on zbyt skrajną ocenę ówczesnej rzeczywistości, ale to zarzut stawiany z perspektywy cywilizacyjnych przemian dokonanych w początkach XX w. U schyłku XIX w. przeciętna długość życia w Galicji wynosiła zaledwie 28 lat. Chłopstwo żyło na pograniczu nędzy i głodu, który niszczył ludzi szczególnie w latach klęsk elementarnych. Problemy z wyżywieniem pojawiały się corocznie na przednówku – czyli w miesiącach poprzedzających nowe zbiory. Niedożywieni ludzie nie mogli zdobyć się na wydajną pracę, a anachroniczny system gospodarowania nie przynosił dochodów. Jednostki bardziej przedsiębiorcze wybierały emigrację.

◄ **DWORZEC KOLEJOWY WE LWOWIE**
został otwarty w 1861 r., 14 lat po krakowskim. W 1853 r. w Galicji wprowadzono pociągi pospieszne, a w 1880 r. rozpoczęto budowę linii biegnącej wzdłuż Karpat, o łącznej długości 750 km.
FOT. PC

▼ **POLSKIE ZAGŁĘBIE NAFTOWE**
powstało w pobliżu Kołomyi, Drohobycza i Borysławia. Gorączka naftowa ogarnęła wielu przemysłowców, liczących na szybką fortunę. Pod koniec XIX w. podkarpackie zagłębie dostarczało na światowy rynek ropy naftowej aż 5% surowca.
KOPALNIA RYPNE – OK. 1870; ŁEBACY Z OKOLIC BORYSŁAWIA – 2 POŁ. XIX W.; FOTOGRAFIA; SMPN BÓBRKA; FOT. MM

▼ **ZABAWKI**
drewniane zaczęły pod koniec XIX w. ustępować miejsca cynowym i ołowianym. Popularnością, szczególnie wśród chłopców, cieszyły się figurki żołnierzyków.
KLOCKI – LATA 80. XIX W.; OŁOWIANE ŻOŁNIERZYKI – AUSTRIA, XIX W.; MZ KIELCE; FOT. MK

◄▼ **INSTYTUCJE PRZEMYSŁOWO- -HANDLOWE**
napędzały wzrost gospodarczy. Przełomowym wydarzeniem było otwarcie w 1844 r. Galicyjskiej Kasy Oszczędności, udzielającej m.in. kredytów na przedsięwzięcia gospodarcze, szczególnie na wydobycie ropy naftowej.
IZBA PRZEMYSŁOWO-HANDLOWA; GALICYJSKA KASA OSZCZĘDNOŚCI; LWÓW; FOT. PC

Widoczne zmiany w gospodarce galicyjskiej nastąpiły u progu XX w. Utworzono Bank Krajowy, na szeroką skalę rozwinął się przemysł wydobywczy i maszynowy we Lwowie, Sanoku i Krakowie, znaczenie zyskał przemysł papierniczy, elektrotechniczny oraz materiałów budowlanych. Na rozwój drobnej produkcji przemysłowej i rzemiosła znacząco wpływały: intensywnie rozwijana polska, ukraińska i żydowska spółdzielczość kredytowa, sieć kas zaliczkowych oraz towarzystwa spółdzielni spożywców i kółek rolniczych. Mimo stopniowego wychodzenia z zacofania i ubóstwa Galicja nadal poziomem życia nie dorównywała uprzemysłowionym krajom monarchii austro-węgierskiej.

Stosunki narodowościowe

Według ostatniego przed wojną spisu ludności Galicję w 1910 r. zamieszkiwało nieco ponad 8 milionów ludzi, w tym: 45,9% Polaków, 43% Ukraińców i 11,5% Żydów. Polskie rządy, polonizacja administracji, sądownictwa i szkolnictwa nie sprzyjały narodowym dążeniom Ukraińców, którzy w swej opozycyjnej wobec nich działalności często szukali poparcia u władz wiedeńskich. Ukraińcy tylko częściowo mogli korzystać z prawa do nauczania szkolnego we własnym języku. Istniało wprawdzie ukraińskie szkolnictwo powszechne, ale utworzono zaledwie kilka gimnazjów (pierwsze w 1874 r. we Lwowie), dwujęzycznych seminariów nauczycielskich i katedr z wykładowym językiem ukraińskim na Uniwersytecie Lwowskim. Korzystali z wolności prasy (w 1880 r. ukazał się pierwszy dziennik w języku ukraińskim, „Diło") i zakładali towarzystwa kulturalne i naukowe (Proswita i Towarzystwo Naukowe im. Tarasa Szewczenki). Od 1864 r. mieli własny teatr.

Oprócz nielicznej grupy księży i inteligencji – niedopuszczanej jednak do urzędów autonomicznych – Ukraińcy byli głównie ludnością chłopską, której 3/4 zamieszkiwało ziemie na wschód od Sanu, dzielącego Galicję na część wschodnią i zachodnią. Próba wprowadzenia administracyjnego podziału Galicji na dwa kraje, postulowana przez ukraiński ruch narodowy, nie powiodła się; aż do 1918 r. Galicja pozostała jednolita. W tej sytuacji centrum ukraińskiego życia politycznego, obejmującego różne kierunki polityczne, od moskalofilów po socjalistów, stała się Galicja wschodnia. W 1890 r. bliscy socjalizmowi radykałowie założyli własną polityczną organizację – Ukraińsko-Ruską Partię Radykalną. W 1899 r. połączyli się z narodowcami, tworząc Stronnictwo Nacjonalno-Demokratyczne z nadrzędnym celem utworzenia ze wschodniej Galicji autonomicznego kraju pod własnym zarządem. Priorytetowo potraktowano sprawę reformy prawa wyborczego, żądając, w porozumieniu z polskimi socjalistami i ludowcami, aby mandaty poselskie odzwierciedlały społeczną i narodową strukturę ludności.

Stały antagonizm między ubogą wsią ukraińską a obszarniczą grupą skrajnie konserwatywnych podolaków doprowadził w latach 1901–1902 do strajków rolnych. Nasiliły się żądania rozbudowy ukraińskiego szkolnictwa i utworzenia w przyszłości własnego uniwersytetu, a doraźnie wprowadzenia na Uniwersytecie Lwowskim dwóch języków wykładowych, polskiego i ukraińskiego. Postulaty te wywoływały we Lwowie ukraińsko-polskie rozruchy i polityczne spory, które z kolei podsycały po obu stronach nacjonalizm. Zamordowanie w 1908 r. przez Ukraińca namiestnika Andrzeja Potockiego ukazało ostrość politycznych konfliktów.

Innego rodzaju problemy wiązały się z obecnością Żydów, którzy w Austrii posiadali od 1867 r. zagwarantowane konstytucją równouprawnienie. Początki autonomii galicyjskiej zbiegły się ze zjawiskiem rozkwitu haskali, czyli żydowskiego oświecenia, wyrażającego się m.in. spadkiem autorytetu gminy (kahału) i podporządkowanego jej szkolnictwa. Część młodzieży żydowskiej uczyła się w szkołach polskich, a w autonomicznych urzędach i zawodach wolnych pojawili się „Polacy wyznania mojżeszowego”. Niektórzy zdobyli ważne miejsce w polskiej nauce i kulturze lub nawet zostali burmistrzami miast. Idei asymilacji hołdowała jednak tylko niewielka część żydowskiego mieszczaństwa i inteligencji, często ideologicznie powiązanych z polskim ruchem socjalistycznym. W walkę ze skutkami haskali i asymilacją silnie zaangażował się ortodoksyjny ruch religijny – chasydyzm. Wszedł on również w konflikt z silnie zaznaczającym się syjonizmem, narodowym kierunkiem politycznym jednoczącym Żydów pod hasłem tworzenia własnego państwa w Palestynie.

Społeczność żydowska skupiała się głównie w miastach i miasteczkach, gdzie zajmowała się handlem i rzemiosłem. Większość Żydów żyła w biedzie, ale niektórzy posiadali majątki ziemskie, fabryki przemysłu przetwórczego, tartaki i cegielnie. Wraz z aktywizacją życia gospodarczego Galicji rosła chrześcijańsko-żydowska konkurencja. Wyzwalała ona, przede wszystkim wśród drobnomieszczaństwa, antysemityzm; od początku XX w. antysemici skupiali się w obozie Narodowej Demokracji. Na wsi wrogo do żydowskich karczmarzy odnosili się ludowcy, oskarżając ich o wyzysk i rozpijanie chłopstwa.

W Galicji mieszkała także nieliczna grupa Niemców, urzędników austriackich, z których część, jak np. profesor Uniwersytetu Lwowskiego, historyk prawa Oswald Balzer, uległa całkowitej polonizacji.

WYŻSZE SZKOŁY W GALICJI ▶
zostały w latach 70. XIX w. spolszczone, a pod koniec stulecia osiągnęły wysoki poziom naukowy, co przyciągnęło młodzież pozostałych zaborów. Oprócz uczelni we Lwowie i Krakowie istniała także Wyższa Szkoła Rolnicza w Dublanach pod Lwowem.
DYPLOM LEKARZA WETERYNARII CK SZKOŁY WETERYNARII WE LWOWIE, 15 XII 1888, MNR SZRENIAWA, FOT. MM

▲ „DIŁO”
to wydawane we Lwowie w latach 1880–1939 (z przerwami) ukraińskie pismo informacyjno-polityczne. Prezentowało ono ideologię nacjonalistyczną i było związane z Ukraińsko-Ruską Partią Radykalną.
1880

▶ UNIWERSYTET LWOWSKI
wraz z prężnie rozwijającym się Uniwersytetem Jagiellońskim były jedynymi polskimi placówkami uniwersyteckimi w dobie zaborów. Dzięki temu we Lwowie i Krakowie powstawały towarzystwa naukowe skupiające intelektualistów ze wszystkich ziem polskich.
FOT. ZZ

▲ KAROL SZAJNOCHA
nie ukończył studiów we Lwowie, ponieważ w 1836 r. został uwięziony przez władze austriackie za poezje o charakterze patriotycznym. Zasłynął jako publicysta i historyk. W latach 1853–1857 był kustoszem Biblioteki Zakładu Narodowego im. Ossolińskich we Lwowie.
NAGROBEK NA CMENTARZU ŁYCZAKOWSKIM, PARYS FILIPPI, LWÓW, FOT. SK

▶ AGENOR GOŁUCHOWSKI
podczas studiów we Lwowie, z racji swych sympatii politycznych, zwany był Austriakiem. Jego karierę urzędniczą uwieńczyło w 1849 r. stanowisko gubernatora (potem namiestnika). Przeciwny ruchom spiskowym, wzmacniał pozycję ziemiaństwa jako podpory dynastii.
EDUARD KAISER, 1857, OSSOLINEUM WROCŁAW, FOT. MŁ

Podolacy

Konserwatywne ziemiaństwo z Galicji wschodniej nazwano podolakami, wywodząc ich nazwę od Podola, historycznej krainy Polski położonej w dorzeczu Dniestru i Bohu. Ugrupowanie to uformowało się w latach 60. jako lojalna podpora tronu Franciszka Józefa. Z tego powodu, od oficjalnych czarno-żółtych barw monarchii habsburskiej, niekiedy nazywano ich z niemiecka szwarcgelbrami. Za wiernopoddańczość cesarz odwdzięczał się podolakom nominacjami na najwyższe stanowiska w Galicji i Wiedniu.

U progu XX w., na tle stosunku do Ukraińców, nastąpił częściowy rozłam w obozie konserwatywnym. Podolacy poczuli się zagrożeni rozwojem ruchu ukraińskiego i do walki z nim podjęli współpracę z wrogą stańczykom Narodową Demokracją. Przywiązanie do Habsburgów i Austrii jednak podolakom pozostało, wbrew niepodległościowym nastrojom ogółu Polaków. W 1918 r. wieloletnie rządy konserwatystów musiały zatem zakończyć się ich polityczną klęską.

◄ TORA

– zwój, na którym jest spisany Pięcioksiąg Mojżesza –
odczytywana jest w synagodze w ciągu jednego roku
liturgicznego. Pięcioksiąg dzieli się na liczbę
przypadających w roku dni szabatowych. Do publicznego
recytowania Tory w świątyni wyznacza się mężczyznę
zwanego kore.

POŁ. XIX W., MR BRZEZINY, FOT. MM

LAMPKA CHANUKOWA ►

jest zapalana wieczorami podczas Chanuki –
Święta Świateł. Chanuka upamiętnia odzyskanie
Świątyni Jerozolimskiej przez Izraelitów w 164 r.
przed Chr. Zapalono wtedy w zbezczeszczonej
świątyni lampkę, która cudownie płonęła przez
8 dni.

XIX/XX W., MR KUTNO, FOT. MM

◄ EMERYK HUTTEN-CZAPSKI,

urzędnik w administracji rosyjskiej, zasłynął
jako kolekcjoner, numizmatyk i bibliofil.
Opracował naukowo korpus monet
i medali polskich. W 1894 r. przeniósł się
do Krakowa, a po jego śmierci żona
przekazała całą kolekcję miastu.

MN KRAKÓW, FOT. MŁ

**▲ AKADEMIA
UMIEJĘTNOŚCI
W KRAKOWIE,**

założona w 1872 r.,
rozpoczęła działalność
w 1873 r. Skupiała polskich
uczonych ze wszystkich
zaborów i z zagranicy.
W 1919 r. przekształcono
ją w Polską Akademię
Umiejętności.

„KŁOSY", 1880

**▲ KONTAKTY MIĘDZY UCZONYMI
I ARTYSTAMI**

w Galicji były bardzo bliskie. W hołdzie promującym
polską kulturę i sztukę twórcom powstała w 1867 r.
pamiątkowa rycina przedstawiająca m.in. Artura
Grottgera, Wincentego Pola, Aleksandra Fredrę
i sędziwego Karola Szajnochę w fotelu.

JÓZEF SWOBODA, OSSOLINEUM WROCŁAW, FOT. PC

Stańczycy

Ta potoczna nazwa konserwatystów krakowskich została im
nadana przez opinię publiczną
po ogłoszeniu w 1869 r. pam-
fletu politycznego *Teka Stańczyka*. Były to listy fikcyjnych
postaci z galicyjskiego życia
politycznego, zebrane jakoby
w zaświatach przez królewskiego błazna Stańczyka, a skierowane przeciw demokratycznej
opozycji walczącej wówczas
o narodową autonomię. „Stańczyk w tytule – twierdził Tadeusz Boy-Żeleński – wziął się
z obrazu Matejki, gdzie błazen
patriota, jedyny jasnowidzący,
zadumał się w swojej czapce
z dzwonkami nad przyszłością
kraju". *Teka Stańczyka* była
wspólnym dziełem Józefa Szuj-
skiego, Stanisława Tarnowskie-
go, Ludwika Wodzickiego i Stanisława Koźmiana, redaktorów
„Przeglądu Polskiego", głoszą-
cych w „interesie ogółu Polaków" konieczność lojalizmu
wobec Austrii i wyrzeczenia się
wszelkich narodowych spisków
i powstań.
W końcu XIX w. wyłoniła się
grupa młodszych polityków,
zwanych neokonserwatystami
(Michał Bobrzyński, Władysław
Leopold Jaworski). Starali się
oni dojść do porozumienia z ludowcami i demokratami, szukali nawet kompromisu z Ukraiń-
cami. Wysiłki Bobrzyńskiego,
namiestnika Galicji w latach
1908–1913, nie przyniosły jednak politycznych zmian.

Polski Piemont

Rządy polskie w zaborze austriackim stały się
wielką szansą dla narodu rusyfikowanego i germa-
nizowanego w zaborach rosyjskim i pruskim. W autonomicznej Galicji widziano namiastkę polskiego
aparatu państwowego i organizację sił politycznych, które w przyszłości miały odegrać rolę analo-
giczną do tej, jaką w procesie zjednoczenia Włoch
odegrał Piemont. Struktury władz autonomicznych
umożliwiały wykształcenie się polskiej kadry
urzędniczej i sądowniczej, administracji publicznej
i samorządu terytorialnego. Kurialny system parla-
mentarny, aczkolwiek anachroniczny, umożliwiał
jednak nabywanie doświadczeń parlamentarnych
i ukształtowanie stronnictw i partii politycznych.

Równolegle z grupą konserwatystów (podzielonych na stańczyków i podolaków) wyodrębnił się
mieszczański nurt demokratyczny. Jego przedstawiciele – Franciszek Smolka i Florian Ziemiałkowski
– w okresie walki o autonomię utworzyli Towarzystwo Narodowo-Demokratyczne. Publiczne manife-
stowanie patriotyzmu i obchody narodowych rocz-
nic konserwatyści uznali za krykliwe i ochrzcili demokratów mianem tromtadratów. Ci w odwecie nazwali konserwatystów ugodowcami i serwilistami.

O istocie polskiego życia politycznego przełomu
XIX i XX w. decydowały nowe kierunki: ludowy i socjalistyczny. Chłopstwo od początku ery autonomicznej znalazło się w konflikcie z rządzącymi konserwatystami z powodu niesprawiedliwego podziału podatków między obszary dworskie a wieś i nie-
rozwiązanej sprawy serwitutów. Na wsi przetrwały
też inne relikty prawa feudalnego, np. prawo ło-
wieckie. Fazę zorganizowanego ruchu ludowego
rozpoczął ksiądz Stanisław Stojałowski w 1875 r.
wydawaniem pisemek „Wieniec" i „Pszczółka".
Nurt odważnego stawiania żądań likwidacji przeżyt-
ków feudalnych na wsi stworzyli Bolesław i Maria
Wysłouchowie, skupiając od 1889 r. wokół „Przyjaciela Ludu" demokratyczną inteligencję i przywódców chłopskich: Jana Stapińskiego i Jakuba Bojkę.
W 1894 r. inteligencja powołała Polskie Towarzystwo Demokratyczne, a rok później, na zjeździe
w Rzeszowie, powstało Stronnictwo Ludowe.
W 1903 r. zmieniło nazwę na Polskie Stronnictwo Ludowe (PSL). Była to pierwsza organizacja chłopska
na ziemiach polskich. Wcześniej, bo w 1899 r., nastąpiła likwidacja feudalnych uprawnień dworskich.

Ruch socjalistyczny, chociaż miał wieloletnie
tradycje, swe struktury kształtował równolegle z in-
dustrializacją Galicji i we współpracy z socjaldemokracją austriacką. W 1892 r. powstała Socjalno-Demokratyczna Partia Galicji z Ignacym Daszyńskim

na czele, która, odcinając się od Austriaków w 1897 r., na terenie Galicji i Śląska Cieszyńskiego przyjęła nazwę Polska Partia Socjal-Demokratyczna (PPSD). Socjaliści, podobnie jak ludowcy, skorzystali z wprowadzenia piątej kurii powszechnego głosowania i w 1897 r. wybrali do parlamentu w Wiedniu trzech posłów. Wspólnie utworzyli opozycję, pozostając poza konserwatywnym Kołem Polskim. Konstytucyjno-parlamentarne rządy w Austrii miały jednak ten mankament, że dla stronnictw politycznych często ważniejsze były rezultaty wyborów niż stała praca organizacyjna.

Wkrótce do działających w Galicji ugrupowań dołączyli przybysze z różnych ziem polskich, przede wszystkim uciekający przed prześladowaniami caratu emigranci z Królestwa. Przybyli z Warszawy działacze Ligi Narodowej wydawali „Przegląd Wszechpolski" (od 1895 r. we Lwowie) i „Polaka" (od 1896 r. w Krakowie). Do Krakowa w 1904 r. przeniosła redakcję „Przedświtu" Polska Partia Socjalistyczna zaboru rosyjskiego. W latach 1905–1907 w Galicji żywo reagowano na doniesienia z objętego rewolucją i strajkiem szkolnym Królestwa. Niebawem napłynęła stamtąd młodzież na studia i uczestnicy rewolucji. Przybysze rozpoczęli militarne przygotowania do czynu zbrojnego, który miał przynieść niepodległość Polski. W tym aspekcie istotnie Galicja stała się polskim Piemontem, gdyż poczynania Królewiaków znalazły tu poparcie, głównie PPSD i młodzieżowej organizacji skupionej wokół pisma „Zarzewie". W związku z napiętą od 1908 r. w sytuacją międzynarodową i spodziewaną wojną między zaborcami atmosfera przygotowywania kadr do przyszłej armii polskiej udzieliła się też podporządkowanemu Narodowej Demokracji Towarzystwu Gimnastycznemu „Sokół" oraz związanym z PSL Drużynom Bartoszowym.

Konsekwencją wieloletniej stabilizacji wewnętrznego układu politycznego w Galicji był rozwój polskiego życia naukowego i kulturalnego. Na wszystkie zabory promieniowały Lwów, a także Kraków, gdzie od 1873 r. działała Akademia Umiejętności, instytucja podejmująca badania naukowe i reprezentująca naukę polską za granicą. Kadra polskich uczonych, literatów i artystów, prasa i książki rozszerzały horyzonty narodowej kultury i poziom sztuk pięknych zgodnie z duchem panującego wówczas modernizmu. Uniwersytety i gimnazja galicyjskie prezentowały wysoki poziom. Jednocześnie jednak 67% ludności było analfabetami, a reforma szkół wprowadzona przez namiestnika Kazimierza Badeniego dzieliła szkoły na miejskie i wiejskie – te ostatnie z ograniczonym programem nauczania. Ogół dokonań galicyjskiego Piemontu skłania zatem do niejednoznacznych ocen.

► **KSIĄDZ STANISŁAW STOJAŁOWSKI**
pierwszy stworzył w Galicji ruch chłopski. Zdobył dużą popularność, organizując pielgrzymki do Rzymu, a także chłopskie kółka rolnicze. Redagował ukazujące się naprzemiennie dwutygodniki dla chłopów – „Wieniec" i „Pszczółkę".
FOTOGRAFIA, OK. 1908; 3 XI 1901, OSSOLINEUM WROCŁAW; FOT. MŁ

◄▼ **PROTEKTORAT NAD UBEZPIECZANIEM MŁODYCH OSÓB**
sprawowała para cesarska. Wiedeńskie Towarzystwo im. Gizeli wydawało polisy posagowe dla osieroconych dziewcząt. Towarzystwo Arcyksięcia Józefa emitowało z kolei polisy dla chłopców, które gwarantowały rodzinie wypłatę odszkodowania, gdy młodzieniec zginął w obronie ojczyzny.
POLISY UBEZPIECZENIOWE; WIEDEŃ, 17 X 1907; BUDAPESZT–WIEDEŃ, 21 XII 1905; MU PZU KRAKÓW; FOT. MM

◄ **ROZWÓJ RUCHU NARCIARSKIEGO W TATRACH**
był możliwy dzięki założonemu w 1873 r. Towarzystwu Tatrzańskiemu, które wytyczyło szlaki turystyczne i zbudowało schroniska. Na początku XX w. rozpoczęła się moda na narciarstwo. Nowy sport propagowały wśród pań siostry Urbańskie, pierwsze zakopiańskie narciarki.
FOTOGRAFIA, 1906, MT ZAKOPANE

▼ **GALICJA OKOŁO 1900 R.**
RYS. JG

——— granice Galicji
--- granice powiatów
✝✝ arcybiskupstwa i biskupstwa rzymskokatolickie
☦☦ arcybiskupstwa i biskupstwa greckokatolickie
✝ arcybiskupstwo ormiańskie

OBSZARY ZAMIESZKANE W WIĘKSZOŚCI PRZEZ:
Polaków
Ukraińców
Niemców

W iek XIX był okresem szybkiego rozwoju kulturalnego Żydów polskich. Obok tradycyjnych form sztuki kultowej, piśmiennictwa rabinicznego czy żydowskiej literatury i sztuki ludowej w stuleciu tym rozwinęły się gwałtownie formy nowoczesne, kształtowane pod wpływem kultury polskiej, a po części i innych kultur Europy Środkowej i Wschodniej.

Tradycyjną kulturę ludową reprezentowały głównie architektura synagogalna, sztuka nagrobna, rzemiosła artystyczne związane z kultem żydowskim (złotnictwo, hafciarstwo). Świetność osiągnęła też literatura ludowa, zwłaszcza opowieści chasydów sławiące mądrość i cudowne czyny ich przywódców. Obok tradycyjnej kultury ludowej istniała oczywiście i kultura wysoka. Reprezentowała ją przede wszystkim literatura rabiniczna. Najświetniejsze formy osiągnęła na Litwie, wśród uczniów sławnego XVIII-wiecznego uczonego Eliasza Gaona z Wilna. Jego tradycję kontynuowano w licznych jesziwach (uczelniach rabinicznych), np. w Wołożynie, Mirze i Słobodce. Konkurowali z nimi pisarze chasydzcy. Ziemie polskie były wciąż najważniejszym ośrodkiem tak literatury rabinicznej, jak i tradycyjnej kultury ludowej.

Nowym zjawiskiem było pojawienie się w tym okresie kultury świeckiej. Od początku wieku rozwijała się literatura nowohebrajska, kultywowana przez zwolenników oświecenia żydowskiego, nieco później pojawiła się też literatura w jidyszu (języku żydowskim). Zarówno literatura hebrajska, jak i jidysz należały do kultury żydowskiej w ścisłym rozumieniu tego słowa, to znaczy były tworzone przez Żydów i dla Żydów. Jednak w XIX w. po raz pierwszy w dziejach diaspory żydowskiej w Polsce Żydzi wyszli poza ten zamknięty krąg i włączyli się w polskie życie kulturalne. Aktywność ta przybierała różne formy. W wersji skrajnej oznaczała całkowite zerwanie z tradycją, a nawet konwersję – przykładem Julian Klaczko, rozpoczynający jako poeta hebrajski, a w dziejach kultury europejskiej znany jako wybitny pisarz języka polskiego i francuskiego. Znacznie częściej jednak wejście w krąg kultury polskiej nie oznaczało porzucenia tradycji żydowskiej. Liczni twórcy, jak Maurycy Gottlieb czy Wilhelm Feldman, wchodzili w obieg kultury polskiej, zachowując związek z żydowskością. Owa podwójna przynależność kulturowa była często przyczyną problemów z tożsamością, ale też źródłem nadzwyczajnej kreatywności twórców żydowskich, którzy u schyłku XIX w. zajęli bardzo eksponowane miejsce w kulturze polskiej.

▲▼ XIX-WIECZNE OKAZAŁE SYNAGOGI
powstały w wielkich miastach polskich jako wyraz dążeń modernizacyjnych i integracyjnych części Żydów polskich. W tym samym czasie budowano jednak i dawnego typu bóżnice z tradycyjną, często prymitywną sztuką kultową.

SYNAGOGA WIELKA NA UL. TŁOMACKIE, WARSZAWA – LEONARD MARCONI, 1878, FOTOGRAFIA, PRZED 1909, ŻIH WARSZAWA, FOT. PC; „LEWIATAN" – ELIEZER S. JAKUB SZAUL GARFINKL, ZEEW DOW S. CHAIM, SYNAGOGA W NIEBYLCU POW. STRZYŻÓW, 1905/1906, FOT. MW

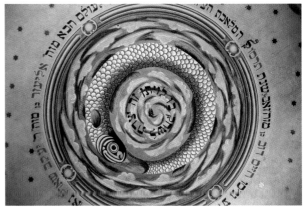

▼ ABRAHAM STERN
był wybitnym mechanikiem i matematykiem, konstruktorem maszyny rachunkowej. W sposób typowy dla wielu polskich maskili (zwolenników oświecenia żydowskiego) łączył dążenia modernizacyjne z głęboką religijnością i przywiązaniem do tradycji.

XIX W., ŻIH WARSZAWA, FOT. PC

◄▲ ŻYDOWSKA SZTUKA NAGROBNA

przeżywała apogeum rozwoju od początku XVIII do połowy XIX w. Zdobnictwo, symbolika i epigrafika osiągnęły wówczas najbujniejsze formy, więc okres ten nazywa się niekiedy żydowskim barokiem. W XIX w. cmentarze stały się popularnym miejscem pielgrzymek do grobów cadyków.

REKONSTRUKCJA POLICHROMII NAGROBKA CADYKA JAKUBA IZAAKA HOROWICA Z LUBLINA – ANDRZEJ TRZCIŃSKI; CMENTARZ W LUBACZOWIE – FOT. MWO

◄ MUZYCY ŻYDOWSCY,

czyli klezmerzy, należeli do folkloru muzycznego kultury żydowskiej i polskiej. Związek tych dwóch kultur nigdzie nie był bardziej widoczny niż właśnie w muzyce ludowej. Ostateczny kształt muzyce Żydów polskich nadały jednak nie tylko motywy wschodnioeuropejskie, ale i wpływy muzyki synagogalnej i mistycznych pieśni chasydów.

WINCENTY SMOKOWSKI, „WESELE ŻYDOWSKIE", PO 1858, MN WARSZAWA, FOT. TZH

► MAURYCY GOTTLIĘB,

przedwcześnie zmarły w wieku 23 lat uczeń Jana Matejki, był w XIX w. najbardziej znanym malarzem polskim pochodzenia żydowskiego. W swej twórczości często wykorzystywał motywy biblijne, żydowskie i orientalne.

„AUTOPORTRET W STROJU ORIENTALNYM" (KOPIA), 1887, ZIH WARSZAWA, FOT. MŁ

▼ PRASA

była ważnym narzędziem propagowania nowej kultury świeckiej Żydów polskich. Najwcześniej i najsilniej proces ten zaznaczył się w Królestwie Polskim, gdzie subwencjonowany przez rząd „Dostrzegacz Nadwiślański" ukazywał się w latach 1823–1824. Pierwsze czasopisma, wydawane przez zwolenników oświecenia żydowskiego, drukowane były po hebrajsku, wkrótce pojawiły się jednak pisma w języku polskim, niemieckim, a w końcu i w jidyszu.

„DOSTRZEGACZ NADWIŚLAŃSKI", WARSZAWA, 7 I 1824, BUW WARSZAWA; „DER ISRAELIT", LWÓW, 9 I 1885, BJ KRAKÓW; „HACEFIRA", WARSZAWA, 15 (3) I 1888, ŻIH WARSZAWA

◄▲► MEZUZA, TARCZA NA TORĘ I KORONA NA TORĘ

to przykłady rozwijającej się w XIX w. tradycyjnej sztuki kultowej. Mezuza jest dosłownym wypełnieniem biblijnego nakazu umieszczenia imienia Bożego „na odrzwiach twego domu" (Pwt 6,9); według wierzeń ludowych miała chronić domostwo przed demonami. Do dziś wiele domów we wschodniej Polsce nosi ślady po mezuzach.

2 POŁ. XIX W.; 2 ĆW. XIX W.; MN WARSZAWA; FOT. EG; XIX W., ŻIH WARSZAWA, FOT. MŁ

POCZĄTKI NOWOCZESNEGO ŻYCIA POLITYCZNEGO

Coraz silniejsze różnicowanie się społeczeństwa wpłynęło na powstanie i rozwój partii politycznych

◀ **ZESŁANIA NA SYBERIĘ**
działaczy politycznych w carskiej Rosji odbywały się do lat 90. XIX w. pieszo albo konno, później koleją, w wagonach zwanych stołypinkami, których produkcję rozpoczęto w 1908 r.
GRUPA ZESŁAŃCÓW W JAKUCKU, FOTOGRAFIA, 1904, MNIEP WARSZAWA, FOT. MM

LUDWIK WARYŃSKI ▶
w 1882 r. założył Międzynarodową Socjalno-Rewolucyjną Partię Proletariat, a już w następnym roku został aresztowany. Osadzony w Twierdzy Szlisselburskiej zachorował na gruźlicę, katar żołądka i szkorbut; zmarł 2 III 1889 r. Został pochowany w niewiadomym miejscu pod ścianami więzienia.
POCZTÓWKA, XX W., MN WARSZAWA, FOT. PLI

◀ **KAZIMIERZ PIETKIEWICZ**
był współorganizatorem Polskiej Partii Socjalistycznej. Publikował m.in. w „Przedświcie" i „Robotniku". Aresztowany w 1895 r. i osadzony w X Pawilonie warszawskiej Cytadeli nawiązał łączność z partią, nadal wspomagając ją swym piórem.
FOTOGRAFIA, 1896, OSSOLINEUM WROCŁAW, FOT. MŁ

▼ **WARSZAWSKIE TOWARZYSTWO CYKLISTÓW,**
założone w 1886 r. w celu propagowania kolarstwa i turystyki rowerowej, prowadziło także działalność kulturalno-społeczną i narodową. Z jego inicjatywy powstał w 1892 r. pierwszy w Warszawie tor kolarski na Dynasach.
BICYKL, ROSJA, 1870–1890, MT WARSZAWA, FOT. PC

Niepokorni

Na polskiej scenie politycznej we wszystkich zaborach dominowały grupy konserwatywne, o koteryjnych i towarzyskich powiązaniach ideowych i formalnych. W zaborach pruskim i austriackim konserwatyści zainicjowali powstanie Centralnych Komitetów Wyborczych, które pozwoliły im zmonopolizować życie polityczne i przechwycić mandaty w wyborach do sejmów krajowych i parlamentów ogólnopaństwowych. Poza akcją wyborczą nie podtrzymywano jednak więzi organizacyjnej.

Całkowicie zakazana była działalność polityczna w Rosji, ale dla młodych Polaków najważniejsza była możliwość tworzenia partii politycznych właśnie w zaborze rosyjskim. Ważną rolę w priorytetowym traktowaniu tego zaboru odgrywały: wielkość jego obszaru i liczba ludności, stołeczność Warszawy i żywe tradycje walk niepodległościowych, a przede wszystkim koncentracja ludności robotniczej i inteligencji. W połowie lat 80. obiektem politycznego zainteresowania stało się chłopstwo.

Konserwatyzm utożsamiany z arystokracją i ugodą z państwami zaborczymi nie miał już szans na zdobycie szerszego społecznego poparcia. Podobnie oceniano identyfikowanych z liberalizmem pozytywistów, którzy za cenę ekonomicznego rozwoju Królestwa rezygnowali z postawy opozycyjnej wobec caratu. W okresie popowstaniowego załamania działalności politycznej w Królestwie i dominacji idei pozytywistycznych do roli ideowych przewodników robotniczych i chłopskich zaczęli pretendować niepokorni – młodzi inteligenci wywodzący się ze zdeklasowanych rodzin szlacheckich i z nabierających społecznego znaczenia środowisk mieszczańskich.

Niepokorni utworzyli w połowie lat 70. w Warszawie tajne kółka, które reprezentowały dwa nurty polityczne: socjalistyczny (jego przywództwo niebawem objął Ludwik Waryński), grupujący młodzież uformowaną ideowo na wzór socjalistów rosyjskich, i niepodległościowy, kierowany przez Adama Szymańskiego, powiązanego ze strukturami politycznymi powstałymi w Galicji w 1877 r., w dobie wojny rosyjsko-austriackiej. Członków obu grup aresztowano w 1878 r. Swoim krótkim istnieniem ukazały jednak, że w polskich warunkach w procesie formowania się partii politycznych problematyka społeczna mocno splecie się z narodową.

Nurty życia politycznego

Priorytet spraw społeczno-ekonomicznych, hasła internacjonalizmu i proletariackiej rewolucji socjalnej akcentowała pod wpływem socjalizmu rosyjskiego utworzona z inicjatywy Waryńskiego w 1882 r. Międzynarodowa Socjalno-Rewolucyjna Partia Proletariat. Powiązanie idei socjalizmu z programem niepodległościowymi głosił natomiast Bolesław Limanowski wespół z członkami powstałego w 1881 r. w Szwajcarii Stowarzyszenia Socjalistycznego Lud Polski. Dla międzynarodowców z Proletariatu trójzaborowy charakter sprawy polskiej wymagał powiązania z europejską rewolucją, która usunie państwa rozbiorowe i tym samym rozwiąże kwestię polską. Limanowski zaś głosił program socjalizmu, który zapewni demokratyczne prawa robotnikom, chłopstwu i inteligencji w niepodległej Polsce.

Dwa odrębne i zwalczające się nawzajem nurty ideowe w polskim ruchu robotniczym – rewolucyjny i niepodległościowy – stały się faktem. Oba starały się połączyć swych zwolenników w stałą organizację, posługując się w agitacji politycznej programem zawierającym odrębne zasady ideowe i plan działania. W Królestwie ruch socjalistyczny został złamany w latach 1884–1885 licznymi aresztowaniami, procesami i wyrokami śmierci wykonanymi na proletariatczykach w 1886 r. Ich miejsce zajęła młoda generacja postępowców, a jej publicystyczną trybuną od 1886 r. stał się tygodnik „Głos". Na politycznej scenie pojawił się więc nowy, narodowo-demokratyczny nurt polityczny, nawiązujący do ludowych i niepodległościowych tradycji Towarzystwa Demokratycznego Polskiego. Utożsamiał on lud z narodem i uzasadniał nadrzędność jego społeczno-ekonomicznych interesów. Organizacyjnie i ideowo „Głos" był powiązany z istniejącą w Szwajcarii od 1887 r. Ligą Polską i Związkiem Młodzieży Polskiej (Zet). Ożywiał przygasłą ideę niepodległego państwa i jego historycznego terytorium. Na inteligencję nakładał patriotyczny obowiązek podjęcia oświaty wśród ludu w celu uzyskania pełni praw obywatelskich.

Przeciwnikiem politycznym Zetu stał się w 1888 r. II Proletariat. Chociaż był nieliczny i grupował głównie młodzież gimnazjalną, to jednak z hasłami internacjonalizmu i rewolucji docierał do środowisk robotniczych. W 1891 r., gdy z II Proletariatu wystąpiła grupa działaczy niezadowolonych z proponowanej im bliskiej współpracy z rewolucjonistami rosyjskimi, powstało Zjednoczenie Robotnicze. Natomiast do powołanego w 1890 r. Związku Robotników Polskich (ZRP) przeszli studenci z Zetu. Ich odejście było wielkim ciosem dla narodowców, z którymi prasową polemikę prowadził ideolog ZRP, Ludwik Krzywicki.

Nowoczesne partie

Na dalszy rozwój polskich partii politycznych pewien wpływ miały antagonizmy między państwami

◄ BOLESŁAW LIMANOWSKI
przewodniczył w Paryżu w listopadzie 1892 r. zjazdowi reprezentantów stronnictw socjalistycznych zaboru rosyjskiego, który dał początek Polskiej Partii Socjalistycznej. Jako jej przedstawiciel brał czynny udział w kolejnych kongresach II Międzynarodówki.
FOTOGRAFIA, XIX/XX W., OSSOLINEUM WROCŁAW, FOT. MŁ

► „GŁOS",
tygodnik polityczno-społeczny, reprezentował ideologię narodowo-niepodległościową. Na jego łamach debiutował w 1890 r. Roman Dmowski. Po aresztowaniu w 1894 r. redaktora, Jana Ludwika Popławskiego, pismo przestało się ukazywać.
1890/1891, OSSOLINEUM WROCŁAW, FOT. MM

▲ PIERWSZE KÓŁKA SOCJALISTÓW POLSKICH
zostały założone w Petersburgu w 1875 r. Nową ideologią fascynowała się przede wszystkim młodzież; w 1876 r. na Uniwersytecie Warszawskim studenci zawiązali tajne koło młodzieży socjalistycznej.
KOŁO POLSKIEJ MŁODZIEŻY SOCJALISTYCZNEJ (GRUPA STUDENTÓW UNIWERSYTETU WARSZAWSKIEGO), FOTOGRAFIA, 1903, MNIEP WARSZAWA, FOT. MM

▼ JÓZEF ŁUKASZEWICZ,
student wydziału matematyczno-przyrodniczego uniwersytetu w Petersburgu, został skazany na śmierć za udział w zamachu na życie cara Aleksandra III (sporządził materiał wybuchowy). Dzięki interwencji jego ojca karę zamieniono na dożywocie. W Twierdzy Szlisselburskiej spędził blisko 19 lat.
„TYGODNIK ILUSTROWANY", 1906, OSSOLINEUM WROCŁAW, FOT. MŁ

▼ PIERWSZY STRAJK,
w którym wzięła udział cała załoga, wybuchł w kwietniu 1871 r. w warszawskiej fabryce Lilpopa. Protestowano przeciw przedłużaniu dnia pracy z 12 do 13,5 godziny. Po 3 dniach strajk, z pomocą policji, został złamany.
STANISŁAW LENTZ, „STRAJK", 1910, MN WARSZAWA, FOT. TZH

◀ WYBORY DO SEJMU

na terenach polskich były ważnym wydarzeniem dla uprawnionych do głosowania. Przed wyborami agitowano w sprawie polskiej w anonimowych broszurach (np. w zaborze pruskim w 1876 r.), a same wybory wyrażały próbę sił odmiennych koncepcji politycznych wewnątrz zaboru (np. w Galicji w 1867 r.)

URNA DO GŁOSOWANIA, XIX W., MO RZESZÓW, FOT. MŁ

BRACTWA WOLNOMULARSKIE ▶

zostały przez władze rosyjskie zdelegalizowane, legalnie istniały w zaborze pruskim. W 1860 r. powstała loża krotoszyńska, a rok później – loże w Chełmnie i Starogardzie. Zajmowały się one działalnością dobroczynną, ustanawiając fundacje i stypendia dla uczącej się młodzieży.

LICHTARZ BRACTWA WOLNOMULARSKIEGO, CHEŁMNO, 1893, MZCH CHEŁMNO, FOT. MM

◀ IGNACY DASZYŃSKI

był od 1897 r. polskim posłem w parlamencie wiedeńskim. W 1900 r. kierował akcją strajkową w zagłębiu ostrawsko--karwińskim; protestujący wywalczyli 9-godzinny dzień pracy dla górników.

FOTOGRAFIA, OK. 1900, OSSOLINEUM WROCŁAW, FOT. MŁ

▼ ROMAN DMOWSKI

był współzałożycielem i głównym ideologiem obozu narodowo--demokratycznego. Wybrany na posła do II Dumy starał się bronić Polaków z Królestwa. W 1907 r. wniósł interpelację w sprawie skazanego na śmierć bojowca, małoletniego Piotra Jagodzińskiego, i uratował chłopcu życie.

FOTOGRAFIA, XX W., ML WARSZAWA, FOT. MM

▲ „PRZEGLĄD WSZECHPOLSKI"

stawiał sobie za cel wychowanie polityczne społeczeństwa trzech zaborów i wskazanie mu drogi do odzyskania niepodległości. Od połowy 1895 r. do 1905 r. był pismem programowym obozu narodowo-demokratycznego.

1896, BUWR WROCŁAW, FOT. JKAT

▼ WIZYTA CARA MIKOŁAJA II

w Warszawie 31 VIII 1897 r. doprowadziła do przejściowego zbliżenia polsko-rosyjskiego. Komitet Przyjęcia Cara, nazajutrz po jego przyjeździe, wręczył carowi zebraną wśród społeczeństwa kwotę miliona rubli, którą monarcha przeznaczył na założenie politechniki.

DEKORACJA WYLOTU UJAZDOWSKIEJ NA PL. TRZECH KRZYŻY Z OKAZJI PRZYJAZDU CARA MIKOŁAJA II, FOTOGRAFIA, 31 VIII 1897, MHMSW WARSZAWA, FOT. PC

rozbiorowymi. Dla Polaków stanowiły one zapowiedź powstania wrogich bloków militarnych i oznaczały konieczność wyboru: między powiązaniem sprawy polskiej z perspektywą wojny między zaborcami a przyłączeniem się do międzynarodowego ruchu robotniczego i spodziewanej rewolucji socjalistycznej. Niezależnie od ideowych sporów dążenia do stworzenia jednolitej organizacji pojawiły się wśród socjalistów po powstaniu w 1889 r. w Paryżu II Międzynarodówki, gdyż Polacy chcieli razem występować na jej kongresach. Obchody święta 1 maja, które zainicjowała Międzynarodówka, i bunt łódzki z maja 1892 r. przyspieszyły rozwój organizacyjny ruchu robotniczego w Królestwie. Jako część składowa socjaldemokracji austriackiej powstała w 1892 r. Socjalno-Demokratyczna Partia Galicji, a w zaborze pruskim, w powiązaniu z socjaldemokracją niemiecką, utworzono w 1890 r. Towarzystwo Polskich Socjalistów. Połączenie organizacji robotniczych nastąpiło w Paryżu w listopadzie 1892 r., gdzie powołano Związek Zagraniczny Polskich Socjalistów i uchwalono program, który przyjęła utworzona w 1893 r. w Królestwie Polska Partia Socjalistyczna (PPS). W programie, jako pierwszy i najbliższy etap walki klasy robotniczej, postawiono sprawę niepodległości. PPS zamierzała w granicach historycznych odbudować demokratyczne państwo na zasadach federacji, zaznaczyła też swą separatystyczną politykę wobec ruchu robotniczego w Rosji. W programie PPS połączono socjalizm z ideą narodową, ale umieszczenie postulatu niepodległości przed rewolucją socjalistyczną spowodowało od 1893 r. trwały rozłam w polskim ruchu robotniczym i ataki ze strony powołanej również wtedy Socjaldemokracji Polskiej (od 1900 r. Socjaldemokracja Królestwa Polskiego i Litwy – SDKPiL).

W 1893 r. powstała tajna Liga Narodowa, jednakże z powodu manifestacji patriotycznej ku czci Jana Kilińskiego, zorganizowanej przez jej członków w 1894 r., już na starcie spotkały ją carskie represje. Zet został rozbity aresztowaniami, a „Głos" zamknięto. Ich działalność kontynuowała Liga w Galicji. We Lwowie Roman Dmowski rozpoczął wydawanie pisma „Przegląd Wszechpolski", który stał się następnie synonimem tego kierunku politycznego. Ligę Narodową tylko formalnie można uznać za kontynuatorkę Ligi Polskiej, ponieważ jej ideologia miała charakter zdecydowanie nacjonalistyczny. Określały ją nadrzędnie traktowany interes narodu i solidaryzm. Hasło narodowej solidarności kierowało działalność Ligi przeciw socjalistom, a także przeciw elementom narodowo obcym, głównie Niemcom, Żydom i Ukraińcom. Za pomocą wydawnictw adresowanych do różnych grup społecznych (inteligencji, chłopstwa, drobnomieszczaństwa i robotników) Liga utworzyła wielonurtowy obóz polityczny. Nabrał on rzeczywiście charakteru wszechpolskiego, gdy w 1904 r. w zaborze pruskim powstała tajna Straż, a w 1905 r. w zaborze austriackim zaczęło działać jawne Stronnictwo Demokratyczno-Narodowe.

W 1895 r. pod patronatem demokratów lwowskich powstało Stronnictwo Ludowe (od 1903 r. Polskie Stronnictwo Ludowe – PSL). Jego pierwszy program miał charakter odezwy wyborczej, mobilizującej zwolenników do udziału w głosowaniu do Sejmu Krajowego i zdobycia mandatów, w celu likwidacji reliktów feudalizmu na wsi. Ludowcy chcieli obywatelskiej emancypacji chłopów w dziedzinie polityki, oświaty i gospodarki. W istocie jednak PSL stało się typową partią wyborczą, aktywizującą się przed wyborami w celu zdobywania głosów.

Masowość życia politycznego

Klęski caratu w wojnie z Japonią i rewolucyjny kryzys państwa rosyjskiego w 1905 r. rozpoczęty „krwawą niedzielą" w Petersburgu umożliwiły w Królestwie powstanie masowych partii politycznych. Wszystkie zakonspirowane wcześniej organizacje rozpoczęły półjawną lub całkowicie jawną działalność. W Partię Postępowej Demokracji zorganizował się nurt liberalny, strukturę polityczną jako Stronnictwo Polityki Realnej uzyskał nurt konserwatywno-ugodowy, pojawił się Polski Związek Ludowy – pierwsza w Królestwie partia chłopska. Mimo opublikowania już w 1897 r. programu Stronnictwa Demokratyczno-Narodowego (SDN) w zaborze rosyjskim dopiero w 1903 r., po zmianie programu, Liga Narodowa utworzyła półlegalne struktury SDN. W 1905 r. powołała Narodowy Związek Robotniczy, liczący około 23 tysięcy członków, oraz organizację Chrześcijańskiego Stowarzyszenia Robotniczego, grupującego od 30 do 60 tysięcy osób. Polityczną scenę opanowały SDN i partie robotnicze, które miały w swych szeregach około 120 tysięcy osób, w tym PPS prawie 55 tysięcy, SDKPiL – około 35 tysięcy, i ponad 30 tysięcy żydowski Bund. W 1905 r. wszystkie były już nowoczesnymi strukturami politycznymi, ze stałą kadrą działaczy i wyspecjalizowanym aparatem propagandowo-agitacyjnym. Wytworzyły system organizacji pomocniczych, jak masowe związki zawodowe i stowarzyszenia kulturalne, i stosowały techniki masowego oddziaływania: strajki, manifestacje, pochody i zjazdy. Niektórym z tych publicznych wystąpień partyjnych towarzyszyły uzbrojone grupy – ochronne i zaczepne – zwane bojówkami.

◄ KOBIETY
w ostatnich dwóch dziesięcioleciach XIX w. w ramach ruchu emancypacyjnego rozpoczęły walkę o prawo do działalności społecznej i zawodowej. Działały również czynnie w polskich partiach i ruchach politycznych, zwłaszcza w socjalistycznym i niepodległościowym.
„TYGODNIK ILUSTROWANY", 1906, BUWR WROCŁAW, FOT. JKAT

AGITACJA WYBORCZA ►
do rosyjskiego parlamentu, Dumy, rozpoczęła się w Królestwie wiosną 1906 r. Oprócz młodzieży męskiej kolportażem pism nawołujących do udziału w wyborach zajmowały się kobiety, a na ulicach pojawiły się wozy agitacyjne prezentujące programy poszczególnych stronnictw.
„TYGODNIK ILUSTROWANY", 1906, BUWR WROCŁAW, FOT. JKAT

SAMOCHODY ►
na ulicach Warszawy pojawiły się pod koniec XIX w.; pierwszym był w 1896 r. peugeot Stanisława Grodzkiego. Przepisy ruchu drogowego wprowadzone w Królestwie Polskim w 1901 r. uwzględniały już samochody, a od 1904 r. obowiązywały podatki samochodowe.
ADLER, NIEMCY, 1901, MT WARSZAWA, FOT. PC

◄ TELEGRAF
spowodował olbrzymie zmiany w tempie przepływu informacji. Wykorzystywały go w swej działalności również partie polityczne: telegraf umożliwiał szybki kontakt centrali partyjnej z terenem, przez obustronne przekazywanie zaszyfrowanych informacji.
SIEMENS UND HALSKE, NIEMCY, 1866–1914, MT WARSZAWA, FOT. PC

▼ ODDZIAŁ ORGANIZACJI SYJONISTÓW ORTODOKSÓW MIZRACHI
powołano na ziemiach polskich w 1902 r. w Wilnie. Organizacja podkreślała potrzebę stworzenia siedziby narodowej dla Żydów na terytorium pozaeuropejskim, które uzyska międzynarodowe gwarancje. Jednym z rozważanych projektów była kolonizacja Ugandy.
FOTOGRAFIA, 1926, ADM WARSZAWA

W e wrześniu 1880 r. cesarz Franciszek Józef I odbył inspekcyjną podróż po Galicji, ziemi polskiej będącej od 1772 r. pod zaborem austriackim. Celem tej podróży było zjednanie sobie Polaków i potwierdzenie nadanych im po 1866 r. swobód autonomicznych, choć były one znacznie mniejsze od tych, jakie otrzymali Węgrzy. Galicja pozostawała jedną z najuboższych, najbardziej upośledzonych prowincji monarchii. Obok Polaków zaludniali ją Rusini, a w miastach i miasteczkach, zwłaszcza wschodnich, znaczny był odsetek ludności żydowskiej. Wizyta spotkała się z lojalistycznym oddźwiękiem nie tylko w kręgach arystokracji i szlachty, ale również mieszczan i chłopów. Uważano, że dalszy los tej części Polski należy wiązać z Habsburgami. Wśród rzeczywistego lub dobrze udawanego entuzjazmu odzywały się także głosy sprzeciwu, będące wyrazem żalu za utraconą suwerennością.

Wizyta cesarza trwała od 1 do 19 IX: 3 dni w Krakowie, 4 dni we Lwowie i okolicach, 12 dni w różnych miejscowościach Galicji Wschodniej. Istotnym epizodem były manewry armii austriackiej w pobliżu Sądowej Wiszni – demonstracja siły monarchii.

W ostatnim dniu towarzyszący wizycie Polacy postanowili zamówić dwadzieścia akwarel przedstawiających sceny z monarszej podróży i w formie albumu ofiarować je następcy tronu, arcyksięciu Rudolfowi, jako podarunek weselny. Do wykonania dzieła zaproszono dwunastu krakowskich i lwowskich artystów. Juliusz Kossak namalował sześć akwarel, jego syn Wojciech oraz Tadeusz Ajdukiewicz i Antoni Kozakiewicz – po dwie, pozostali artyści: Andrzej Grabowski, Wojciech Grabowski, Hipolit Lipiński, Jan Matejko, Aleksander Raczyński, Henryk Rodakowski, Tadeusz Rybkowski i Franciszek Tepa – po jednej. Były to obrazki z wizyty sporządzone z dobrą znajomością realiów (architektury, wyposażenia wnętrz, ubiorów, etykiety itp.).

Cykl, aczkolwiek artystycznie nierówny, miał charakter dokumentu pod wieloma względami rewelacyjnego. Obrazy były gotowe w pierwszych miesiącach 1881 r. 9 V 1881 r., w przeddzień arcyksiążęcych zaślubin, hrabia Włodzimierz Dzieduszycki wraz z grupą delegatów w wiedeńskim Burgu wręczył prezent Rudolfowi i jego narzeczonej Stefanii. Po tragicznej śmierci Rudolfa album pozostał w posiadaniu Stefanii, lecz ta w końcu ofiarowała go benedyktynom z opactwa w Pannonhalma koło Györu na Węgrzech. Po II wojnie światowej album odkupił od opactwa pewien polski dyplomata, przewiózł do kraju i w 1987 r. odstąpił krakowskiemu Muzeum Narodowemu.

▲ WJAZD CESARZA DO KRAKOWA
Cesarz przybył pociągiem z Wiednia do Krakowa 1 IX o godzinie 10. Akwarela ukazuje, jak wjeżdża do miasta przez Bramę Floriańską, poprzedzony przez prezydenta miasta Mikołaja Zyblikiewicza.
JULIUSZ KOSSAK, FOT. MM

▲ CESARZ PRZY GROBACH KRÓLEWSKICH NA WAWELU,
oprowadzany przez biskupa Albina Dunajewskiego i Józefa Łepkowskiego, profesora archeologii na Uniwersytecie Jagiellońskim. Jan Matejko tak skomponował sarkofag króla Jana III Sobieskiego, aby górował nad postacią cesarza. W ten sposób poniżył Austriaka, przypominając mu o uratowaniu Wiednia przez króla polskiego w 1683 r.
FOT. MM

▼ CESARZ ZWIEDZA ZAMEK KRÓLEWSKI NA WAWELU
Cesarz wyraził zgodę na prośbę władz miejskich, aby wawelski zamek, zamieniony na koszary wojsk austriackich, „przywrócić do dawnej świetności i uznać za siedzibę cesarską".
TADEUSZ AJDUKIEWICZ, FOT. MM

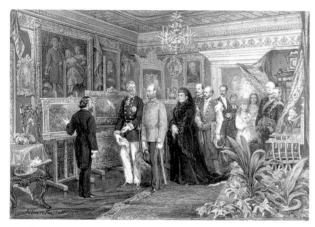

▲ CESARZ ODWIEDZA MATEJKĘ
2 IX w jego kamienicy przy ul. Floriańskiej 41. Artysta przedstawił
Franciszkowi Józefowi swoje obrazy z epizodami odsieczy wiedeńskiej
oraz zjazdu Jagiellonów z cesarzem Maksymilianem I w 1515 r.
JULIUSZ KOSSAK, FOT. PC

▲ POWITANIE CESARZA NA DWORCU WE LWOWIE,
który był stolicą Galicji, odbyło się 11 IX. Przywitali go marszałek krajowy
hrabia Ludwik Wodzicki i namiestnik hrabia Alfred Potocki.
ANTONI KOZAKIEWICZ, FOT. MM

▲ CESARZ W BUDYNKU SEJMU KRAJOWEGO
WE LWOWIE,
którego budowa była jeszcze nieukończona. Przedstawienie ukazuje moment
powitania na monumentalnej klatce schodowej i rozmowy cesarza
z hrabią Włodzimierzem Dzieduszyckim.
HENRYK RODAKOWSKI, FOT. MM

▼ CESARZ W BORYSŁAWIU
19 IX cesarz zwiedził borysławskie zagłębie naftowe. Przyjmowany był
w specjalnie na tę okazję wzniesionym pawilonie.
WOJCIECH GRABOWSKI, FOT. MŁ

▲ CESARZ W DROHOWYŻU
12 IX cesarz wizytował zakład wychowawczy dla sierot i dom starców
w Drohowyżu w powiecie żydaczowskim, założony w 1843 r.
z fundacji hrabiego Stanisława Skarbka.
ALEKSANDER RACZYŃSKI, FOT. MM

▼ POŻEGNANIE CESARZA W ŁUPKOWIE
artysta utrwalił, ukazując cesarza salutującego ze stopni salonki oraz
marszałka krajowego hrabiego Ludwika Wodzickiego wygłaszającego
przemówienie pożegnalne.
WOJCIECH KOSSAK, FOT. MM

SPOŁECZEŃSTWO I KULTURA W DOBIE POZYTYWIZMU

Pozytywizm przyniósł bujny rozwój nauk społecznych: filozofii, historii oraz ekonomii i socjologii

◀ PIERWSZY APARAT TELEFONICZNY
zamontowano w Warszawie w 1881 r. 20-letnią koncesję na budowę i eksploatację sieci telefonicznej otrzymała amerykańska firma International Bell Telephone Co. Pierwsze połączenia międzymiastowe, z Łodzią i Skierniewicami, uzyskano w 1902 r.
USA, MPT WROCŁAW, FOT. MM

▶ METODY SKUTECZNEGO LECZENIA
stawały się dostępne również najbiedniejszym, dziesiątkowanym przez gruźlicę. Na ziemiach polskich powstawało wiele specjalistycznych zakładów, m.in. zakopiański ośrodek klimatycznego leczenia gruźlicy Tytusa Chałubińskiego.
REMIZA POGOTOWIA I KARETKA GOTOWA DO WYJAZDU; SALA OPERACYJNA SZPITALA IM. ANNY MARII W ŁODZI; FOTOGRAFIA, „TYGODNIK ILUSTROWANY", 1903; 1906; BUWR WROCŁAW; FOT. JKAT

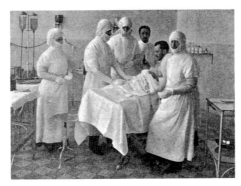

▼ TANIE JADŁODAJNIE,
otwierane w miastach od drugiej połowy XIX w., umożliwiały ubogiej inteligencji i mieszczaństwu spożycie ciepłego posiłku w środku długiego dnia pracy, bez konieczności udawania się do domu. Do stałej klienteli zaliczali się również studenci.
HENRYK PILATTI, „TYGODNIK ILUSTROWANY", 1880, BUWR WROCŁAW, FOT. JKAT

Podziały międzyzaborowe

Po upadku powstania styczniowego na ziemiach polskich nastąpiło pogłębienie podziałów międzyzaborowych wskutek nowej sytuacji polityczno-prawnej Polaków w państwach rozbiorowych. W Królestwie rozpoczął się proces przyspieszonej rusyfikacji, a w Prusach, po zjednoczeniu Niemiec, podjęto w 1872 r. walkę z Kościołem katolickim (Kulturkampf), która stała się wstępem do intensywnej germanizacji ziem polskich dzielnicy pruskiej. Jedynie w Galicji powstanie w 1867 r. dualistycznej monarchii austro-węgierskiej przyniosło Polakom autonomię. Utworzenie w 1873 r. Sojuszu Trzech Cesarzy (Aleksandra II, Franciszka Józefa I i Wilhelma I) uświadomiło społeczeństwu polskiemu konieczność przystosowania się do zróżnicowanych warunków w obrębie zaborów.

Zmiany struktury społecznej

Szybkiego tempa nabrał proces zanikania feudalnego porządku społecznego i przekształcania się stanowej struktury ludności w społeczeństwo nowoczesne. Z politycznej sceny schodził stan szlachecki, a uwłaszczenie i uwolnienie chłopstwa od pańszczyzny wymusiły zmianę systemu gospodarowania, której nie wszyscy ziemianie potrafili sprostać. W obrębie grupy właścicieli ziemskich nastąpiło materialne rozwarstwienie. Największe trudności ekonomiczne, wywołane koniecznością najmu robotników rolnych, przeżywało niezamożne drobne i średnie ziemiaństwo, często tracące z tego powodu majątki. Skorzystała jednak wielka własność obszarnicza; dysponując kapitałem, mogła zakupić maszyny rolnicze, a modernizując prace i uprawy rolne, wyspecjalizowała się w dostawach żywności dla miast oraz surowców dla przemysłu spożywczego i lekkiego. W zaborze pruskim zmodernizowane rolnictwo stało się zapleczem żywnościowym i surowcowym Rzeszy. Uzyskane dochody przeznaczano na dalsze inwestycje lub podejmowano współpracę ze sferami przemysłowymi. W 1870 r. kapitał ziemiański współtworzył Bank Handlowy w Warszawie i Bank Rolno--Przemysłowy w Poznaniu. W Galicji wielcy właściciele ziemscy angażowali się w rozwój przemysłu wydobywczego i, podobnie jak wielka własność w Królestwie, wchodzili w spółki zajmujące się budową i eksploatacją linii kolei żelaznych. Kapitały ziemian wespół z żydowskimi pozwalały się rozwijać przemysłowi cukrowniczemu. W Królestwie cukrownictwo, od powstania w 1826 r. pierwszej cukrowni w Guzowie, stało się trzecią – obok włókiennictwa i metalurgii – najważniejszą gałęzią przemysłu.

Wzmożona od lat 70. industrializacja wytworzyła nowe klasy społeczne, burżuazję i proletariat, zmieniła też proporcje między liczbą ludności wiejskiej i miejskiej na korzyść tej ostatniej. Przemysł w Królestwie przyciągał obcy kapitał, toteż wielka burżuazja nie była wyłącznie polskiego pochodzenia. W przemyśle włókienniczym okręgu łódzkiego oraz metalurgicznym Warszawy dominowali Niemcy i Żydzi; w Zagłębiu Staropolskim oraz w tworzącym się Zagłębiu Dąbrowskim obok kapitałów niemieckiego i żydowskiego pojawiły się też francuski i włoski.

Ponieważ właściciele fabryk i przedsiębiorstw byli obcego pochodzenia, ich personel nadzorczy z reguły nie mówił po polsku, co rzutowało na jego stosunek do robotników. Ci zaś rekrutowali się z dwóch źródeł – z miejskiego plebsu i zrujnowanych rzemieślników oraz z chłopów, którzy w mieście szukali pracy i chleba. Uwłaszczenie nie objęło bowiem chłopów bezrolnych, a wielu – z reguły licznym – rodzinom chłopskim zbyt mały areał nadanej ziemi nie zapewniał utrzymania. Migracje ze wsi do miast i centrów przemysłowych w początku lat 80. nabrały charakteru masowego nie tylko w Królestwie, ale również w Galicji, skąd chłopi przenosili się na uprzemysłowiony Śląsk Cieszyński i Górny. Przemysł i miasta nie były jednak w stanie wchłonąć wszystkich szukających pracy, stąd corocznie znaczna grupa robotników rolnych z Galicji i Królestwa udawała się na roboty sezonowe do Niemiec, początkowo głównie do Saksonii (stąd termin „saksy"). Z zaboru pruskiego emigrowano do Berlina, zachodnich Niemiec oraz za ocean. Zamorską emigrację stałą (Stany Zjednoczone, Kanada, Brazylia) podejmowało wielu mieszkańców zacofanej gospodarczo Galicji. Jak się szacuje, w okresie od powstania styczniowego do 1914 r. z ziem polskich wyemigrowało 3,5–3,7 miliona osób, z tego około 2,3 miliona stanowili Polacy. Wśród pozostałej liczby emigrantów byli głównie Żydzi i Ukraińcy.

Osobną grupę ekonomiczną i społeczną w miastach tworzyło drobnomieszczaństwo, w którym dominowali samodzielni rzemieślnicy oraz właściciele niewielkich sklepów. Pierwszym zaczynał zagrażać wielki przemysł fabryczny, produkujący taniej i szybciej, drugim natomiast – tworzenie nowoczesnych i specjalistycznych magazynów handlowych.

Kulturalnie i politycznie dominowała jednak inteligencja, w której znaleźli się wykształceni ludzie z mieszczaństwa polskiego, niemieckiego i żydowskiego. Niewielką jej część stanowili ludzie pochodzenia chłopskiego. Najmniej liczna była polska in-

◄ MASZYNA HAFCIARSKA
przyczyniła się do obniżenia cen haftów i wzrostu popytu na nie. Centrum przemysłowego wytwórstwa haftów i koronek był Kalisz, a jego roczna produkcja stanowiła w 1913 r. 77% hafciarskiej produkcji w Rosji.
NIEMCY, 1913, MHP OPATÓWEK, FOT. MM

► RAMY DO FORMOWANIA POŃCZOCH
nadawały pończochom odpowiedni kształt, co czyniło je wygodniejszymi. Były używane w Aleksandrowie Łódzkim, największym polskim ośrodku produkcji pończoszniczej, w końcu XIX w.
MHP OPATÓWEK, FOT. MM

▼ POMPA TŁOKOWA
służyła do zaopatrywania w wodę mieszkańców kamienic. Na strychach znajdowały się zbiorniki napełniane codziennie przez dozorcę za pomocą pompy, a układ wodociągowy rozprowadzał wodę do poszczególnych mieszkań.
POCZ. XX W., MHP OPATÓWEK, FOT. MM

▲ ROWER
wykonany przez pracownika folwarcznego umożliwiał mu szybszy dojazd do miejsca pracy. Konstrukcja naśladuje angielski model roweru z kołami o równej średnicy i ramą wykonaną z rur. Utrzymanie równowagi ułatwiało siodełko, pedały przeniesione z pierwszego koła na środek pojazdu i napęd przerzucony na tylne koło.
OK. 1900, MNR SZRENIAWA, FOT. MM

Lud w walce o byt narodowy

Aleksander Świętochowski troską o przyszłość narodu polskiego uzasadniał konieczność demokratyzacji stosunków społecznych w Królestwie i zaznajomienia warstw najniższych osiągnięciami postępu cywilizacyjnego. Jako pozytywista twierdził, że społeczeństwo jest jednym wielkim organizmem i dowodził, że „społeczeństwo powinno starać się, aby żadna jego część nie marniała, tymczasem jest świadkiem nierównomiernego rozwoju. Bogactwo materialne i duchowe nie dotyczy i nie gromadzi się równomiernie we wszystkich warstwach. Podczas gdy jedne są w ciągłym ruchu, inne pozostają martwe, nie przyjmują należytego udziału w postępie i cywilizacji. [...] Sama szlachta, samo mieszczaństwo w połączeniu z inteligencją walki o byt nie wytrzyma, jeżeli lud tych żywiołów nie wesprze. Gdy on wzmoże się materialnie i podniesie się umysłowo, otworzą się w społeczeństwie źródła nowych sił, których dziś nie posiadamy. Otóż praktyczną wartość ma, a przynajmniej mieć powinna idea równouprawnienia wszystkich stanów w gotowości obywatelskiej, jeżeli nie chcemy przegrać walki o byt".

◄ MARIA SKŁODOWSKA-CURIE I PIOTR CURIE

otrzymali wspólnie Nagrodę Nobla w 1903 r. Maria Skłodowska-Curie była pierwszą kobietą, która dostała wyróżnienie z fizyki; w 1911 r. otrzymała nagrodę z chemii. Pozostaje do dziś jedyną osobą, która dostała dwie Nagrody Nobla z dwóch różnych dziedzin nauki.

FOTOGRAFIA, „LA ILLUSTRATION", 1906, BUWR WROCŁAW, FOT. JKAT

ROZWÓJ ANESTEZJOLOGII ►

ściśle wiązał się ze stomatologią. Propagatorem wykorzystywania własności eteru był amerykański dentysta Horace Wells, który poddawał się publicznym zabiegom demonstrującym skuteczność nowego środka. Już w końcu pierwszej połowy XIX w. w czasie zabiegów zaczęto stosować narkozę.

APARAT DO USYPIANIA, LOUIS OMBREDANNE, MZCH CHEŁMNO, FOT. MM

◄ APARAT DO BOROWANIA ZĘBÓW

skonstruowano w 1870 r. w Anglii. Początkowo był napędzany ręcznie, za pomocą korbki, potem zastosowano napęd nożny. Wiertarka dentystyczna służyła do oczyszczenia zębów przed zaplombowaniem ich metalem szlachetnym lub preparatem cementowym.

XIX/XX W., MZCH CHEŁMNO, FOT. MM

◄▲ ZABAWKI

dzięki masowej produkcji stały się bardziej dostępne. Popularne były drewniane koniki na biegunach, lalki szmaciane i z papier-mâché. Zabawki droższe, takie jak woskowe czy porcelanowe lalki, były dostępne nielicznym.

KON. XIX W.; XIX/XX W.; MZ KIELCE; FOT. MK

Praca organiczna

Pod tytułem *Oblicze duchowe wieku dziewiętnastego* profesor warszawskiego uniwersytetu Zygmunt Łempicki, znany teoretyk literatury, podsumował w 1933 r. zasługi pozytywizmu dla społeczeństwa polskiego. Potraktował go jako sumę wszelkich form niepolitycznej działalności indywidualnej i zbiorowej Polaków od lat 40. do końca XIX w., po czym stwierdził, że praca organiczna, „jedyna forma legalnej działalności w kraju pozbawionym niepodległej władzy, miała służyć rozwojowi polskiej kultury, miała ją zachować, bronić przed rusyfikacją i germanizacją, stać na straży języka, tradycji, polskiego stanu posiadania. Miała też walczyć skutecznie z zacofaniem, ciemnotą ludu i całego społeczeństwa odseparowanego barierami od zachodniej kultury: miała dbać o rozwój nauki, wprowadzać najnowsze zdobycze techniki, o ile tylko to było możliwe, podejmować gospodarcze inicjatywy. Program pozytywizmu domagał się także rozwoju demokratycznych stosunków, solidarności społecznej, która wydawała się szczególnie ważna, rozbity bowiem naród nie miałby siły przeciwstawić się zaborcy".

teligencja w zaborze pruskim. Do szukania pracy w mieście zmuszona została także zbankrutowana szlachta. To ona nadała później całej polskiej inteligencji styl bycia i cechy kultury szlacheckiej.

W latach 80. na rynku pracy pojawiły się kobiety; wykształcone szukały posad nauczycielskich, robotnice najliczniej pracowały w sfeminizowanych przemysłach włókienniczym i tytoniowym. Polacy nie otrzymywali zatrudnienia w urzędach niemieckich i rosyjskich, szukali więc pracy w prywatnych przedsiębiorstwach przemysłowych i handlowych, a także w wolnych zawodach, twórczości artystycznej i literackiej. Od czasu otwarcia rynków rosyjskich kadra techniczna migrowała w głąb Rosji, tworząc najliczniejsze skupiska w Moskwie, Petersburgu, Odessie i Kijowie, a także na Syberii, np. w Tomsku i Irkucku.

Szkolnictwo i nauka

Pomimo rozbiorów polska kultura pozostała jednolita, a wraz z postępem w rozwoju oświaty jej osiągnięcia zaczęły docierać do szerszych kręgów społeczeństwa. Analfabetyzm zlikwidowano jedynie w zaborze pruskim; szkoła była wprawdzie niemiecka i miała cel germanizatorski, ale powszechna umiejętność czytania i pisania torowała w mieście i na wsi drogę polskiej książce i prasie. W zaborze pruskim nie było wyższej uczelni, więc studia w głębi Niemiec podejmowała bogatsza młodzież. Dążenia do awansu społecznego i wzrost liczby polskiej inteligencji nasiliły się dopiero na przełomie wieków, szczególnie na Górnym Śląsku.

W pozostałych zaborach zaledwie około 30% ludności umiało czytać i pisać. Rząd carski nie dbał o rozwój szkół elementarnych, od 1885 r. rusyfikowanych. Wcześniej, na przełomie lat 60. i 70., język rosyjski jako obowiązujący wprowadzono na nowo założonym Uniwersytecie Warszawskim i w szkołach średnich. Polacy studiowali w Rosji (około 2000 w końcu wieku), a także na uczelniach zachodnich (prawie 1600 osób), gdzie podejmowali zabronioną w Królestwie działalność polityczną. Rządzący w Galicji konserwatyści nie chcieli awansu chłopstwa i utrzymanie szkół przerzucili na koszt niezamożnych mieszkańców wsi. Programy szkół ludowych miejskich i wiejskich uniemożliwiały przejście do szkół średnich, ograniczając perspektywy dalszej nauki do szkół zawodowych. Na wysokim poziomie stały gimnazja z dominacją języków klasycznych, z nich rekrutowali się studenci spolszczonych w 1872 r. uniwersytetów w Krakowie i Lwowie oraz pobliskiej Wyższej Szkoły Rolniczej w Dublanach i, w 1877 r., Politechniki Lwowskiej.

Nieliczną kadrę naukową tych placówek badawczych powiększali członkowie Akademii Umiejętności w Krakowie, Akademii Weterynaryjnej we Lwowie, Kasy Pomocy Naukowej im. Mianowskiego w Warszawie, Towarzystw Przyjaciół Nauk w Poznaniu i Toruniu. Polscy uczeni byli zmuszeni pracować za granicą, pomnażając osiągnięcia innych krajów. Przykładem może być naukowa kariera Marii Skłodowskiej-Curie.

Literatura i teatr

Charakterystyczny dla literatury pozytywistycznej realizm wykorzystali twórcy w opisie społeczeństwa przechodzącego przyspieszone przemiany polityczne i gospodarcze, uzewnętrzniające się w zmianach obyczajowych i nowych, kapitalistycznych stosunkach społecznych. Środowisko miejskie (robotnicy, kapitaliści) mniej było jednak w literaturze eksponowane, chociaż szczególną rolę w tej tematyce odegrała *Lalka* Prusa. W centrum zainteresowania wielu pisarzy pozostawało bowiem środowisko wiejskie: ekonomiczna degradacja szlachty, krzywda i upośledzenie ludu wiejskiego i jego zagubienie w realiach miejskich.

Twórcy tego czasu byli niezwykle wszechstronni, parali się publicystyką, krytyką artystyczną, dramatopisarstwem i historiografią, czego przykładem może być jeden z luminarzy tej epoki – Aleksander Świętochowski. Pod pseudonimem „Posła Prawdy" głosił w wydawanym przez siebie tygodniku „Prawda" nowe idee. W okresie pozytywizmu powodzeniem cieszyły się takie nowe formy literackie, jak nowela i opowiadanie, których tematyka, zaczerpnięta ze współczesnego życia, współgrała z dydaktycznymi i moralizatorskimi wskazaniami epoki. Formom tym sprzyjał rozwój prasy; czasopisma chętnie zamieszczały pierwodruki utworów i rywalizowały między sobą o prawo do publikacji takich powieści, jak *Nad Niemnem* Orzeszkowej czy *Trylogia* Sienkiewicza. Małe formy stanowiły też swoisty „poligon literacki" dla ówczesnych pisarzy i najlepiej wyrażały pozytywistyczne idee realistycznej pracy u podstaw i odrzucenia romantycznego mierzenia „sił na zamiary". W poezji pozytywizmu, uznanego za jedną z najmniej sprzyjających temu rodzajowi wypowiedzi literackiej epokę, dominowali twórcy wywodzący się jeszcze z tradycji romantycznej (np. Adam Asnyk) albo tacy jak Maria Konopnicka, dla której poezja była formą walki o nowe ideały społeczne lub, dzięki nawiązaniom do folklorystycznych źródeł, wyrazem odradzającego się ducha narodu.

◀ **OGRÓD SASKI**
w pierwszej połowie XIX w. stał się ogrodem publicznym, wzniesiono tu fontanny, Teatr Letni oraz cieplarnię. W związku z ogromną popularnością, jaką cieszyły się urządzane tu zabawy, park nazwano letnim salonem Warszawy.
PROGRAM ZABAWY W SASKIM OGRODZIE URZĄDZONEJ 24 VIII 1865, KTN BITTBURG, FOT. MM

▼ **PUBLICZNE LODOWISKA**
były chętnie odwiedzanym miejscem spotkań towarzyskich. W XIX-wiecznej Warszawie mnożyły się miejsca oferujące rozrywkę mieszkańcom miasta. W 1841 r. otwarto na Polu Mokotowskim tor wyścigów konnych, a w 1896 r. oddano do użytku publicznego Park Ujazdowski.
ŁYŻWY, XIX W., MHMSW WARSZAWA, FOT. PC

▼ **TEATR IM. JULIUSZA SŁOWACKIEGO W KRAKOWIE**
wzniesiono w latach 1888–1893. Architekta wyłoniono drogą konkursu, choć wzniesienie budowli powierzono Janowi Zawiejskiemu, laureatowi trzeciej nagrody. Nowy gmach wzbudził zachwyt publiczności i cesarza, który uhonorował artystę wysokim odznaczeniem.
FOT. MŁ

▼ **HELENA MODRZEJEWSKA**
pochodziła z rodziny aktorskiej; początkowo grała w wędrownej trupie objeżdżającej Galicję. Odniosła ogromny sukces na scenach Krakowa i Warszawy. Talent oraz uroda artystki zapewniły jej również uznanie publiczności amerykańskiej.
HELENA MODRZEJEWSKA JAKO ANIELA W „ŚLUBACH PANIEŃSKICH", FOTOGRAFIA, WARSZAWA, 1868, IS PAN WARSZAWA

▼ **GABRIELA ZAPOLSKA**
po aktorskich występach w Krakowie, Lwowie i Poznaniu wyjechała do Paryża, ale nie udało jej się tam odnieść sukcesu. Po powrocie prowadziła w Krakowie szkołę dramatyczną i zajęła się twórczością pisarską. Była wybitną przedstawicielką dramatu naturalistycznego.
GABRIELA ZAPOLSKA W „COLINETTE", FOTOGRAFIA, LWÓW, 1900, ML WARSZAWA, FOT. MM

▲ SŁYNNE POLOWANIA
odbywały się w Poturzycy, we włościach hrabiego Włodzimierza Dzieduszyckiego, który popularyzował nowoczesne zasady hodowli zwierzyny łownej. Rozwój łowiectwa wpłynął na uchwalenie ustawy o zakazie kłusownictwa w Tatrach.
„POLOWANIE W RADZIEJOWICACH" – FRANCISZEK SZEWCZYK, 1894, KTN BITTBURG, FOT. MM; „POLOWANIE W POTURZYCY" – 1901, MHS OBLĘGOREK O/MN KIELCE

▶ MANUFAKTURA JÓZEFA FRAGETA
została założona w 1823 r. w Warszawie przez pochodzącego z Francji rzemieślnika. Była pierwszą na ziemiach polskich fabryką wyrobów srebrnych i brązowych pokrywanych cienką warstwą złota. Te platerowane zastawy stołowe, zwane frażetowskimi, cieszyły się popularnością w całej Europie.
MM PŁOCK, FOT. MM

◀ SALON MIESZCZAŃSKI
był miejscem przyjmowania gości, nadawano mu zatem formę reprezentacyjną. Centralne miejsce zajmował stół nakryty ozdobnym obrusem. Potężne, przeważnie rzeźbione, tradycyjne meble miały świadczyć o dostatku gospodarzy.
XIX W., MR WRZEŚNIA, FOT. MM

▼ KONNA KOLEJ WARSZAWSKO-WILANOWSKA,
z Mokotowa przez Wilanów do Piaseczna, została uruchomiona w 1892 r. Kolejną linię, sięgającą do Góry Kalwarii, otwarto w 1898 r. Miała ona wielkie znaczenie dla pielgrzymujących do kalwarii katolików, a także dla Żydów, którzy odwiedzali znanego cadyka Magieta.
OTWARCIE KONNEJ KOLEI WARSZAWSKO-WILANOWSKIEJ, FOTOGRAFIA, 1892, MHMSW WARSZAWA, FOT. PC

Obok typowych dla pozytywizmu form literackich, takich jak powieść, nowela czy poetycki obrazek, pojawiły się sztuki teatralne (Michała Bałuckiego, Gabrieli Zapolskiej) o charakterze lekkiej, salonowej komedii, odtwarzające świat i moralność nowych, mieszczańskich bohaterów, z właściwym im kultem pieniądza i mnożenia bogactwa. Życie teatralne rozwijało się we wszystkich zaborach. Teatr krakowski pod dyrekcją Stanisława Koźmiana miał charakter arystokratyczny z monumentalnym raczej repertuarem (Słowacki, Szekspir, Norwid). Warszawskie teatry, chociaż wystawiały repertuar polski, były rządowe i poddawano je ścisłemu nadzorowi politycznemu. Mieszczańska publiczność lubiła repertuar rozrywkowy, w tym wodewile i operetki, licznie też uczęszczała do modnych wówczas teatrzyków ogródkowych.

W zaborze pruskim społeczeństwo polskie angażowało się w teatr amatorski, upowszechniający język polski i mający wielkie znaczenie w rozwoju poczucia narodowego i kultury. Jedyną stałą sceną polską od 1875 r. mógł się poszczycić Poznań, gdzie społeczeństwo, w uznaniu patriotycznej misji sztuki, ufundowało sobie gmach teatralny. Patronowała tej akcji m.in. Helena Modrzejewska, polska artystka dramatyczna o międzynarodowej sławie. W Poznaniu w 1885 r. powstało Towarzystwo Muzyczne im. Henryka Wieniawskiego; podobne powołano też w Warszawie, Krakowie i Lwowie. W repertuarze ich często był obecny dorobek dwóch najwybitniejszych wtedy kompozytorów – Władysława Żeleńskiego i Zygmunta Noskowskiego.

Sztuki plastyczne i pozytywizm

Lata 60. i 70. XIX w. to w Polsce okres kształtowania się nowych instytucji kulturalnych, propagujących sztukę akademicką w formie i narodową w treści. W Warszawie działało, organizując stałe wystawy, założone jeszcze w 1860 r. Towarzystwo Zachęty Sztuk Pięknych. Rozwijała się fachowa krytyka artystyczna, coraz większą popularność zdobywały ilustrowane tygodniki, takie jak „Tygodnik Ilustrowany" czy „Kłosy". Przy Szkole Głównej, a po jej likwidacji przy powstałym na jej bazie uniwersytecie funkcjonowała kierowana od 1871 r. przez Wojciecha Gersona Klasa Rysunkowa; jej uczniami byli tak znani artyści jak Kazimierz Alchimowicz, Józef Chełmoński, Władysław Podkowiński, Leon Wyczółkowski.

W Monachium, wokół osoby Józefa Brandta, ukształtowało się środowisko artystów zwane niekiedy monachijską szkołą polską. Obok batalistyczno-historycznych obrazów samego Brandta wzorem dla nich były dzieła malarza realisty Maksymiliana Gierymskiego. Prorokiem nowej szkoły stał się też malarz i krytyk sztuki Stanisław Witkiewicz, który ideały realizmu oraz malarstwa wykorzystującego naturalistyczną „harmonię kolorów i logikę światłocienia" propagował w wielu pismach krytycznych i w tygodniku „Wędrowiec". Na łamach „Wędrowca" publikowali swe teksty Antoni Sygietyński, Adolf Dygasiński i Prus, zamieszczali reprodukcje obrazów Aleksander Gierymski oraz Chełmoński i Podkowiński.

Równolegle rozwijał się nurt malarstwa o tematyce historycznej, którego naczelnym twórcą i autorytetem był Jan Matejko. Historia zyskiwała u niego wymiar ideowy i patriotyczny, a zaczerpnięty z dziejów narodu temat służył, podobnie jak w powieściach historycznych Henryka Sienkiewicza, odpowiedziom na drążące artystów pytania o przyczyny upadku Polski i drogi wyzwolenia z niewoli.

W rzeźbie nadal dominował klasycystyczny akademizm, chociaż pojawili się twórcy przełamujący obowiązujące schematy formy i kompozycji. Wielkie dzieła tego okresu można było podziwiać na I Wielkiej Wystawie Sztuki Polskiej, zorganizowanej w Krakowie w 1887 r. Figurą, która szczególnie fascynowała krytyków, był *Gladiator* Piusa Welońskiego. O wciąż żywym micie poety-wieszcza świadczą konkursy na pomniki Mickiewicza w Krakowie i Warszawie i jedna z najsłynniejszych rzeźb epoki – Antoniego Kurzawy *Mickiewicz budzący geniusza poezji*. Realizm tego okresu ucieleśniał się w rzeźbiarskich próbach ukazywania scen rodzajowych oraz w rzeźbie portretowej.

Ostatnia fala wzmożonej aktywności polskich pozytywistów wiąże się z wydarzeniami lat 1904–1907. Włączyli się wtedy do akcji politycznej zmierzającej do uzyskania konstytucji i autonomii Królestwa. Koniec epoki pozytywistycznej zarysował się jednak już wcześniej, kiedy to w latach 90. ujawniło się pokolenie artystów, publicystów i krytyków związanych z modernistycznymi ideami Młodej Polski. W tej nowej generacji twórców największym zainteresowaniem cieszyło się pisarstwo Stefana Żeromskiego. Formacja neoromantyczna przez dłuższy czas współistniała z nadal aktywnymi twórczo przedstawicielami minionej epoki, którzy właśnie wtedy opublikowali wiele wybitnych dzieł, takich jak *Quo vadis* Sienkiewicza (1896 r.) i *Faraon* Prusa (1897 r.). Nowa, pesymistyczna etyka i historiozofia końca wieku coraz dobitniej jednak zastępowała racjonalne i optymistyczne przesłania odchodzącego pokolenia, które do końca wierzyło w możliwość pracy u podstaw, czego dowodem działalność Sienkiewicza jeszcze w okresie I wojny światowej.

◄ RĘCZNA MAGLOWNICA
należała do urządzeń ułatwiających kobietom wykonywanie obowiązków domowych. Pod koniec XIX w. weszły do użytku również maszynki do mielenia mięsa, piece grzejące wodę, pralki bębnowe i lodówki, do których lodziarze dostarczali lód.
XIX W., MZCH CHEŁMNO, FOT. MM

► 365 OBIADÓW
Lucyny Ćwierczakiewiczowej odniosło ogromny sukces wydawniczy i finansowy. Książka kucharska była najchętniej kupowaną pozycją na rynku, swymi nakładami zdystansowała wszystkich wieszczów, a jej autorka zarabiała więcej niż noblista Henryk Sienkiewicz.
WARSZAWA, 1911, OSSOLINEUM WROCŁAW, FOT. MM

◄ ŻELAZKO
w XIX w. wypełniano gorącą wodą lub wyposażono w żelazną duszę ogrzewaną w palenisku. Innym rozwiązaniem było zastosowanie pojemnika ze spirytusem, który, płonąc, ogrzewał stopę żelazka. Elektryczne żelazko wynaleziono dopiero w 1882 r.
MM PŁOCK, FOT. MM

► EKSKLUZYWNE PRZYBORY TOALETOWE
należały do niezbędnego wyposażenia toaletki wykwintnej damy. W związku z upowszechnieniem się łazienek kącik toaletowy został przeniesiony do pokoju pani domu. Oferta kosmetyków i akcesoriów toaletowych na przełomie stuleci znacznie się powiększyła.
JAPONIA, MM PŁOCK, FOT. MM

◄ SZAŁ
Władysława Podkowińskiego, przedstawiony na wystawie w Towarzystwie Zachęty Sztuk Pięknych w Warszawie w 1894 r., wzbudził żywe reakcje wśród publiczności. Dodatkowo zbulwersował widzów gest artysty, który w kilka dni po otwarciu wystawy, na oczach zwiedzających, pociął swe dzieło nożem.
MN WARSZAWA, FOT. TZH

N ajwybitniejszy polski malarz historyczny – Jan Matejko – urodził się w Krakowie najprawdopodobniej 28 VII 1838 r. (data jest sporna). Jego ojciec, Franciszek Ksawery, nauczyciel muzyki, był Czechem, matka, Joanna Karolina Rossberg, wywodziła się z osiadłej w Krakowie w XVIII w. rodziny protestanckiej. Już jako 13-letni chłopiec został przyjęty do krakowskiej Szkoły Sztuk Pięknych, edukację malarską uzupełniał w Monachium i Wiedniu. Jednym z wczesnych jego dzieł są *Ubiory w Polsce*, cykl blisko 700 figur w historycznych kostiumach odtworzonych z oryginalnych zabytków, zdradzający zarówno wiedzę historyczną, jak i umiejętność indywidualnej charakterystyki postaci.

Pierwszy wielki sukces Matejki to słynny *Stańczyk*, jednak międzynarodową sławę przyniosło mu dopiero *Kazanie Skargi*, programowe dzieło nie tyle historyczne, ile historiozoficzne, interpretujące zdarzenie z XVI w. w duchu XIX-wiecznej historiografii, dla której problemy winy narodu i kary za narodowe grzechy łączyły się ze wskazaniem na rolę Opatrzności w procesie dziejowym zmierzającym do rozbiorów Polski. Obok przestrogi, jaka miała być zawarta w słowach jezuickiego kaznodziei, Matejko w kolejnych obrazach pokazał winę narodu reprezentowaną przez Upadek Polski – *Rejtana*, oraz karę za grzechy w niedokończonej *Polonii*.

Matejko namalował też cykl wielkoformatowych obrazów prezentujących najważniejsze wydarzenia z historii Polski, takich jak *Unia lubelska*, *Batory pod Pskowem*, *Bitwa pod Grunwaldem*, *Hołd pruski*, *Sobieski pod Wiedniem*, *Kościuszko pod Racławicami*, *Konstytucja 3 Maja* i *Śluby Jana Kazimierza*. Malował również wiele portretów, wśród których wyróżniają się wizerunki żony i dzieci malarza oraz bliskich mu osób, takich jak Józef Szujski czy Stanisław Tarnowski.

Pod koniec życia, pomimo ciężkiej choroby artysty, powstało wiele interesujących dzieł, np.: *Autoportret*, cykl obrazów *Dzieje cywilizacji w Polsce*, będący próbą oceny przemian na ziemiach polskich od przyjęcia chrztu aż do epoki rozbiorów, oraz słynny *Poczet królów i książąt polskich*, ukazujący imaginacyjne, choć oparte na badaniach źródłowych wizerunki czterdziestu czterech polskich władców. Istotne były też jego projekty polichromii kościoła Mariackiego w Krakowie, przy których realizacji pomagał mu najzdolniejszy uczeń – Stanisław Wyspiański.

Matejko zmarł 1 XI 1893 r. i został pochowany w rodzinnym grobowcu na cmentarzu Rakowickim w Krakowie. Jego twórczość stała się jednym z najważniejszych elementów romantycznej w swej istocie mitologii narodowej, obecnej w zbiorowej wyobraźni Polaków również w XX w.

▲ *AUTOPORTRET*
powstał na zamówienie znanego kolekcjonera, hrabiego Ignacego Korwin Milewskiego. Ukazuje malarza jako religijnego artystę-historiozofa, o czym mają świadczyć, poza atrybutami malarskimi, księgi historyczne i ryngraf z wizerunkiem Matki Boskiej.
1892, MN WARSZAWA

▲ *FRANCISZEK MATEJKO Z TROJGIEM DZIECI*
to portret ojca (Franciszka Ksawerego) i brata (Kazimierza Wilhelma) oraz siostry (Marii) artysty; 15-letni Jan Matejko ukazał siebie w lewym górnym rogu obrazu.
1853–1854, MN WROCŁAW, DEPOZYT W DJM MN KRAKÓW, FOT. MS

▲ STAŃCZYK

przedstawia nadwornego błazna ostatnich Jagiellonów, który samotnie przeżywa utratę Smoleńska w 1514 r., podczas gdy w wawelskich komnatach odbywa się bal z okazji zwycięstwa pod Orszą. Matejko nadał martwiącemu się o przyszłość Polski błaznowi rysy swojej twarzy, a sam Stańczyk stał się symbolem konserwatystów krakowskich, tzw. stańczyków.

1862, MN WARSZAWA, FOT. EG

▲ WNĘTRZE GROBU KAZIMIERZA WIELKIEGO

zostało komisyjnie zbadane, gdy podczas prac renowacyjnych w 1869 r. w katedrze wawelskiej natrafiono wewnątrz sarkofagu na szczątki królewskie i insygnia władzy. Matejko był uczestnikiem tego wydarzenia, co utrwalił w kompozycji z przedstawieniem momentu odkrycia.

1869, DJM MN KRAKÓW, FOT. MM

▲ KAZANIE SKARGI

było pierwszym z historiozoficznych obrazów Matejki; ukazywało, jak sądził artysta, proroka Piotra Skargę przepowiadającego upadek Polski. Po prezentacji tego płótna w Krakowie znany krytyk Lucjan Siemieński wygłosił zdanie, że „Historia nasza ma już swego malarza".

1864, ZKW WARSZAWA, DEPOZYT W MN WARSZAWA, FOT. MBRON

◄ ANIOŁ „PIERWSZY"

jest jednym z kilkudziesięciu rysunków aniołów zaprojektowanych dla polichromii kościoła Mariackiego w Krakowie. Projekt ten stanowi istotną część monumentalnej dekoracji malarskiej – bliskiego już duchowi modernizmu, dekoracyjnego dzieła ukończonego w 1891 r.

1889, DJM MN KRAKÓW, FOT. MM

▲ PORTRET ŻONY W ŚLUBNEJ SUKNI

jest repliką portretu ślubnego z 1865 r., zniszczonego przez żonę, Teodorę z Giebułtowskich, w chwili zazdrości. Teodora, ze względu na swój niezrównoważony charakter, była źródłem nieustannych trosk artysty, choć na pewno również jego największą miłością.

1879, MN WARSZAWA

FIN DE SIÈCLE

Jedni byli zachwyceni dokonaniami XIX w. i jego schyłek nazywali piękną epoką, inni prorokowali upadek cywilizacji europejskiej

▲ SECESJA

to kierunek w sztuce przełomu XIX i XX w., którego głównym środkiem wyrazu była giętka, ruchliwa linia. Artyści secesyjni podkreślali rangę sztuki użytkowej i głosili powrót do natury, stąd częste naśladownictwo form świata fauny i flory.

LAMPKA – KRAKÓW, OK. 1910; KOBIETA-MOTYL – OSWALD SCHIMMELPFENNIG, BERLIN, 1897; PODSTAWKA POD NOZE – JÓZEF FRAGET, WARSZAWA, XIX/XX W.; MM PŁOCK; FOT. MM

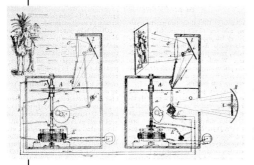

◄ TELEFOT

był prototypem urządzenia do przesyłania obrazów na odległość. Wykorzystano w nim własności selenu, a obraz przesłany tym urządzeniem nie był barwny.

„WSZECHŚWIAT", 1898, BUWR WROCŁAW, FOT. JKAT

Piękna epoka

Ostatnie dziesięciolecia XIX w. były dla Europy okresem wyjątkowej pomyślności. Zachodnia jej część szybko przeobrażała się pod wpływem rewolucji przemysłowej. Burzliwie rozwijała się nie tylko gospodarka, ale również nauka, kultura i sztuka. Nadal istniały zrodzone przez żywiołowy rozwój kapitalizmu wielkie różnice majątkowe i ostre podziały społeczne; systematycznie jednak wzrastał ogólny poziom zamożności i dokonywał się awans cywilizacyjny niższych warstw społecznych: robotników i chłopów. Reprezentujące ich organizacje włączały się do życia publicznego i skutecznie domagały wydatnego poszerzenia swobód obywatelskich.

Okres ten kontrastował zarówno z wcześniejszymi, jak i późniejszymi wojnami i wstrząsami wewnętrznymi i dlatego nazwano go piękną epoką (*belle époque*). W Europie Zachodniej, gdzie od dawna narody funkcjonowały w warunkach suwerenności, dodatkowo stabilizowało sytuację upowszechnienie więzi narodowej, nakazującej umacniać własne państwo, urastające do roli głównego dobra narodowego.

Ożywienie narodowe objęło też Europę Wschodnią, ale tutaj stało się powodem dodatkowych napięć. Ten obszar kontynentu zdominowany był przez trzy wielkie imperia: rosyjskie, austriackie i tureckie. Nie liczyły się one z aspiracjami narodowymi podbitych wcześniej ludów, co rodziło coraz gwałtowniejsze konflikty.

Sprzeczności rozdzierały zwłaszcza Rosję, która pozostawała w okowach absolutyzmu. Poza napięciami narodowymi imperium Romanowów ogarniały konflikty charakterystyczne dla początkowej fazy uprzemysłowienia. Zacofany, feudalny do tej pory kraj szybko się industrializował, z pomocą zachodniego, przede wszystkim francuskiego kapitału. Rosło znaczenie burżuazji i niezadowolenie coraz liczniejszej klasy robotniczej. Robotnicy wegetowali w skrajnej nędzy, co stwarzało wręcz idealne warunki do radykalizowania programów partii politycznych dążących do obalenia caratu.

Wszystkie te antagonizmy stały się siłą napędową rewolucji, która zaczęła się w Rosji 22 I 1905 r. Najburzliwszy przebieg miała ona na terenie Królestwa Polskiego, jednego z największych centrów przemysłowych cesarstwa. Bunt socjalny był tu dodatkowo wspomagany przez protest narodowy, będący reakcją na ostrą politykę rusyfikacyjną i bezwzględne szykanowanie polskości.

Sprzeczności narodowe targały również wieloetnicznym cesarstwem Habsburgów. Jego wewnętrzna przebudowa, dokonana w 1867 r., zaspokoiła tylko aspiracje Węgrów. Każdy z członów dualistycznej monarchii – Cesarstwo Austriackie i Królestwo Węgier – zamieszkiwany był przez wiele narodów, których aspiracje nasilały się wraz z uprzemysłowieniem i postępującą modernizacją.

Napięcie podsycał fakt, że konflikty narodowościowe nakładały się najczęściej na podziały społeczne. W Galicji Wschodniej ziemianin był Polakiem, a chłop Ukraińcem. W Siedmiogrodzie i na Słowacji ziemianin to Węgier, a chłop to Rumun i Słowak. W Czechach ostro byli zantagonizowani fabrykant Niemiec i robotnik Czech.

Rozważny monarcha Franciszek Józef I próbował łagodzić wewnętrzne sprzeczności, demokratyzując ustrój państwa. Pod jego naciskiem w 1907 r. ustanowiono powszechne prawo wyborcze, utrzymując jednak aż do 1914 r. niedemokratyczne, kurialne wybory do sejmów krajowych, w tym sejmu galicyjskiego, obradującego we Lwowie. Przestrzegano swobód obywatelskich, chociaż im dalej od Wiednia i Budapesztu, tym bezkarniej poczynała sobie niemiecka i węgierska biurokracja.

Upowszechnienie uczuć narodowych uczyniło z Bałkanów rejon narastającego napięcia. Wiele ludów nie miało tutaj własnego państwa lub żyło poza jego granicami, co prowadziło do kontestowania potwierdzonego kongresem berlińskim z 1878 r. ładu międzynarodowego. Rosła temperatura w „bałkańskim kotle", jak popularnie nazywano potęgujące się w tym regionie sprzeczności.

Zbrojny pokój

Sytuację dodatkowo destabilizowała zaostrzająca się rywalizacja wielkich mocarstw. Epokowe przemiany wywołane przez rewolucję przemysłową już w drugiej połowie XIX w. podważyły układ sił w Europie ustanowiony jeszcze na kongresie wiedeńskim w 1815 r. Rozsadzały go zwłaszcza aspiracje zjednoczonych w 1871 r. Niemiec. Ich gospodarka rozwijała się bardzo dynamicznie i potrzebowała nowych terenów do ekspansji. Pozwoliła też podjąć Niemcom wyścig zbrojeń, który uczynił z nich największą potęgę lądową Europy. Zakwestionowane zostało również panowanie Wielkiej Brytanii na morzach.

◄ MISKI KLOZETOWE
pojawiły się w Warszawie w latach 70. XIX w. i szybko zyskały popularność. Przeciwnicy tego wynalazku określali go jako „rozpustne urządzenie dla leniuchów i zapyziałków, którym się nawet na stronę na dwór wyjść nie chce".
OK. 1914, MHP OPATÓWEK, FOT. MM

► TATARZY POLSCY,
od dawna lojalni obywatele polscy, czynnie popierali zrywy wolnościowe. W wyniku rozbiorów znaleźli się pod panowaniem cara. Rozpoczęto wśród nich akcję rusyfikacyjną, jednak Tatarzy nie zastosowali się do zakazu używania języka polskiego.
MECZET W BOHONIKACH POW. SOKÓŁKA, OK. 1900, FOT. MŁ

◄ LUDNOŚĆ ŻYDOWSKA
na terenie zaborów była dyskryminowana. Żydom zakazywano wykonywania niektórych zawodów, nabywania lub dzierżawienia gruntów, karczem i młynów, ograniczano działalność ich samorządów. Na skutek zakazu zamieszkiwania na wsi masowo przenosili się do miast.
POCZTÓWKA, 1899, ZPM SOSENKO

HOTEL BRISTOL ►
jest przykładem nowoczesnego budynku hotelowego. Oprócz pokoi mieścił również restaurację, salę bankietową, kawiarnię, sklep, zakłady fryzjerski i fotograficzny oraz kwiaciarnię. Pokoje zostały umeblowane w różnych stylach: gdańskiego baroku, Ludwika XV i Ludwika XVI.
WARSZAWA, 1899-1901, FOT. TZ

▼ GĘSTOŚĆ ZALUDNIENIA ZIEM POLSKICH OKOŁO 1900 R.
RYS. JG

OBSZARY O GĘSTOŚCI ZALUDNIENIA:

10–40 osób na km²	80–100 osób na km²
40–60 osób na km²	100–150 osób na km²
60–80 osób na km²	powyżej 150 osób na km²

— granice państw
---- granice prowincji
---- granice rejencji i guberni

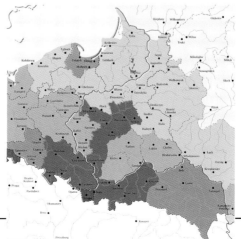

LAMPY ▶
zyskały na początku XX w. nowe formy w związku z odrodzeniem rzemiosła artystycznego. Obok form geometrycznych i floralnych w dekoracji często pojawiała się postać kobieca. Efekty kolorystyczne uzyskiwano, stosując szkło i kamienie szlachetne.
NIEMCY?, POCZ. XX W.; AUSTRIA?, OK. 1900; MM PŁOCK; FOT. MM

◀ MARIA FRANCISZKA KOZŁOWSKA
założyła w 1887 r. Zgromadzenie Sióstr Ubogich św. Klary, a w 1893 r. – Zgromadzenie Kapłanów Mariawitów, które w początkowym okresie działało w ukryciu. Od 1903 r. starało się uzyskać akceptację papieską, jednak w 1906 r. papież Pius X nałożył na siostrę Kozłowską i stojącego na czele Zgromadzenia księdza Jana Kowalskiego ekskomunikę. Mariawici utworzyli wtedy własną organizację kościelną.
FOTOGRAFIA, 1910, AKSM PŁOCK

LEOPOLD STAFF ▶
w swej poezji opierał się na różnych koncepcjach: od nietzscheanizmu po stoicyzm i franciszkanizm. Różnorodne i bogate były także twórczość przekładowa i działalność wydawnicza Staffa.
„NAJMŁODSZA PIEŚŃ POLSKA", LWÓW, 1903, OSSOLINEUM WROCŁAW, FOT. MŁ

NAJMŁODSZA PIEŚŃ POLSKA
WYDAŁ
LEOPOLD STAFF
WE LWOWIE
NAKŁAD KSIĘGARNI POLSKIEJ B. POŁONIECKIEGO.
WARSZAWA – E. WENDE I SP.
DRUKARNIA UNIWERSYTETU JAGIELL. W KRAKOWIE.
1903.

WACŁAW BERENT

ŹRÓDŁA I UJŚCIA NIETZSCHEANIZMU

WARSZAWA
1906
NAKŁAD JAKÓBA MORTKOWICZA.

◀ ODDZIAŁYWANIE LITERATURY EUROPEJSKIEJ
na rodzimą twórczość nasiliło się na przełomie stuleci. Szczególny wpływ wywarli Friedrich Nietzsche, twórca koncepcji nadczłowieka, i Arthur Schopenhauer, który ucieczkę przed determinizmem widział w nirwanie osiąganej poprzez sztukę.
WACŁAW BERENT, „ŹRÓDŁA I UJŚCIA NIETZSCHEANIZMU", WARSZAWA, 1906, OSSOLINEUM WROCŁAW, FOT. MŁ

Mistrz dyplomacji i architekt zjednoczonych Niemiec, Otto von Bismarck, trafnie przewidział, że potężniejące Niemcy spotkają się z wrogą reakcją sąsiadów, zwłaszcza Francji i Rosji. Aby temu przeciwdziałać, doprowadził w 1879 r. do zawarcia sojuszu Niemiec i Austro-Węgier. W 1882 r. powstał sojusz tych dwóch państw i Włoch, zwany Trójprzymierzem.

Reakcją na to posunięcie stało się postępujące zbliżenie rosyjsko-francuskie. W 1892 r. Petersburg i Paryż zawarły wymierzoną przeciwko Berlinowi konwencję wojskową, a rok później potwierdziły ją sojuszniczym układem politycznym. W 1904 r. podpisano sojusz francusko-angielski, a w 1907 r. układ rosyjsko-angielski, regulujący kolonialną rywalizację tych państw w Azji. Dzięki temu naprzeciw Trójprzymierza stanął konkurencyjny blok zwany Trójporozumieniem. Ich interesy ścierały się na różnych kontynentach, ale najostrzej na Bałkanach, gdzie najłatwiej można było zachwiać równowagę europejską.

Wizje filozofów

Rozwijające się w Europie przez cały XIX w. procesy gospodarcze i społeczne zyskały u progu XX w. nowy wymiar. Rewolucję przemysłową pogłębiła rewolucja naukowa, a nowe technologie umożliwiły wręcz gigantyczny wzrost produkcji. Spirala zmian rozkręcała się coraz szybciej. Jej efekty były coraz bardziej niezwykłe, a następstwa uwidaczniające się w życiu ludzi i ich poglądach – znacznie bardziej rewolucyjne niż w ubiegłym stuleciu.

Dotychczasowe wyobrażenia o świecie zatrzęsły się w posadach. Wielkim przemianom towarzyszyła niepewność jutra. Wraz z nią pojawiły się poglądy o zmierzchu i kryzysie cywilizacji, z francuska zwane dekadentyzmem. Jego zwolennicy odwrócili się od dominującego w pozytywizmie scjentyzmu. Zanegowali niepodważalną wcześniej wartość nauki, postępu, przyrody, konieczności historycznej. Przestali wierzyć, że światem rządzą logiczne i możliwe do zbadania prawa nauki. Zrehabilitowali nieprzewidywalną, wolną ludzką wolę i powrócili do apoteozy jednostki.

Już wcześniej wykładał takie poglądy niemiecki filozof Arthur Schopenhauer. Wolną, wręcz ślepą i irracjonalną ludzką wolę uznawał on za istotę bytu. Na przełomie wieków nawiązał to tych teorii Henri Bergson, który w 1899 r. ogłosił swoją pierwszą wielką pracę, negującą naukę i sens intelektualnego poznania. Jego krytyka wszelkiego determinizmu i pochwała poznania intuicyjnego zyskały wielu zwolenników. Gorliwie też studiowano Friedricha Nietzschego. Szczególnie podobało się upatrywanie w człowieku twórcy wszelkich wartości i wyniesienie na najwyższy piedestał ludzkiego geniuszu, wyrastającego ponad dobro i zło.

W literaturze i sztuce takie poglądy pozwalały głosić kult artysty, stojącego ponad tłumem zwykłych śmiertelników i uwolnionego od schlebiania ich przyziemnym, prozaicznym gustom. Geniusz wybitnego twórcy uprawniał do zachowań niekonwencjonalnych i mógł owocować dziełami łamiącymi dotychczasowe kanony. Najwięźlej ta postawa odzwierciedliła się w haśle „sztuka dla sztuki".

Odnowienie irredenty

Ferment intelektualny zrodzony przez dekadentyzm miał bardzo ważne znaczenie polityczne w Polsce, pozbawionej niepodległości i skazanej na funkcjonowanie w beznadziejnych warunkach niewoli. Pozwalał bowiem przełamać w ludzkich umysłach mur narodowej niemożności, podyktowanej przez wyjątkowo niekorzystną sytuację międzynarodową. Nowa wizja programowa dawała szansę przerwania europejskiej zmowy milczenia w kwestii polskiej, jaka zapanowała po zjednoczeniu Niemiec i zbliżeniu Rosji z Francją. Przez cały XIX w. największe nadzieje na odnowienie sprawy polskiej wiązano z demokratyczną i przeciwstawiającą się carskiemu despotyzmowi Francją. Sojusz francusko-rosyjski przekreślił te rachuby. Racjonalna analiza rzeczywistości skłaniała do pogodzenia się z losem i porzucenia marzeń o odbudowie własnego państwa.

Polska wersja dekadentyzmu, zwana częściej neoromantyzmem lub Młodą Polską, umożliwiła odnowienie planów powstańczych. Wcześniej pozytywistyczny rozum nakazywał porzucenie rojeń o porywie zbrojnym. Teraz można było pominąć te ograniczenia i zgodnie z nowymi kanonami programowymi oprzeć się na tym, co irracjonalne, dyktowane przez uczucie, ważne dla jednostki niepogodzonej z niemiłym porządkiem świata. Taką właśnie ideę – pozwalającą zwłaszcza młodemu pokoleniu wierzyć i walczyć o niepodległość, na przekór całemu światu – rzuciła Młoda Polska.

W przesiąkniętej atmosferą neoromantyzmu Galicji znalazł oparcie dla swoich planów powstańczych lider polskiej irredenty, Józef Piłsudski. Nadzieje na zbrojne wywalczenie niepodległości wiązał początkowo z ruchem socjalistycznym. Doświadczenia lat 1905–1907 przekonały go jednak o potrzebie zweryfikowania planów i oparcia ich na nowych podstawach, pozbawionych już ducha rewolucyjnego.

▲ ZABAWKI DZIECIĘCE
zaczęto produkować masowo dopiero w XIX w. Pierwsze drewniane klocki powstały w Niemczech, w 1860 r. pojawiły się klocki łączone, a 20 lat później – kolorowe miniatury domów i zamków oraz kolejka, początkowo drewniana, później elektryczna.
BAWARIA, XIX/XX W., MM PŁOCK, FOT. MM

► POLSCY KANDYDACI DO NAGRODY NOBLA,
Eliza Orzeszkowa i Władysław Reymont, byli przyjaciółmi. Kandydującą w 1905 r. pisarkę pokonał inny polski artysta, Henryk Sienkiewicz. Reymont otrzymał Nagrodę Nobla w 1924 r., pokonując Stefana Żeromskiego.
1908, ML WARSZAWA, FOT. MM

◄ POPULARNOŚĆ SAMOCHODÓW
wzrastała od początku XX w., pomimo problemów z kurzem, który brudził i ograniczał widoczność. Dopóki nie pojawiły się auta zadaszone, pyliste drogi poza miastami zmuszały automobilistów do noszenia okularów i stroju szczelnie zakrywającego ciało.
1899, MT WARSZAWA, FOT. PC

„Krytyka"

Ważne dyskusje ideowe toczyły się na łamach prasy, której znaczenie ogromnie wzrosło. Najswobodniej spierano się w Galicji, gdzie dzięki autonomii wolność słowa była najdalej posunięta. Prawdziwym bastionem myśli niepodległościowej stała się „Krytyka" – miesięcznik społeczno-literacki wydawany w Krakowie i Lwowie w latach 1896–1914. Jego redaktorem i autorem najważniejszych tekstów był od 1901 r. Wilhelm Feldman. Konsekwentnie bronił tezy, że mimo niesprzyjających warunków zewnętrznych i wewnętrznych trzeba niezłomnie trwać przy idei niepodległości. Brak konkretnych planów walki uważał chwilowo za mało istotny. Ich wyklarowanie miała bowiem przynieść ewolucja sytuacji międzynarodowej i wzmocnienie własnych sił narodu. Trzeba tylko tego bardzo chcieć. „Przesądem – pisał Feldman – jest wiara w spokojny, stopniowy rozwój stosunków i wypadków. Czymś pierwotniejszym, więc zasadniczym, jest przygotowanie nasze wewnętrzne, napięcie i wysiłek ducha".

STANISŁAW PRZYBYSZEWSKI

NA DROGACH DUSZY

WYDANIE DRUGIE

KRAKÓW
L. ZWOLIŃSKI I SPÓŁKA
MCMII

Sztuka dla sztuki

Epoka Młodej Polski (nazwanej tak od cyklu polemicznych artykułów pióra Artura Górskiego, zamieszczanych w krakowskim tygodniku „Życie" w 1898 r.) charakteryzowała się rozmaitością postaw filozoficznych i artystycznych – od neoromantycznego umiłowania wolności twórczej z jednoczesnym wskazaniem na ujmowane w kontekście historycznym kwestie narodowe, aż po podporządkowanie działalności artystycznej aktualnym sprawom społecznym i politycznym.

Jednocześnie pojawił się postulat autonomicznej działalności artystycznej (hasło tworzenia sztuki dla sztuki) i przypisania jej roli sumienia narodu. Na przełomie XIX i XX w. bardzo wyraźne było bowiem starcie dwóch modeli rozumienia twórczości – jednego o charakterze uniwersalistycznym, walczącego o wyzwolenie twórczości od obowiązków społecznych, oraz drugiego, nawiązującego do koncepcji sztuki – duchowej przewodniczki narodu – i artysty dzierżącego postromantyczny rząd dusz. W sytuacji niewoli politycznej trudno było bowiem całkowicie zerwać z postulatami patriotycznymi i tendencjami jeżeli nie wyzwoleńczo-narodowymi, to zaangażowanymi prospołecznie. Jednocześnie jednak model sztuki autonomicznej, jakże bliski dekadentom końca wieku, pojawiał się wielokrotnie, najczęściej w poezji szczególnie uwrażliwionej na nastroje, takiej jak Kazimierza Przerwy-Tetmajera, i prozie takich dzieci epoki jak Stanisław Przybyszewski.

Sprzeciw wywołany estetycznym programem sztuki elitarnej i związanym z nim wizerunkiem artysty jako jedynego jej kapłana, jak również wydarzenia rewolucji 1905 r. sprawiły, że większość pesymistycznych poglądów na życie i sztukę straciła swą moc artystyczną. Na pierwsze miejsce wysunął się kult życia, energii i aktywności twórczej. W poezji tę postawę sygnalizowała twórczość Stanisława Wyspiańskiego i Leopolda Staffa, w malarstwie, już wcześniej, zaczęły pojawiać się obrazy przedstawiające dziwne ogrody, święta wiosny, ziemię i kwitnące sady, będące manifestacją powrotu do optymistycznych i witalnych źródeł sztuki.

Sztuki plastyczne

Przeglądając rodzime dzieła plastyczne powstałe w okresie końca wieku, łatwo zauważyć, że odzwierciedlają one wszystkie dylematy i antagonizmy epoki. Rozpamiętywanie tragicznej historii narodu łączyło się tu z dostrzeganiem odrębności czasu przełomu wieków, co sprawiało, że powstawały obrazy, które już w tytule miały odnotowane poczucie schyłkowości i melancholijnych nastrojów epoki (jak np. *Melancholia* Malczewskiego, którą sam artysta zatytułował *Prolog. Widzenie. Wiek ostatni w Polsce*). Poczuciu politycznej i tym samym narodowej klęski towarzyszyło jednak przeświadczenie wyrażone w obrazie Ferdynanda Ruszczyca, że polska nawa nie zatonie (*Nec mergitur*). Częste były też dzieła ukazujące „bajecznie kolorową" wieś polską, w której mieszkańcach upatrywano przyszłość narodu, już po zakładanym wyzwoleniu Polski z niewoli. Lud po raz kolejny miał ucieleśniać najwyższe wartości społeczne i duchowe.

Również w „witalistycznych", pozornie oddających rzeczywistość obrazach natury zawarto przeświadczenie o jej wewnętrznym duchowym charakterze, a w dalszym planie – figurację społecznych i politycznych oczekiwań i nadziei. Musimy też pamiętać, że epoka fin de siècle'u przyznała sztuce miejsce szczególne, a wartości ściśle estetyczne stapiały się wówczas często z pojęciami etycznymi. Sztuka była pojmowana na kształt absolutu, albowiem była odbiciem absolutu – duszy artysty; dlatego powstało tak wiele przedstawień artysty-kreatora, który przybierał rozliczne, charakterystyczne dla epoki maski, od melancholijnego obserwatora i uczestnika nie do końca wytłumaczalnych wydarzeń (tak często u Malczewskiego) do ekspresywnego demiurga w pełni panującego nad każdym twórczym gestem. Kult wyobraźni twórczej splatał się z bardzo wyraźnym dążeniem do akademickiej poprawności, a symbolika obrazów często nawiązywała do tradycyjnych folklorystycznych opowieści.

Synkretyzmowi poglądów filozoficznych towarzyszyła eklektyczna rozmaitość malarskich prezentacji: źródłem dla sztuk plastycznych mogły być zarówno utwory Słowackiego, jak ludowe bajki i legendy. Nie gardzono też tradycją chrześcijańską, z której czerpano wątki ezoteryczne i mistyczne. Fatalizm dziejów i losu ludzkiego przekładano na pesymistyczne nastroje oddawane w licznych obrazach „stimmungowych" (nastrojowych). Przedstawiane na nich sceny rozgrywają się w nocy, wśród wszechogarniającej czerni, a bohaterami są zarówno upadłe kobiety i morficzni melancholicy, jak i obecna nieustannie śmierć; jej personifikacje stanowią zresztą stały motyw sztuki schyłku wieku. W sztuce tej życie bowiem nieustannie przeplatało się ze śmiercią, radość zyskiwała melancholijny wyraz, pejzaż nabierał symbolicznych znaczeń, a aktywność łączyła się z pustką i bezruchem. Ludowość i rodzimość walczyły tu z kosmopolityczną dekadencją, a niewiara w zbawczą siłę historii z wiarą w wolne jutro ojczyzny.

JAMA MICHALIKA ►

to związana z legendą Młodej Polski kawiarnia artystyczna mieszcząca się w kamienicy Jana Apolinarego Michalika w Krakowie. Zaprojektowane przez Karola Frycza wnętrze było miejscem spotkań artystów, polityków i profesorów krakowskich uczelni. Za trunki można było płacić dziełami sztuki.
FOT. MM

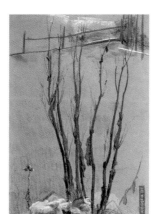

◄ MOTYWY JAPONIZUJĄCE

pojawiły się w sztuce po 1862 r., gdy na światowej wystawie w Londynie Japonia zyskała pozwolenie na eksponowanie i sprzedaż okazów rodzimej sztuki. Moda na Japonię dotarła do wschodniej Europy pod koniec stulecia. Malarze zachwycali się urodą skromnych kompozycji, analizując zupełnie nowe dla nich efekty techniczne i kompozycyjne.
LEON WYCZÓŁKOWSKI, „KRZAK JESIENIĄ – JAPONIZOWANY", 1904, MOLW BYDGOSZCZ, FOT. ŁMAK I WWO

MELANCHOLIA ►

Jacka Malczewskiego to metafora niemocy narodu polskiego. Spod pędzla artysty wyłania się korowód uzbrojonych w kosy powstańców, opętanych wolą walki, a jednocześnie niezdolnych do czynu. Jedynie grupa dzieci i starców wygląda ku uchylonemu oknu, ku wyzwoleniu.
1890–1894, MN POZNAN, FOT. ACIE

JACEK MALCZEWSKI ►

kształcił się w pracowni Jana Matejki, gdzie osiągnął doskonałą technikę malarską. Tworząc w nurcie symbolizmu, wypracował własny styl, łączący baśniowość i realizm. W ogromnym dorobku malarza znalazło się wiele dzieł poświęconych tematyce patriotycznej i autoportretów.
„TYGODNIK ILUSTROWANY", 1905, BUWR WROCŁAW, FOT. JKAT

▼ ELOE

to bohaterka poematu Juliusza Słowackiego *Anhelli*, którą chętnie uwieczniali na płótnie Witold Pruszkowski i Jacek Malczewski. Bogata w symbole i metafory literatura romantyczna inspirowała wielu malarzy *belle époque*.
WITOLD PRUSZKOWSKI, „ELOE", 1892, MN WROCŁAW, FOT. EW

STANISŁAW WYSPIAŃSKI

Stanisław Wyspiański urodził się w Krakowie 15 I 1869 r. Ojciec malarza, Franciszek, był rzeźbiarzem, matka, Maria z Rogowskich, wywodziła się z rodziny kupieckiej o patriotycznych tradycjach. Już w trakcie nauki w Gimnazjum św. Anny powstały jego pierwsze rysunki, jednak w pełni talent Wyspiańskiego objawił się podczas studiów w krakowskiej Szkole Sztuk Pięknych, kiedy współpracował z Janem Matejką przy wykonaniu polichromii kościoła Mariackiego. Lata 1890–1894 przyniosły podróże zagraniczne artysty do Włoch, Niemiec i Francji, gdzie przygotowywał konkursowe projekty dekoracji gmachu Rudolfinum w Pradze i kurtyny dla teatru krakowskiego (nie zostały nagrodzone). Zajmował się też projektem witraży dla katedry lwowskiej – były to *Śluby Jana Kazimierza* i *Polonia*. W 1895 r. otrzymał propozycję zaprojektowania polichromii w kościele Franciszkanów w Krakowie i pracował nad renowacją gotyckich witraży w kościele Dominikanów.

Pierwsze próby dramatyczne artysty pochodzą z 1891 r. (dramat *Daniel*), kolejne przyniósł 1897 r. (*Legenda* i *Meleager*). Zainteresowanie Wyspiańskiego antykiem zaowocowało wykonaniem rysunków do *Iliady* Homera w tłumaczeniu Lucjana Rydla, a w okresie późniejszym takimi dramatami, jak *Protesilas i Laodamia* czy *Akropolis*. Równolegle pracował nad witrażami dla kościoła Franciszkanów, ukazującymi św. Franciszka, bł. Salomeę, Boga Ojca i cztery żywioły.

Debiut literacki poety-malarza miał miejsce w 1898 r., kiedy nakładem autora ukazała się *Legenda*. W tym samym roku został kierownikiem artystycznym krakowskiego „Życia", w którym ukazała się drukiem *Warszawianka*. Najważniejszy swój dramat – *Wesele* – pisał w 1901 r., zainspirowany weselem przyjaciela Lucjana Rydla z córką gospodarza z Bronowic, Jadwigą Mikołajczykówną. Premiera *Wesela* odbyła się 16 III 1901 r. w Teatrze Miejskim w Krakowie.

W kolejnych latach pracował nad projektami witraży dla katedry na Wawelu i nad dramatami *Wyzwolenie*, *Noc listopadowa* i *Bolesław Śmiały*. Ten ostatni, jako jedyny za życia artysty, został wystawiony w inscenizacji Wyspiańskiego, z dekoracjami i kostiumami jego autorstwa. W 1904 r. wykonał dekorację Domu Lekarskiego w Krakowie oraz zaprojektował do niego witraż poświęcony postaci Apollina – boga Słońca. W ostatnich latach życia namalował wiele portretów bliskich mu osób oraz cykl impresyjnych *Widoków na Kopiec Kościuszki*. Stanisław Wyspiański zmarł po długiej chorobie 28 XI 1907 r. i został pochowany w Krypcie Zasłużonych w kościele św. Michała i Stanisława na Skałce.

◄ RYSUNKI RZEŹB Z OŁTARZA WITA STWOSZA, powstałe w trakcie prac nad polichromią kościoła Mariackiego w Krakowie, zachowały się w szkicowniku z lat 1884–1887. Norymberski mistrz był dla Wyspiańskiego jednym z największych artystów przeszłości.
GŁOWA CHRYSTUSA, MN WARSZAWA

▼ *POLONIA* przedstawia omdlałą kobietę w płaszczu królewskim z orłami. Projekt tego witraża do katedry lwowskiej artysta wizualizował kilkakrotnie. Wersja z 1892 r. była wzbogacona o postacie płaczków, a nad Polonią miała znajdować się postać Maryi z Dzieciątkiem, otoczona przez anioły.
1894, MN KRAKÓW, FOT. JKOZ

◄ **PROJEKT WITRAŻA**
TRÓJCA ŚWIĘTA

powstał przy okazji prac nad rekonstrukcją
kwater witrażowych w kościele Dominikanów
w Krakowie. Podczas rekonstrukcji artysta
umiejętnie wykorzystywał ocalałe fragmenty
szkieł, przejawiając przy tym wiele pietyzmu
i zrozumienia dla praw rządzących
średniowieczną formą.

1895, MN KRAKÓW

SŁONECZNIK ►

jest motywem roślinnym z projektu polichromii
kościoła Franciszkanów w Krakowie. Wyspiański
rodzime motywy kwiatowe utrwalał podczas
licznych wędrówek po okolicach Krakowa
w zbiorze szkiców – *Zielniku*. Motywy te,
rodzime i dekoracyjne zarazem, bliskie były
koncepcji sztuki artysty, który starał się łączyć
pierwiastki narodowe z secesyjną floralną
ornamentyką.

1895/1896, MN KRAKÓW, FOT. MS

▼ *KAZIMIERZ WIELKI*

to, obok *Henryka Pobożnego*, *Św. Stanisława*
i *Wandy*, jeden z wykonanych w skali 1 : 1
projektów witraży do prezbiterium katedry
na Wawelu. Nowatorskie pomysły artysty
zostały odrzucone przez władze kościelne,
a Wyspiański wyjaśnił sensy ideowe swoich
dzieł plastycznych w utworach poetyckich –
rapsodach.

1901, MN KRAKÓW

▲ *ACHILLES, KTÓREGO PALLAS*
ZA WŁOSY WSTRZYMAŁA

to jedna z ilustracji do *Iliady* Homera w tłumaczeniu
Lucjana Rydla. Wyspiański pragnął wniknąć w ducha
antyku, odchodząc od obowiązującej tradycji. Wzorował
się zarówno na sztuce starożytnej, jak i na rodzimym
podhalańskim folklorze.

1896, WŁASNOŚĆ PRYWATNA

▼ *WIDOK NA KOPIEC KOŚCIUSZKI*

należy do serii widoków z okna pracowni
Wyspiańskiego przy ul. Krowoderskiej. Za ten
impresyjny cykl artysta otrzymał w 1906 r.
nagrodę fundacji Probusa Barczewskiego.

1904, MN KRAKÓW, FOT. MM

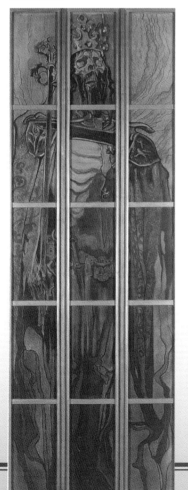

▼ *AUTOPORTRET Z ŻONĄ*

ukazuje Stanisława Wyspiańskiego i Teodorę Pytko
w strojach ludowych. Artysta nawiązywał do modnych
w epoce haseł naśladowania życia ludu i jego zwyczajów
jako szansy na wyzwolenie moralne i polityczne narodu.

1904, MN KRAKÓW, FOT. MS

REWOLUCJA 1905 R.

Burzliwe wydarzenia lat 1904–1907 łączyły w sobie cechy powstania narodowego i rewolucji społecznej

► **ODDZIAŁY KOZACKIE**
były często wysyłane do pacyfikowania demonstracji robotniczych na terenie Królestwa Polskiego. Tu patrol kozacki konwojuje robotników zatrzymanych prawdopodobnie podczas jednej z demonstracji.
STANISŁAW MASŁOWSKI, „WIOSNA 1905", 1906, MN WARSZAWA, FOT. EG

◄ **STRAJKI**
w 1904 r. rozgrywały się przeważnie na płaszczyźnie ekonomicznej. Na czoło wysuwała się sprawa skrócenia czasu pracy do 8–10 godzin, podwyższenia płac i wprowadzenia ubezpieczeń społecznych.
STRAJK ROBOTNIKÓW NAFTOWYCH W BORYSŁAWIU, POCZTÓWKA, 1904, MNIEP WARSZAWA, FOT. MM

◄ **PL. GRZYBOWSKI W WARSZAWIE**
był miejscem zbrojnej manifestacji antywojennej, zorganizowanej przez Komitet Warszawski PPS pod hasłem „Precz z wojną i caratem, niech żyje wolny Polski Lud!", która odbyła się w niedzielę 13 XI 1904 r. W starciu z oddziałami wojska zginęło 6 osób, a 27 zostało rannych.
FOTOGRAFIA, LATA 90. XIX W., MHMSW WARSZAWA, FOT. PC

Porażki caratu

Umacnianie się świadomości narodowej Polaków – w konfrontacji z coraz brutalniejszą rusyfikacją i germanizacją – musiało prowadzić do buntu. Zabór pruski utrzymywała w posłuszeństwie najsprawniejsza w Europie administracja niemiecka. Łatwiej mogło dojść do wybuchu w polskich prowincjach Rosji, gdzie władza opierała się na nieudolnej i skorumpowanej biurokracji.

Rewolucję przyspieszyły klęski Rosji ponoszone w trwającej od lutego 1904 r. wojnie z Japonią. Pierwsi zbuntowali się robotnicy Petersburga, domagający się ustępstw politycznych i poprawy warunków życia. Ich wielotysięczna demonstracja została 22 I 1905 r. zdziesiątkowana salwami policji i wojska. Na wieść o petersburskiej „krwawej niedzieli" całą Rosję ogarnęły strajki.

Najbardziej burzliwy przebieg miały one w Królestwie Polskim, gdzie na napięcia społeczne dodatkowo nakładał się ucisk narodowy. Bunt rozszerzał się żywiołowo. W końcu stycznia 1905 r. strajkowali już robotnicy przemysłowi w całym kraju. Domagano się zwołania Zgromadzenia Konstytucyjnego i proklamowania republiki, a w sferze socjalnej – 8-godzinnego dnia pracy i podwyżki płac.

Pierwsza fala protestu wygasła po kilkunastu dniach. Robotnicy nie nawykli jeszcze do dłuższego oporu, uspokajająco podziałało też osiągnięcie ustępstw ekonomicznych. Wszyscy oczekiwali jednak kolejnych starć. Odmieniła się bowiem świadomość robotników. Poznali własną siłę i przekonali się o słabości władzy, uznawanej dotąd za niewzruszoną.

Najszybciej za przykładem robotników poszli uczniowie i studenci. Już w lutym 1905 r. porzucili oni naukę, domagając się polonizacji szkolnictwa. Do buntu przyłączyła się również inteligencja, wydatnie zwiększając jego siłę. Najwolniej opór budził się na wsi. Pierwsza fala strajków służby folwarcznej przetoczyła się w czasie wiosennych prac polowych, w kwietniu i maju 1905 r. Domagano się, wzorem robotników przemysłowych, podwyżki płac, skrócenia dniówki, lepszych mieszkań i godniejszego traktowania.

Scenariusze walki

Z upływem czasu coraz ostrzej rysował się antagonizm między narodowymi i społecznymi celami walki. Z obserwacji wypadków i przemyśleń programowych rodziły się dwie koncepcje: niepodległościowo-powstańcza Polskiej Partii Socjalistycznej (PPS) i ugodowo-autonomiczna Ligi Narodowej.

Józef Piłsudski i jego zwolennicy z PPS chcieli wykorzystać porażkę wojenną i wewnętrzne załamanie Rosji do podjęcia powstańczej walki o niepodległość. Siłą napędową rewolucyjnej wojny ludowej miały być patriotyzm i wiara ludu w socjalizm, który w wyzwolonym kraju zlikwiduje wyzysk i niesprawiedliwość. Piłsudski nie wierzył w zwycięstwo rewolucji w całym imperium. Twierdził, że łatwiej będzie wygrać w rozwiniętej gospodarczo Polsce niż w całej, na wpół jeszcze feudalnej Rosji. Do działań separatystycznych popychało go też przekonanie, że nie można osiągnąć pojednania między polską i rosyjską racją stanu.

Niepodległościowy program PPS zwalczała Socjaldemokracja Królestwa Polskiego i Litwy (SDKPiL). Zdaniem jej przywódców, zwłaszcza Róży Luksemburg, zrodzone przez kapitalizm procesy ekonomiczne trwale usankcjonowały rozbicie ziem polskich, integrując poszczególne dzielnice z państwami zaborczymi. Dlatego celem SDKPiL było zdemokratyzowanie Rosji i przekształcenie jej w państwo federacyjne, z autonomią dla uciskanych narodowości. Kolejnym etapem miała być rewolucja socjalistyczna.

Z innych powodów w odzyskanie niepodległości nie wierzyła też kierowana przez Romana Dmowskiego Liga Narodowa. Chaos w państwie chciała ona wykorzystać do wymuszenia na caracie autonomii dla ziem polskich. Liga nie zaniedbywała żadnej okazji pozwalającej wzmocnić substancję narodową Polaków. Dlatego poparła strajk szkolny oraz spontaniczne polonizowanie administracji gminnej. Powszechny charakter tej formy protestu skłonił rząd do ustępstw. W czerwcu 1905 r. usankcjonowano w Królestwie posługiwanie się w gminie językiem polskim obok rosyjskiego.

Demonstracje i barykady

Po kilku miesiącach rewolucji osłabło zafascynowanie strajkiem jako najpoważniejszym orężem w walce z caratem. Okazało się, że potrafi on sparaliżować życie całej prowincji, ale nie jest w stanie obalić jej władz. Stosowany dłużej obracał się przeciwko samym uczestnikom: pozbawiał ich zarobków, a społeczeństwo straszył perspektywą rozchwiania porządku.

Z obserwacji połowicznej skuteczności strajku zrodziła się po kilku miesiącach nowa forma konfrontacji: starcia zbrojne. Pierwsze w cesarstwie walki ogarnęły Łódź. 23 VI 1905 r. w mieście wzniesiono ponad 100 barykad. Starcia trwały parę dni i kosztowały życie prawie 200 robotników.

Do najpotężniejszych wystąpień doszło w październiku tego roku. Rozpoczęły się one 25 X ogólno-

► „ROBOTNIK",
propagandowe pismo PPS, ukazywał się od 1894 r. Redaktorem i wydawcą był Józef Piłsudski. Szybkość druku w warunkach konspiracyjnych zależała od natężenia czynionego hałasu i dostępności papieru i farby, których zakup zawsze budził podejrzenia. Złożenie i wydrukowanie jednego numeru zabierało 2 tygodnie intensywnej pracy.
MASZYNA DRUKARSKA, LONDYN, KON. XIX W., MWP WARSZAWA, FOT. PC

STRAJK SZKOLNY ►
w Królestwie Polskim rozpoczął się 28 I 1905 r. bojkotem warszawskich uczelni przez studentów. Następnie do strajku przystąpiła młodzież szkół średnich i gimnazjów. Domagano się wprowadzenia do szkół języka polskiego, powszechnego i bezpłatnego nauczania, zniesienia policyjnego nadzoru nad młodzieżą.
KOMITET STRAJKU SZKOLNEGO RONTALERA, FOTOGRAFIA, 1905, MNIEP WARSZAWA, FOT. MM

◄ STRAJK ROBOTNIKÓW W ŁODZI
wywołały masowe zwolnienia z pracy. Po krwawych starciach z wojskiem i po manifestacyjnym pogrzebie ofiar wzniesiono, w nocy z 22 na 23 VI 1905 r., pierwsze barykady. Powstanie zostało jednak w ciągu 24 godzin zdławione, zginęło prawie 200 osób.
„TYGODNIK ILUSTROWANY", 1905, BUWR WROCŁAW, FOT. JKAT

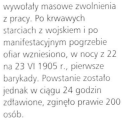

▼ STAN WOJENNY
wprowadzono na terenie Królestwa Polskiego 10 XI 1905 r. W grudniu generał--gubernator Georgij Skałon nakazał „natychmiastowe aresztowanie wszystkich mieszkających w powiecie i znanych z poprzednich spraw agitatorów, kolporterów odezw i członków partii socjalistycznych".
„L'ILLUSTRATION", 1906; „TYGODNIK ILUSTROWANY", 1905; BUWR WROCŁAW; FOT. JKAT

◄ USZKODZENIA LINII KOLEJOWYCH

dokonywane przez lokalne oddziały bojowe stały się częścią wystąpień antywojennych. Podczas świąt Bożego Narodzenia 1904 r. bojówka PPS uszkodziła linię kolejową Radom–Dęblin. Zniszczenie nie było wielkie, jednak rezerwiści nie mogli ruszyć na front i wrócili do koszar.

FOTOGRAFIA, 1904/1905, MNIEP WARSZAWA, FOT. MM

▲ ZAMACHY BOMBOWE

organizowano głównie na carskich prominentów. 19 V 1905 r. Tadeusz Dzierzbicki z Organizacji Bojowej PPS usiłował przeprowadzić zamach na warszawskiego generał-gubernatora Konstantego Maksymowicza. Uprzedzona o zamachu policja otoczyła Dzierzbickiego, który cisnął bombę pod nogi nadbiegających policjantów. W wybuchu zginął Dzierzbicki i 2 funkcjonariuszy.

UL. MIODOWA PO WYBUCHU BOMBY, 19 V 1905, POCZTÓWKA, ZPM BARANOWSKA; PRODUKCJA BOMBY – „TYGODNIK ILUSTROWANY", 1906, BUWR WROCŁAW, FOT. JKAT

◄ JAN TOMASZ GORZECHOWSKI

był od 1904 r. członkiem PPS. Jako urzędnik kolejowy wszedł w skład warszawskiego Komitetu Wszechrosyjskiego Związku Kolejarzy i był jednym z organizatorów strajku powszechnego w 1905 r.

FOTOGRAFIA, 1936, ADM WARSZAWA, FOT. PC

◄ BROŃ

dla warszawskiej Organizacji Bojowej PPS kupowano za pieniądze pochodzące z robotniczych składek; w większości fabryk i kopalń na terenie Królestwa robotnicy oddawali swoje całodzienne zarobki raz, a czasami dwa razy w miesiącu na zakup broni i „bomb dla cara".

PISTOLET NAGANT – TUŁA, ROSJA, 1916; PISTOLET BROWNING WZ. 1900-FN – LIÈGE, BELGIA, 1904; PISTOLET MAUSER 1896 – OBERNDORF, NIEMCY, 1903; MMMM WROCŁAW, FOT. MŁ, TG

Cień szubienicy

Tuż przed północą 23 IV 1906 r. w biurze naczelnika warszawskiego więzienia przy ul. Pawiej rozległ się dźwięk telefonu. Dzwonił oberpolicmajster Meyer z poleceniem przetransportowania do Cytadeli 10 rewolucjonistów skazanych na śmierć. Wkrótce do więzienia przybył rotmistrz Budberg z konwojem żandarmów. Ładowani do więziennej karetki skazańcy byli pewni, że jutrzejszego dnia już nie przeżyją. Tymczasem za bramą czekała ich wolność. Nocny konwój okazał się mistyfikacją, precyzyjnie przygotowaną przez bojówkę PPS. Dzwonił nie Meyer, lecz spiskowiec z PPS, obsługujący na co dzień warszawskie telefony i potrafiący świetnie naśladować rosyjskich dygnitarzy. W rotmistrza Budberga z kolei wcielił się Jan Tomasz Gorzechowski, jeden z kierowników Organizacji Bojowej PPS. Pismo polecające wydanie więźniów powstało w komórce zajmującej się fałszowaniem dokumentów. Już następnego dnia specjalna ulotka poinformowała całą Warszawę o brawurowym wyprowadzeniu Rosjan w pole. Szaleli ze złości, ale nie schwytali żadnego z uczestników tego śmiałego przedsięwzięcia.

rosyjskim strajkiem kolejarzy. Ruch narastał lawinowo i w ciągu paru dni przekształcił się w strajk powszechny. W Królestwie życie zamarło niemalże całkowicie. Strajkowały fabryki, koleje, poczty, biura, sklepy, nawet w najdalszych zakątkach kraju. Takiej konfrontacji carat nie mógł wygrać. Car Mikołaj II zdecydował się więc na ustępstwa i 30 X 1905 r. wydał manifest zapowiadający przekształcenie Rosji w monarchię konstytucyjną. Wydawało się, że demokratyczne cele rewolucji zostały osiągnięte, co natychmiast podzieliło jej uczestników. Na to właśnie liczyły władze. Robotnicy, chcący dalszej walki i ustanowienia republiki, znaleźli się w osamotnieniu.

Na ziemiach polskich z nową siłą zderzyły się racje narodowców i socjalistów. Liga Narodowa chciała ugody z caratem i autonomii dla Królestwa. PPS uważała to za zdradę idei niepodległości. Doszło do walk bratobójczych, szczególnie okrutnych w Łodzi. Ich ofiarą padło kilkaset osób.

Przesilenie w trwającej od blisko roku rewolucji nastąpiło w grudniu 1905 r. W Rosji krwawo stłumiono zbrojne powstanie robotników moskiewskich. Zduszone też zostały próby oporu w Polsce, mniej już groźne, bo niepoparte planowanym strajkiem powszechnym.

Carat masowo stosował represje, które coraz powszechniej budziły strach i zniechęcenie wśród najbardziej nawet niepokornych uczestników protestu. Próbowała to przełamać utworzona przez PPS Organizacja Bojowa, dokonując serii zamachów na wyższych oficerów i urzędników. Od jej kul i bomb zginęło wielu dygnitarzy, ale nie zahamowało to schyłku rewolucji.

Wygasanie buntu wywołało zamieszanie wśród socjalistów. Na ich IX Zjeździe, obradującym w listopadzie 1906 r., doszło do rozłamu w PPS. Zwolennicy programu powstańczego, z Piłsudskim na czele, utworzyli PPS-Frakcję Rewolucyjną. Ich oponenci, głoszący potrzebę współdziałania z rosyjskim nurtem rewolucji, nazwali się PPS-Lewicą.

Cofanie się rewolucji i spory w łonie jej głównych bohaterów sprzyjały zwiększeniu wpływów Narodowej Demokracji (endecji), jak coraz częściej nazywano obóz kierowany przez Ligę Narodową. Skrzętnie wykorzystywała ona otwierające się po październikowym manifeście legalne możliwości działania. Opanowała rodzące się organizacje oświatowe, kulturalne, samopomocowe i zawodowe. Giętka w kontaktach z władzami, a na użytek publiczności opozycyjna i radykalna endecja wyrosła na najpoważniejszą siłę w Królestwie Polskim. Kierowanej przez nią koalicji przypadła zdecydowana większość polskich mandatów w pierwszych wyborach do Dumy, w marcu 1906 r. Sukces ułatwiła niedemokratyczna ordynacja i bojkot wyborów przez PPS i SDKPiL. Ale i w kolejnym głosowaniu, do II Dumy (I Duma została rozwiązana za opozycyjność wobec caratu), zorganizowana przez endecję koalicja zdobyła komplet mandatów.

Widząc porażkę rewolucjonistów, ludzie skłonni byli wierzyć, że Narodowa Demokracja jest jedynym stronnictwem skutecznie broniącym interesów kraju i potrafiącym skłonić Petersburg do ustępstw. O tym, że ustępstwa te podyktowała obawa przed zagrożeniem ze strony radykalnego skrzydła rewolucji, przekonano się dopiero z upływem czasu.

Dogasanie rewolucji spowodowało, że carat zdecydował się na rozwiązanie 16 VI 1907 r. także II Dumy, o wiele bardziej uległej od swej poprzedniczki. Historycy uznają tę datę za zakończenie rewolucji w Rosji. Władze radykalnie zmieniły ordynację wyborczą, zmniejszając liczbę posłów z Królestwa z trzydziestu sześciu do czternastu. W liczącej ponad czterystu posłów III Dumie nierealne stały się wcześniejsze marzenia Koła Polskiego o odgrywaniu w parlamencie roli języczka u wagi i zdobywaniu dzięki temu kolejnych ustępstw dla kraju. Petersburg szybko to wykorzystał i coraz dotkliwie począł ograniczać nadane już Królestwu swobody.

Dodatni bilans

Społeczeństwo przygniotła atmosfera klęski. Przeżywano ją tym boleśniej, że nigdy dotąd zwycięstwo nie wydawało się tak bliskie. Zrozumiałe w tej sytuacji przygnębienie przesłoniło dziejowe znaczenie rewolucji. A przecież w odróżnieniu od powstań rewolucja, choć też stłumiona, przyniosła pierwszą od czasów Aleksandra Wielopolskiego poprawę statusu narodowego. Osłabła cenzura, częściowo zezwolono na zrzeszanie się, rozszerzono prawo używania języka polskiego w wielu dziedzinach życia, przede wszystkim w szkolnictwie i w samorządzie gminnym. Ożywiło się życie kulturalne i ruch oświatowy, dzięki czemu wydatnemu przyspieszeniu uległ rytm życia narodowego.

Robotnikom rewolucja zapewniła lepsze warunki pracy i płacy oraz, mimo późniejszych ograniczeń, prawo do tworzenia związków zawodowych. Duże znaczenie miał ukaz tolerancyjny, umożliwiający stu kilkudziesięciu tysiącom mieszkańców wschodnich guberni Królestwa przejście na katolicyzm z narzuconego im przemocą prawosławia. Rewolucja obudziła z politycznego uśpienia miliony ludzi, uświadamiając im możność walki z zaborcą. Można było brutalnymi represjami zepchnąć te dążenia do podziemia, ale ponowne ich ożywienie stanowiło już tylko kwestię czasu.

▲ POCHÓD NARODOWY
zorganizowany przez endecję 5 XI 1905 r. w Warszawie miał ukazać siłę endecji i jej oparcie w społeczeństwie. Demonstranci chcieli podkreślić, że społeczeństwu warszawskiemu wrogie są nastroje rewolucyjne i nie popiera ono „wyładowań socjalistycznych".
FOTOGRAFIA, MN WARSZAWA

ODZEW ▶
na wybuch rewolucji w Królestwie Polskim przejawiał się w innych zaborach m.in. zbiórkami pieniędzy na „ofiary walki o swobodę Polski". Tę odezwę, nawołującą do składania datków na rzecz Skarbu Narodowego, napisał Stanisław Witkiewicz.
ULOTKA, XI 1905, MT ZAKOPANE

◀ REPRESJE
przybrały po rewolucji 1905 r. charakter masowy. Instrukcje z Petersburga nakazywały kategorycznie likwidować wszelkie organizacje socjalistyczne, skracać do minimum procedurę śledztwa, zwiększać infiltrację ruchu robotniczego. Rozstrzeliwano działaczy rewolucyjnych, tysiące etapami wysyłano na Sybir.
GENOWEFA I STEFAN JULIAN BRZEZIŃSCY W WAGONIE WIĘZIENNYM NA PERONIE W WARSZAWIE W 1905, POCZTÓWKA, 1905-1918, MNIEP WARSZAWA, FOT. MM

MANIFEST KONSTYTUCYJNY ▶
podpisał car Mikołaj II 30 X 1905 r. Współczesny wydarzeniu rysunek satyryczny ukazuje premiera Siergieja Wittego, który prowadzi za rękę szlochającego cara. Car rozpacza z powodu przyznania swobód mieszkańcom Rosji, co w pełni odpowiada jego własnym słowom: „cierpienie ludu jest cierpieniem monarchy".
1905, MNIEP WARSZAWA, FOT. MM

▼ RADA PAŃSTWA,
czyli wyższa izba rosyjskiego parlamentu, została powołana w Rosji na mocy *Manifestu konstytucyjnego* z 1905 r. Składała się po połowie z członków obieranych przez organy samorządu terytorialnego (ziemstwa i rady miejskie) i z dożywotnich nominatów carskich.
„TYGODNIK ILUSTROWANY", 1906, OSSOLINEUM WROCŁAW, FOT. JKAT

Początki dyskusji na temat stylu narodowego w naszej architekturze sięgają romantyzmu, kiedy to pojawiły się poglądy, że dawni Słowianie posiadali wybitnych snycerzy i budowniczych, których dzieła, dzięki ludowi, przetrwały w formie nieskażonej w takich enklawach jak Podhale.

Powszechne w XIX w. zainteresowanie historią narodów i ich sztuką zaowocowało poszukiwaniem stylów narodowych w przeszłości. Szczególną popularnością cieszył się styl gotycki (uznawany za styl narodowy przez Niemców, Francuzów, Anglików, ale też – w formie tzw. stylu wiślano--bałtyckiego lub ostrołukowego – przez Polaków), jednak wskazania mogły dotyczyć i innych stylów, takich jak romański, renesansowy czy bizantyjski. Na ziemiach polskich dyskusja o stylu narodowym ze zrozumiałych względów miała szczególnie żywy przebieg i uczestniczyło w niej wielu wybitnych architektów. Podstawowa debata rozpoczęła się w latach 80. XIX w., kiedy to próbowano udowodnić, że styl narodowy lub „swojski" można rozwinąć, wykorzystując formy średniowieczne, ludowe, przy jednoczesnym uwzględnieniu architektury klasycznej, lub czerpiąc tylko z motywów ludowych – jak w przypadku stylu zakopiańskiego Stanisława Witkiewicza.

To właśnie Witkiewicz był największym orędownikiem rodzimego stylu narodowego. U jego źródeł widział bliską stylowi polskiemu z epoki nieskażonej jeszcze przez wpływy cudzoziemskie chatę zakopiańską – z jej jasnością konstrukcji, proporcjami i kształtem dachu. W batalii o narodowy styl zakopiański sekundowali Witkiewiczowi liczni badacze drewnianej architektury ludowej. W okresie Młodej Polski tendencja ta przybrała na sile w związku ze zwróceniem się w wielu dziedzinach twórczości ku sztuce ludowej i sposobowi życia polskich chłopów.

Próbowano też rozszerzyć poszukiwania przejawów stylu narodowego i na inne obszary kraju (np. wschodni Beskid, Pokucie, Mazury) i na odmienne formy budownictwa – tzw styl dworkowy, którego przykładem miał być parterowy dworek z gankiem i z oficynami, z dużym okapem, podcieniami oraz dachem z polskim załamaniem. Trudności z przeniesieniem zasad budownictwa drewnianego i dworkowego na grunt architektury monumentalnej, realizowanej z bardziej trwałych materiałów, osłabiły nieco dyskusje na temat stylu narodowego, jednak i w latach późniejszych dążono do stworzenia teorii architektury będącej syntezą rodzimego stylu polskiego.

▲ W WILLI PAWLIKOWSKICH,
Pod Jedlami, zachowało się zaprojektowane przez Witkiewicza całkowite wyposażenie wnętrz. Głównym „budorzem" domu był towarzysz wypraw tatrzańskich Tytusa Chałubińskiego – Wojciech Roj.
STANISŁAW WITKIEWICZ, ZAKOPANE, 1896, FOT. MM

◄ SUKNIA
w stylu zakopiańskim, wykorzystująca zdobnicze motywy podhalańskie, jest potwierdzeniem, że moda na góralszczyznę obejmowała w okresie Młodej Polski i wyższe sfery.
MN KRAKÓW, FOT. MS

▼ SERWIS
wykonany w stylu zakopiańskim świadczy o tym, że nawet projektując filiżanki do kawy, próbowano wzorować się na góralskich czerpakach
MT ZAKOPANE, FOT. MM

◄ W KOLIBIE,
pierwszej willi zaprojektowanej przez Stanisława Witkiewicza w stylu zakopiańskim, chodziło, jak pisał jej twórca, o „zbudowanie domu, w którym by były rozstrzygnięte [...] wątpliwości co do możności pogodzenia ludowego budownictwa z wymaganiami bardziej [...] wyrafinowanych potrzeb budowy i piękna".
ZAKOPANE, 1892, FOT. MM

WZORNICTWO W STYLU ZAKOPIAŃSKIM ►
stało się w Polsce przełomu XIX i XX w. niezwykle popularne. Utrzymany w tym stylu kredens potwierdza opinię Witkiewicza, że: „Meble zakopiańskie rozchodzą się po całej Polsce".
LWÓW, MM PŁOCK, FOT. MM

▲ STYL ZAKOPIAŃSKI
oraz ochrona tatrzańskiej przyrody były gorąco propagowane przez Stanisława Eljasza-Radzikowskiego, lekarza, badacza i działacza w sprawach Tatr i Podhala, który miłość do gór odziedziczył po ojcu, Walerym.
KRAKÓW, 1901

► WNĘTRZE KOLIBY,
stylizowane na wnętrze chaty góralskiej, z odbiegającą od wyposażenia prawdziwej chłopskiej chałupy umywalką. Obecnie w willi mieści się Muzeum Stylu Zakopiańskiego.
MT ZAKOPANE, FOT. MM

▼ KRZESŁO
z początku XX w. z Białego Dunajca, wykonane w stylu zakopiańskim, stanowi przykład snycerki podhalańskiej wykorzystującej obok rodzimych wzorów również motywy tyrolskie.
MT ZAKOPANE, FOT. MM

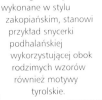

▼ JASZCZURÓWKA,
kaplica Uznańskich projektu Stanisława Witkiewicza, który w 1898 r. pisał: „Styl zakopiański wkroczył do kościoła; stawia ołtarze, ozdabia okna i cały sprzęt kościelny".
ZAKOPANE, 1908, FOT. MM

► KAMIENICA PRZY UL. CHMIELNEJ 30
w Warszawie, zbudowana w stylu zakopiańskim według projektu Jarosława Wojciechowskiego, odbierana była jako manifestacja kojarzonej z tym stylem polskości w centrum okupowanej przez Rosjan Warszawy.
1905–1906, FOT. MSZAB

W OBLICZU WOJNY

Kiedy w spokojnej do 1908 r. Europie zapachniało prochem, pojawiła się szansa na odnowienie kwestii polskiej

▲ **SOJUSZ TRZECH CESARZY,**
zawarty w 1873 r., nie trwał długo. Rosyjsko-austriacka rywalizacja na Bałkanach oraz zamknięcie dla Rosji niemieckiego rynku pieniężnego w 1890 r. doprowadziły do trwałego rozłamu między cesarzami.

MIEJSCE NAD RZEKĄ PRZEMSZĄ, GDZIE STYKAŁY SIĘ ZIEMIE TRZECH ZABORÓW, POCZTÓWKA, POCZ. XX W., ZPM BARANOWSKA

▼ **SYTUACJA MIĘDZYNARODOWA**
na początku XX w. zmusiła Anglię do wyrzeczenia się polityki „wspaniałego odosobnienia" i szukania sojuszników. Wobec wzrastającej konkurencji handlowej, kolonialnej i morskiej Niemiec Anglia sprzymierzyła się w latach 1904–1907 z Francją i Rosją.

POCZTÓWKA, 1915, ZPM BARANOWSKA

▼ **JÓZEF PIŁSUDSKI**
doszedł do wniosku, iż caratowi może się przeciwstawić tylko silna armia rewolucyjna, oparta na kadrach wychowanych w konspiracji. W tym celu organizował w Galicji związki strzeleckie, a w Stróży koło Dobrej założył szkołę oficerską.

FOTOGRAFIA, OK. 1914, KTN BITTBURG, FOT. MM

Dojrzewanie konfliktu

Okrzepnięcie w 1907 r. Trójporozumienia (Francja, Rosja, Wielka Brytania) zaostrzyło jego rywalizację z Trójprzymierzem (Niemcy, Austro-Węgry, Włochy). Mogła ją rozstrzygnąć tylko wojna, która, zważywszy na rywalizację o kolonie, musiała mieć światowy charakter. Terenem najostrzejszej konfrontacji stały się Bałkany. Tam od dziesięcioleci krzyżowały się interesy mocarstw, szczególnie rosyjskie i austriackie, na które nakładały się coraz silniejsze dążenia narodów bałkańskich do emancypacji. „Kocioł bałkański" zawrzał z nową siłą, kiedy Rosja, pobita w 1905 r. przez Japonię, właśnie na tym obszarze postanowiła zrekompensować sobie dalekowschodnią porażkę. Pokój zawisł dosłownie na włosku już w czasie tzw. przesilenia aneksyjnego, wywołanego w październiku 1908 r. formalnym inkorporowaniem przez Austro-Węgry okupowanej od 30 lat Bośni i Hercegowiny, wcześniej należącej do Turcji. Słabość militarna wycieńczonej rewolucją Rosji przesądziła o załagodzeniu sporu, ale nikt nie miał wątpliwości, że to tylko odroczenie nadciągającej wojny.

W tym konflikcie zaborcy Polski, po raz pierwszy od czasów napoleońskich, jeśli nie liczyć epizodycznej wojny austriacko-pruskiej z 1866 r., mieli walczyć przeciwko sobie. Stwarzało to szansę ponownego otwarcia kwestii polskiej.

Plany powstańcze

Z nowej sytuacji skorzystał Józef Piłsudski, którego wcześniejsze plany legły w gruzach. Aż do 1905 r. stawiał on na rewolucję na Zachodzie, tymczasem wybuchła ona w Rosji. Co najgorsze, wyzwoliła w Polakach nadzieję na skorzystanie z ogólnopaństwowych zdobyczy wolnościowych, odsuwając na dalszy plan polskie dążenia niepodległościowe. A rewolucji, która by spajała – a nie dzieliła – Polskę i Rosję, Piłsudski zdecydowanie nie chciał. Wszak za głównego wroga uznawał właśnie Rosję, niezależnie od panującego w niej ustroju. Pod wpływem doświadczeń z lat 1905–1907 socjalizm stracił dla niego cały dotychczasowy urok.

Wprawdzie aż do 1914 r. pozostał w PPS, ale nowe plany powstańcze związał już nie z rewolucją, lecz z wojną europejską. Piłsudski wierzył, że wybuch wojny stworzy Polakom wielką szansę. Żadna z walczących stron nie będzie mogła zlekceważyć sił ponaddwudziestomilionowego narodu. Aby jednak stać się obiektem międzynarodowej licytacji, zmierzającej do odbudowy niepodległości, Polacy musieli być odpowiednio zorganizowani. Naród „Bartków zwycięzców" nie mógł uzyskać niczego poza przelaniem krwi. Najwięcej można było zdobyć, rzucając na szalę wypadków samodzielny polski czyn zbrojny.

Orężne pogotowie narodu chciał Piłsudski osiągnąć, wywołując w chwili wybuchu wojny antyrosyjskie powstanie w Królestwie Polskim. Przygotować je zamierzał w Galicji. Nie ufał Austrii i sojuszowi z nią nadawał wyłącznie taktyczny charakter. W ramach tych przygotowań, w czerwcu 1908 r., został utworzony we Lwowie tajny Związek Walki Czynnej (ZWC). Z polecenia Piłsudskiego kierował nim Kazimierz Sosnkowski, a jednym z najaktywniejszych działaczy był Władysław Sikorski. Za główny cel ZWC uznano wywalczenie niepodległej, republikańskiej Polski. Z myślą o rozszerzeniu działalności, dzięki kontaktom z wywiadem austriackim i życzliwości namiestnika Galicji Michała Bobrzyńskiego, w 1910 r. powstały dwie legalne organizacje wojskowe: Towarzystwo Strzelec w Krakowie i Związek Strzelecki we Lwowie. Patronowała tej akcji PPS, ale właśnie w tym czasie Piłsudski z działacza socjalistycznego przeistoczył się w polityka wyłącznie niepodległościowego.

Wraz z przeniesieniem zarzewia zrywu z Królestwa Polskiego do Galicji zmieniło się zaplecze działań niepodległościowych. Piłsudski nie liczył już na robotników, bo tu byli oni nieliczni i mniej skorzy do buntu. Nowe przygotowania powstańcze oparł na młodzieży, głównie inteligenckiej. Szybko uznała ona w nim wodza i obdarzyła go bezgranicznym zaufaniem, które przetrwało dziesięciolecia.

Działalność wojskową w Galicji podjęli też działacze, którzy opuścili Ligę Narodową, oburzeni ugodową wobec caratu polityką Dmowskiego. W 1912 r. utworzyli wzorowane na Związku Strzeleckim Polskie Drużyny Strzeleckie. Środowisko to, liczebnością nieustępujące zwolennikom Piłsudskiego, nie miało jednak ani oryginalnego programu, ani wybitnych osobowości i funkcjonowało w cieniu komendanta strzelców.

Nieco ospałą i staromodną Galicję ogarnęła w 1908 r. niepodległościowa gorączka. Młoda Polska przeniosła się z teatrów i kabaretów na wiece polityczne i place wojskowych ćwiczeń.

W nie mniejszym stopniu niż przygotowania galicyjskie o zwycięstwie powstania miała zadecydować postawa mieszkańców zaboru rosyjskiego. Budowę już nie kadr, lecz licznej armii wiązał Piłsudski z planami wojennymi Rosjan. Był przekonany, że zorganizują oni obronę dopiero na linii Wisły, pozostawiając na lewym jej brzegu tylko skromne siły osłonowe. Miały sobie z nimi poradzić kadrowe kompanie strzeleckie, dzięki napływowi ochotników rozrastające się w bataliony i pułki.

▲ **ZWIĄZEK STRZELECKI,**
utworzony w grudniu 1910 r., uzyskał zezwolenie władz austriackich na legalne prowadzenie działalności wojskowej. Były one bowiem zainteresowane rozbudową przysposobienia wojskowego młodzieży wobec przewidywanego konfliktu europejskiego.
EDWARD RYDZ-ŚMIGŁY – FOTOGRAFIA; KAZIMIERZ SOSNKOWSKI; OK. 1916; BN WARSZAWA

FRANCISZEK PĘKSZYC ▶
działalność niepodległościową rozpoczął w tajnej Armii Polskiej. Po wybuchu wojny zgłosił się do Legionów Polskich i objął komendę batalionu rekrutów złożonego w większości z ochotników z Królestwa Polskiego.
„PLUTON STUDENCKI POD DOWÓDZTWEM FRANCISZKA PĘKSZYC-GRUDZIŃSKIEGO W TATRACH", FOTOGRAFIA, OK. 1914, MWP WARSZAWA, FOT. PC

▲ **MICHAŁ BOBRZYŃSKI**
był zwolennikiem reform w Galicji i porozumienia polsko-ukraińskiego. Jako namiestnik dyskretnie popierał związki strzeleckie, widząc w nich zaczyn ewentualnego powstania antyrosyjskiego w Królestwie Polskim.
MICHAŁ BOBRZYŃSKI I ARCYKSIĄŻĘ KAROL W BRYCZCE, FOTOGRAFIA, 1912, OSSOLINEUM WROCŁAW, FOT. MŁ.

Zamach czterech premierów

W dniu 26 IX 1908 r. Organizacja Bojowa PPS-Frakcji Rewolucyjnej dokonała swojej ostatniej wielkiej akcji – napadu na pociąg pocztowy w Bezdanach nieopodal Wilna. Piłsudski przygotowywał ten atak od wielu miesięcy. Chodziło o zdobycie pieniędzy na prowadzenie prac wojskowych na terenie Galicji. Pierwszą próbę uderzenia podjęto 19 IX. Spóźnienie części bojowców sprawiło, że Piłsudski w ostatniej chwili odwołał napad. Doszło do niego tydzień później. W akcji wzięło udział kilkunastu bojowców, w tym aż czterech późniejszych premierów Polski: Józef Piłsudski, Walery Sławek, Aleksander Prystor i Tomasz Arciszewski. Wśród napastników była także późniejsza żona Piłsudskiego, Aleksandra Szczerbińska. Od bomb i strzałów zginęło kilku Rosjan, żaden z bojowców nie ucierpiał. Najwięcej czasu zajęło segregowanie zdobyczy. Łupem bojowców padło ponad 200 tysięcy rubli. Wszyscy napastnicy szczęśliwie się wycofali, ale policji udało się ująć kilku z nich. Trafili na katorgę, z której uwolniła ich dopiero rewolucja lutowa 1917 r.

RAMIĘ KRZEP - OJCZYŹNIE SŁUŻ - HARTUJ CIAŁO I DUCHA.

LEGITYMACYA SKAUTOWA

◄ PIERWSZE DRUŻYNY SKAUTOWE

na ziemiach polskich tworzył w maju 1911 r. we Lwowie Andrzej Małkowski. Miały one zaprawiać młodzież do służby wojskowej, a także zapewnić jej rozwój fizyczny i umysłowy.
LEGITYMACJA SKAUTOWA WŁADYSŁAWA LEITNERA, 1914, MMMM WROCŁAW, FOT. MŁ

"SOKÓŁ" ►

został założony we Lwowie 7 II 1867 r. Stopniowo opanowany przez Narodową Demokrację, rozwinął, głównie w Galicji, działalność paramilitarną. Z inicjatywy "Sokoła" powstały w 1912 r. Polowe Drużyny Sokole.
MUNDUR CZŁONKA TOWARZYSTWA GIMNASTYCZNEGO "SOKÓŁ", 1918-1939, MO RZESZÓW, FOT. MŁ

◄ DRUŻYNY BARTOSZOWE

były organizacją paramilitarną założoną w 1908 r.; działały legalnie w Galicji i nielegalnie w Królestwie Polskim. Początkowo skupiały się na pracy oświatowej (np. zakładaniu bibliotek), od 1912 r. główny nacisk położono na szkolenie wojskowe.
ODZNAKA NOSZONA NA CZAPKACH DRUŻYN BARTOSZOWYCH W MAŁOPOLSCE W 1914, MWP WARSZAWA, FOT. PC

◄ ROMAN DMOWSKI

Jego prorosyjskie aspiracje polityczne oraz związanie się z ruchem neosłowiańskim doprowadziły w czerwcu 1911 r. do rozłamu i osłabienia endecji. W konsekwencji nie uzyskał mandatu do IV Dumy w wyborach listopadowych 1912 r.
"TYGODNIK ILUSTROWANY", 1918

─ Tajne państwo ─

Do współpracy między zwolennikami Piłsudskiego i secesjonistami z obozu narodowego, przeciwnymi ugodowej polityce Dmowskiego, doszło nie od razu. Narodowcy zarzucali Piłsudskiemu zbytnią uległość wobec Austriaków. Walkę o niepodległość chcieli oprzeć nie na obcej pomocy, lecz na własnych siłach narodu. Miało to umożliwić tajne państwo polskie. Jej wizję sformułował główny teoretyk ruchu narodowo-niepodległościowego – Feliks Młynarski. W 1911 r. wydał on, pod pseudonimem Jan Brzoza, pracę *Zagadnienie polityki niepodległości*. Postulował, aby w konspiracji powołać wszystkie instytucje państwowości, a więc rząd, skarb, wojsko, szkolnictwo, sądownictwo. Wiele było w tym zapożyczeń z powstania styczniowego. Tajne państwo zupełnie jednak nie pasowało do realiów. Atmosfera autonomicznej Galicji przesycona była legalizmem, a w przygnieconym klęską rewolucji Królestwie nie było nastroju do spiskowania. W otoczeniu Piłsudskiego wykpiono mrzonki Młynarskiego, co dodatkowo zantagonizowało obydwa środowiska niepodległościowe.

Plan powstania różnił się gruntownie od projektów galicyjskich konserwatystów i demokratów, również wiążących swe wojenne nadzieje z Austrią. Tu sojusz nie był, jak u Piłsudskiego, podyktowany względami taktycznymi; wynikał z przekonania, że jedynie Austria działa zgodnie z interesami Polaków. Za najszczęśliwsze rozwiązanie uważano przyłączenie odbitego Rosji Królestwa do Galicji i przekształcenie dualistycznej do tej pory monarchii w trialistyczną: w Austro-Węgro-Polskę.

Pojednanie z Rosją

Od patriotycznego nastroju Galicji diametralnie różniła się pełna rezygnacji atmosfera zaboru rosyjskiego. Dogorywająca rewolucja zrodziła zachowania patologiczne: mordy bratobójcze, zdradę i prowokację. Brakowało wielkich idei. Jedni zastępowali je ascezą i mistycyzmem, inni, wręcz przeciwnie, używali życia. Nigdy w Warszawie nie funkcjonowało tyle domów publicznych, co w tych ciężkich, porewolucyjnych czasach.

Władze, korzystając z klęski buntu, zaostrzyły represje i walkę z polskością. Kurs, zwany od nazwiska premiera reakcją stołypinowską, zaprzeczał obietnicom Ligi Narodowej, mówiącym o wywalczeniu rozległej autonomii. Aby ukryć porażkę, należało wskazać nowe argumenty za współpracą z Petersburgiem.

Dmowski przedstawił takie racje w wydanej w 1908 r. pracy *Niemcy, Rosja i kwestia polska*. Wyjaśnił, że chociaż na co dzień Polacy narażeni są na szykany rosyjskie, to prawdziwe niebezpieczeństwo grozi im ze strony niemieckiej. Berlin dąży bowiem do hegemonii w Europie i ma szansę ją zdobyć. A w rządzonej przez Niemców Europie Polaków bezlitośnie zetrą żarna germanizacji. Zablokować je może tylko Rosja. Będzie w tej roli skuteczna, jeśli zmieni swój stosunek do Polaków. Marnując bowiem siły na ich rusyfikowanie, sama stanie się łupem Berlina. Także Polacy muszą odrzucić antyrosyjskie urazy, przekreślić tradycję powstańczą i wytężyć wszystkie siły, aby zgotować Niemcom nowy Grunwald. Tym razem pod berłem Romanowów, bo taka jest logika historii.

Dmowski był pewien, że niemiecka zaborczość doprowadzi do wojny w Europie. Rosja winna w niej dążyć do zjednoczenia wszystkich ziem polskich i obdarzenia ich autonomią. Tylko w ten sposób powstanie tama dla niemieckich podbojów na wschodzie.

Koncepcja Dmowskiego czyniła ze sprawy polskiej klucz do europejskiego bezpieczeństwa. Fascynowała rozmachem i logicznością rozumowania. Miała też jednak słabe strony. Zrywała z dotychczasową tradycją polskiej myśli politycznej, upatrującej głównego wroga w Rosji i w wojnie z nią szukającej odzyskania niepodległości. Ponadto planów Dmowskiego nie można było spełnić bez dobrej woli Petersburga. Tej zaś w oczywisty sposób brakowało.

Przywódca Narodowej Demokracji był konsekwentny i, nie bacząc na trudności, starał się doprowadzić do zbliżenia polsko-rosyjskiego. Z jego polecenia, już wiosną 1907 r., Koło Polskie poparło w Dumie zwiększenie poboru rekruta, ratując projekt rządowy przed upadkiem. Oburzyło to wielu ludzi, doznających na co dzień skutków krępującego Królestwo stanu wojennego. Nie bacząc na krytykę opinii publicznej, zaangażował się też Dmowski w akcję neosłowiańską, będącą parawanem dla imperialnej ekspansji Rosji na Bałkanach.

Pierwsza zbuntowała się młodzież. W 1907 r. Lidze Narodowej wypowiedział posłuszeństwo Związek Młodzieży Polskiej (Zet). W 1908 r. wystąpili z Ligi działacze prowadzący pracę w środowisku robotniczym i chłopskim. Secesjoniści powrócili do porzuconych przez endecję haseł walki czynnej i stworzyli obóz narodowo-niepodległościowy, który na terenie Galicji współpracował z Piłsudskim.

Dwa obozy

Coraz wyraźniej stawały naprzeciw siebie dwa obozy: prawicowo-narodowy i lewicowo-piłsudczykowski. Różniło je wszystko, od wyboru zachowań w nadciągającej wojnie, po odmienne widzenie podstawowych problemów ustrojowych, gospodarczych i społecznych.

Przesuwająca się na prawo i coraz bardziej zabarwiająca swój program lojalizmem Narodowa Demokracja usuwała w cień wpływowych do niedawna konserwatystów. Przejmowała ich hasła, z wyjątkiem najważniejszego – trójlojalizmu, czyli lojalności wobec wszystkich trzech państw zaborczych. Opowiadała się za zjednoczeniem wszystkich ziem polskich przez Romanowów, nie traktując tego jako cel ostateczny, ale jako środek umożliwiający dalsze starania o poprawę bytu narodowego.

Na drugim biegunie, lewicowym, radykalna lewica nie doceniała siły uczuć patriotycznych i traciła zwolenników na rzecz lewicy niepodległościowej. Pierwszy zjazd PPS-Lewicy usunął w 1908 r. z programu partii hasło niepodległości. Uznano je za utopijne i zastąpiono żądaniem szerokiej autonomii w ramach państwowości rosyjskiej. Wywołało to ferment w szeregach, które opuścili znani działacze, w tym Andrzej Strug i Norbert Barlicki. Zasilili oni PPS-Frakcję Rewolucyjną, która od tego czasu (1909 r.) poczęła używać starej nazwy, PPS.

▼ SZLISSELBURG
to rosyjska twierdza nad jeziorem Ładoga. Nazwę (klucz-gród) nadał jej car Piotr I po rozbudowie istniejącej od 1323 r. fortecy. Od 1730 r. do rewolucji lutowej 1917 r. pełniła funkcję więzienia politycznego.
„TYGODNIK ILUSTROWANY", 1906, OSSOLINEUM WROCŁAW, FOT. MŁ

▼ URZĄDZENIA PRZEMYSŁOWE
rozwijały się także ze względu na potrzeby armii. W nowoczesnej wojnie wykorzystywano transport kolejowy i samochodowy, który wymagał m.in. odpowiednich warsztatów naprawczych.
WIERTARNIA KOLUMNOWA NOŻNA, PRZED 1914, MHP OPATÓWEK, FOT. MM

▼ ► SZKOLENIE WOJSKOWE
związków strzeleckich rozpoczęło się w połowie 1911 r., po uzyskaniu przez dowódców korpusów we Lwowie i Krakowie zezwolenia na korzystanie z broni i pomocy instruktorów armii austriackiej.
PISTOLET MAUSER WZ. 92/12 – OBERNDORF, NIEMCY, PRZED 1914; KARABINEK NIEMIECKI WZ. 1888/1891 – SUHL, NIEMCY, 1891, MMMM WROCŁAW, FOT. MŁ

FONOGRAF ▲
nazywano początkowo w Warszawie głosopisem, a Bolesław Prus napisał o nim, że jest to „oczywista maskarada". Jeszcze w końcu XIX w. „gadającą maszynę" Thomasa Alvy Edisona pokazywano na jarmarkach jako osobliwość.
FONOGRAF GEM, USA, POCZ. XX W., MT WARSZAWA, FOT. PC

„Zabawki z karabinami"

Galicyjskiej gorączce patriotycznej towarzyszył liczebny wzrost szeregów strzeleckich. Memoriał Piłsudskiego dla sztabu austriackiego, z wiosny 1913 r., mówił o 10 tysiącach zorganizowanych żołnierzy. Nie wszyscy jednak byli z tego zadowoleni. Powstańczy entuzjazm wręcz trwożył galicyjskich konserwatystów. Kazimierz Morawski, wybitny filolog klasyczny i prezes Akademii Umiejętności, pisał już 24 II 1913 r. do namiestnika Galicji Michała Bobrzyńskiego: „Tu głupstwa i szaleństwa się wzmagają. Po ulicach się snują mundury powstańców. W Króle-

stwie dobrze o tym wiedzą i za tę zabawkę zapłacą nasi krwawo. Na czele stoi p. Piłsudski, socjalista. Jeśli byłaby wojna, to nasi powstańcy bandytyzm będą w Królestwie szerzyć, a dla Austrii i dla nas pomocą nie będą. Nas tu rozpacz ogarnia na widok tych zabawek z karabinami". Namiestnik Bobrzyński, też konserwatysta, nie przejmował się takimi opiniami i po cichu wspierał ruch strzelecki. Nie identyfikował się z jego aspiracjami niepodległościowymi, ale zamierzał się nim posłużyć dla związania sprawy polskiej z Austrią.

◄ KOBIETY,
walczące od połowy XIX w. o prawo do działalności społecznej i zawodowej, zaczęły w XX w. odnosić pierwsze sukcesy. W 1911 r. w Warszawie praktykowało już legalnie 37 lekarek, 600 nauczycielek oraz farmaceutki i dentystki.
GABRIELA ZAPOLSKA – 1909; OLGA BOZNAŃSKA W SWOJEJ PRACOWNI – POCZ. XX W.; FOTOGRAFIA; ML WARSZAWA; FOT. MM

◄ POCZĄTKI FILMU
na ziemiach polskich sięgają 1896 r., kiedy Kazimierz Prószyński nakręcił w Warszawie kilka scen dokumentujących życie społeczne, np. *Ulica Franciszkańska* czy *Aleje Jerozolimskie*. Pierwszy film fabularny, *Antoś pierwszy raz w Warszawie*, nakręcono w 1908 r.
KONSTRUKCJA KAZIMIERZ PRÓSZYŃSKI, REPORTERSKA KAMERA FILMOWA „AEROSKOP", WIELKA BRYTANIA, OK. 1910, MT WARSZAWA, FOT. PC

WŁODZIMIERZ TETMAJER ►
był przewodniczącym Strzelca (od grudnia 1910 r.) oraz współzałożycielem Polskiego Skarbu Wojskowego. Po wybuchu wojny, jako komisarz wojska polskiego, wydał na Podhalu odezwę nawołującą do wstępowania do Legionów.
ODEZWA WŁODZIMIERZA TETMAJERA DO PODHALAN, 24 VIII 1914, AP KRAKÓW, FOT. MJAN

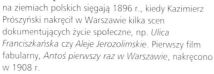

◄ PIERWSZE UBEZPIECZENIA NA ŻYCIE
na ziemiach polskich pojawiły się w Poznaniu w 1873 r. Wynikało to z polepszenia warunków życiowych i zmniejszenia się liczby przedwczesnych zgonów. Rozwój tego typu ubezpieczeń spowolniła I wojna światowa.
POLISA UBEZPIECZENIOWA NA WYPADEK ŚMIERCI, TOWARZYSTWO UBEZPIECZEŃ PRZEZORNOŚĆ, WARSZAWA, 2–15 VII 1912, MU PZU KRAKÓW, FOT. MM

Własny skarb

Prowadzone w Galicji przygotowania wojskowe były hamowane przez poważne kłopoty finansowe. Aby im zaradzić, 25 VIII 1912 r. w Zakopanem został powołany do życia Polski Skarb Wojskowy. Na spotkanie, zwane potocznie „zjazdem irredentystów", przybyli m.in. reprezentanci PPS, PPSD, PSL oraz nurtu narodowo-niepodległościowego. Główny referat wygłosił Józef Piłsudski. Skarżył się on na bierność rodaków: „Naród zaniemógł i opuścił ręce"; chce niepodległości, ale wyobraża sobie, że będzie ona kosztowała „dwa grosze wydatków i dwie krople krwi". Tymczasem nadciąga wojna i trzeba przyspieszyć prace wojskowe, to zaś wymaga pieniędzy. Przewodniczącym Polskiego Skarbu Wojskowego został nestor socjalistów Bolesław Limanowski, skarbnikiem – poseł do parlamentu wiedeńskiego Hipolit Śliwiński, sekretarzem i zarazem szarą eminencją – jeden z najbardziej zaufanych współpracowników Piłsudskiego – Walery Sławek. Skarb działał do wybuchu wojny. Największe sumy zgromadził dzięki ofiarności Polonii amerykańskiej.

Uszczuplona PPS-Lewica coraz bardziej zbliżała się do SDKPiL, przedkładając interes rewolucji ponad polski interes narodowy.

Ostre spory międzypartyjne omijały dzielnicę pruską. Tu nie do pomyślenia było pojednanie z zaborcą i poparcie go w zbliżającej się wojnie. Coraz brutalniejsza germanizacja nie pozostawiała złudzeń, jaki los czeka Polaków pod berłem Hohenzollernów. Przytłaczająca większość ludności sympatyzowała z programem Narodowej Demokracji, szczerze życząc Rosji zwycięstwa. Mocno bowiem trafiało do przekonania stwierdzenie Dmowskiego mówiące o śmiertelnym zagrożeniu ze strony niemczyzny.

O rząd i wojsko

Zaostrzająca się sytuacja międzynarodowa zachęcała do szczególnej aktywności zwolenników orężnej walki o niepodległość. Jesienią 1912 r. wybuchł kolejny kryzys bałkański. Doszło do otwartej wojny między Turcją a Serbią, Czarnogórą, Bułgarią i Grecją. W każdej chwili mogła się ona zamienić w starcie między Trójprzymierzem a Trójporozumieniem.

W tej atmosferze obydwa nurty niepodległościowe: strzelecko-socjalistyczny i narodowy, nawiązały bliską współpracę. W Wiedniu, 10 XI 1912 r., została utworzona Komisja Tymczasowa Skonfederowanych Stronnictw Niepodległościowych (KTSSN). Weszli do niej przedstawiciele trzech ugrupowań galicyjskich: Polskiej Partii Socjal-Demokratycznej, Polskiego Stronnictwa Ludowego i Polskiego Stronnictwa Postępowego. Królestwo reprezentowała PPS i kontrolowane przez secesjonistów z Ligi Narodowej: Narodowy Związek Robotniczy, Narodowy Związek Chłopski oraz Związek Niepodległości.

Komisja koordynowała prace niepodległościowe, a w chwili wybuchu powstania miała wyłonić Rząd Narodowy. Z jej nominacji Piłsudski został komendantem wszystkich niepodległościowych organizacji wojskowych, w których widziano kadry przyszłego wojska. Dzięki wpływom socjalistów i ludowców elitarny do tej pory ruch niepodległościowy zyskał masowe poparcie i stał się jedną z najważniejszych sił politycznych w Galicji.

Ekspansja zwolenników walki zbrojnej zaniepokoiła narodowych demokratów, którzy w przygotowywanym powstaniu dostrzegali tylko dywersję ułatwiającą Niemcom pokonanie Rosji. W wyniku nacisków Ligi Narodowej w 1913 r. doszło do rozłamu w ruchu ludowym. Grupa działaczy zarzuciła przywódcy PSL Janowi Stapińskiemu niemoralne uprawianie polityki i założyła własną partię – PSL „Piast". Znalazł się w niej głośny malarz Włodzimierz Tetmajer i stojący u progu wielkiej kariery działacz chłopski Wincenty Witos. Stapiński nie był bez winy, ale spór toczył się o to, czy ruch ludowy poprze obóz lewicowo-niepodległościowy, skupiony w KTSSN, za czym opowiadał się Stapiński, czy też sprzymierzy się z Narodową Demokracją, do czego zmierzał „Piast".

Na razie politycy przycichli, bo pierwsza wojna bałkańska nie zamieniła się w konflikt globalny. Sprzymierzeńcy dość łatwo pokonali Turcję, ale sami poróżnili się o podział łupów.

W 1913 r. wybuchła kolejna wojna, tym razem przeciwko Bułgarii. Także i tym razem konflikt udało się rozstrzygnąć na niewielkim obszarze.

Powstanie Legionów

W końcu jednak wrzenie w „bałkańskim kotle" doprowadziło do wybuchu. 28 VI 1914 r. serbscy spiskowcy zamordowali w Sarajewie następcę tronu, arcyksięcia Franciszka Ferdynanda. Austria zyskała znakomitą okazję ukarania Belgradu, aspirującego do zjednoczenia ziem południowosłowiańskich. Wsparły ją Niemcy, przekonane o swojej przewadze militarnej i dążące do wojny, zanim państwa Trójporozumienia dorównają im w wyścigu zbrojeń. 1 VIII rozgorzała wielka wojna, z czasem nazwana I wojną światową.

6 VIII 1914 r. w stanie wojny znalazły się Rosja i Austro-Węgry, co umożliwiło podjęcie działań przez Piłsudskiego. Jeszcze w tym samym dniu oddziały strzeleckie przekroczyły granicę rosyjską, z zamiarem wzniecenia powstania w Królestwie. Strzelcy zajęli nie, jak wcześniej planowano, robotnicze Zagłębie Dąbrowskie, lecz wiejskie obszary Kielecczyzny. Tamtejsza ludność obojętnie, a niekiedy wrogo przyjęła wezwanie do walki. Do kadrowych kompanii nie napłynęli ochotnicy.

Okazało się także, że Rosjanie ani myślą oddawać lewy brzeg Wisły bez walki. W ten sposób załamały się obydwa filary koncepcji insurekcyjnej. Położenie utrudniły dodatkowo żądania austriackie. Wiedeń, rozgoryczony fiaskiem antyrosyjskiej dywersji, zażądał albo rozwiązania oddziałów strzeleckich, albo ich wcielenia do armii austriackiej.

Ratunek przyniosła inicjatywa zwolenników rozwiązania trialistycznego. 16 VIII 1914 r. powstał w Krakowie Naczelny Komitet Narodowy, złożony z przedstawicieli wszystkich ugrupowań galicyjskich. Pod jego patronatem rozpoczęto tworzenie Legionów Polskich. Ocaliło to przygniecionych nieudaną próbą powstańczą strzelców, którzy zostali przeformowani w 1. Pułk Legionów Polskich, walczący pod dowództwem Piłsudskiego.

▶ ZAMACH W SARAJEWIE
na austriackiego następcę tronu, arcyksięcia Franciszka Ferdynanda, dokonany 28 VI 1914 r. przez Gavrila Principa, działającego z inspiracji serbskiego wywiadu wojskowego, stał się jedną z bezpośrednich przyczyn wybuchu I wojny światowej.
MUNDUR ARCYKSIĘCIA FRANCISZKA FERDYNANDA, KTÓRY MIAŁ NA SOBIE W CHWILI ZAMACHU W SARAJEWIE 24 VI 1914, HGM WIEN

◀ ANDRZEJ GALICA
po studiach na politechnikach lwowskiej i wiedeńskiej wstąpił do PPS. W 1913 r. prowadził w Skawinie wstępne prace przy budowie kanału Odra–Wisła, tam spotkał Piłsudskiego i przystąpił do organizacji oddziałów strzeleckich. W 1914 r. został przeniesiony do Centrali Budowy Dróg Wodnych, gdzie zorganizował dwie kompanie strzeleckie dla tworzących się legionów.
MAJOR ANDRZEJ GALICA Z 4. PUŁKU PIECHOTY, 1915, OSSOLINEUM WROCŁAW, FOT. MM

▲ PATROL 7 UŁANÓW
pod dowództwem Władysława Beliny-Prażmowskiego już 2 VIII 1914 r. na rozkaz komendanta Józefa Piłsudskiego wyruszył na rekonesans do Królestwa Polskiego, stając się w ten sposób pierwszym oddziałem przekraczającym granicę Królestwa Polskiego.
PORTRET STEFANA FELSZTYŃSKIEGO Z 1. PUŁKU UŁANÓW – TADEUSZ PRUSZKOWSKI, 1916, OSSOLINEUM WROCŁAW, FOT. MM; BELINIACY – FOTOGRAFIA, 1916, OSSOLINEUM WROCŁAW, FOT. ML

Wymarsz

I Kompanię Kadrową sformowano w krakowskich Oleandrach 2 VIII 1914 r. Tworzyli ją uczestnicy letnich szkół Związku Strzeleckiego i Polskich Drużyn Strzeleckich. Liczyła 144 żołnierzy. Miała jako pierwsza podjąć walkę z Rosjanami. Czekała na ten moment do 6 VIII, czyli do wybuchu wojny austriacko-rosyjskiej. Zbiórkę zarządzono o godzinie 3 rano. Przeglądu oddziału dokonał sam Piłsudski. „Spotkał was ten zaszczyt niezmierny – przemówił do żołnierzy – że pierwsi pójdziecie do Królestwa i przestąpicie granicę rosyjskiego zaboru, jako czołowa kolumna wojska polskiego, idącego walczyć za oswobodzenie ojczyzny". Komendant Piłsudski odprowadził oddział do granic miasta, a następnie udał się na posiedzenie Komisji Skonfederowanych Stronnictw Niepodległościowych. Oznajmił tam, że w Warszawie powstał Rząd Narodowy, któremu on, wraz z wojskiem, się podporządkował. Była to mistyfikacja, która miała mu zapewnić niezależność polityczną. Zaskoczona Komisja musiała pogodzić się z tym faktem. W tym czasie I Kadrowa sforsowała już granicę i wkroczyła do Królestwa.

Legiony Polskie nigdy nie zostały jednolicie umundurowane. Różnice były widoczne zwłaszcza między Brygadami I (i później III) a II. Było to rezultatem odmiennego pochodzenia poszczególnych pułków i formacji oraz zależności od austro-węgierskiego sojusznika, który szybko zaczął borykać się z trudnościami w zaopatrzeniu własnych wojsk.

Pułki I Brygady, wywodzące się ze Związków Strzeleckich, chętnie manifestowały swą tradycję. Żołnierze nosili bluzy mundurowe nawiązujące krojem do uniformów strzeleckich, ale uszyte z austriackiego materiału barwy błękitnoszarej (*hechtgrau*). Charakterystycznym nakryciem głowy była maciejówka, do której przypinano strzeleckiego orzełka bez korony. Z kolei legioniści II Brygady używali zazwyczaj mundurów szytych według wzorów austro-węgierskich oraz różnego rodzaju rogatywek. We wszystkich brygadach noszono zwężające się ku dołowi błękitnoszare spodnie, do których stosowano owijacze lub skórzane sztylpy. Szczególnie malowniczą formacją były pułki ułanów I i II Brygady. Kawalerzyści wyróżniali się specjalnie dla nich zaprojektowanymi kurtkami, na ramiona zaś narzucali austriackie kożuszki dragońskie lub ułańskie. Każdy z pułków używał wysokich sztywnych czapek rogatych o odmiennej formie, które w polu często zastępowano praktyczniejszymi maciejówkami lub furażerkami.

W Legionach przez długi czas nie było jednolitego systemu oznaczania stopni. I Brygada używała oznak nawiązujących do strzeleckich oznak funkcyjnych, uzupełnionych o oznaki stopni oficerskich. II Brygada stosowała oznaki stopni oparte na wzorcach austriackich. Próby narzucenia Legionom systemu stopni austriackich urzędników wojskowych były przez Polaków systematycznie bojkotowane.

Pułki piechoty Legionów Polskich używały najczęściej standardowej broni austriackiej – karabinów i karabinków Mannlichera, chociaż w pierwszych miesiącach wojny wciąż sporo było przestarzałych karabinów Werndla. Broń zespołową stanowiły najczęściej austriackie ciężkie karabiny maszynowe typu Schwarzlose, chociaż zdarzały się także zdobyczne rosyjskie maximy. Natomiast ułani obok szabel austriackich chętnie nosili zdobyczne rosyjskie szable i szaszki. Dopiero w 1917 r. Legiony doczekały się własnych wzorów szabel. Broń palną kawalerii stanowiły przede wszystkim austriackie karabinki kawaleryjskie Mannlichera. Baterie artylerii legionowej uzbrojone były początkowo w niezbyt nowoczesne austriackie działa górskie, które dość szybko wymieniono na lepsze działa polowe i haubice, głównie produkcji niemieckiej.

◄ UŁANI 1. PUŁKU Z CKM-EM SYSTEMU SCHWARZLOSE

Karabin ten wymagał starannej konserwacji, co sprawiało obsłudze wiele kłopotów, zwłaszcza w okopach. Żeby zapobiegać zacięciom, naboje przed taśmowaniem musiały być starannie naoliwione. Warto zwrócić uwagę na kawaleryjskie kożuszki narzucone na ramiona żołnierzy na pierwszym planie.

FOTOGRAFIA, 1916, OSSOLINEUM WROCŁAW, FOT. MM

► PIECHOTA LEGIONOWA W OKOPACH POD RUDKĄ MIRYŃSKĄ

Oczekujący na rozkaz do ataku żołnierze są uzbrojeni w karabiny Mannlichera z nałożonymi bagnetami. Niektóre z karabinów przystosowano do miotania granatów nasadkowych. Charakterystycznym elementem wyposażenia są maski przeciwgazowe – symbol nowoczesnej wojny.

FOTOGRAFIA, 1916, OSSOLINEUM WROCŁAW, FOT. MM

▼ PORUCZNIK MARIUSZ ZARUSKI Z 1. PUŁKU UŁANÓW

Charakterystyczne elementy umundurowania to: dwurzędowa kurtka ułanka, wysoka rogatywka i szeroki płaszcz fantazyjnie zarzucony na ramiona, zamiast typowego kożuszka. Przy boku porucznika – austriacka szabla kawaleryjska.

FOTOGRAFIA, OK. 1916, OSSOLINEUM WROCŁAW, FOT. MM

◄ MAJOR ANDRZEJ GALICA Z 4. PUŁKU PIECHOTY

na głowie ma charakterystyczną miękką rogatywkę, zwaną od nazwiska majora galicówką. Była to jedna z wielu odmian rogatywek używanych przez legionistów z II i III Brygady.

FOTOGRAFIA, OK. 1915, OSSOLINEUM WROCŁAW, FOT. MM

SZABLE AUSTRIACKIE ▲

należały do wyposażenia polskich legionistów, którzy niejednokrotnie do pochew lub rękojeści przylutowywali legionowe orzełki. Nowoczesne sposoby walki, jakie pojawiły się w latach I wojny światowej, nie wyparły całkowicie broni białej. Szable przysługiwały oficerom piechoty jako broń i oznaka funkcji, kawalerzyści zaś używali ich do walki z dobrym skutkiem, o czym świadczą boje legionowych ułanów, jak chociażby słynna szarża pod Rokitną.

SZABLE: OFICERA PIECHOTY WZ. 1861 - SOLINGEN, NIEMCY, OK. 1880; KAWALERYJSKA WZ. 1904 - BUDAPESZT, 1907; MMMM WROCŁAW, FOT. TG

◄ MUNDUR PORUCZNIKA I BRYGADY

składał się z maciejówki ze strzeleckim orzełkiem i oficerską rozetką oraz kurtki, uszytych z austriackiego sukna w kolorze błękitnoszarym. Na kołnierzu widoczne oznaki stopnia porucznika; w I Brygadzie miały postać wężyka i dwóch sześcioramiennych gwiazdek.

1915, MWP WARSZAWA, FOT. PC

► AUSTRIACKIE KARABINY MANNLICHER WZ. 1895

były w okresie I wojny światowej bronią dość nowoczesną. Ich wadą był wrażliwy na piach i zabrudzenia zamek. Ponieważ staranna konserwacja w warunkach wojny okopowej nie zawsze była możliwa, zacinanie się zamków w mannlicherach zdarzało się dosyć często.

STEYR, AUSTRIA, 1901, MMMM WROCŁAW, FOT. TG

▼ ODZNAKI PAMIĄTKOWE BRYGAD I PUŁKÓW

były nie tylko odznakami formacji – często zastępowały polskie odznaczenia za waleczność.

ODZNAKA I BRYGADY „ZA WIERNĄ SŁUŻBĘ"; MEDALION II BRYGADY; KRZYŻ HONOROWY 3. PUŁKU PIECHOTY; PODHALAŃSKA SWASTYKA 4. PUŁKU PIECHOTY; 1916-1917, OSSOLINEUM WROCŁAW, FOT. MM

▲ KAPRAL MARIAN GROTOWSKI Z II BRYGADY

został sfotografowany w zakładzie fotograficznym, o czym świadczą archaiczne karabiny ustawione w tle jako dekoracja. Grotowski ma na sobie charakterystyczny dla II Brygady mundur uszyty według wzorów austriackich, na głowie zaś tzw. kompromisówkę, czyli połączenie austriackiej czapki polowej z polską konfederatką.

1915, OSSOLINEUM WROCŁAW, FOT. MM

▼ ARMATA I BATERII ARTYLERII NA POZYCJACH NAD STYREM

Pozowana fotografia prezentuje obsługę armaty przy ładowaniu. Z tyłu widać jaszcz amunicyjny. Artylerzyści mają na kołnierzach kurtek charakterystyczne belki – oznaki stopni stosowane w I Brygadzie.

1916, OSSOLINEUM WROCŁAW, FOT. MM

ZABÓR ROSYJSKI I KRÓLESTWO POLSKIE

1796 ► wywiezienie Biblioteki Załuskich do Petersburga
1797 ► sprzysiężenie księdza Faustyna Ciecierskiego w Wilnie, rozbite przez władze rosyjskie
1801 ► Świątynia Sybilli w Puławach
1803 ► powstaje Wileński Okręg Naukowy, przekształcenie Szkoły Głównej w Cesarski Uniwersytet Wileński
1805 ► Tadeusz Czacki zakłada liceum w Krzemieńcu
1812, 1 VII ► w Wilnie powstaje Komisja Rządu Tymczasowego Wielkiego Księstwa Litewskiego
1815, 20 VI ► proklamowanie w Warszawie Królestwa Polskiego, car podpisuje mu konstytucję (27 XI), namiestnikiem generał Józef Zajączek
1816 ► powstaje Uniwersytet Warszawski
1817 ► w Wilnie powstaje Towarzystwo Filomatów, tajne stowarzyszenie studenckie
1818 ► utworzenie archidiecezji warszawskiej, obejmującej cały obszar Królestwa Polskiego
1819, 3 V ► Walerian Łukasiński zakłada Wolnomularstwo Narodowe
1819 ► wprowadzenie cenzury w Królestwie Polskim
1820 ► powstają: Związek Wolnych Polaków w Warszawie oraz Związek Filaretów w Wilnie
1820 ► opozycja posłów ziemi kaliskiej (tzw. kaliszan) w czasie obrad sejmu
1820 ► początek rozwoju Łodzi
1821 ► Łukasiński tworzy w miejsce rozwiązanego Wolnomularstwa Narodowego Towarzystwo Patriotyczne
1821, VII ► Ksawery Drucki-Lubecki ministrem przychodów i skarbu Królestwa Polskiego
1821 ► ukazuje się „Kurier Warszawski"
1822 ► rozwiązanie przez cara rady województwa kaliskiego (V); aresztowanie Łukasińskiego (X)
1822 ► *Ballady i romanse* Adama Mickiewicza, umowny początek romantyzmu polskiego
1823–1824 ► procesy filomatów i filaretów oraz przywódców Towarzystwa Patriotycznego
1825, 13 VI ► utworzenie Towarzystwa Kredytowego Ziemskiego
1825, VI ► sejm uchwala Kodeks cywilny Królestwa Polskiego
1826, VII ► śmierć Józefa Zajączka, przejęcie uprawnień namiestnika przez Radę Administracyjną
1828 ► utworzenie Banku Polskiego w Warszawie
1828, XII ► sprzysiężenie Piotra Wysockiego
1830, 18–19 XI ► mobilizacja wojska Królestwa Polskiego w związku z rewolucją w Belgii
1830, 29 XI ► wybuch powstania listopadowego

ZABÓR PRUSKI I KSIĘSTWO WARSZAWSKIE

1796, 9 I ► wojska pruskie wkraczają do Warszawy
1798 ► działalność Towarzystwa Republikantów Polskich (do 1801 r.)
1800 ► powstanie Towarzystwa Przyjaciół Nauk w Warszawie
1806, 7 XI ► powstanie wielkopolskie
1806, 27 XI ► oddziały francuskie wkraczają do Warszawy, zawiązują się polskie władze (5 XII)
1807, I ► utworzenie Izby Edukacyjnej w Warszawie, organizacja sieci szkół elementarnych
1807, 14 I ► ustanowienie Komisji Rządzącej (7 osób)
1807, 7–9 VII ► pokój w Tylży, utworzenie Księstwa Warszawskiego z ziem drugiego i trzeciego zaboru pruskiego
1807, 22 VII ► Napoleon nadaje konstytucję Księstwu Warszawskiemu
1807, 21 XII ► dekret grudniowy, zniesienie poddaństwa chłopów
1808, I ► wprowadzenie Kodeksu Napoleona
1808 ► utworzenie Szkoły Prawa (od 1811 r. Szkoła Prawa i Administracji), kształcącej sędziów w Warszawie
1809, III ► obrady pierwszego sejmu Księstwa
1809 ► wojna z Austrią (IV), bitwa pod Raszynem (19 IV); powiększenie obszaru Księstwa (X)
1810 ► utworzenie Dyrekcji Rządowej Teatru Narodowego
1810 ► ponowne otwarcie (zamkniętej w 1796 r.) mennicy w Warszawie
1811 ► otwarcie Szkoły Dramatycznej
1812–1813 ► tzw. druga wojna polska, udział wojsk Księstwa w wojnie Napoleona z Rosją
1812, 28 VI ► Konfederacja Generalna Królestwa Polskiego, przywrócenie dawnej państwowości
1813 ► wojska rosyjskie w Warszawie (II); powołanie Rady Najwyższej Tymczasowej Księstwa Warszawskiego (14 III)
1815, 3 V ► utworzenie Wielkiego Księstwa Poznańskiego podczas kongresu wiedeńskiego
1817 ► rozciągnięcie ustawodawstwa Prus na Wielkie Księstwo Poznańskie
1821 ► utworzenie wspólnej archidiecezji gnieźnieńskiej i poznańskiej
1823, IV ► reforma uwłaszczeniowa w Wielkim Księstwie Poznańskim
1826–1827 ► proces poznańskich działaczy Towarzystwa Patriotycznego
1827, X ► pierwsze obrady sejmu stanowego Wielkiego Księstwa Poznańskiego
1828 ► Tytus Działyński funduje Bibliotekę Kórnicką
1828 ► Towarzystwo Przyjaciół Rolnictwa, Przemysłu i Oświaty w Poznaniu
1829 ► otwarcie biblioteki Raczyńskich w Poznaniu

ZABÓR AUSTRIACKI I WOLNE MIASTO KRAKÓW

1796, 5 I ► wojska austriackie zajmują Kraków
1796 ► powstanie Zgromadzenia Centralnego we Lwowie (Centralizacja Lwowska), działa w trzech zaborach do 1797 r.
1797, IV ► nieudany spisek Franciszka Gorzkowskiego na Podlasiu
1803 ► administracyjne połączenie Galicji Wschodniej (ze Lwowem) i Zachodniej (z Krakowem)
1805 ► połączenie uniwersytetów w Krakowie i Lwowie w jeden uniwersytet austriacki, w miejsce lwowskiej uczelni powstaje liceum
1809, V ► działania wojsk Księstwa Warszawskiego przeciwko armii austriackiej w Galicji, zdobycie twierdz w Sandomierzu (18 V) i Zamościu (20 V), zajęcie Lwowa (27 V) i Krakowa (15 VII)
1809, 14 X ► pokój w Schönbrunnie; do Księstwa Warszawskiego przyłączono ziemie zajęte przez Austrię w trzecim i częściowo pierwszym rozbiorze, z których utworzono departamenty: krakowski, lubelski, radomski i siedlecki
1810 ► wprowadzenie konstytucji na terenach zaboru austriackiego przyłączonych do Księstwa Warszawskiego
1813, 12 V ► ostatnie posiedzenie rządu Księstwa Warszawskiego w Krakowie
1815, 3 V ► utworzenie Wolnego Miasta Krakowa podczas kongresu wiedeńskiego
1815 ► odkrycie złóż gazu ziemnego w Borysławiu
1817, IV ► patent cesarski o organizacji galicyjskiego Sejmu Stanowego we Lwowie
1817, 4 VI ► zatwierdzenie statutu fundacji Zakładu Narodowego im. Ossolińskich, założonej przez Józefa Maksymiliana Ossolińskiego we Lwowie
1817 ► ponowne otwarcie uniwersytetu we Lwowie
1818, 22–23 VI ► uroczystości pogrzebu Tadeusza Kościuszki w Krakowie
1818, 15 VII ► ustawa konstytucyjna Wolnego Miasta Krakowa
1818 ► założenie Szkoły Sztuk Pięknych w Krakowie
1820–1823 ► sypanie Kopca Kościuszki w Krakowie
1820, III ► jezuici wydaleni z Litwy przenoszą się do Galicji, zakładając gimnazja w Tyńcu, Nowym Sączu i Tarnopolu
1828, II ► zawieszenie konstytucji Wolnego Miasta Krakowa
1830 ► władze austriackie deportują do USA grupę 235 Polaków, która daje początek Polonii amerykańskiej

ROSJA	PRUSY I INNE PAŃSTWA NIEMIECKIE	AUSTRIA
1796, 17 XI ► Paweł I carem (do 1801 r.) 1796, 27 XI ► car uwalnia Tadeusza Kościuszkę z niewoli 1797, 26 I ► podpisanie ostatecznej konwencji rozbiorowej Rzeczypospolitej przez Rosję, Prusy i Austrię 1798, 12 II ► śmierć Stanisława Augusta Poniatowskiego w Petersburgu 1799–1802 ► udział w drugiej koalicji antyfrancuskiej 1799 ► wojska generała Aleksandra Suworowa walczą we Włoszech z Francuzami 1801, III ► zamordowanie cara Pawła, następcą Aleksander I (do 1825 r.) 1801 ► Rosja anektuje Gruzję 1804 ► książę Adam Jerzy Czartoryski ministrem spraw zagranicznych 1805 ► udział w trzeciej koalicji antyfrancuskiej 1806–1807 ► udział w czwartej koalicji antyfrancuskiej z Prusami i Austrią; pokój z Francją w Tylży (7 VII 1807 r.), Rosja otrzymuje okręg białostocki i zobowiązuje się do uczestniczenia w blokadzie kontynentalnej Anglii 1806–1812 ► wojna z Turcją; pokój w Bukareszcie (27 V 1812 r.), Besarabia przyłączona do Rosji 1808–1809 ► wojna ze Szwecją, Finlandia przyłączona do Rosji 1809 ► na mocy pokoju w Schönbrunnie Rosja zyskuje okręg tarnopolski 1812 ► wojna z Napoleonem: utrata Smoleńska (19 VIII), bitwa pod Borodino (5–7 IX) i zajęcie Moskwy przez Napoleona (14 IX); wojna podjazdowa Rosjan, odwrót wojsk napoleońskich i ich klęska nad Berezyną (26–29 XI) 1813, II ► wojska rosyjskie wkraczają do Księstwa Warszawskiego 1813, 28 II ► antyfrancuski układ z Prusami w Kaliszu 1813, VIII ► udział w szóstej koalicji antyfrancuskiej 1814, 30 VIII ► car ogłasza amnestię ogólną dla Polaków 1815, VI ► na kongresie wiedeńskim Rosja utrzymuje Finlandię i Besarabię 1815, 26 IX ► Święte Przymierze Rosji, Prus i Austrii 1821 ► car zakazuje działalności tajnych stowarzyszeń, w tym masonerii (również w Królestwie Polskim) 1824 ► korzystne dla Królestwa Polskiego taryfy celne w Rosji 1825 ► Mikołaj I carem (do 1855 r.) 1825, 26 XII ► stłumienie powstania dekabrystów w Petersburgu 1828–1829 ► wojna z Turcją; pokój w Adrianopolu (2–14 IX 1829 r.), Rosja otrzymuje wschodnią Armenię i kaukaskie wybrzeże Morza Czarnego	1797 ► śmierć króla Prus Fryderyka Wilhelma II, rządy Fryderyka Wilhelma III (do 1840 r.) 1801 ► oratorium *Pory roku* Josepha Haydna 1803, 25 II ► uzależnienie państw niemieckich od Francji 1804 ► ukazuje się pierwsza część *Fausta* Johanna Wolfganga Goethego 1805 ► pomoc południowoniemieckich państw dla Napoleona w walce z trzecią koalicją; neutralność Prus 1806, 12 VII ► powstaje Związek Reński, szesnaście państw niemieckich zależnych od Napoleona; Prusy tworzą z Rosją czwartą koalicję antyfrancuską (26 IX), zwycięstwa Francuzów pod Jeną i Auerstedt (14 X), zajęcie Berlina (27 X) 1807 ► *Fenomenologia ducha* Georga Wilhelma Hegla 1807, 9 VII ► pokój z Francją w Tylży, Prusy tracą połowę terytorium i płacą kontrybucję, utworzenie Królestwa Westfalii, królem Hieronim Bonaparte 1807, X ► edykt październikowy, zniesienie dziedzicznego poddaństwa chłopów w Prusach 1808, XI ► wprowadzenie samorządu miast 1810 ► reforma oświaty w Prusach, Wilhelm von Humboldt zakłada uniwersytet w Berlinie 1811 i 1816 ► reformy agrarne w Prusach 1812, 24 II ► Napoleon zmusza Prusy do zawarcia przymierza 1813, 28 II ► układ Fryderyka Wilhelma III z Rosją; wypowiedzenie wojny Francji (16 III) 1813 ► zwycięstwa Napoleona pod Lützen (2 V) i Budziszynem (20 V) 1813, VIII ► udział Prus w szóstej koalicji antyfrancuskiej pod hasłem wojny wyzwoleńczej 1813, 16–19 X ► tzw. bitwa narodów pod Lipskiem, klęska Napoleona, opuszczają go m.in. wojska saskie 1813, X ► rozwiązanie Związku Reńskiego 1815, VI ► na kongresie wiedeńskim Prusy otrzymują 2/5 Saksonii, Nadrenię i Westfalię, departamenty poznański i bydgoski z Toruniem byłego Księstwa Warszawskiego oraz Gdańsk; powstaje konfederacja trzydziestu czterech państw niemieckich – Związek Niemiecki 1815, 26 IX ► Święte Przymierze Prus, Rosji i Austrii 1817, 18 X ► studencka demonstracja w Wartburgu przeciwko absolutyzmowi 1819 ► dekrety karlsbadzkie – objęcie nadzorem życia uniwersyteckiego 1820 ► Fryderyk Wilhelm III zakazuje prac Komisji Konstytucyjnej 1823 ► *IX Symfonia* Ludwiga van Beethovena 1826 ► Georg Simon Ohm określa związek pomiędzy natężeniem i napięciem prądu elektrycznego	1797, 17 X ► traktat pokojowy w Campo Formio z Francją, Austria zrzeka się Lombardii, Niderlandów Południowych i posiadłości w Rzeszy na lewym brzegu Renu 1799–1802 ► udział w drugiej koalicji antyfrancuskiej 1801, 9 II ► pokój z Francją w Lunéville, potwierdzenie ustaleń z Campo Formio, kryzys Legionów Polskich 1805 ► udział w trzeciej koalicji antyfrancuskiej (IV), kapitulacja armii cesarskiej pod Ulm (15 X), Francuzi zajmują Wiedeń (13 XI) 1805, 2 XII ► klęska wojsk austriackich i rosyjskich pod Austerlitz w bitwie z Francuzami 1805, 26 XII ► pokój w Preszburgu, Austria traci Wenecję, Istrię i Dalmację (na rzecz Francji) oraz Tyrol (na rzecz Bawarii) 1806, 6 VIII ► cesarz Franciszek II zrzeka się tytułu władcy Świętego Cesarstwa Rzymskiego Narodu Niemieckiego, jako Franciszek I przybiera tytuł cesarza Austrii 1809 ► ministrem spraw zagranicznych zostaje książę Klemens Metternich 1809 ► udział w piątej koalicji antyfrancuskiej (IV), porażka pod Wagram (6 VII); na mocy pokoju w Schönbrunnie (14 X) Austria traci 1/3 terytoriów na rzecz Francji, Bawarii, Księstwa Warszawskiego i Rosji 1810, IV ► ślub Napoleona z Marią Luizą, córką cesarza Austrii 1813, 12 VIII ► Austria rozpoczyna wojnę z Francją, szósta koalicja antyfrancuska 1814, IX–1815, VI ► kongres wiedeński, Austria odzyskuje okręg tarnopolski od Rosji, Salzburg i Tyrol od Bawarii, Dalmację i Królestwo Lombardzko--Weneckie oraz Podgórze i saliny wielickie 1815, 26 IX ► Święte Przymierze podpisane przez Rosję, Prusy i Austrię w Paryżu w celu obrony ustalonego na kongresie porządku w Europie i wzajemnej pomocy w zwalczaniu prądów rewolucyjnych 1825 ► węgierski sejm ogłasza węgierski urzędowym językiem wszystkich mieszkańców Korony Węgierskiej

ZIEMIE POLSKIE POD ZABORAMI	FRANCJA	WIELKA BRYTANIA
1796–1797 ▶ pierwsze, krótkotrwałe organizacje niepodległościowe: Centralizacja Lwowska (1796 r.), sprzysiężenie Faustyna Ciecierskiego w Wilnie, Franciszka Gorzkowskiego na Podlasiu (1797 r.) **1798** ▶ działalność Towarzystwa Republikantów Polskich (do 1801 r.) **1800** ▶ powstanie Towarzystwa Przyjaciół Nauk w Warszawie **1806, 7 XI** ▶ powstanie wielkopolskie **1806** ▶ oddziały francuskie wkraczają do Warszawy (27 XI), zawiązują się polskie władze (5 XII) **1807, 7–9 VII** ▶ pokój w Tylży, utworzenie Księstwa Warszawskiego z ziem drugiego i trzeciego zaboru pruskiego **1807, 22 VII** ▶ Napoleon nadaje konstytucję Księstwu Warszawskiemu **1807, 21 XII** ▶ dekret grudniowy, zniesienie poddaństwa chłopów w Księstwie Warszawskim **1808, I** ▶ wprowadzenie Kodeksu Napoleona w Księstwie Warszawskim **1809, 14 X** ▶ pokój w Schönbrunnie, do Księstwa Warszawskiego przyłączono ziemie zajęte przez Austrię w trzecim i częściowo pierwszym rozbiorze, z których utworzono departamenty: krakowski, lubelski, radomski i siedlecki **1812, 1 VII** ▶ w Wilnie powstaje Komisja Rządu Tymczasowego Wielkiego Księstwa Litewskiego **1812–1813** ▶ tzw. druga wojna polska, udział wojsk Księstwa Warszawskiego w wojnie z Rosją **1815, 3 V** ▶ utworzenie Wielkiego Księstwa Poznańskiego i Wolnego Miasta Krakowa podczas kongresu wiedeńskiego na mocy porozumienia Rosji, Prus i Austrii **1815, 20 VI** ▶ proklamowanie przez cara w Warszawie Królestwa Polskiego **1817, IV** ▶ patent cesarski o organizacji galicyjskiego Sejmu Stanowego we Lwowie **1817** ▶ powstanie fundacji Zakładu Narodowego im. Ossolińskich we Lwowie **1817** ▶ rozciągnięcie ustawodawstwa Prus na Wielkie Księstwo Poznańskie **1821** ▶ Walerian Łukasiński tworzy w Warszawie Towarzystwo Patriotyczne **1822** ▶ *Ballady i romanse* Adama Mickiewicza, umowny początek romantyzmu polskiego **1823, IV** ▶ reforma uwłaszczeniowa w Wielkim Księstwie Poznańskim **1825, VI** ▶ sejm uchwala Kodeks cywilny Królestwa Polskiego **1830, 29 XI** ▶ wybuch powstania listopadowego	**1796, IV** ▶ początek wojen włoskich Napoleona **1797, 17 X** ▶ traktat pokojowy z Austrią w Campo Formio **1799** ▶ po niepowodzeniach w wyprawie egipskiej Napoleon wraca do Francji **1799, 9 XI** ▶ przewrót 18 Brumaire'a, Napoleon pierwszym konsulem (do 1804 r.) **1799–1802** ▶ druga koalicja antyfrancuska **1800, II** ▶ powstaje Bank Francji; uporządkowanie finansów państwa **1801, 16 VII** ▶ konkordat z papieżem **1804, III** ▶ Kodeks Napoleona **1804, 2 XII** ▶ koronacja Napoleona Bonapartego na cesarza Francuzów **1805** ▶ trzecia koalicja antyfrancuska, pokój w Preszburgu z Austrią **1806–1807** ▶ czwarta koalicja antyfrancuska **1807** ▶ pokój z Rosją (7 VII) i z Prusami (9 VII) w Tylży **1809** ▶ wojna z Austrią, piąta koalicja antyfrancuska, pokój w Schönbrunnie **1812** ▶ wojna z Rosją; po klęsce nad Berezyną (26–29 XI) Napoleon wraca do Paryża (XII) **1813, 16–19 X** ▶ klęska wojsk Napoleona pod Lipskiem **1814** ▶ kapitulacja Paryża (31 III), abdykacja Napoleona, królem Ludwik XVIII (6 IV); pierwszy traktat paryski (30 V), Francja w granicach z 1792 r. **1814, 4 VI** ▶ król nadaje kartę konstytucyjną (dwuizbowy parlament – Izba Parów i Izba Deputowanych) **1815, 1 III–VI** ▶ „sto dni Napoleona", jego klęska pod Waterloo (18 VI), powtórna abdykacja Napoleona (22 VI), powrót Ludwika XVIII na tron (do 1824 r.) **1815, 20 XI** ▶ drugi traktat paryski, Francja w granicach z 1790 r. płaci kontrybucję; okupacja kraju **1818** ▶ wojska okupacyjne opuszczają Francję **1824–1830** ▶ Karol X królem (do 1830 r.), wzrost niezadowolenia społecznego, konflikt króla z parlamentem **1827** ▶ teoria elektrodynamiki André Marie Ampère'a **1829** ▶ Louis Braille tworzy alfabet dla niewidomych **1830, 27–29 VII** ▶ rewolucja lipcowa w Paryżu przeciwko rozporządzeniom króla (rozwiązaniu parlamentu, zmianie ordynacji wyborczej, wprowadzeniu cenzury prewencyjnej), abdykacja i ucieczka Karola X; walki uwiecznia Eugène Delacroix na obrazie *Wolność prowadząca lud na barykady* **1830, 7 VIII** ▶ zwolennik monarchii konstytucyjnej Ludwik Filip I królem (do 1848 r.) **1830** ▶ romantyczna powieść *Czerwone i czarne* Stendhala	**1798, 1 VIII** ▶ flota angielska pokonuje francuską w bitwie pod Abu Kirem, odcinając wojska Napoleona w Egipcie **1799–1802** ▶ udział w drugiej koalicji antyfrancuskiej **1801** ▶ unia z Irlandią **1802, 25 III** ▶ pokój w Amiens z Francją, która odzyskuje swe zamorskie kolonie, Anglia uzyskuje Trynidad i Tobago **1803** ▶ Henry Shrapnel tworzy pocisk rozpryskowy **1803, III** ▶ wprowadzenie zakazu handlu niewolnikami przez parlament angielski **1805** ▶ udział w trzeciej koalicji antyfrancuskiej **1805, 21 X** ▶ zwycięstwo floty brytyjskiej (dowódca admirał Horatio Nelson poległ) pod Trafalgarem nad flotą francusko-hiszpańską, przekreślenie planów Napoleona inwazji na Anglię **1806, XI** ▶ blokada kontynentalna Napoleona przeciwko Anglii **1809, IV** ▶ Anglia wraz z Austrią tworzy piątą koalicję antyfrancuską **1812** ▶ powstanie ruchu luddystów, robotników niszczących maszyny **1812–1814** ▶ wojna z USA; pokój w Gandawie (24 XII 1814 r.) przywraca stan sprzed konfliktu **1813** ▶ udział w szóstej koalicji antyfrancuskiej, Arthur Wellington gromi wojska francuskie pod Vitorią w Hiszpanii (21 VI) **1814** ▶ George Stephenson konstruuje parowóz; w Londynie powstaje pierwsza gazownia miejska **1814** ▶ *Waverley* Waltera Scotta – wzór powieści historycznej **1815, 18 VI** ▶ wojska angielskie i pruskie zwyciężają Napoleona pod Waterloo **1815** ▶ na kongresie wiedeńskim Anglia uzyskuje Cejlon i Mauritius, Kraj Przylądkowy, Maltę i Helgoland **1819** ▶ ograniczenie pracy nieletnich do 12 godzin dziennie **1820** ▶ Jerzy IV królem (do 1830 r.), złagodzenie polityki wewnętrznej, cenzury i ustawy prasowej **1822** ▶ ograniczenie ceł wywozowych **1824** ▶ udostępnienie publiczności zbiorów National Gallery w Londynie **1825** ▶ pierwsza linia kolejowa na świecie (Stockton–Darlington); elektromagnes (William Sturgeon); zastosowanie rur melioracyjnych **1825** ▶ parlament uznaje legalność związków zawodowych **1829** ▶ dopuszczenie katolików do parlamentu i większości urzędów **1829** ▶ w Londynie powstaje Metropolitan Police (późniejszy Scotland Yard) **1830** ▶ w wyborach parlamentarnych przewagę zyskują zwolennicy reform **1830** ▶ Michael Faraday odkrywa zjawisko indukcji elektrycznej

PAŃSTWA PÓŁWYSPÓW APENIŃSKIEGO, BAŁKAŃSKIEGO I PIRENEJSKIEGO	AMERYKA PÓŁNOCNA, ŚRODKOWA I POŁUDNIOWA	AFRYKA, AUSTRALIA, AZJA
1796 ▶ wyprawa włoska Napoleona; pokonany król Sardynii oddaje Francji Sabaudię i Niceę; proklamowanie Republiki Lombardzkiej	1802 ▶ powstanie na Santo Domingo przeciwko Francuzom, w jego tłumieniu biorą udział 2 półbrygady polskie	1796 ▶ Anglicy wypierają Holendrów z Cejlonu
1797, 9 I ▶ powstanie Legionów Polskich (2 legie) w Republice Lombardzkiej	1803 ▶ Napoleon sprzedaje USA nabytą od Hiszpanów w 1801 r. Luizjanę	1796–1804 ▶ powstanie w północnych Chinach, stłumione przez Mandżurów
1797, 20 VII ▶ Józef Wybicki pisze *Pieśń Legionów Polskich we Włoszech* (*Mazurek Dąbrowskiego*)	1803 ▶ Anglicy opanowują Gujanę	1798 ▶ wyprawa egipska Napoleona, zajęcie Aleksandrii i Kairu (24 VII), porażka w bitwie morskiej pod Abu Kirem (1 VIII)
1797, 17 X ▶ traktat w Campo Formio, powstanie Republiki Cisalpińskiej, Legiony Polskie w jej służbie	1804, 1 I ▶ po pokonaniu wojsk francuskich Haiti proklamuje niepodległość	1801 i 1802–1803 ▶ zajęcie posiadłości księstw marackich w Indiach przez Kompanię Wschodnioindyjską
1798, 15 II ▶ proklamacja Republiki Rzymskiej, papież Pius VII jeńcem Francji	1807 ▶ Robert Fulton buduje statek parowy, przewrót w dziedzinie transportu wodnego	1804–1813 ▶ wojna Rosji z Persją, pokój w Gulistanie: Rosja otrzymuje północny Azerbejdżan oraz Dagestan, Gruzję i Abchazję
1798, XII ▶ walki legionistów pod Civita Castellana, zdobycie przez nich Gaety	1811–1819 ▶ Wenezuela rozpoczyna walkę z Hiszpanią o niepodległość	1805 ▶ Muhammad Ali, wicekról Egiptu pod zwierzchnictwem tureckim, faktycznym władcą Egiptu (do 1849 r.)
1799 ▶ druga koalicja wypiera Francuzów z północnych Włoch, upadek m.in. republik Rzymskiej i Neapolitańskiej	1816 ▶ niepodległość Zjednoczonych Prowincji La Platy (Argentyny)	1806 ▶ początek kolonizacji Złotego Wybrzeża w Afryce przez Anglików
1799, 29–30 VII ▶ większość II Legii w niewoli austriackiej po kapitulacji Mantui	1817–1825 ▶ budowa kanału między rzeką Hudson i jeziorem Erie	1813 ▶ początek badań wnętrza Australii
1800 ▶ druga wyprawa włoska; Napoleon zwycięża Austriaków pod Marengo (14 VI) i Hohenlinden (3 XII, z udziałem Legii Naddunajskiej)	1818 ▶ Chile niepodległą republiką	1814, VIII ▶ układ holendersko-angielski, Indonezja ponownie w rękach holenderskich
1800 ▶ ogniwo galwaniczne (Alessandro Volta)	1819 ▶ Hiszpania odstępuje USA Florydę	1815 ▶ początek intensywnej kolonizacji Australii
1801 ▶ reorganizacja Legionów w 3 półbrygady piesze	1819 ▶ założenie uniwersytetu stanu Wirginia przez Tomasza Jeffersona	1816 ▶ Nepal zmuszony do uznania protektoratu angielskiego
1804–1807 ▶ po powstaniach antytureckich Turcja przyznaje Serbii autonomię	1819, XII ▶ powstanie tzw. Wielkiej Kolumbii (Nowa Granada, Wenezuela, Ekwador), prezydentem Simón Bolívar	1818 ▶ Muhammad Ali podbija państwo wahhabitów na Półwyspie Arabskim
1806 ▶ walki I Półbrygady pieszej i Francuzów z wojskami angielskimi w południowych Włoszech	1821 ▶ niepodległość Meksyku, dowódca hiszpański Augustin de Iturbide cesarzem (jako Augustyn I), demokratyczna rewolucja (1823 r.), ogłoszenie republiki (1824 r.), Victoria Guadalupe pierwszym prezydentem (do 1829 r.)	1819 ▶ Kompania Wschodnioindyjska kupuje Singapur od miejscowego sułtana
1807, XI ▶ Francuzi zajmują Portugalię		1820 ▶ początek eksportu wełny z Australii
1808 ▶ początek wojny hiszpańskiej (VII); szarża szwoleżerów Jana Kozietulskiego pod Somosierrą otwiera Napoleonowi drogę na Madryt (30 XI)	1821 ▶ powstania przeciwko Hiszpanii: niepodległość Dominikany, Gwatemali, Hondurasu, Kostaryki, Nikaragui, Salwadoru oraz Peru	1820 ▶ początek misji amerykańskich misjonarzy na Hawajach
1809, V ▶ dekret Napoleona o wcieleniu Państwa Kościelnego do Francji	1822, 7 IX ▶ niepodległość Brazylii, następca tronu portugalskiego Don Pedro cesarzem jako Pedro I (do 1831 r.)	1822 ▶ Muhammad Ali podbija obszary nad górnym Nilem, reorganizacja armii i gospodarki, uporządkowanie administracji Egiptu
1814 ▶ ruch karbonariuszy we Włoszech dąży do obalenia absolutyzmu	1822–1824 ▶ połączenie Dominikany z Haiti	1822 ▶ Jean François Champollion odczytuje pismo hieroglificzne
1814, 31 VII ▶ Pius VII reaktywuje Towarzystwo Jezusowe	1823 ▶ powstają Stany Zjednoczone Ameryki Środkowej (Gwatemala, Salwador, Honduras, Nikaragua i Kostaryka), istnieją do 1838 r.	1822 ▶ Amerykańskie Towarzystwo Kolonialne po wykupieniu części zachodniego brzegu Afryki osadza tam grupę Murzynów amerykańskich, powstaje Monrowia
1815 ▶ restauracja Państwa Kościelnego, restytucja dynastii w Hiszpanii, Portugalii i Sardynii na kongresie wiedeńskim	1823, 2 XII ▶ doktryna Monroego; próby kolonizacji lub mieszania się w sprawy Ameryki przez państwa europejskie uznane za akt wrogi wobec USA	1823 ▶ odkrycie złóż złota w Australii
1820–1821 ▶ powstania w Neapolu i na Sycylii przeciwko absolutystycznym władcom stłumione przez siły Świętego Przymierza	1824–1825 ▶ obalenie panowania hiszpańskiego w Górnym Peru, powstaje Boliwia, Bolívar prezydentem	1824 ▶ porozumienie angielsko--holenderskie, Anglia rezygnuje z roszczeń do Sumatry, Holandia przekazuje jej swoje posiadłości na Półwyspie Indyjskim
1820–1823 ▶ powstanie w Hiszpanii, wojska francuskie przywracają władzę Ferdynanda VII	1826 ▶ powstaje federacyjna republika Argentyny	1824–1826 ▶ Anglicy opanowują część Birmy
1822 ▶ proklamowanie niepodległości Grecji przez Kongres Narodowy	1826 ▶ powieść *Ostatni Mohikanin* Jamesa Fenimore'a Coopera	1824–1826 ▶ Muhammad Ali włącza się do wojny przeciwko Grecji, zdobywa Kretę i Peloponez (1825 r.)
1830, 3 II ▶ Rosja, Anglia, Francja i Turcja na konferencji w Londynie uznają niepodległość Grecji	1826–1828 ▶ wojna Argentyny z Brazylią o Urugwaj, który uzyskuje niepodległość	1825–1830 ▶ powstanie antyholenderskie w Indonezji
1830 ▶ potwierdzenie autonomii Serbii pod zwierzchnictwem sułtana tureckiego	1828 ▶ słownik języka angielskiego Noaha Webstera	1826–1827 ▶ porażki Persji w wojnie z Rosją, pokój w Turkmanczaju (1828 r.), chanaty erewański i nachiweczański w rękach Rosji, Persja zrzeka się pretensji do Zakaukazia
	1830 ▶ śmierć Bolívara, rozpad Wielkiej Kolumbii	1830, V–VII ▶ wojska francuskie podbijają Algierię
	1830 ▶ ustawa o wysiedleniu Indian na równiny na zachód od Missisipi	1830, XI ▶ powstanie niepodległej Belgii
	1830 ▶ pierwsza linia kolejowa powstaje w stanie Nowy Jork	

ZABÓR ROSYJSKI

1831, II–V ► walki powstańców z wojskami rosyjskimi w Królestwie Polskim zakończone klęską pod Ostrołęką (26 V)

1831, 26 III–15 VII ► powstanie na Litwie

1831 ► rozruchy w Warszawie (15 VIII), generał Jan Krukowiecki rozwiązuje Towarzystwo Patriotyczne (18 VIII)

1831 ► zdobycie Warszawy przez wojska rosyjskie (6–8 IX), kapitulacja Modlina (9 X) i Zamościa (21 X)

1831–1832 ► represje popowstaniowe, likwidacja Towarzystwa Przyjaciół Nauk, uniwersytetów w Warszawie i Wilnie, wywiezienie ich zbiorów do Petersburga, zamknięcie Liceum Krzemienieckiego

1832, 26 II ► Królestwo Polskie integralną częścią Rosji

1833, II ► otwarcie Teatru Wielkiego w Warszawie

1834 ► powstanie osady fabrycznej w Żyrardowie

1836 ► ukończenie budowy Cytadeli w Warszawie

1838 ► rozbicie spisku Szymona Konarskiego w Wilnie

1839 ► Warszawski Okręg Naukowy, podległy rosyjskiemu kuratorowi

1841 ► rozwiązanie Rady Stanu i Sądu Apelacyjnego

1842–1844 ► organizacja księdza Piotra Ściegiennego, rozbita przez władze

1844 ► Szkoła Sztuk Pięknych w Warszawie

1845 ► otwarcie pierwszego odcinka kolei warszawsko-wiedeńskiej (do Skierniewic)

1851 ► zniesienie granicy celnej między Królestwem Polskim a Rosją

1856, V ► wizyta cara Aleksandra II w Warszawie; na mocy carskiej amnestii wracają więźniowie i zesłańcy z Syberii

1857 ► powstanie Akademii Medyko--Chirurgicznej oraz księgarni Gebethnera i Wolffa w Warszawie

1858 ► prapremiera *Halki* Stanisława Moniuszki w Teatrze Wielkim

1858 ► Andrzej Zamoyski zakłada Towarzystwo Rolnicze, organizację ziemiaństwa (istnieje do IV 1861 r.)

1861, 14 X ► wprowadzenie stanu wojennego w Warszawie

1861, 17 X ► powstanie czerwonego Komitetu Miejskiego, zawiązanie Dyrekcji białych (XII)

1862 ► margrabia Aleksander Wielopolski naczelnikiem rządu cywilnego (do IX 1863 r.)

1862, XI ► otwarcie Szkoły Głównej w Warszawie (działa do 1869 r.)

1863, 22 I ► Komitet Centralny Narodowy (od VI 1862 r.) przekształca się w Rząd Tymczasowy (od 10 V 1863 r. Rząd Narodowy), początek powstania styczniowego

1863 ► czerwoni obalają rząd (16 IX), Romuald Traugutt dyktatorem (17 X)

ZABÓR PRUSKI

1835 ► powstanie Kasyna (klubu) w Gostyniu, propagującego „industrię i oświatę"

1839, 4 X ► aresztowanie arcybiskupa gnieźnieńskiego i poznańskiego Marcina Dunina

1840 ► Karol Libelt organizuje Komitet Centralny Towarzystwa Demokratycznego Polskiego na kraj w Poznaniu

1841 ► z inicjatywy Karola Marcinkowskiego powstaje Towarzystwo Naukowej Pomocy dla Młodzieży w Poznaniu

1841 ► otwarcie Bazaru w Poznaniu

1843 ► Edward Dembowski, chroniąc się przed kolejną fazą aresztowań w Królestwie Polskim, przystępuje do rozbudowy konspiracji w Wielkopolsce

1844 ► utworzenie Centralnego Towarzystwa Rolniczego w Poznaniu

1846, 12 II ► aresztowanie przybyłego z Paryża Ludwika Mierosławskiego przez władze pruskie

1847, VIII ► proces (tzw. moabicki) 254 Polaków w Berlinie

1847 ► klęska nieurodzaju w Wielkopolsce

1848, 20 III ► Mierosławski i Libelt oraz inni skazani w procesie moabickim wychodzą na wolność w rezultacie amnestii; powstanie jawnego Komitetu Narodowego w Poznaniu

1848, 3 IV ► generał Friedrich Colomb ogłasza stan oblężenia w Poznaniu

1848, 11 IV ► ugoda w Jarosławcu przewidująca autonomię Wielkiego Księstwa Poznańskiego w zamian za redukcję wojsk powstańczych, odrzucona przez powstańców; Mierosławski naczelnym wodzem (26 IV)

1848, 30 IV ► zwycięstwo powstańców pod Miłosławiem i zajęcie Wrześni

1848, 9 V ► upadek powstania wielkopolskiego

1848, VI ► powstanie Ligi Polskiej, legalnej organizacji powstałej z inicjatywy polskich posłów do parlamentu pruskiego

1849, XII ► Wielkie Księstwo Poznańskie traci swoją odrębność

1850 ► rząd pruski rozwiązuje Ligę Polską w Poznańskiem i na Pomorzu

1855 ► Hipolit Cegielski zakłada w Poznaniu fabrykę narzędzi i maszyn rolniczych

1857 ► Towarzystwo Przyjaciół Nauk powstaje w Poznaniu

1859 ► odsłonięcie pomnika Adama Mickiewicza w Poznaniu

1859 ► początek wydawania „Dziennika Poznańskiego"

1861 ► w Poznaniu powstaje Centralne Towarzystwo Gospodarcze, koordynujące działalność samopomocy

ZABÓR AUSTRIACKI

1833 ► rozpoczęcie działalności Konferencji Rezydentów, złożonej z przedstawicieli państw zaborczych, w Wolnym Mieście Krakowie

1834 ► usunięcie z Galicji i Krakowa Polaków niebędących stałymi mieszkańcami

1834 ► prapremiera *Zemsty* Aleksandra Fredry we Lwowie

1835, II ► powstanie Stowarzyszenia Ludu Polskiego (działa do 1837 r.); Szymon Konarski tworzy sieć SLP w zaborze rosyjskim

1836 ► wojska państw zaborczych okupują Wolne Miasto Kraków (do 1841 r.)

1838 ► największa cukrownia w Galicji powstaje w Tłumaczu

1841 ► z inicjatywy księcia Leona Sapiehy powstaje Towarzystwo Kredytowe Ziemskie

1842 ► założenie przez Stanisława Skarbka teatru we Lwowie

1844 ► Akademia Techniczna powstaje we Lwowie

1845 ► rozpoczyna działalność Galicyjskie Towarzystwo Gospodarcze (powstało w 1829 r.)

1846, 18/19 II ► początek rabacji galicyjskiej

1846 ► powstanie krakowskie (20/21 II), wycofanie wojsk austriackich z Krakowa, Manifest Rządu Narodowego (22 II), Jan Tyssowski dyktatorem powstania (24 II)

1846, 4 III ► zajęcie Krakowa przez oddziały rosyjskie i austriackie, kapitulacja powstańców

1846, 16 XI ► Wolne Miasto Kraków włączone do Galicji

1848, 13 IV ► powstanie Rady Narodowej we Lwowie

1848, 22 IV ► samowolne zniesienie pańszczyzny w Galicji przez gubernatora generała Franza Stadiona, potwierdzone patentem cesarskim

1848, 26 IV ► starcia w Krakowie, ostrzał miasta i jego kapitulacja

1848, 1–2 XI ► walki we Lwowie, miasto kapituluje po ostrzale austriackim

1850 ► pożar w Krakowie niszczy wiele zabytkowych budowli

1852 ► Ignacy Łukasiewicz opracowuje nową metodę rafinacji ropy

1854 ► powstanie Towarzystwa Przyjaciół Sztuk Pięknych w Krakowie

1860 ► dyplom październikowy Franciszka Józefa I, zmiana ustroju Austrii, samodzielność sejmów krajowych, wyznaczanie delegatów do centralnej jednoizbowej Rady Państwa

1861, 28 II ► patent lutowy, ograniczenie kompetencji sejmów krajowych na rzecz dwuizbowej Rady Państwa

1861, VI ► pierwsza sesja Sejmu Krajowego Galicji we Lwowie

1862 ► początek wierceń naftowych w Galicji

ROSJA	PRUSY I INNE PAŃSTWA NIEMIECKIE	AUSTRIA

ROSJA

1831, 24 XI ▶ wprowadzenie bariery celnej między Rosją a Królestwem Polskim, powołanie Komitetu do Spraw Guberni Zachodnich, który dokonuje rusyfikacji i integracji Ziem Zabranych z Rosją

1834 ▶ otwarcie w Kijowie uniwersytetu przeniesionego z Wilna

1834 ▶ powstanie plemion kaukaskich pod wodzą imama Szamila

1835 ▶ zniesienie autonomii uniwersytetów

1836 ▶ *Rewizor* Mikołaja Gogola

1839 ▶ metropolita greckokatolicki Józef Siemaszko zgadza się na podporządkowanie Kościoła unickiego Cerkwi prawosławnej na Ziemiach Zabranych

1845 ▶ założenie Rosyjskiego Towarzystwa Geograficznego

1849, V ▶ 2 armie rosyjskie (140 tysięcy żołnierzy) walczą z powstaniem na Węgrzech

1851 ▶ zakończenie budowy linii kolejowej Petersburg–Moskwa

1851 ▶ zniesienie granicy celnej między Królestwem Polskim a Rosją

1852 ▶ polska szlachta na Ziemiach Zabranych podlega obowiązkom carskiej służby publicznej

1853 ▶ zerwanie stosunków z Turcją (V), po zajęciu Mołdawii i Wołoszczyzny przez wojska rosyjskie (VII) Turcja wypowiada wojnę Rosji (1 XI); zwycięstwo floty rosyjskiej pod Synopą (30 XI)

1854, 31 III ▶ Anglia i Francja wypowiadają wojnę Rosji

1854 ▶ oddziały francuskie, angielskie i tureckie lądują na Krymie (IX), klęska wojsk rosyjskich nad Almą (14 IX)

1855, 1 III ▶ śmierć Mikołaja I, tron obejmuje Aleksander II (do 1881 r.)

1855, 11 IX ▶ kapitulacja Sewastopola po 3-miesięcznym oblężeniu

1856, 30 III ▶ pokój w Paryżu: zakaz posiadania flot wojennych na Morzu Czarnym, zagwarantowanie nietykalności Turcji, autonomia Wołoszczyzny i Mołdawii

1858 ▶ traktat w Ajgunie z Chinami, Rosja otrzymuje lewy brzeg Amuru

1860 ▶ założenie Władywostoku

1861, 3 III ▶ uwłaszczenie chłopów i zniesienie poddaństwa

1861, VIII ▶ wprowadzenie stanu wojennego w generał-gubernatorstwie wileńskim

1863, 8 II ▶ tzw. konwencja Alvenslebena z Prusami w celu przeciwdziałania polskiemu powstaniu

1863, III ▶ wybuch powstania na Litwie; gubernatorem Ziem Zabranych zostaje generał Michał Murawjew (1 V)

1863 ▶ zwołanie fińskiego sejmu stanowego (po raz pierwszy od 1809 r.)

1863 ▶ przywrócenie autonomii uniwersytetom w Rosji

PRUSY I INNE PAŃSTWA NIEMIECKIE

1834, 1 I ▶ utworzenie Niemieckiego Związku Celnego pod przewodnictwem Prus

1837 ▶ rozpad unii personalnej Anglii i Hanoweru

1840, VI ▶ panowanie Fryderyka Wilhelma IV (do 1861 r.), amnestia dla więźniów politycznych

1840, 15 VII ▶ Prusy w traktacie londyńskim gwarantują *status quo* Turcji

1840 ▶ pieśń patriotyczna Maksa Schneckenburgera *Die Wacht am Rhein*

1841 ▶ pieśń ze słowami Hoffmanna von Fallerslebena *Deutschland, Deutschland über alles* (niemiecki hymn narodowy w latach 1922–1945)

1842 ▶ *Marsz weselny* Feliksa Mendelssohna-Bartholdy'ego

1847, VIII ▶ proces (tzw. moabicki) 254 spiskowców polskich w Berlinie: 8 skazanych na karę śmierci, 97 na więzienie

1848, II–III ▶ rozruchy w Badenii, Wirtembergii, Bawarii oraz innych krajach niemieckich

1848, 18–19 III ▶ walki w Berlinie, Fryderyk Wilhelm IV wycofuje wojsko z Berlina, amnestia dla więźniów politycznych, zniesienie cenzury, utworzenie gwardii narodowej (20 III)

1848, 18 V ▶ początek obrad ogólnoniemieckiego Zgromadzenia Narodowego we Frankfurcie nad Menem

1848, 5 XII ▶ Fryderyk Wilhelm IV rozwiązuje pruski parlament i nadaje dość liberalną konstytucję

1849 ▶ Zgromadzenie Narodowe uchwala ogólnoniemiecką konstytucję (28 III), wybór króla pruskiego na cesarza Niemiec, Austria odwołuje wszystkich swoich posłów (5 IV), Fryderyk Wilhelm IV odrzuca koronę

1849, V–VII ▶ powstania w Dreźnie, Palatynacie i Badenii, królowie saski i badeński uciekają ze swych krajów, wojska pruskie i hesko-darmsztadzkie tłumią wystąpienia

1849, 19 VII ▶ ostatnie posiedzenie parlamentu frankfurckiego

1850, 2 III ▶ reforma rolna w Prusach, zniesienie wszystkich powinności chłopów wobec właścicieli ziemskich

1850, 20 III ▶ parlament w Erfurcie, unia Prus z Saksonią i Hanowerem

1850, 29 XI ▶ układ Prus z Austrią w Ołomuńcu, rozwiązanie unii erfurckiej, odbudowa Związku Niemieckiego pod patronatem Austrii

1853 ▶ przywrócenie Związku Celnego, jednoczącego większość państw niemieckich pod przewodnictwem Prus

1861 ▶ Wilhelm I na tronie pruskim (do 1888 r.)

1862, 23 IX ▶ Otto von Bismarck premierem Prus (do 1890 r.)

AUSTRIA

1833, IX ▶ konwencja w Münchengratz (Austria, Rosja i Prusy) o zwalczaniu ruchów rewolucyjnych

1835 ▶ panowanie Ferdynanda I (do 1848 r.), faktyczna władza w ręku Klemensa Metternicha

1848, 13–15 III ▶ rewolucja w Wiedniu, dymisja Metternicha, cesarz ogłasza amnestię i znosi cenzurę

1848, 15 III ▶ powstanie w Peszcie pod wodzą poety Sándora Petőfiego; węgierski sejm stanowy w Preszburgu wprowadza wolności obywatelskie i znosi pańszczyznę; zmiany usankcjonowane przez Ferdynanda I (11 IV)

1848, 15 V ▶ drugie powstanie w Wiedniu, ucieczka cesarza

1848, 2–12 VI ▶ zjazd słowiański w Pradze

1848, 12–17 VI ▶ powstanie w Pradze stłumione przez wojska austriackie

1848, 22 VII ▶ początek obrad parlamentu austriackiego

1848, 23–25 VII ▶ po zwycięstwie wojsk austriackich pod Custozzą Lombardia i Wenecja wracają do Austrii

1848, IX ▶ wojna z Węgrami, dyktatura Lajosa Kossutha, rozwiązanie rewolucyjnego sejmu węgierskiego przez cesarza (3 X)

1848, 6 X ▶ trzecie powstanie w Wiedniu, cesarz z dworem ucieka do Ołomuńca

1848, 31 X ▶ wojska cesarskie zdobywają Wiedeń broniony m.in. przez generała Józefa Bema

1848, 2 XII ▶ abdykacja Ferdynanda I, Franciszek Józef I cesarzem (do 1916 r.)

1849, 4 III ▶ cesarz narzuca ograniczoną konstytucję, rozwiązanie parlamentu austriackiego

1849, 14 IV ▶ sejm węgierski detronizuje Habsburgów, ogłasza niepodległość Węgier; Józef Bem dowódcą w Siedmiogrodzie

1849 ▶ interwencja wojsk rosyjskich (V), klęska Węgrów pod Komárnem (11 VII), przegrana wojsk Bema pod Temeszwarem (9 VIII), kapitulacja powstańców pod Világos (13 VIII)

1850, 29 XI ▶ układ z Prusami w Ołomuńcu

1851, 31 XII ▶ zniesienie konstytucji z 1848 r., przywrócenie absolutyzmu

1852 ▶ ustawa zabraniająca strajków

1854–1856 ▶ pomoc dla Anglii i Francji w wojnie krymskiej

1855 ▶ konkordat z Rzymem, katolicyzm religią państwową

1859 ▶ wojna z Sardynią, klęski w walkach z wojskami sardyńsko--francuskimi, rozejm w Villafranca, Austria zatrzymuje Wenecję

1861, 26 II ▶ patent lutowy, czyli nowa centralistyczna konstytucja

ZIEMIE POLSKIE POD ZABORAMI

1831 ► wojna z Rosją w Królestwie Polskim, upadek powstania listopadowego

1831–1832 ► represje popowstaniowe, likwidacja Towarzystwa Przyjaciół Nauk, uniwersytetów w Warszawie i Wilnie, wywiezienie ich zbiorów do Petersburga, zamknięcie Liceum Krzemienieckiego

1832, 26 II ► Królestwo Polskie integralną częścią Rosji

1833, II ► otwarcie Teatru Wielkiego w Warszawie

1834 ► powstanie osady fabrycznej w Żyrardowie

1835, II ► powstanie Stowarzyszenia Ludu Polskiego (działa do 1837 r.)

1836 ► wojska państw zaborczych okupują Wolne Miasto Kraków (do 1841 r.)

1840 ► w Poznaniu Karol Libelt organizuje Komitet Centralny Towarzystwa Demokratycznego Polskiego na kraj

1841 ► rozwiązanie Rady Stanu i Sądu Apelacyjnego w Królestwie

1841, IV ► Towarzystwo Naukowej Pomocy dla Młodzieży w Poznaniu z inicjatywy Karola Marcinkowskiego

1841, XII ► otwarcie Bazaru w Poznaniu

1842–1844 ► organizacja księdza Piotra Ściegiennego, rozbita przez władze carskie

1844 ► utworzenie Centralnego Towarzystwa Rolniczego w Poznaniu

1845 ► otwarcie pierwszego odcinka kolei warszawsko-wiedeńskiej

1846, 18/19 II ► początek rabacji galicyjskiej

1846, 20/21 II–4 III ► powstanie krakowskie

1846, 16 XI ► Wolne Miasto Kraków włączone do Galicji

1847, VIII ► proces (tzw. moabicki) 254 Polaków w Berlinie

1848, 22 IV ► zniesienie pańszczyzny i uwłaszczenie w Galicji

1851 ► zniesienie granicy celnej między Królestwem Polskim a Rosją

1861, VI ► pierwsza sesja Sejmu Krajowego Galicji we Lwowie

1861, 14 X ► wprowadzenie stanu wojennego w Warszawie

1861, 17 X ► powstanie czerwonego Komitetu Miejskiego, zawiązanie Dyrekcji białych (XII) w Królestwie Polskim

1862 ► początek wierceń naftowych w Galicji

1863, 22 I ► początek powstania styczniowego

FRANCJA

1851, XII ► stłumienie powstania robotników w Lyonie

1851, XII ► utworzenie Komitetu Narodowego Polskiego Joachima Lelewela (istnieje do XII 1852 r.)

1832, 17 III ► powstanie Towarzystwa Demokratycznego Polskiego; we Francji przebywa 5500 polskich emigrantów

1832 ► III część *Dziadów* Adama Mickiewicza

1833 ► szkoły elementarne powstają w każdej gminie

1854 ► *Pan Tadeusz* Mickiewicza

1854–1855 ► *Ojciec Goriot* Honoré de Balzaca

1835 ► ograniczenie swobód politycznych po nieudanym zamachu na króla Ludwika Filipa

1835 ► *O demokracji w Ameryce* Charlesa Alexisa de Tocqueville'a

1838 ► powstaje Zjednoczenie Emigracji Polskiej z inicjatywy Joachima Lelewela; powstaje Biblioteka Polska w Paryżu

1839, V ► stłumienie powstania blankistów (przeważnie rzemieślników) w Paryżu

1839 ► wynalezienie dagerotypu

1841 ► ustawa o ochronie pracy dzieci

1843 ► książę Adam Jerzy Czartoryski kupuje Hotel Lambert w Paryżu

1845 ► *Hrabia Monte Christo* Aleksandra Dumasa

1846–1848 ► niekorzystna sytuacja gospodarcza we Francji i Europie

1848, 22–24 II ► tzw. rewolucja lutowa, abdykacja Ludwika Filipa; ogłoszenie republiki (25 II); reformy Rządu Tymczasowego (m.in. wolność zgromadzeń)

1848 ► dekret o likwidacji warsztatów narodowych (21 VI) wywołuje powstanie robotnicze (23–26 VI)

1848 ► republikańska konstytucja (4 XI), jednoizbowy parlament, władza wykonawcza w ręku prezydenta, Ludwik Napoleon prezydentem (10 XII)

1849 ► rozwiązanie Zgromadzenia Narodowego (29 I), wybory do Zgromadzenia Prawodawczego (13 V), większość monarchistów i katolików

1849 ► „La Tribune des Peuples" redagowana przez Mickiewicza

1851, 2–3 XII ► zamach stanu Ludwika Napoleona

1852, 14 I ► nowa konstytucja, władza w ręku prezydenta

1852, 2 XII ► Ludwik Napoleon proklamuje się cesarzem jako Napoleon III (do 1870 r.)

1858 ► operetka *Orfeusz w piekle* Jacques'a Offenbacha

1859 ► budowa pierwszego pancernika

1862 ► *Nędznicy* Victora Hugo

1863 ► Salon Odrzuconych, wystawa obrazów, m.in. Édouarda Maneta i Paula Cézanne'a, odrzuconych przez Akademię Sztuk Pięknych

WIELKA BRYTANIA

1832 ► reforma wyborcza, przekreślenie decydującej roli właścicieli ziemskich w parlamencie

1833 ► zniesienie niewolnictwa w całym imperium angielskim

1834 ► powstanie związku zawodowego Grand Union

1835 ► wprowadzenie samorządu miejskiego na wzór francuski

1835–1836 ► w Portsmouth i Jersey powstają Gromady Ludu Polskiego

1836–1839 ► kryzys gospodarczy i finansowy

1837 ► panowanie królowej Wiktorii (do 1901 r.)

1838–1848 ► rozwój radykalnego ruchu czartystów, żądanie powszechnych, równych i tajnych wyborów i zniesienia cenzusu majątkowego

1839–1842 ► próba podboju Afganistanu, okupacja Kabulu, powstanie ludności; Anglia uznaje niepodległość tego kraju

1840 ► wprowadzenie do obiegu znaczków pocztowych

1840 ► Nowa Zelandia kolonią angielską

1840 ► wprowadzenie unii i rządów parlamentarnych w Kanadzie po wystąpieniach kolonistów przeciw Anglikom

1841 ► wprowadzenie wolności handlu między metropolią i koloniami

1843 ► początek produkcji nawozów sztucznych

1843 ► zajęcie zorganizowanej przez Burów Wolnej Republiki Oranje, Natal kolonią angielską

1844 ► pierwsza spółdzielnia tkaczy w Rochdale (Stowarzyszenie Sprawiedliwych Pionierów)

1846 ► zniesienie ustaw zbożowych (wpływały na ceny zboża)

1846 ► Demokratyczny Komitet dla Odrodzenia Polski powołany przez sympatyków sprawy polskiej

1846 ► wprowadzenie 10-godzinnego dnia pracy dla kobiet i dzieci

1846–1848 ► zaraza ziemniaczana w Anglii i Irlandii; emigracja Irlandczyków do Stanów Zjednoczonych; rozruchy głodowe w Glasgow stłumione przez wojsko (IV 1848 r.)

1848, II ► *Manifest komunistyczny* Karola Marksa i Fryderyka Engelsa

1850 ► zalegalizowanie katolickiej hierarchii kościelnej

1850 ► długość linii kolejowych w Anglii wynosi 10 tysięcy km

1851 ► pierwsza wystawa światowa w Londynie

1852 ► nadanie autonomii Nowej Zelandii

1854 ► rozwój taniej prasy

1854–1856 ► udział w wojnie krymskiej

1859 ► *O powstawaniu gatunków drogą doboru naturalnego* Karola Darwina

Państwa Półwyspów Apenińskiego, Bałkańskiego i Pirenejskiego	Ameryka Północna, Środkowa i Południowa	Afryka, Australia, Azja
1831, II ▶ powstania w Parmie, Modenie i Państwie Kościelnym stłumione przez Austrię	1851 ▶ rządy cesarza Pedra II w Brazylii (do 1889 r.)	1831–1832 ▶ Muhammad Ali zajmuje Syrię, Palestynę, Cylicję i część Anatolii
1831 ▶ Giuseppe Mazzini zakłada Młode Włochy, tajny związek o charakterze rewolucyjnym	1833 ▶ Anglia zajmuje Falklandy	1832–1847 ▶ Francuzi kolonizują Algierię
1832, 9 VI ▶ papież Grzegorz XVI potępia powstanie listopadowe	1835 ▶ dyktatura Juana Manuela de Rosas w Argentynie (do 1852 r.)	1835 ▶ reforma oświatowa Thomasa Macaulaya w Indiach
1832, 15 VIII ▶ encyklika papieska potępia ruch rewolucyjny	1835 ▶ federacja Boliwii i Peru (do 1839 r.)	1839–1842 ▶ zniszczenie opium przez rząd chiński kupcom angielskim, pierwsza wojna opiumowa z Anglią, pokój w Nankinie (1842 r.), Chiny otwierają pięć portów dla handlu angielskiego, Hongkong kolonią angielską
1833 ▶ śmierć Ferdynanda VII w Hiszpanii, Maria Krystyna regentką	1835 ▶ rewolwer bębenkowy Samuela Colta	
1834 ▶ Mazzini tworzy Młodą Europę (Młode Niemcy, Młoda Polska, Młode Włochy, Młoda Francja)	1836 ▶ oderwanie Teksasu od Meksyku przez osadników amerykańskich	
1834–1839 ▶ wojna między Marią Krystyną a pretendentem Don Carlosem; Maria Krystyna opuszcza Hiszpanię (1841 r.); po 2-letniej dyktaturze generała Baldomera Espartera tron obejmuje Izabela II (do 1868 r.)	1837 ▶ wynalazek telegrafu (Samuel Finley Morse)	1839–1841 ▶ mocarstwa europejskie zmuszają Muhammada Alego do wycofania się z Syrii; przywileje dla towarów angielskich w Egipcie
	1839 ▶ proklamowanie niepodległości przez Gwatemalę	
	1840 ▶ utworzenie partii abolicjonistów (zwolenników zniesienia niewolnictwa) w USA	1840 ▶ rozszerzenie wpływów angielskich w Indiach na prawy brzeg Indusu
	1844 ▶ wyodrębnienie się Dominikany z Republiki Haiti	1843–1844 ▶ wojna Maroka z Francją, pokój w Tangerze
1844 ▶ konstytucja w Grecji	1845 ▶ przyłączenie Teksasu do USA	1844 ▶ układy handlowe Chin ze Stanami Zjednoczonymi i Francją
1848, 12 I ▶ powstanie w Palermo, detronizacja Ferdynanda II na Sycylii, powstanie Republiki Weneckiej, rewolucja w Mediolanie (III)	1846–1848 ▶ klęska Meksyku w wojnie z USA, pokój w Guadalupe-Hidalgo, tereny na północ od Rio Grande przyłączone do USA	1845–1846 i 1848–1849 ▶ Anglicy zwyciężają Sikhów; Pendżab i Kaszmir pod protektoratem angielskim
1848, 23 III ▶ król Sardynii Karol Albert wypowiada wojnę Austrii, początkowe sukcesy włoskie, po klęsce pod Custozzą (VII) zawieszenie broni (VIII)	1848 ▶ gorączka złota w Kalifornii	1847 ▶ powstanie niezależnej Republiki Liberii (dawniej Monrowia)
	1850–1860 ▶ długość linii kolejowych w USA wzrasta do 45 tysięcy km	1849 ▶ rozszerzenie panowania holenderskiego o Bali i zachodnie Borneo (1856 r.)
1849, 9 II ▶ przekształcenie Państwa Kościelnego w Republikę Rzymską przez demokratyczny rząd; zdobycie Rzymu przez Francuzów (3 VII) przywraca władzę papieża	1851 ▶ pierwszy numer „New York Times"	1850 ▶ założenie uniwersytetu w Sydney
	1851 ▶ wojna argentyńsko-brazylijska, pomyślna dla Brazylii	1851 ▶ powstanie tajpingów w Chinach (do 1864 r.)
1849, 2 III ▶ wznowienie przez Karola Alberta walki z Austrią, klęska pod Novarą, abdykacja na rzecz Wiktora Emanuela II (do 1878 r.), pokój z Austrią w Mediolanie (6 VIII), Sardynia płaci odszkodowanie	1852 ▶ *Chata wuja Toma* Harriet Beecher-Stowe, oskarżająca system niewolniczy	1853 ▶ powstanie Republiki Transwalu założonej przez Burów
	1853 ▶ Meksyk sprzedaje USA południową część Arizony	1853–1864 ▶ Francuzi zajmują Nową Kaledonię i Madagaskar
	1854 ▶ komandor Matthew Perry wymusza otwarcie Japonii dla handlu amerykańskiego	1854 ▶ otwarcie Japonii dla handlu amerykańskiego, potem dla innych państw
1851 ▶ konkordat Hiszpanii z Watykanem		
1852 ▶ na czele rządu w Piemoncie staje Camillo Benso di Cavour (do 1862 r.), który dąży do zjednoczenia Włoch	1855 ▶ obalenie dyktatury Antonia de Santa Anna w Meksyku, rządy Benita Juáreza, liberalna konstytucja (1857 r.)	1855 ▶ pierwsza linia kolejowa w Indiach
		1856–1857 ▶ wojna Persji z Anglią, pokój w Paryżu, Anglicy wycofują się z Persji, a Persowie z Heratu w Afganistanie
1854 ▶ Francja i Anglia pomagają Turcji w wojnie z Grecją, okupacja części kraju	1858–1861 ▶ wojna domowa w Meksyku między liberałami a konserwatystami kościelnymi, zwycięstwo Juáreza	
1856 ▶ objęcie Serbii wspólnym protektoratem wszystkich państw europejskich	1859 ▶ pierwszy szyb naftowy w Pensylwanii	1856–1858 ▶ druga wojna opiumowa; Anglia i Francja atakują Chiny, pokój w Tianjinie, Chiny wypłacają odszkodowanie
1858 ▶ sojusz Sardynii i Francji (21 VII), wojna z Austrią (IV–VII 1859 r.), rozejm w Villafranca, Sardynia otrzymuje Lombardię z rąk francuskich, Wenecja pod zwierzchnictwem Habsburgów	1860 ▶ Abraham Lincoln prezydentem USA	1857 ▶ powstają angielskojęzyczne uniwersytety w Kalkucie, Bombaju i Madrasie
	1861 ▶ wystąpienie jedenastu stanów z Unii – Skonfederowane Stany Ameryki (4 II), wybuch wojny secesyjnej (IV), sukcesy wojsk Południa	1857 ▶ powstanie na Borneo, stłumione przez Holendrów
	1861–1865 ▶ Dominikana dobrowolnie oddaje się pod władzę hiszpańską	1857–1858 ▶ powstanie sipajów stłumione przez Anglików, Indie pod władzą wicekróla, odebranie władzy Kompanii Wschodnioindyjskiej
1860, 7 IX ▶ Giuseppe Garibaldi wkracza do Neapolu, obejmuje władzę dyktatorską	1862–1867 ▶ interwencja francuska w Meksyku, Francuzi zajmują stolicę (VI 1863 r.), tron obejmuje arcyksiążę Maksymilian Ferdynand Józef I (1864 r.), wojna podjazdowa Juáreza, nacisk USA zmusza Napoleona III do wycofania się (1867 r.), kapitulacja i rozstrzelanie Maksymiliana, przywrócenie ustroju republikańskiego, Juárez prezydentem (do 1872 r.)	1858–1862 ▶ Francuzi zdobywają tereny wokół Sajgonu i Biem Hoa w Indochinach; protektorat nad Kambodżą (1863 r.)
1861, 17 III ▶ powstanie Zjednoczonego Królestwa Włoch, Wiktor Emanuel II królem		1860 ▶ trzecia wojna opiumowa, pokój pekiński (X), otwarcie Jangcy dla statków, zezwolenie na przywóz opium
1863 ▶ założenie uniwersytetu w Belgradzie	1863 ▶ zniesienie niewolnictwa w USA (1 I); klęska konfederatów pod Gettysburgiem (1–3 VII), przewaga wojsk Północy	1861 ▶ klęska głodu w Hindustanie, śmierć około miliona ludzi
1863, XI ▶ Grecja uzyskuje od Anglii Wyspy Jońskie		1861, 23 XII ▶ unia Mołdawii i Wołoszczyzny, powstaje Rumunia

ZABÓR ROSYJSKI	ZABÓR PRUSKI	ZABÓR AUSTRIACKI
1864, 2 III ► uwłaszczenie chłopów w Królestwie Polskim	1869 ► Karol Miarka wydaje „Katolika" na Górnym Śląsku	1864, II–1865, IV ► stan oblężenia w Galicji
1864 ► most Kierbedzia w Warszawie	1870 ► Bank Rolniczo-Przemysłowy powstaje w Poznaniu	1866, 10 XII ► adres sejmu galicyjskiego do cesarza, rozszerzenie autonomii Galicji (1867 r.)
1864 ► ponowna stopniowa integracja Królestwa Polskiego z Rosją	1871 ► początki migracji górników polskich do Westfalii	1867 ► pierwsze gniazdo „Sokoła" we Lwowie (Towarzystwo Gimnastyczne)
1866, I ► „Przegląd Tygodniowy" zaczyna wychodzić w Warszawie	1872 ► ukazuje się „Kurier Poznański"	1868 ► powstanie Towarzystwa Narodowo- -Demokratycznego we Lwowie
1867 ► Kościół katolicki w Królestwie podporządkowany petersburskiemu Kolegium Duchownemu Rzymskokatolickiemu	1872 ► Towarzystwo Oświaty Ludowej, funduje biblioteki publiczne dla mieszkańców wsi	1869, V ► *Teka Stańczyka*
1869 ► rosyjski uniwersytet w Warszawie	1874–1876 ► uwięzienie arcybiskupa Mieczysława Ledóchowskiego (sprzeciwiał się ustawom Kulturkampfu), papież nadaje mu godność kardynalską	1869 ► wprowadzenie języka polskiego do urzędów, od 1871 r. w uczelniach wyższych w Galicji
1870 ► Bank Handlowy w Warszawie		1869 ► kopiec Unii Lubelskiej we Lwowie
1871 ► manifest pozytywistyczny *My i wy* Aleksandra Świętochowskiego	1875 ► otwarcie Teatru Polskiego w Poznaniu	1872 ► Towarzystwo Pomocy Naukowej powstaje na Śląsku Cieszyńskim
1874 ► likwidacja urzędu namiestnika Królestwa, rządy generał-gubernatorów	1880 ► pierwszy tramwaj konny w Poznaniu	1872 ► powstanie Akademii Umiejętności w Krakowie
1875 ► zniesienie Kościoła unickiego w Królestwie	1885 ► tzw. rugi pruskie, wydalenie z Rzeszy 26 tysięcy Polaków bez obywatelstwa niemieckiego	1873 ► Szkoła Sztuk Pięknych, dyrektorem Jan Matejko
1875 ► otwarcie Muzeum Przemysłu i Rolnictwa w Warszawie	1885 ► Bank Związku Spółek Zarobkowych w Poznaniu	1875 ► ksiądz Stanisław Stojałowski wydaje pisma dla chłopów
1876 ► Warszawski Okręg Sądowy; podporządkowanie sądownictwa Królestwa władzom carskim	1886 ► powstanie niemieckiej Komisji Kolonizacyjnej, wykup ziem dla niemieckich osadników	1878 ► dwutygodnik „Praca", pierwsze legalne pismo socjalistyczne
1878 ► ogród zoologiczny w Warszawie	1887 ► całkowite usunięcie języka polskiego ze szkół elementarnych	1878 ► *Bitwa pod Grunwaldem* Matejki
1879 ► kuratorem naukowym w Królestwie Aleksander Apuchtin	1890 ► rezygnacja z germanizacji w Wielkopolsce w zamian za poparcie przez Koło Polskie rządu kanclerza Leo von Capriviego, język polski w szkołach ludowych jako nadobowiązkowy (1894 r.)	1879 ► Muzeum Narodowe w Krakowie
1881 ► do Królestwa napływają Żydzi z Rosji i Litwy uciekający przed pogromami		1882 ► z inicjatywy m.in. Józefa Ignacego Kraszewskiego powstaje Macierz Polska
1882 ► partia Proletariat Ludwika Waryńskiego		1882 ► Galicyjska Kasa Oszczędności, Bank Rolny, Bank Krajowy
1883 ► pierwsza część *Trylogii* Henryka Sienkiewicza na łamach „Słowa"	1892 ► Towarzystwa Robotników Polskich, działające na zasadzie solidaryzmu, powstają w Wielkopolsce	1883, IV ► pierwsze w świecie skroplenie tlenu i azotu (Zygmunt Wróblewski i Karol Olszewski)
1885 ► nauczanie w języku rosyjskim w szkołach podstawowych	1894, 28 IX ► Niemiecki Związek Kresów Wschodnich (Deutscher Ostmarkenverein), zwany Hakatą, powstaje w Poznaniu	1885 ► pierwsze telefony w Krakowie
1885 ► tajny uniwersytet dla kobiet (Uniwersytet Latający, do 1906 r.)	1895 ► w Wielkopolsce powstaje stowarzyszenie-czytelnia dla kobiet	1890 ► na wsi organizują się Kasy Stefczyka (spółdzielnie wiejskie)
1886 ► pismo „Głos", z grona osób skupionych wokół niego tworzy się na zamku Hilfikon koło Zurychu Liga Polska (1887 r.)	1898 ► dodatki pieniężne dla urzędników niemieckich w Wielkopolsce	1890 ► powstanie Ukraińsko-Ruskiej Partii Radykalnej
1887 ► Towarzystwo Popierania Rosyjskiego Przemysłu i Handlu	1899 ► „Nowiny Raciborskie" Józefa Rostka wzywają Ślązaków do walki z germanizacją	1891 ► Towarzystwo Szkoły Ludowej
1887, 14 I ► powstanie Związku Młodzieży Polskiej (Zet), działa w trzech zaborach	1900 ► zjazd polskich kobiet w obronie polskości w Poznaniu	1891 ► pogotowie ratunkowe w Krakowie
1893 ► powstanie Ligi Narodowej	1901 ► strajk dzieci we Wrześni	1894 ► tramwaje elektryczne we Lwowie
1894 ► Socjaldemokracja Królestwa Polskiego (od 1900 r. Socjaldemokracja Królestwa Polskiego i Litwy)	1904 ► restrykcje przeciwko budowie nowych domów przez Polaków; wóz Drzymały symbolem polskiego oporu	1894 ► Powszechna Wystawa Krajowa we Lwowie
1897 ► Stronnictwo Demokratyczno- -Narodowe; w 1904 r. rezygnuje z powstańczej walki o niepodległość	1908 ► Komisja Kolonizacyjna może decydować o przymusowym wywłaszczeniu polskich majątków ziemskich	1895, V ► reforma szkolnictwa w Galicji
1898 ► rosyjska Politechnika w Warszawie	1908 ► tzw. ustawa kagańcowa nie zezwala na zgromadzenia w języku polskim na terenach, gdzie mieszka powyżej 40% Niemców	1895 ► powstanie Stronnictwa Ludowego (od 1903 r. Polskiego Stronnictwa Ludowego) w Rzeszowie
1905 ► strajki w Królestwie Polskim	1911 ► w archidiecezji gnieźnieńskiej i poznańskiej powstaje katolickie Zjednoczenie Młodzieży Polskiej	1895 ► „Przegląd Wszechpolski" we Lwowie
1905 ► rozwój prywatnego szkolnictwa polskiego		1896 ► powstaje Klub Konserwatywny (tzw. neokonserwatyści)
1905 ► Nagroda Nobla dla Henryka Sienkiewicza za *Quo vadis*		1897 ► utworzenie Polskiej Partii Socjal- -Demokratycznej Galicji i Śląska
1906 ► Towarzystwo Kursów Naukowych w Warszawie		1898 ► Ukraińskie Stronnictwo Nacjonalno-Demokratyczne opowiada się za ugodą z Austrią
1906, 27 X ► Centralne Towarzystwo Rolnicze w Warszawie		1901 ► prapremiera *Wesela* Stanisława Wyspiańskiego w Krakowie
1912 ► ukazują się powieści *Wierna rzeka* Stefana Żeromskiego i *W pustyni i w puszczy* Henryka Sienkiewicza		1906 ► rozłam w Polskiej Partii Socjalistycznej na PPS-Lewicę („młodzi") i PPS-Frakcję Rewolucyjną
		1908 ► Związek Walki Czynnej, komendantem Józef Piłsudski
		1910 ► Związek Strzelecki, legalna organizacja paramilitarna
		1911 ► pierwsze drużyny skautów
		1912, XII ► Komisja Tymczasowa Skonfederowanych Stronnictw Niepodległościowych

ROSJA	NIEMCY	AUSTRO-WĘGRY
1864 ▶ reforma samorządowa (ziemstwa gubernialne i powiatowe) i sądowa 1864 ▶ Polacy na Ziemiach Zabranych mogą być urzędnikami tylko niższego szczebla 1865 ▶ otwarcie uniwersytetu w Odessie 1865 ▶ Polacy na Ziemiach Zabranych nie mogą nabywać ziemi 1866 ▶ *Zbrodnia i kara* Fiodora Dostojewskiego 1866 ▶ powstanie polskich zesłańców nad Bajkałem; surowe wyroki 1867 ▶ Rosja sprzedaje USA Alaskę i Wyspy Aleuckie 1867–1869 ▶ *Wojna i pokój* Lwa Tołstoja 1869 ▶ tablica okresowa pierwiastków Dmitrija Mendelejewa 1870 ▶ ukaz o samorządzie miejskim 1871 ▶ konferencja w Londynie, flota wojenna Rosji może przebywać na Morzu Czarnym 1876 ▶ Ziemia i Wola, tajna ogólnorosyjska organizacja narodników 1876 ▶ podbicie chanatu Kokandy 1876 ▶ akt emski, zakaz druku książek i czasopism w języku ukraińskim 1877 ▶ *Jezioro łabędzie* Piotra Czajkowskiego 1877–1878 ▶ wojna z Turcją, pokój w San Stefano (3 III), Rosja otrzymuje Dobrudżę (przekazana Rumunii za część Besarabii), a w Azji Mniejszej terytoria armeńskie 1878, VI–VII ▶ kongres berliński pozbawia Rosję przewagi na Bałkanach 1881, 13 III ▶ śmierć cara w zamachu; panuje Aleksander III (do 1894 r.) 1881 ▶ pogromy Żydów w wielu miastach 1882 ▶ zniesienie pogłównego i podatków nakładanych na chłopów 1882 ▶ w Petersburgu wychodzi pismo „Kraj", lojalne wobec caratu 1882 ▶ ograniczenia w nabywaniu ziemi przez Żydów 1884 ▶ zlikwidowanie autonomii wyższych uczelni 1891 ▶ budowa kolei transsyberyjskiej (ukończona w 1916 r.) 1894 ▶ panuje Mikołaj II (do 1917 r.) 1898 ▶ dzierżawa od Chin półwyspu Liaotung z Port Arthur 1900, X ▶ protektorat nad Mandżurią i północnymi Chinami 1903 ▶ utworzenie frakcji bolszewików 1904 ▶ *Wiśniowy sad* Antoniego Czechowa 1904–1905 ▶ wojna z Japonią, porażki pod Mukdenem (II–III 1905 r.) i w bitwie morskiej pod Cuszimą (27 V); pokój w Portsmouth (5 IX), uznanie zwierzchnictwa Japonii nad Koreą 1905, 22 I ▶ „krwawa niedziela" w Petersburgu, początek rewolucji 1905, 30 IV ▶ ukaz o tolerancji religijnej 1906, 10 V–21VII ▶ obrady i rozwiązanie Dumy 1909 ▶ Trójporozumienie z Anglią i Francją 1910 ▶ ograniczenie autonomii Finlandii	1866, 18 VIII ▶ powstanie Związku Północnoniemieckiego pod przewodnictwem Prus 1869–1876 ▶ cykl operowy *Pierścień Nibelunga* Richarda Wagnera 1870–1971 ▶ wojna Prus z Francją 1871, 18 I ▶ Wilhelm I cesarzem Niemiec 1871, 16 IV ▶ uchwalenie konstytucji, władza króla za pośrednictwem kanclerza (Otto von Bismarck, do 1890 r.) 1871 ▶ państwa południowoniemieckie dołączają do Związku Północnoniemieckiego 1871 ▶ „ustawa o ambonie", kary za wystąpienia antyrządowe w kościołach 1873 ▶ zerwanie stosunków z Watykanem 1873–1875 ▶ okres szczytowej walki z Kościołem (Kulturkampfu), tzw. ustawy majowe ograniczają prawa Kościoła w Prusach 1873–1879 ▶ kryzys gospodarczy z powodu napływu taniego zboża z USA 1874 ▶ ustawa wojskowa, armia liczy 400 tysięcy żołnierzy na stopie pokojowej 1874–1877 ▶ ujednolicenie prawa, monety, upaństwowienie kolei 1875 ▶ obowiązek ślubów cywilnych 1875 ▶ założenie Banku Rzeszy 1875, V ▶ powstaje Socjalistyczna Partia Robotnicza Niemiec (od 1890 r. Socjaldemokratyczna Partia Niemiec, SPD) 1878 ▶ ustawy skierowane przeciwko ruchowi socjalistycznemu (do 1890 r.) 1878–1882 ▶ zniesienie ustaw przeciwko Kościołowi katolickiemu 1879 ▶ wprowadzenie ceł ochronnych na kawę, zboże, żelazo, tytoń i naftę 1880 ▶ pierwszy tramwaj elektryczny (Ernst Werner von Siemens) 1882 ▶ Robert Koch odkrywa prątki gruźlicy 1883–1892 ▶ ustawy o kasach chorych, ubezpieczeniach robotników od wypadków, chorób i na starość 1885 ▶ Gottlieb Daimler konstruuje samochód z silnikiem spalinowym 1885 ▶ konferencja w Berlinie, podział stref wpływów w Afryce 1888 ▶ Fryderyk III cesarzem, po jego śmierci Wilhelm II (do 1918 r.) 1889 ▶ ustawy o dniu świątecznym i zakazie zatrudniania dzieci do lat 13 1891 ▶ powstaje nacjonalistyczny Powszechny Związek Niemiecki (od 1894 r. Związek Wszechniemiecki) 1895 ▶ odkrycie promieni X przez Wilhelma Roentgena 1898 ▶ parlament uchwala 7-letni plan zbrojeń morskich 1905, 31 III ▶ demonstracyjna wizyta Wilhelma II w Tangerze (Maroko) 1906, 16 I–7 IV ▶ pierwszy kryzys marokański 1913 ▶ zwycięska w wyborach SPD głosuje za powiększeniem armii i floty	1864, II–III ▶ wojna Austrii i Prus z Danią, zajęcie Holsztynu i Szlezwiku 1865 ▶ układ z Prusami w Gastein, Szlezwik przypada Prusom, a Holsztyn Austrii 1866, 16 VI–25 VIII ▶ wojna z Prusami, które zajmują Holsztyn; pokój w Pradze, Austria płaci odszkodowanie i oddaje Wenecję Włochom, likwidacja Związku Niemieckiego 1867 ▶ przekształcenie cesarstwa w państwo dualistyczne (Austro-Węgry), cesarz Austrii królem Węgier (unia dynastyczna), wspólne resorty spraw zagranicznych, wojska i finansów oraz obszar celny, przywrócenie konstytucji 1848 r. na Węgrzech 1867 ▶ prawo o wolności stowarzyszeń i zebrań 1871 ▶ powołanie urzędu Ministra do Spraw Galicji w Wiedniu 1873 ▶ nowy system wyborów bezpośrednich w czterech kuriach 1874 ▶ ustawy osłabiające pozycję Kościoła w państwie 1874 ▶ *Zemsta nietoperza* Johanna Straussa (syna) 1878 ▶ zarząd cywilny i okupacja wojskowa Bośni i Hercegowiny 1879 ▶ sojusz z Prusami (pomoc na wypadek ataku Rosji lub innego popieranego przez nią państwa) 1880 ▶ wprowadzenie języka ojczystego w urzędach i sądach Czech i Moraw 1881 ▶ układ o neutralności z Niemcami i Rosją, odnowienie Sojuszu Trzech Cesarzy (po raz ostatni w 1884 r.) 1882, 20 V ▶ Trójprzymierze z Niemcami i Włochami, wymierzone przeciw Rosji i Francji, umożliwia rozszerzanie wpływów cesarstwa na Bałkanach 1883 ▶ tajny układ obronny z Rumunią, do którego przystępują Niemcy 1888/89 ▶ powstaje Socjaldemokratyczna Partia Austrii 1890 ▶ powstanie Socjaldemokratycznej Partii Węgier 1895 ▶ teoria psychoanalizy Zygmunta Freuda 1896 ▶ wprowadzenie piątej kurii wyborczej, prawo wyborcze odtąd jest powszechne, ale nie równe 1903 ▶ układ z Rosją w sprawie utrzymania *status quo* na Bałkanach 1907 ▶ powszechne prawo wyborcze dla mężczyzn 1908 ▶ aneksja Bośni i Hercegowiny 1909 ▶ umowa z Turcją, która za 2,5 miliona funtów tureckich w złocie wycofuje zastrzeżenia do aneksji Bośni i Hercegowiny 1910, 20 II ▶ przyznanie konstytucji Bośni i Hercegowinie

POLSKA–ŚWIAT

ZIEMIE POLSKIE POD ZABORAMI	FRANCJA	WIELKA BRYTANIA
1864, 2 III ▶ uwłaszczenie chłopów w Królestwie Polskim	1864, V ▶ zniesienie ustawy o zakazie strajków	1864, 28 IX ▶ międzynarodowe Stowarzyszenie Robotników – I Międzynarodówka (do 1876 r.)
1864 ▶ ponowna stopniowa integracja Królestwa Polskiego z Rosją	1869 ▶ zakończenie przebudowy Paryża	1867 ▶ status dominium dla Kanady (od 1900 r. Australia, od 1907 r. Nowa Zelandia)
1867 ▶ rozszerzenie autonomii Galicji	1870, 13 VII ▶ opublikowanie przez Prusy obraźliwej dla Francji tzw. depeszy emskiej	1868 ▶ zajęcie Basutolandu w Afryce Południowej
1867 ▶ Kościół katolicki w Królestwie Polskim podporządkowany petersburskiemu Kolegium Duchownemu Rzymskokatolickiemu	1870, 19 VII ▶ wojna z Prusami, klęska pod Sedanem; kapitulacja armii (1 IX)	1877, 1 I ▶ królowa Wiktoria cesarzową Indii
1869 ▶ polityka rusyfikacji, rosyjski uniwersytet w Warszawie	1870, 4 IX ▶ rewolucja w Paryżu, detronizacja cesarza, utworzenie trzeciej republiki, Rząd Obrony Narodowej	1878 ▶ Turcja przekazuje Anglii Cypr
1869 ▶ język polski wprowadzony w Galicji do urzędów i sądów, od 1871 r. w uczelniach wyższych	1870, 19 IX–1871, 28 I ▶ oblężenie przez wojska pruskie Paryża, kapitulacja	1878–1880 ▶ wojna z Afganistanem
1871 ▶ manifest pozytywistyczny *My i wy* Aleksandra Świętochowskiego	1871 ▶ Komitet Centralny Obrony Republiki (15 II), władza w rękach Gwardii Narodowej; armia rządowa wycofuje się z Paryża (18 III)	1881 ▶ powstanie w Sudanie pod wodzą Mahdiego przeciwko Anglikom
1872 ▶ Towarzystwo Oświaty Ludowej w Wielkopolsce	1871, 28 III ▶ proklamowanie Komuny Paryża	1882 ▶ stłumienie buntu w Egipcie, okupacja kraju
1872 ▶ powstanie Akademii Umiejętności w Krakowie	1871, 10 V ▶ pokój z Niemcami, Francja oddaje Alzację i wschodnią Lotaryngię z Metzem, płaci kontrybucję (5 miliardów franków w złocie)	1885 ▶ trzecia wojna z Burami
1874 ▶ likwidacja urzędu namiestnika Królestwa Polskiego, rządy generał-gubernatorów	1871, 28 V ▶ upadek Komuny Paryża	1885–1903 ▶ podbój Nigerii
1875 ▶ zniesienie Kościoła unickiego w Królestwie Polskim	1872 ▶ zniesienie Gwardii Narodowej	1886–1890 ▶ podbój Kenii, powstaje Brytyjska Afryka Wschodnia
1883, IV ▶ pierwsze w świecie skroplenie tlenu i azotu (Zygmunt Wróblewski i Karol Olszewski)	1875, 21 I ▶ konstytucja, dwuizbowy parlament jako Zgromadzenie Narodowe, wybiera prezydenta	1889 ▶ Cecil Rhodes zakłada Brytyjską Kompanię Południowoafrykańską
1885 ▶ pierwsze telefony w Krakowie	1885 ▶ szczepionka przeciw wściekliźnie (Louis Pasteur)	1890 ▶ układ helgolandzki; Anglia zrzeka się na rzecz Niemiec Helgolandu w zamian za Zanzibar i inne terytoria w Afryce
1886 ▶ powstanie niemieckiej Komisji Kolonizacyjnej	1889 ▶ budowa wieży Eiffla z okazji Wielkiej Wystawy Powszechnej w Paryżu	1890–1896 ▶ podbój Ugandy
1886 ▶ pismo „Głos", z grona osób skupionych wokół tego pisma tworzy się na zamku Hilfikon koło Zurychu Liga Polska (1887 r.)	1889 ▶ II Międzynarodówka	1896–1898 ▶ podbój Sudanu, rozbicie wojsk Mahdiego pod Chartumem
1887 ▶ Związek Młodzieży Polskiej (Zet)	1892 ▶ utworzenie Polskiej Partii Socjalistycznej w Paryżu	1898, 10 VII ▶ konflikt z Francją o Faszodę
1892 ▶ Towarzystwa Robotników Polskich, działające na zasadzie solidaryzmu, powstają w Wielkopolsce	1892, 17 VIII ▶ konwencja wojskowa z Rosją, która staje się najważniejszym sojusznikiem Francji	1899, 21 III ▶ konwencja z Francją ustala granice afrykańskich terytoriów obu krajów w rejonie jeziora Czad i w dorzeczu górnego Nilu
1893 ▶ powstanie Ligi Narodowej	1894–1906 ▶ tzw. sprawa Dreyfussa, rzekomego szpiega pruskiego	1899–1902 ▶ wojna z Burami, zajęcie przez Anglików Oranii i Transwalu, partyzantka Burów, pokój (V 1902 r.), obie republiki włączone do imperium
1894 ▶ Powszechna Wystawa Krajowa we Lwowie	1895 ▶ założenie Unii Kolonialnej	1900 ▶ Komitet Przedstawicielstwa Robotniczego (od 1906 r. Partia Pracy)
1894 ▶ tramwaje elektryczne we Lwowie	1895 ▶ pierwszy film braci Lumière	1901 ▶ panowanie Edwarda VII (do 1910 r.)
1895 ▶ powstanie Stronnictwa Ludowego (od 1903 r. Polskiego Stronnictwa Ludowego) w Rzeszowie	1896 ▶ *Król Ubu*, awangardowa sztuka Alfreda Jarry'ego	1902 ▶ przymierze z Japonią przeciwko Rosji i Niemcom
1897 ▶ utworzenie Polskiej Partii Socjal-Demokratycznej Galicji i Śląska	1905 ▶ Nagroda Nobla dla Marii Skłodowskiej-Curie i jej męża Piotra (za odkrycie polonu i radu)	1902 ▶ *Jądro ciemności* Josepha Conrada
1901 ▶ strajk dzieci we Wrześni	1904, 8 IV ▶ *Entente Cordiale* (serdeczne porozumienie) z Anglią	1903 ▶ reforma rolna, przekazanie ziemi chłopom za długoterminowe spłaty
1901 ▶ prapremiera *Wesela* Stanisława Wyspiańskiego w Krakowie	1905, 5 XII ▶ rozdział Kościoła od państwa	1904 ▶ Anglia uznaje prawa Francji do Maroka
1905 ▶ Nagroda Nobla dla Henryka Sienkiewicza za *Quo vadis*	1905–1906 ▶ kryzys stosunków z Niemcami (sprawa Maroka)	1907, 31 VIII ▶ konwencja z Rosją o podziale wpływów w Persji, Rosja gwarantuje bezpieczeństwo Afganistanu i Tybetu
1906 ▶ rozłam w Polskiej Partii Socjalistycznej na PPS-Lewicę („młodzi") i PPS Frakcję Rewolucyjną	1906 ▶ Kongres Powszechnej Konfederacji Pracy przyjmuje program anarchosyndykalizmu (tzw. karta amieńska, negacja państwa, związek zawodowy podstawową organizacją)	1908 ▶ 8-godzinny dzień pracy w górnictwie
1908 ▶ Związek Walki Czynnej, komendantem Józef Piłsudski	1909 ▶ Trójporozumienie z Anglią i Rosją	1909 ▶ Trójporozumienie z Francją i Rosją
1911 ▶ pierwsze drużyny skautów powstają w Galicji	1909 ▶ przelot Louisa Blériota samolotem nad kanałem La Manche	1910 ▶ proklamowanie Związku Południowej Afryki (dominium)
1912 ▶ Komisja Tymczasowa Skonfederowanych Stronnictw Niepodległościowych	1910 ▶ wprowadzenie emerytur robotniczych	1910 ▶ panowanie Jerzego V (do 1936 r.)
	1913 ▶ teatr Vieux-Colombier Jacques'a Copeau, podstawy nowoczesnej sztuki teatralnej	1911 ▶ wprowadzenie ubezpieczenia na wypadek bezrobocia, inwalidztwa i choroby

Państwa Półwyspów Apenińskiego, Bałkańskiego i Pirenejskiego	Ameryka Północna, Środkowa i Południowa	Afryka, Australia, Azja
1864, 15 IX ► układ Francji i Włoch, Francja zobowiązuje się do usunięcia załogi z Rzymu do 1866 r., Włochy zaś nie naruszać terytorium Watykanu	1865 ► kapitulacja Południa, koniec wojny secesyjnej	1869, 17 XI ► otwarcie Kanału Sueskiego
1864, 8 XII ► papież Pius IX wydaje encyklikę *Quanta cura*, potępienie liberalizmu, socjalizmu i zasad demokracji	1865–1870 ► wojna Argentyny, Brazylii i Urugwaju przeciw Paragwajowi, który traci około połowy swojego terytorium	1872–1879 ► Japonia zagarnia wyspy Riuku
1866, 3 X ► pokój w Wiedniu, Austria oddaje Wenecję Włochom	1865–1900 ► ponad 13 milionów imigrantów przybywa do USA	1874–1885 ► wzrost wpływów francuskich w Indochinach, zajęcie Hanoi (1882 r.)
1868 ► powstanie w Hiszpanii, obalenie Izabeli II, monarchia liberalna	1866 ► powstanie Ku-Klux-Klanu w USA	1876 ► rozszerzenie przywilejów handlowych Anglii w Chinach
1869–1870 ► sobór watykański I, ogłoszenie dogmatu o nieomylności papieża w sprawach wiary i moralności	1869 ► pierwsza transkontynentalna linia kolejowa w USA	1876–1878 ► w czasie klęski głodu w Indiach umiera około 2,5 miliona osób
1870, 8 X ► wykorzystując klęskę Francji, Włochy przyłączają Rzym	1876 ► wynalezienie telefonu (Alexander Graham Bell)	1878–1879 ► druga wojna afgańsko--angielska; pokój w Gandamak, zależność Afganistanu od Anglii
1871 ► *Aida* Giuseppe Verdiego	1876–1877 ► Indianie zostają zamknięci w rezerwatach	1881 ► układ rosyjsko-chiński w Petersburgu, Rosja zyskuje korzystne warunki handlowe w zachodnich Chinach i Mandżurii
1873 ► nieudana próba wprowadzenia republiki w Hiszpanii przez kortezy	1879 ► wynalezienie żarówki (Thomas Alva Edison)	
1875 ► powstanie przeciw Turcji w Macedonii	1879–1884 ► „wojna o saletrę", Boliwia traci bogate w saletrę wybrzeże Atacama na rzecz Chile	1881 ► podbój Tunisu przez Francję
1876, IV ► antytureckie powstanie w Bułgarii; Serbia i Czarnogóra wypowiadają wojnę Turcji	1882 ► ustawy zakazujące Chińczykom imigracji do USA	1882 ► Francuzi kończą podbój terytorium Algierii
1877 ► wojska rosyjskie wyzwalają Bułgarię	1886 ► powstanie Amerykańskiej Federacji Pracy	1884 ► powstaje Niemiecka Afryka Południowo-Zachodnia (dzisiejsza Namibia)
1878 ► w pokoju w San Stefano i w czasie kongresu berlińskiego Turcja uznaje niezależność Serbii i Czarnogóry oraz Rumunii, a także utworzenie zależnego od Turcji księstwa bułgarskiego	1886 ► ustawienie Statuy Wolności w Nowym Jorku	1885 ► powstaje Niemiecka Afryka Wschodnia
	1888 ► zniesienie niewolnictwa w Brazylii	1885 ► Chiny uznają protektorat francuski nad Annamem
1885–1890 ► wojna Włoch przeciwko Etiopii, oficjalne założenie kolonii Erytrea (1890 r.)	1890 ► masakra Siuksów w Wounded Knee, koniec wojen z Indianami	1886 ► utworzenie Konga francuskiego (od 1910 r. Francuska Afryka Równikowa), podporządkowanie Francji Madagaskaru (1896 r.)
1891 ► encyklika papieża Leona XIII *Rerum novarum*, społeczna nauka Kościoła	1893, 1 II ► aneksja Hawajów przez USA	
	1896 ► gorączka złota na Alasce	1886 ► Chiny odstępują Anglikom Birmę
1893 ► otwarcie Kanału Korynckiego	1898 ► wojna hiszpańsko-amerykańska; pokój w Paryżu (XII), Kuba niepodległą republiką, Hiszpania oddaje USA Filipiny	1894–1895 ► wojna Chin i Japonii o Koreę; pokój w Simonoseki, Japonia zajmuje Koreę i Tajwan
1895–1896 ► kolejne walki włosko--etiopskie; Włosi uznają niepodległość Etiopii		
1896 ► pierwsze nowożytne igrzyska olimpijskie w Atenach	1898–1899 ► wojna domowa w Boliwii	1899–1901 ► powstanie bokserów w Chinach, stłumione przez wojska ośmiu mocarstw
1896–1897 ► wojna Grecji z Turcją, Kreta uzyskuje autonomię pod zwierzchnictwem tureckim	1899 ► Argentyna wygrywa spór z Chile o Atacama	
	1890 ► likwidacja cesarstwa w Brazylii	1901 ► powstanie Związku Australijskiego z sześciu kolonii
1900 ► panowanie we Włoszech Wiktora Emanuela III (do 1944 r.)	1891 ► uniwersytet w Chicago	1904 ► powstanie Francuskiej Afryki Zachodniej
1907 ► *Panny z Avignonu* Pabla Picassa	1891, 24 II ► uchwalenie konstytucji Brazylii	1904 ► Anglicy zajmują Tybet
1908 ► rewolucja w Turcji, rządy młodoturków	1900–1913 ► do USA przybywa kolejne 13 milionów imigrantów	1905, 31 III ► wizyta cesarza Wilhelma II w Tangerze, pierwszy kryzys marokański
1908 ► niepodległość Bułgarii, carem Ferdynand I	1903 ► Kolumbia odstępuje USA tereny do budowy Kanału Panamskiego; proklamowanie niepodległości Panamy	1906 ► konferencja w Algeciras, utrzymanie niezależności Maroka i zwierzchnictwa sułtana tureckiego oraz specjalnych interesów Francji w tym kraju; ukazuje izolację polityczną Niemiec
1908, X ► Bośnia i Hercegowina włączone do Austro-Węgier	1903 ► umowa z Kubą zwiększa wpływy USA na wyspie, m.in. dzierżawią port Guantánamo	
1911–1912 ► wojna włosko-turecka, zajęcie Trypolisu i Cyrenajki i ich aneksja przez Włochów (5 XI 1911 r.); na mocy pokoju Włosi zwracają Turcji zajęte Rodos i Dodekanez	1903 ► pierwszy lot samolotu braci Wright	
	1906–1909 i 1912–1913 ► wojska USA okupują Kubę	1907 ► układ angielsko-rosyjski, podział stref wpływów w Persji, Afganistanie i Tybecie
	1907 ► likwidacja Terytorium Indiańskiego i włączenie go do Oklahomy	1907 ► angielsko-holenderski trust naftowy Royal Dutch Shell monopolizuje wydobycie ropy naftowej w Indonezji
1912 ► powstanie w Albanii przeciw Turcji	1908 ► ford T, tani samochód w USA	
1912 ► układ włosko-francuski, Włochy gwarantują neutralność	1910–1912 ► „narodowa rewolucja", wojna domowa w Meksyku	1911 ► Niemcy wysyłają kanonierkę „Panther" do Maroka, drugi kryzys marokański
1912, X–V 1913 ► pierwsza wojna bałkańska	1911 ► rozbudowa kolei w Kordylierach	
1913, VI–VIII ► druga wojna bałkańska	1911–1912 ► największa fala emigracji polskiej do Brazylii od 1869 r.	1911–1913 ► rewolucja w Chinach, utworzenie republiki (1 I 1912 r.), Sun Jat-sen tworzy Kuomintang (Partię Narodową)
	1912 ► wprowadzenie powszechnego i tajnego głosowania w Argentynie	
	1912 ► zbrojna interwencja USA w Hondurasie w celu zabezpieczenia zagranicznych długów	

WYKAZY OSÓB

Władze Księstwa Warszawskiego

Prezes Komisji Rządzącej
1807	Stanisław Małachowski

Książę
1807–1813	Fryderyk August, król saski

Gubernator (rosyjski)
1813–1815	Wasyl Łanskoj

Władze Królestwa Polskiego (zabór rosyjski)

Królowie (równocześnie carowie rosyjscy)
1815–1825	Aleksander I (niekoronowany)
1825–1831	Mikołaj I (koronowany 1829, detronizowany 1831)

Namiestnicy
1815–1826	Józef Zajączek
1831–1856	Iwan Paskiewicz, książę warszawski
1856–1861	Michał Gorczakow
1861	Mikołaj Suchozanet
1861	Karol Lambert
1861	Mikołaj Suchozanet (po raz drugi)
1861–1862	Aleksander Lüders
1862–1863	wielki książę Konstanty
1863–1874	Fiodor Berg

Generał-gubernatorzy
1874–1880	Paweł Kotzebue
1880–1883	Piotr Albedyński
1883–1894	Josif Hurko
1895–1897	Paweł Szuwałow
1897–1901	Aleksander Imeretyński
1901	Iwan Podgorodnikow
1901–1905	Michał Czertkow
1905	Konstanty Maksymowicz
1905–1914	Georgij Skałon

Władze powstania listopadowego

Dyktatorzy i wodzowie naczelni
5 XII 1830– –18 I 1831	Józef Grzegorz Chłopicki
20 I–26 II 1831	Michał Gedeon Radziwiłł
26 II–11 VIII	Jan Skrzynecki
11–16 VIII	Henryk Dembiński
16–17 VIII	Ignacy Prądzyński
17 VIII–9 IX	Kazimierz Małachowski
10–23 IX	Maciej Rybiński
23 IX	Jan Nepomucen Umiński
24 IX–21 X	Maciej Rybiński

Prezesi Rządu Narodowego
25 I–17 VIII 1831	Adam Jerzy Czartoryski
17 VIII–7 IX	Jan Stefan Krukowiecki
7 IX–26 IX	Bonawentura Niemojowski

Władze powstania styczniowego

Tymczasowy Rząd Narodowy (od 10 V Rząd Narodowy)
22 I–17 X 1863

Dyktatorzy
30 I–23 II 1863	Ludwik Mierosławski
11–19 III 1863	Marian Langiewicz
17 X 1863– –10 IV 1864	Romuald Traugutt

Władze Galicji (zabór austriacki)

Gubernatorzy Galicji Wschodniej
1795–1801	Johann Gaisruck
1801–1806	Joseff von Úerményi (od 1803 gubernator obu połączonych Galicji)

Gubernatorzy Galicji Zachodniej (do 1803)
1796–1797	Johann Wenzel Margelik
1797–1799	Franz Josef Wurmbrandt
1799–1803	Johann Trautmannsdorf
V–XI 1803	Anton Baum von Apfelhofen (zastępujący gubernatora)

Gubernatorzy wojskowi Galicji
1806–1808	Heinrich von Bellegarde
1809–1813	Heinrich von Bellegarde (po raz drugi)
1813–1814	Michael von Kienmayr

Gubernatorzy (od 1850 namiestnicy) Galicji
1806–1810	Christian Wurmser
1810–1815	Johann Peter Goess
1815–1822	Franz von Hauser
1822–1826	Ludwig Taafe
1826–1832	August Longin von Lobkowitz
1832–1846	arcyksiążę Ferdynand d'Este
1847–1848	Franz Stadion von Worthausen und Thannhausen
1848–1849	Wacław Zaleski
1849–1859	Agenor Gołuchowski
1859–1860	Joseph Freiherr von Kalchberg (p.o.)
1860–1861	Karl Ritter von Mosch (p.o.)
1861–1864	Alexander Mensdorff-Pouilly
1864–1866	Franz von Paumgarten
1866–1868	Agenor Gołuchowski (po raz drugi)
1868–1871	Ludwik Possinger-Choborski (p.o.)
1871–1875	Agenor Gołuchowski (po raz trzeci)
1875–1883	Alfred Potocki
1883–1888	Filip Zaleski
1888–1895	Kazimierz Badeni
1895–1898	Eustachy Sanguszko
1898–1903	Leon Piniński

1903–1908	Andrzej Potocki	
1908–1913	Michał Bobrzyński	
1913–1915	Witold Korytowski	

Ministrowie do spraw Galicji

1871	Kazimierz Grocholski
1875–1888	Florian Ziemiałkowski
1888–1892	Filip Zaleski
1893–1895	Apolinary Jaworski
1895–1896	Leon Biliński
1896–1897	Edward Rittner
1897–1898	Hermann von Löbl
1898–1899	Adam Jędrzejowicz
1899–1900	Kazimierz Chłędowski
1900–1906	Leonard Piętak
1906–1907	Wojciech Dzieduszycki
1907–1909	Dawid Abrahamowicz
1909–1911	Władysław Dulęba
1911	Wacław Zaleski
1911–1913	Władysław Długosz

Władze Wolnego Miasta Krakowa

Prezesi senatu

1815–1831	Stanisław Wodzicki
1851–1833	różni członkowie senatu
1833–1836	Kacper Wielogłowski
1836–1839	Józef Haller
1859–1841	Antoni Bystrzonowski, Jan Chrzciciel Schindler (przemiennie)
1841–1846	Jan Chrzciciel Schindler

Władze Wielkiego Księstwa Poznańskiego (zabór pruski)

Namiestnicy

1815–1830	Antoni Radziwiłł

Naczelni prezesi

1815–1824	Joseph von Zerboni di Sposetti
1825–1830	Johann von Baumann
1830–1840	Eduard Flottwell
1840–1842	Adolf von Arnim- -Boitzenburg
1843–1850	Moritz von Beurmann
1850–1851	Gustav von Bonin

1851–1860	Eugen von Puttkammer
1860–1862	Gustav von Bonin (po raz drugi)
1862–1869	Carl von Horn
1869–1873	Otto von Königsmarck
1873–1886	William von Guenther
1886–1890	Robert von Zedtlitz- -Trützschler
1890–1899	Hugo von Wilamowitz- -Moellendorff
1899–1903	Rudolf von Bitter
1903–1911	Wilhelm von Waldow- -Reitzenstein
1911–1914	Philipp von Schwartzkopf

Cesarze rzymscy

DYNASTIA
HABSBURSKO-LOTARYŃSKA

1792–1806	Franciszek II

Władze Cesarstwa Austriackiego i Monarchii Austro-Węgierskiej (od 1867)

Cesarze
DYNASTIA
HABSBURSKO-LOTARYŃSKA

1804–1835	Franciszek I
1835–1848	Ferdynand I
1848–1916	Franciszek Józef I
1916–1918	Karol I

Szefowie Kancelarii Państwa i kanclerze

1793–1800	Johann von Thugutt
1800–1805	Johann Cobenzl
1805–1809	Johann Stadion- -Warthausen
1809–III 1848	Klemens von Metternich
III–IV	Franz Kolowrat- -Liebsteinsky
IV–V	Karl Ficquelmont
V–VI	Franz von Pillersdorf
VI–XI	Johann von Wessenberg- -Ampiringen

XI 1848–IV 1852	Felix zu Schwarzenberg
IV 1852–V 1859	Karl von Buol- -Schauenstein
V–VIII 1859	Johann von Rechberg und Rothenloewen
VIII 1859– –XII 1860	Agenor Gołuchowski
XII 1860–II 1861	Anton von Schmerling
II 1861–VI 1865	arcyksiążę Rainer
VII 1865–II 1867	Richard Belcredi
II–XII 1867	Friedrich von Beust

Premierzy austriaccy

XII 1867–IV 1868	Karl von Gottschee
IV 1868–I 1870	Eduard Taaffe
I–IV 1870	Leopold von Artha
IV 1870–II 1871	Alfred Potocki
II–X	Karl von Hohenwart
X–XI	Ludvig von Holzgethan
XI 1871–II 1879	Adolf Auersperg
II–VIII 1879	Karl von Stremayr
VIII 1879– –XI 1893	Eduard Taaffe (po raz drugi)
XI 1893–VI 1895	Alfred zu Windisch- -Grätz
VI–X 1895	Erich von Kielmannsegg
XI 1895–XI 1897	Kazimierz Badeni
XI 1897–III 1898	Paul von Frankenthurn
III 1898–IX 1899	Franz von Thun und Hohenstein
X–XII 1899	Manfred von Clary und Aldringen
XII 1899–I 1900	Heinrich von Wittek
I 1900–XII 1904	Ernst von Koeber
I 1905–IV 1906	Paul von Frankenthurn (po raz drugi)
IV–V 1906	Konrad von Hohenlohe- -Waldenburg- -Schillingsfürst
VI 1906–XI 1908	Max von Beck
XI 1908–VI 1911	Richard von Bienerth
VI–X 1911	Paul von Frankenthurn (po raz trzeci)
X 1911–X 1916	Karl von Stürghk

Władze Królestwa Prus i Cesarstwa Niemieckiego (od 1871)

Królowie Prus i cesarze Niemiec
HOHENZOLLERNOWIE

1786–1797	Fryderyk Wilhelm II
1797–1840	Fryderyk Wilhelm III
1840–1861	Fryderyk Wilhelm IV
1861–1888	Wilhelm I (cesarz 1871)
1888	Fryderyk III
1888–1918	Wilhelm II

Premierzy Prus

III 1848	Adolf von Arnim-Boitzenburg
III–VI	Ludwik Camphausen
VI–IX	Rudolf von Auerswald
IX–XI	Ernst von Pfuel
XI 1848–XI 1850	Friedrich von Brandenburg
XI–XII 1850	Adalbert von Ladenberg (p.o.)
XII 1850–XI 1858	Otto von Manteuffel
XI 1858–III 1862	Karl von Hohenzollern-Sigmaringen
III–IX 1862	Adolf von Hohenlohe-Ingelfingen
IX 1862–XII 1872	Otto von Bismarck-Schönhausen
I–XI 1873	Albrecht von Roon
XI 1873–III 1890	Otto von Bismarck-Schönhausen (po raz drugi)
III 1890–III 1892	Leo von Caprivi
III 1892–X 1894	Botho von Eulenburg
X 1894–X 1900	Chlodwig Karl Victor zu Hohenlohe-Schillingsfürst
X 1900–VII 1909	Bernhard Heinrich Karl von Bülow
VII 1909–VII 1917	Theobald von Bethmann-Hollweg

Kanclerze Niemiec

1871–1890	Otto von Bismarck-Schönhausen
1890–1894	Leo von Caprivi
1894–1900	Chlodwig Karl Victor zu Hohenlohe-Schillingsfürst
1900–1909	Bernhard Heinrich Karl von Bülow
1909–1917	Theobald von Bethmann-Hollweg

Królowie sascy

1763–1827	Fryderyk August III (I)
1827–1836	Antoni
1836–1854	Fryderyk August II
1854–1873	Jan
1873–1902	Albrecht
1902–1904	Jerzy
1904–1918	Fryderyk August III

Władze Rosji

Carowie
DYNASTIA HOLSTEIN-GOTTORP-ROMANOW

1762–1796	Katarzyna II Wielka
1796–1801	Paweł I
1801–1825	Aleksander I
1825–1855	Mikołaj I
1855–1881	Aleksander II
1881–1894	Aleksander III
1894–1917	Mikołaj II

Przewodniczący Komitetu Ministrów

1810–1812	Mikołaj Rumiancew
1812–1816	Mikołaj Sałtykow
1816–1827	Piotr Łopuchin
1827–1832	Wiktor Koczubej
1832–1836	Mikołaj Nowosilcow
1836–1847	Iłarion Wasilczykow
1847–1848	Wasyl Lewaszow
1848–1856	Aleksander Czernyszew
1856–1861	Aleksy Orłow
1861–1864	Dymitr Błudow
1864–1872	Paweł Gagarin
1872–1879	Paweł Ignatjew
1879–1881	Piotr Wałujew
1881–1886	Michał von Reutern
1887–1895	Mikołaj von Bunge
1895–1903	Iwan Durnowo
1903–1906	Siergiej Witte
1906	Iwan Goremykin
1906–1911	Piotr Stołypin
1911–1914	Władimir Kokowcew

Papieże

1775–1799	Pius VI
1800–1823	Pius VII
1823–1829	Leon XII
1829–1830	Pius VIII
1831–1846	Grzegorz XVI
1846–1878	Pius IX
1878–1903	Leon XIII
1903–1914	Pius X

Arcybiskupi gnieźnieńscy (od 1821 gnieźnieńscy i poznańscy)

1795–1801	Ignacy Krasicki
1806–1818	Ignacy Raczyński
1818–1821	Marcin Siemieński (administrator apostolski)
1821–1825	Tymoteusz Gorzeński (pierwszy arcybiskup gnieźnieński i poznański)
1828–1829	Teofil Wolicki
1831–1842	Marcin Dunin
1845–1865	Leon Przyłuski
1866–1886	Mieczysław Ledóchowski
1886–1890	Juliusz Józef Dinder
1891–1906	Florian Oksza Stablewski
1914–1915	Edward Likowski

Biskupi (od 1818 arcybiskupi) warszawscy

1798–1804	Józef Miaskowski
1806–1818	Ignacy Raczyński (administrator apostolski)
1818–1819	Franciszek Malczewski (pierwszy arcybiskup)
1819–1823	Szczepan Hołowczyc
1824–1827	Wojciech Skarszewski
1828–1829	Jan Paweł Woronicz
1836–1838	Stanisław Kostka Choromański

1856–1861	Antoni Melchior Fijałkowski
1862–1883	Zygmunt Szczęsny Feliński
1883–1912	Wincenty Teofil Chościak-Popiel
1913–1938	Aleksander Kakowski

Arcybiskupi lwowscy

1780–1797	Ferdynand Onufry Kicki
1797–1812	Kajetan Ignacy Kicki
1815–1833	Andrzej Alojzy Ankwicz
1834–1835	Franciszek Ksawery Luschin
1836–1846	Franciszek de Paula Pisztek
1847–1848	Wilhelm Wacławiczek
1849–1858	Łukasz Baraniecki
1860–1884	Franciszek Ksawery Wierzchlejski
1885–1900	Seweryn Morawski
1900–1923	Józef Bilczewski

Biskupi krakowscy

1790–1800	Feliks Paweł Turski
1804–1813	Andrzej Gawroński
1815–1828	Jan Paweł Woronicz
1829–1835	Karol Skórkowski
1835–1841	Franciszek Zglenicki (administrator i wikariusz apostolski)
1845–1848	Ludwik Łętowski (administrator i wikariusz apostolski)
1862–1870	Maciej Majerczak (wikariusz apostolski)
1862–1879	Antoni Junosza Gałecki (administrator apostolski)
1872–1883	Tomasz Teofil Kuliński
1879–1894	Albin Dunajewski
1895–1911	Jan Puzyna
1911–1951	Adam Stefan Sapieha (od 1925 arcybiskup)

BIBLIOGRAFIA

Opinie prezentowane w zestawionych pracach nie zawsze są zgodne z poglądami wyrażonymi na kartach niniejszego opracowania.

WYDAWNICTWA ŹRÓDŁOWE

Michał Bobrzyński, *Z moich pamiętników*, oprac. Adam Galos, Wrocław i in., Ossolineum, 1957

Adam Jerzy Czartoryski, *Pamiętniki i memoriały polityczne 1776–1809*, oprac. Jerzy Skowronek, Warszawa, Pax, 1986

Władysław Czartoryski, *Pamiętnik 1860–1864*, oprac. Henryk Wereszycki, Warszawa, PWN, 1960

Zygmunt Szczęsny Feliński, *Pamiętniki*, oprac. Eligiusz Kozłowski, Warszawa, Pax, 1986

Józef Kajetan Janowski, *Pamiętniki o powstaniu styczniowym*, t. 1–3, Lwów–Warszawa i in., Ossolineum, 1923–1931

Aleksander Jełowicki, *Moje wspomnienia*, Warszawa, Pax, 1970

Szymon Konarski, *Dziennik z lat 1831–1834*, oprac. Bolesław Łopuszański, Anatol Smirnow, Wrocław i in., Ossolineum, 1973

Kajetan Koźmian, *Pamiętniki*, t. 1–3, Wrocław i in., Ossolineum, 1972

Bolesław Limanowski, *Pamiętniki 1835–1907*, oprac. Janusz Durko, Warszawa, KiW, 1957–1958

Joachim Lelewel, *Listy emigracyjne*, t. 1–2, oprac. Helena Więckowska, Kraków, PAU, 1948–1952

Julian Łukaszewski, *Pamiętnik z lat 1862–1864*, oprac. Stefan Kieniewicz, Warszawa, PWN, 1973

Pamiętniki spiskowców i więźniów galicyjskich w latach 1832–1846, oprac. Karol Lewicki, Wrocław i in., Ossolineum, 1954

Pamiętniki urzędników galicyjskich, oprac. Irena Homola, Bolesław Łopuszański, Kraków, Wyd. Literackie, 1978

Józef Alfons Potrykowski, *Tułactwo Polaków we Francji. Dziennik emigranta*, cz. 1–2, oprac. Anna Owsińska, Kraków, Wyd. Literackie, 1974

OPRACOWANIA OGÓLNE

Andrzej Ajnenkiel, *Konstytucje Polski w rozwoju dziejowym (1791–1997)*, Warszawa, Rytm, 2001

Józef Buszko, *Od niewoli do niepodległości (1864–1918)*, Kraków, Fogra, 2000

Tadeusz Chrzanowski, *Sztuka w Polsce od I do III Rzeczypospolitej. Zarys dziejów*, Warszawa, PWN, 1998

Andrzej Chwalba, *Historia Polski 1795–1918*, Kraków, Wyd. Literackie, 2000

Dzieje Warmii i Mazur w zarysie, t. 1: *Od pradziejów do 1870 roku*, red. Jerzy Sikorski, Stanisław Szostakowski, Warszawa, PWN, 1981; t. 2: *Od 1871 do 1975 roku*, red. Tadeusz Filikowski, Olsztyn, OBN, 1985

Dzieje Wielkopolski, t. 2: *Lata 1793–1918*, red. Witold Jakóbczyk, Poznań, Wyd. Poznańskie, 1973

Encyklopedia historii gospodarczej Polski do roku 1945, t. 1–3, Warszawa, WP, 1981

Wilhelm Feldman, *Dzieje polskiej myśli politycznej 1864–1914*, t. 1, Bydgoszcz, Somix, 1991

Historia chłopów polskich, red. Stefan Inglot, t. 2: *Okres zaborów*, Warszawa, LSW, 1972

Historia dyplomacji polskiej, t. 3: *1795–1918*, red. Ludwik Bazylow, Warszawa, PWN, 1982

Historia kultury materialnej Polski, t. 5: *Od 1795 do 1870 roku*, red. Elżbieta Kowecka; t. 6: *Od 1870 do 1918 roku*, red. Bohdan Baranowski, Julian Bartyś, Tadeusz Sobczak, Wrocław i in., Ossolineum, 1978–1979

Historia nauki polskiej, red. Bogdan Suchodolski, t. 3: *1795–1862*, red. Jerzy Michalski; t. 4: *1863–1918*, cz. 1–3, red. Zofia Skubała-Tokarska, Wrocław i in., Ossolineum, 1977–1987

Historia państwa i prawa Polski, t. 3. *Od rozbiorów do uwłaszczenia*, red. Juliusz Bardach, Monika Senkowska-Gluck; t. 4: Konstanty Grzybowski, *Od uwłaszczenia do odrodzenia państwa*, Warszawa, PWN, 1981–1982

Historia Pomorza, red. Gerard Labuda, t. 2, cz. 1, 2; t. 3, cz. 1–3; t. 4, cz. 1, Poznań, Wyd. Poznańskie, 1982–2001

Historia prasy polskiej, red. Jerzy Łojek, t. 1: *Prasa polska w latach 1681–1864*; t. 2: *Prasa polska w latach 1864–1918*, Warszawa, PWN, 1976

Historia Śląska, red. Marek Czapliński, Wrocław, UWr, 2002

Ireneusz Ihnatowicz, Antoni Mączak, Benedykt Zientara, Janusz Żarnowski, *Społeczeństwo polskie od X do XX wieku*, wyd. 4, Warszawa, KiW, 2001

Stefan Kieniewicz, *Historia Polski 1795–1918*, Warszawa, PWN, 2002

Jerzy Kłoczowski, *Dzieje chrześcijaństwa polskiego*, wyd. 2, Warszawa, Świat Książki, 2000

Artur Korobowicz, Wojciech Witkowski, *Historia ustroju i prawa polskiego (1772–1918)*, Kraków, Zakamycze, 1998

Irena Kostrowicka, Zbigniew Landau, Jerzy Tomaszewski, *Historia gospodarcza Polski XIX i XX wieku*, Warszawa, wyd. 5, KiW, 1985

Marian Kukiel, *Dzieje Polski porozbiorowej 1795–1921*, Paryż, Spotkania, 1984

–, *Zarys historii wojskowości w Polsce*, Londyn, Puls, [1995]

Nasi święci. Polski słownik hagiograficzny, red. Aleksandra Witkowska, wyd. 2, Poznań, Księgarnia Św. Wojciecha, 1999

Władysław Pobóg-Malinowski, *Najnowsza historia polityczna Polski 1864–1914*, t. 1, Gdańsk, Graf, 1991

Polska XIX wieku. Państwo-społeczeństwo-kultura, red. Stefan Kieniewicz, Warszawa, WP, 1986

Józef A. Szwagrzyk, *Pieniądz na ziemiach polskich X–XX w.*, wyd. 2, Wrocław i in., Ossolineum, 1990

Piotr Wandycz, *Pod zaborami. Ziemie Rzeczypospolitej w latach 1795–1918*, Warszawa, PIW, 1994

Wawel 1000–2000. Kultura artystyczna dworu królewskiego i katedry. Katedra krakowska – biskupia, królewska, narodowa. Skarby archidiecezji krakowskiej, red. Magdalena Piwocka, Dariusz Nowacki, Józef A. Nowobilski, Kraków, Zamek Królewski na Wawelu. Muzeum Archidiecezjalne w Krakowie, 2000

Henryk Wereszycki, *Historia polityczna Polski 1864–1918*, Wrocław i in., Ossolineum, 1990

Wybitni Polacy XIX wieku, red. Tomasz Gąsowski, Kraków, Wyd. Literackie, 1998

Marian Zgórniak, *Polska w czasach walk o niepodległość (1815–1864)*, Kraków, Fogra, 2001

OPRACOWANIA MONOGRAFICZNE

Roman Aftanazy, *Dzieje rezydencji na dawnych kresach Rzeczypospolitej*, t. 1–11, Wrocław i in., Ossolineum, 1991–1996

Alina Barszczewska, *Szymon Konarski*, Warszawa, WP, 1976

Henryk Barycz, *Wśród gawędziarzy, pamiętnikarzy i uczonych galicyjskich. Studia i sylwety z życia umysłowego Galicji XIX w.*, t. 1–2, Kraków, Wyd. Literackie, 1963

Daniel Beauvois, *Polacy na Ukrainie 1831–1863. Szlachta polska na Wołyniu, Podolu i Kijowszczyźnie*, Paryż, Instytut Literacki, 1987

–, *Walka o ziemię. Szlachta polska na Ukrainie prawobrzeżnej pomiędzy caratem a ludem ukraińskim 1863–1914*, Sejny, Pogranicze, 1996

Jerzy W. Borejsza, *Emigracja po powstaniu styczniowym*, Warszawa, PWN, 1966

Władysław Bortnowski, *Kaliszanie. Kartki z dziejów Królestwa Polskiego*, Warszawa, KiW, 1976

Maria Brykalska, *Aleksander Świętochowski. Biografia*, t. 1–2, Warszawa, PIW, 1987

Józef Buszko, *Polacy w parlamencie wiedeńskim 1848–1918*, Warszawa, Wyd. Sejmowe, 1996

Lech Bystrzycki, *Duchowieństwo polskie Kościoła rzymskokatolickiego w Wielkopolsce w latach 1815–1918*,

Koszalin, Wyższe Seminarium Duchowne Diecezji Koszalińsko-
-Kołobrzeskiej, 1986

Alina CAŁA, *Asymilacja Żydów w Królestwie Polskim (1864–1897).
Postawy, konflikty, stereotypy*, Warszawa, PIW, 1989

Łukasz CHIMIAK, *Gubernatorzy rosyjscy w Królestwie Polskim
1863–1915. Szkic do portretu zbiorowego*, Wrocław, Funna,
1999

Andrzej CHWALBA, *Imperium korupcji w Rosji i w Królestwie
Polskim 1861–1917*, Kraków, Universitas, 1995

–, *Polacy w służbie Moskali*, Warszawa–Kraków, PWN, 1999

Jadwiga CHUDZIKOWSKA, *Generał Bem*, Warszawa, PIW, 1990

Lidia i Adam CIOŁKOSZOWIE, *Zarys dziejów socjalizmu polskiego*,
t. 1, Londyn, Gryf, 1966

Bohdan CYWIŃSKI, *Rodowody niepokornych*, Warszawa, Świat
Książki, 1996

Ryszarda CZEPULIS-RASTENIS, *Ludzie nauki i talentu. Studia
o świadomości społecznej inteligencji polskiej w zaborze
rosyjskim*, Warszawa, PIW, 1981

Krzysztof DUNIN-WĄSOWICZ, *Dzieje Stronnictwa Ludowego w Galicji*,
Warszawa, LSW, 1956

Hanna DYLĄGOWA, *Duchowieństwo katolickie wobec sprawy
narodowej 1764–1864*, wyd. 2, Lublin, TN KUL, 1992

–, *Walerian Łukasiński – Wolnomularstwo Narodowe i Towarzystwo
Patriotyczne (1819–1826)*, Warszawa, DiG, 1996

Dzieje Krakowa, t. 3: Janina BIENIARZÓWNA, Jan M. MAŁECKI,
Kraków w latach 1796–1918, Kraków, Wyd. Literackie, 1979

Dzieje Teatru Polskiego, t. 2, cz. 1: Teatr polski od schyłku XVIII w.
do roku 1863, red. Jacek LIPIŃSKI; t. 3: Ewa HEISE, Teatr polski
od 1863 r. do schyłku XIX w.; t. 4, cz. 1: Teatr polski w latach
1890–1918. Zabór austriacki i pruski; cz. 2: Teatr polski w latach
1890–1918. Zabór rosyjski, red. Tadeusz SIVERT, Roman
TABORSKI, Warszawa, PWN, 1987–1993

Artur EISENBACH, *Emancypacja Żydów na ziemiach polskich
1785–1870 na tle europejskim*, Warszawa, PIW, 1988

Zbigniew FRAS, *Galicja*, Wrocław, Wyd. Dolnośląskie, 1997

Piotr Paweł GACH, *Struktury i działalność duszpasterska zakonów
męskich na ziemiach dawnej Rzeczypospolitej i Śląska w latach
1773–1914*, Lublin, KUL, 1999

Tomasz GĄSOWSKI, *Między gettem a światem. Dylematy ideowe
Żydów galicyjskich na przełomie XIX i XX wieku*, Kraków,
IH UJ, Księgarnia Akademicka, 1996

Barbara GROCHULSKA, *Księstwo Warszawskie*, Warszawa, WP,
1991

Stanisław GRODZISKI, *Historia ustroju społeczno-politycznego
Galicji 1772–1848*, Wrocław i in., Ossolineum, 1971

–, *W Królestwie Galicji i Lodomerii*, Kraków, Wyd. Literackie,
1976

Krzysztof GRONIOWSKI, *Uwłaszczenie chłopów w Polsce. Geneza,
realizacja, skutki*, Warszawa, WP, 1976

Zdzisław GROT, *Hipolit Cegielski*, Poznań, Wyd. Miejskie, 2000

,– *Dezydery Chłapowski 1788–1879*, Warszawa, PWN, 1985

,– *Życie i działalność Karola Libelta (1807–1875)*, Warszawa–Poznań,
PWN, 1977

Janusz GRUCHAŁA, *Rząd austriacki i polskie stronnictwa polityczne
w Galicji wobec kwestii ukraińskiej (1890–1914)*, Katowice, UŚ,
1988

Przemysław HAUSNER, *Kolonista niemiecki na ziemiach polskich
w XIX i XX wieku. Mit i rzeczywistość*, Poznań, UAM, 1994

Artur HUTNIKIEWICZ, *Młoda Polska*, Warszawa, PWN, 1994

Witold JAKÓBCZYK, *Karol Marcinkowski 1800–1846*, Poznań, PWN,
1981

–, *Kolonizatorzy i hakatyści*, Poznań, Wyd. Poznańskie, 1989

Maria JANION, *Gorączka romantyczna*, Kraków, Universitas, 2000

Leszek JAŚKIEWICZ, *Carat i sprawy polskie na przełomie XIX i XX w.*,
Pułtusk, Wyd. WSH, 2001

Andrzej Jaszczuk, *Spór pozytywistów z konserwatystami
o przyszłość Polski 1870–1903*, Warszawa, PWN, 1986

Rudolf *Jaworski, Swój do swego. Studium o kształtowaniu się
zmysłu gospodarczego Wielkopolan 1871–1914*, Poznań, Wyd.
Poznańskie, 1998

Jerzy JEDLICKI, *Jakiej cywilizacji Polacy potrzebują. Studia z dziejów
idei i wyobraźni XIX wieku*, Warszawa, W.A.B., CiS, 2002

–, *Klejnot i bariery społeczne. Przeobrażenia szlachectwa polskiego
w schyłkowym okresie feudalizmu*, Warszawa, PWN, 1968

Barbara JEDYNAK, *Obyczaje domu polskiego w czasach niewoli
1795–1918*, Lublin, Agencja Wydawniczo-Handlowa AD,
1996

Roman JURKOWSKI, *Ziemiaństwo polskie Kresów Północno-
-Wschodnich 1864–1904. Działalność społeczno-gospodarcza*,
Warszawa, Przegląd Wschodni, 2001

Elżbieta KACZYŃSKA, *Człowiek przed sądem. Społeczne aspekty
przestępczości w Królestwie Polskim (1815–1914)*, Warszawa,
Volumen, 1994

Elżbieta KACZYŃSKA, Dariusz DREWNIAK, *Ochrana – carska policja
polityczna*, Warszawa, Gryf, 1993

Stanisław KALABIŃSKI, Feliks TYCH, *Czwarte powstanie czy pierwsza
rewolucja. Lata 1905–1907 na ziemiach polskich*, Warszawa, WP,
1969

Sławomir KALEMBKA, *Wielka emigracja. Polskie wychodźstwo
polityczne w latach 1831–1862*, Warszawa, WP, 1971

Janusz KARWAT, *Od idei do czynu. Myśl organizacji
niepodległościowych w Poznańskiem w latach 1887–1919*,
Poznań, Wyd. Poznańskie, 2000

Krzysztof KAWALEC, *Roman Dmowski 1864–1839*, Wrocław i in.,
Ossolineum, 2000

Sophia KEMLEIN, *Żydzi w Wielkim Księstwie Poznańskim
1815–1848. Przeobrażenia w łonie żydostwa polskiego pod
panowaniem pruskim*, Poznań, Wyd. Poznańskie, 2001

Olgierd KIEC, *Protestantyzm w Poznańskiem 1815–1918*, Warszawa,
Semper, 2001

Stefan KIENIEWICZ, *Adam Sapieha: 1828–1903*, Warszawa,
Wyd. Sejmowe, 1993

–, *Dramat trzeźwych entuzjastów. O ludziach pracy organicznej*,
Warszawa, WP, 1983

–, *Powstanie styczniowe*, Warszawa, PWN, 1983

Tadeusz KISIELEWSKI, *Heroizm i kompromis. Portret zbiorowy
działaczy ludowych*, Warszawa, KiW, 1977

Tomasz KIZWALTER, *O nowoczesności narodu. Przypadek Polski*,
Warszawa, Semper, 1999

Irena KOBERDOWA, *Polska Wiosna Ludów*, Katowice, WP, 1967

*Kobieta i społeczeństwo na ziemiach polskich w XIX w. Zbiór
studiów*, red. Anna ŻARNOWSKA i Andrzej SZWARC, Warszawa,
IH UW, 1990

Ryszard KOŁODZIEJCZYK, *Miasta, mieszczaństwo, burżuazja w Polsce
w XIX wieku. Szkice historyczne*, Warszawa, PIW, 1979

Elżbieta KOWECKA, *W salonie i w kuchni. Opowieść o kulturze
materialnej pałaców i dworów polskich w XIX wieku*, Warszawa,
PIW, 1989

Eligiusz KOZŁOWSKI, *Józef Bem 1794–1850*, Warszawa, MON, 1989

Marcin KRÓL, *Konserwatyści a niepodległość. Studia nad polską
myślą konserwatywną XIX wieku*, Warszawa, Pax, 1985

Marcin KRÓL, Wojciech KARPIŃSKI, *Od Mochnackiego do
Piłsudskiego. Sylwetki polityczne XIX wieku*, Warszawa,
Świat Książki, 1997

Janina KULCZYCKA-SALONI, Maria STASZEWSKA, *Romantyzm,
pozytywizm*, Warszawa, PWN, 1990

Krzysztof LEWALSKI, *Kościoły chrześcijańskie w Królestwie Polskim
wobec Żydów w latach 1855–1915*, Wrocław, UWr, 2002

Stanisław ŁANIEC, *Litwa i Białoruś w dobie konspiracji i powstania
zbrojnego (1861–1864)*, Olsztyn, OBN, 2002

Waldemar ŁAZUGA, *Ostatni Stańczyk Michał Bobrzyński. Portret
konserwatysty*, Poznań, Bene Nati, 1995

–, *„Rządy polskie” w Austrii. Gabinet Kazimierza hr. Badeniego
1895–1897*, Poznań, UAM, 1991

Tadeusz Łepkowski, *Piotr Wysocki*, Warszawa, WP, 1981

–, *Polska – narodziny nowoczesnego narodu 1764–1870*, Poznań, Wyd. PTPN, 2003

Jerzy Łojek, *Szanse Powstania Listopadowego. Rozważania historyczne*, Warszawa, Pax, 1986

Czesław Łuczak, *Dzieje gospodarcze Wielkopolski w okresie zaborów (1815–1918)*, Poznań, PSO, 2001

Zygmunt Łukawski, *Ludność polska w Rosji 1863–1914*, Wrocław i in., Ossolineum, 1978

Tadeusz Mencel, *Galicja Zachodnia 1795–1809. Studium z dziejów ziem polskich zaboru austriackiego po trzecim rozbiorze*, Lublin, Wyd. Lubelskie, 1976

Magdalena Micińska, *Zdrada, córka nocy. Pojęcie zdrady narodowej w świadomości Polaków w latach 1861–1914*, Warszawa, Sic, 1998

Jan Molenda, *Chłopi, naród, niepodległość. Kształtowanie się postaw narodowych i obywatelskich chłopów w Galicji i Królestwie Polskim w przededniu odrodzenia Polski*, Warszawa, Neriton, 1999

–, *Piłsudczycy a narodowi demokraci 1908–1918*, Warszawa, KiW, 1980

Witold Molik, *Życie codzienne ziemiaństwa w Wielkopolsce w XIX i na początku XX wieku. Kultura materialna*, Poznań, Wyd. Poznańskie, 1999

Jadwiga Nadzieja, *Od jakobina do księcia namiestnika. Generał Józef Zajączek 1752–1826*, Katowice, Śląsk, 1988

Tomasz Nałęcz, *Irredenta polska*, Warszawa, KiW, 1992

Maria Nietyksza, *Rozwój miast i aglomeracji miejsko--przemysłowych w Królestwie Polskim 1865–1914*, Warszawa, PWN, 1986

Andrzej Nowak, *Jak rozbić rosyjskie imperium? Idee polskiej polityki wschodniej (1733–1921)*, Kraków, Arcana, 1999

Joanna Nowak, *Władysław Zamoyski. O sprawę polską w Europie (1848–1868)*, Poznań, Wyd. Poznańskie, 2002

Daniel Olszewski, *Polska kultura religijna na przełomie XIX i XX wieku*, Warszawa, Pax, 1996

Czesław Partacz, *Od Badeniego do Potockiego. Stosunki polsko--ukraińskie w Galicji w latach 1888–1905*, Toruń, Adam Marszałek, 1996

Jan Pachoński, *Generał Jan Henryk Dąbrowski 1755–1818*, Warszawa, MON, 1987

–, *Legiony Polskie. Prawda i legenda (1794–1807)*, t. 1–4, Warszawa, MON, 1969–1979

Karol Poznański, *Oświata i szkolnictwo w Królestwie Polskim*, t. 1–2, Warszawa, Akademia Pedagogiki Specjalnej, 2001

Wiesław Puś, *Rozwój przemysłu w Królestwie Polskim w latach 1870–1914*, Łódź, UŁ, 1997

Zbigniew Przychodniak, *Walka o rząd dusz. Studia o literaturze i polityce Wielkiej Emigracji*, Poznań, UAM, 2001

Franciszka Ramotowska, *Narodziny tajemnego państwa polskiego 1859–1862*, Warszawa, PWN, 1990

Irena Rychlikowa, *Ziemiaństwo polskie 1795–1864. Różnicowanie społeczne*, Warszawa, PWN, 1983

Andrzej Ryszkiewicz, *Malarstwo polskie. Romantyzm, historycyzm, realizm*, Warszawa, WAiF, 1989

Helena Rzadkowska, *Marian Langiewicz*, Warszawa, PWN, 1967

Jerzy Skowronek, *Adam Jerzy Czartoryski 1770–1861*, Warszawa, WP, 1994

–, *Książę Józef Poniatowski*, Wrocław i in., Ossolineum, 1986

Zbigniew Stankiewicz, *Dzieje wielkości i upadku Aleksandra Wielopolskiego*, Warszawa, WP, 1967

Tadeusz Stegner, *Polacy-ewangelicy w Królestwie Polskim 1815–1914. Kształtowanie się środowisk, ich działalność społeczna i narodowa*, Gdańsk, UG, 1992

Małgorzata Stolzman, *Nigdy od ciebie miasto... Dzieje kultury wileńskiej lat międzypowstaniowych (1832–1863)*, Olsztyn, Pojezierze, 1987

Włodzimierz Suleja, *Józef Piłsudski*, wyd. 2, Wrocław i in., Ossolineum, 1997

–, *Kosynierzy i strzelcy. Rzecz o irredencie*, Wrocław, Wyd. Dolnośląskie, 1997

Andrzej Szmyt, *Generał Józef Wysocki (1809–1873). W służbie wolności Polaków i Węgrów*, Olsztyn, UWM, 2001

Stanisław Szostakowski, *Na barykadach wolności. Z dziejów walk o wolność naszą i waszą (1832–1856)*, Warszawa, WSiP, 1986

Andrzej Szwarc, *Od Wielopolskiego do Stronnictwa Polityki Realnej. Zwolennicy ugody z Rosją, ich poglądy i próby działalności politycznej (1864–1905)*, Warszawa, UW, 1990

Bartłomiej Szyndler, *Dyktator Generał Józef Chłopicki 1771–1854*, Częstochowa, WSP, 1998

Michał Śliwa, *Polska myśl polityczna w I połowie XIX wieku*, Wrocław i in., Ossolineum, 1993

Krzysztof Ślusarek, *Drobna szlachta w Galicji 1772–1848*, Kraków, Księgarnia Akademicka, 1994

Wacław Tokarz, *Sprzysiężenie Wysockiego i Noc Listopadowa*, Warszawa, PIW, 1980

,– *Wojna polsko-rosyjska 1830 i 1831*, Warszawa, Volumen, 1993

Stefan Truchim, *Historia szkolnictwa i oświaty polskiej w Wielkim Księstwie Poznańskim 1815–1915*, Łódź i in., Ossolineum, 1967

Lech Trzeciakowski, *Pod pruskim zaborem 1850–1914*, Warszawa, WP, 1973

Trzy powstania narodowe: kościuszkowskie, listopadowe, styczniowe, red. Władysław Zajewski, Warszawa, KiW, 2000

Jan Tyszkiewicz, *Z historii Tatarów polskich 1794–1944*, wyd. 2, Pułtusk, Wyd. WSH, 2002

Marian Tyrowicz, *Jan Tyssowski i rewolucja 1846 w Krakowie. Dzieje porywu i pokuty*, Kraków, KAW, 1986

Stefania Walasek, *Polska oświata w gubernii wileńskiej w latach 1864–1915*, Kraków, Impuls, 2002

Piotr Wandycz, *Polska i małe ojczyzny Polaków. Z dziejów kształtowania się świadomości narodowej w XIX wieku i XX wieku po wybuch II wojny światowej*, Warszawa, 1994

Roman Wapiński, *Narodowa Demokracja 1893–1939. Ze studiów nad dziejami myśli nacjonalistycznej*, Wrocław i in., Ossolineum, 1980

Henryk Wereszycki, *Pod berłem Habsburgów. Zagadnienia narodowościowe*, Kraków, Wyd. Literackie, 1975

Stefan Wiech, *Społeczeństwo Królestwa Polskiego w czasach carskiej policji politycznej (1866–1896)*, Kielce, AŚ, 2002

Wieś a dwór na ziemiach polskich w XIX i XX wieku, red. Wiesław Caban, Mieczysław B. Markowski, Kielce, WSP, 1999

Janusz Wojtasik, *Idea walki zbrojnej o niepodległość Polski 1864–1907. Koncepcje i próby ich realizacji*, Warszawa, MON, 1987

Wojciech Wrzesiński, *Sąsiad czy wróg? Ze studiów nad kształtowaniem obrazu Niemca w Polsce w latach 1795–1939*, Wrocław, UWr, 1992

Władysław Zajewski, *Józef Wybicki*, Warszawa, KiW, 1989

Andrzej Zahorski, *Z dziejów legendy napoleońskiej w Polsce*, Warszawa, PWN, 1971

Zarys historii polskiego ruchu ludowego, t. 1: 1864–1918, red. Józef Kowal, Alicja Więzikowa, Warszawa, LSW, 1963

Zesłanie i katorga na Syberii w dziejach Polaków 1815–1914, oprac. Anna Brus, Elżbieta Kaczyńska, Wiktoria Śliwowska, Warszawa, PWN, 1992

Maria Zielińska, *Polacy, Rosjanie, romantyzm*, Warszawa, IBL, 1998

Józef Żmigrodzki, *Towarzystwo Demokratyczne Polskie 1832–1862*, Londyn, 1983

Marian Żychowski, *Ludwik Mierosławski 1814–1878*, Warszawa, PWN, 1963

INDEKS OSÓB

Indeksem zostały objęte strony 8–211 niniejszej książki (z wyłączeniem treści i legend map oraz ilustracji).

INDEKS NAZW
GEOGRAFICZNYCH I ETNICZNYCH

Indeksem zostały objęte strony 8–211 niniejszej książki (z wyłączeniem treści i legend map oraz ilustracji).
Nie uwzględniono haseł: Europa, Korona, Królestwo Polskie, Litwa, Litwini, Polacy, Polska, Rzeczpospolita, Wielkie Księstwo Litewskie. Nazwy geograficzne umieszczono pod nazwą wiodącą. Zastosowano skróty: g. – góra, góry; j. – jezioro; m. – miasto, miejscowość; rz. – rzeka; st. – starożytny; w. – wyspa.

A

Adampol (Polonezköy), m. w Turcji 119
Afryka 97, 157
Ajudah, g. 92
Aleksandrów, ob. Aleksandrów Łódzki pow. Zgierz, m. 57, 185
Algieria 86
Alpy, g. 74
Altona-Elbe, m. w Niemczech, ob. część Hamburga 157
Ameryka Południowa 117
Ameryka Północna 117, 158, 159, 169; → też Stany Zjednoczone Ameryki Północnej
Andriejew → Jędrzejów
Andy, g. 26
Anglia 25, 33, 42, 43, 46, 86, 89, 92, 127, 184, 204; → też Wielka Brytania
Anglicy, lud 152, 157, 202
Antonin pow. Ostrów Wielkopolski, m. 45
Atlantycki Ocean 26
Atlantyk → Atlantycki Ocean
Auerstädt, m. w Niemczech 32
Augustowski Kanał 57
Australia 26
Austria 10, 12, 18, 19, 23, 26, 27, 36–58, 40–45, 57, 72, 73, 76, 81, 82, 86, 87, 105, 109, 114, 118, 119, 125, 127, 133, 136, 138, 159, 168–173, 191, 205–207, 209, 211; → też Austro-Węgry
Austriackie Cesarstwo → Austria, Austro-Węgry
Austriacy, lud 19, 36, 46, 105, 110, 171, 173, 180, 206
Austro-Węgry 144, 192, 204, 206, 209; → też Austria
Azja 87, 192

B

Babilon, m. st. 95
Bad Reinertz → Duszniki Zdrój
Badenia, kraina 110
Bajonna, m. we Francji 36
Bałkany → Bałkański Półwysep
Bałkański Półwysep 45, 87, 191, 192, 204, 207
Baranów, ob. Baranów Sandomierski pow. Tarnobrzeg, m. 31
Baranówka, m. na Ukrainie 16, 28, 48

Batawska Republika, ob. Holandia 21; → też Holandia
Bawaria, kraina 41, 86, 193
Bejrut, m. w Libanie 97
Bejsce pow. Kazimierza Wielka, m. 50
Belgia 41, 62, 64, 80, 86, 200
Belgrad, m. w Serbii 209
Belweder → Warszawa Belweder
Berdyczów, m. na Ukrainie 80
Berezyna, rz. 37
Berlin, m. w Niemczech 12, 15, 18, 25, 32, 33, 53, 59, 60, 64, 75, 92, 100, 108, 109, 111, 139, 141, 165, 183, 190, 192, 206
Beskidy, g. 202
Bezdany, m. na Litwie 205
Będomin pow. Kościerzyna, m. 24
Będzin, m. 140
Białaczów pow. Opoczno, m. 49
Białoruś 11, 27, 79, 149
Biały Dunajec pow. Zakopane, m. 203
Białystok, m. 69, 141
Bielsko, ob. Bielsko-Biała, m. 138
Bliski Wschód 11, 97
Bnin pow. Poznań, m. 166
Boh, rz. 171
Bohoniki pow. Sokółka, m. 191
Bolonia, m. we Włoszech 19
Boremel, m. na Ukrainie 71
Borysław, m. na Ukrainie 170, 181, 198
Borysławsko-Drohobyckie Zagłębie 169
Bosco, m. we Włoszech 21
Bosfor, cieśnina 119
Bośnia i Hercegowina 204
Brazylia 26, 185
Brodnica, m. 75
Brody, m. na Ukrainie 30
Bronowice, ob. Bronowice Wielkie pow. Kraków, m. 113, 196
Bruksela, m. w Belgii 86, 87, 141
Budapeszt, m. na Węgrzech 191, 211
Bug, rz. 10, 70, 72, 125, 150
Bukowina, kraina 15
Bułgaria 208, 209
Buraków pow. Warszawa, m. 29
Butyrsko, m. w Rosji 150
Bydgoski Kanał 15
Bydgoszcz, m. 159, 141, 162, 164

C

Carskie Sioło, m. w Rosji 64
Cesarstwo Austriackie → Austria, Austro-Węgry
Cesarstwo Rosyjskie → Rosja
Charków, m. na Ukrainie 150
Châtillon, m. we Francji 42
chełmińska ziemia 44
Chełmno, m. 107, 165, 165, 178
Chełmszczyzna 150
Chicago, m. w Stanach Zjednoczonych Ameryki Północnej 51
Chlewiska pow. Szydłowiec, m. 84, 157

Chorwaci, lud 108, 118
Chrząszczewo, m. 156
Ciche Wielkie pow. Nowy Targ, m. 106
Cieszyn, m. 169
Cisalpińska Republika 19, 22, 24
Cisie pow. Mińsk Mazowiecki, m. 15
Civita Castellana, m. we Włoszech 20
Coni, m. we Włoszech 19
Czarna, rz. 140
Czarne Morze 11
Czarnogóra, kraina 208
Czechy 25, 50, 57, 74, 118, 169, 191
Czeladź pow. Będzin, m. 140
Czesi, lud 112, 118, 164, 188, 191
Częstochowa, m. 82
Częstochowa Jasna Góra, klasztor 29

Ć

Ćmielów pow. Ostrowiec Świętokrzyski, m. 83

D

Dalmacja, kraina 41
Dania 41
Daszów, m. na Ukrainie 71
Dąbrowa Górnicza, m. 136, 140, 141
Dąbrowskie Zagłębie 57, 140, 183, 209
Dębe Wielkie pow. Mińsk Mazowiecki, m. 69
Dęblin pow. Ryki, m. 78, 79, 200
Dniepr, rz. 26
Dniestr, rz. 171
Dobra pow. Limanowa, m. 204
Dobronowce, m. na Ukrainie 15
Dobrzelin pow. Kutno, m. 84
Drelów pow. Biała Podlaska, m. 150
Drezno, m. w Niemczech 21, 34, 74, 75
Drohobycz, m. na Ukrainie 170
Drohowyż, m. na Ukrainie 181
Dublany, m. na Ukrainie 171, 184
Duszniki Zdrój pow. Kłodzko, m. 93
Dynasy → Warszawa Dynasy
Dziewiętnia, m. na Litwie 85

E

Egipt 21, 26
Elba, w. 23, 40, 43
Elstera, rz. 46, 47, 94
Emilia-Romania, kraina 20

F

Falenty pow. Pruszków, m. 36
Ferrara, m. we Włoszech 19
Florencja, m. we Włoszech 50, 99
Francja 15, 18–23, 32–34, 36–38, 40–43, 45, 46, 49, 54, 56, 57, 62, 64, 73, 74, 76, 81, 86–88, 92,